管理研究方法丛书
Research Methods

管理研究方法

（第13版）

◎ [美] 帕梅拉·欣德勒（Pamela S.Schindler） 著
◎ 李原 于坤 孙健敏 译

Business Research Methods

Thirteenth Edition

中国人民大学出版社
·北 京·

译者序 Foreword

如本书作者在前言中所指出，修订一本在过去30多年里全球领先的教科书，是一项非常严肃的工作，何况这本书已经用8种语言出版了8个国际版本。同样，翻译一本修订过多版的经典教科书，也是非常严肃的工作，不仅需要时间投入和奉献精神，更需要能力和经验。

第13版保留了第10版的特点，例如结合管理实践和具体事例，全面系统地介绍企业经营管理常用的研究方法，结构清晰，内容翔实，深入浅出，趣味横生，每个论题都结合广泛的管理实践，通过现实中的管理现象，引导读者从研究的角度进行思考，从管理困境，到管理问题，再到研究问题和调查问题，步步深入，最后形成答案或结论。本版在此基础上与时俱进，从内容到结构都有新的变化。

作者与麦格劳-希尔出版公司的团队合作，综合考虑了研究领域本身的变化以及教学和学习环境的变化，从学生想学什么和教师需要什么的角度，采用了一个新进路，融合了两个重要因素。第一，全面反映学生学习和老师教学对教科书提出的新要求——精练、简化和清晰；第二，全面反映研究领域重新思考和合作的现状。本书的结构也做了调整，第10版的前4章进行了整合，构成了第13版的第一篇——奠定研究基础；加强了研究过程的阐述和研究设计的讨论；合并了数据准备与分析的内容。全书由20章压缩成17章。实际上，研究基础和研究设计的内容，一直是我偏爱本书的重要原因之一。很多研究方法的教科书，基本都是孤立地介绍各种具体的研究方法，实际上就是收集数据或证据的方法，例如问卷调查法、实验法、访谈法等等，而缺乏对整个研究思路、研究过程以及不同研究方法如何进行取舍的介绍。本书弥补了其他教科书的不足，对于研究过程（第13版进行了整合）和研究设计的介绍不仅有理有据，而且切实可行，具有很强的可操作性。特别值得注意的是本版突出了测量的重要性，把测量作为全书的第三篇，用3章的篇幅，分别从测量基础、测量问题和测量工具三个方面进行讨论。第17章增加了一个完整的示例，具体描述了从管理困境到研究问题再到形成研究报告的全过程，把全书所涉及的核心概念、程序和关键环节都予以展示，无论对于老师教学还是学生学习，都有直接的参考价值。

所谓的研究，不是学术研究者的专利，而是所有人在日常生活和工作中几乎天天都在做的事情。大家都知道买东西的时候要“货比三家”，为什么？因为要为购买决定找到证据或依据，这个过程就是典型的“研究”。同样，如何指导孩子读书，如何交朋友，是否购买某只股票，什么时候结婚，诸如此类的问题都需要经过“研究”，才能找到答案。广义地讲，研究就是为一个疑问寻找答案的过程。只要有疑问，就要进行研究来寻找答案。换言之，任何研究都建立在疑问的基础上，这个疑问就是要研究的问题，研究就是为问题寻找答案的过程。当然，真正的学术研究要比平常的问题更复杂、更严谨，但基本原理如出一辙。这是我喜欢这本书的又一个原因：不是给研究者写的，是给实践者看的！

企业管理研究可以帮助我们实现很多目标，包括解释和评价企业目前的经营状况、开发新的产品、分析竞争环境或竞争对手、预测行业趋势、分析员工的心态和表现等。管理者每天都会遇到许多问题，有些问题通过直觉或经验可以得出答案，有些问题可能超出了我们的经验范畴，不是通过直觉可以解释的。大数据的产生、不确定性的增加，对组织的决策者提出了更高的要求，只有进行更客观、更科学的分析才能作出相对合理或正确的决策。科学的方法为我们提供了不可替代的“过海之船”和“过河之桥”。这本书相当于为我们提供了船和桥。

当然，研究过程很复杂，涉及许多不同的步骤，需要各种技能。例如，在研究过程的早期，确定和阐明一个合适的研究问题往往需要高水平的创造力和批判性思维；在研究过程中，要保证研究方法恰当合理，就需要深入了解该方法的特性和适用性；在证据或数据收集阶段，要熟悉不同方法或手段的长处和短处，可以广泛地采用新技术，例如使用网络调查或二手数据，同时要保证数据的可靠性，还要符合研究的伦理规范。

本书不仅是研究和学习管理学的老师和学生的必读教科书，更是实践领域各级各类管理者的案头必备工具书。

第 13 版只有一位作者，初版的原创人员没有参与新版的修订，作者的新老交替已经完成。与此相对应，翻译者也在进行新老交替。年轻有为的于坤副教授加入翻译团队，带领助手们完成了新增内容的翻译任务和原有内容的修改完善。新生力量的加入，不仅提高了翻译的速度，也使得翻译质量更高。

过去的几年里，我收到多位读者的邮件或短信，指出了本书上一版翻译中出现的差错，篇幅所限，这里没有列出这些读者的名字，谨对他们的用心阅读和善意举动表示真诚的感谢。

本书的翻译是典型的团队合作的成果，很多老师和同学参与了本书初稿的翻译、材料的准备和初步的文字校对工作，他们是赵泽珺、张砚婷、王承彬、李晓琳、何慕珧、徐滢雯、高雅琪、池源、柯夏纯、李迪郁、马茜、周琰喆、刘蕾、黄博等。

十分感谢中国人民大学出版社编辑老师的信任、支持和理解！

全书由我负责最后的校对和审定。谬误和差错在所难免，敬请读者不吝赐教。

孙健敏

于求是楼

前　言 Preface

修订一本过去30多年里全球领先、以8种语言出版了8个国际版本的教科书不是件轻松的事。教科书的撰写以及修订速度通常不允许我们对书进行全面的检查。但是对于这个版本而言，鉴于学生和教师使用教科书的方式以及教学方式发生了重大变化，而且所研究行业发生了重大变化，因此有必要采用一种新的方法。为了应对重大的行业变化以及满足教师和学生的需求，我和麦格劳-希尔团队提出了一个计划，以提供学生和教师需要的内容。该计划涉及以下内容：

● 反映学生学习和教师教学方法的变化。

—分散。

—精练与简化。

—阐明。

● 反映所研究行业的现状。

—重新思考。

—合作。

反映教育的变化

对教育学论文以及众多同事和学生的意见进行深入研究后，我们发现了学生及教师使用教科书的一些重大变化。

● 越来越多的学生不买书，一些教师对此也不作要求。

● 学生经常在不具备当天讨论或活动的基础知识的情况下进入教室。

● 教师看到学生不再完成学习过程中的重要任务：自我准备和自我学习。

● 一些教师甚至教育机构选择自己编写的书，从书中选取对教学至关重要的章节。

● 根据课程学时数或教学方法定制的教科书省去了对特定课程而言非必要的主题和工具。学生发现，这可能导致他们存在知识空白，从而影响他们对知识的理解。

● 教师希望各章彼此独立，以便他们选择内容授课。

● 许多教师希望各章围绕主题集中提供材料，而不希望这些材料分散在书中。

● 教师希望书中的示例可以令概念更清晰。

● 学生希望移除不必要的材料；对他们来说，“不必要”指的是概念的背景和历史，而不是实际的例子。

● 学生认为，在诸如企业研究之类的课程中，他们应该在学习后能够实际开展研究，而不仅仅是描述研究是什么。

● 学生希望在更高层次的课程中运用他们在研究方法课程中学到的知识，研究方法教科书能够成为参考手册。

此次修订通过以下方式实现了上述目的：

1. 分散。

● 移除人为将章节绑在一起的元素。

● 重新设计具有跨章节特征的元素。

2. 精练与简化。

● 在全书层次上：

—更改章节的编号和顺序。

—选择更常用的词汇（而不是行话）来描述和解释；缩短句子；采用更加平易近人的写作风格。

● 在章节层次上：

—将一些资料从一章移至逻辑上更匹配的另一章。

—对每章中的材料进行重新组织，使其逻辑上更合理。

—删除每章中不重要的材料。

—评估每个图表和实例的价值，并进行适当的更改。

—删除同一概念的多个术语。

—将关键术语列表保留在研究专用术语的范围。

3. 阐明。

● 学生常常对教科书感到沮丧，因为教科书会使用学生未完全理解的其他概念来定义一些概念。本版通过对数十个关键术语进行重新定义来解决此问题。

● 学生希望教科书中的实例与他们相关。本版根据学生可能知道或喜欢的行为、问题或品牌来选择要描述的企业研究项目。

● 学生更喜欢一个概念对应一个术语，他们发现存在多个术语会影响理解甚至造成理解混乱。本版中一个概念对应一个术语。

● 学生希望能够开展研究。本版的做法是：

—专设一章，介绍基本概念。

—专设一章，介绍测量问题的相关内容。

—专设一章，介绍测量工具的相关内容。

—针对每种数据收集方法各设一章专门介绍。

—专设一章，介绍数据准备以进行后续详细分析。

—专设一章，介绍研究成果的报告。

—图表中增加有关困难任务的使用方法指南以及针对其他任务的有用提示。

● 学生需要视觉提示来处理和留存信息：

—本书使用一系列图表来展示相关的研究过程。

—概念与主要研究过程模型的五个阶段紧密联系在一起。

反映所研究行业

与先前的版本一样，使用各种中期的《研究行业趋势绿皮书》（*GreenBook Research Industry Trends*，*GRIT*）来指导此次修订。2016 年 GRIT 报告是基于有史以来对供应商和用户进行的最大规模的研究。

1. 重新思考。

● 明确区分研究和数据分析。

● 删除不再相关的主题。

● 减少重要性下降的主题。

● 增加行业欢迎的主题。

● 重新设计图表以反映行业的变化。

2. 合作。在一个瞬息万变的行业中，任何修订都依靠在研究前沿的学者。众多电子邮件和对话、书籍和文章以及近100场网络研讨会和演讲都对本版产生了影响。

● 讨论问题，特别是各章末“来自头条新闻”中的问题，涵盖了Chipotle的声誉、宝马和电动汽车、屏蔽政府大楼附近乘客信息的优步软件、转向使用机器人的制造业、达美航空对洛杉矶国际机场的重组、杜比的声光实验、梅赛德斯-奔驰的自动驾驶汽车、沃尔玛和Oreo O's麦片、折扣百货公司科尔士和Apple Pay、工作场所改善表现的药物以及丰田汽车和公众的信心，等等。

保留读者喜爱的特征

● 重要核心内容。读者多年来一直喜欢的材料仍然是本版的核心。在让本书更灵活地适应当前的教学方法的努力中，我们没有放弃让本书成为行业领导者的那些核心内容。

● 有效的学习目标和总结。每章都有学习目标。总结很全面，有时候这些总结是学生上课前唯一有时间阅读的材料。

● 多用途的讨论问题。许多讨论问题反映了实际的商业情境，可供学生回顾、测试或课堂讨论选用。

目　录 Contents

第 2 篇 研究设计

Business Research Methods

第 1 篇

奠定研究基础

Building the Foundation for Research

第 1 章
研究基础与原理

随着大数据的增长，为了回答它所带来的问题，我们看到“小数据”的需求也在并行增长。

——威廉·平克（William C. Pink），Creative Analytics 资深合伙人

学习目标

阅读本章后，你应该了解：

1. 企业研究与数据分析如何互为支撑。
2. 专业研究者的语言。

1.1 研究的作用与程序

每个企业管理者，不管处于什么行业，在其职业生涯中都要制定成千上万个不同的战略、战术以及程序决策。每个决策都是从一个问题或者机会开始的。换句话说，决策都始于困境。战略决策决定了大方向；战术决策是执行战略决策的方法；程序决策则是执行战术决策的详细流程。例如，因为越来越多的人使用智能手机，更多地在线上而不是去实体店买东西，传统实体零售商面临越来越大的困难。这就是一个困境。然而，一家叫 Hobby Lobby 的实体零售商的生意却越来越好。这家零售商选择服务工艺制作市场（战略决策），并重点满足画家、摄影师、珠宝设计师、裁缝、花艺师、内部装潢设计师等群体的需求（战术决策）。针对摄影师群体，Hobby Lobby 卖的产品是相框背板及切割背板和相框的工具，而不是卖相机（战术）。Hobby Lobby 通过定制化的、以利润为基础的推销方案来确定细分摄影领域需要的每一款新产品。公司是家族企业（战略），以强调巩固家庭（战略）的价值观来指导决策。结果，Hobby Lobby 实体店的营业时间缩短了（战术），而其全职员工的工资是最低工资的 3 倍（战术）。[1]研究者也要做决策。例如，他们会在公司的 Facebook 页面上发出邀请函（程序），招募参与者在手机上做调查问卷（战术），以进行一项沟通研究（战略）。如今，对于管理者来说，要作出经得起考验的决策来保证组织投入的资源（人力、金钱、时间、设备、设施等）能够得到回报，面临巨大的压力。从困境到决策的过程，信息是重要的燃料。

公司一直在收集数据。然而，并不是每个组织都擅长把这些数据生成有意义的信息和洞见并据此作出好的决策。在过去的十年中，一些组织使用了一些新工具（更快的运算速度、更好的数据分析软件）来处理已经收集却仍深埋于部门或公司数据库里

的数据。数据库已成为名副其实的“数据海洋”，一些公司正在“溺水”，一些公司仅能漂浮在水面上，一些公司则抓住机会，利用海量的数据作为其制定战略方向的基础并由此获得竞争优势。[2]那些成功的公司发现了用于决策的燃料。然而燃料也有不同等级，比如普通汽油和火箭燃料。仅仅使用历史数据来作出当前决策是一种途径；通过收集针对特定困境的新数据来丰富燃料混合物则是另一种途径。

你正打算研究的领域目前正处于剧变和混乱之中。[3]在过去将近一个世纪的时间里，研究者仅仅被管理者看作是技术支持者。只有在需要研究方法和数据分析方面的技术专长时，这些专家才会参与到项目中来。然而，近些年，情况已经发生变化。新的技术、更好的运算工具（人工智能、虚拟现实、更好的移动设备以及物联网），甚至新的计算环境（云计算）都在加剧行业的混乱。在商业世界的巨变中，研究者面临新的压力。仅仅把数据添加到数据库已经不够，业务管理者需要从每个新数据的添加中获得清晰传达的洞见。现在研究者不仅被期望具备技术能力，还需要了解企业和组织如何运作。此外，曾经将研究项目委派给专家的管理者也被期待精通研究方法和工具。欢迎来到新的研究世界。在这里，研究者是用数据讲故事的人，是洞见的提供者。他们对帮助组织提出战略和战术至关重要。

1.1.1 研究与数据分析

面对每个新的困境，不论是已经从先前收集的数据中提取出了足够多的信息（不管来自公司内部还是外部），还是信息仍然不够充分，管理者都要作出决策。管理者在分析数据时会从现有的内部数据源（称为决策支持系统）中提取数据。例如，亚马逊为了增加顾客订单，通过数据挖掘给顾客提供购买了同款商品的人所购买的其他商品的列表。由于很多数据库的规模庞大，此类数据通常被称为大数据。图表1-1提供了一些数据来源的信息。

图表1-1 企业从何处收集信息

数据类型	何处、如何	数据来源
交易	线上和实体店购买 在线、电话、店内咨询 仓库和运输清单 机器性能	顾客 潜在顾客、客户 物流伙伴、员工 机器数据记录
观察	在线网络访问以及店内购物 与竞争对手的互动 网络上的点击路径 店内顾客服务与互动 股价估值 生物识别措施（如神经营销、fMRI、PET和眼动追踪）	顾客、员工 顾客 潜在顾客、顾客 顾客、员工 投资者 潜在顾客、顾客、员工
沟通（接触点）	在线和商店拦截调查 呼叫中心互动 店内客户服务互动 网络聊天互动	潜在顾客、顾客、员工 顾客、员工 顾客、员工 顾客、员工

续表

数据类型	何处、如何	数据来源
沟通（接触点）	店内结账 候选人面试 绩效评估 离职面谈 年度股东大会 财务业绩介绍 倾听之旅 Twitter 帖文 Facebook 帖文（公司网站） 博客动态 其他社交媒体贴文或互动	顾客、员工 潜在顾客 员工 员工 投资者 金融分析师、机构投资者 顾客、供应商、物流伙伴、员工、决策影响者 顾客、员工、竞争者、贸易协会、经销商 顾客、员工、贸易协会、经销商 顾客、员工、竞争者、贸易协会、经销商 顾客、员工、竞争者、贸易协会、经销商
互联网分析	关键词搜索 点击分析 谷歌	潜在顾客、顾客 潜在顾客、顾客 潜在顾客、顾客

资料来源：Our interviews and research for this edition revealed several sources of research data. This table is adapted from that research and author experience as well as from material by Cynthia Clark, "5 Ways to Learn What Customers Aren't Telling You," 1 to 1 Magazine, March 5, 2012, accessed March 8, 2012 (http://www.1to1media.com/view.aspx?docid=33464); and "Harness the Conversation: Business in Today's Social World," Cvent, accessed March 8, 2012 (http://www.cvent.com/en/sem/business-in-todays-social-worldsurvey-ebook.shtml).

快速浏览

被过度炒作的数据分析

根据《麻省理工学院/斯隆管理评论》(*MIT/Sloan Management Review*) 以及 SAS 的最新报告，数据分析还没有达到宣传的那个程度。该报告按照成熟度级别将数据分析用户分为三类：分析创新者（战略性地应用分析）、分析实践者（操作性地应用分析）以及分析困难者（他们更依赖于管理经验而非分析来做决策）。分析创新者从数据分析的应用中受益最多，包括通过洞见的提取及传播来影响组织行动等。然而，分析创新者的数量在过去四年中并没有增长，而是处于停滞状态。他们提出了几个原因，包括缺乏高层管理者的投入，以及分析创新者更看重对数据进行分析而非战略性地使用等。

然而，一些分析创新者的例子为我们提供了实践操作的榜样。英格兰银行（Bank of England，BoE）就是一个分析创新者。为了履行其在英国经济中的监管作用，它首次汇总了微观和宏观的经济数据。英格兰银行"已经聘请了首席数据官、建立了数据实验室、组建了高级分析小组，并建设了全银行范围的数据社区"。同样作为分析创新者，通用电气（General Electric）创建了一个新的业务部门以及一个庞大的软件部门来管理基于云的平台。该平台可以汇总和分析来自工业机器的传感器数据。"通用电气针对数据和分析的策略已经与公司战略紧密相连，这对曾经是传统制造业集团的公司来说是一个巨大的转变。"

数据分析的状态

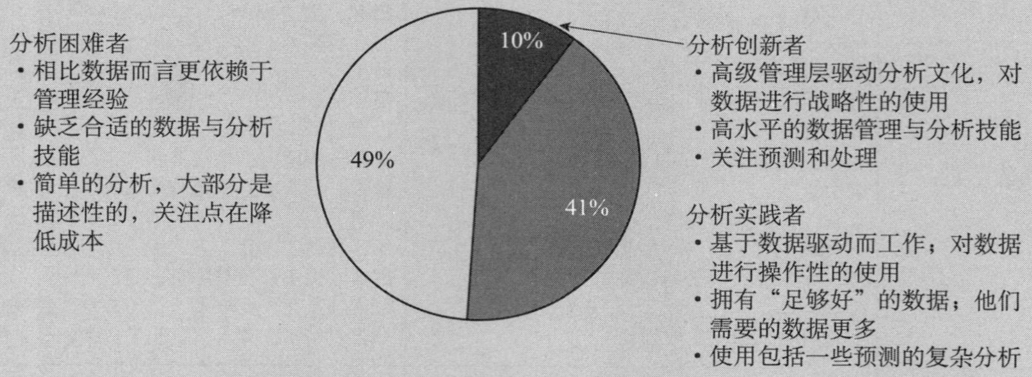

资料来源：Sam Ransbotham，David Kiron，and Pamela Kirk Prentice，"Beyond the Hype：The Hard Work Behind Analytic Success，" *MIT/Sloan Management Review*，April 2016，downloaded April 29，2016（http：//marketing. mitsmr. com/PDF/57381-MITSMR-SAS-Analytics2016. pdf? utm _ source = WhatCounts%2c+Publicaster+Edition& utm _ medium=email&utm _ campaign=darpt16&utm _ content=Download+the+Report+%28PDF%29&cid=1).

通过挖掘已有数据得出的结果同样可以用于其他目的。作为在 200 个国家/地区拥有近 350 000 名员工的工程技术巨头[4]，西门子的机动部门在其生产的列车中集成了多个系统，平均每列火车每年可以产生 10 亿个数据点。[5]这些数据可以用于持续追踪火车的性能和维护情况，并从火车的任何故障或事故中学习。收集列车数据以了解和改善火车的性能需要进行重复的、持续的观察研究。然而，利用从欧洲和美国列车积累的数据中得到的洞见来帮助中国和俄罗斯设计新的火车，则需要使用数据分析技术。

在另一个例子中，客户关系管理（customer relationship management，CRM）软件最初是用于改善销售流程并促进对各类客户群体的有效销售。

此外，呼叫中心的最初用途是回答问题、提供技术支持或将潜在客户纳入销售流程，如通过记录客户信息及交流内容来改善组织绩效。通过使用数据分析技术，公司可以挖掘客户关系管理以及呼叫中心的数据来获得有益的洞见，从而帮助设计公司网站的新用户登录页。通过**数据融合**（data blending）[6]，将来自单独数据文件（如财务、人力资源、CRM、库存管理和制造）的数据合并到一个新的复合数据文件中，然后查询该复合数据文件以帮助组织作出决策。不过，尽管来自数据融合的信息在决策中起着重要作用，它与研究还是两码事。

现在假设你是一家餐厅的经理。餐厅的服务员正大规模离职。一些老客户议论，一直以来吸引他们来就餐的那种友好氛围在变淡。你打算从哪里入手去尝试解决这个问题？你的商务智能系统旨在提供有关技术、经济、政治、法律、人口统计、文化/社会以及竞争对手等事件和趋势的持续信息（如图表 1－2 所示）。该系统显示，你所在行业的服务员流失率很高，餐厅运营的法律法规变得更加严格，一些竞争对手正在尝试免去客人小费的同时给服务员涨工资。你还可以查看公司的财务记录和人力资源记录，以确定离职人员的薪资、小费、先前工作经验以及当前工作时间，并将其与留任人员进行比较。这些信息足够了吗？还是应该进行更多研究？

图表 1-2　商务智能系统的信息来源

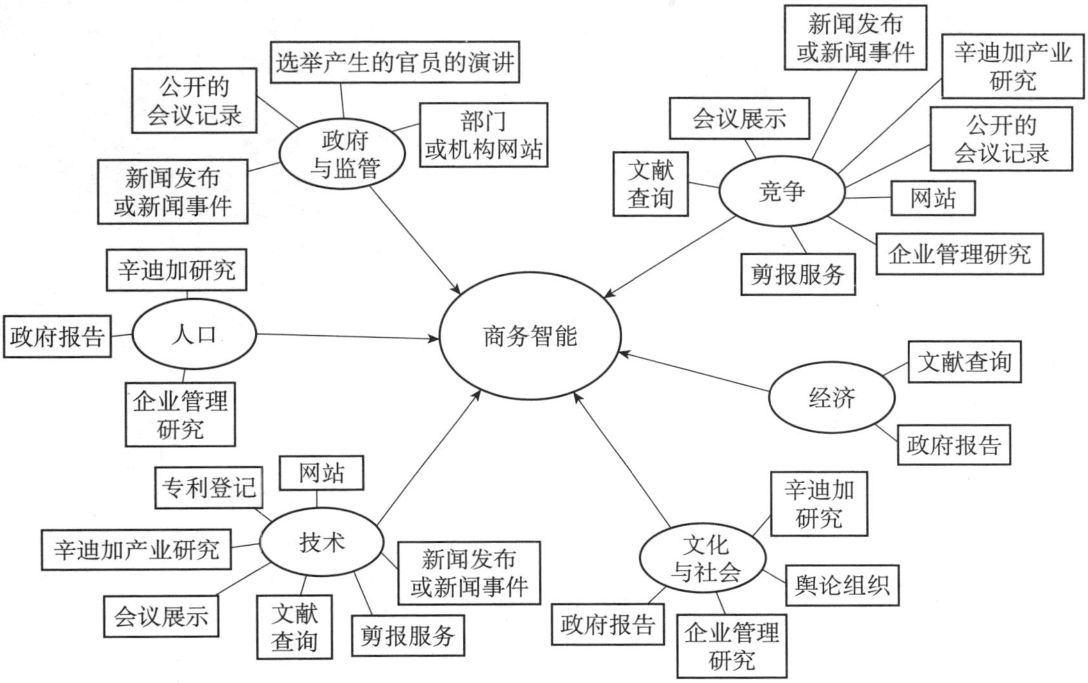

也许你是州交通部门的负责人，负责确定下一个财年将重修或更换哪些道路和桥梁。你手头的数据包括哪些道路和桥梁交通流量最大，以及封闭哪些道路和桥梁会给社会经济运行带来灾难性的后果。但是，该州的公共信息负责人担心，如果再次在该州的富裕地区实施工程，会引起公众的强烈抗议。该负责人建议做一项新研究来协助你作出决定，因为这个决定涉及运营、财务以及公共关系方面的事务。你应该批准这项新研究吗？

快速浏览

大数据和小数据

马丁·林德斯特伦（Martin Lindstrom）在他的书 *Small Data: The Tiny Clues That Uncover Huge Trends* 中谈到了"知道为什么"（knowing why）的重要性。林德斯特伦并不主张仅仅使用大数据。他指出，大数据专注于分析而不是情感联系，因此缺乏洞察力。他的书着重介绍了他在全球 2 000 多个家庭中访问或居住时所学到的东西，以及这些民族志观察如何带来丰厚的回报。在《知识沃顿》（Knowledge@Wharton）的一次采访中，林德斯特伦描述了陷入财务危机的丹麦玩具制造商乐高（Lego）。2002 年，乐高冒险弱化其小型积木玩具制造的核心业务，而把重心放在电影、主题公园、服装和大型积木（基于有关千禧一代的大数据）上。结果林德斯特伦通过对欧洲各地家庭的访谈和民族志观察发现，乐高的这个尝试没有考虑孩子们爱玩玩具的主要因素：获得成就感。林德斯特伦这样解释："孩子们通过玩耍掌握一定的搭积木技巧而在同龄人中获得'社交货币'。"基于收集的小数据，乐高重新把重心放回小型积木。这一举措把乐高从破产边缘成功地拉回。"你必须清楚，大数据都是在分析过去，而对未来无能为力。而小数据……那些你在客户家里所得到的微不足道的发现，是我们所遗漏掉的情绪 DNA。"

资料来源：Martin Lindstrom, *Small Data: The Tiny Clues That Uncover Huge Trends*, *St. Martin's Press* (February 23, 2016), pp 1－2; and "Why Small Data Is the New Big Data," Knowledge@Wharton, March 24, 2016. Downloaded March 25, 2016 (http://adage.com/article/special-report-4as-conference/tipping-point-j/303268/?utm_source=daily_email&utm_medium=newsletter&utm_campaign=adage&ttl=1459463433).

1.1.2 研究过程

对历史数据的深入研究很少能诠释行动背后的"为什么"。而"为什么"会随着时间不断变化：一年前是真的，在今天可能就不是真的了。要想成为一个洞察者，你需要了解研究者的工作流程和工具。企业研究被定义为一种系统性的探索，它提供信息以指导特定的管理决策。更具体地说，**企业研究**（business research）是一套流程，包括对相关数据与信息的确定、获取、分析、综合以获得洞见，并报告给决策者来动员组织采取适当行动。这些行动旨在最大限度地提升绩效并帮助实现组织目标。一般来说，整个研究过程分为以下几个阶段：

1. 明确研究问题。
2. 进行研究设计。
3. 收集和准备数据。
4. 分析和解释数据。
5. 报告洞见和建议。

图表 1－3 提供了我们将在本书中展开的研究过程的图解。有时，管理者可能会从第 1 阶段开始，然后逐步达到最终结果。有时，如果可以从其他各种来源获得信息，管理者可能只需要实施研究过程的部分阶段。研究的通常特点是它的数据集比大数据要小得多。研究开始后，管理者将要作出一个非常重要的决定：如何解决这个管理问题？

研究与科学方法

聪明、充满好奇心且迫切想要寻求答案的人是伟大研究的核心。企业研究过程的基础是**科学方法**（scientific method）。科学方法的基本原则是：

- 清晰明确地定义概念、构念、变量、方法和研究程序；
- 可以实证检验假设：拥有收集证据来直接支持/拒绝任何假设的方法；
- 直接观察现象（事实）；

- 结论由统计证据得出，而非由推理（有根据的猜测）得出；
- 自我纠正过程：结论可以重复，可以重新评估有效性。

图表 1-3 研究过程

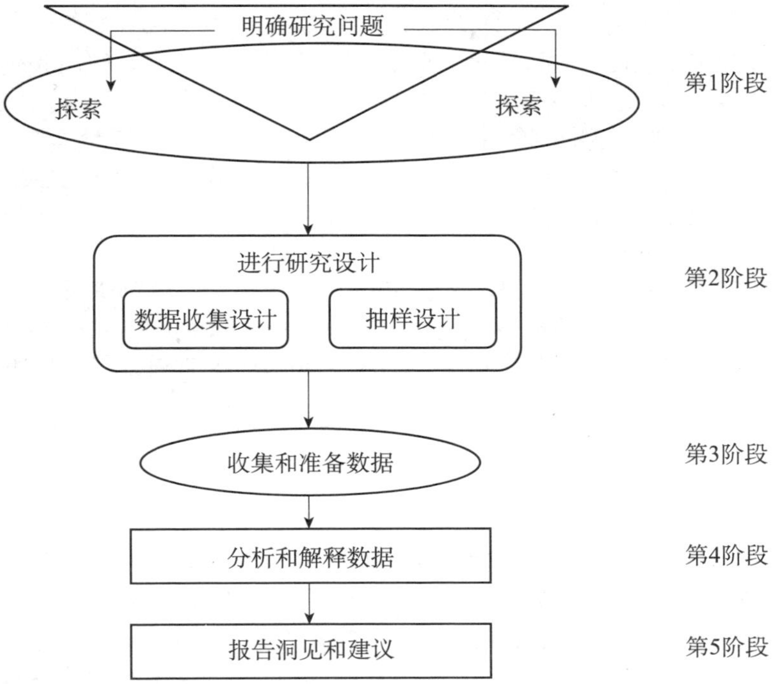

快速浏览

网络安全研究

如何通过研究让组织免受网络安全领域中“不良分子”犯罪行为的侵害？研究可以用于在威胁发生前发现攻击、了解组织的漏洞、确定攻击地点，等等。在过去的十年中，不良分子的网络攻击变得更加频繁、更加高深、更加复杂也更加容易，并且这些特征都是同时出现的。新的数字化工具让这些罪犯可能完成一些不久之前还需要高深的编程专业知识才能完成的任务。现在他们可以使用比特币（一种难以跟踪购买行为和发现罪犯的数字货币）从网上购买需要的任何工具。正如美国领先的托管安全提供商之一 Alert Logic 的网络安全宣传员理查德·卡西迪（Richard Cassidy）所说，“公司容易受到三类不良分子的影响，但并不是所有不良分子都会造成同等的损害”。黑客主义者有政治或社会目的，他们的目标是争取媒体的关注。网络犯罪分子可能也希望媒体关注，但他们想通过获取数据来得到金钱收益。各种攻击中，高级持续性威胁（advanced persistent threat，APT）是最危险的，他们在攻击特定目标前要花费大量时间、金钱和资源，以获得可观的金钱收益和/或对目标的破坏。通过研究，Alert Logic 发现密码（49.9%）、电子邮件地址（45.5%）、用户名（37.7%）和姓名（29.4%）对不良分子来说仍然是有价值的目标。不良分子将这类盗取来的信息与公司网站和社交媒体网站（如 LinkedIn）上直接可得的信息结合，就可以获得对服务器、数据库、Web 域等的访问权限。他们主要通过网络钓鱼电子邮件和软件应用程序插件进行攻击，让用户安装恶意软件。网络钓鱼电子邮件经伪装看似来自值得信任的来源（如另一名员工或你的老板）。

插件是将特定功能添加到现有计算机程序中的软件组件。员工使用移动设备进行工作时，经常使用没有经过严格的恶意插件评估的软件。通过这些软件门户，恶意软件（如病毒、蠕虫、特洛伊木马及间谍软件等）就可以进入组织的系统。卡西迪说："不良分子经常在发动真正的进攻前对他们的方法进行测试。"因此，组织的目标应该是在不良分子进行初步测试时抓住他们。不过，问题在于组织平均需要 205 天才能发现自己已经受到攻击。而那个时候，目标已经被攻击。

资料来源：Richard Cassidy，"Behind The Scenes：Cybercrime Threat Landscape，" BrightTalk webcast，April 27，2016，downloaded May 26，2016（https：//www. brighttalk. com/webcast/11587/201299?autoclick = true & utm _ medium = web & utm _ source = brighttalk-promoted & utm _ campaign = player-page-feed & utm _ content = promoted）；www. alertlogic. com.

1.2　研究的语言

我们从哪里着手理解前面的材料呢？从研究的语言开始。做研究时，为了理解、解释和预测现象，我们试图了解"是什么"。我们可能需要回答这样的问题："对于新的弹性工作制，部门会有什么反应?"或者"为什么当所有正常指标都表明股价会下跌的时候，股价反而上涨?"在处理这些问题时，需要在定义上达成一致。部门成员是办事人员还是专业人员？他们会有什么类型的反应？什么是正常指标？这些问题都需要使用概念、构念和定义。

1.2.1　概念

概念用于理解和交流信息。研究的成功取决于：(1) 概念有多清晰；(2) 其他人在多大程度上理解我们使用的概念。我们用概念来设计假设和量表并用量表来检验假设；我们使用可测量的概念来收集与分析数据。

通常，**概念**（concept）是公认的与特定的事件、对象、条件、情境或行为相联系的含义或特征的集合：

- 当我们对事件、对象、条件、情境或行为进行分组、归类时，就产生了概念。概念体现的是高于任何一次具体观察的共同特征。
- 我们通过个人经验来获得概念。
- 概念使用词语作为指定标签；这些词语来自我们的经验。
- 概念的抽象水平在层次上是递进的。所谓抽象水平，指的是这个概念与客观存在的某个事物有关的程度。桌子是一个客观的概念，我们的脑海中有桌子的形象。而个性就是一个抽象概念，因为它更难被形象化。

试着将电影票看作一个概念。提到电影票时，你想到的往往不是一张电影票，而是你所有关于电影票的记忆。从这些记忆里，你可以概括出一系列具体、可界定的特征（电影票的材质、影片名、打孔标记、影院地址等）。再比如，假设你看到一个人经过，可确定他正在跑步，而不是在走路、单脚跳、蹦跳或爬行。每个动作都代表着一个不同的概念。我们还用概念来识别这个运动对象是成年男性，而不是卡车或者马。

普通概念构成了研究中的沟通主体。然而，普通并不意味着明确。例如，我们可能会要求研究参与者估算其家庭的总收入。收入看似是个简单而明确的概念，但除非通过指定下列条件来限制或缩小该概念，否则将会得到各式各样的答案和令人困惑的数据：

- 时间范围，比如是每周、每月还是每年；
- 税前还是税后；
- 是家长的收入还是所有家庭成员的收入；
- 是单指工资和薪水，还是包括红利、股息、利息和资本收益；
- 是否包含以实物偿付的收入，比如免租金、员工折扣或食品券。

在尝试处理不常见的现象或提出新想法时，我们会遇到困难。解决这个问题的一个办法是从另一门语言或另一个领域中借用概念。假设我们正在研究品牌商标的设计强度。可以从德语中借用“格式塔”（gestalt）一词。这个词可以翻译为形式或形状，意味着有组织的整体，而非各个部分的简单相加。[7]可以使用引力这个物理概念来解释人们为什么要购物、在哪儿购物。或用距离这个地理概念来描述不同员工对新工作日程态度的差异程度。

有时需要让一个词语涵盖一个不同的概念或者为一个概念开发新的标签。当采用新意义或赋予新标签时，我们就提出了一些新的术语或行话。尽管术语有助于提高专家或特定群体之间沟通的有效性，但它会将其他人都排除在外。因此，除非样本的定义特别窄，否则在企业研究中通常会避免使用术语。

1.2.2 构念

当研究需要使用抽象概念时，我们就会定义一个或多个构念。**构念**（construct）是为了特定研究目的和/或理论建构目的而创造出来的抽象的想法。我们通过把一些更为简单、具体的概念组合在一起来建立构念，尤其在我们想传达的想法或者形象无法被直接观察到的时候。思考这个例子：CadSoft是一家雇用技术文件撰稿人来编写产品手册的建筑软件公司，希瑟（Heather）是这家公司的人力资源分析师。在工作重新设计中，她需要分析工作的任务属性。

图表1-4显示了希瑟正在处理的一些概念和构念。图表最下面的概念（格式的准确性、手稿中的错误、打字的速度）形成了一个被希瑟称为“演示能力”的构念。工作表现是无法直接观察的。它是一个被创造出来的构念，用来传递三个客观的、可测量的、被希瑟发现在实证中有联系的概念的组合意义。例如，希瑟可以通过对一个人用键盘输入一段话的速度进行计时来测算其打字速度。

图表1-4中第二个层次的概念是词汇、语法和拼写。希瑟发现它们也是互相关联的。它们组成了一个构念，就是她所说的“语言技能”。她之所以使用这个术语，是因为将这三个概念组合在一起可以定义工作描述中的语言要求。在图表中，语言技能被放在一个更高层次的抽象水平上，因为组成它的三个概念中有两个（词汇和语法）更难观察，对它们的测量也更复杂。

图表 1-4　工作重新设计中由概念组成的构念

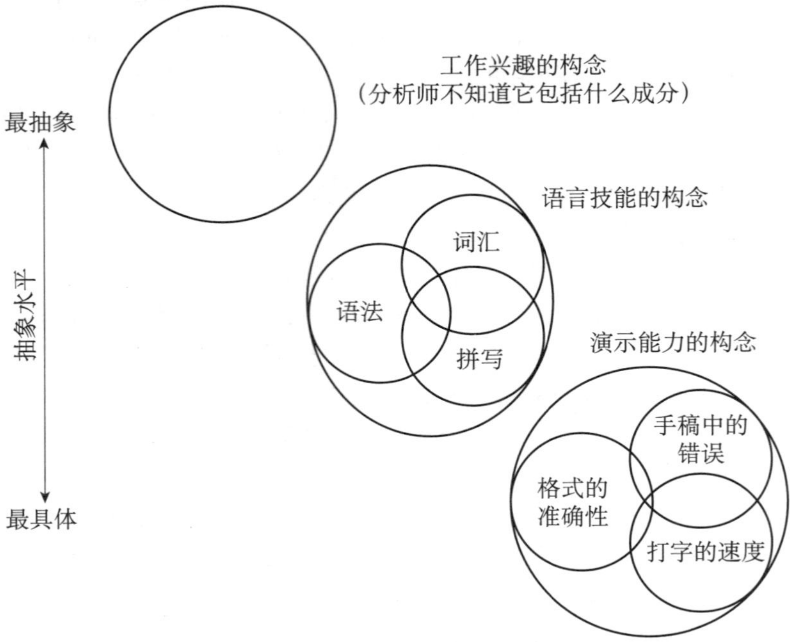

希瑟还没有测量最后一个构念“工作兴趣”，因为它最不易观察，也最难以测量。它可能由大量的概念组成，其中很多概念会非常抽象。高度抽象的构念只能从数据中推断出来。虽然假定它们是存在的，但需要进一步检验来看它们到底由什么组成。如果研究表明该例中的概念和构念具有内在关联性，并且这种联系得到支持，那么希瑟就有了一个**概念图式**（conceptual scheme）的开端。用图表的方式可以描述厘清工作重新设计所必需的知识和能力要求之间的关系。

1.2.3　操作性定义

构念或概念的含义混乱可以毁掉一项研究的价值，甚至是在研究者和委托方毫无察觉的时候。定义是降低这种危险的办法之一。

研究者对字典定义和操作性定义进行了区分。在我们更熟悉的字典定义中，概念是用同义词来定义的。比如，消费者（consumer）被定义为顾客（patron）；反过来，顾客（patron）又被定义为公司的消费者（consumer）或客户（client）；而客户（client）被定义为使用了任何专业人员提供的服务的人。[8]这些循环定义在一般沟通中可能足够了，对于研究来说却不够。在研究中，我们测量的是概念和构念，需要进行更为严格的操作性定义。

操作性定义（operational definition）是以具体的测量或检验标准的形式陈述的定义。我们必须能够通过感官以计数、测量或其他方式来收集信息。无论要定义的对象是物质的（如一罐汤）还是高度抽象的（如成就动机），定义必须具体说明其特征，以及应该如何观察这些特征。具体的说明和程序必须非常清晰，让任何有能力使用它们的人都能用同样的方法来对该对象进行分类。

为此，你需要操作性定义。操作性定义可能会有所不同，具体取决于你的目的和选择的测量方式。假设大学本科生按照年级分类，没人会在理解“大一学生”“大二学生”等词语时遇到问题。然而，当你决定把学生具体分到哪个年级时，就没那么简单了。下面有两个涉及针对学生的调查的不同情境，我们希望根据学生的年级对其回答进行分类。每个情境使用同一个概念的不同定义。

1. 你要求学生报告所在的年级，然后记录下来。在这种情况下，年级就是一年级、二年级、三年级、四年级；你将每个参与者给出的回答认可为正确答案。对班级的操作性定义是：学生如何分类他们的年级。

2. 你要求学生根据注册指南来定义他们的年级。对年级的操作性定义是：每个春季学期期末完成并记入注册处学生记录里的学时学分。

- 一年级：少于 30 小时的学分；
- 二年级：30～59 小时的学分；
- 三年级：60～89 小时的学分；
- 四年级：90 小时或更多的学分。

这些例子针对的是相对具体的概念，而操作性定义对于构念来说更为重要。假设有人想要测量一个名为“社会化”的构念。我们是否在指某人在 Facebook 和其他社交媒体上的活跃水平、是否喜欢玩乐或是否可以与他人交谈？针对第一个例子，我们可能会对其访问、发帖、分享、点赞等行为设问；针对第二个例子，我们可能会问其玩乐的次数和类型；针对第三个例子，我们可以问交流的数量、类型以及收到的反馈类型。这样就形成了这个构念的操作性定义。我们可以使用其他研究者已经开发和验证的测量手段，也可以创建自己的测量方法。选定的测量方法就从操作层面定义了构念。

我们可能仅仅需要为少数关键的概念或构念提供操作性定义，但在探索从假设和理论中发现的关系时，用到的几乎总是这些定义。

快速浏览

构念的确定与定义

阅读商务新闻或听商务演讲时，你会遇到许多构念。如果你不努力去定义这些构念，就会错失该新闻或演讲的很多内容。让我们来看看你在这方面有多擅长。

在最近的广告时代数字会议（Ad Age Digital Conference）上，在一场关于广告客户和营销商需要面对但还没准备好面对的主要问题（会议室里的大象）的小组讨论中，美国银行（Bank of America）的企业媒体高级副总裁卢·帕斯卡利斯（Lou Paskalis）分享道，“我们正在对广告进行优化。人们希望听故事。人们之所以会屏蔽广告，是因为他们不喜欢我们正在做的事情。”这段话里有哪些构念？这些构念的操作性定义可能是什么？广告商及其代理商面临的管理问题是什么？

该讨论还揭示了，除了数字广告的可见度、广告屏蔽和透明性（从媒体到广告代理商的回扣和返利）之外，还有其他的挑战。“[行业贸易协会] 无法就透明性达成共识。显然，他们说着不同的语言。这就导致大家彼此缺乏信任。”喜力美国（Heineken USA）的媒体副总裁罗恩·阿姆兰（Ron Amram）说。这段话里有哪些构念？这些构念的操作性定义是什么？

广告商和广告媒体面临的管理问题是什么?

帕斯卡利斯还分享道:“我们需要回到［广告］业务的主题。我们需要问:‘它引人注目吗?’客户需要加快进度并为优秀的广告买单，但我们必须停止将一切商品化。”这段话里有哪些构念? 这些构念的操作性定义是什么? 对于广告商和广告代理商来说，管理问题是什么?

资料来源：George Slefo，“Digital Conference：Marketers Chime in on Elephants in the Room，Known and Unknown，” *Ad Age*，April 05，2016，downloaded April 6，2016（http：//adage. com/article/special-report-digital-conference/marketers-chime-elephants-digital/303413/? utm _ source = daily _ email & utm _ medium = newsletter & utm _ campaign = adage & ttl = 1460499287）.

1.2.4 变量

变量（variable）是事件、行动、特征、特质或者属性的一个象征，可以被测量。[9]实际上，一个或多个变量被用作概念或构念的“替身”。研究者对概念间以及构念间的关系感兴趣，自然对变量间的关系感兴趣。变量有多种类型：自变量、因变量、调节变量和额外变量（包括控制变量、混淆变量和中介变量）。当涉及测量的概念时，我们会继续扩展列表。

自变量与因变量

因变量（dependent variable，DV）是研究者的主要兴趣所在；研究者会测量、预测或监控因变量，并预计它会受到**自变量**（independent variable，IV）的影响。在每种关系中，至少有一个自变量和一个因变量。正如一位作家所说：

> 研究者假设了自变量和因变量之间的关系：他们创造出关系，然后试图通过事实证明这种关系的确存在。[10]

变量类型（因变量与自变量）的确定取决于研究者正在研究的假设关系。如果你有兴趣研究工作周的时长对生产率的影响，就可以将工作周的时长定为 IV。如果你专注于工人年龄与生产率之间的关系，那么年龄就是 IV。图表 1-5 列出了一些已成为自变量和因变量的同义词的术语。尽管很容易确定 IV 是否影响 DV，但要证明 IV 和 DV 之间存在因果关系困难得多。

图表 1-5　自变量与因变量的同/近义词

自变量	因变量
预测变量	效标变量
假设原因	预测效应
刺激	反应
以……预测	预测……
前因	结果
操纵	测量结果

图表 1-6 总结了许多变量类型，图表 1-7 则通过图形示例的方式显示了它们之

间的关系。研究者认识到，经常会有多个自变量需要研究，且它们可能至少存在某种程度上的“相关性”。因此，它们之间并不独立。当我们研究简单关系时，所有其他变量都被认为是不重要的而被忽略。然而，对于更复杂的关系，研究者必须识别并测量那些变量。

图表 1-6　变量类型的总结

变量类型	符号	IV-DV 的假设效应	需要的行动
因变量	DV	感兴趣的概念/构念	测量
自变量	IV	被认为可以影响 DV 的主要变量	操纵
调节变量	MV	备选的 IV，对 IV-DV 的效应可能有贡献	测量
控制变量	CV	可能会影响 IV-DV 关系，但是该效应不是研究问题的核心	忽略；效应随机化
混淆变量	CFV	备选的 IV，对 IV-DV 的效应未知	测量
中介变量	IVV	理论上会影响 ID-DV 的关系，效应无法确定	推测从 IV 与 MV 到 DV 的效应

图表 1-7　各种变量之间的关系

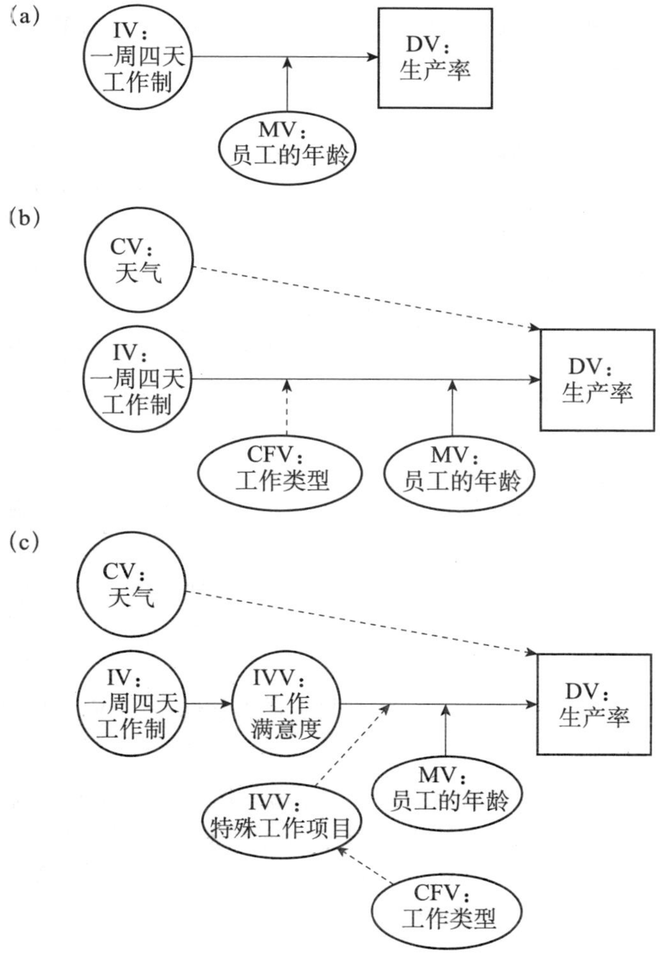

在图表1-7（a）中，因果关系用从自变量发出、指向因变量的箭头表示。

调节变量

调节变量（moderating variable，MV）是研究中的第二个自变量，我们相信它对原有的自变量-因变量关系有显著的影响。比如，一个人可能假设办公室工作的情形是这样的：

> 每周四天工作制的引入（自变量）将导致更高的生产率（因变量），尤其是年轻人（调节变量）。

在图表1-7（a）中，从调节变量发出、指向自变量和因变量之间箭头的箭头显示出IV直接影响DV以及MV影响IV和DV关系之间的差异。在这个例子里，因为员工年龄差异的影响，每周四天工作制和生产率之间有不同的关系模式。因此，把每周四天工作制引进公司后，年轻员工的生产率被拿来与老员工比较。比如，我们假设在实行四天工作制之前，年轻员工的生产率比老员工高出12个百分点；而实行四天工作制的员工的生产率比实行五天工作制的员工高出6个百分点。如果一个实行四天工作制的年轻员工的生产率比一个实行五天工作制的老员工高出仅18个百分点，就不存在交互作用（12＋6＝18），因为18个百分点是主效应之和。然而，如果一个实行四天工作制的年轻员工的生产率比一个实行五天工作制的老员工高出25个百分点，那么工人年龄的调节作用就很明显。

其他额外变量

可能有无数的**额外变量**（extraneous variable，EV）会影响给定的关系。再次以四天工作制为例，人们通常会认为天气状况、地方销售税征收情况、新市长当选，以及成千上万类似事件和情况对工作周的时长和生产率几乎没有影响。大多数事件和情况可以被放心地忽略，因为它们的影响非常随机，以至于几乎没有影响。其他因素可能会影响DV，但其影响并非我们研究的核心问题。**控制变量**（control variable，CV）是我们测量并确定它们是否影响结果的额外变量，因为我们要确保结果不会因排除它们而产生偏差。在图表1-7（b）中，天气以CV表示；虚线表示将天气包括在研究假设中，因为它可能会影响DV，但是我们认为控制变量与所要研究的问题是无关的。

对于假设的自变量与因变量的关系，额外变量也可以是**混淆变量**（confounding variable，CFV），它类似于调节变量。你可能会认为人们从事的工作类型可能会对周工作时长与生产率的关系产生影响，即周工作时长对生产率的正向影响可能并不适用于所有类型的工作。这可能会让你将工作类型引入作为一个混淆变量。在示例中，我们将分组研究四天工作制的影响（例如分组为办公室工作人员、制造工人、分销工厂工人）。在图表1-7（b）中，我们将工作类型称为CFV，并用虚线表示。

中介变量

我们提到的与因果关系有关的变量是具体的、可测量的（也就是说它们可以被看到、被计数或以某些方式被观察到）。然而，有时研究者可能对自己给出的解释并不是十分满意。因此，当我们意识到四天工作制产生了更高的生产率时，可能想到这不是故事的全部——周工作时长影响了某些**中介变量**（intervening variable，IVV），进而产生了更高的生产率。中介变量可以被定义为理论上影响因变量但是无法观察或者尚未被测量的一个因素，它的影响只能从自变量和调节变量对可以观察的现象的影响中推测出来。[11]在周工作时间的案例假设中，研究者可能将工作满意度视为中介变量，提出下面的假设：

一周四天工作制（IV）将通过提高工作满意度（IVV）来提高生产率（DV）。

在这里，假定四天工作制提高了工作满意度；同理，可以假定特殊工作项目的引入会影响生产率。图表 1-7（c）呈现了那些不能直接观察的理论构念是如何被纳入模型的。

快速浏览

无线电芯片与视网膜扫描：哪种理论提供了最佳保护？

2003 年 12 月，在华盛顿州的一头奶牛身上发现首例确诊的牛海绵状脑病（BSE，也被称为“疯牛病”），许多国家禁止从美国进口牛肉，这让 32 亿美元的出口业务陷入停顿。美国农业部（USDA）对全年屠宰的 4 000 万头牛中的约 2 万头牛进行了随机测试。相比之下，西欧国家测试了 1 000 万头牛，日本测试了 120 万头牛。

研究者想在解释与预测现象的同时创造商机和宣传公共政策，理论至关重要。美国农业部的思路是，确定牛源性疾病来源的最好办法是监测一头牛从出生到被屠宰的全过程。因此，美国农业部需要一个全国性的牲畜数据库。在评估不同选项后，美国农业部提出了另一个思路：用射频识别设备（radio frequency identification devices，RFID）标记的奶牛可以生成最准确的数据库。

RFID 标签约为 25 美分硬币大小，被固定在动物耳朵的底部。它被程序赋予一个数字代码，当牛在生产流程中到达一个新位置时，固定式或手持式设备会对其进行扫描。随着牛从农场到饲料场再到屠宰场，每头牛的来源和位置都可以在国家数据库中更新。

然而，RFID 标签可能会损坏、脱落或被篡改。屠宰场需要额外的防护措施来保证这些设备不会最后混到牛肉里。Optibrand 营销副总裁布莱恩·博尔顿（Brian Bolton）说：“只要有人在汉堡包里发现了一个芯片，你就有麻烦了。”这家位于科罗拉多州的公司提供了不同的思路来进行最佳识别和跟踪：最可靠的是用摄像机在牛肉生产链的各个阶段记录牛视网膜中独特的血管形态。博尔顿说，通过视网膜扫描，“跟踪技术被集成在手持记录仪中。它会拍摄一头牛的视网膜的微小照片，然后将其与这头牛的计算机记录链接起来”。美国第三大牛肉加工商 Meatpacker Swift & Co. 多年来一直在使用 Optibrand 的设备。视网膜扫描棒还可以读取 RFID 标签、访问全球定位接收器，并在每次扫描时标记位置。然而，视网膜扫描并不总是可行的，因为扫描必须要在离动物眼睛约一英寸的地方进行。

除了 RFID 和视网膜扫描外，牛肉生产者和加工者还采用其他跟踪系统来实施自己的思路。有的使用可植入的计算机芯片，有的使用 DNA 匹配系统。美国农业部负责国家动物识别的主任约翰·维默斯（John F. Wiemers）仍然偏好 RFID 技术。他承认：“我们认为所有这些技术都还有发展的空间。”

你支持哪种跟踪理论？为了证明你的决策合理，你将考虑哪些最重要的变量？

资料来源：www.usda.gov；www.optibrand.com；www.jbsswift.com.

1.2.5 假设、理论与模型

假设、理论和模型以各不相同但彼此相关的方式服务于研究者。

- **假设**（hypothesis）是关于概念或构念间关系的未经证实的猜想；假设驱动着研究。
- **理论**（theory）由经过数据检验和支持的假设组成；理论来自研究。
- **模型**（model）是理论的形象化；模型用于解释和增进对理论的理解。

假设

精心构建的假设是任何出色研究的核心。假设可以表述为陈述性的语句（描述）或者关于两个或多个可能被判断为真或假的概念或构念间关系的问句。假设始终是猜测，构建它是为了要进行实证检验/测量。

描述形式	问题形式
由于制造业滑坡，美国的很多城市正面临预算困难。	美国的很多城市是否由于制造业滑坡而面临预算困难？

因为假设驱动了研究，构建假设将发挥几个重要功能：

- 它鼓励研究者考虑可能被发现的关系；
- 它鼓励研究者去思考哪些事实是相关的（用来支持或拒绝假设）、哪些事实是不相关的；
- 它可以表明哪些研究设计更为合适；
- 它可以用来检验统计显著性；
- 它为从研究中总结出结论提供了一个框架。

具体考虑一下假设在确定研究方向上的作用，如果我们这么说：

> 丈夫和妻子对他们各自在购买决策中角色的感知是相同的。

这个假设具体说明了研究对象应该是谁（已婚夫妇），在什么样的情境下研究他们（消费决策的制定），以及应该研究什么（每个人对他们角色的感知）。假设的本质和陈述隐含的意义都表明，最好的研究设计应该基于沟通，可能是调查或者访谈。我们在现阶段还没有其他可行的方法来确定一个人的感知，除了通过各种方式询问。此外，我们只对他们在购买、消费决策情境中的角色感兴趣。因此，研究不应该搜寻丈夫和妻子扮演的其他角色的信息。该假设也可能发现夫妻在他们各自的角色感知上不一致，而这个差异可能会被其他变量解释，比如年龄、社会地位、背景、人格以及其他与性别差异不相关的因素。

假设的类型　假设的类型很多。描述性假设陈述了某些概念/构念的存在、规模、形式或分布。例如“707 型飞机的预期寿命超过 16 年”。

关系假设则描述了两个或多个概念/构念间的关系，每个关系都描述一个相关关系或因果关系。**因果假设**（causal hypothesis）指的是一个研究变量被假设对其他研究变量产生特定的影响。**相关假设**（correlational hypothesis）则指的是研究变量一起变化，但不去假设它们之间的因果关系。例如：

● 50 岁以上（概念）的女性与 25 岁以下（概念）的女性购买差不多数量的我们的产品（概念）。[相关（中立）关系]

● 日常来上课（构念）的学生的成绩（概念）比不经常来上课（构念）的学生更好。[相关（正）关系]

● 美国人（构念）认为美国车（概念）的质量（构念）不如外国车（概念）。[相关（负）关系]

在第一个示例中，假设两个年龄组的女性购买了不同数量的产品。在第二个示例中，可能还有其他因素影响成绩，可能是学习的时间。在最后一个示例中，假设“原产国”（概念）会影响“感知到的质量”（构念），但我们不知道是什么因素导致了“感知质量”的高低。当我们认为有其他更基本的因素影响概念/构念时（例如，产品召回较少可能会带来较高的感知质量），或者当我们没有足够的证据来主张更强的因果联系时，通常会作出相关假设。

因果假设不仅可以预测原因，还可以预测结果。以下是因果假设的三个示例：

● 回收铜线价格的上涨（概念/原因）导致对废弃房屋的清理工作（构念/效果）增加；

● 对公司最近有关工伤（概念/原因）的信息的接触，导致员工对工作安全（构念/效果）持更加积极的态度；

● 顾客对某家超市的忠诚度（构念/原因）导致顾客去购买该超市的自有品牌（概念/效果）。

在提出或解释因果假设时，研究者必须考虑影响的方向。人们会认为铜线的价格会影响清理工作，而不是反过来。人们还假定对态度的测量是在发布有关工伤的信息之后进行的。有时，我们确定影响方向的能力取决于研究设计。超市忠诚度和超市自有品牌的购买似乎是互为因果的。对超市的忠诚度可能会增加某人购买超市自有品牌的可能性。然而，对超市自有品牌的满意度也可能会导致更高的超市忠诚度。

推理与假设 我们每天都进行推理，但成功的程度各不相同。**推理**（reasoning）包括收集与问题相关的事实、提出和消除对立的假设、测量结果、进行关键的实证检验，以及得出结论。推理对于研究者的成功至关重要。在形成和检验假设的过程中，两种类型的推理对研究非常重要：归纳和演绎。

归纳。研究者使用归纳法来构建假设。在**归纳**（induction）中，你首先从一个或多个特定的事实或证据中得出结论。结论解释了事实，而事实支持了结论。举例来说，我们假设你的公司在一次区域性的促销活动中花费了 100 万美元，销售额却没有增加。这是一个事实——在促销活动期间或者之后，销售额没有增加。在这种情形下，我们就会问：“为什么销售额没有增加？”

对这个问题可能的回答是，促销活动没有很好地执行。这就是归纳，因为根据经验我们知道销售额在促销期间应该增加。从经验中我们还知道，如果促销活动没有很好地执行，那么销售额不会增加。但归纳的本质是：所给出的结论只是一个假设。它是一种解释，但还有其他解释也能很好地说明这个事实。比如，以下任何一个假设都可能解释为什么销售额没有增加：

- 货运公司的员工罢工阻碍了货物及时送达零售商处；促销期间，区域零售商的库存不足，无法满足客户的订单。
- 竞争对手在促销期间降低了价格；客户购买了他们的产品，而不是我们的产品。
- 在 10 天的促销期间，一场 5 级飓风迫使我们在该地区的零售点不得不全部关门。

在这个例子里，我们可以看到归纳推理的重要本质。归纳性的结论是超越已有证据的一个推断性的跳跃。也就是说，尽管一个结论解释了销售额没有增加的事实，但是其他结论也能解释这个事实，甚至有可能我们提出的结论中没有一个能正确地解释。

另一个例子，让我们看看 Square Box 公司的销售人员特蕾西·纳尔逊（Tracy Nelson）的情况，她拥有公司最差的销售记录。她难以令人满意的表现不禁让我们提出疑问："为什么她的表现如此之差?"对特蕾西的销售实践、所销售产品的特性和市场等方面加以了解，我们可能会得出结论（假设）：

- 特蕾西每天打的销售电话太少了，无法形成良好的销售记录；
- 特蕾西所在的区域不具备其他区域的市场潜力；
- 特蕾西的推销技巧很差，以至于不能有效地完成销售任务；
- 特蕾西没有降价的权限，但是她所在的区域已经出现了生产商之间激烈的价格战，这导致她的不少顾客流失到竞争对手那里；
- 一些人就是卖不掉箱子，特蕾西就是其中之一。

每个假设都可能是正确的，但是我们对某些假设可能比其他假设更有信心。所有这些假设要完全让我们信服还需要进一步确认，而确认需要更多的证据。研究的任务在很大程度上是：(1) 确定证实或拒绝假设所需要的证据；(2) 设计发现和测量其他证据所需的方法。

演绎。研究者使用演绎法来制定研究计划，并从可检验假设的数据中获取洞见。**演绎**（deduction）是一种推理形式，它始于一个或多个真实的前提，并从给定的前提中获得结论。一个正确的演绎必须同时具备真实和有效两个特征：

- 结论所依据的前提（理由）必须与真实世界相符（真实）。
- 结论必须是从前提中得出的（有效）。

如果前提正确，则结论不可能错误，此时的演绎就是有效的。例如，思考下面这个简单的演绎：

- BankChoice 的所有员工在遵守道德规范方面是值得信任的。(前提 1)
- 萨拉（Sara）是 BankChoice 的一名员工。(前提 2)
- 萨拉在遵守道德规范方面是值得信任的。(结论)

如果我们认为萨拉值得信任，可能认为这是个合理的演绎。但是，除非论证的形式是有效的而且前提正确，否则该结论就不能被认为是一个合理的演绎。这个案例中论证的形式是有效的，而且第二个前提很容易确认。但是，每年全世界销售人员盗窃超过万亿美元的事实[12]对第一个前提"所有员工在遵守道德规范方面是值得信任的”提出了挑战。如果一个前提不能通过可接受性检验，那么这个结论就不是一个有效的演绎。显然，从演绎中得出的结论在某种意义上已经“存在于”其前提中。[13]

结合归纳和演绎。在研究推理中，归纳和演绎是同时使用的。心理学家、教育改革者约翰·杜威（John Dewey）把这个过程描述为“双轨反射思考方式”（double movement of reflective thought）。[14]当我们观察一个事实并问“为什么会这样”时，就产生了归纳。在回答这个问题时，我们提出一种试探性的解释（假设），当这个假设能解释引出问题的事件或情景（事实）时，我们就认为它是合理的。而演绎就是我们检验假设是否能解释事实的过程。这个过程如图表1-8所示。

1. 你对一种产品进行促销，销售额却没有增加。(事实1)
2. 你提出问题：“为什么销售额没有增加?”(归纳)
3. 你推断出一个结论（假设）来回答这个问题：促销活动没有很好地执行。(假设)
4. 你用这个假设来得出结论（演绎）：在促销没有很好执行的情况下，销售额不会增加。你从经验得知，无效的促销活动不会增加销售额。(演绎1)

这就是一个循环论证的示例，它指出：一个人必须能够从所提出的用以解释事实的假设中推论出最初的事实。第二个关键点也在图表1-8中进行了说明。为了检验一个假设，你必须能够从这个假设中推导出其他可以调查的事实。这就是研究的全部。我们需要从假设推导出其他特定的事实或事件，然后收集信息来看看这个演绎是否正确。在这个案例中：

5. 我们推论出：有效的促销活动会增加销售额。(演绎2)
6. 我们进行有效的促销活动，销售额增加了。(事实2)

图表1-8 为什么销售额没有增加?

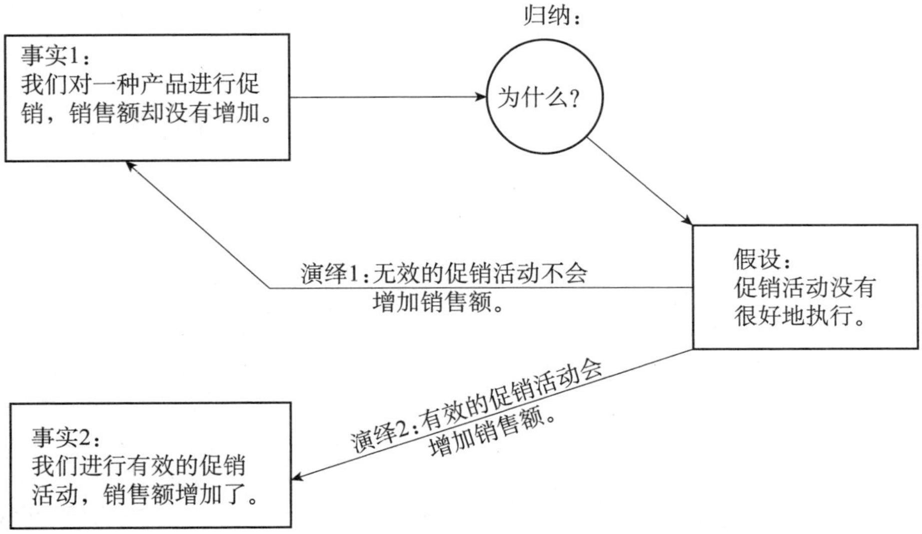

在特蕾西·纳尔逊的案例中，双轨反射思考方式如何运用呢？图表1-9展示了

这个过程。最初的观察（事实 1）使我们作出假设 1：特蕾西很懒惰。从这个假设中我们推论出其他一些事实，即事实 2 和事实 3。我们用研究来证实事实 2 和事实 3 是否正确。如果发现它们是正确的，就证实了我们的假设。如果发现它们是错误的，我们的假设就得不到确认，我们需要再寻找其他解释。

图表 1－9　为什么特蕾西·纳尔逊的绩效如此之差？

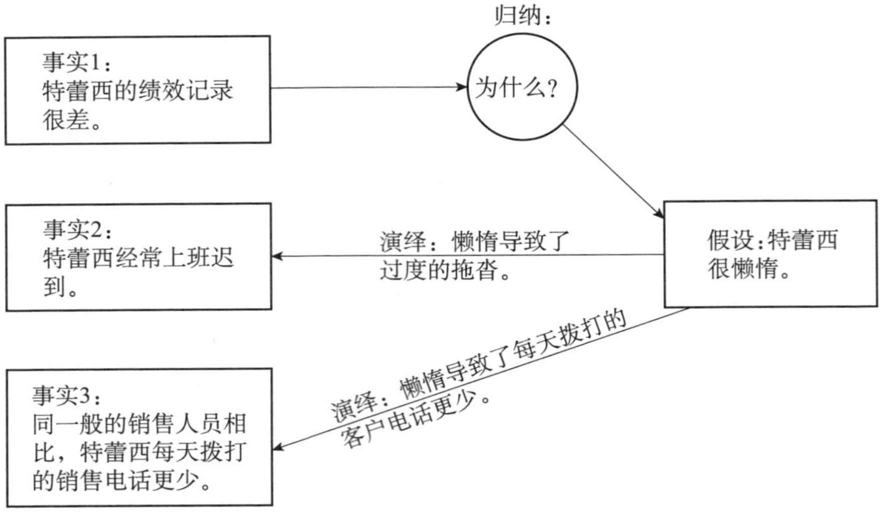

大部分研究中，这个过程可能比我们给出的案例更为复杂。例如，我们经常要提出多个假设来解释提出的问题，然后设计一项研究来一次性检验这些假设。这样不仅更有效率，而且是降低研究者偏好（可能是偏见）任何既定假设的风险的好办法。

下面的步骤描述了一种评价关于可观测事件的结论的效度的方法。[15]这些步骤尤其适用于从实证数据中得出结论的企业管理研究。研究者：

1. 感到好奇，心存怀疑，或者遇到障碍。

2. 努力陈述问题——提出问题，思考现有的知识，整合事实，从感性地面对问题到理性地面对问题。

3. 提出假设（一个合理的解释）去说明那些人们相信与问题有逻辑联系的事实。

4. 推论出假设的结果或后果——试图说明如果结果以与预测相反的方向发展，或者支持预测，会发生什么。

5. 形成几个竞争假设。

6. 设计和开展一项有多种可能结果的严密的实证检验，针对每一个结果都有选择性地排除一个或者几个假设。

7. 通过接受和拒绝假设得出结论（归纳性的推论）。

8. 把信息反馈到最初的问题，根据证据的有力程度对这个问题进行调整。

什么是充分的假设？　一个充分的假设应该满足三个条件：

● 对于研究目的来说是充分的；

● 可检验；

● 优于竞争假设。

图表 1-10 中更详细地描述了提出一个充分假设的条件。

图表 1-10　建立充分假设的条件清单

标准	解释
对于研究目的来说是充分的	1. 假设是否揭示了最原始的问题情况？ 2. 假设是否清楚地区分了相关事实和无关事实？ 3. 假设是否以对研究问题有意义的值（描述性）的方式清楚地说明了某些变量的条件、大小或分布？ 4. 假设是否解释了需要解释的事实（解释性）？ 5. 假设是否建议了最合适的研究设计？ 6. 假设是否提供了用于总结所得出结论的框架？
可检验	1. 假设是否使用了可接受的技术？ 2. 假设是否要求给出已知的生理或心理定律的合理解释？ 3. 假设是否揭示了结果或为了检验目的可以推导出的衍生结果？ 4. 假设是否足够简单，只需要很少的条件？
优于竞争假设	1. 这个假设比其他竞争假设可以解释更多的事实吗？ 2. 这个假设比其他竞争假设能解释更大范围或更多种类的事实吗？ 3. 这个假设是知情判断者所认可的最有可能的假设吗？

理论

很多理论被用来解释或预测我们周围发生的事情。理论的正确性（有实证支持）及其与情境的匹配度决定了我们解释和预测的成功程度。比如，现在是中午，你注意到外面的自然光变暗，乌云从西方快速地飘来，微风吹起，温度降低但仍高于 10 摄氏度。你对这些变量间关系的理解（你的天气理论）会让你预测要下雨吗？

理论是被实证支持的关于概念、定义和命题间关系的描述，被用来解释和预测现象（事实）。因此，理论包括经过数据检验且被支持的假设，它来自研究。我们发展理论的能力决定了我们作出理性决策的能力。但是要注意：因为时刻要面对新数据的挑战，没有任何理论可以被认为是最终的理论。

例如，在市场营销领域，产品生命周期理论描述了产品类别在市场中所经历的阶段。[16] 该理论是基于对成千上万个产品从进入市场到随着时间推移所走过的成功之路的观察来构建的。广义的产品生命周期包括四个阶段：进入期、成长期、成熟期和衰退期。在每个阶段，许多概念、构念和假设描述了改变收入和利润的影响因素。定义用于传递该理论的主张。例如，在该理论的成长阶段，行业内的公司在促销上投入大量资金以建立产品知名度（构念）。在此阶段的早期，这些支出可能用于刺激主要需求（构念），从而提高产品类别意识（构念）而非品牌意识（构念）。在此阶段，许多消费者（概念）尝试该产品，因此销售额（概念）迅速增长。那些满意并再次购买的人（重复购买者，概念）不断增加。根据产品生命周期理论，如果公司无法吸引重复购买者，那么即使产品还有市场，也可能意味着其特定品牌的死亡（假设）。产品生命周期理论已经流行了 50 多年。

模型

如果你是建筑师，客户可能会雇用你来设计他们的梦想家园。你可以给他们制作一个实体的建筑模型，以便他们更好地以视觉方式了解你的设计。这种模型虽然制作起来很费时，但因为可以避免现场修改设计的高成本，通常可以在施工过程中节省时间和金钱。

模型在这里定义为对系统的表征，其构建是为了研究系统的某个方面或整体。建模的目的是增强我们对环境复杂性的理解、预测和控制。模型和理论的区别在于，理论的作用在于解释，而模型的作用在于表征。模型可以让研究者和管理者描述现在或者未来情况的特点：广告对消费者购买意识和意愿的作用、产品的分销渠道、品牌转换行为、员工培训计划，以及商业的其他很多方面。图表 1－11 提供了产品生命周期理论的模型。模型是表述理论和帮助决策者的重要手段。

图表 1－11　传统的产品生命周期理论模型

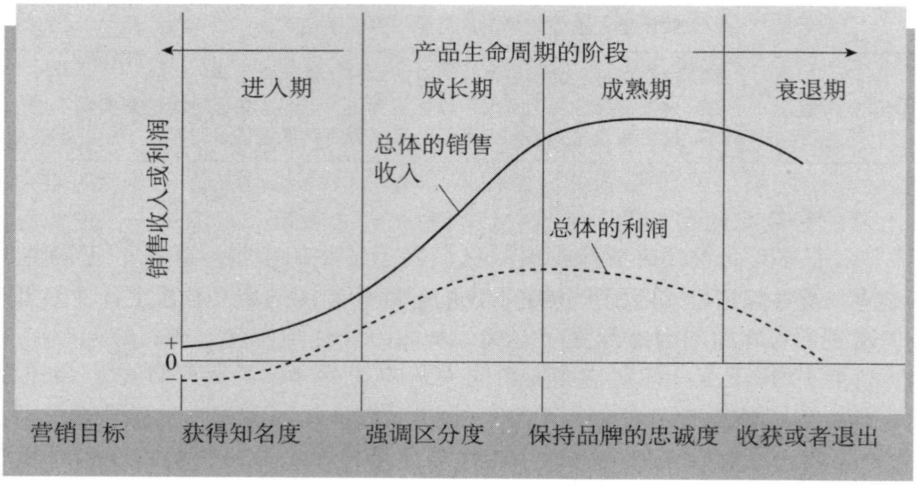

资料来源：Roger Kerin，Eric Berkowitz，Steven Hartley，and William Rudelius，*Marketing*，7th ed.（Burr Ridge，IL：McGraw-Hill，2003），p. 295.

❖小　结

1. 管理者使用数据作为“燃料”，制定了成千上万个决策（战略、战术和程序决策）。虽然企业研究和数据分析相辅相成，但它们并非同义词。数据分析需要数据，其中一些是由研究所提供的。管理者在进行数据分析时通常会利用现有内部数据源（称为决策支持系统）中的数据。这些数据在被挖掘后，可能还被用于原始收集目的外的其他目的。要想收集数据来帮助了解和改进绩效，需要进行持续的观察或沟通研究。然而，将此类数据用于不同目的时，就要用到数据分析。企业在数据融合方面做得越来越好。所谓数据融合，指的是将单独数据文件的数据合并到一个新的复合数据文件中，然后利用该复合数据文件帮助决策。尽管来自数据融合的信息可以在决策中发挥作用，但它并不等于研究。

企业研究是一项系统的调查，可以提供信息来指导决策。更具体地说，企业研究是通过确定、获取、分析、综合等过程向决策者提供相关数据、信息和洞见的过程。企业研究的结果可以帮助组织采取适当的行动，进而最大化绩效并帮助实现组织目标。研究过程是关于研究的开发与解释的模型。该过程包括几个子过程或阶段：（1）明确研究问题；（2）进行研究设计；（3）收集和准备数据；（4）分析和解释数据；（5）报告洞见和建议。尽管有各种变式，但是按步骤做研究的思路对于开发项目以及在项目进行时保持项目有序很有价值。研究过程基于科学方法的宗旨：明确地定义概念、构念、变量、方法和程序；可实证检验的假设；直接观察现象；根据统计证据而非推理（有根据的猜测）得出结论；自我纠正过程（能够重复结果并重新评估结论的有效性）。尽管科学方法本身既不包括连续的阶段也不包括独立的阶段，但是它所揭示的问题解决过程为企业研究提供了洞见。

2. 了解专业研究者的语言对于进行出色的研究至关重要。研究者使用概念、构念、操作性定义和变量来构建假设。概念是公认的与事件、对象、条件、情境或行为相关的含义或特征的集合。当需要处理更多的抽象现象时，我们发明了构念。当试图理解概念或构念间的关系时，我们经常构建一个概念图式或概念图。每个概念或构念都需要一个操作性定义及特定的测量标准。变量可以作为研究中概念和构念的“替身”。变量有多种不同的类型：自变量、因变量、调节变量和额外变量（包括控制变量、混淆变量和中介变量）。

假设是出色研究的核心。假设被设计为描述性的陈述或问题。每个假设都是关于两个或更多概念或构念间关系的未经证实的设想；假设驱动了研究。假设是描述性的或关系性的。关系假设可以是相关假设或者因果假设。研究过程以推理为基础。推理过程主要通过双轨反射思考方式来进行各种假设的构建和检验。双轨反射思考方式包括归纳和演绎，目的是以归纳的方式（通过假设）来解释难题。相应地，假设可以用于演绎出进一步的事实来确认或否认该假设的真实性。

假设通常使用归纳推理来构建，然后使用演绎推理来进行检验。归纳是首先从一个或多个特定的事实或证据中得出结论。演绎则是首先提出一个或多个真实的前提，然后根据这些前提得出一个结论。理论是对假设中概念或构念间关系的有数据支持的描述，它来自研究。理论的作用是预测。模型是理论的可视化（表征）。模型用于阐明和增进理解。模型使研究者和管理者可以对当前或将来的状况进行表征。

❖ 关键术语

变量（variable）
操作性定义（operational definition）
调节变量（moderating variable，MV）
额外变量（extraneous variable，EV）
概念（concept）
概念图式（conceptual scheme）
构念（construct）
关系假设（relational hypothesis）
归纳（induction）
混淆变量（confounding variable，CFV）
假设（hypothesis）
科学方法（scientific method）
控制变量（control variable，CV）
理论（theory）
描述性假设（descriptive hypothesis）
模型（model）
企业研究（business research）
数据融合（data blending）
推理（reasoning）
相关假设（correlational hypothesis）
演绎（deduction）
因变量/效标变量（dependent variable，DV/criterion variable）
因果假设（causal hypothesis）
中介变量（intervening variable，IVV）
自变量/预测变量（independent variable，IV/predictor variable）

※讨论问题

术语回顾

1. 什么是企业研究？

2. 区分以下几组概念，并指出每个概念在研究中的意义：

a. 概念和构念。

b. 演绎和归纳。

c. 操作性定义和字典定义。

d. 概念和变量。

e. 假设和理论。

3. 描述科学方法的特征。

4. 以下是在管理情境中常见的一些术语。它们是概念还是构念？分别给出两个不同的操作性定义。

a. 一线主管。

b. 员工士气。

c. 装配线。

d. 逾期账户。

e. 领导力。

f. 工会民主。

g. 伦理标准。

5. 在你公司的管理发展计划中，有些人声称“理论不实用，因此没有用”，有些人则声称“好的理论是解决问题最实用的方法”。你会支持哪一方？为什么？

6. 一家汽车制造商发现，随着人均收入的提高，对其品牌的需求也在增加。较低的利率降低了信贷条件，也有利于增加销售额。购车者的购买行为被认为取决于年龄和性别。影响销售的其他因素看起来几乎是随机波动的（竞争对手的广告、竞争对手的经销商折扣以及新的竞争模式的引入等）。

a. 如果销售额和人均收入呈正相关，那么把所有变量分类为因变量、自变量、调节变量、额外变量或中介变量。

b. 根据假设对模型的效用进行评价。

制定研究决策

7. 你观察到以下情况：“我们女销售代表的客户比男销售代表的客户流失更少。”

a. 提出用于研究此现象的概念和构念。

b. 如何将这些概念和/或构念中的任何一个与解释性假设联系起来？

8. 你是一家大公司的办公室经理。贵公司自豪于高质量的客户服务。最近，关于客户来电被错误转接或掉线的抱怨越来越多。昨天，当你经过主要接待区时，你注意到接线员在摆弄他的助听器。这时，一个电话打进来，如果你不干预，电话就没人接听。这位接线员三个月前因为迟到而得到较差的评价。你倾向于敦促这位 20 岁的员工辞职，或者将他开除（如果他不愿意辞职的话）。然而，你知道此人很受欢迎，并且被视为公司的“固定资产”。

a. 提出一些假设来解释为什么来电会掉线或被错误转接。

b. 使用双轨反射思考方式展示你如何检验这些假设。

从概念到实践

9. 以图表 1－8 和图表 1－9 为指导，针对以下陈述绘制归纳和演绎图。如果其中存在空白，请补充内容使论点完整。

a. 多项研究表明，经济状况会随着国家货币供应量的变化而变化，并且滞后 6～12 个月。因此，我们可以得出货币供应量是基本的经济变量的结论。

b. 研究表明，大量吸烟者比不吸烟者患肺癌的概率更高。因此，大量吸烟会导致肺癌。

c. 一个定期去教堂的人是一个可靠的员工。

来自头条新闻

10. Chipotle Mexican Grill 在包括大肠杆菌在内的一系列疫情暴发后持续受到顾客感知问题的困扰。顾客担心快餐连锁店的饮食安全。Chipotle 吸引顾客重返餐厅的策略是赠送免费的玉米饼、墨西哥卷饼和薯条。尽管其客户调查得分不断提高，但 Chipotle 仍然处于亏损状态。未来的研究应处理哪些概念、构念和操作性定义？

◈ 参考文献

1. This example is based on an on-air interview with David Green, Hobby Lobby's CEO, on *CBS This Morning*, April 25, 2017 (http://www.cbsnews.com/news/hobby-lobby-ceo-david-green-new-book/), and on his book, *Giving It All Away . . . and Getting It All Back Again: The Way of Living Generously*. (Grand Rapids, MI: Zondervan, 2017).
2. Sam Ransbotham, David Kiron, and Pamela Kirk Prentice, "Beyond the Hype: The Hard Work Behind Analytics Success, research white paper from *MIT/Sloan Management Review* and SAS, Spring 2016, downloaded April 27, 2016 (http://marketing.mitsmr.com/PDF/57381-MITSMR-SAS-Analytics2016. pdf?utm_source=WhatCounts%2c+Publicaster+Edition&utm_medium=email&utm_campaign=darpt16&utm_content=Download+the+Report+%28PDF%29&cid=1).
3. Material for this paragraph was drawn from the research industry's annual retrospective by Leonard F. Murphy, "GRIT Report," *GreenBook*, June 2016, downloaded June 30, 2016 (https://www.greenbook.org/images/GRIT/2016_grit/GRIT_Report_2016_Edition.pdf); and "10 Trends to Watch For in 2017," Seifert Technologies Inc., downloaded April 18, 2017 (http://techbit.guide/show.php?a=1571&source=linkedin&cid=19735&ref=026A1CJ01K).
4. "Our Business," Siemens AG, downloaded April 26, 2016 (http://www.siemens.com/businesses/us/en/); and "About," Siemens AG, downloaded April 26, 2016 (http://www.usa.siemens.com/en/about_us.htm?stc=usccc025276&s_kwcid=AL!462!3!47804445220!e!!s!!siemens&ef_id=VfRMpgAABbGt39PL:20160426154333:s).
5. Gerhard Kress, director of mobility data services at Siemens AG, "The Internet of Things in Motion: Analytics and Transportation," Web seminar sponsored by Teredata and *MIT/Sloan Management Review*, April 26, 2016.
6. "The Definitive Guide to Data Blending," Alteryx, downloaded April 25, 2016 (http://pages.alteryx.com/rs/alteryx/images/ALT_WPDefGuideDataBlending-WithGraphics38.pdf).
7. Merriam-Webster, downloaded February 10, 2016 (http://www.merriam-webster.com/dictionary/gestalt).
8. "Customer," *Merriam-Webster's Dictionary*, downloaded July 7, 2016 (http://www.merriam-webster.com/thesaurus/customer).
9. Fred N. Kerlinger, *Foundations of Behavioral Research*, 3rd ed. (New York: Holt, Rinehart & Winston, 1986), pp. 436-37.
10. Kenneth R. Hoover, *The Elements of Social Scientific Thinking*, 5th ed. (New York: St. Martin's Press, 1991), p. 71.
11. Bruce Tuckman, *Conducting Educational Research* (New York: Harcourt Brace Jovanovich, 1972), p. 45.
12. "Employee Theft Statistics," *StatisticsBrain*, April 1, 2017, downloaded April 15, 2017 (http://www.statisticbrain.com/employee-theft-statistics/). Statistics were drawn from Association of Certified Fraud Examiners, Easy Small Business HR, Institute for Corporate Productivity, and Jack L. Hayes International Inc. Also, "The 2015 Hiscox Embezzlement Watchlist: A Snapshot of Employee Theft in the US," Hiscox, downloaded April 15, 2017 (http://www.hiscoxbroker.com/shared-documents/2015%20Hiscox%20Embezzlement%20Watchlist.pdf).
13. Howard Kahane, *Logic and Philosophy*, 2nd ed. (Belmont, CA: Wadsworth, 1973), p. 3.
14. Originally published by John Dewey, "Systematic Inference: Induction and Deduction," *How We Think* (Lexington, MA: D.C. Heath, 1910), Chap. 7, pp. 79-100, downloaded April 27, 2016 (https://brocku.ca/MeadProject/Dewey/Dewey_1910a/Dewey_1910_g.html).
15. Based on John Dewey, *How We Think* (Boston: Heath, 1910); and John R. Platt, "Strong Inference," *Science*, October 16, 1964, pp. 347-53.
16. The original theory was developed by economist Raymond Vernon, "International Investment and International Trade in the Product Cycle," *Quarterly Journal of Economics* 80, no. 2 (1966), pp. 190-207. It has been interpreted and enriched by numerous authors, including Roger A Kerin, Eric N. Berkowitz, Steven W. Hartley, and William Rudelius, *Marketing*, 7th ed. (Burr Ridge, IL: Irwin/McGraw-Hill, 2003), pp. 294-302.

第 2 章
研究过程概述

如今，人们越来越多地把电子邮件和文档保存在数据中心的远程服务器上。简言之，就是在云上。但是云上的转移不会改变人们对于个人隐私保护的期待。

——布拉德·史密斯（Brad Smith），微软总裁兼首席法律官

学习目标

阅读本章后，你应该了解：

1. 好的研究的标准。
2. 研究过程中的每个阶段都会发生什么。
3. 研究过程中的陷阱及其解决方案。
4. 研究过程中每个阶段的伦理问题。

2.1 什么是好的研究

企业研究的内在价值取决于它在多大程度上可以帮助管理者作出比根据已有信息所做决策更好的决策，从而实现组织目标。有关消费者、员工、竞争对手、设备、设施、位置或环境的有趣信息可能会令人愉悦，但如果这些信息无法被用于在关键情形下作出最佳决策，这些信息的价值就有限。在研究过程中，我们需要一些质量标准来区分好的研究与那些只为管理者提供有限洞见的不好的研究。图表 2-1 总结了六个标准，这些标准与研究者职责也有关联。

图表 2-1　好的研究的标准及研究者职责

标准	研究者职责
清晰地定义目标	● 研究者对组织问题的症状、管理者关于问题的看法以及研究问题进行区分。 ● 研究者在研究问题陈述中阐明研究范围和局限性。 ● 研究者对所有概念、构念和变量进行操作性定义。
全面规划并执行研究设计	● 研究者为选择研究设计和拒绝备选设计提供依据。 ● 研究者详细介绍所选研究设计中的程序并认真执行。 ● 研究者在选择研究设计时避免个人偏见。 ● 研究者定义研究探索程序。 ● 研究者定义目标总体并描述样本单元及选择程序。 ● 研究者确定并遵循数据收集程序。

续表

标准	研究者职责
遵循高伦理标准	● 研究者设计保护措施以保护研究参与者、组织、客户和研究者。 ● 研究者的建议没有超出研究范围。 ● 研究者确保研究方法和局限部分反映了研究者对准确性的要求和关注。 ● 研究在必要时保证被试和信息源的保密性。
充分分析决策者的需求	● 研究者遵循可用于数据收集且满足决策者需求的分析程序。 ● 研究者将研究发现与研究工具联系起来。 ● 研究者将洞见、结论与所收集的数据联系起来，不超出数据范围。 ● 研究者检查数据的信度和效度。
诚实地呈现局限性	● 研究者通过对理想操作与实际操作进行比较来揭示研究的局限性。 ● 研究者通过对样本与目标总体的特征进行比较来揭示样本的局限性。 ● 研究者呈现研究局限性对发现、洞见和结论的影响。
报告的研究发现明确，洞见和结论合理	● 研究者以文字、表格和图形的形式清楚地呈现研究发现。 ● 研究者有逻辑地总结发现、洞见和结论，以帮助管理者作出决定。 ● 研究者汇总结论。 ● 研究者在任何书面报告中都提供详细的目录，以方便快速访问所需的信息。

1. 清晰地定义目标。企业研究的目的（涉及的问题或要做的决策）应以书面形式明确地定义。关于决策问题的陈述应包括其范围、局限、所有概念的准确含义，以及对研究有重要价值的变量。

2. 全面规划并执行研究设计。研究者应对研究设计的选择过程和备选设计的拒绝过程进行清晰的描述和论证。研究程序应当具体且被仔细地执行，以产生尽可能客观的结果。研究者在研究选择、抽样设计以及收集和记录数据时必须避免个人偏见。

3. 遵循高伦理标准。研究者通常在设计和执行项目上拥有较高的自由度。他们在研究过程的每个阶段都面临着伦理困境，必须要准备好去解决这些问题。研究设计必须包括防止对参与者造成精神或身体伤害、剥削、隐私侵犯和/或丧失尊严的保障措施，并确保数据收集者经过充分培训且其安全得到保障。确保数据完整性的流程至关重要。

4. 充分分析决策者的需求。数据分析应使用恰当的技术，以有助于研究者获得相关洞见和结论的方式进行归类，并清楚地呈现引出结论的研究发现和程序。洞见应在数据可以提供充分依据的基础上提出。当使用统计方法时，要估算错误的可能性并应用具有统计显著性的标准，这些信息也应当呈现。要仔细检查数据的信度和效度。

5. 诚实地呈现局限性。很少有研究设计是完美的。研究者要完全坦诚地报告研究设计或设计执行中的不足，并估计其对研究发现的影响。一些不足可能对数据的信度和效度影响很小，另一些则可能会让数据完全作废。作为决策者，你应当质疑没有报告局限性的研究的价值。

6. 报告的研究发现明确，洞见和结论合理。除非有保密要求，研究报告应当坦率地报告数据来源和获取方法。研究者要报告研究程序的细节，以便估计数据的信度和效度，增强对研究本身和基于研究所提出的任何建议的信心。好的研究者总是会详细说明其研究结论在什么条件下有效。要以全面的、易于受众理解并有条理的方式呈现洞见和结论，以便决策者轻松地定位关键信息。

2.2 研究过程

组织通常将**研究过程**（research process）视作一个连续过程。这个过程包括几个清晰界定的步骤：明确研究问题、进行研究设计、收集和准备数据、分析和解释数据以及报告洞见和建议。循环、绕过和跳跃时有发生。有些步骤不按顺序开始，有些步骤同时进行，有些步骤则可以省略。虽然存在这些差异，遵循研究过程的顺序对于开发一个项目以及项目启动后确保有序进行还是有用的。图表 2－2 呈现了研究过程及各阶段的伦理责任。

图表 2－2 研究过程及伦理责任

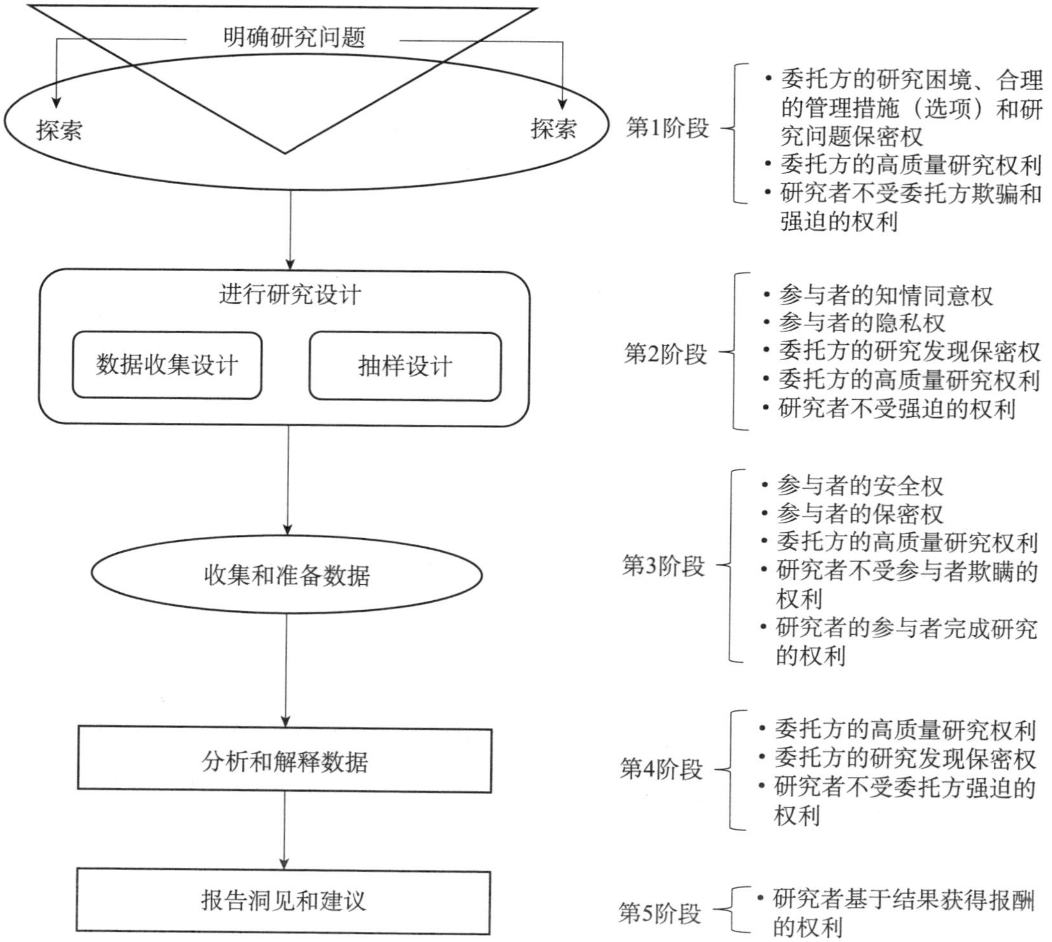

2.3 第 1 阶段：明确研究问题

研究过程中本阶段的目的是确定是否应该进行研究。

在这一阶段，管理者必须回答以下问题：

1. 管理困境有哪些？应该重点关注哪个困境？
2. 了解什么可能有助于我们定义和解决困境？
3. 需要什么信息来做决定？
4. 知道这些信息可以帮助我们为解决困境而更好地作出必需的决定吗？
5. 提议进行的研究，经费来源于哪里？

2.3.1 发现困境并进行优先排序

管理者的资源不是无限的，因此需要聚焦在他们认为自己最可能完成的事情上。研究过程在最基本的层面上始于**管理困境**（management dilemma）。管理困境通常是一个实际问题的征兆，例如：

- 成本上升；
- 越来越多的租户搬出公寓楼；
- 销售额下降；
- 餐厅雇员的流动率不断上升；
- 汽车生产制造中出现了更多的产品瑕疵；
- 投诉售后服务的电话和信件不断增加。

管理困境也可能是由早期的机会信号引发，或者有证据表明是一种可能会持续更久的趋势，例如：

- 发现了一种昂贵的能够增加药品疗效的化合物。
- 找工作的方式向数字招聘平台转变。
- 智能手机使用率上升。
- 越来越多的公司挖掘数据以开发数字仪表板。

快速浏览

新妈妈和准妈妈提供视频形式的洞见

对婴幼儿的妈妈或准妈妈进行研究可能会遇到问题。这些21～40岁之间的女性有很多让她们分心的事情，通常只在特殊时间有空。Marcus Thomas（自称是一家创意代理商）和QualVu（FocusVision公司旗下一家帮助客户找到真相的公司）进行合作，以帮助耐用婴幼儿用品生产商更好地了解母亲的选择。

具体而言，研究目标是“深入了解母亲对特定产品的看法，发现她们的购买途径，[了解]购买动机，并[分享]她们在主要零售商（塔吉特、沃尔玛和Babies‘R’Us）的购物体验”，Marcus Thomas的战略洞见执行官、合伙人詹妮弗·赫特-马钱德（Jennifer Hirt-Marchand）解释说。定性研究可以让Marcus Thomas对研究参与者有更深入的了解。因此，他们选择了视频日记，并由QualVu提供视频日记平台。

被招募的参与者都是婴幼儿的母亲或怀孕的准妈妈，且有可用的电脑和高速上网条件。对于还没有安装摄像头的人，公司会给她们提供（在研究结束后可以留下）。“我们从Forrester Research提供的二手研究中得知，该年龄段的女性活跃于社交网络上，习惯于用文本和视频在网上分享自己的故事。”Marcus Thomas 的研究副主任埃德维格·维南斯（Edwige Winans）分享道。作为主持人，维南斯预先录制了“讨论点”，发布到 QualVu 平台上，参与者可以在平台上访问。“我们想通过录制视频来实现与参与者关系的相似性。”参与者在 4 天时间里通过在网站上传视频日记的方式来回答各种问题。维南斯解释说，参与者实际上是“与自己对话，她们的日记提供了坦率的回应”。参与者每天回答不同主题的问题，她们可以按自己的时间表来选择回答问题的时间。在研究进行期间视频会被监控。如果有必要，主持人会用电子邮件来提示或重新指导参与者对问题做进一步的说明。

在研究过程中，21 名获得报酬的参与者对 8 个主题的相关问题做了回答，每个主题都上传了日记（典型的视频日记研究有 7～10 个主题）。QualVu 的研究人员观看了视频，识别出评论中的趋势，提供了一个视频报告。“客户对评论零售商的店内销售要素特别感兴趣，”维南斯说，“但我们最重要的任务是保持开放的态度。”一些最有价值的洞见来自次要线索，如参与者的家庭环境、参与者在日记中使用的道具以及她在商店或家中所做的产品演示。

“向我们的客户推荐这种方法的关键考虑是确保技术对于参与者来说是直观且自然的，并允许他们以舒适、自信的方式分享想法和观点。”赫特-马钱德说。客户得到了他们所需要的。

资料来源：www. marcusthomasllc. com；www. focusvision. com.

除非组织无法根据先前绩效和行业标准来持续追踪绩效指标，否则识别出问题导向的管理困境通常并不难。这些指标称作关键绩效指标（KPI）。KPI 包括公司、业务部门和个人员工级别的指标。公司 KPI 受股东需求（销售、利润、增长、声誉）、政府法规（安全、加班、准点率）甚至是工会（培训、晋升）的驱动。在业务部门，公司可能会追踪各种 KPI，例如，一条生产线可能会追踪产量、产品缺陷、制造商日程、供应满足情况等。对于人力资源部，KPI 可能是员工流动率、员工敬业度、每个空缺岗位的申请者数量、在线培训参与率、安全培训合规性得分以及绩效考核评级等。每个员工也有 KPI，尽管不叫作 KPI。这类 KPI 包括加薪、晋升、培训机会、项目分配、项目管理、新客户获取等。企业通过持续维护的数字化**仪表板**（dashboard）来跟踪这些关键绩效指标。仪表板（数据可视化工具）通常在一个屏幕上显示每个关键绩效指标的当下和先前状态。小型企业也可以使用软件工具来创建 KPI 仪表板。

识别基于机会的管理困境比较耗时且困难。它需要监测各个行业捉摸不定的发展状态以及企业所处行业中的新兴趋势。那些寻找机会的公司正在努力成为先行者。它们想抓住别人尚未意识到的环境趋势。亚马逊首席执行官杰夫·贝索斯（Jeff Bezos）一直在寻找以下困境的解决方案：客户因为在实体商店找不到问题的解决方案而感到沮丧；公司需要更可靠的交付方式；读者希望在旅行时随身携带更多书籍，不受行李箱空间的限制；等等。寻找基于机会的管理困境充满了风险，但是这种探索获得的回报通常会非常大。

然而，关注哪个困境可能是个比较难的抉择。解决不同的困境会带来不同的回报。一个办法是估计解决每个困境的收益，并对收益进行排序来确定优先级。与基于机会的困境相比，对于基于问题的困境（如估算降低客户退货的成本）更容易做到这一点。归根结底，选择不当会导致公司或企业走上低效之路。作为管理者，只有实践才能让你精通这个任务。对于新管理者或肩负新职责的资深管理者，从几个不同的困境入手去建立管理困境-研究问题层级将对选择过程有帮助。为了建立这些层级，需要进行大量的探索性研究，利用公开的已有资源并对公司数据进行挖掘。

2.3.2　探索

搜寻现有信息常常不仅用于确定困境（如确定行业标准并与公司绩效进行比较），还用于提出正确的问题并更好地理解决策方案。随着可以更好地利用数字化数据仓库的工具的出现，公司的历史数据正越来越多地用于探索中。[1]公司的许多现有信息可能不在可搜索的数据库中。它们可能在书面报告里，其可访问性是一个问题。在这个阶段，研究者大胆地进行探索总是值得的，因为对历史数据进行探索的成本远远低于进行新研究的成本。然而，历史信息和公开信息始终存在一个内在问题：它们是对过去而非当前情况的反映，过去的情况与当前的情况很少能够匹配。

探索本身就是一种研究，它通常是高度非结构化的。如果你要撰写一篇论文，也许会从用谷歌搜索感兴趣的主题关键词开始。你可能会得到成千上万的链接，但许多链接与你想找的信息并不直接相关。因此，你会不断地完善搜索关键词。然后，你尝试使用其他搜索引擎（例如微软必应）来看看是否会带来不同的结果。研究者可能会使用谷歌或其他搜索引擎，也可能会在一般搜索引擎无法访问的专有数据库中寻找信息。对研究者来说，最重要的专有信息来源可能是公司记录（无论是书面记录还是数字记录）。

在探索的过程中，我们希望管理者已经对解决困境的合理的管理措施（选项）进行了定义。这些选项中的每一个都可以分为两类：基于公司现有资源可行的选项和目前不可行的选项。除了估计回报外，管理者还可以根据可行性来确定管理困境的优先级并集中精力。同时，我们可能提出了许多额外的没有答案的问题，从而可以确定我们不知道什么。

为了推进研究，管理者需要提出一个**研究问题**（research question）（最能说明研究目标的假设）并在行动选项中作出抉择。这个问题的答案必须能够给管理者提供必需的信息，以便他们作出有关管理困境的决策。提出研究问题通常还涉及其他探索。

2.3.3　评估研究价值与制定研究预算

通过确定管理困境并对它们进行优先级排序，管理者可明确研究问题以及他们知道和不知道的内容。获得不知道的信息（建立研究项目）总是有成本的。因此，管理者在推进研究之前需要估算获取该信息是不是值得。管理者的已有经验经常让他们不做研究就作出决策。如果面对新的管理困境，管理者凭已有经验作出的决策与新研究的结论相同，新研究就没有价值了。相反，如果没有新研究就无法作出决策，新研究就有价值。进行这种价值估算的唯一途径是考虑信息收集的可能方法以及信息来源（何人、何处），以确定成本。管理者使用这个成本估算方法来确定预算。如果研究有价值，管理者就可以获得项目的预算资源。在大多数公司，不管规模大小，一位管理者的研究建议对阵另一位管理者的研究建议都是竞争性的。如果过程公平的话，项目有充分依据的管理者就会获得所需的预算。

2.4　第 2 阶段：进行研究设计

研究设计（research design）是达成目标和回答问题的蓝图。这一阶段回答了两个问题：

- 数据收集设计。需要收集哪些数据，如何收集、以什么形式收集？
- 抽样设计。需要从谁（或什么）那里收集数据，数据来源的样本量要多大？

2.4.1　数据

数据（data）是来自对象或个案（人员、事件、机器、人事记录等）的信息集合（如生产缺陷、购买或退货，个人态度、行为、动机、特质，照片、记录的评论等）。数据由数据收集者（人员、传感设备、数字的或机械的机器）按照固定程序进行测量。数据分为两类：原始数据和二手数据。**原始数据**（primary data）是直接记录的数据，它们是原始的或没经过加工的。例如，研究者对参与者进行个人访谈，以数字方式记录访谈内容。原始数据是大多数企业研究的重点。**二手数据**（secondary data）则至少包括对原始数据一定程度的解读。例如，研究者发现了一份研究报告或一篇文章，从中提取数据用于自己的研究。二手数据经常在探索过程中使用，它有助于解释相似主题的新的原始数据。

我们还通过属性来描述数据，并按照用于收集数据的量表类型将数据分为四类：定类数据、定序数据、定距数据或定比数据。**定类数据**（nominal data）有数据的分类，但没有顺序、相等间距或自然起点。当我们询问人们喜欢在线培训还是课堂培训时，会根据分类系统（在线/教室）对数据进行分组。在各组中，没有一个类别比另一个类别更大或更小。**定序数据**（ordinal data）有数据的分类和顺序，但没有相等间距或自然起点。我们可以收集员工的家庭住址，然后根据他们是住在离公司 2 英里[①]范围内、2～5 英里还是 5 英里之外进行分组。在各组中，存在分类和顺序（基于距离），但是每个组所代表的距离并不相等。**定距数据**（interval data）有数据的分类、顺序和相等间距，但没有自然起点。如果我们问一个人一个关于态度的问题，并要求他使用五点计分（1 ＝完全同意；2 ＝同意；3 ＝既不同意也不反对；4 ＝反对；5 ＝强烈反对）来回答，我们收集的就是定距数据。我们假设选择“同意”的人的感觉要比选择“完全同意”的人的感觉更弱。我们将陈述词与数字联系在一起，假设陈述词之间的距离相等，但没有自然起点。最后，**定比数据**（ratio data）有数据的分类、顺序、相等间距和自然起点。如果我们测量一台机器在 24 小时内产生的缺陷数量，会得到一个实际数字。这个数字不能小于其自然起点 0。我们还知道，每天产生 10 个缺陷的机器比每天只产生 3 个缺陷的机器产生了更多的缺陷，因此，数据具有分类和顺序。1 个缺陷离 2 个缺陷正好差 1 个缺陷，因此，数据具有相等间距。在我们知道

---

① 1 英里＝1 609.344 米

想对数据做什么统计操作后，通常就可以决定要收集四种数据类型中的哪一种。

类别	数据特征	基本实证操作	举例
定类	有分类，但是无顺序、相等间距或自然起点	确定等值性	性别（男性、女性）
定序	有分类、有顺序，但是无相等间距或自然起点	确定更多或更少	牛肉的熟度（全熟、七分熟、五分熟、三分熟）
定距	有分类、有顺序、有相等间距，但是无自然起点	确定间距或差异相等	温度
定比	有分类、有顺序、有相等间距及自然起点	确定比率相等	年龄

一位作者建议，数据的特征包括抽象性、可验证性、隐蔽性以及真实性（与现象的贴近性）。[2]

- 抽象性。如果我们测量的数据是客观的（例如某人的身高），那么它是抽象连续体的一个极端。我们可能无法直接观察和记录一些概念和构念，因此要以变量来代替它们。一些人对工作满意度的态度是抽象连续体的另一个极端。
- 可验证性。数据是由我们的感官加工的。如果感觉经验总是产生相同的结果，数据就会被认为是可信的，因为它们可以得到证实。
- 隐蔽性。某些我们感兴趣的数据在以难以测量的速度出现。在这种情况下，我们要依靠事件的视/音频记录或者人们的记忆。在其他情况下，可观察事件的影响可能会很快消失，我们还是要依靠人们的记忆。为了获得数据，我们需要尽可能地接近事件。
- 真实性。如果收集的数据准确地反映了所测量的现象，则我们认为数据是真实的。在事件被测量时收集的原始数据被认为是最接近真相的数据。

快速浏览 ▶▶▶▶▶▶▶▶▶

研究与程序算法

在美国广告联合会（American Advertising Federation）的 D2 数字对话会议上，OMG 副总监、负责宝洁程序化数字广告采购的斯科特·弗兰泽（Scott Franzer）分享道，“宝洁通过程序化采购获得的投资回报率……比通过传统的［数字广告采购］高 3～5 倍。”Rocket Fuel 公司的人工智能总监迈克尔·贝尼什（Michael Benisch）解释说：“仅仅在几年前，（数字媒体广告）的广告采购和安排过程还是由人来处理的，且常常是通过电话进行的。”然而，今天数字广告的购买是通过计算机程序依靠复杂的计算来实现的。

程序化采购如何工作？消费者点击了一个内容链接。在幕后，发布商的计算机使用先前的历史联系记录来对消费者进行画像，以确定哪些广告最吸引该消费者，并帮助发布商获得最多的广告收入。发布商的计算机通过各种广告交易向众多广告客户发送报价及有关消费者个人资料的信息。每个广告客户决定是否要出价。贝尼什表示：“机器学习算法可以准确地确定要为吸引消费者的注意力出多高的价格。在某些情况下，他们甚至可以制作合适的广告并即时投放。”所有这一切发生在大约 100 毫秒内。

广告研究表明，每个消费者都需要“多次观看广告，这样信息才能渗透，从而引起响应。此外，对于价格高、购买周期长的商品（如汽车），需要在更长的时间里进行更多的广告曝光。这就是……为什么通过程序化来获得更强的目标定位能力很重要——频繁接触消费者完成销售任务，但又不会打扰消费者并浪费投入”。因此，出色的结果（广告投资的更高回报）与算法及其考虑的数据点有关。“算法［评估］的数据点越多……从每个报价机会中学习的能力越强……系统就变得越智能。”

在识别有力的数据点来创建更智能的算法上，研究将扮演什么角色？或者说，研究仅仅关注点击数据吗？

资料来源：www. pg. com.

2.4.2 数据收集设计

数据收集设计的选择因为大量方法、技术、程序和方案的存在而变得复杂。例如，研究者可能决定要做一项调查，但他必须从研究方法列表中做选择。因为许多方法都可行，用哪些方法和不用哪些方法要有充分的理由。一旦选定了方法，研究者将面临其他问题。应该通过互联网、移动设备，还是通过数字形式记录的个人访谈来实施调查？应该一次收集所有相关的数据，还是在一段时间内进行多次测量？问卷或访谈指南应该怎么写？要提供哪些指导语？问题如何表述？用量表还是开放式问题来获取被试的回答？如何实现调查的可靠性和有效性？访谈者的个人特质会影响被试对问题的回答吗？数据收集者应该接受什么培训？这些问题仅仅代表了一小部分必须作出且要给出合理理由的决策，而且是在只选择了一种方法的前提下。

尽管选项范围的扩大可能会让选择合适的数据收集设计变得复杂，但是有创造力的研究者可以从中受益。丰富的工具形成的众多组合可以用来构建关于同一个问题的不同观点。通过使用多种方法来完成设计，研究者比采用最常用的方法或最吸引媒体关注的方法能获得更深刻的洞见。尽管使用多方法、多策略的方式来探索一个研究问题目前还不是业内的“规范动作”，但这类设计越来越受到研究者的关注，并因其有效性赢得了业界奖项。[3]商业的主要趋势之一是远程员工协作，这在研究过程中体现得越来越明显。[4]在敲定最终的数据收集设计前，应该考虑以协作的方式确定几个合理的竞争设计。

2.4.3. 抽样设计

这个子流程回答了以下问题：需要从谁或什么（目标总体）那里收集数据，如何收集数据，以及从多少个体（个案）那里收集数据？此子流程中的步骤包括：

- 定义目标总体；
- 定义个案；
- 定义所需的个案数量；
- 定义招募或选择每个个案的程序。

规划研究项目的第一个步骤是确认**目标总体**（target population），即那些拥有回答研究问题所需信息的人、事件或记录。如果一项研究的目的是检验美国汽车装配工对于质量改进的态度，抽样人群可能被定义为“美国汽车行业雇用的所有成年汽车装配工”。“成年”和“装配工”的操作性定义以及“装配”和“美国汽车行业”包括的相关职位说明会进一步限制研究的样本范围。调查者也可能希望将研究限定在市场上已知的某些公司、某些汽车类型及某些装配过程上。

该目标总体中的每个单位都是一个**个案**（case）。每个个案都拥有需要测量的一个或多个变量的信息。例如，在汽车装配厂研究中，每个个案都是一名员工。可以通过工龄、绩效等级、工作技能以及工作过的公司数量等来定义每个员工。

我们需要的个案数量取决于目标总体的规模、差异性和可得性。在抽样设计过程中，我们要决定是进行抽样还是普查。进行**普查**（census）需要研究者检查或统计目标总体中的每一个个案。使用**抽样**（sample）则只需要检查或统计目标总体中的一部分个案。如果目标总体较小，则可能需要进行普查；如果目标总体很大，研究者可能无法或不希望做普查。大多数企业研究使用抽样。我们使用统计公式来确定理想的样本量和样本类型。

研究者使用样本时，必须确定程序以选择那些最能代表集体的特定个案。如果我们的样本是从事件记录或机器的绩效数据中提取出来的，那么通常会采用统计程序来确保数据选择的随机性。然而，对于人来说，可得性可能是个问题。招募个人参加研究变得更难（拒绝率更高），成本也更高（需要更大的激励）。因此，研究者聘请了抽样专家来招募参与者，或者从更愿意参与研究的人所建立的社群中选择参与者。[5] 我们仍然必须采用一致的程序来招募和保证参与者的加入。今天绝大多数人都随身携带移动设备，为研究者提供了更多选择来完成这些任务。

2.5 第 3 阶段：收集和准备数据

此阶段包含两个子过程：实际的数据收集和数据分析的准备。

2.5.1 收集数据

问卷、标准化测验、观察表格、实验记录和工具校验日志都是记录原始数据的方法。实验、观察研究、在线调查、焦点小组访谈、照片民族志研究甚至研究游戏，都只是当前使用的研究方法的一部分。研究者越来越多地结合一种以上的方法来回答研究问题。例如，调查中将被试送到指定的商店，拍摄他从一系列产品中做选择的过程的视频。尽管项目中使用的每种研究方法在科学严谨性上有所不同，但每种方法都必须遵循一致的程序以确保数据质量。数据收集设计中对方法和程序的指定在这个阶段完成。

2.5.2 准备数据

在分析之前，必须对大部分数据进行编辑，以确保应答者、对象或事件间的一致性并找出和解决错误及疏漏之处。数据准备过程能够发现数据记录中的错误、提高数据的可识别性、找出不清楚或令人意外的数据。当用计算机处理数据时，分配给每个数据单元的字母数字代码可以把回答简化成一个更易于管理的系统，以便存储和进一步处理这些数据。这些代码还有助于分类、制表和分析。计算机使得以更少的步骤、更快的速度录入、合并、编辑和编码数据成为可能，缩短了许多研究项目的时间。

数据准备过程不仅仅包括字母数字代码的分配。例如，研究者可以使用数据的早期汇总来定位异常回答并确定编码是否正确。调查问题要求回答“是”（代码 1）或“否”（代码 2），但在数据输入过程中，一些代码 3 被输入。你会查看原始的调查邮件以获取正确答案，还是舍弃此人在这个问题上的数据？如果这个问题对于调查如此重要，以至于没有它你将无法正确解释其他回答，你会怎么办？你会舍弃此人的所有答案吗？在此阶段将解决这些问题。

2.6 第 4 阶段：分析和解释数据

管理者需要的是信息，而不是原始数据。研究者通过对收集的数据进行分析来获得信息。**数据分析**（data analysis）通过开发汇总表（变量的描述统计）来缩减累积的数据，通过寻找变量间的关系来发现规律，以及应用统计技术。例如，假设一个研究者就新一代移动电话（口袋手机）的前景调查了 2 000 人。每个应答者要回答以下四个问题：

1. 与现在的移动电话相比，你是否更喜欢口袋手机带来的便利？
2. 口袋手机存在信号问题吗？
3. 口袋手机比现有的移动电话更适合全球范围内的通信吗？
4. 单纯的成本原因会促使你购买口袋手机吗？

这些问题中的每一个都会产生是/否的回答，这意味着他们的回答会产生 8 000 条原始数据。假设研究者向每个被试询问了六个人口统计学问题（年龄、性别、受教育程度等），原始数据会翻三倍以上。如果研究者使用四点量表而不是“是/否”回答，原始数据就将再次增加。除了汇总数据外，数据分析还可以减少数据量。对最初的 8 000 个数据点进行压缩可以产生 8 个统计数据（对于每个问题，“是”与“否”答案分别占的百分比）。如果研究者根据性别把四个问题的答案交叉排列以寻找规律，则要解释的统计数据有 16 个，且需要进行适当的显著性检验以评估（规律是否存在）。试想一下，如果我们问一个开放式问题（描述你当前手机的不理想状况），研究者将不得不进一步识别关键词以及情绪，这又会进一步增加数据量。

在数据分析过程完成时，研究者通常会获得大量的统计信息。然而，研究者必须将其缩减为关键**发现**（finding）（数据中的关键规律）。当研究者根据管理者的研究问题来解释发现时，就会形成**洞见**（insight）。洞见确定了假设和理论是被支持还是被拒绝。管理者越来越多地要求研究者根据其对数据的解释提出**建议**（recommendation）（管理者应采取被实证支持的行动）。

2.7 第 5 阶段：报告洞见和建议

在数据分析过程的这一阶段，研究者向管理者汇报、传达研究发现和洞见并提出建议。针对不同的目标受众、场合、展示方式和研究目的，研究者可以调整报告的风格和组织形式。结果一般可以通过正式的口头报告、电话会议、信件、详细书面报告、重点摘要、信息图表或者这些方法的组合来呈现。报告的撰写需要从管理者或者信息使用者的角度出发，且要考虑这些信息是否以及如何在组织内外分享。管理者最终关注的是解决管理困境，这是此阶段的关键。

管理者有时会将研究报告束之高阁而不采取任何行动。造成这种结果的主要原因是对研究结果的沟通不足。管理者并不总是拥有与研究者相同的统计知识。因此，谨慎选择用词并根据需要提供解释非常重要。项目结束后的行动不力也可能是由研究者无法控制的环境因素导致的，如企业战略的转变、竞争对手战略的转变、困境消失，等等。例如，美国出版社协会（Association of American Publishers）希望做广告鼓励人们多读书。然而，一项花费了12.5万美元的研究发现，只有13%的美国人在商店购买感兴趣的书籍。当需要投入1 400万美元开展促销活动以提高书籍销量时，协会成员的兴趣减退，项目也就夭折了。[6]

2.8 研究项目时间表

研究在本质上是有时限性的项目，可以用项目管理工具来描述次第进行与同时进行的研究步骤，并估计研究的每个活动或阶段的进程和时间表。图表2-3显示了关键路径法（critical path method，CPM）在研究项目中的应用。从项目开始到结束需要最长时间才能完成的路径被称为关键路径。沿关键路径进行的任何活动的延迟都会导致整个项目的延迟。研究者还使用电子表格和甘特图（如图表2-4所示）来管理各类研究活动。使用计划工具的最重要的经验是确保所有任务都被囊括，并根据时间跟进每个任务，以便在一个任务中浪费的时间可以在另一个任务中追回。跟进项目任务的时间安排对于计划未来的研究项目非常重要。

图表2-3 CPM研究设计日程

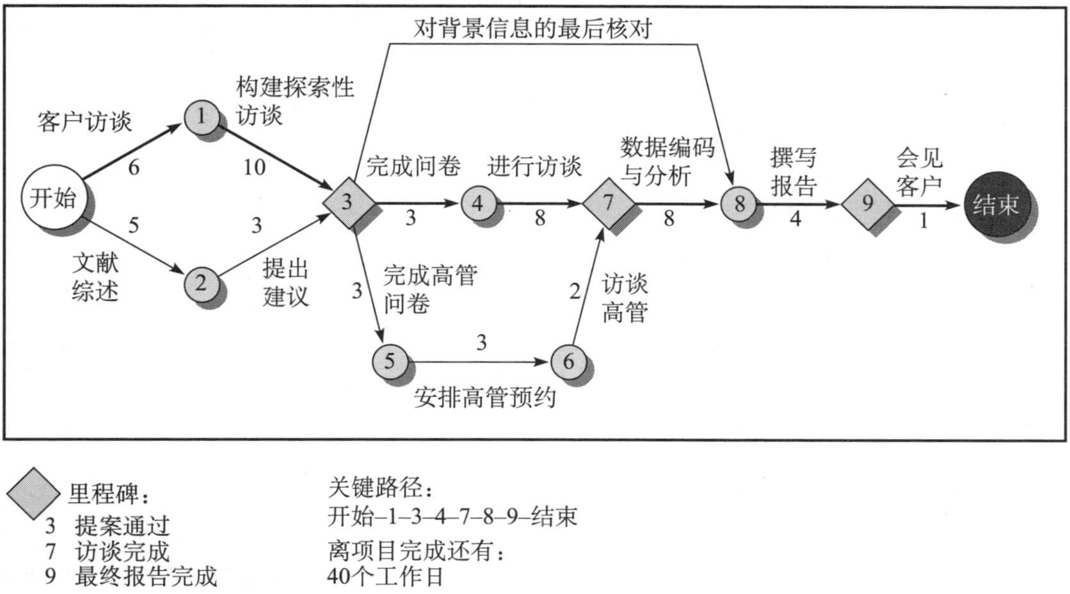

图表 2-4　研究项目的甘特图

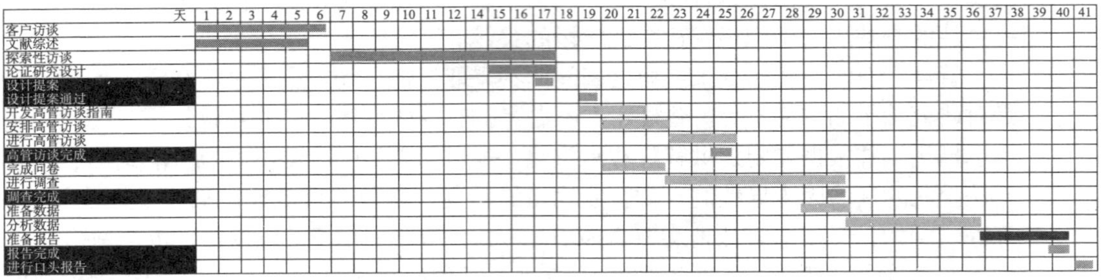

2.9　研究过程中的陷阱和解决方案

虽然我们希望研究能够完全将管理决策作为优先考虑的目标，但它还是会偏离目标或者达不到应有的效果。下面是一些需要注意的陷阱及相应的解决方案。

2.9.1　界定不明的管理问题

有些类型的问题非常复杂，含有价值观的因素，并且受到一些用传统的分析方法难以突破的限制。这些问题与那些界定清晰的问题具有截然相反的特征。它们具有太多相互关联的方面，以至于无法进行精确的测量。[7]或者是目前不存在解决方法，或者即使方法能被发明出来，仍然可能无法提供解决问题所需的数据。[8]一位作者这样描述它们之间的差异：

> 如果一个特定的问题解决者群体就一个问题的属性、可行的操作方案及其结果三个方面达成高度一致，可以说这个问题对该群体是清晰的，或者是界定明确的。相反，如果一个问题的属性、可行的操作方案及其结果会引起一系列截然不同的反应，这个问题就被认为在该群体中定义不明或模棱两可。[9]

在探索和定义问题上投入足够的时间可能会解决这个问题，但一些定义不明确的研究问题实际上是无法进行研究的。

2.9.2　无法研究的问题

不是所有的问题都能研究。要想问题可以研究，问题必须：(1) 通过数据收集和分析可以提供答案；(2) 使用当前数据收集技术可以回答；(3) 目标总体中的某些个案可以访问并且愿意分享数据。有一些问题不符合上述三个标准。如果无法用数据解决问题，那么研究者对该问题几乎无能为力。但是，如果研究者满足了第一个标准，那么他需要构建新的研究设计和数据收集程序来满足后面两个标准。

2.9.3　过度使用数据分析

如果有一个可研究的问题，那么大数据的存在就会误导管理者，让他们认为针对困境的研究似乎没有必要。大量数据的存在并不意味着现代管理信息系统可以提供大量知识。数据库中的每个字段最初都是出于特定原因创建，而且是从特定来源获取的。当时的决策与当下组织面临的管理困境不一定兼容。数据还经常出现在缺乏连接的数据岛中，难以提取所需的信息。尽管访问此类数据通常是基于决策的研究的起点，但这类数据访问活动很少能够回答与特定研究相关的所有问题。研究者可以向管理者（或其上级）指出，他们想依靠的已有数据的来源、时间范围以及操作性定义与当前困境缺乏兼容性，从而避免此类问题。

2.9.4　管理者的隐秘意图

记住这一点很重要：管理者寻求研究的动机对于研究者而言并非总是显而易见的。管理者通常会因为建立“权威帝国”而获得奖励（更高的薪水、更好的办公室、更高的地位或声誉）。在高质量研究的理想情境中，管理者需要特定的信息作为决策依据。有时，即使决策已经作出，管理者可能还会授权进行研究。这被视为对管理者的一种保护措施，以防他以后受到批评。在其他时候，研究集中在吸引力较小的行动方案上。尽管缺乏合理性，但这样的研究可能会获得批准，因为它支持了管理者的奇特想法。面临管理者隐秘意图的研究者经常会遇到压力，不得不去研究或执行那些经过分析发现似乎不合适的研究问题或特定研究设计。为了识别管理者的隐秘意图，研究者在澄清研究问题时要询问管理者大量问题。提出的问题越多，就越能揭示管理者的真正动机。

2.9.5　技术偏好综合征

并不是所有研究者都精通每种可行的方法，因此他们会待在自己的舒适区里。这些研究者改造任何研究问题，以使其适合他们偏爱的方法（如调查法）。要避免这种综合征也很简单，只需要求研究者证明自己对研究设计的选择是合理的，并能够拒绝所有备选设计方案。

2.9.6　研究者经验不足

最后，研究者经验不足会造成很多陷阱。研究者可能过于依赖探索性数据来帮助定义研究问题或解释新研究中的数据。在缺乏足够数据的情况下，研究者有时会根据个人经验来形成洞见，从而误导了结论。研究者可能想要将有限样本的经验泛化到整个总体中，从而夸大了发现的重要性。将研究项目分配给具有足够经验的研究者，或安排经验更丰富的研究者来监督新手，都有助于避免出现经验不足的问题。管理者被迫自己做更多的研究。当他们的知识和技能不足以实施研究项目时，他们需要坦率承认，并招募或雇用必要的专业人士。

快速浏览

你的研究正在离开这个国家吗？

离岸外包的定义是将一个国家/地区的公司要做的流程转移到另一个国家/地区的同一家公司或另一家公司去做。研究中的这些流程通常包括 IT（信息技术）、业务或知识过程。研究者利用离岸外包来降低成本、加快研究速度、吸引难以招募的研究参与者，或者获得专门或专有的研究方法。

索尼爱立信的全球洞见经理戈登·莫里斯（Gordon Morris）发现，离岸外包研究服务存在重大的风险。在针对 Experia X10 Android 手机的全球研究项目中，其敏感的商业计划是与签约的研究者共享的。由于一些研究服务的离岸，有关手机发布的信息提前几个月被泄露了。“我们估计泄露造成的潜在损失大约有 1 亿英镑。”莫里斯表示。使用离岸外包时，泄露的可能性更大，因为知识产权标准、安全计算标准和合同法律因国家/地区而异。在某些发展中国家，高员工离职率也可能增加这一风险。

离岸外包透明基金会（Foundation for Transparency in Offshoring，FTO）在 850 家美国和国际研究的采购商与供应商中进行的一项调查表明，相比实际情况，客户低估了他们的项目涉及离岸外包的可能性。此外，与研究服务供应商相比，客户更有可能认为自己应该被告知有关离岸外包的信息。“很少有采购商拥有足够的信息来评估与离岸外包相关的相对优势和风险。”FTO 创始人兼董事长、研究咨询公司 Anderson Analytics 执行合伙人汤姆·安德森（Tom H. C. Anderson）说。

正如 Mayer Brown 公司的合伙人兼离岸外包法律专家索尼娅·巴尔迪亚（Sonia Baldia）所解释的那样，“客户绝对需要了解任何离岸分包及其位置，以预估风险并保护自己”。

问：不管你对外包的立场如何，你是否认为研究供应商有义务告知客户在进行离岸研究？($n=850$)

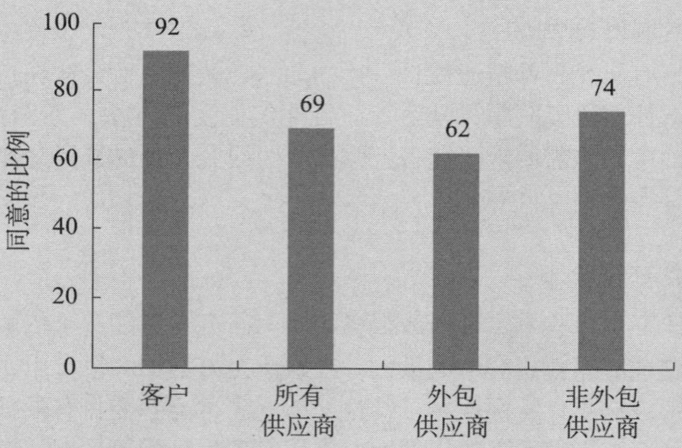

资料来源：© Foundation for Transparency in Offshoring；www. offshoringtransparency. org.

2. 10　研究过程中的伦理问题与责任

研究在一定程度上干扰了员工和人们的生活。因此，行为适当性始终是人们关注的问题。研究还会访问专有的且通常是敏感的记录。图表 2 - 2 将基本伦理权利以及它们在流程中对应的研究阶段联结起来。

管理者、研究者和参与者都有责任遵守伦理规范。伦理问题集中在欺骗、隐私、研究质量、通知、选择、访问、安全尊重和偏见上。对于参与者而言，他的主要伦理责任是诚实（研究者不受参与者欺骗的权利）以及完成研究任务（研究者的高质量研究权利)。

对于管理者而言，他们的伦理责任是记录准确性（研究者的高质量研究权利)、目的透明性和真实性（研究者不受委托方欺骗的权利)、阻止伪造研究结果（研究者不受委托方强迫的权利）以及履行合同义务（研究者基于结果获得适当报酬的权利)。

研究者承担的责任最大，因为他们必须满足参与者和管理者的需求。对于参与者，研究者的职责包括：根据需要获得知情同意（参与者的知情同意权)、接受对象是否参与的选择（参与者的隐私权)、遵循适当的安全程序（参与者的安全权）以及保持参与者的身份保密（参与者的保密权)。对于管理者，研究者的职责包括：保护经理人的保密性（委托方的目的保密和委托行为保密)、遵循可接受的行业惯例和程序（委托方的高质量研究权利)，以及保护数据、发现、洞见和建议（委托方的研究发现保密权)。

❖小 结

1. 好的研究有什么特点？通常，人们期望好的研究是有目的的，具有明确的重点和合理的目标；具有经过推敲的、符合伦理的和可重复的程序；具有客观的证据。对研究程序的报告（其优点和缺点）应该完整而诚实。应该使用恰当的分析技术，所得的洞见和结论应限于调查结果能够明确证明的观点和结论范围内。应该清晰地展示关于发现、洞见和结论的报告，在语言和形式上要专业。管理者应始终选择在满足这些条件方面享有盛誉的研究者。

2. 研究过程是一个连续的过程，包括明确定义的一些阶段：明确研究问题、进行研究设计、收集和准备数据、分析和解释数据以及报告洞见和建议。第 1 阶段：明确研究问题始于管理困境，无论这个困境是问题还是机会。探索可以揭示管理者知道什么和不知道什么。管理者必须对困境进行优先级排序，专注于最重要的困境。在这一阶段，管理者要论证研究可以形成更好的决策，并为更正式的研究制定预算。第 2 阶段：研究项目设计确定的是抽样设计和数据收集设计。抽样设计确定目标总体中研究者感兴趣的参数、是进行普查还是抽样、选择和招募每个个案的程序以及个案数。数据收集设计确定要收集的数据类型（原始数据还是二手数据或某种组合)、收集方法以及用于收集数据的特定过程。第 3 阶段：收集和准备数据。包括实际的数据收集（包括测量工具的使用以及与使用数据有关的任何培训）以及数据分析的准备（包括处理异常数据和缺失数据)。第 4 阶段：分析和解释数据。包括数据汇总、在变量中寻找规律、运用统计技术揭示发现和形成洞见，并最终就研究问题和管理困境提出建议。第 5 阶段：报告结果涉及确定报告发现、洞见和建议的目标受众、展示方式、时间和场合。

3. 如果研究人员遇到以下任何陷阱，则研究可能会偏离目标或效果不佳：界定不明的研究问题、无法研究的问题、过度使用数据分析、管理者的隐秘意图、技术偏好综合征，或者研究者经验不足。解决这些问题的方法包括在第 1 阶段进行彻底的探索，避免出现数据无用的问题，指出存储的数据与当前困境之间兼容性的缺乏等。对管理者进行深入访谈以了解其动机。对研究设计进行论证，包括为何拒绝其他备选设计，并寻找具有足够经验的研究者。

4. 研究过程中的伦理问题关注的是欺骗、隐私、研究质量、通知、选择、访问、安全、尊重以及偏见。参与者的主要伦理责任是诚实和完成研究。管理者的责任是准确性、透明性、真实性、阻止伪造结果和履行合同义务。研究者承担着最多的伦理责任，这些责任都集中在参与者和管理者身上。对于参与者而言，研究者应对其安全、免受伤害、知情同意、隐私和保密性负责。对于管理者，研究者要对研究的保密性、遵循可接受的行业标准进行高质量的研究负责，并保护数据及其发现、洞见和建议。

❖关键术语

抽样（sample）
定比数据（ratio data）
定距数据（interval data）
定类数据（nominal data）
定序数据（ordinal data）
洞见（insight）
二手数据（secondary data）
发现（finding）
个案（case）
关键绩效指标（key performance indicator，KPI）
管理困境（management dilemma）
建议（recommendation）
目标总体（target population）
普查（census）
数据（data）
数据分析（data analysis）
研究过程（research process）
研究设计（research design）
研究问题（research question）
仪表板（dashboard）
原始数据（primary data）

❖讨论问题

术语回顾

1. 区分以下各项，并确定每个项目在研究中的用途。

a. 原始数据和二手数据

b. 发现和洞见

c. 普查和抽样

d. 管理困境和研究问题

2. 康奈尔大学口语传播教授凯西·李·伯格伦（Kathy Lee Berggren）表示："我的很多学生确实对他们在做的研究类型只懂皮毛。" Inside Higher Ed 的安迪·盖尔斯（Andy Guess）说："学生以'数字原住民'的身份走进学校大门，并不意味着他们有能力应付庞大的数字数据库和包含大量现代在线研究技术的专有搜索引擎。学生错误地认为谷歌搜索就是研究。"当你评估保证研究质量的因素时，你建议采取哪些措施来缩小学生研究能力与现代大学毕业生要成为有研究责任的管理者的要求之间的差异？

制定研究决策

3. SupplyCo 是某一行业中许多公司的供应商。从加工零件到最终产品的制造，有多家公司参与了制造过程，每家公司都为产品增加了一些价值。SupplyCo 为产业链的每个环节都提供材料和服务。通过仔细研究其客户数据，SupplyCo 发现了一个可行的制造和分销行业产品的新模型，该模型将提高行业的整体效率、降低生产成本，并为该行业的一些参与者（SupplyCo 的客户）带来更多的销量和利润。实施该模型可能会损害一些没有足够人力、工厂、设备或财务资源来参与变革的 SupplyCo 客户的销量和利润。这些公司可能会倒闭，短期内会降低 SupplyCo 的销量和利润。SupplyCo 正在考虑对新模型进一步研究。SupplyCo 能够拥有存储在数据库中的这些数据，都是因为与客户的关系。

a. 以可能会伤害某些客户的方式使用数据是否意味着对客户的背叛？还是说 SupplyCo 对股东和员工负有更多的义务来积极研究新模型？

b. 即使没有违反法律、行业规范或公司政策，你的回答意味着什么？

4. 根据对过去六个月销售情况的分析，你的老板注意到你所在的连锁餐厅的牛肉产品销量正在下降，利润也随之下降。老板担心牛肉销量的下降是因为一些报纸报道在本地杂货店发现了大肠杆菌污染。他建议对本地餐厅进行一次调查，看看情况是否普遍。

a. 你如何看待这项研究建议？

b. 如果可以的话，你如何改进老板提出的研究问题？

5. 你已收到由人寿保险公司的顾问完成的企业研究报告。该研究是基于 600 个样本的客户满意度调查。如果要求你对它的质量进行评价，你会关注哪些方面？

6. 作为一家生产和销售舷外发动机的公司的区域销售经理，你肩负着进行研究以评估公司产品在本土市场销售潜力的责任。基于你事实上同时是管理者和研究者的身份，讨论一下研究的关键问题和关切点。

从概念到实践

7. 使用图表 2-2 和一些研究公司网站上的案例，了解偏爱技术的研究设计方法是否主导了公司的活动。

8. 使用图表 2-2，寻找一个研究案例。在该案例中，对管理困境的清晰陈述促成了精确而可行的研究。（提示：访问研究公司的网站，使用搜索引擎查找示例。）

来自头条新闻

9. Hearsay Social 监测大型公司的员工如何在 Facebook、LinkedIn 和其他社交媒体网站上与外部人员互动。公司花费 10 万美元（或更多）来获得一个数字仪表板，在员工违反隐私政策、规制规则或其他公司政策时向监管经理发出警报。如果你是 Farmers Insurance 这样的大客户，你想了解哪些信息？

10. 研究人员最近在 *Cell Metabolism* 期刊上发表文章，发现牛奶中的一种天然成分可以让小鼠在喜欢高脂肪食物的情况下也不会肥胖。摄入高剂量烟酰胺核糖苷的小鼠会燃烧更多脂肪，它们的肌肉处在更好的状态，耐力更强、跑得更快。如果你在美国全国牛奶生产者联合会工作，你能否基于探索中获得的这个信息来论证一项全国性广告活动的价值？这项广告活动旨在促进在均衡饮食中提高牛奶质量，同时避免肥胖。如果不能的话，请开发一个论证方案来证明研究的合理性。

❖ 参考文献

1. "GRIT Report: Greenbook Research Industry Trends Report, 2016 Q3-Q4," Greenbook, p. 5, downloaded April 21, 2017, https://www.greenbook.org/images/GRIT/2017/GRIT2016-Q3-4.pdf.
2. Paul D. Leedy, *How to Read Research and Understand It* (New York: Macmillan, 1981), pp. 67–70.
3. Some examples are the ESOMAR Research Effectiveness Award, the Advertising Research Foundation (ARF) David Ogilvy Award, and the Michael R. Losey Excellence in Human Resource Research Award.
4. "The Hottest Trends in Workplace Collaboration," Polycom, May 2016, downloaded May 2, 2016, http://polycom.lookbookhq.com/defy-distance-collaboration/asset.
5. "GRIT Report: Greenbook Research Industry Trends Report, 2016 Q3-Q4," Greenbook, downloaded April 21, 2017, https://www.greenbook.org/images/GRIT/2017/GRIT2016-Q3-4.pdf.
6. Roger Cohen, "For U.S. Publishers, Awash in Red Ink, the Moment of Truth Looms," *International Herald Tribune*, March 6, 1990, p. 6.
7. Carl M. Moore, *Group Techniques for Idea Building,* 2nd ed. (Thousand Oaks, CA: Sage Publications, 1994).
8. Fred N. Kerlinger, *Foundations of Behavioral Research,* 3rd ed. (New York: Holt, Rinehart & Winston, 1986), pp. 436–37.
9. Walter B. Reitman, "Heuristic Decision Procedures, Open Constraints, and the Structure of Ill-Defined Problems," in *Human Judgments and Optimality,* ed. Maynard W. Shelly II and Glenn L. Bryan (New York: Wiley, 1964), p. 285.

第 3 章

第 1 阶段：明确研究问题

一个美丽的问题是一个雄心勃勃但又可行的问题，它可以改变我们对某些事物的感知或思考的方式，并有可能促成变革。

——沃伦·贝格尔（Warren Berger），咨询师/*A More Beautiful Question* 作者

学习目标

阅读本章后，你应该了解：

1. 问题的层级。
2. 探索的目的和过程。
3. 内部探索和外部探索的区别。
4. 研究评估的过程和目标。
5. 制定研究预算的过程和论证。
6. 该研究阶段的伦理问题。

3.1 研究过程的第 1 阶段

第 1 阶段使用探索性研究来完成以下任务（如图表 3-1 所示）：

1. 确定管理研究问题的层级；
2. 制定并执行探索策略；
3. 评估研究价值；
4. 论证研究的合理性并制定研究预算。

图表 3-1 研究过程第 1 阶段中的任务

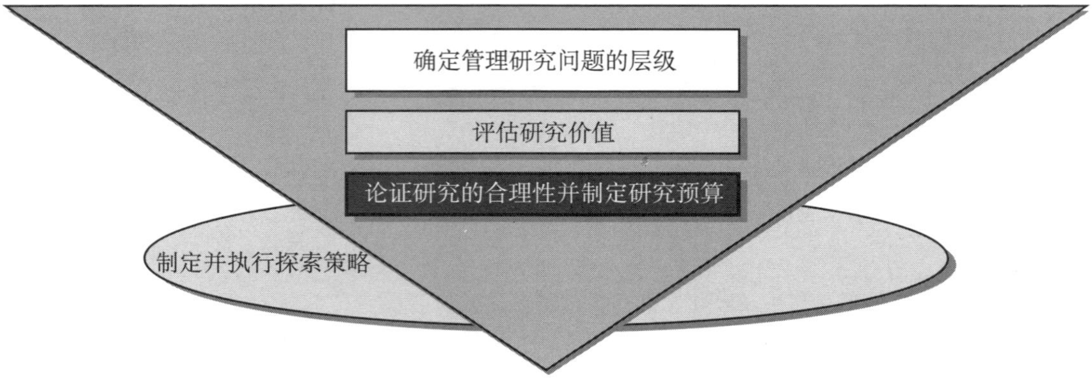

3.2 问题的层级

对于研究过程的起始步骤而言，一个有用的操作（如图表 3 - 2 所示）是陈述基本的**管理困境**（management dilemma）（需要做决策的问题或机会），然后将初始的问题逐步分解为更具体的问题来尝试形成其他问题。你可以将此过程的结果看作**管理研究问题层级**（management-research question hierarchy）。

图表 3 - 2　管理研究问题层级

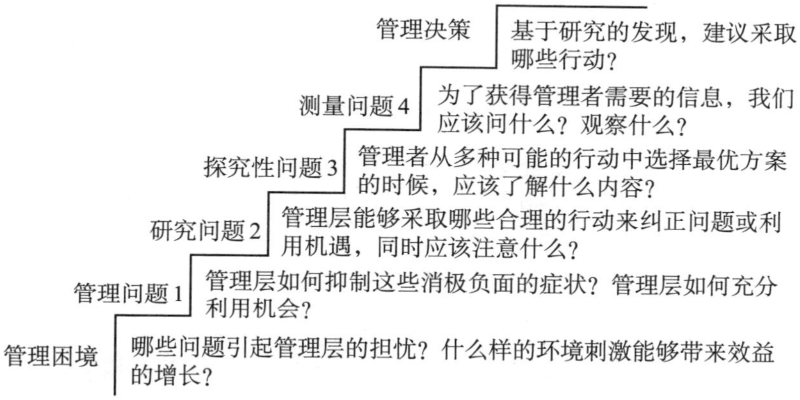

在该过程中，管理者及其研究合作伙伴通过各种头脑风暴和探索性研究活动来明确以下内容。

管理问题（management question）：以问题形式对管理中的困境进行重新陈述。可以把它想象成关于如何解决该困境的疑问。对这个管理问题进行探索性研究通常会呈现一些选项，以及关于某个选项是否可以解决管理难题的信息。

研究问题（research question）：探讨不同的选项，并形成一个或多个最能说明研究目的的假设。这些问题可以让研究者更聚焦。探索性研究有助于确定选项和假设。

探究性问题（investigative question）：研究者只有先回答了探究性问题，才能对研究问题作出恰当的总结。管理者认为需要了解这些问题的答案才能得出有关管理难题的结论。探索性研究将确定哪些信息是已知的，哪些信息是未知的。

管理研究问题层级的最后一个问题将会在第 2 阶段（进行研究设计）中详述。

测量问题（measurement question）：研究参与者被问到的问题，或在研究中具体观察的问题。

这个包括多个步骤的研究过程如图表 3 - 2 以及图表 3 - 3 中的例子所示。探索在这一过程中的作用如图表 3 - 4 所示。

3.2.1 管理问题

管理问题是以问题的形式来重新陈述管理中的困境。图表 3 - 5 对管理问题的四种类型做了详细介绍。我们来看一个例子。一家银行的行长对银行缓慢的储蓄增长率

图表 3-3 SalePro的管理研究问题层级

为什么销售额在南部和东北部出现了下降，在东南部却上升？

1 我们如何做才能提高南部以及东北部的销售额？

2 我们应该对南部和东北部地区的销售人员中超额完成任务的个人给予2%的佣金奖励，还是应该提取利润的5%作为地区性奖金奖励给超过规定销售额10%的部分地区（按比例在这些地区的销售人员中分配）？我们是否应该调整在南部以及东北部地区的产品形式？我们是否应该通过南部和东北部地区的贸易出版物来加大在这些地区的广告宣传力度？

3 如果我们实行薪酬改革，那么南部和东北部地区销售精英流失的可能性有多大？导致这些地区目前的客户满意度下降的可能性有多大？未来的销售中，现有客户流失的可能性有多大？

4 与目前的报酬体系相比，如果管理层将你的薪酬进行调整，实行佣金制的薪酬体系，对于下列可能产生的结果，你的顾虑如何？请针对每一种结果，选择1~7中的一个数字，7表示非常担心，4表示无所谓，1表示完全不担心。

____无法对报酬进行预测。
____引起企业内部的销售竞争。
____针对客户要求的售后服务时间减少。
____针对客户要求的售后服务的激励报酬会减少。

说明：促成研究项目最常见的一种现象就是销售额下滑，尤其是无法解释的持续性下滑。SalePro 是一家大型工业产品制造商，正面临这一问题的困扰。探索性研究（1）表明事实上销售额在南部和东北部不应该出现下降。这些地区的环境因素与销售增长地区的环境因素一样有利。后续探索（2、3）让管理者确信问题源于以下三个方面：销售人员的报酬、产品的形式、销售广告。深入探索（4）让 SalePro 的管理层缩小了研究关注的范围，集中到改变销售人员的报酬体系上，此发现引导研究者针对受影响区域内的全体销售人员进行一项调查。

感到担忧。这可能是银行业竞争环境发生变化导致的结果。储蓄减少会直接影响利润，而利润减少的另一原因是客户投诉增加。有经验的研究者知道，最开始提出的管理问题往往过于宽泛而无法指导企业研究项目。在研究的开始阶段，诸如“我们怎样才能提高利润？”也许没问题。但是，银行需要将其管理问题进一步提炼成几个具体的子问题：

- 我们怎样才能提高储蓄额？
- 我们怎样才能改善内部运营水平以减少客户投诉？

如果没有管理者与研究者的讨论，就不可能将管理问题进一步划分成两个子问题。

假设该银行从未进行过正式的企业研究，关于竞争对手和客户的具体信息很少，也没有对其内部运营做过分析。要想在管理研究问题层级上继续推进并明确研究问题，需要收集以下探索性信息：

- 哪些因素导致该银行无法获得更高的储蓄额增长率？
- 与行业标准水平以及竞争对手相比，该银行的客户满意度和财务状况如何？

研究者在员工和管理者中开展了小组讨论，并将行业协会数据中的财务和运营数

图表 3-4　形成研究问题的过程

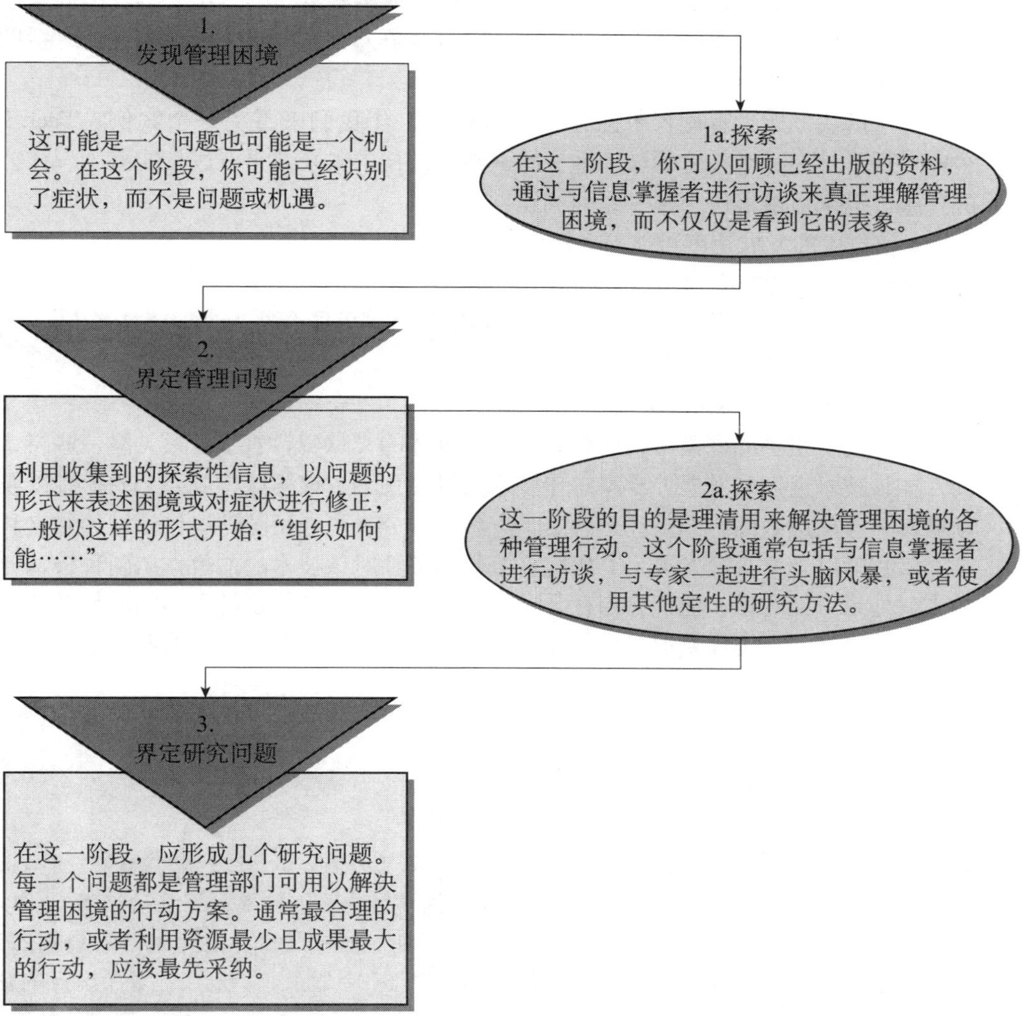

图表 3-5　管理问题的类型

类型	一般问题	管理问题举例
解决方案的评价（集中力量去解决问题还是充分利用机会，在两者之间作出选择）	● 如何实现我们设定的目标？	● 我们是否应该将 X 品牌的定位从化妆品改为理疗产品？ ● 我们如何改进产品维修和保养服务？
目的选择或目标选择	● 我们想要实现什么？	● XYZ 在下一轮工会谈判中应该努力实现哪些目标？ ● 我们应该为未来 5 年的销量和利润设定什么目标？ ● XYZ 应该为投资组合的收益设定什么目标？
故障处理（诊断无法使组织实现目标的途径）	● 为什么我们的市场营销计划未能实现预定的目标？	● 为什么我们部门的销售网页访问率最低？ ● 为什么我们的招聘计划产生了业内最低的签约/录用比？
控制	● 我们的市场营销计划是否完成了目标？	● 我们产品线的销量/促销成本比是多少？

据与该银行年报和部门年终报告进行了比较。从上述两个探索性活动的结果中很容易发现，该银行的运营状况不如其竞争对手，但是成本基本在同一水平上。因此，修正后的管理问题变为“我们怎样才能让银行更有竞争力?”。探索性研究的过程对帮助该银行识别各种选择至关重要。

除了解决问题，管理者可能还会寻找机会。让我们来看另一个案例。TechByte 公司对提升其在某个技术领域的地位感兴趣。该技术未来似乎有成长的潜力。该公司的兴趣或需求可能很快引出一系列问题：

- 该技术的发展速度可能有多快?
- 该技术可能的应用领域有哪些?
- 目前有哪些公司掌握了该技术? 又有哪些公司可能会努力掌握该技术?
- 这项新技术将会占用多少资源?
- 该技术可能带来哪些收益?

在上述对机会的探索中，研究者可能从具体的文献资料着手，只关注一些特定方面，如该技术近期的发展、专家对该技术前景的预测、该领域相关人士的甄别以及该领域其他企业成败的介绍。在熟悉文献之后，研究者可能试图访谈该领域的知名科学家、工程师以及产品开发人员。研究者会特别关注对该技术的前景作出两种极端评价的人。如果可能的话，他们会与在开发和应用过程中拥有特别棘手的问题相关信息的人谈话。当然，这类信息很多都是保密且彼此竞争的。然而，巧妙的调查还是可以获得很多有用的指标。

快速浏览

住房与千禧一代

Redfin 首席执行官格伦·凯尔曼（Glenn Kelman）最近围绕一个有煽动力的问题“当远离所有汽车时，美国的住房将是什么样的?”写了一篇博客文章。他提到了几项技术变化以及千禧一代的行为变化。一项研究表明，年轻一代并不追求他们父母和祖父母所喜欢的依赖汽车的郊区大房子。取而代之的是，这些年轻的购房者正在寻找更小、离工作场所附近的餐厅和娱乐场所更近的城市空间，或者像 Redfin 公司发现的那样，住在步行出行方便的地方。美国家居与园艺电视台（HGTV）的 Small Space、Big Style 和 Property Virgins 等电视节目的成功也验证了这一结论。

加州大学交通研究中心的一项研究估计，每辆车大约需要 8 个停车位——不仅包括车主住所的停车位，还包括工作、购物、吃饭的地方的停车位。如此估算下来，全美国大约需要 20 亿个停车位。自动驾驶汽车未来将在路上不断行驶，不会占用车库或停车场空间。特斯拉和谷歌表示，自动驾驶汽车离实现可能只有 2～5 年时间。还记得纽约市和优步（Uber）间的“战斗”吗? 一项针对出租车和优步车的研究表明，优步在曼哈顿以外的行政区要比出租车表现得更好（优步接客占比 22%，而出租车接客占比 14%），而且优步的许多据点都远离地铁或者要从曼哈顿市中心换乘很久才能到达。

那么，在每座房子平均拥有更少的汽车（或根本没有）、自动驾驶汽车出现、交通被视为服务而非资产的环境中，我们是否还需要车库? 如果千禧一代外出就餐，他们是否还需要精致的厨房？为了满足这个群体的需要，房子需要多大面积？如果你是一个在某都会区工作的房屋建筑商，你的管理研究问题层级结构将会是什么样的？

非结构化的探索性研究可以让研究者提出管理问题，并决定需要什么资料来确保提出的问题得到答案。

3.2.2 研究问题

研究者的一项任务是帮助管理者提出与管理困境相匹配的研究问题。研究问题是对企业研究目标的最好阐述，是必须回答的来自管理者视角的更具体的管理问题。研究问题可能有多个，也可能只有一个。不能正确界定研究问题会成为企业管理研究过程中根本性的缺陷，时间和金钱将浪费在无法帮助管理者改变管理困境的选项上。

假设银行行长已经同意用以下研究问题来指导企业管理研究：该银行应该将自己定位为一个现代化的、进取的机构（对服务和政策进行适当改变），还是继续维持自己作为本市最古老、最可靠机构的形象？

微调研究问题

“微调”（fine-tuning）这个词对于研究来说似乎是一个奇怪的选择，但它已经得到大多数研究者的认可。准确地说，对研究问题进行微调是熟练的研究者在探索阶段之后必须完成的工作。此时，一幅关于管理和研究问题的更清晰的图景已经开始呈现。研究者在做完初步的文献资料回顾或简单的探索性研究（或者两者都完成）后，企业管理研究计划将会以下面两种方式之一展开：

1. 显而易见，问题已经被回答，那么整个研究过程结束（无须做进一步的研究）。
2. 与最初定义不同的新问题出现了。

研究问题并不一定存在本质上的差别，但形式上会有变化。没必要为此沮丧。经过修正的研究问题会更有针对性，也比最初的问题更清晰，能更好地推动企业管理研究向前发展。

除了对原始的问题进行微调，研究者在这一阶段还应该进行其他与研究问题相关的活动，以增强项目的方向性：

1. 检查将要研究的变量。变量的定义是否恰当？操作性定义是否合适？
2. 带着将研究问题分解为具体的第二层级和第三层级问题的目的去检验研究问题。
3. 如果使用了假设（试验性的解释），要确保它们的描述是恰当的。
4. 确定需要收集哪些证据来回答各种问题和检验假设。
5. 通过说明哪些不是研究问题的组成部分来确定研究的范围。这样可以明确一个界限，把我们的根本目标和相近的问题区别开来。

3.2.3 探究性问题

探究性问题指的是决策制定者需要了解的信息。研究者只有回答了这些问题，才能对研究问题作出恰当的总结。为了研究市场状况，银行项目的研究者提出两个主要的探究性问题，每一个问题还包括几个子问题。这些问题探究了储蓄额停滞不前的原因：

1. 公众对金融服务及其使用持什么观点？

a. 公众可以享受哪些具体的金融服务？

b. 各种服务的吸引力如何？

c. 哪些银行特有的因素和环境因素影响了个体对于某种具体服务的使用？

2. 本银行的竞争地位如何？

a. 我们的客户和竞争对手的客户在地理分布模式上分别是怎样的？

b. 我们的客户和竞争对手的客户在人口统计学特征方面有哪些差异？

c. 公众（包括我们的客户和非客户）分别用什么样的描述性词汇来形容本银行及其竞争对手？

d. 公众对于本银行在推销方面所做努力的反应如何？

e. 公众对于本银行及竞争对手有怎样的评价？

f. 与竞争对手相比，本银行在服务业务方面是否有增长？

3.2.4 测量问题

测量问题（measurement question）是研究者在收集数据时使用的实际问题。它们可能成为一次调查中的问题，也可能成为观察清单中的元素。在第 2 阶段（即进行研究设计阶段）不一定会明确测量问题，但在探索过程中可能会发现此类问题的主题，甚至是实际的样本问题。

快速浏览

提出正确问题的艺术

一个 X 世代的软件工程师想要在他的大孩子上大学之前进行最后一次家庭度假。一家人选择了欧洲，首先在伦敦短暂停留拜访朋友，然后前往巴黎。他们在巴黎住宿的标准包括：地处中心位置，有洗衣和厨房设施，可容纳 4 个人住 4 晚。他们不想住传统的酒店，选择了爱彼迎（Airbnb）。

爱彼迎是一个手机应用程序及网站，可以把找房子的人与在爱彼迎平台上登记自己的房子的房东联结起来。该公司在 190 多个国家和地区的 34 000 座城市拥有超过 150 万个房源，总住客人数超过 4 000 万。爱彼迎的想法来自两个没有工作但有公寓且想要赚房租的人。在他们家乡旧金山的会议季，当标准酒店客房价格高昂或客满时，他们把地板和充气床垫租给了三个绝望的参会人员。后来一些投资者加入，爱彼迎就诞生了。

沃伦·贝格尔（Warren Berger）在 *A More Beautiful Question：The Power of Inquiry to Spark Breakthrough Ideas* 一书中指出，创新性的想法源于质疑假设而提出问题。以爱彼迎为例，该假设是来旧金山的游客不想住在他人的家或公寓中，而是希望住在被认可的传统酒店中。“看到问题并质疑问题存在的原因，甚至怀疑是否还有更好的选择是一回事。”贝格尔解释说，“在专家已经告诉你‘无法改变这个情形，事情按原样存在是有充分理由的’时仍然坚持提出问题则是另一回事。”

贝格尔认为，任何问题都会在我们的头脑中产生未解决的紧张状态，表明我们所不知道的东西，组织我们的思想，并让我们能够针对不确定性采取行动。然而，一个美丽的问题则用以下方式来表达：（1）揭示问题或机会；（2）挑战现有的假设；（3）转变人们的思维；（4）成为变革/行动的催化剂。

红牛（Red Bull）、Zipcar、优步、手机或带轮行李箱的创造者如何表达他们的美丽问题？

3.3 探索策略

为了形成管理问题的层级结构，以及后续有助于研究价值评估和研究预算制定，**探索策略**（exploration strategy）必须回答以下问题：

- 应该使用哪些信息源？这些信息源旨在呈现信息以帮助管理者理解管理困境，确定行动方案（选项），并明确用于构建研究问题以及后续研究过程所需的概念、构念、操作性定义以及变量。
- 将用什么方法从这些信息源中提取信息？这些方法详细说明了管理者将如何与所需信息源进行沟通或者如何定位所需的信息源。

探索（exploration）是一种结构松散但目的明确的研究类型。它包括以下部分或全部内容：研究公司记录；访问公司数据库；探索专业文献、科学文献以及学术文献；咨询专家及与管理问题或其解决方案相关的人员。通过探索，研究者可以：

- 了解管理困境、管理问题和研究问题；
- 发现他人如何切入或解决类似于当前管理困境或管理问题的问题；
- 确定需要解决的管理困境和管理问题的优先级；
- 确定行动方案并提出假设；
- 收集有关主题的情境信息以完善研究问题；
- 确定需要收集的信息以形成探究性问题；
- 确定概念、构念和变量的操作性定义；
- 为研究的合理性提供证据，并制定研究预算；
- 为最终的研究设计奠定基础。

通过探索还可以：

- 确定在任何后续研究中可以用作测量问题的实际问题的来源；
- 确定可能用于抽样设计的实际样本框的来源。

完善的探索策略包括以下子任务（如图表3-6所示）：（1）检查已出版资料；（2）检查数字资料；（3）访谈拥有该方面知识的个体或群体。本章的其余部分将对前两个子任务进行详细讨论。第三个子任务则会在这里进行更全面的探讨。

3.3.1 信息资料

在确定信息资料时，优秀的研究者会关注多种信息分类方式，并在这些分类中同时使用内部和外部资料（如图表3-7所示）。一些信息比另一些信息更有价值。信息资料大体上可以分为三个层次：（1）原始资料；（2）二手资料；（3）三手资料。顾名思义，原始资料的价值高于二手资料，而二手资料的价值又高于三手资料。

图表 3-6 探索策略的任务

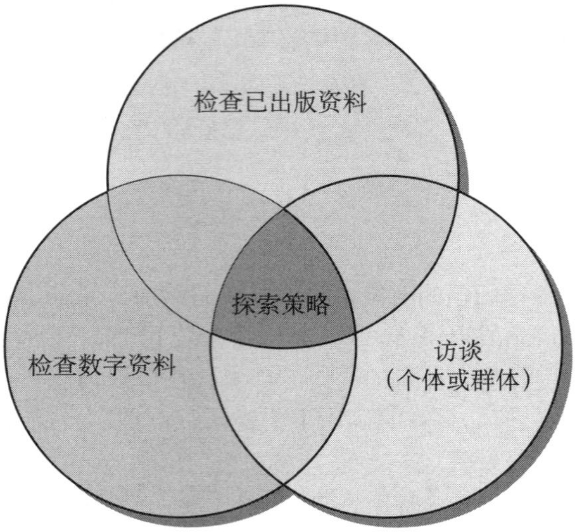

图表 3-7 探索策略的信息资料

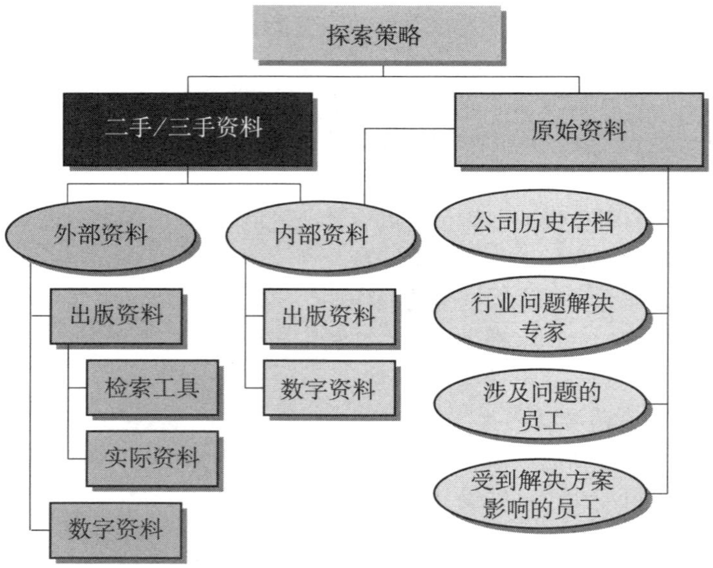

原始资料（primary source）指的是不含代表官方观点或立场的解释或声明的原始的研究成果或数据。原始资料的形式有备忘录、信件、完整的访谈或演讲（录像、录音或手写的复本形式）、法条、规则、法院判决或标准以及大部分政府数据（如人口统计、经济和劳动力数据）。其他内部资料的原始数据包括存货记录、人事记录、采购申请表、统计过程控制表以及类似资料等。寻找原始数据的研究者或管理者可以在内部或外部进行查找（如美国政府提供了对企业有价值的大量的原始研究数据）。

二手资料（secondary source）是对原始资料的解释。百科全书、教材、手册、报纸杂志上的文章以及大多数新闻都是二手资料。事实上，几乎所有的参考资料都可以归到这一类别中。对内部来说，关键绩效指标和投资年度报告都是典型的二手资料，因为它们是通过对众多原始资料进行编辑而得到的。然而，对外部而言，年度报告则被视为原始资料，因为它代表了企业的官方立场。企业对二手资料的收集既可以来自内部，也可以来自外部。

三手资料（tertiary source）可以是对二手资料的解释，不过一般体现为索引、参考书目以及其他检索工具（例如互联网搜索引擎）等形式。这些检索工具在为检索二手资料提供方向以及确定需要探索的人或事上具有非同一般的价值。

在搜寻资料时，记得要关注比公司所在行业更广的范围。研究者的一些最佳资料来自环境、政府、法律以及社会资料，而不仅仅是涉及商业主题的资料。

个人作为资料

通过对出版资料和数字资料进行深入检索，可以发现能够提供宝贵洞见的人。这些人可以看作信息的保管人。他们可以分为四类：(1) 机构资料的保管人或公司历史学家；(2) 行业或问题专家；(3) 直接涉及当前管理问题的公司员工；(4) 可能被任何正在考虑的解决方案影响的公司员工。

随着管理难题被探索，研究问题开始形成，那些拥有关于机构的长期记忆的人是无价的。这些人不一定是当前员工，也可能包括已经退休或离开公司从事其他职业的人员。他们不仅提供有关过去决策的信息以及这些决策的效果，还可提供决策的背景信息。超大型且经久不衰的组织了解历史背景的价值，可能指定一名员工来担任公司的历史学家。这些负责公司档案的人对研究者的帮助是无价的，因为他们可能认识其他应该访谈的人。一项研究发现，对某个困境有最久经历的人是一位清洁工。因此，要对谁可能有价值持开放的态度。如果一个名字被反复提及，那就是应该访谈的人。在这里，面对面的个人访谈最有成效。

第二类是行业或问题专家。这些人可以帮助判断发展趋势、确定面临类似问题的公司、确定解决方案以及为广义的管理难题的背景信息等提供证据。对于参与科学突破的企业，专家可以为研究者或管理者提供有价值的解释。得益于互联网，专业社区通常拥有丰富的行业专家资源。另一个资源是金融分析师。你可能已经在商业新闻中注意到，记者经常请专家来评论突发事件，你也可以找专家来这么做。行业/问题专家通常会有著作发表，因此他们很可能已经出现在某些出版资料中，或者拥有自己的网上博客。对于那些重复出现的名字，请保持关注。这些人可能在公司内部，也可能在外部。虽然个人访谈的效率最高，面对面的访谈也许会代之以电话、视频聊天或电子邮件。

第三类包括直接面临当前困境的公司员工。可以询问他们当前的情况、可能的影响因素以及他们对行动选项的看法。你想获得更广泛的想法，可能要找那些观点比较极端的员工。在访谈员工时，可以使用正式或非正式的技术进行个人或小组访谈，例如焦点小组访谈、头脑风暴会议、在线或移动公告板等。

最后一类（不一定是最不重要的）是那些也许会被正在考虑的可能的行动决策直接影响的员工。尽管在研究的这个阶段，管理者可能不希望正在考虑的解决方案众人皆知，但大多数内部员工的小道消息让这些方案很难不为人知。这些人也许会对可能的行动将如何影响工作环境、工作协作以及同事关系、生产率、士气等产生有价值的看法。再次强调，你需要找到有极端观点的员工，因为你想要广泛的想法。你可以使用个人或小组访谈（正式或非正式的技术），例如焦点小组访谈、头脑风暴会议、在线或移动公告板等。

快速浏览 ▶▶▶▶▶▶▶▶▶

用访谈来完善管理问题

探索性研究是非结构化的。你只知道探索的重点，而不知道具体要问什么或将要探索什么。有时，你发现的内容足以让你作出决定；有时，你发现需要更多的信息才能继续前进。

轮胎品牌为消费者提供了大量信息，以让自己与竞争对手能够区别开来。然而，作为轮胎购买者，经常需要一个“翻译”才能理解这些信息。我们于是去找本地轮胎商店里友好、知识渊博的销售人员。你可能不知道的是，销售人员受到有竞争力的金钱激励会推荐一个品牌而不是另一个品牌。这些激励措施可能是现金或现金替代品、可兑换商品的积分或旅行体验。这些激励措施的一个大问题是它们几乎完全一样。因此，这些措施无法让一个轮胎品牌对于销售人员来说更有吸引力。

当销售人员选择一个激励方案而不是另一个，从而推荐一个品牌时，一家公司希望找出对销售人员来说至关重要的因素（除了激励额度之外）。它选择了一个易于使用的工具（公司的营销人员）来寻找因素。该公司给了营销团队一周的时间来访问轮胎商店，并与销售人员和其他处理激励相关文书工作的人进行交谈。他们的职责是，确定如何解决激励计划非差异化问题。这里，没有创建正式的访谈指南，也没有提供访谈培训。

通过探索性研究，他们了解到以下内容：

- 激励必须是现金，而不是商品或旅行体验；
- 兑现激励的文件需要易于处理，而不用花数小时或数天的时间才能完成；
- 激励兑现需要迅速支付，甚至是每周内多次支付；
- 有问题的激励兑现要迅速标记，立即通知销售代表，并且通过一封电子邮件或电话就能解决问题；
- 应当向业绩卓越的人（即你的品牌的销售量超过其他品牌）提供更高级别的激励。

最受欢迎的计划是一家竞争对手的要约，它可以为销售人员立刻提供一张奖励卡，每次成功销售都有现金打到卡上。销售人员可以像可重复使用的借记卡一样使用它。正如一位销售人员说的那样，“人们工作是为了谋生，而不是为了充气艇”。

出版资料

在大多数情况下，外部探索策略始于检索出版资料，即**文献检索**（literature search）。检索内容包括书评以及与你的管理困境相关的期刊或专业文献中的论文。文献检索需要用到图书馆的在线目录以及一个或多个书目数据库或索引。检索内容同样应该包括网络发布的高质量材料。

通常，文献检索从管理困境或问题开始，包括四个步骤：

1. 检索百科全书、词典、手册和教科书，以识别与你的管理困境或管理问题相关的关键术语、人员、公司或事件。

2. 在检索索引、书目和网络中检索关键术语、人员或公司名以及事件，以发现特定的二手材料。

3. 找到并查看与管理困境相关的特定二手材料。

4. 评估每个资料及其内容的价值。

虽然现在已经可以用数字方式来访问许多出版资料，仍然有很多资料无法以数字方式获得。在对可得出版资料的深入探索中，不能因为非数字资料更难获取而忽略了它们。

外部资料

管理问题研究的信息资料有许多种，每种都有其特定功能。在本节中，我们将描述研究者在探索阶段最常用的信息类型，其中许多可以帮助他们找到其他有价值的资料。

原始数据和汇总数据　在美国，企业受益于来自大量机构的详细的政府收集的数据。Data. gov 是通往政府机构可下载数据的门户，包括有关农业、气候、教育、能源、金融、卫生、制造业、科学和工业、消费者支出以及其他方面的数据。这些数据大部分来自调查，也有一些来自针对不同人群的普查。美国政府每 10 年进行一次人口普查，它是全世界最大规模的调查之一。普查收集从家庭人口到住房的大量数据。2010 年人口普查是历史上问题最少的，也是成本最高的。[1] 人口普查局（Census Bureau）定期通过抽样研究来更新总人口的估计数，并研究当前关注的主题，包括零售和食品服务、住房、资本支出、时间使用、批发贸易、业务动态、研究与开发、县级企业模式、进出口等（每年进行超过 130 次调查）。人口普查局还会进行经济普查。该普查是对美国近 5 年内商业与经济状况的官方评估，是许多商业决策的关键数据来源。[2] 大多数汇总数据可通过 Census. gov 网站获得。美国劳工统计局（Bureau of Labor Statistics，www. bls. gov）提供数据访问，并发布有关通货膨胀与价格、工资与福利、开支与时间使用、失业、就业以及生产率方面的大量汇总数据。

索引和参考书目　**索引**（index）和**参考书目**（bibliography）是任何检索策略的主要工具，它们可以帮你从数百万出版物中找到某一本书或某篇期刊文章。图书馆最重要的参考书目是它的联机目录。与其他信息类型一样，也有针对商业主题的专门索引和参考书目。当你对某个感兴趣的主题进行文献检索时，它们能够帮助你找到以往作品的作者和标题。

掌握参考书目数据库的检索技巧对企业研究者来说至关重要。

词典　与其他许多领域一样，商业领域也有不少专业的**词典**（dictionary），对字、词以及学科的专业术语进行定义。大多数此类特殊词典在词汇表中都会包括对学科形成发挥重要作用的人物、事件或组织的信息。词典也是查询缩写词的好地方。目前在网络上涌现出越来越多的词典和专业术语汇编（glossary）（特殊领域、范围或主题的词汇及其定义）。在对某个在线数据库或出版数据库进行检索时，来自词典和专业术语汇编的信息有助于我们确认要检索的关键术语。

百科全书　研究者常常利用**百科全书**（encyclopedia）来查找某个主题的背景或历史信息，或者找到能够增加其他资料检索结果的人名和术语。例如，你可以利用百科全书找到微软公司推出 Windows 系统的日期，再利用这个日期从某个索引中检索出这一时间段内的更多信息。百科全书也可以帮助我们识别某个领域内的专家或者任何一个主题下的关键著作。在线 TDM 百科全书是百科全书的一个例子，它由维多利亚运输政策研究院（Victoria Transportation Policy Institute）出版发行。

> 在线 TDM 百科全书是运输问题方面创新管理解决方案的综合性信息资料。这一百科全书提供了数十个有关运输需求管理（transportation demand management，TDM）战略的详细信息，此外还包括关于其规划、评价和执行的专门章节。它有助于你从一个新的视角来审视运输问题，也拓展了可能的解决方案。[3]

在金融领域还可以找到其他例子，比如 VC Experts 发行的《私募股权与风险投资百科全书》（*Encyclopedia of Private Equity and Venture Capital*），提供了私募股权和风险投资方面的专家意见和机会。[4]

手册　手册（handbook）是专门针对某个主题的相关信息的集合。手册一般包括统计数据、目录信息、专业术语汇编以及其他数据（如该领域非常重要的法律条款和规定）。最好的手册还会给出其所列事实的资料来源。《美国统计摘要》（*Statistical Abstract of the United States*）可能是最有价值且最常用的手册，它包含极其丰富的事实、出色和详尽的索引以及获取手册中每个表格里更详细数据的途径。学生和管理者可能都熟悉的一本手册是美国劳工统计局出版的《职业展望手册》（*Occupational Outlook Handbook*）。你可以在该手册中找到许多商业职业以及它们是在发展还是衰退的详细信息。[5]许多手册是非常专业的，例如美国马铃薯协会（Potato Association of America）出版过一本手册，不仅揭示了马铃薯的消费模式，还包括马铃薯种植和加工过程的统计数据。[6]

《北美工业分类系统》（*North American Industry Classification System*，NAICS）是最重要的手册之一，尤其是在 B2B 领域。该手册的设计集合了加拿大和墨西哥的力量，提供了整个北美洲企业数据的对比。特别是随着新的企业和新的产业部门的发展，这个针对所有产业的分类系统代替了 1997 年的标准产业分类。[7]

目录　目录（directory）被用来查找姓名、地址以及其他信息。尽管许多印刷版目录容易获得也非常有用，但电子版目录可以根据特定的条件进行检索或者分类，甚至可以下载，因而更有用。很多目录可以在网上免费获得，但最具综合性的目录是有知识产权的（也就是必须付费购买）。一个特别有用的目录是《协会百科全书》（*Encyclopedia of Associations*）（网络上称《协会无限》（*Associations Unlimited*））。该目录提供了公共和专业组织的名单以及这些组织的地址和联系电话。[8]对于一些想要寻找研究服务供应商的公司来说，也有一些可用的目录，包括《绿皮书：营销研究服务采购者指南》（*GreenBook：A Guide for Buyers of Marketing Research Services*）以及提供洞见协会会员名录的《蓝皮书》（*BlueBook*）。[9]

文章、报告、博客与书籍　无论是发表在专业、公共媒体还是学术媒体上的文章都是了解管理困境的宝贵资料。我们通过检索各种数据查找辅助工具（如前面提到的那些辅助工具）以及通过专业的同事的建议来找到这些文章。书籍常常被当作探索性资料，但它们对于了解管理困境的背景很有价值，特别是当书籍可以提供详细的参考书目时。在这个自媒体时代，专业主题博客无处不在。研究者在这个类别中可以检索的内容包括先前的研究，对研究、文件或记录的综述，行业趋势报告，有关问题及其解决方案的文章，以及有关著名人物和事件的文章。有些文章和报告仅在没有索引的网站上提供，这意味着你需要本地图书馆员的资源来进行检索，或者找到包括此类站点的门户网站。

演讲、视频以及网络研讨会 商业领域的专业人士会把加入一些组织作为跟进领域现状以及发展自己专业能力的一种方式。这些组织经常会赞助有著名专业人士发言的会议。在为可能的困境提供证据上，这些发言的内容通常至关重要。作为发展自己专业能力的一种方式，同时也为了让自己熟悉同行的工作，商业专业人士投入越来越多的时间观看有关商业主题的视频。这些视频是会议或网络研讨会上专业演讲的副产品，或者作为宣传材料（如产品演示）。每个人都有能力提供有价值的信息，因此在进行探索的时候不要忘记搜索 YouTube、SlideShare. net 以及领英。

外部资料评估

研究者应该对任何二手资料做**来源评估**（source evaluation），以评价信息的可信度。对于任何人都可以发布任何内容的网络资料来说尤其如此。研究者应根据图表 3-8 中的五个因素来评估和选择信息源：

- 目的——信息来源外显或隐秘的意图；
- 范围——主题覆盖的广度和深度，包括时间范围、地区限制、纳入信息的标准；
- 权威性——数据的层次（原始数据、二手数据、三手数据）以及资料作者的资质；
- 受众——信息服务的对象个体或群体的特点和背景；
- 格式——信息是如何呈现的，以及在资料内部找到特定信息的难易程度。

图表 3-8 对网站作为信息来源的评估

评估因素	问题
目的	● 创建网站的目的是什么？ ● 它试图传达的目的有多明显？ ● 它是否达到了目的？ ● 其目的如何影响所提供信息的类型和偏差？
权威性	● 赞助网站的作者、机构或组织的信誉如何？ ● 网站是否提供了联系他人以获取更多信息的途径？ ● 有哪些网站链接到了该网站？ ● 如果网站提供了事实，这些事实来自何处？
范围	● 信息有多久远？ ● 信息多久更新一次？ ● 有多少信息可用？ ● 信息是选择性的还是全面的？ ● 纳入信息的标准是什么？ ● 网站覆盖了哪些地理区域、时区或语言（如果适用）？ ● 该网站提供的信息与类似网站的信息相比有哪些特点？ ● 网站是仅有一系列链接（一个元站点），还是有其他有价值的信息？ ● 其他有价值的信息的特点是什么？ ● 哪些信息你希望找到却没有找到？ ● 该网站是独立的，还是链接到其他网站？

续表

评估因素	问题
受众	● 该网站适合哪些受众？ ● 该网站假定受众具有何种水平的知识或经验？ ● 目标受众如何影响信息的类型和偏差？
格式	● 你能多快找到所需的信息？ ● 网站使用起来容易吗？直观吗？ ● 网站加载是否迅速？ ● 网站设计有吸引力吗？ ● 网站是否有导航按钮？ ● 网站是否有站点地图或搜索按钮？ ● 网站是否有一个易于识别的帮助按钮？ ● 帮助有用吗？ ● 页面是 ASCII 格式还是图形格式？ ● 如果需要的话，是否可以将信息下载到电子表格或文字处理程序中？

快速浏览

二手数据变得实时化

二手数据探索性研究的两个关键趋势是社交媒体数据的加入以及自动化。社交媒体已经被证明可以对消费领域和工业领域的决策产生重大影响。在更正式的研究证实这种变化前，研究者越来越多地使用社交媒体来发现新兴趋势的早期迹象。自动化要做的是简化所有类型的二手数据（包括但不限于社交媒体数据）的捕获与聚合过程，分析这些数据，并通过邮件推送、关键信息提醒以及可共享报告的方式报告给关键决策者。研究者可以利用自动化对二手数据进行更有效的监控，通过更快地完成每个任务来提高生产率，减少人为错误和遗漏，从而提高数据质量。

试想你需要有关工作场所自动化的信息。针对因为流程自动化而被改变或消失的工作的话题，你想监控人们谈及或书写的内容，以便为一个零售业研究项目做准备。你可以在《麦肯锡季刊》（*McKinsey Quarterly*）上找到有关该主题的一篇文章。文章指出："很少职业会在短期或中期内全部实现自动化。相反，一些特定活动更可能变得自动化，需要整个业务流程作出相应的改变，并且要对人工工作进行重新定义。就像自动柜员机出现后银行出纳员的工作也被重新定义了一样。"幸运的是，该文章包含参考文献列表。但是对列表中的每篇文章进行检索既费时也不能全部检索到。随着技术进步让自动化变得更容易，你还需要更新的文章。你想知道社交媒体，包括领英、Facebook、Twitter 和 YouTube 上关于该话题（不仅在零售领域，也在其他行业）的讨论。你可以输入与主题相关的关键字在网站上手动检索，但这的确很耗时，而你的时间有限。

如果你可以花几分钟建立一个自动化流程，就能收集关于主题的所有谈论或书写的内容，包括文章、帖子、博客、论坛、推文、视频，并且可以把主要零售业、商业以及学术出版社的所有内容添加进去，将会怎样？如果每次在新的内容被书写或发布时这个流程都可以自动更新，并且可以把信息收集到一个数字空间，拥有方便访问的嵌入式链接，将会怎样？成立于 2005 年的 Netvibes 开创了第一个用于网络的个性化仪表板发布平台。如今，Netvibes

为 1 000 多个世界领先的品牌、互动机构、政府组织、非营利组织和企业提供定制化的仪表板。每个仪表板将信息汇总到单个计算机屏幕上。仪表板的拥有者指定用于指导搜索小部件的来源（媒体、人员等）及关键字或标签。当拥有者查看汇总信息时，可以添加其他标签（如积极或消极情绪等）。这些标签可以进行统计和图形化处理并用于报告中。拥有者还可以设置配置文件，让新信息进入仪表板时通过电子邮件自动提醒他。Netvibes UX 和 PR 总监金·特尔嘉（Kim Terca）表示："你真正需要知道的是你想看到哪些数据。"

资料来源：www. netvibes. com；www. gartner. com.

3.3.2 内部资料

并非所有已出版的资料都在公司外部。许多资料在公司内部，包括部门或业务单元报告、年度报告、研究报告、备忘录、信件、电子邮件等。在探索研究阶段，组织内部的历史数据往往是未得到充分利用的资源。由于员工的流动性，研究者或许对历史数据的存在缺乏认知，或者由于时间和预算上的限制、文件归档缺乏条理化，研究者选择忽略这些数据。尽管从数据档案中挖掘信息可能十分简单，比如整理员工服务记录或存货装运清单，或者再次阅览尘封已久的公司报告和管理备忘录，如果这些资料与管理困境或者管理问题有关，那么它们永远不应该被忽略。由于时间压力，研究者在探索过程中更愿意去发掘内部的电子数据库而非纸质数据库。

随着计算机性能的提升以及大容量数据存储的日益普及，访问最新数据档案的可能性越来越大，尽管不一定更容易。**数据仓库**（data warehouse）是一个数据的储藏室，它将大量的数据归入相应的类别或文件夹，终端客户可以方便地检索、解释和分类数据。数据仓库提供了一个可访问的档案库来支持动态的组织情报需求。这里的关键词是可访问性（accessible）和动态性（dynamic）。数据仓库中的数据必须持续更新，以确保管理者获得对实时决策有用的数据信息。今天，基于云的数据仓库通过将数据保存在应用了标准体系和一致数据定义的中央存储库中，消除了一些企业的数据孤岛。无论管理者在什么部门、什么地理位置，决策者或跨职能团队都可以直接访问并分析这些数据，也可以通过中间存储设施来使用这些数据。然而，只有基于集成性和兼容性构建的系统才能实现上述目标。

组成数据仓库的数据库越容易访问，研究者在探索期间使用此类数据库的可能性就越大。数据仓库中的一些数据是曾经为了特定目的而收集的原始数据。这些数据所揭示的任何规律都将用于初始目的之外的目的。例如，在员工绩效报告的存档中，我们拥有大量关于员工分类、培训、考核频率、绩效评估指标及标准等的数据。公司最初生成这些报告来确定薪酬标准、制定合同中止的规则、确定是否需要培训等。

当研究者挖掘绩效报告档案时，搜索的目的是发现模式（如晋升、培训、离职等）。传统的数据库查询通常是单维地查询历史数据，如已经培训多少 IT 员工。相反，高级数据挖掘使用人工智能来发现数据的模式和趋势，并从这些模式中推断规律。借助从数据挖掘中发现的规律，管理者能够支持、审视和/或检查解决管理困境的备选方案。这些备选方案可在以后收集新的原始数据时做进一步的研究。

对想要更深刻理解管理困境的研究者或管理者来说，数据挖掘技术提供了两种功能：模式发现和模式预测。可以对数据挖掘工具进行编程，以定期扫描数据库并识别以前没有发现的模式。模式发现的一个例子是基于信用卡交易记录的分析来探查信用卡盗刷。这个模式可用于加强信用卡的安全协议。万事达卡（MasterCard）每天要处理数百万笔交易，使用模式发现来实时监测信用卡盗刷行为。[10] 模式发现的其他用途包括定义零售购买模式（用于管理库存和计划促销活动）、识别呼叫中心的流量波动（用于识别员工培训需求和检测产品缺陷），以及查找可能反映了数据输入错误的异常数据（用于培训评估、员工评估或满足安全方面的需求）。

在数据挖掘过程中，管理者或研究者使用数据挖掘的预测能力来确定可能的行动方案以解决管理困境。美国银行（Bank of America）和梅隆银行（Mellon Bank）都利用数据挖掘的预测能力来找到能够吸引高净值、低风险客户的营销计划。美国银行专注于信贷额度和零售贷款，梅隆银行则专注于房屋净值信贷额度。[11]

在一些行业领域，从数据中提炼信息已经进行多年。州立农业保险公司（State Farm Insurance）有能力挖掘其丰富的、全国性的事故发生地和路口情况数据库，让它可以确定高风险路口，并计划进行原始数据研究来确定改进这类路口的替代方案。一些管理职能领域以及一些行业目前正在推动数据挖掘项目的开展，如市场营销、客户服务、行政/财务分析、销售、劳动力分布、保险、欺诈检测和网络管理等。[12] 然而，有两个问题可能会影响探索方法的效果。首先，获取数据可能困难且昂贵。其次，将数据加工成信息的过程需要花费时间，导致生成的信息是历史性的而非预测性的。尽管数据仓库带来了巨大的希望，但想要实现完全可访问和集成的数据仓库，企业还有很长的路要走。

3.3.3 内部资料评估

内部资料应当在以下方面进行评估：

- 与当前管理困境、问题以及研究问题的兼容性（数据越兼容，就越有价值）；
- 永恒性（数据越不受时间影响，就越有价值）；
- 新近性（数据越新，就越有价值）；
- 原始研究过程的质量（好研究的标准在原始数据收集过程中被应用得越多，数据就越有价值）。
- 数据资料整理者的个人经验（个人越有经验，数据就越有价值）。

在创建内部资料时，你应该一直尝试了解当下的政策和管理状况，因为它们为评估内部资料的价值提供了有益的背景信息。对于许多企业来说，最有价值的信息将被嵌入公司当前的数字仪表板，因为这些数据将直接与公司当前的 KPI 挂钩。

3.4 研究价值评估

当研究者或管理者执行这项任务时，他们已经知道了研究问题。在商业情境中，投资研究应该以与投资其他资源类似的方式来提高对 KPI 的预期。这些预期可能包括收入、利润、应用领域、员工士气、供应商忠诚度的提升或开支、工伤、产品缺陷或员工流动率的下降。有人建议将研究的价值定义为“利用［新］信息所做决策的结果与未用新信息所做决策的结果间的差异”。[13] 尽管这个定义简单，但其实际应用很难。

理想情况下，管理者需要在做研究前确定研究项目的价值。大多数企业研究旨在帮助从已知的备选方案中做选择。在此类决策中，我们可能使用**选项分析**（option analysis）来确定开展研究的价值。我们需要以下几条信息（其中包括从决策理论中获得的两条信息）：

- 两个或两个以上的选项。这些是管理者可能为解决管理困境而采取的措施（例如，更换培训计划、修改产品设计、重新调整装配线流程、与其他分销公司签合同等）。
- 一个或多个**决策变量**（decision variable）。这些是所考虑的选项的预计影响的量化（例如，引入新产品所提升的销售额或利润额、员工流动率降低而减少的招聘成本，或是工伤减少的数量）。
- 一个**决策规则**（decision rule）。这是管理者为了在使用决策变量的不同选项时作出无偏决策而使用的标准。例如选择导致最少（标准）工伤（决策变量）的选项。
- 用于评估每个选项的研究设计的预算。

合理的选项、决策变量和决策规则通常会在探索过程中呈现出来。例如，大学生在学率偏低困扰着大学（管理困境）。大学正在努力提高学生的在学率（决策变量），为此制定不同的备选计划。其他大学在用的备选计划包括同伴辅导、校友辅导、每个专业的入门课程选择、新生成功计划等（选项），它们对大学生在学率产生了积极影响。这些计划中的每一个都包括多种要素：人力、空间以及材料等。每个要素都有成本。一所大学可以用每个选项分别预测在学率最佳情况、可能情况、最坏情况。选择哪个选项将取决于哪个选项会带来最高水平的学生在学率（决策规则）。

如果我们可以预测每个选项的成本和结果，那么确定哪个选项或选项组合能实现预期结果（如学生在学率提高10个百分点）将会多么有价值。由于每个管理困境都是独特的，其产生的驱动研究设计的研究问题也是独特的。我们可以首先通过确定备选研究设计来估算研究项目的成本——永远不会只有一种开展研究的方法。尽管任何特定的研究设计都具有独特属性，它也会与其他类似设计存在共同属性。我们使用这些共同属性来进行估算。有两种可用的估算方法：(1) 咨询公司内部或外部的研究专家；(2) 查询公司记录以了解采用类似研究设计的先前项目的实际成本。在大公司里，每年实施数以百计研究项目的经验丰富的研究者或管理者可能会选择后一种方法，因为各种研究设计的成本信息很容易获得。

如果不用研究信息就可以作出最佳决策，那么研究的价值为负（研究项目的成本以及在该项目上花费的时间和金钱的机会成本）。相反，如果没有新的研究信息就无法作出正确决策，那么新研究信息将具有正的研究价值。如果管理者的评估显示研究具有正的研究价值，他将建议为研究提供预算。研究价值评估模型如图表3-9所示。

图表 3-9 研究价值评估模型

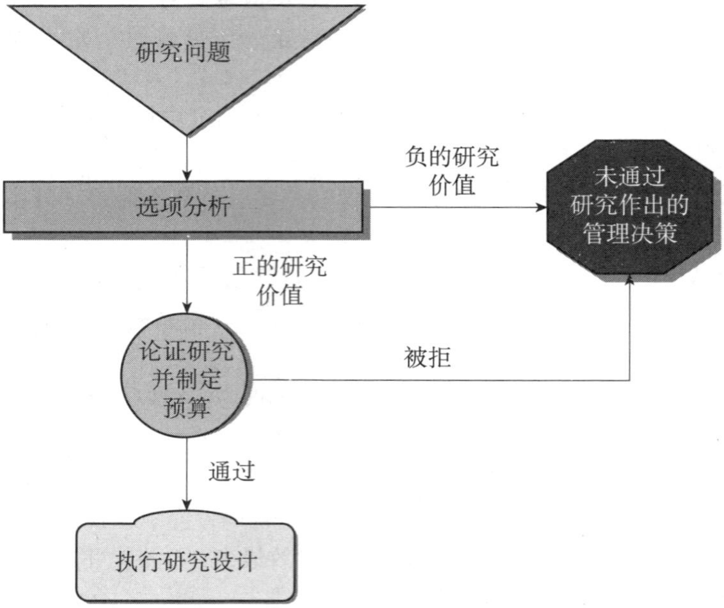

当然，在开展研究前可能无法估计研究的真正价值。在这种情形下，我们将在作出决策后确定其价值，即事后评估。这种评估来得太晚，无法帮助管理者决定是否应该作出当前的研究决策。但是，事后评估过程可以提升管理者未来作出研究决策的能力。

3.5 证明研究的合理性并制定研究预算

企业所做的每个决策，包括购买新机器、雇用新员工、开展广告活动、发行股票等，都需要倡导者。组织的资源不是无限的。想做研究的管理者必须是倡导者。管理者不仅要证明花在研究上的钱是合理的，还要确定资金来源。用于开展研究的预算通常为以下两种类型之一：

● 任务预算。从组织可以自由分配的储备金或内部研究业务的运营预算中提取资金来资助研究项目。可以自由分配的储备金可能是基于预计的或上一年度销售额的固定百分比来确定。这个过程是管理者之间的竞争过程，精心准备的申请报告常常因为内部政治而未获批准。

● 职能区预算。从管理者所在业务部门的运营资金中拿出部分分配给研究活动。管理者有权根据自己的意愿来支出预算。这个过程同样也是竞争性的。因为在内部，管理者有许多目标和优先事项。政府机构、非营利组织和企业都经常以这种方式来管理研究预算。

根据不同方案的竞争情况，公司可能需要正式的书面研究计划。如果管理者在此阶段意识到自己没有技能或资源来独立进行研究，就会准备一份研究计划发送给外部研究组织。

如果缺乏有说服力的理由来争取足够的预算，那么一个研究项目可能永远不会被批准。管理者将被迫根据现有信息作出决定。

3.6 伦理问题及其解决方案

尽管管理者可能已经指派一名下属来执行探索策略，但在许多情况下，完成第1阶段所有任务的是管理者本人。无论组织架构如何，管理者在伦理问题上都肩负最大的责任。这里涉及的主要问题是管理者/研究者进行高质量研究的权利。可以保证这些权利的行动包括：充分披露事实（导致管理困境的事实），不受限制地获取必要的内部资料（人员和记录），明确探索范围（避免浪费研究者的时间），在该范围内二手资料的获取没有限制，鼓励共享所有发现，以及在已经发现的选项上没有隐秘意图（以避免遗漏研究问题）。

❖小 结

1. 管理者通过关注管理困境来启动研究问题的形成过程。这个问题/机会被转化为管理问题，然后转化为研究问题。这是任何研究的主要目标。进一步地，研究问题被扩展为调查问题。这些问题代表管理者为了解决管理问题而需要知道的内容。问题的层级结构以测量问题结尾，这些测量问题由受访者在调查中回答或在观察研究中对每个案例作答。研究主题可能会在此阶段透露，但要等到第2阶段（进行研究设计）才会进行完善。

2. 完善研究问题是探索的最终目的。在此阶段使用信息来增进对管理困境的理解，寻找其他人解决类似管理困境或问题的方法，并收集有关该主题的背景信息以完善研究问题。探索包括熟悉可用的文献、研究公司记录、对专家以及与问题或可能的解决方案相关的人员进行（个人和小组）访谈。探索过程使用两种方法来进行，即搜索内部和外部资料（通常同时进行），并寻求人们对问题或其解决方案的看法。

3. 外部资料是三类已出版的信息：原始资料、二手资料和三手资料。原始资料是原始的研究成果或未经解释的原始数据。二手资料是他人对原始资料的解释。三手资料可以是对二手资料的解释，更常见的是检索工具。

研究者使用多种工具来识别信息资料，包括索引和参考书目、词典、百科全书、手册和目录等。使用二手/三手公开资料的最艰巨的任务之一是信息质量评估。评估时要考虑的五个因素是目的、范围、权威性、受众以及格式。外部资料的来源还可以包括对问题或其解决方案有专业知识或对研究方法有所了解的人进行的个人或小组访谈。提取内部信息通常涉及研究公司的记录或数据库。其中一些可能可以搜索，一些则可能并非数字化的，很难通过搜索方式获得。搜索内部数字资料的过程称为数据挖掘，它的目的是发现模式并预测趋势和行为。

4. 研究的价值可以定义为“利用［新］信息作出决策的结果与没用新信息作出决策的结果之间的差异”。在研究开始前，研究者可以使用选项分析对研究的价值进行评估。该过程需要四个信息：两个或两个以上的选项（管理者可能采取的行动）、一个或多个决策变量（任何选项的量化效果）、一个决策规则（管理者在各个选项之间作出无偏决策所使用的标准），以及用于评估每个选项的研究设计的预算。合理的选项、决策变量和决策规则通常可以在探索过程中被揭示。研究设计的预算估计依赖于先前的经验或与专家协商。如果不开展新的研究就可以作出正确的决策，那么研究就没有价值。相反，如果没有新的研究就无法作出正确的决策，那么必须对研究进行论证并制定预算。

5. 管理者需要做必要研究的倡导者。这意味着他们需要确定资金的来源。研究预算通常分为两类：任务预算与职能区预算。任务预算从内部储备金或内部研究业务的运营预算中提取资金。在拥有职能区预算的情况下，管理者可以使用业务部门的一部分运营资金来支付研究费用。两种预算编制过程都是竞争性的，有时甚至是政治性的。任务预算中资金竞争的程度越大，需要正式书面研究建议的可能性就越大。如果缺乏争取充足预算的说服力，研究项目可能永远不会被批准。

6. 在研究过程的第1阶段，主要的伦理问题是高质量研究的权利。保证研究质量的措施包括：充分披露事实（导致管理困境的事实），不受限制地获取必要的内部资料（人员和记录），明确探索范围（避免浪费研究者的时间），在该范围内二手资料的获取没有限制，鼓励共享所有发现，以及在已经发现的选项上没有隐秘意图（以避免遗漏研究问题）。

❖关键术语

百科全书（encyclopedia）
参考书目（bibliography）
测量题目（measurement question）
词典（dictionary）
二手资料（secondary source）
管理困境（management dilemma）
管理问题（management question）
管理研究问题层级（management-research question hierarchy）
决策变量（decision variable）
决策规则（decision rule）
来源评估（source evaluation）
目录（directory）
三手资料（tertiary source）
手册（handbook）
数据仓库（data warehouse）
索引（index）
探究性问题（investigative question）
探索（exploration）
探索策略（exploration strategy）
文献检索（literature search）
选项分析（option analysis）
研究问题（research question）
原始资料（primary source）

❖讨论问题

术语回顾

1. 解释二手资料的五个评估因素如何影响其管理决策价值。

a. 目的
b. 范围
c. 权威性
d. 受众
e. 格式

2. 在二手资料检索中定义原始资料、二手资料、三手资料之间的区别。

3. 研究者可能会遇到哪些二手数据质量问题？如何应对？

制定研究决策

4. T. J. Maxx的母公司TJX Co. 和其他零售商在证券交易委员会的一份文件中宣布，超过4 500万张信用卡和借记卡的卡号在其IT系统中被盗。TJX公司在过去的几年中采取了一些措施，通过混淆和加密来保护客户数据。但TJX并没有在其IT系统中统一应用这些策略，结果导致它仍然不知道数据泄露造成的破坏程度。你如果面对这种情况，会使用哪些内部资料来评估客户个人数据的安全性？

5. 面对低迷的销量，Oaks International的总裁请一家研究公司对客户关系部门的活动进行研究。该研究项目可能无法为解决管理问题作出足够贡献的重要原因是什么？

6. *Gentlemen's Magazine* 的编辑曾邀请你进行一项研究。该杂志一直没能成功吸引鞋类制造商刊登广告。因为男装店只是鞋类制造商销售渠道中即将消亡的一小块，而 *Gentlemen's Magazine* 主要通过男装店发行，因此制造商认为该杂志不是做宣传的好工具。该编辑认为，对美国男装店的调查可能会显示，这些商店是男鞋的重要销售渠道，且与鞋店相比其重要性并未下降。建立管理研究问题的层级结构，这将帮助你制定具体的研究计划。

7. 针对你工作或志愿服务所在的组织面临的管理困境，开发管理研究问题层级结构。

8. 如果你是人力资源官或主管，试图提高员工对安全政策的遵守程度，你将如何使用内部资料进行探索？

9. 当奥利奥饼干诞生100周年时，纳贝斯克推出了限量版口味的生日蛋糕奥利奥，它有Funfetti蛋糕的味道，中间撒上了彩虹糖豆。据《名利场》（*Vanity Fair*）报道，这款奥利奥有一种非常甜的气息和味觉的体验。奥利奥是包装饼干的第一品牌，年销售额超过7.788亿美元。奥利奥有30多种口味，包括原味、黄金味、双重口味以及绿茶味等。如果你要决定是否在庆祝活动中引入新的奥利奥，你将如何构建问题层级结构？

从概念到实践

10. 针对以下身份的管理者面临的管理困境、管理问题和研究问题，开发管理研究问题层级结构（参见图表3-2、图表3-3）：

a. 家庭保健服务公司的总裁。

b. 汽车制造商的投资者关系副总裁。

c. 一家主要都市报的零售广告经理。

d. 一座大城市的警察局长。

来自头条新闻

11. 在宝马员工会议上，员工被告知“我们正遭受巨大冲击”，因为奔驰、保时捷、捷豹，尤其是特斯拉推出了电动汽车。Union Investment的一位基金管理者也在重复这种感受：“宝马在电动汽车上落后了。”针对这个管理困境，开发与图表3-4类似的图表。

❖参考文献

1. You can explore the latest census form and learn about the process at Census.gov. The form, and why each question is asked, can be found here: https://www.census.gov/2010census/about/interactive-form.php. According to “Census 2010: Final Report to Congress, Final Report No. OIG-11-020-I,” Census Bureau, June 27, 2011, downloaded May 11, 2017, https://www.oig.doc.gov/OIGPublications/OIG-11-030-I.pdf, the decennial census cost $12 billion, $4 billion more than the previous one in 2000.
2. “Our Surveys & Programs,” U.S. Census Bureau, downloaded May 11, 2017, https://www.census.gov/programs-surveys/censuses.html.
3. “About This Encyclopedia,” *TDM Encyclopedia*, Victoria Transport Policy Institute, accessed February 2, 2007, http://www.vtpi.org/tdm/tdm12.htm.
4. “Encyclopedia of Private Equity and Venture Capital,” VC Experts Inc, accessed February 2, 2007, http://vcexperts.com/vce/library/encyclopedia/.
5. *Occupational Outlook Handbook*, U.S. Bureau of Labor Statistics, accessed February 2, 2007, http://www.bls.gov/oco/ocoiab.htm.
6. Joseph B. Sieczka and Robert E. Thornton, eds., “Potato Association of American Handbook,” Potato Association of America, accessed February 2, 2007, http://cropandsoil.oregonstate.edu/classes/CSS322/Cppina.htm.
7. *North American Industry Classification System (NAICS), United States 2017*, Executive Office of the President, Office of Management and Budget, accessed October 18, 2017 (https://www.census gov/eos/www/naics/index.html).
8. *Associations Unlimited*, Gale Inc., accessed February 2007, http://www.gale.com/servlet/ItemDetailServlet?region59&imprint5000&titleCode5GAL7&type54&id5110996.
9. *Green Book: A Guide for Buyers of Marketing Research Services*, AMA Communication Services Inc., accessed April 28, 2017, http://www.greenbook.org/; and *Blue Book Marketing Research Services and Focus Group Facility Directory*, Insights Association, accessed April 28, 2017, https://bluebook.insightsassociation.org/. Organizations are included in the directory by joining the trade group that sponsors the directory.
10. B. DePompe, “There's Gold in Databases,” *CMP Publications*, January 8, 1996, http://techweb.cmp.com/iwk.
11. “Data Mining: Plumbing the Depths of Corporate Databases,” *Computer World Customer Publication*, insert to *ComputerWorld*, April 21, 1997, pp. 6, 18.
12. “Data Mining: Plumbing the Depths,” p. 12.
13. Robert D. Buzzell, Donald F. Cox, and Rex V. Brown, *Marketing Research and Information Systems* (New York: McGraw-Hill, 1969), p. 595.

Business Research Methods

第 2 篇

研究设计

The Design of Business Research

▶▶ 第 4 章

第 2 阶段：研究设计概述

好的研究是在每个环节、活动和互动中都使用正确的平台。

——尼克·德鲁（Nick Drew），Fresh Intelligence 洞见与战略副总裁

学习目标

阅读本章后，你应该了解：

1. 研究设计所包括的任务。
2. 变量关系的类型。
3. 研究设计的主要描述指标。

4.1 什么是研究设计

简单来说，**研究设计**（research design）是实现研究目的的蓝图。尽管有很多关于研究设计的定义[1]，但它们都有共同的特征。

研究设计有以下特征：

- 是每个研究活动基于时间的程序性的计划；
- 始终聚焦研究问题；
- 指导信息源（个案）的选择；
- 提供框架用于详细说明研究变量间的关系。

如图表 4-1 所示，研究设计这个术语所涵盖的任务范围很广。本章的目标不是让你一次掌握研究设计的所有具体细节，而是让你了解研究设计的范围，一览为了满足组织特定研究需求而定制研究设计的可用选项。研究过程的第 1 阶段，我们解决了探究性问题，即在我们没有答案时论证研究是否值得进行。在具体描述研究设计时，研究者需要开展：

- 抽样设计；
- 数据收集设计；
- 测量工具设计。

一些研究者选择从数据收集设计开始规划这三项任务，一些人则更喜欢从抽样设计开始。两种途径都是可以的。

图表 4－1　研究过程中的研究设计

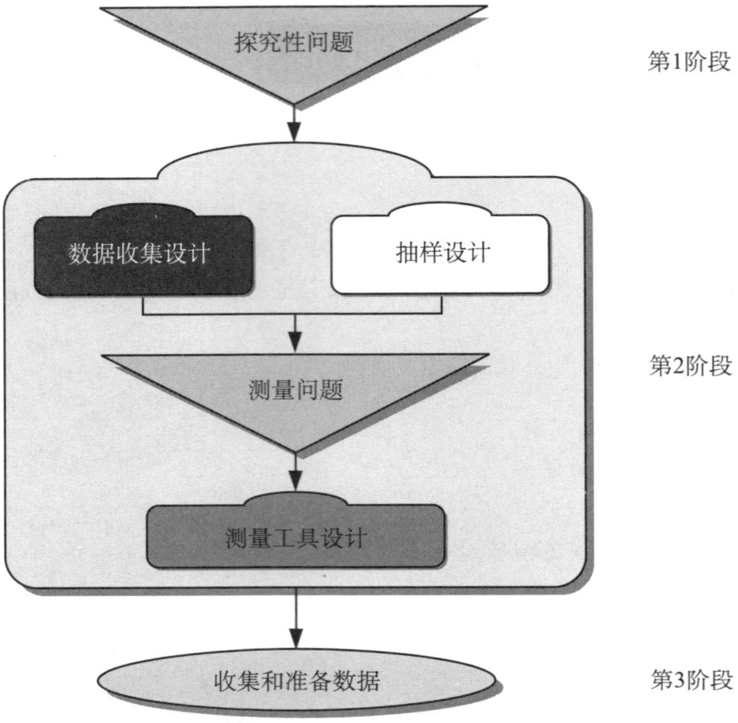

4.2　抽样设计

抽样设计（sampling design）的任务是找到在探索期间没有找到的任何信息源。在第 1 阶段中提出的探究性问题是抽样设计过程的重点。无论选择哪种抽样设计，都必须回答两个问题：

- 应该测量谁或测量什么？
- 如何访问或招募测量对象？

在企业研究中，人们并不总是能够代表我们感兴趣的目标总体。我们举一个可以作为目标总体的例子。假设一家公司的工人生产率与工人士气同时在下降。管理问题是“如何提高生产率?”在第 1 阶段对二手资料的探索中，我们了解到员工的士气通常会影响生产率，并且士气本身受以下因素的影响：（1）工人对工作不确定性的感知。（2）由下列感知导致的工作压力：（a）对上级不公平的期望的感知；（b）没有足够的资源来很好地完成工作；（c）工人的努力不被重视。我们还发现，工人常常感到不了解自己职责之外的公司状况。这让他们有被孤立感。一系列探究性问题的确定都围绕以下研究问题：是否要实施易于访问的全公司范围的 KPI 仪表板来提高公司绩效的透明度，以此提高工人士气？许多探究性问题针对的是工人认为重要的信息条目。其他问题则处理工人工作压力的影响因素，以及工人如何感知工作环境对他们的支持度。我们对绩效评估的探索性研究表明，这些绩效评估记录很难提供关于上述问题的洞见。因此，工人就成为我们研究的目标总体。如果是一家小公司，我们可能会要求所有工人参与研究项目。但是，如果公司有数以千计的说各种语言的工人分布在多个地区，我们可能会选择代表性样本做研究。因为这些样本个体是工人，我们可以通过带薪假来激励被选工人参与研究。

一旦确定了某个样本，我们就要依据信息处理计划来选择样本类型。实施数字仪表板的成本很高，因此我们希望在花钱之前确保能够达到预期效果。理想状态下，我们希望通过测量工人样本得到的证据来预测所有工人的反应。因此，我们需要一个高阶样本——概率样本，而不是非概率样本。基于岗位体系中工作类型的多样性，我们可能要选择一种特定类型的概率样本（分层样本），以确保能够测量不同类别工人的态度。为了确保样本的代表性，可以使用按工作类别制作的员工花名册来抽取样本。

因为我们知道将测量工人的态度、知觉和感受，所以在抽样设计中做了以下决策：

- 将从按工作类别制作的公司花名册中抽取工人样本；
- 将对该花名册使用概率抽样方法，根据工作类别来分层抽取样本，抽取特定的工人；
- 将招募特定的工人参加研究，用带薪假的方式激励他们参与。

4.3　数据收集设计

数据收集设计（data collection design）涉及大量关于如何、何时、何种频率以及在何处收集数据的决策。在研究中，我们测量的是感兴趣的变量。在数据收集设计中，我们会作出许多选择，以便准确地测量这些变量以及变量间的关系。

4.3.1　一个例子

我们将举一个例子来讨论数据收集设计的维度。假设一家银行正考虑在城镇的某个区域新设分行，该区域之前没有该银行的分行。该银行希望基于对现有分行储蓄活动的正式研究结果来刺激该分行的储蓄活动。如果管理者假设储蓄活动与分行离客户住所的邻近度有关，那么他可能会选择一个拥有大量住家的地点。购买土地和开设分行是重大的资源投资，该银行董事会希望确保这项投资有实证研究的支持。

假设研究问题是“从银行客户的住所到分行的距离是否与储蓄活动有关?”或使用假设格式，“60%的当前储蓄者生活在离分行两英里的半径内”。在研究的第一阶段，我们根据储蓄记录来对储户的住所到分行的距离及其账户活动进行列表。该列表显示账户活动的不同比率与储户的位置有关。将住所到分行的距离与账户规模大小和储户的性别进行列表也发现了相关关系。我们的任务是确定这些变量是否独立（无关）；如果变量不独立，则继续确定关系的强度或量级。然而，上述两个过程都无法告诉我们哪个变量是原因。例如，我们也许可以总结，性别和距离与储蓄活动有关，但我们不能说性别是分行选址的影响因素。

假设通过检查银行账户记录发现了分行附近储户的集中性。他们通常比住得较远的储户拥有规模更大且更活跃的账户。因此，我们选择在研究中增加第二阶段：对储户做调查，以提供有关家庭生命周期所处阶段、对储蓄的态度、家庭收入水平以及开设账户动机的信息。该信息与已知的储蓄数据的相关系数表明，女性拥有规模更大的账户。这些拥有较大规模账户的女性是无工作孀居者或有工作的单身女性。她们比一般储户的年龄更大。

与分行的邻近度和在分行开设账户的可能性之间的相关关系可能带来以下问题："为什么住得离分行较远的人会在分行拥有账户？"研究者可能会假设：

1. 远距离储户（操作性定义为家庭住址距分行超过两英里的储户）之所以在分行有账户，是因为他们曾经住在分行附近，住所离银行"近"。

2. 远距离储户实际上住在分行附近，但是银行账户上登记的地址不在离银行两英里半径范围内，他们其实住得"近"，但记录不准确。

3. 远距离储户在分行附近工作，他们因工作地点而"近"。

4. 远距离储户通常并不在分行附近。他们是因为一场鼓励储户通过电脑访问银行的促销活动而开户，他们因为电子银行业务而"近"。

对上述假设做检验后，研究者发现，假设 1 和假设 3 可以很大程度上解释远距离储户开户的原因。结论：地点与在分行储蓄密切相关。

以下是上述过程所揭示的数据收集设计决策：

● 所有研究设计决策均与研究假设（储蓄活动与分行离储户住址的邻近度相关）保持一致。

● 我们将感兴趣的变量（邻近度）操作性定义为"距开户分行两英里以内的家庭住址"。

● 董事会需要统计数据来支持新设分行的提议。

● 感兴趣的变量包括家庭位置、邻近度的测量、研究参与者的开户分行、研究参与者进行储蓄的分行、账户活动的类型（存款、取款、定期存单、个人退休金账户）、账户活动的频率、对储蓄的态度、储户访问账户的方式（在家、公司或通过互联网访问）以及储户的人口统计学信息（年龄、性别等）。

● 我们无法操纵我们感兴趣的主要变量（邻近度）。

● 虽然我们很想测量邻近度与储蓄活动间的因果关系，但我们现在找的是两者间具有强相关关系的证据。

● 研究将分两个阶段进行：(1) 检查储蓄记录；(2) 对储户做调查。

—通过检查储蓄记录，研究者可以跟踪开户后的储蓄活动，并将该活动与初始家庭住址以及账户有效期内家庭住址的任何变化联系起来。

—通过对储户做调查，研究者可以收集更多有关储户的人口统计学信息、有关储蓄的态度信息、有关开设账户的动机信息以及有关就业和就业地的行为信息。

4.3.2　数据收集设计的维度

上述所有决策都涉及数据收集设计中的重要维度。图表 4－2 显示了这些维度的分组。[2] 对每个维度的简短讨论说明了它们的性质以及它们对研究设计选项的贡献。

图表 4-2 数据收集设计的维度

维度	数据收集设计选项
研究目的	● 报告（过去的何人/何事/何时/何地/如何） ● 描述性的（现在的何人/何事/何时/何地/如何） ● 因果关系 —描述（现在的为何/如何） —预测（将来的何事/为何）
研究者操纵变量的能力	● 实验（可以操纵变量） ● 事后回溯研究设计（无法操纵变量）
研究的主题范围	● 统计研究（广度大、有一些深度） ● 案例研究（广度小、很有深度）
研究技术的测量重点	● 定性（强调含义测量） ● 定量（强调频率测量）
设计的复杂性	● 单一方法设计 ● 多方法设计
数据收集方法	● 监测研究 ● 沟通研究
研究环境	● 现场条件 ● 实验室条件 ● 模拟
时间维度	● 横截面研究（在一个时间点进行一次测量） ● 纵向研究（在指定时间内进行多次测量）
参与者对研究的觉察度	● 无知觉偏差 ● 有知觉偏差，但与研究者无关 ● 研究者诱导的知觉偏差

研究目的

研究目的是数据收集设计中最重要的维度，因为它会影响所有其他的选择。**报告研究**（reporting study）可以提供数据汇总，为了深入理解数据，通常会对数据进行重塑，或者生成统计数据用于比较。例如，一项犯罪研究可能会统计在购物中心和独立商店中发生的员工偷窃行为的次数。企业使用报告研究，而报告研究依赖现有数据，因此可能无法涵盖研究者需要测量的所有变量。前述银行研究的第一阶段就是报告研究。

描述性研究（descriptive study）试图确定何人、何事、何地、何时发生以及发生的数量。有关员工偷窃的描述性研究会测量偷窃的类型（服装、电子产品、家庭用品、金钱）、频率、时间（每年的什么时间、每天的什么时间、每周的哪些天）、地点（接货码头、仓库、销售点）以及人物（性别、年龄、服务年限、所在部门）。

描述性研究收集的是新数据，这些数据可以与已有数据相结合。描述性研究可以简单也可以复杂。银行研究的第二阶段即描述性研究。描述性研究可服务于多种研究目标：

- 与目标总体相关的现象或特征的描述；
- 具有这些特征的个案占总体比例的估计；

- 感兴趣的变量间关系的发现。

因果解释性研究（causal-explanatory study）试图解释变量间的关系，以确定一个变量如何让另一个变量产生变化。例如，因果解释性研究可能试图解释为什么商场A的犯罪率高于商场B，或者为什么男员工比女员工有更多偷窃行为。

因果预测性研究（causal-predictive study）试图预测当其他所有变量保持不变时，操纵一个自变量而对因变量产生的效应。例如，进行因果预测性研究的研究者可能会测试在接货区和仓库安装监控摄像头是否能减少员工的偷窃行为。尽管因果推论可能既不是永久性的也不是普遍的，但随着时间推移，这些推论让我们能够建立关于偷窃原因的知识。这些实证结论让我们得以不断接近真理，并提供了理论基础。

研究者操纵变量的能力

在**事后回溯设计**（ex post facto design）中，研究者无法操纵变量。相反，研究者分别研究那些接触过自变量的参与者和那些尚未接触自变量的参与者，并对结果进行比较。在银行研究中，我们使用事后回溯设计来研究居住在分行“附近”的储户以及不住附近的储户。使用这类研究设计时，为防止引起偏差，研究者不能影响变量。为了保持因素不变，研究者只能依据严格的抽样程序来审慎地选择研究对象，并对结果进行统计操作。企业广泛地使用事后回溯设计收集数据。

在**实验**（experiment）中，研究者必须能够控制和/或操纵研究变量。研究者只要根据研究目标来使变量发生变化或者保持其恒定不变就够了。实验为因果假设提供了最有力的支持。银行可以进行实验，例如延长（缩短）自动柜员机的可用时间，以确定与以前的自动柜员机使用量相比，现在的使用量是否会增加（减少）。

研究的主题范围

统计研究（statistical study）试图基于样本特征做推论来获取总体特征。统计研究的设计更注重的是广度而非深度。它会从多个个案中提取相同的数据。统计研究使用量化方式来检验假设。研究结论的可推广程度取决于样本的代表性和研究设计的有效性。在银行研究中，对记录的研究就是统计研究。我们对储户的调查也是统计研究。许多企业研究都涉及统计研究。

案例研究（case study）更强调对一个或一些事件或条件及其之间的相互关系进行全面的情境分析。对情境细节的强调为问题解决、评估以及战略或战术变革提供了宝贵的洞见。为了保障情境细节的获取，可以使用多个信息源来核实证据，避免数据丢失。一项设计良好的案例研究可能对一个理论提出重要挑战，同时也可以是新假设和构念的来源。[3] 在使用监控摄像头之前，企业可能会基于管理者的偶尔观察来假设员工是否遵循安全程序。一个监控摄像头拍摄的八小时视频可能会挑战这些假设。企业经常使用案例研究。一个经常使用的例子是研究一家已经为与管理者面临的类似问题提出解决方案的公司。这个案例可以叫作最佳实践案例。

研究技术的测量重点

企业研究者有时会同时使用定性研究和定量研究。**定性研究**（qualitative research）使用解释技术来描述、决定、翻译或者接受特定现象的含义。定性研究通常在探索过程中使用，但也可以在统计研究后使用，以进一步了解测量内容。随着移动设备越来越多地用于开展大样本定性研究，这些研究本身就足以指导商业决策。定性研究的严谨性取决于研究者。

定量研究（quantitative research）则对现象的数量、频率或量级感兴趣。定量研究是统计研究的基础。定量研究的质量取决于用来观察、调查和实验的测量工具的质量。在银行研究中，如果两个阶段都是定量研究，董事会很可能会更高兴。

快速浏览

美国国际集团和研究设计

金融危机之后，美国国际集国（AIG）面临越来越多的审查。它迫切需要向股东证明自己可以对绩效进行有效区分。当朱莉娅·史密斯（Julia Smith）加入AIG人力资源团队时，她被告知绩效管理系统正处在危险之中。这个绩效系统很繁冗，管理者缺乏对它的所有权。绩效管理系统只关注员工的工作行为而非这些行为的影响，且几乎没有为员工提供有关如何改善或提高绩效的指导。

AIG进行了一项大规模的研究项目，以确定应该用来替换现有系统的新绩效管理系统。AIG与ThinkTank. net合作进行了虚拟焦点小组讨论，吸引了来自全球的60 000多名员工的参与。AIG认识到，理想的系统可以激励员工做到最好，提供实时反馈和建设性的指导，并呈现变革性的发展机会。

AIG聘请了著名的行为经济学家、认知和社会心理学家丹尼·卡利曼（Danny Kahneman）。此外，为了找到绩效管理的最佳实践，AIG还访谈了数百名人力资源专业人员以了解他们的绩效评估系统。AIG开发的程序将使用在线评估系统来评估18种需要被强化的特定行为（例如，能够预见问题、协作和乐于助人、对新的做事方式持开放态度等），管理人员和员工均可使用该系统。这项研究让AIG学会了以积极的方式来塑造行为，使用日常语言而非专业术语。AIG还了解到，需要以在线的方式来完成评估，使用简单的量表，且要让经理和员工都能够很容易地完成。系统还需要针对每位员工生成一致的报告。该报告不仅需要向员工展示他与从事同类型工作的同事相比的行为成就，还需要展示不考虑工作类型或级别的情况下，该员工与全公司其他同事比较的结果。研究表明，有必要在经理讨论之前与员工分享报告，并提前准备讨论指南，供经理和员工在讨论报告时使用。

AIG把最好的想法运用到着重于两个主要目标的新计划上：奖励合作以及团队合作，同时鼓励员工之间的竞争。之后，它启动了一个有3 000名员工参与的预研究来测试新计划，并在预研究后对参与者进行了调查。在对计划进行调整之后，该计划于2016年在全公司范围内推行。员工认为新计划公平（96%）、准确（92%）并有助于提升绩效（92%）。有86%的员工认为与管理者的关系改善了。员工志愿者录制了聚焦于18种行为的视频剪辑以鼓励同事。这就是双赢。

资料来源：AIG. com；ThinkTank. net.

设计的复杂性

单一方法设计（single-methodology design）只使用一种方法，比如调查。然而，企业研究通常很复杂，包括不止一种数据收集方法。**多方法设计**（multiple-methodology design）可能包含一系列方法。例如，先进行一系列个人访谈，接着是一系列焦点小组访谈，然后是一项调查。最常见的多方法设计是两阶段设计。该设计用定性研究技术来进一步了解管理问题并形成研究问题，然后通过定量统计研究收集与测量问题有关的数据。我们的银行研究用的是多方法设计，包括对记录的观察和对储户的调查。

对于企业而言，数据收集设计的复杂性通常受到管理者正在考虑的行动选项及其实施成本的影响。考虑的选项成本越高，企业就越希望带着一些统计确定性来确认所做的假设是正确的。这可能导致企业为研究投入更多资金。例如，企业考虑整体业务战略的重大转型，可能会导致更复杂、更昂贵的数据收集设计。前面提到的银行考虑新设一家分行，正是这种情况。

数据收集方法

在**监测研究**（monitoring study）中，研究者观察被试的活动、一些材料或活动的性质，并记录观察到的信息。研究者试图不引起任何人的反应。十字路口的流量统计、餐厅停车场记录的车牌、图书馆藏书的搜索、对一组决策者行动的观察，以及州立农业保险公司对事故记录进行研究以识别危险的十字路口，都是监测研究的例子。这些观察可以由人来进行，也可以通过数字或机械的方式进行。银行研究的第一阶段采用了监测研究。

在**沟通研究**（communication study）中，研究者以个人或非个人的方式询问参与者并收集他们的反应。收集的数据可能来自：(1) 访谈、电话或网络交谈；(2) 自填式或自我报告式工具，通过寄送邮件、放在方便的位置（例如酒店房间）、电子方式或其他方式完成；(3) 在实验处理或刺激条件之前和/或之后呈现的工具。我们使用"沟通"一词，是因为通过提问方式收集数据比调查法所涵盖的范围更大。银行研究的第二阶段采用了沟通研究。

研究环境

根据测量是在实验或操控条件（**实验室条件**（laboratory condition））下进行，还是在真实的环境条件（**现场条件**（field condition））下进行，设计有所不同。实验室条件可以用于希望研究保密的高敏感性的情形（例如，对温迪餐厅的菜单新品进行口味测试，如果竞争对手知道的话，会过早泄露可能的新战略方向）。假设使用现场条件来收集数据，参与者不太可能改变其实际行为。他们可能没有完全意识到这些行为。但是现场条件下，观察不了很多参与者。我们在企业研究中更多地使用视觉民族志研究。例如，要求参与者使用智能手机拍摄购物之旅的视频，然后上传给研究者。另一种设计是设置一个假商店（实验室），要求参与者去假商店购物，我们观看视频监控参与者。但这样做的成本非常高。某些现场条件可能会使参与者或研究者面临风险（例如，观察参与者如何处理人为设计的、不安全的工作环境，或将访谈员派到犯罪高发地区做访谈），在这种情况下，需要探索其他替代的设计。当我们在购物中心或商店拦住顾客进行调查时，我们就在使用现场条件。在银行研究的第二阶段，研究者可能会在储户的家里与他们进行沟通，这就是现场研究。

现场和实验室条件都可以模拟。所谓模拟，指的是系统或过程的复制。随着计算机编程技术的发展，一些企业使用数学模型来模拟各种条件和关系下的特征（例如，飞机发动机防鸟撞设计的表现），一些企业则使用虚拟现实技术（例如，确定包装设计的强度）。[4] 角色扮演和其他行为活动也被看作模拟研究。零售业的一种行为角色模拟称为“神秘购物者”（mystery shopper），在该模拟中，研究者扮演潜在顾客来记录和评估销售人员的知识、客户服务技巧以及程序性技能。

时间维度

纵向研究（longitudinal study）是在某个时间段内重复测量相同变量的方法。纵向研究的优势在于它可以跟踪一段时间内的变化或让参与者参与各种不同的活动。纵向研究可以研究同一个人随着时间的变化对同一人进行研究（如通过面板研究）或在每次后续测量中使用不同的参与者（如通过群组；金融服务业可能会在 1995 年抽样 40～45 岁人群、2005 年抽样 50～55 岁人群、2015 年抽样 60～65 岁人群来研究变老的婴儿潮一代的需求）。某些类型的信息一旦被收集一次，就无法从同一个人收集第二次。因为引入研究刺激可以增强参与者的觉察度，可能产生引入偏差的风险。针对公众对广告活动的意识进行的为期六个月的纵向研究需要在每次测量中使用不同的样本。虽然纵向研究很重要，但预算和时间方面的限制使我们更需要横截面研究。通过对过去的态度、历史和未来期望的灵活提问，横截面研究也能揭示纵向研究的一些特点。银行研究的第一阶段采用了纵向研究。

横截面研究（cross-sectional study）只实施一次，仅代表某个时间点上的情况。横截面研究的优势是以更低的成本更快地完成任务，并最大限度地减少随时间变化引起的错误源。通过横截面研究可以发现过去的态度、历史以及未来的期望。然而，解释此类数据要谨慎。在银行研究中，调查采用了横截面研究。

参与者对研究的觉察度

当人们觉察到正在进行研究时，研究设计的有用性会降低。我们从 20 世纪 20 年代末的霍桑研究中得知，参与者对研究的觉察度或细微或显著地影响研究结果。[5] 虽然并没有普遍的证据表明，参与者或被调查者成功地猜测假设以取悦研究者或者破坏研究，但是当事情有些反常时，他们可能会表现得不那么自然。这其中有三种知觉水平[6]：

- 参与者没有知觉到不同于常规的任何反常；
- 参与者知觉到反常，但认为与研究者无关；
- 参与者知觉到反常并认为是研究者引起的。

在神秘购物者研究中，如果零售推销员知道别人正在观察和评价她——其结果会影响未来的薪酬、工作日程安排或工作任务分配——她可能改变工作表现。在所有的研究环境和控制情境下，研究者都需要警惕这种可能改变研究结论的效应。参与者觉察度的存在提醒研究者要对研究进行分类，要检查有效性的优劣和劣势，也要为有质量的研究结果做准备。在银行研究的第一阶段，储户对研究不知情。在第二阶段，他们会意识到自己是研究的参与者。

快速浏览

TIAA 绩效管理改革

找到一篇鼓励取消基于评估的绩效管理（PM）系统的商业文章并不费力。TIAA 是《财富》（*Fortune*）100 强金融机构，拥有 12 800 名员工，管理着在 16 000 家机构中工作的超过 500 万人的投资账户。TIAA 决定更主动地去解决员工对绩效管理流程的不满，因此设计了一个多阶段、多年度的研究项目。

TIAA 人才管理经理米歇尔·沙伊（Michelle Shail）表示，“提出正确的问题以启动研究过程至关重要。”“我们应该取消正式考核和/或评级吗?”是个错误的问题，尽管年度等级考核是引起员工不满的部分原因。TIAA 发现正确的问题实际上有两个：“我们如何开发可以推动理想业务成果的绩效管理流程?”“哪种绩效管理流程最适合我们的企业文化?”

第一步是对近五年的员工调查数据进行定量和定性分析。TIAA 与 i4CP 合作来开发洞见、联系和指南。根据员工调查反馈，TIAA 发现，许多员工认为当前的绩效管理流程并不能帮助他们提高绩效，而提高绩效正是其主要目标之一。TIAA 计算了绩效管理流程的时间，发现有 71 800 小时主要用在合规性文档上，而不是管理人员和员工间的对话上。此外，员工对取消评级系统有顾虑，因为评级系统已经集成到他们的薪酬系统中。

TIAA 与超过 35 家公司的人力资源专业人员进行了直接基准访谈，以帮助设计新系统。根据人力资源部的采访，TIAA 了解到，任何出色的绩效管理系统都包含三个要素：（1）个人目标与组织目标一致；（2）来自管理者和同事的指导与反馈；（3）绩效考核可以真正对绩效进行有效区分，并将薪酬与绩效以透明的方式关联。“每种组织文化都不一样。我们的文化非常专注于开发详细的文档。然而，我们发现员工及其管理者希望压缩绩效管理信息并以摘要的形式呈现。”

TIAA 设计了一个新的绩效管理系统。该系统专注于增加指导和反馈；纳入问责制，不仅要对业务成果负责，还要对个人行为负责；简化文件并提高管理能力。为了测试新绩效管理系统的元素，TIAA 进行了三项不同的预研究。第一项预研究测试了“获取反馈”工具以进行同伴评估。研究表明，员工希望能够控制谁来评估他以及谁可以访问该评估结果。

第二项预研究评估了关键行为清单。公司认识到有九项关键能力或行为对于实现公司目标至关重要。理想行为分为质量、人员和品格三类。

第三项预研究用两次简短的“登记”对话来代替正式的年中考核。这种简短对话在时机选择上相对灵活，侧重于员工目标以及实现这些目标的行为。研究人员使用焦点小组访谈来确定员工及其经理之间是否进行了新流程的“登记”访谈，以及这些访谈是否提供了所需的个人发展反馈。他们与 49 位员工“大使”（“大使”既对新流程充满热情又有出色的工作绩效）进行讨论来获取更多反馈并获得员工的关键支持。

虽然尚无法确定这个新的绩效管理系统能否成功，但 TIAA 正在做的事情之一就是节省时间：每位员工每年可以节省 1～3 个小时，每位管理者每年可以节省 5～18 个小时。

资料来源：www. tiaa. org；www. talentmgt. com；i4cp. com.

4.4 测量工具设计

当到达此任务时，你已经完成了抽样设计和数据收集设计，知道需要测量的变量。测量工具设计中包括的活动有：

- 为研究设计中的每个数据收集任务确定恰当的测量方法；
- 确定具体的测量问题或观察清单的要素；
- 确定问题或元素的顺序；
- 确定为研究者准备研究介绍、定义、说明和结论的需求，以及那些非问题的元素；

- 开发测量工具；
- 确定培训数据收集人员的需求；
- 准备培训指南和活动。

测量工具（measurement instrument）是用来收集研究变量数据的工具。测量工具有很多不同的类型，仅举几个例子：调查问卷、访谈指南、小组讨论指南及观察清单。定性和定量研究都需要使用测量工具。在此任务期间，需要用一个研究参与者（或其替代者）的样本，或借助其他研究者，或两者相结合，来对单个问题及整个测量工具进行测试。测试可以确定措辞问题、顺序问题以及对澄清定义或说明的需求等。必须以工具实际使用的方式来进行测试，包括面对面的电话或个人访谈、网络聊天、移动调查、实地观察等。在银行研究中，我们需要用账户记录的清单来进行观察研究以及用调查来进行银行储户研究。

特写

敏捷研究如何帮助验证包装重新设计的价值

位于美国圣迭戈的有机果汁公司Suja成立于2010年，发展很快。Suja通过14 000家天然食品商、杂货店、箱装零售商和大众市场零售商来提供一系列非转基因、冷压、无防腐剂、无麸质的果汁与冰沙。Suja的品牌经理贝拉·图米尼（Bella Tumini）表示："最近的一项研究表明，有4%的家庭消费有机食品，对此感兴趣的人更多。Suja正在尝试将有机食品大众化，目标直指占美国家庭总数44%的试图接纳有机食品的家庭。"

为了保持竞争力并在消费者中脱颖而出，提供有机食品和/或果汁产品的公司必须不断创新。由于缺乏研究预算，Suja认为其研究方式是杂乱的。其团队使用二手数据来识别趋势，然后找到自己的创新主管（经烹饪学院培训的厨师）来开发果汁以适应这些趋势。他们在审核创新思想时大多使用了员工及其家人和朋友的观点。此外，该团队使用自助问卷调查的方式，从其社交媒体关注者中吸引参与者，可能导致有偏差的结果。该团队缺乏实施调查、数据分析以及报告编撰所需的时间与专业知识。图米尼解释说："缺乏人手，有DIY工具也没有什么用，我们的团队太小了。"

通过使用"直觉"流程，Suja能够快速创新，从构思到发布产品通常只需六周时间。图米尼解释说："这样的速度使我们能够保持领先地位，并使Suja成为领域内的领导者。"自公司成立以来，Suja已经推出了100多款产品，但其中近一半已停产。为了根据产品的市场表现快速调整，营销团队在测试和发布不同产品时采取灵活的办法，特别是考虑到营销团队只有三人且预算紧张。

仅用了四年，销售Suja产品的门店从300家增加到14 000家。然而，许多品牌进入这一行业，让消费者更难在货架上作出选择。因此，营销团队试图通过将Suja的产品标签与竞争对手区分开来，减少消费者在货架上花费的时间。在对领先产品线的包装进行重新设计之前，团队必须确保该更新可以改善品牌的表现，同时吸引两个消费者群体。

Suja决定与在线敏捷市场研究提供商GutCheck合作，以确保包装和品牌更新值得冒险。GutCheck提供了多种在线敏捷研究解决方案，这些方案速度快、适应性强且可迭代（如果需要，可为客户提供更多研究阶段的选项）。"通过将研究过程中不增加价值的某些步骤自动化，研究策略师可以专注于重要的事情：研究设计、数据收集、数据分析，以及在几天（而不是几个月）内提交报告。” GutCheck CEO 玛特・玛尔塔（Matt Marta）分享道。Suja 对 GutCheck 所做的 Suja Essentials 产品包装的重新设计研究的速度和可迭代性很感兴趣。

Suja 营销团队和 GutCheck 研究团队共同设计了一项多阶段研究以回答关键问题：“与当前的包装相比，消费者是否或多或少会购买新包装?” 第一阶段（从招募到报告，为期 5 天）招募了一个即时研究小组。即时研究小组是一个在线质量讨论小组，从全球讨论小组供应商中招募的受访者在几天的时间里回答开放式问题以及由受过培训的主持人发布的后续询问。这种方法可以快速获得消费者的反馈，并让受访者能够与小组中的其他人进行互动。为了避免偏差，所有参与者首先要自己回答每个问题。然后，在下一个屏幕上，他们将看到所有参与者的回复，可以对彼此的回复作出反应并发表评论。这可以鼓励对话并激发受访者的想法。这个阶段是探索性的，包括 30 名参与者。他们在关键指标上对四种包装设计进行了评估：喜欢/不喜欢、总体吸引力、购买意愿、可信度以及独特性。

初步的结果表明，因为认证标签的存在，该产品的声明令人信服，从而增加了消费者对该品牌的信任。受访者还喜欢瓶子的颜色与果汁的颜色相匹配。Verbatims 表示新设计被认为是干净、时尚、现代且独特的，这都是 Suja 团队想要的结果。

这些定性研究结果被用于进一步优化新包装的概念。第二阶段，将改进设计与现有设计进行对照测试。该测试使用了敏捷筛选（从参与者招募到报告为期 5 天），这是一种在线定量调查法，旨在提供消费者对一系列关键指标（包括购买意愿）的快速反馈，包括产品的独特性、可信度、质量和产品功能。这种方法可以帮助客户缩小需要进一步关注的想法或概念的范围。此阶段将 200 名受访者作为样本。样本量影响统计显著性。“为了使我们的结果具有代表性并预测更广泛的人群，我们建议最小样本量为 200。当样本量降至 200 以下时，误差会扩大，且调查结果无法代表总体真实均值的风险更高。” 两个研究阶段的参与者根据人口统计特征和对态度/行为的要求筛选出来，包括家庭购物责任以及经常光顾的商店的类型。该样本需要同时包括来自天然食品和传统食品消费者细分市场的购物者，以确保包装更新不会让这两个细分市场中的任何一个变得疏远。

在 Suja 的主要销售季开始之前只有 45 天的时间来实施设计，因此从招募到报告的短短 5 天时间至关重要。几天内，结果已经很明确，新包装的表现比当前（研究时）设计高出近两倍，这让 Suja 团队有信心继续进行重新设计。考虑所有消费者的反馈意见后，Suja 团队对包装进行更新，完成了最终设计，现已在商店中推出。

最重要的是，研究结果向营销团队和主要利益相关方证明，重新设计包装不仅值得投资，而且可能会增加购买量。得到结果如此之快，让团队能够及时在购买高峰季推出新产品线。

“Suja Essentials 产品线是我们的第一大收入来源，在我们的产品组合中占据最大比例。由于更新包装存在风险，我们做了深入研究，这是我们所做的最重要的研究之一。” 图米尼说。

资料来源：www. sujajuice. com；www. gutcheckit. com.

❖小　结

1. 研究设计是为了执行所有研究活动而做的基于时间的、程序性的计划。它具有三项任务：抽样设计、数据收集设计以及测量工具设计。尽管每项任务是分别完成的，但这些任务构成一个整体。一些研究者选择从抽样设计开始，另一些人则选择从数据收集设计开始，这两个起点都可以。抽样设计回答了测量谁或测量什么，以及我们如何访问或招募测量对象的问题。

2. 数据收集设计涉及变量的测量以及这些变量之间的关系的探索。数据收集设计涉及大量决策。这些决策与如何、何时、何种频率以及在何处收集数据有关。测量工具的设计涉及将探究性问题转换为适合所选数据收集设计的测量问题。研究者不仅可以开发测量工具，还可以对其进行测试，以揭示参与者和任何数据收集者存在的问题。

3. 不同的设计维度会影响数据收集的设计，包括研究目的、研究者操纵变量的能力、研究的主题范围、研究技术的测量重点、设计的复杂性、数据收集方法、研究环境、时间维度，以及参与者对研究的觉察度等。这些维度中的每一个都为研究者提供了多种选择。

❖ 关键术语

案例研究（case study）
报告研究（reporting study）
测量工具（measurement instrument）
抽样设计（sampling design）
单一方法设计（single-methodology design）
定量研究（quantitative research）
定性研究（qualitative research）
多方法设计（multiple-methodology design）
沟通研究（communication study）
横截面研究（cross-sectional study）
监测研究（monitoring study）
描述性研究（descriptive study）
实验（experiment）
实验室条件（laboratory condition）
事后回溯设计（ex post facto design）
数据收集设计（data collection design）
统计研究（statistical study）
现场条件（field condition）
研究设计（research design）
因果解释性研究（causal-explanatory study）
因果预测性研究（causal-predictive study）
纵向研究（longitudinal study）

❖ 讨论问题

术语回顾

1. 对以下术语进行区分：

a. 探索性研究和正式研究。

b. 实验和事后回溯设计。

c. 描述性研究和因果解释性研究。

制定研究决策

2. 你被要求确定医院该如何准备和培训志愿者。你对这个主题了解较少，你将如何找到答案？请尽可能具体阐述。

3. 你是一家大型控股公司部门主管的行政助理，该公司拥有数家酒店和主题公园。你和部门主管刚从首席执行官办公室回来。在那儿你被告知来宾对客房清洁和员工态度的抱怨正在增多。现场经理提到员工间关系有些紧张，但并没有认为这有什么不正常。首席执行官和你的部门主管指派你进行调查。请提出至少三种不同类型的可能适合这个情形的研究。

4. 卡夫食品公司对其全球零食业务进行了分拆，命名为 Mondelez International。这个名称来自卡夫员工的一个大规模的名称建议计划。该计划在 5 个月内收集到超过 1 000 名员工建议的 1 700 多个名称。该名称使用了“美味世界”的内涵。你将如何设计这个建议过程以确保产生可行的名称？

5. 宝洁最近将其 IAMS 宠物食品部门从俄亥俄州的范达利亚迁至梅森。此举影响了 240 名工人，公司为他们提供了梅森宠物食品部总部的职位，他们将加入已经在此工作的 2 000 名员工的队伍。公司在声明中指出：“我们这样做是为了提高生产力、加强协作以及对宝洁资源/专业知识的访问。”宝洁还告诉员工，公司将开始一项为期数月的单独研究，以提高他们与目前仍位于俄亥俄州路易斯堡的宠物食品研发中心的 250 名员工之间的合作效率。这项为期数月的研究可能包括哪些具体内容，以确定路易斯堡研发机构及其员工的未来？

从概念到实践

6. 使用八个设计描述指标（图表 4－2）描述一项研究，以确定为什么你所在大学中你所学专业的入学人数在增加（减少）。

来自头条新闻

7. 优步正面临大量诉讼，其中包括谷歌对其盗窃技术的投诉，安装软件以屏蔽政府大楼附近的优步乘客信息或政府雇员乘客的电话，工作场所的歧视等。针对该主题进行互联网搜索，设计一项研究来确定你搜索到的诉讼对乘车率的影响。

❖ 参考文献

1. This material was developed using information provided by research collaborators, as well as material from Bernard S. Phillips, *Social Research Strategy and Tactics,* 2nd ed. (London: Macmillan Publishing, 1971), p. 93 (with permission); and Fred N. Kerlinger, *Foundations of Behavioral Research,* 3rd ed. (New York: Holt, Rinehart & Winston, 1986), p. 279.
2. The complexity of data collection design tends to confuse students. That confusion is addressed by encasing the vast array of design decisions into a classification scheme. Some of these design decisions defy such forced order. So this scheme, like others, may either include or exclude too much.
3. Scientists often want universals (applicable everywhere or in all cases), and universals can be falsified by a single-counter instance. [W. Charles Redding, "Research Setting: Field Studies," in *Methods of Research in Communication,* ed. Philip Emmert and William D. Brooks (Boston: Houghton Mifflin, 1970), pp. 140–42.] Thus case studies have been unfairly maligned because they extract information from a small sample. [See Abraham Kaplan, *Conduct of Inquiry* (San Francisco: Chandler, 1964), p. 37.] Case studies have a rich history in business research.
4. Virtual reality (VR) investigates how the brain integrates multisensory information. Researchers can use VR to manipulate the spatial and temporal properties of sensory information, then translate this information to the design of more immersive and engaging experiences in games, in packages on store shelves, in store or workplace design, etc. For an example, see the video on 20/20 Research's website, http://www.2020research.com/virtual-reality/.
5. The Hawthorne studies, comparing two groups of workers in the Western Electric plant and their responses to changes in the physical conditions of their work environment, established that the performance of employees is influenced by their surroundings and by the people that they are working with as much as by their own innate abilities. To learn more, read E. Mayo, *The Human Problems of an Industrial Civilisation* (New York: Macmillan, 1933; 2nd ed., Cambridge, MA: Harvard University, 1946).
6. W. Charles Redding, "Research Setting: Field Studies," in *Methods of Research in Communication,* ed. Philip Emmert and William D. Brooks (Boston: Houghton Mifflin, 1970), pp. 140–42.

第 5 章
第 2 阶段：抽样设计

当你采样时，你依靠的是从一首已经很棒、很特别、经受了时间考验的歌曲中借来的和弦与旋律。

——杰拉德·厄尔·吉勒姆（Gerald Earl Gillum），美国说唱歌手和唱片制作人

学习目标

阅读本章后，你应该了解：

1. 组成抽样设计的六个任务。
2. 抽样理论的前提。
3. 测量样本有效性的准确性与精确度的特征。
4. 两类抽样方法以及每个类别中的各种抽样技术。
5. 各种抽样技术及其使用条件。
6. 与抽样设计有关的伦理问题。

5.1 抽样设计

研究设计的这个子过程回答了以下问题：需要从谁或什么（目标总体）那里收集数据、如何收集数据以及从多少（个案）中收集数据？此子流程中的步骤包括：

1. 定义**目标总体**（target population）与**个案**（case）（以集体及个体的方式描述那些拥有所选变量及其参数相关信息的实体）。
2. 确定感兴趣的**总体参数**（population parameter）（研究变量的汇总描述，如比例、均值、方差）。
3. 确定并评估**样本框**（sample frame）（目标总体中的个案列表）或建立一个样本框。
4. 确定需要的个案数量（在普查和抽样间选择；确定样本的规模）。
5. 确定恰当的抽样方法（要使用的抽样类型）。
6. 确定样本选择和被试招募协议（选择标准化程序或定制设计的程序）。

如果一项研究的目的是了解数据安全漏洞，则目标总体可能是“任何未授权的数据访问事件”。使用“访问”和“未授权”的操作性定义很关键。IT 专家指出，黑客通常把对数据的探索性入侵掩饰得很好，以至于数月都不会发现，直到重大泄露发生。这些探索性的数据入侵是否也是目标总体的一部分？对于每个数据入侵事件（个案）来说，感兴趣的总体参数可能是数据是否被访问但未改动、出现了什么改动、数据是否永久丢失、黑客的入侵方法等。样本框可以是指定时间段（如五年）内数据入侵事件的列表。我们需要的个案数量取决于目标总体的规模、可变性和可达性。根据

一家公司经历的数据入侵事件的次数，使用普查统计（评估所有未授权访问事件）也许可行。然而，如果入侵事件次数非常多，并且通过探索发现了访问方法和入侵类型的共性（可变性有限），就可以选择使用样本（仅检查部分未授权的访问记录）。在这种情况下，研究人员需要特殊的计算机取证技术。由于研究人员的人数和时间都有限，使用样本是更理想的选择。

5.2 定义目标总体与个案

在商业领域，目标总体可以是以下任意一类（见图表 5－1）。其中，一个个案是从该目标总体中抽取的单个要素。

图表 5－1 企业研究中常见的目标总体类型

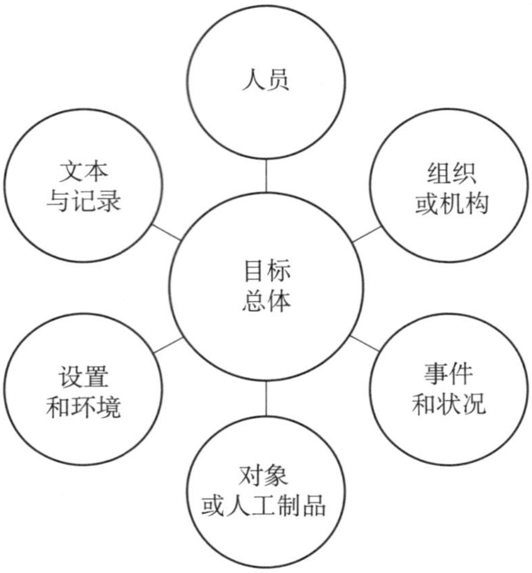

- 人员（个人或团体，如员工、客户以及供应商）。
- 组织或机构（如公司、行业协会、专业在线社区以及工会）。
- 事件和状况（如行业协会会议、对金融分析师的展示、行业大会以及员工野餐）。
- 对象或人工制品（如产品、机器、生产废料或副产品、工具、地图、过程模型以及广告）。
- 环境（如仓库、商店、工厂以及分销机构）。
- 文本与记录（如年度报告、生产率记录、社交媒体帖文、电子邮件、备忘录以及报告）。

快速浏览

福特通过改变抽样设计重新焕发活力

在汽车行业的金融危机中，福特（Ford）公司的詹姆斯·法利（James Farley）断定，他先前的研究排除了非常重要的目标人群：经销商。由于经销商控制着这家汽车巨头 75% 的广告支出，法利认为将其排除在研究参与者之外是个自杀性的决定。因此，他招募了 30 位最有影响力的经销商飞往底特律，请他们提供相关信息，对福特广告代理商底特律车队（Team Detroit）的创意提出批评。位于法明顿希尔斯（Farmington Hills）的全方位服务研究公司 Morpace 对经销商进行了密集的团体访谈。经销商被问到的挑战性问题包括："哪些激励措施有效，哪些无效？""福特品牌对您意味着什么？""福特的广告有什么问题？"在随后的会议中，经销商评论广告标语和品牌策略，并推荐最能体现福特特色的标语与策略。经销商经历了长达 72 小时的马拉松式会议后才离开，他们对福特的发展充满了信心，并为下一个广告宣传提供了大量支持。通过改变研究的抽样设计，法利的做法让经销商得以发声。

资料来源：www. ford. com；www. morpace. com；www. teamdetroit. com.

尽管在我们的数据入侵研究中，从管理问题或研究问题角度很容易得出目标总体的定义，但一般情况下目标总体的定义不会那么显而易见。有时，目标总体有不止一个选项。研究人员将选择可以为探究性问题提供最多答案的一个或多个选项。

下面，我们将讨论一个大学校园里的就餐研究：都会大学（Metro University）的研究人员正在探索开办餐饮俱乐部的可行性。只有成为会员才能使用俱乐部设施。为了启动这项事业，他们需要进行大量投资。研究将有助于降低投资风险。因此，研究问题是：开办都会大学餐饮俱乐部是一个可行的事业吗？基于研究问题的一些探究性问题包括：

1. 谁会光顾俱乐部，光顾的原因是什么？
2. 基于不同的会员资格和费用安排，有多少人会加入俱乐部？
3. 平均每位会员每月的开销是多少？
4. 俱乐部最热闹的日子是哪几天？
5. 会员最想要什么菜单和服务形式？
6. 午餐安排在什么时间最受欢迎？
7. 根据提议的价位，每位会员每月会来吃几次午餐或晚餐？
8. 根据预计的费用和服务，目标总体中有多大比例会表示要加入俱乐部？

都会大学餐饮俱乐部研究的目标总体应被定义为都会大学主校区的全日制学生，还是应包括都会大学的所有雇员？或者还应包括居住在大学附近的城镇居民？如果不知道新事业的潜在客户是谁，就不会清楚恰当的目标总体包括哪些人。假设都会大学餐饮俱乐部仅服务主校区的学生和雇员。研究人员可能将总体定义为"都会大学主校区当前的在校学生及雇员（全职和兼职），以及他们的家人"。因此，任何学生或雇员都是可能的个案。

5.3　确定总体参数

总体参数是总体中感兴趣的变量的综合描述指标（如发生率、平均数、方差等）。**样本统计值**（sample statistics）是从样本数据中计算得到的相同的相关变量的描述指标。样本统计值用作总体参数的估计值。样本统计值是我们对总体进行推断的基础。

图表 5-2 显示了都会大学餐饮俱乐部研究的总体参数。

图表 5-2 都会大学餐饮俱乐部研究的总体参数示例

感兴趣的总体参数	数据水平与测量尺度
最近 30 天在校园或附近餐厅吃饭的频率	定比数据（实际用餐经历的次数） 定序数据（每月少于 5 次，每月多于 5 次但少于 10 次，每月多于 10 次）
对餐饮俱乐部感兴趣的学生/雇员的比例	定类数据（感兴趣，不感兴趣）
学生/雇员每人每次用餐费用的金额范围	定距数据（5～9.99 美元，10～14.99 美元，15～19.99 美元，20～24.99 美元，25～29.99 美元）

根据测量问题的表述方式，每种测量问题都会收集到不同类型的数据。不同类型的数据也会产生不同的样本统计值。因此，确定要研究的参数将会决定样本类型和规模。图表 5-3 回顾了数据的类型及特征。

图表 5-3 数据类型与特征

数据类型	数据特征	举例
定类	分类	响应人的类型（教师、职工、学生）
定序	分类且有序	偏好的牛排熟度（全熟、七分熟、三分熟、一分熟）
定距	分类、有序且有距离	如何评价上次的就餐体验（1～10 点计分，1＝非常差，10＝非常好）
定比	分类、有序、有距离，且有天然的起点	上次在餐厅晚餐的人均花销

当研究中感兴趣的变量用定距尺度或者定比尺度测量时，可以用样本平均值来估计总体平均值或用样本标准差来估计总体标准差。当感兴趣的变量以定类或者定序尺度测量时，我们用样本发生率（p）来估计总体比率，用 pq 值（$q=1-p$）来估计总体方差。**总体发生率**（population proportion of incidence）“等于总体中感兴趣类别中的个案数量除以总体中的个案总数”。[1]比例测量对定类数据非常必要，也广泛用于其他测量。最常用的比例测量是百分比。在都会大学餐饮俱乐部研究中，定类数据的例子有：表示有兴趣参加俱乐部的人数比例（例如，30%，因此 p 等于 0.3，q（不感兴趣的人数比例）等于 0.7），或者那些现在一个月至少在餐厅就餐 5 次的已婚学生的比例。

我们估计的总体也会有很多重要的亚群体。例如，我们想知道来餐饮俱乐部就餐的人员状况，可以由已婚学生与单身学生的对比、住宿学生与通勤学生的对比推算得知。这样的问题对我们可接受的样本框（我们想要得到一个由这些亚群体构成的列表或者在这个列表中注明个案的特征）、样本设计和样本规模等都会有很大的影响。

5.4 确定并评估样本框或建立一个样本框

样本框指的是目标总体中实际所抽取样本的个案列表。在理想状态下，它是且仅是目标总体成员完整且正确的列表。实际情况是，样本框往往有别于理论上的总体。对餐饮俱乐部研究而言，都会大学的人员名录在逻辑上应该是样本框的第一选择。名录在秋季出版时通常是准确的。如果研究是在春季进行，名录中就有可能存在一些错误和遗漏，因为在名录出版后一些人退学或离职，一些人则就职。通常，大学名录不会涉及学生或者雇员的家庭。在选择样本框时，对不准确性的最大容忍度取决于个人判断。你可以使用名录，忽略它事实上并不完全准确。然而，如果名录已经出版一年，错误就可能让人无法接受。确保都会大学的样本框更能代表总体的一种办法是，补充一个新学生和新雇员列表，同时从都会大学注册处和人力资源数据库中获取退学和离职人员列表。然后，你就可以在最初的名录中增减信息。如果隐私政策允许的话，你可以从每个相关办公室索取当前的列表，然后合并这些列表作为样本框。

如果分校区也包括在都会大学的名录中，那将会造成较大的失真。这是一个过于宽泛的样本框的例子（也就是说，样本框中包含很多我们不感兴趣的个案）。将退休教职工包含在内的大学名录是另一个样本框过于宽泛的例子。

你经常不得不接受包括我们不感兴趣的个体或者个案的样本框。你可能需要用电话簿去抽取企业样本。幸运的是，这一点很容易做到。你也可以从一个更大的总体中抽取样本，然后用筛选法剔除那些你不研究的个体。

都会大学餐饮俱乐部调查是一个样本框问题已解决的例子。但你经常会发现完成此项任务是个巨大的挑战。假设你需要抽取一个族裔的样本，比如，住在阿肯色州首府小石城的亚裔人口。这一总体可能当前并没有一个列表。尽管你可以使用一般的城市名录，但是从这么宽泛的总体中抽取样本成本高且效率低。因为亚裔仅仅占小石城人口的一小部分。筛选工作将会非常费力。由于不同族群往往聚集在某些特定的区域，你可以先找出这些集中区域，然后用逆向方式使用地区名录（它是按照街道地址排列的）来抽取样本。

讨论样本框和抽样技术问题时，国际研究的情况会不太一样。国际研究者经常在确定或者构建样本框时遇到更多的困难。在如何定义研究总体上，各个国家情况不一，这将影响到普查的实施和相关的总体统计。[2]一些国家有意过多地取样以分析一些具有特定国家利益的问题，这就意味着在解释那些已发表的各国合成的数据时要格外小心。[3]这些差别和困难会导致研究者选择非概率抽样技术，或者选择与他们在美国或者其他发达国家做同样研究时采用的抽样技术不同的技术。一项在多个国家同时进行的研究，研究者将会采用不同的抽样方法，因此混合研究有必要关注数据合成方法。为了使样本数据具有代表性，在跨国研究中一种常见的做法是对样本数据进行加权。[4]抽样方法的选择经常受到文化、通信和技术设施的影响。正如并非所有的广告宣传活动都适用于世界各个地区，并不是所有的抽样技术都适合各种亚文化。本书中的讨论更多地关注本国研究而非国际研究。我们相信，与一个很多学生都需要通过揣测才能学习研究方法的环境相比，在一个你熟悉的环境中学习研究方法会更容易。然而，我们也相信，无论研究者是做本土研究还是国际研究，种族和文化的敏感性都会影响到他的每一个决策。

5.5 确定个案数量

抽样设计的最终测试是，我们所测量的任何一个个案在多大程度上能够很好地体现出设计想要体现的目标总体的特征。

5.5.1 抽样与普查的对比

大多数人可以直观地理解抽样的思想。品尝一下饮料就可以告诉我们饮料是甜的还是酸的。如果从杂志上挑选几个广告，我们通常认为自己所选择的广告能够反映所有广告的特征。如果员工中有些成员喜欢推广宣传策略，我们会推断其他人也喜欢。取样的基本思想是通过选取总体中的一些个案，得出针对整个目标总体的结论。

特写

谁在接受你的调查？

在小组发展的早期，小组成员报名参加定性研究可以获得 100～150 美元。从历史上看，这些参与者参与了需要更多投入的活动（在线的定性调查、人类学研究或面对面的深入访谈）。随着使用随机拨号技术招募参与者的效率变低，互联网的使用越来越广泛，研究人员开始使用小组（也称为社区）来招募参与者进行定量研究。参与时间短得多的量化研究受访者更可能在每次调查后获得 1～10 美元的报酬。

职业受访者（重复参与调查的人）曾被视作研究质量的威胁。杰西卡·布鲁姆研究机构（Jessica Broome Research）的负责人杰西卡·布鲁姆博士解释说："作为研究者，我们希望将'骗子'和'重复者'排除在研究之外。我们认为他们会导致结果的偏差。"随着决策周期的缩短，对更好、更及时的信息的需求意味着要吸引和留住合格的参与者。在过去的 30 年中，这越来越意味着研究人员转向专门小组，要求这些参与者根据设计参加大量研究。

"我们想知道这些愿意重复参与调查的人是谁，"布鲁姆解释道，"有些调查用时特别长，还有些调查设计很不合理，这些人为什么这么做呢？"布鲁姆与拉米乌斯公司（Ramius Corporation）的子公司 Recollective 的研究服务总监凯里·赫克特（Kerry Hecht）合作，来找出小组受访者参与调查的动机，以及该动机是否有可能降低他们所提供信息的质量。

定性研究

布鲁姆和赫克特设计了一个多阶段研究，吸引了包括 Critical Mix、Schlesinger Associates 和 Swagbucks 在内的多个小组提供者中的参与者。"我们开始为期 5 天的在线定性社区研究，参与者有 20 个人。研究探讨他们成为调查小组成员的原因，以及他们继续留在调查小组的原因。"赫克特解释道，"金钱是吸引小组成员参与的动机之一，他们也分享了其他内在动机的影响，如有趣、感觉有用、对重要决策有贡献，以及参与研究比花时间在社交媒体上更有意思等。"

对于任何特定的研究，通常只根据人口统计学变量对小组成员进行筛选。布鲁姆分享道："由于参与者可以获得内在利益，小组成员有时会模糊信息以试图让自己加入研究。"当小组成员不符合期望的人口统计参数时，他们会被告知"不符合条件"，但很少被告知原因。布鲁姆解释说："一旦加入研究，参与者就声称他们会诚实回答。他们认为在调查问题上说谎会破坏这项研究。"

"通常，小组成员会表达自己受到伤害、被误导和不被尊重的感觉。例如，当他们被告知调查需要 15 分钟实际用了 45 分钟，或调查不仅时间长而且很无聊时，他们常常会有被欺骗的感觉。"越来越多的量化研究小组成员对技术精通。"他们了解当前的技术应该可以让调查公司实现什么，如没必要在相同的调查过程中重复询问人口统计学问题，或可以使用先前题目的答案来过滤后面的问题。"赫克特说，"他们基本上认为研究者可以让做调查的体验变得更好。"布鲁姆说："研究行业需要小组成员的洞见，却轻视他们。"

定量研究

在定性探索研究之后，布鲁姆和赫克特开展了第二阶段的移动端优化的定量研究。该研究包括 1 499 名参与者，他们来自不同的小组并由 Propeller Insights 负责部署。每个小组成员都做了包括创造力评估在内的主题调查。此外，一半的小组成员（750 人）接受了 VARK 评估。VARK 通过一系列学习场景问题来评估视觉（visual）、听觉（aural/audio）、读/写（read/write）和动觉（kinesthetic）学习偏好。创造力通过 38 项需要回答同意或不同意的陈述以及 54 个描述项清单来进行评估。"我们发现参与者不喜欢任何一种学习方法，他们在创造力评估上也没有异常之处。"布鲁姆称。

布鲁姆和赫克特第二阶段的研究揭示了减少参与者中途流失的重要因素：只要参与者回答了详细的筛选问题并符合资格，就不要在调查中再问筛选问题，直接合并数据即可。参与者不在乎不同的公司来进行不同方面的研究，他们希望研究者可以避免重复。不要以不同的方式提出基本相同的问题，问一次就够了。根据先前问题的回答来决定后面会问什么问题。小组成员愿意分享他们的想法、行为和生活，但不想浪费时间。参与者有不同的偏好和风格，让他们按自己的意愿来回答，不管是用文本还是视频，用手机还是用电脑。赫克特说："他们分享了许多让调查更有吸引力和趣味性的想法，包括添加音乐或视频，避免填空题以及把调查时间减到 15 分钟或更短等。"通过使用 OdinText 分析从一个开放式问题中提取的信息，第二阶段的研究还显示："大多数参与者是一个或两个小组的成员，在努力地保持对小组的投入。"赫克特表示，"参与者看重的是自己是整个过程中有价值的组成部分的感觉，而不只是汽车里一个可替换的齿轮。他们喜欢参加那些有趣且与他们日常生活相关的产品或服务的研究，获得知识是一个有力的动机。"许多人还提到其动机是与有趣的人见面并听取不同的观点。布鲁姆分享道："他们也愿意了解所参与的研究的结果，了解为什么我们作为研究者会做我们要做的事情或问我们要问的问题。"

最近，SurveyMonkey 的一项研究还发现，小组成员给出了深思熟虑且随着时间推移保持一致的回答。它发布了一项基于 1 000 人的国际小组评估研究的结果，该研究实施了三项使用相同受访者的调查，连续 3 个月，每个月做其中一项调查。这些调查检查了质量下降行为，例如直线选择（straight lining，反复在矩阵题中选择相同的答案）、开放式回答的低有效性（无用的回答或胡言乱语），以及他们是否专心或走神。在小组成员中，通过这些测试的人数分别为 97%、97% 和 94%，男女间没有差异。就响应的可靠性而言，在三项调查中，SurveyMonkey 跟踪的 23 个指标里只有 3 个显示出美国参与者的显著变化：完成时间、"其他"响应的选择以及对"饮酒的道德可接受性"的态度。

资料来源：jessicabroomeresearch. com；recollective. com；surveymonkey. com.

对于使用**抽样**（sample）（目标总体的一个子集）而非**普查**（目标总体的全部个案），有几个有说服力的理由，包括：（1）低成本；（2）更快的数据收集速度；（3）总体中个案的可得性；（4）更准确的结果。在下面两种情境中，普查比抽样更合适：（1）当总体规模较小时，普查是可行的；（2）当个案之间差异性很大时，普查是必须的。[5] 当总体规模较小且变异性很大时，我们抽取的任何一个样本都可能无法代表其总体。我们以样本中得出的结果来估计总体值也是不正确的。

5.5.2 低成本

进行抽样而非人口普查的经济优势是巨大的。看看做普查所需的费用。不考虑任何自然灾害，以2010年的成本为参考指标，2020年美国人口普查预计将耗资300亿美元。美国人口普查局自己的估计为220亿美元。[6]按照合理的标准，每10年进行一次人口普查是不可持续的。各种组织的研究人员都在问一个问题：如果我们只用问几百个人就能知道我们需要知道的东西，为什么我们要花数千美元去访谈公司的数千名员工呢？

5.5.3 更快的数据收集速度

样本中的个案相对更少，使用从目标总体中抽取的样本总是比做普查要节省时间。

5.5.4 总体中个案的可得性

一些情况下需要使用抽样。对于绝大多数交通工具来说，安全性都是重要关注点。要声称产品安全，必须有证据。因此，我们对汽车做碰撞测试来评价保险杠的强度以及安全气囊防止受伤的有效性。然而，通过测试收集数据的同时，我们也毁掉了测试用车。如果要做普查，得把生产出来的汽车全部毁掉。此外，如果总体无限大，抽样是唯一可行的办法。

5.5.5 更准确的结果

戴明（Deming）认为，采用抽样进行研究的质量通常要优于采用普查进行研究的质量。他提出："抽样可能会比完全涵盖总体的普查产生更好的访谈（测试）效果，对缺失、错误或者怀疑的信息可以进行更彻底的调查、更好的管理和更好的数据处理。"[7]研究结果也支持这一观点。正如图表5-4所示，**非抽样误差**（nonsampling error）多于**抽样误差**（sampling error）。[8]虽然每隔10年进行一次人口普查，但美国人口普查局对抽样抱有信心，因为美国人口普查局要依靠抽样调查来检验它的人口普查结果的正确性。美国人口普查局知道，在普查中，总体中的一些部分会被严重低估。只有当总体较小、易于获得和高度变化时，普查的准确性才可能高于抽样。

图表5-4 误差来源

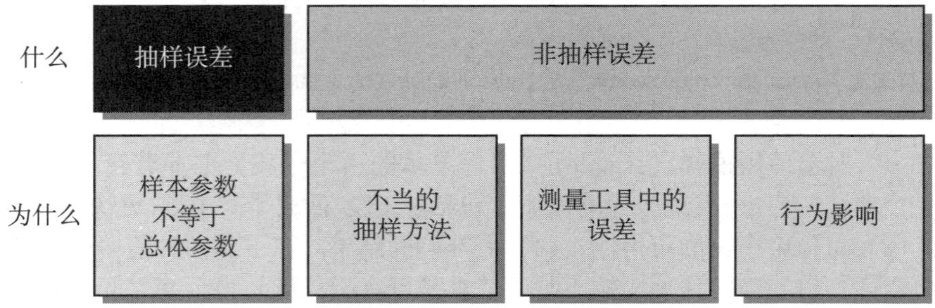

5.5.6 准确性

准确性指的是样本无偏差的程度。如果抽样方法恰当，对一些样本个案的行为、态度或者知识的测量（测量变量）将会低于（因而会低估）总体中相同变量的测量。同样，对另一些样本个案的行为、态度或者知识的测量会高于（因而会高估）总体值。这些样本值的变异能够互相抵消，使样本值接近总体值。然而为保证抵消效应的发生，样本中必须有足够的个案，样本个案的抽取必须保证既不会高估也不会低估总体值。

例如，假设你在都会大学餐饮俱乐部研究中测量了加入餐饮俱乐部的可能性。假设你可以采用抽样或者普查方式进行测量。在假设的人口普查中，总体的32%（当前在校学生和在职员工）表示会加入。但是，一个样本的52%作出了这一选择。比较一下两者的结果，你会发现你的样本是有偏的，因为相对于总体值32%，样本值52%明显被高估了。没有人口普查信息，你可能不知道自己犯了重大错误。遗憾的是，多数研究是不可能进行普查的，所以我们需要对误差值进行估计。[9]

系统变异（systematic variance）被定义为“测量中由于某些已知或者未知因素的影响‘导致’结果朝一个方向的倾斜程度高于另一个方向”。[10]例如，街角处的房屋面积常常大于街区中央的房屋面积，价格也更高。因此，仅仅选择街角处的房屋作为样本会导致我们高估该地区房屋的面积和价格。

增加样本量可以减少引起误差的系统变异。然而，如果用于抽取被调查者的列表是有偏的，即使样本量很大，也不会减少误差。存在系统变异的经典例子当属1936年《文学文摘》（*Literary Digest*）进行的总统竞选的民意调查，200万民众参与了这项调查。调查预测阿尔夫·兰登（Alfred Landon）将会击败富兰克林·罗斯福（Franklin Roosevelt）成为美国的总统。你的记忆是正确的：美国从来没有一位名叫阿尔夫·兰登的总统。后来发现此次民意调查的样本是从拥有电话的民众中抽取的，而这些人处于社会的中上阶层（当时这是共和党的阵地），然而罗斯福受到人数更多的工人阶层的欢迎，这些人没有自己的电话，但是都会给民主党候选人投票。

5.5.7　精确度

好的抽样设计的第二个特征是估计的精确度。研究者都承认，没有样本能够在各个方面都完全代表总体。然而，为了解释研究的结果，我们需要测量样本能在多大程度上代表总体。由于在抽样过程中存在随机波动，因此，描述样本的数字指标往往被认为不同于总体的数字指标。这叫作抽样误差（或者随机抽样误差），它反映了在抽取样本时可能受到的影响。抽样误差是排除掉所有已知的系统变异之后所剩下的误差。当太多或者太少样本个案具有某个特殊的特征时，一些未知的系统误差可能会包括在抽样误差之中。

精确度可以用估计的标准误来评估，它是一种标准差测量。估计的标准误越小，抽样的精确度越高。理想的抽样设计会产生很小的估计标准误。然而，不是所有的抽样设计都能提供精确估计，同样规模的样本也可能产生不同大小的误差。

5.5.8　样本大小

假设你需要选择一个样本而不是做一个普查。围绕这个问题有很多说法。最盛行的两个说法是：（1）样本必须足够大，否则不具有代表性；（2）样本规模应与总体规模有一定的比例关系。在非概率抽样中，有人称亚群体的个数、经验法则和预算考虑等因素都会影响样本量的确定，研究者已予以证实。在概率抽样中，样本量的大小是所研究的总体参数的变异程度和研究者所需的估计精确度两者的函数。确定样本量的规则如下：

- 总体的离散性或者变异性越大，样本量必须越大，以确保估计的精确度；
- 所需的估计精确度越高，样本量必须越大；
- 误差范围越窄或者越小，样本量必须越大；
- 估计的置信水平越高，样本量必须越大；
- 一个样本中感兴趣的亚群体的个数越多，样本量必须越大，因为每个亚群体必须满足最小样本量的要求。

成本将会影响样本量、样本类型以及数据收集方法。几乎所有的研究都会受到预算的制约，这也许会鼓励研究者采用非概率抽样。概率抽样调查将会导致样本框列表费用、回收费用和其他各种采用非概率抽样不必支出的费用。但是如果改变数据收集方法，数据的总量和类型也会改变。让我们看一下 2 000 美元的预算对抽样产生的影响[11]：

- 简单随机抽样：每次访谈 25 美元，完成 80 个访谈。
- 地理整群抽样：每次访谈 20 美元，完成 100 个访谈。
- 自填式问卷调查：每个被调查者 12 美元，完成 167 份问卷。
- 电话访谈：每个被调查者 10 美元，完成 200 个访谈。

在都会大学开设餐厅俱乐部所需的投资证明了更为谨慎的概率方法是合理的。这意味着研究人员需要高质量的样本框。

如果选择了普查，研究人员无须确定抽样方法或规模。但是，对于大多数商业研究而言，我们用的是样本。本章的其余部分将重点介绍使用样本的抽样设计。

5.6 确定恰当的抽样方法

研究人员面临**抽样方法**（sampling method）的基本选择：概率抽样或非概率抽样。关于概率抽样与非概率抽样的相对优点的讨论清楚地表明了前者的技术优势。但在商业领域经常使用非概率抽样方法。

非概率抽样与概率抽样之间差异的关键是“随机”（random）。在字典中，随机被定义为“没有模式”或“偶然”。而在抽样中，随机的含义则完全不同。**概率抽样**（probability sampling）是基于随机选择概念的抽样方法。所谓随机选择，指的是一种可以保证每种个案都被赋予非零的被选择机会的可控程序。这个程序从来不是偶然的。只有概率抽样才可以提供精确度的估计。当研究人员作出的决定关系到数千美元（如果不是数百万美元）的支出时，精确度的估计至关重要。在这种情况下，我们可以很有信心地认为样本可以代表它所来自的总体。此外，利用概率抽样，我们可以估计总体参数落入的误差范围。因此，我们不仅可以降低抽样误差的可能性，而且可以估计可能出现的抽样误差的范围。同样，只有概率抽样才有可能将研究结论从样本推广至感兴趣的总体。探索性研究并不一定需要这样做，但解释性、描述性和因果关系研究确实需要。

相应地，**非概率抽样**（nonprobability sampling）是随意的和主观的。当我们主观地选择时，通常基于头脑中的某种模式或方案来选择（如仅访谈部门负责人或女性）。目标总体中的每个成员不能保证以非零概率被抽取到。允许数据收集者凭个人判断来提取记录或选择参与者就是随意的。早期的互联网样本具有非概率抽样的所有缺点。那些经常使用互联网的人并不能代表目标总体中的大多数，因为与其他任何一个人口统计群体相比，经常使用互联网的人多是年轻的技术控男性。如今互联网访问已达到饱和状态，据估计，在美国，接近 88%的人访问互联网，上述担忧正在减少。[12]现在，互联网样本规模非常接近非互联网样本规模。越来越令人担忧的是人口普查局所称的“数字鸿沟”，即低收入群体和少数族裔群体对技术的使用率“被代表”了。[13]此外，许多互联网样本过去（并且现在）仍然是从小组或社区中抽取的。这些人对参加在线研究感兴趣，进入被试库。关于互联网样本应该被视为概率抽样还是非概率抽样，专业研究人员进行了大量讨论。一些研究人员承认，从小组中抽取的任何样本都更适合作为非概率抽样；其他人则引用 AC 尼尔森的电视收视记录小组等知名小组在受众评估方面的成功表示强烈反对。[14]研究这些差异时，你应该得出自己的结论。

使用概率抽样，研究人员可以对各种参数进行基于概率的置信度估计，而非概率抽样无法做到。选择概率抽样技术会带来多种结果。研究人员必须遵循适当的程序，以便：

- 访谈者或他人不能修改所做的选择；
- 仅包括从原始样本框中选择的个案；
- 除非明确指定并且根据预定方案进行控制，否则备选个案被排除在外。

尽管采取了必要的措施，实际抽取的样本与开始计划的概率抽样并不会完全一致。有些人会拒绝参与，有些人很难找到，或者根本找不到。因此，无论我们在替换拒绝或未找到的人时有多谨慎，都可能会增加抽样误差。

有了都会大学的人事记录以及地理上集中的人群，在都会大学餐饮俱乐部研究中使用概率抽样方法就成为可能。学校名录通常是可用的，在这里使用简单随机抽样的成本不会很高。由于研究人员正在考虑对餐饮俱乐部进行重大投资，因此，他们希望对样本的代表性充满信心。

研究人员在选择使用抽样设计时会作出几个决策，如图表 5－5 所示。抽样决策来自管理问题、研究问题以及从研究问题演变而来的特定探究性问题。这些决策受项目要求、项目目标、研究人员可以承受的风险水平、预算、时间、可用资源以及文化的影响。

图表 5－5　抽样设计的类型

个案选择	代表性基础	
	概率抽样	非概率抽样
非限制	简单随机抽样	便利抽样
限制	复杂随机抽样 ● 系统抽样 ● 整群抽样 ● 分层抽样 ● 双重抽样	目标抽样 ● 判断抽样 ● 配额抽样 ● 滚雪球抽样

5.7 概率抽样

5.7.1 简单随机抽样

非限制性的简单随机抽样是最纯粹的概率抽样形式。所有的概率抽样必须确保每一个样本元素都有一个已知不为零的被抽取到的概率，**简单随机抽样**（simple random sample）被认为是一个特例，因为每一个样本个案具有已知且相等的被抽取到的概率。

$$被抽中的概率=\frac{样本量}{总体规模}$$

都会大学餐饮俱乐部的总体规模为 20 000。如果样本量是 300，那么被抽中的概率是 1.5%（300/20 000=0.015）。在这部分，我们以简单随机抽样为基础来理解抽样程序和概率样本选择。如果采用自动拨号（随机拨号）和电脑控制的语音回答系统，简单随机抽样是很容易获得的。然而，这需要一个总体元素的列表，非常费时和费钱，并且相比其他概率抽样方法需要更大的样本量。图表 5－6 表明了选择随机样本的步骤。

图表 5－6　选择随机样本的步骤

对随机样本的选择可以借助计算机软件、随机数表或带有随机数生成器的计算器来完成。如果样本框中每个个案都有同等的被选择的机会，那么也可以用从帽子中抽纸条或从圆桶里拿乒乓球的办法替代。在每两次选择之间把纸条（或乒乓球）打乱并放回，以确保每个个案在每种情况下被选择的机会相同。

当没有可用的软件程序时，随机数表是一个实用的解决办法。随机数表里包含没有系统组织的数字。不管是查看行、列还是对角线，数字都没有顺序或规律。

假设研究者希望从包含 95 个个案的总体中抽取 10 个样本，他将如何开始？

1. 为采样框中的每个个案分配一个从 01 到 95 的唯一编号。
2. 在随机数表中随机确定一个开始数字。拿一支铅笔，笔头朝下，闭上眼睛让其自由落在随机数表上。
3. 确定如何将随机数表中的数字分配给采样框以选择指定的样本量（研究者同意向下读取随机数的前两位数字，直到选够 10 个样本）。
4. 使用上述流程从采样框中选择样本个案（05、27、69、94、18、61、36、85、71 和 83；数字 94 出现了两次，因此第二次被忽略；00 也被忽略，因为样本框是从 01 开始的）。

选择数字的其他方法也有很多：水平方向从右到左，从下到上，对角线方向跨列，等等。对于较大的项目，通过计算机进行简单随机抽样会更加有效。

5.7.2 复杂随机抽样

因为简单随机抽样的局限性，需要开发能够在统计和经济效率上优于简单随机抽样的替代性设计。

从统计角度讲，若一个样本的样本量较小却足以提供既定的精确度（平均数或者比率的标准误），则该样本会更有效。从经济角度讲，若样本能以较低的成本提供所需的精确度，则该样本也是更有效的。我们可以通过设计来实现这个目标，通常通过减少旅行费用和访谈时间来降低数据收集的成本。

接下来，我们介绍四种替代性的概率抽样方法：(1) 系统抽样；(2) 分层抽样；(3) 整群抽样；(4) 双重抽样。

系统抽样

概率抽样的一种通用方式就是**系统抽样**（systematic sampling）。在这种方法下，总体中所有的第 k 个元素都会被抽取到，在 $1\sim k$ 的范围内选中某个个案作为随机抽样的开始点。第 k 个元素，或者**抽样间隔**（skip interval），是用总体规模除以样本量得到的，用来确定应用于样本框的跳转模式。这里假定样本框是总体的准确的列表，如果不是，样本框个案的个数可以由总体规模来代替。

$$k=\text{抽样间隔}=\frac{\text{总体规模}}{\text{样本量}}$$

系统抽样的主要优势在于简单和灵活。使用系统抽样时，没有必要在抽样之前在人事档案中标记条目。系统抽样需要以下操作：

- 确定、列出和计算总体中的个案个数；
- 确定抽样间隔（k）；
- 确定随机起点；
- 通过抽取每一个第 k 个点来构成样本。

发票或客户账户可以用最后一位阿拉伯数字或者以发票或客户账户的阿拉伯数字的组合来进行抽样。对时间的抽样也很容易完成。

系统抽样可能引起较小的偏差。需要注意的一点是，总体中可能存在与抽样比率相似的周期性问题。例如，根据一年中的日期对餐厅的甜点销售量进行抽样。如果以7天作为抽样间隔的话，不管以哪一天作为随机起点，都会导致结果有偏差。另一个不太明显的例子是，在一个公寓区进行调查，该区的典型模式是每栋楼中有8套公寓。如果以8作为抽样间隔的话，也很容易过多地抽取某些类型的公寓而过少地抽取其他类型的公寓。

当总体个案有单调趋势，即总体列表中个案从小到大或者相反时，就会出现另一个问题。如果一项测量随时间推移单向变化，那么即使是按时间顺序排列的列表也可能出现这种情况。抽取的样本是否给总体平均数或者比率带来有偏估计，取决于最初随机起点的设定。假设有一个2 000家银行的列表，按照从大到小的顺序排列，必须从中抽取样本量为50的样本用来分析。如果抽样间隔是40，随机起点是16，就将剔除前15家最大的银行，使得结果向小规模的银行倾斜。

要避免这种微小偏差，研究者须不断地提醒自己。避免这种偏差的方法包括：

- 在抽样之前将总体随机化（例如，以名字而不是规模对银行进行排序）；
- 在抽样过程中改变几次随机起点；
- 重复选取不同的样本。

尽管系统抽样存在一些理论问题，但从实践的角度看，它通常被当作简单随机抽样。当相似的个案在样本框中成群出现时，如果列表中的个案是按照年代、规模、等级等因素进行排列，系统抽样要比简单随机抽样更有效。在这种情况下，样本就近似于按比例的分层样本。相对于个案样本，这种排序对整群样本的结果的影响会更明显，可能需要一个按比例的分层抽样准则。[15]

特写

Keynote Systems 测试搜索的力量

Keynote Systems 每年评估两次五个搜索引擎的性能，其中包括市场领导者 Google、美国在线、Yahoo！Search、Ask. com 以及 MSN Search。Keynote 是“在线业务绩效和通信技术改善服务的全球领导者”，它使用在线小组来实现“交互式网站测试以评估用户体验”，探究人们如何以及为何使用搜索引擎。Keynote 按照图表 CU-1 中的方法分配参与者和实验方法：从 16 万多名小组成员中随机抽取 2 000 人，并通过电子邮件邀请他们参加。他们被随机分配到 5 个组，每组 400 人。每个组同时分配了一个特定的搜索引擎。参与者是否对特定搜索引擎有任何经验并非分配的标准。每个小组都被分配了一系列搜索任务，从一般任务开始——想象任何你想要搜索的内容，然后去搜索；然后是更具体的任务——查找一个本地机构、一款产品、一张图片和一个新闻条目。每个根据搜索引擎分配的组实际上都执行一系列相同的任务。通过他们的活动，Keynote 会生成 25 万个指标（包括搜索用时、搜索是否成功等）。它把这些指标与用来测量满意度、感知的困难和特定挫败感的调查数据相匹配。根据这些合并后的数据，可以得出几个指标。

图表 CU-1　搜索引擎测试中的参与者分配

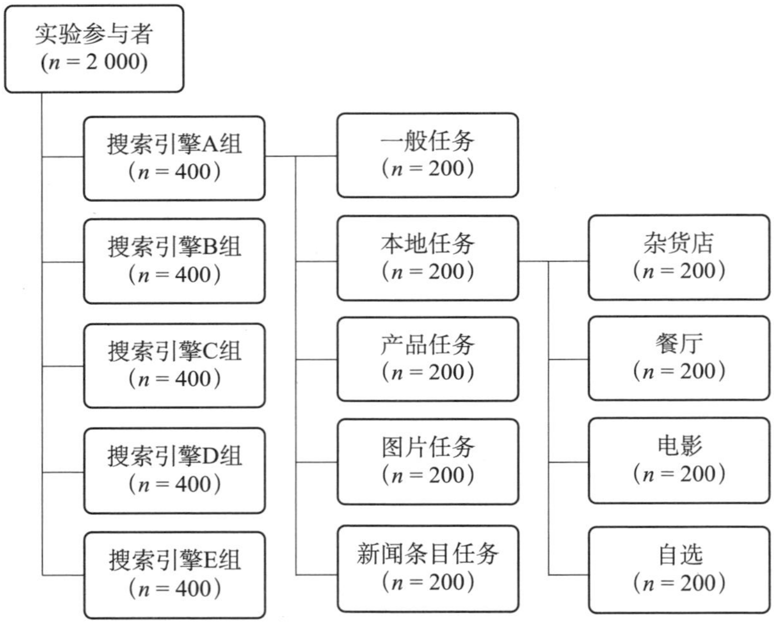

高级研究顾问兰斯·琼斯（Lance Jones）表示：“我们从一系列的这类测试中注意到的事情之一是，即使在测量结果不同的情况下，Google 也是好评如潮。”Google 拥有近 60% 的市场份额，具有很高的知名度，并且倾向于在搜索网站设计中树立标杆。它的品牌是否强大到即使面对相互矛盾的搜索体验时也能影响参与者的态度？如果不考虑品牌因素，哪个搜索引擎会产生最令人满意和最有用的结果、最好的赞助商结果以及最好的展示与设计？Keynote 希望设计一个实验来展示搜索引擎品牌的力量。为此，它需要从搜索结果中剔除品牌标识。解决方案是设计一个外观通用的搜索引擎网站和结果格式页面，然后把实际的搜索结果输入到这个通用格式中。

在品牌力量测试中（如图表 CU-2 所示），把 2 000 名参与者再次分为 5 组，每组分配一个搜索引擎。但这次测试中，每组里有一半的参与者被分配到品牌组（$n=200$），他们在看到搜索结果的同时会看到"Yahoo!/Google/Ask 等带给您的结果"的品牌标识行；另一半（$n=200$）会看到相同的结果，但没有品牌标识行（$n=200$）。使用每年两次测试中执行的任务对所有五个搜索引擎进行测试，实际上参与者看到的所有结果都是使用分配的搜索引擎生成的，然后输入到通用格式中展示。琼斯解释说："结果页面是实时生成的，参与者不会感觉到所用时间，因为标准搜索中用时是毫秒级的。"该测试产生了 1 600 个查询，这些查询产生了 12 个不同的指标。

图表 CU-2　品牌力量测试中的参与者分配

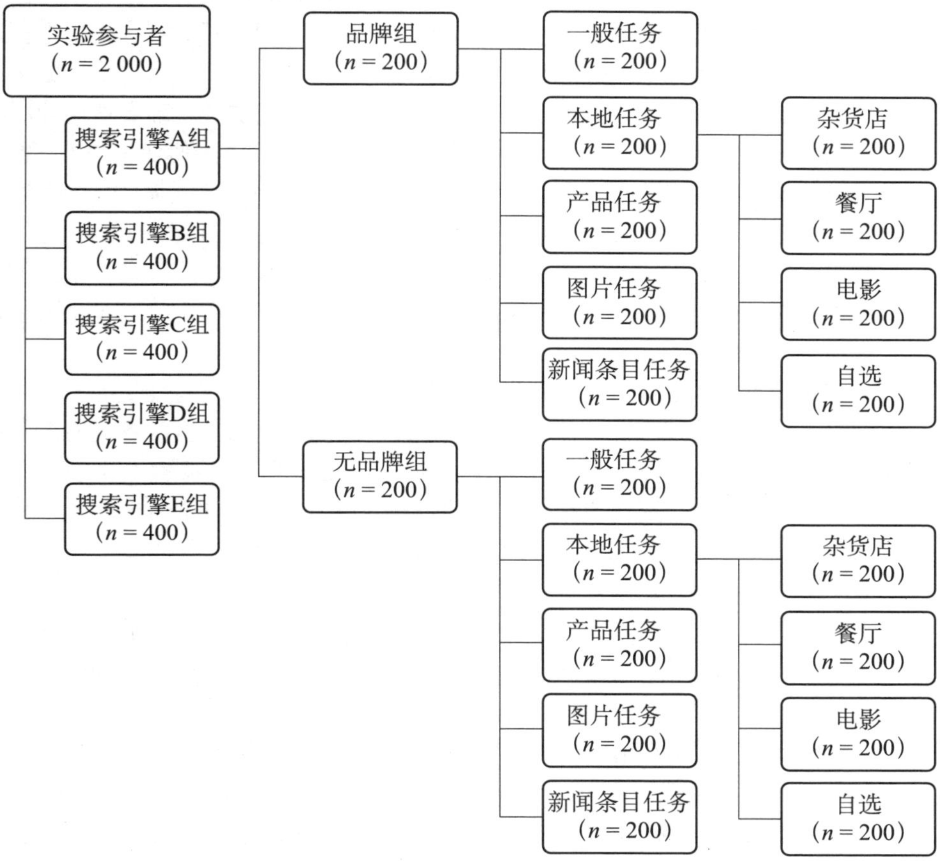

资料来源：www. keynote. com.

分层抽样

大多数总体可以分为几个互相排斥的亚群体或者层。从每一个层中抽取样本的过程就叫**分层随机抽样**（stratified random sampling）。大学生可以按照年级、学校或者专业、性别等因素进行分层。一个总体被适当分层之后，可以在每一层里进行简单随机抽样。研究结果可以进行加权（基于各层占总体的比例），并合成一个恰当的总体估计值。

有三个原因使研究者选择分层随机抽样：(1) 增强样本的统计有效性；(2) 为分析各个亚群体或者各层提供足够的数据；(3) 可以在不同的层中采用不同的研究方法

和程序。[16]

分层法在统计上通常要比简单随机抽样更有效，至少效率相当。在理想分层的情况下，每一层是内部同质的，层与层之间是异质的。来自不同族裔的个体所组成的样本就是这种情况。在这个例子中，分层法在统计有效性上有很大的改进。

当研究者想研究某些总体中的亚群体的特征时，这种方法也非常有用。也就是说，如果你打算从不同班级的学生活动中得出一些结论，分层抽样将会非常有用。同样，如果餐厅想改变菜单以吸引年轻顾客，同时留住已有的忠诚顾客，那么以年龄和以前的光顾情况作为描述指标进行分层抽样，并以此检验此改变带来的效果。在这个过程中，分层抽样非常有用。当总体的不同部分需要采用不同的方法收集数据时，就要采用分层法，这也正成为一种越来越普遍的研究设计。我们调查总公司的员工用一种方法，调查分布在整个国家的其他员工必须用不同的方法，就需要使用分层法。

如果获得了那些用来判断是否需要分层的数据，我们将如何使用呢?[17]理想的分层以研究中的主要变量为依据。如果我们主要关注顾客每月光顾都会大学餐饮俱乐部的次数，那么可以按照预期光顾俱乐部的次数进行分层。这个想法的唯一困难在于，如果知道了这些信息，就没有必要进行这项研究了。因此，必须选择一个我们认为会与每月来俱乐部就餐的次数相关的变量来分层，工作或者课程安排表等都可以作为样本个案在吃饭时间是否在校园附近的判断指标。

研究者通常要研究几个重要的变量，他们希望得出有关这些变量的一些结论。一种合理的方法就是寻找一些分层依据，通常这些分层依据与主要的变量有很强的相关关系。它可以是一个单独的变量（年级），也可以是一个复合变量（年级乘以性别）。在任何情况下，如果分层依据能够把所关心的变量在各层之间的均值差异最大化，并且所关心的变量在层内的变异最小化，我们就很好地完成了分层工作。

分层的个数越多，就越可能做到层间变异（层与层之间的不同）最大化和层内变异（给定层内的不同）最小化。作出的决策部分取决于亚群体的个数，从这些亚群体中希望得出单独的结论。分层越多，研究项目的成本越会因更细致的抽样而增加。当分层超过 6 个时，在估计总体值时几乎没有更多的贡献了。[18]

分层样本的规模通常用两种信息来计算：(1) 总样本应该多大；(2) 总样本在层与层之间如何分布。可以选择比例或非比例两种方式来确定如何在各个层之间分配总样本。

比例分层抽样与非比例分层抽样　在**比例分层抽样**（proportionate stratified sampling）中，每一层能被适当地代表，因此从层中抽取的样本量将会与总体中每层的份额成比例。这种方法比其他分层抽样方法更受欢迎。原因包括：

- 它比简单随机抽样具有更高的统计有效性；
- 它比其他分层方法更容易实施；
- 它提供了自加权样本，通过计算所有样本的平均值或者比例，可以简单地估计出总体的平均值或者比例，消除了权重。

从另一个角度看，对研究中的主要变量而言，如果分层度量的均值在各层之间非常相似，按比例分层抽样的统计有效性通常会很低。

与比例分层抽样相背离的其他分层法都是**非比例分层抽样**（disproportionate stratified sampling）。有几种非比例分配方案。一种是通过主观判断确定的非比例，该方案基于这一想法，即每一层的样本都足够大，可以确保每层有足够的置信水平和误差范围估计。下表显示了比例分层抽样和非比例分层抽样之间的关系。

分层	总体	比例分层抽样	非比例分层抽样
男性	45%	45%	35%
女性	55%	55%	65%

然而，研究者主要是考虑样本应如何在各层之间分配以决定是否要进行非比例分层抽样。一位作者指出：

> 在某个给定的分层里，如果该层比其他层都大，该层内部变异较大，在这个分层中取样成本较低的话，就多抽取一些样本。[19]

如果采用这些建议作为指导，就有可能开发出一个最优的分层抽样方案。当分层之间的变异很小并且在各分层之间抽样的成本相同时，最优的设计就是比例分层抽样。

尽管在理论上非比例分层抽样更优越，但是从实践角度看，其是否有推广性还有很多疑问。如果分层之间抽样成本不同或者分层之间的变异足够大，就需要采用非比例分层抽样。曾有这样的建议：多方面的差异会使采用非比例分层抽样更值得。[20]

分层抽样的程序是：

- 确定用以分层的变量；
- 确定总体中分层变量的比例；
- 根据项目的信息需求和风险选择比例分层抽样法或者非比例分层抽样法；
- 将样本框拆分到每个分层当中成为各自的样本框；
- 将个案在每一层的样本框中随机化；
- 在每一层中遵循随机程序或者系统程序来抽取样本。

整群抽样

在简单随机抽样中，每一个总体元素都是单独选取的。总体也可以被分成几个个案组，从中随机选取几个组来进行研究。这就是**整群抽样**（cluster sampling）。如图表5-7所示，整群抽样在几个方面有别于分层抽样。

图表5-7　分层抽样与整群抽样的比较

分层抽样	整群抽样
1. 把总体分成一些亚群体。 ● 每个亚群体都有很多个案。 ● 亚群体根据与研究变量有关的一些标准来进行选择。 2. 努力在亚群体内保证同质性。 3. 努力在亚群体间保证异质性。 4. 在每个亚群体内随机选择个案。	1. 把总体分成很多亚群体。 ● 每个亚群体的个案较少。 ● 亚群体根据与数据收集容易性或可得性有关的一些标准来进行选择。 2. 努力在亚群体内保证异质性。 3. 努力在亚群体间保证同质性。 4. 随机选择一些亚群体，然后对其进行深度研究。

两种情况下采用整群抽样：（1）要求比简单随机抽样更高的经济效率；（2）每个个案的实际样本框通常难以获得。

整群抽样的统计效率通常要低于简单随机抽样，因为整群不能满足异质性的要求；相反，它是同质性的。例如，同一街区的家庭住户（一个典型的整群）通常在社会地位、经济水平、种族等方面是相似的。尽管大多数整群抽样的统计效率比较低，但是经济效率的优势往往会弥补这个劣势。选择标准就是在经济和统计这两个因素之间权衡，比较抵消后的相对效率。整群设计需要进行 690 次访谈才能获得和简单随机抽样中进行 424 次访谈相同的精确度。但是如果在整群情境下每次访谈需要花费 5 美元而在简单随机抽样中每次访谈需要 10 美元，那么整群抽样就更有吸引力（3 450 美元 vs. 4 240 美元）。

区域抽样 很多研究涉及可以用地理区域来标识的总体。当这种情况出现时，就有可能采用**区域抽样**（area sampling），这是整群抽样中最重要的方式。这种方法解决了抽样成本高和每个个案的实际样本框难以获取的问题。区域抽样已应用于国家人口、区域人口以及更小区域的调查中，这些地方都有界定清晰的政治或者自然界线。

假设你想调查一个城市的成年居民。你可能难以获得这些个体的名单。然而，如果有一份详尽地显示这个城市街区的地图，抽样将会非常简单。如果你能选取这些街区的样本，你就可以对城市中的成年居民进行抽样。

设计 在设计整群抽样（包括区域抽样）时，我们必须回答几个问题：

1. 整群的同质性程度有多高？
2. 应该寻求相同规模还是不同规模的整群？
3. 选择的整群应该多大？
4. 采用单阶段还是多阶段整群抽样？
5. 所需样本应该多大？

1. 如果整群内部的同质性较高，就会导致较低的统计效率。有时，可以通过构建整群以增加其内部变异的方法来提高统计效率。在都会大学餐饮俱乐部研究中，研究者可以选取一门课程作为一个整群，如果该课程是四个不同年级的学生均可选修的，可以抽取选修这门课程的所有学生。或者可以选取某个包含教职员工以及打工学生的院系办公室。在区域抽样中为增加整群的内部变异，研究者可以将包含不同收入群体或者社会阶层的几个邻近街区合成一个单独的整群。

2. 整群样本可以由规模相同或者不同的整群组成。整群抽样的理论为：样本整群的平均值是对总体平均值的无偏估计。当整群规模自然相等时，这常常是正确的，例如城市街区中的住户。当处理规模不同的整群时，可能需要降低或者消除规模不同带来的影响。有几种方法可以解决这个问题：

- 合并规模较小的整群，拆分规模较大的整群，直到每一个整群都接近平均规模；
- 按照规模将整群分层，再为每一层选取整群；
- 按照规模将整群分层，然后进行二次抽样，采用不同的抽样比例以确保整体的抽样比例。[21]

3. 整群抽样的理想规模应该多大这一问题没有先验答案。为了比较不同规模整群的效率，需要发现每种规模的不同成本，并估计出整群均值的不同变异。即使在单阶段整群抽样（研究者将访谈或者观察整群中的每一个元素）中，也不清楚哪种规模（比如，5、20 或者 50）效果更好。有人发现在研究中采用单阶段区域整群抽样，最优的整群规模为不大于具有代表性的城市街区数。[22]

4. 对于大多数大规模的区域抽样，就选择单阶段整群抽样还是多阶段整群抽样设计这一问题而言，趋势是采用多阶段抽样设计。以下几种情形证实了在整群中进行抽样是恰当的，它优于直接采用较小整群，对单阶段整群抽样后得到的整群进行普查。[23]

● 已经存在作为便捷抽样单元的自然整群，但由于经济原因，这些整群可能会比所需的整群规模要大一些。

● 我们可以避免在总体中抽取较小整群而带来的成本，并将二次抽样仅用于那些规模较大的自然整群。

● 自然紧凑的整群抽样可能会遇到实际的困难。例如，对一个家庭的所有成员进行单独访谈可能不切实际。

5. 进行访谈或者观察的被试数量在很大程度上取决于具体的整群设计，具体细节可能会很复杂。不同规模的整群和多阶段样本是很复杂的，它们的统计处理也超出了本书的研究范围。[24]这里仅处理单阶段且规模相等的整群抽样（称作简单整群抽样）。这种方法类似于简单随机抽样。我们可以将总体想象成包含 20 000 个群，每个整群中有一个学生，或者有 2 000 个整群，每个整群中有 10 个学生，等等。假设对精确度和置信度有同样的要求，我们预计，对这两个整群而言，概率样本量的计算将会是相同的。

双重抽样

先通过抽样来收集一些信息，然后利用这些信息为进一步的研究选取子样本，这样会更方便或者更经济。这个程序就叫作**双重抽样**（double sampling），也称为顺序抽样（sequential sampling）或者多阶段抽样（multiphase sampling）。通常在分层和整群设计中应用这一方法。计算过程将会在更高级的教材中讲解。

可以用都会大学餐饮俱乐部这个例子来讲解双重抽样。可以用电话调查或另一种便宜的调查方式了解哪些人想参加这样的餐饮俱乐部以及他们乐意加入的程度。然后将感兴趣的被调查者按照其乐意加入的程度进行分层，再对他们进行二次抽样，就他们所期望的消费类型、对各种服务的反应等进行深度访谈。通过一阶段抽样还是二阶段抽样来获取信息在很大程度上取决于这两种方法的相对成本。

由于已有的抽样设计的范围较宽，确定一种既能满足研究问题的需要又有助于控制项目成本的方法常常很难。为便于选择恰当的抽样方法，图表 5－8 比较了各种概率抽样方法的优势和劣势。非概率抽样将会在下一部分中讲解。研究者经常会采用非概率抽样方法，因其具有低成本的优势。然而，非概率抽样并不基于理论框架，也没有按照统计理论运作，往往会造成选择偏差，抽取到不具有代表性的样本。尽管非概率抽样有这些劣势，但其应用广泛，仍有必要做相应的介绍。

图表 5－8　概率抽样方法的比较

类型	描述	优势	劣势
简单随机抽样 成本：高 使用：中	每个总体中的个案都有同等的机会被选进样本。 样本抽取使用随机数字表/生成器。	借助自动拨号（随机数字拨号）以及计算机语音响应系统，易于实施。	需要总体中个案的列表。 实施的时间更长。 要用规模更大的样本。 会产生更大的错误。
系统抽样 成本：中 使用：中	从随机起点开始，选择一个总体样本，然后根据抽样间隔来选择每第 k 个个案。	设计简单。 比简单随机抽样更易于使用。 容易确定均值或比例的抽样分布。	总体中的周期性可能会让样本和结果有偏。 如果总体列表有单调趋势，基于起点会产生有偏估计。

续表

类型	描述	优势	劣势
分层抽样 成本：高 使用：中	把总体分为亚群体或不同层次，然后使用简单随机抽样在每一层中进行样本抽取。结果可能被加权或合并。	研究者控制每个分层中的样本大小。 统计有效性提升。 可以提供代表亚群体的数据并用于对亚群体的分析。	如果亚群体选择的比例不同，错误可能会增加。 如果必须创建总体分层，成本可能会特别高。
整群抽样 成本：中 使用：高	总体被分为内部异质的亚群体。一些亚群体被随机选中以进行进一步研究。	如果做法合适，可以提供关于总体参数的无偏估计。 比简单随机抽样更经济高效。 单样本的成本最低，特别是在聚类按地域划分时。	亚群体的同质大于异质会导致低统计有效性（更多错误）。
双重抽样（顺序抽样或多阶段抽样） 成本：中 使用：中	流程包括在任何类型的样本中收集数据。基于发现的信息，选择一个子样本来进行进一步研究。	如果第一阶段的结果已经给对总体的分层或聚类提供了足够的数据，成本有可能降低。	如果不加选择地应用，成本会增加。

5.8 非概率抽样

使用像非概率抽样这样的主观方法，总体中个案被抽中的概率是未知的。有很多方法可用来选择要包括在样本中的人员或个案。通常，我们会让现场工作人员当场选择被试。在这种情况下，样本选择程序就更有可能产生偏差并扭曲研究的发现。同样，我们无法估计期望总体参数落入的范围。考虑到概率抽样相对于非概率抽样的技术优势，为什么有人会选择后者呢？使用不太精确的方法可能是出于一些实际的原因。

我们可以采用非概率抽样，因为它们能够达到可以接受的抽样目标。尽管随机样本能为我们提供总体的一个真实横截面，但这也许并不是研究目标。如果没有必要推广总体参数，我们很少关心样本是否完全反映了总体。研究者的目标是有限的。他们可能仅仅想寻找条件范围或者寻找存在显著变异的例子。在探索性研究中尤其如此，此类研究中希望仅仅联系某些典型的人物或者事例。

选择非概率抽样的另一个原因是成本和时间。概率抽样显然需要更多的计划和重复的电话回拨，以确保联系到每个选定的个案。这些活动成本很高。仔细控制的非概率抽样通常可以给出可接受的结果。因此研究者甚至可能根本不考虑概率抽样。尽管从理论上讲概率抽样可能更好，但其应用上仍存在问题。即使随机抽样程序有详细说明，相关人员也可能会粗心地应用。因此，由于人为因素，可能只能部分实现理想的概率抽样。

非概率抽样还有可能是唯一可行的选择。在某些情况下，目标总体对研究来说可能是不可得的。在重大事件的现场，构建概率抽样可能不可行。研究两个公司之间过去的往来关系必须使用便利样本，因为完整的往来关系通常无法获得。

另外，样本中包含的个体可能是自我选择的。在邮件调查中，那些回信的人并不能真实代表收到问卷的所有人的横截面。问卷收到者自己决定是否要参加调查。在网络调查中，那些自愿参与者并不总能代表总体的恰当的横截面——这就是用筛选问题来决定是否将参加者划入样本的原因。然而，几乎在所有的调查中都存在某种程度的自我选择，这是因为需要由被调查者来决定是否接受访谈。

5.8.1　便利抽样

不受限制的非概率样本称作**便利样本**（convenience sample）。这是最不可靠的抽样设计，但正常情况下实施起来却是成本最低、最容易的。研究者或者实地工作者自由地选择他们所遇到的任何人，因此这种抽样方法被命名为“便利”。朋友和邻居所组成的非正式人员储备库、应报纸之邀来就某些公共问题阐述观点的读者、电视记者的“路人”拦截访谈、请雇员来评判新品点心的口味，都是便利抽样的例子。

便利抽样尽管没有采取控制措施以保证样本的精确度，但依旧是非常有用的方式。你可以仅仅为了检验你的想法甚至为了了解一下你所感兴趣的主题，就抽取一个这样的样本。在探索性研究的初期，你在寻求一些指导时也可以使用这种方法。结果也许会提供强有力的证据，以至于研究者不需要再采用更复杂的抽样程序来研究这个问题。你需要与学生谈一谈关注的校园问题，你可能依次与 25 个学生谈话。你也许发现这些学生的结论是如此一致，所以没有必要再做进一步的访谈。

5.8.2　目标抽样

能满足一定标准的非概率抽样称作目标抽样。目标抽样主要有两种类型——判断抽样和配额抽样。

判断抽样（judgment sampling）就是研究者按照某些标准来选取样本成员。在劳工问题的研究中，你也许只想与那些经历过工作歧视的员工交谈。判断抽样的另一个例子是，仅依靠几个选区就可以预测选举结果，这是基于这些选区在以往选举中的预测记录。在探索性研究的初期，研究者采用判断抽样是合适的。如果出于筛选的目的，你想选择一个有偏群体，这种抽样方法也是非常好的。公司经常让员工来检验其对于新产品的想法。理由是公司预期员工相对于大众会更容易喜爱本公司的新产品创意。如果本公司员工都不认可批准产品创意，那么该创意在普通市场中就不会有什么前景。

配额抽样（quota sampling）是另一种类型的目标抽样。这种方法可用来提高样本的代表性。配额抽样背后的逻辑是，某些相关特征可以用来描述总体的维度。如果样本在这些特征上与总体有一样的分布，那么样本就有可能在我们没有控制的变量上也能代表总体。假设都会大学的学生中，55%是男生，45%是女生。配额抽样就需要按照这两个比例来抽取样本。

在大多数配额样本中，研究者会具体指定多个控制维度。每一个维度都应该满足：(1) 总体的分布可以估计出来；(2) 与研究的主题有关。如果我们认为被调查者的性别可能会影响对某个问题的回答，就应该选取一定比例的男性和女性被调查者。我们也认为本科生与研究生之间是有区别的，因此学历也是一个维度。其他的维度，例如学生的学术领域、族群、宗教信仰和所属的社会团体等，也可以作为备选维度。研究者只能采用几个这样的控制维度。为了阐述方便，假设要考虑下面几个维度。

- 性别：两类——男性、女性；
- 等级水平：两类——研究生、本科生；
- 学院：六类——文理学院、农业学院、建筑学院、商业学院、工程学院、其他；

- 宗教：四类——新教、天主教、犹太教、其他；
- 入会情况：两类——会员、非会员；
- 家庭的社会经济地位：三类——上层、中层、下层。

在一个极端的例子中，我们可能需要让访谈者找一位信仰天主教、联谊会会员、来自上层社会家庭的商学院的本科男生。这 6 个因素的结合导致需要考虑 288 个样本单元。这种控制类型称作精度控制。它更能保证样本对总体的代表性。然而，当研究需要控制 3 个以上变量时，抽样实施起来将会非常昂贵并且非常困难。

当要采用 3 个以上的控制维度时，我们应该依赖频次控制。在控制形式下，样本中具有每个特征的个案所占样本的百分比将与总体中具有相同特征的个案所占总体的百分比匹配。因此不需要去找具有这些特征的组合的一个人。在频次控制中，我们发现下面的样本组合就能充分地反映总体。

	总体	样本
男性	65%	67%
已婚	15%	14%
本科	70%	72%
校园居民	30%	28%
联谊会成员	25%	23%
新教徒	39%	42%

配额抽样有几个缺陷。首先，在某些变量上安排配额是基于假设：其他变量的代表性可以类推。这并不能保证样本对于所要研究的变量具有代表性。其次，用来控制的数据经常可能是过时或者不准确的。用于保证精确度的控制变量的个数也会受到一些实际的限制。最后，实地工作者依照自己的判断来选取被试。他们可能只会选择那些看上去友善、方便他们调查的人等。

尽管配额抽样存在不少问题，但是民意测验专家和市场研究者都在广泛使用这种抽样方法。概率抽样通常成本更高，也更加费时。配额抽样的支持者认为尽管其可能存在系统偏差，但所带来的风险通常不是那么大。在已检验过预测效度的情况下（例如在竞选的民意测验中），配额抽样的结果总体上令人满意。

5.8.3 滚雪球抽样

近年来，很多调查在实施过程中发现很难找到被试，但这些调查很好地在职业推荐网络中分布着，这种情况下，滚雪球抽样就有了用武之地。这种抽样方法尤其适合一些质性研究。在**滚雪球抽样**（snowball sampling）的最初阶段，要找到一些被试，依照概率方法确定选择或者不选择他们。之后这些被试把研究者介绍给拥有类似特征的其他人，依此类推，再去找到更多人。这种方法类似于文献资料的反向搜索，在雪球滚动的过程中收集被试。我们应用不同的技术得到一个能提供误差识别和统计检验的非概率性雪球。下面是一个简短的例子。

几家小公司占有了美国的高端音响市场，这些公司生产用于录制及重播现场演出的超级昂贵的零部件。一家公司正在开发一项用于改善数字信号处理过程的有一定风险的新技术。我们可以联系所选定的一组录音工程师和电子工程师，这样就找到了第一阶段的访谈样本。接下来的访谈对象可能会告诉研究者有关产品开发和营销的关键信息。

滚雪球抽样的变异形式已用在毒品文化、青少年帮派活动、权力精英、社区关系、内幕交易等研究中，以及其他难以识别和联系被试的研究中。

5.9　确定样本选择和被试招募协议

无论研究人员选择普查还是抽样，选择和招募都可以回答以下问题：

- 研究人员如何选择个案（从样本框中选择或者不用样本框）？
- 如何联系每个所需的个案/看守人？
- 如何说服个案/看守人参加？
- 使用什么后续程序来确保个案/看守人完成研究？

如前所述，抽样方法通常有抽取个案的特定方案（如简单随机抽样、分层抽样等）。如果选择的方法没有这样的方案（如非概率抽样），则需要创建一个。数据收集者可以选择任何人参加，还是需要遵循特定的原则？在都会大学餐饮俱乐部研究中，如果使用学生注册名录和人事清单来确保抽样的准确性，则系统抽样或分层抽样方案比较合适。

研究表明，参与者会对研究感到厌倦。这意味着你可能难以获得被试的配合与合作。大多数研究人员会告诉你，参与者需要让自己感觉到超越自我的价值，才愿意付出时间和专业知识。他们可能还需要受到激励才愿意分享想法和经验。在都会大学餐饮俱乐部研究中，我们可以强迫教职工参加，因为他们是学校的雇员，但这样做可能适得其反。最好把研究作为大学解决财务问题的一种手段（因为财务问题困扰着许多大学），来鼓励教职工参与。对于学生，我们需要其他一些有吸引力的办法。

有些人实际上很喜欢参与研究，觉得他们对相关主题有深入了解，可以作出很多贡献。这些人通常自愿参加研究小组，或加入志趣相投的人组成的社区。他们是自愿的，因此招募他们并不困难。然而要保持他们的投入度，以便让他们在一项由多个活动组成的研究中持续参与，则会遇到更多问题。为了保持研究参与者的投入度，研究人员需要执行适当的程序（例如后续发电子邮件或打电话）与参与者保持联系。对于参与者来说，一个让他们完成研究项目的诱惑是承诺与他们分享部分或全部的研究成果。当参与者/看守人是业务经理或专业人士时通常会有用。最后，以参与者名义推出的慈善礼物作为激励正在受到青睐。这种方法可能对都会大学餐饮俱乐部研究中的教职工有用。食物激励措施通常对学生有用。以金钱作为奖励，可能对学生和教职工都有效。

我们经常使用电子邮件或电话联系潜在的个案或看守人。当你的目标总体是人时，他们经常会询问为什么选择他们。如果研究赞助者愿意，研究人员可能会透露样本框，或者至少将关键要素透露给潜在个案以招募他们（例如，“你过去两周内在我们 Facebook 上留言了”或“你拥有 Plenti 会员卡”）。在都会大学餐饮俱乐部研究中，通过电子邮件联系既适合学生也适合教职工。

快速浏览

向善的研究：以慈善为激励

如果参与一项调查，就可以给饥饿的孩子喂食或使狗免于安乐死，你愿意吗？

在过去十年中，研究人员一直使用在线小组来为基于互联网、电子邮件和手机的调查抽取样本。这些小组中的大多数参与者都是发展自三个来源：广告网络（样本提供者通过网络、电子邮件和其他媒体做广告，以吸引愿意参加调查的个人）；忠诚度计划（赞助商使用自己的参与忠诚度计划的成员清单，并招募这些成员参加调查）；社交媒体（样本提供者使用 Facebook、Twitter 以及其他社交媒体来招募参与者）。在当前的模式下，利用这些资源的抽样公司经常通过金钱、互联网货币、积分或奖品来激励参与者。不幸的是，这种模式的一个弊端就是样本池太小（即使有百万人）。成千上万的公司正从中抽取参与者。

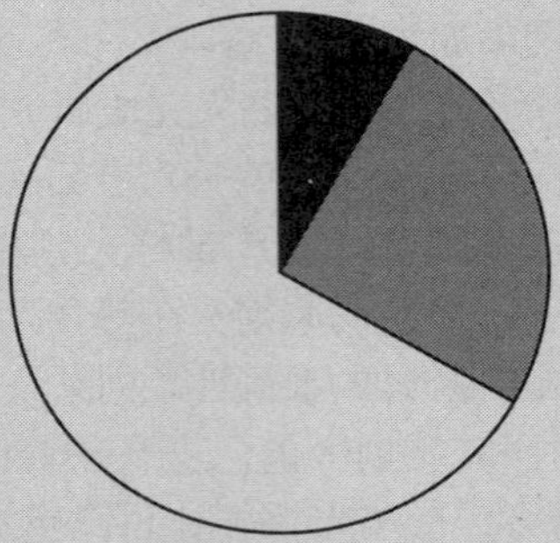

向善研究的样本构成

向善研究（Research for Good，RFG）的创始合伙人担心，受到激励而表达意见的人往往只代表特定群体。此外，业界一直对“职业受访者”的发展感到担忧。数百家抽样公司以大致相同的三种方式招募参与者，以满足对调查参与者不断增长的需求。RFG 还关注社会责任。因此，它开发了一种激励性的抽样模型，该模型使用慈善捐赠来吸引独特的受访者。它的“说好话”（SaySo for Good）小组吸引了至少支持一家慈善机构的 90% 的美国和加拿大的成年人。加入小组后，每个参与者都会选择一家慈善机构来接受他们的调查奖励。RFG 的慈善机构数据库中包括美国和加拿大的每家在政府注册的慈善机构。每位参与者每次参与研究后，RFG 向指定的慈善机构提供 1 美元，即每位参与者每次完成调查所花成本的 25%（如果完成一项调查的预算为每位参与者 8 美元，则该慈善机构将收到 2 美元）。

RFG 发现，通过慈善激励措施吸引的参与者在行为和态度上都与被其他方式吸引到研究小组的参与者不同。这些接受调查的人比较理智，是慈善机构的财务支持者或志愿者，不太可能受到典型的现金或奖金的激励。他们的响应率和完成率都更高。他们是不常做调查的人，从而减少了研究人员对“职业受访者”的担忧。RFG 现在的小组中有成千上万的慈善激励会员。联合创始人肖恩·凯斯（Sean Case）强调说：“通过吸引新的参与者，我们将在提供更好服务的同时保证更好的数据质量。”结果就是，RFG 在抽样时会考虑这个慈善激励模型。

资料来源：www. researchforgood. com；www. saysoforgood. com.

5.10 伦理问题及其解决方案

与抽样有关的伦理问题可分为三大类：欺骗、激励和质量。商业领域的许多研究都要求不透露委托方（委托方不予披露）信息，并且研究目的受到保护（目的不予披露）；参与者欺骗通常是确保委托方不予披露得以实现的方法，知情同意协议则是确保研究目的不予披露得以实现的方法。如果委托方允许，事后解释是一种针对欺骗的解决方案。否则，获得每个参与者/看守人的知情同意至关重要。

由于研究可能会向参与者提供激励，因此研究人员必须尽快兑现这些承诺。确保质量是参与者和研究者共同的责任。对于参与者来说，如实回答筛选问题以确保他们是合适的人选，并且对他们的参与保密（如果这是参加的条件）至关重要。质量还取决于研究人员使用可用的最佳样本框，以及认真遵循选择方案，无论这些方案是行业标准还是针对特定项目。

❖小 结

1. 抽样设计包括六个主要任务：

a. 定义目标总体与个案。

b. 确定感兴趣的总体参数。

c. 确定并评估样本框或建立一个样本框。

d. 确定需要的个案数量。

e. 确定恰当的抽样方法。

f. 确定样本选择和被试招募协议。

2. 相比普查而言，对抽样的有效使用有两个前提：(1) 总体中的个案之间具有足够的相似性，让少数个案也可以恰当地代表整个目标总体的特征；(2) 尽管样本中的一些元素低估了一个总体参数，但其他元素会高估这个参数。这些趋势导致的结果就是，样本统计量在总体上可以作为总体参数的好的估计。

3. 一个高质量的样本同时具备准确性和精确度。准确的样本指的是几乎没有偏差或系统变异的样本，精确的样本则指的是抽样误差在研究目的可接受范围内的样本。

4. 有许多抽样技术可用，这些抽样技术可以基于它们的代表性基础和个案选择技术来进行分类。

个案选择	代表性基础	
	概率抽样	非概率抽样
非限制	简单随机抽样	便利抽样
限制	复杂随机抽样 ● 系统抽样 ● 整群抽样 ● 分层抽样 ● 双重抽样	目标抽样 ● 判断抽样 ● 配额抽样 ● 滚雪球抽样

概率抽样的基础是随机选择，这个受控的流程可以确保为每个总体中的个案提供已知的非零的被选择机会。最简单的概率抽样方法是简单随机抽样，在该设计中，目标总体中的每个个体都有均等的被纳入样本的机会。相反，非概率抽样则是任意抽取的。在非限制抽样中，每个个案都是在没有定义标准的情况下从目标总体中抽取的。在限制抽样中，选择过程遵循更复杂的规则。

当简单随机抽样不可行或不经济时，就会使用复杂随机抽样。本章讨论的四种主要的复杂随机抽样为系统抽样、分层抽样、整群抽样和双重抽样。系统抽样涉及从 $1\sim k$ 之间的一个随机起点开始对总体中第 k 个元素的选择。在某些情况下，简单是其最大的价值所在。

分层随机抽样将总体分为亚群体或者层，然后从每一层中进行随机抽样。与简单随机抽样相比，分层随机抽样通常会产生较小的总样本量。分层抽样的样本可能成比例，也可能不成比例。

在整群抽样中，我们将总体分为几个组，然后随机选择要研究的组。从统计角度来看，因整群内的高度同质性，整群抽样通常比简单随机方法的效率更低。它的巨大优势则在于节省成本（如果总体中个案在地理上比较分散的话）以及时间。使用最广泛的整群抽样形式是区域抽样，其选择元素是地理区域。

有时，按样本收集一些信息，然后把样本作为选择子样本进行进一步研究的基础，可能更方便或更经济。这个过程称为双重抽样。

非概率抽样还具有一些引人注目的实际优势，这也是其应用广泛的原因。如果总体不可得的话，概率抽样常常不可行。此外，概率抽样应用中频繁出现的问题也降低了其技术优势。你可能还会发现，真正的横截面通常不是研究人员的目标，他们的目标可能是发现条件适用的范围或程度。最后，非概率抽样通常比概率抽样的成本更低。

便利抽样是非概率抽样中最简单和最不可靠的形式。它的主要优点是成本低。目标抽样中的一种类型是判断抽样，研究者只对选定类型的被试感兴趣。另一种类型是配额抽样。选择的被试要符合某些预先确定的标准，以确保生成一个对总体有代表性的横截面。滚雪球抽样使用推荐的方式来找到特别难找的被试。

5. 抽样设计中的伦理问题涉及欺骗、激励以及质量，可以通过知情同意、履行补偿（包括现金、慈善捐款、食物等）以及质量流程来解决这些问题，包括使用现有的最佳样本框架进行充分的参与者筛选，并认真遵循选择方案，而不管这些方案是行业标准还是针对特定项目。

❖ 关键术语

比例分层抽样（proportionate stratified sampling）
便利样本（convenience sample）
抽样（sample）
抽样方法（sampling method）
抽样间隔（skip interval）
抽样误差（sampling error）
非比例分层抽样（disproportionate stratified sampling）
非抽样误差（nonsampling error）
非概率抽样（nonprobability sampling）
分层随机抽样（stratified random sampling）
概率抽样（probability sampling）
个案（case）
滚雪球抽样（snowball sampling）
简单随机抽样（simple random sample）
目标总体（target population）
判断抽样（judgment sampling）
配额抽样（quota sampling）
普查（census）
区域抽样（area sampling）
双重抽样（double sampling）
系统变异（systematic variance）
系统抽样（systematic sampling）
样本框（sample frame）
样本统计值（sample statistics）
整群抽样（cluster sampling）
总体参数（population parameter）
总体发生率（population proportion of incidence）

❖ 讨论问题

术语回顾

1. 区分：

a. 样本统计量和总体参数。

b. 样本框和目标总体。

c. 个案和目标总体。

d. 简单随机抽样和复杂随机抽样。

e. 便利抽样和目标抽样。

f. 样本准确性和样本精确度。

g. 非抽样误差和抽样误差。

h. 比例分层抽样和非比例分层抽样。

2. 你将在什么情况下建议使用：

a. 概率抽样、非概率抽样。

b. 简单随机抽样、整群抽样、分层抽样。

c. 非比例分层抽样。

3. 你计划使用非限制抽样进行研究。你必须作出哪些主观决定？

4. 描述概率抽样和非概率抽样之间的差异。

5. 研究人员为什么要使用配额抽样？

制定研究决策

6. 你的任务是访谈你工作所在地的一座大型音乐会堂有代表性的听众样本。新一季的日程安排了 200 场现场音乐会，包括所有类型的音乐家和音乐团体。由于既不知道参加者人数也不知道他们的描述性特征，你决定采用非概率抽样。根据过去的座位配置，你可以计算出 200 场音乐会中每场可用的门票数量。因此，汇总起来你可以知道每种音乐类型可能的现场听众。通过前两年对冰川交响乐团音乐会进行的上座率研究，你可以获得不同音乐类型现场听众的性别数据。你将如何进行合理可靠的非概率抽样？

7. 你所在的大公司将要变革为以客户为中心的组织结构。在这个组织结构中，很少与客户联系的员工现在可能会大大影响客户满意度和留存率。作为一个过渡的环节，你的上司希望对公司中计算机技术人员的士气进行准确评估。如果要获得非限制样本，你将抽取什么类型的样本？

8. 耐克推出其夜光运动鞋 Foamposite One Galaxy 时，狂热者在全美各地的经销店排起了长队。当人群变得焦躁不安，争抢限量供应的鞋的队伍越来越长时，零售商 Footlocker 取消了一些活动。有人建议耐克在网上而不是在商店销售限量款产品，以免危及顾客的安全。你会建议耐克使用什么样本来评估这一建议？

从概念到实践

9. 使用图表 5-8 作为指南，针对你正在或希望从事行业中雇主对新员工招聘技能需求的研究，使用每种抽样技术来描述相应的样本框。

来自头条新闻

10. 随着人口老龄化以及年轻工人拒绝需要重复性操作的工作，世界各地的工厂都转而使用机器人。据估计，美国每 10 000 名工人就对应有 176 台机器人，而韩国（531）和德国（301）更为领先。中国则通过投资正在成为领先的机器人制造商，发展迅速。你是一家工业设备的全球制造商，拥有 10 家工厂和超过 10 000 名制造员工与主管。你的一些工厂由工会代表。建立一个抽样设计来研究机器人用于解决制造工人短缺问题的方案。

❖参考文献

1. Amir D. Aczel, *Complete Business Statistics* (Burr Ridge, IL: Irwin, 1996), p. 180.
2. N. L. Rynolds, A. C. Simintiras, and A. Diamantopoulus, "Theoretical Justification of Sampling Choices in International Marketing Research: Key Issues and Guidelines for Researchers," downloaded May 28, 2004 (http://www.questia.com/PM.qst?a[H11005]o&d[H11005]5001902692).
3. Family Health International, "Sampling Approaches," and "Weighting in Multi-Stage Sampling," in *Guidelines for Repeated Behavioral Surveys in Populations at Risk of HIV* (Durham, NC: FHI, 2000), Chaps. 4 and 5, pp. 29-65.
4. Standard international sampling systems are based on standards such as ISO 2859 and ISO 3951.
5. A. Parasuraman, *Marketing Research,* 2nd ed. (Reading, MA: Addison-Wesley, 1991), p. 477.
6. "Census 2010: Final Report to Congress," U.S. Department of Commerce, Office of Inspector General, Final Report No. OIG-11-03-I, July 27, 2011, downloaded May 8, 2017 (https://www.oig.doc.gov/OIGPublications/OIG-11-030-I.pdf).
7. W. E. Deming, *Sample Design in Business Research* (New York: Wiley, 1960), p. 26.
8. Henry Assael and John Keon, "Nonsampling versus Sampling Errors in Survey Research," *Journal of Marketing Research* (Spring 1982), pp. 114-23. In this study, nonsampling error was 90 percent of all error.
9. Proportions are hypothetical.
10. Fred N. Kerlinger, *Foundations of Behavioral Research,* 3rd ed. (New York: Holt, Rinehart & Winston, 1986), p. 72.
11. All estimates of costs are hypothetical.
12. "Internet/Broadband Fact Sheet," Pew Research Center, January 12, 2017, downloaded May 9, 2017 (http://www.pewinternet.org/fact-sheet/internet-broadband/).
13. Monica Anderson, "Digital Divide Persists Even as Lower-Income Americans Make Gains in Tech Adoption," Pew Research Center, March 22, 2017, downloaded May 9, 2017 (http://www.pewresearch.org/fact-tank/2017/03/22/digital-divide-persists-even-as-lower-income-americans-make-gains-in-tech-adoption/).
14. Nielsen Portable People Meter research uses responses from 65,000 panelists on an average day with its more than 80,000 installed meters. "Nielsen to Increase Portable People Meter Sample Size by 10% across 48 Radio Metro Meters," Nielsen press release, December 21, 2016 (http://www.nielsen.com/us/en/press-room/2016/nielsen-to-increase-portable-people-meter-sample-size-by-10-percent-across-48-radio-metro-areas.html).
15. Leslie Kish, *Survey Sampling* (New York: Wiley, 1965), p. 188.
16. Ibid., pp. 76-77.
17. Typically, stratification is carried out before the actual sampling, but when this is not possible, it is still possible to stratify after the fact. Ibid., p. 90.
18. W. G. Cochran, *Sampling Techniques,* 2nd ed. (New York: Wiley, 1963), p. 134.
19. Ibid., p. 96.
20. Kish, *Survey Sampling*, p. 94.
21. For detailed treatment of these and other cluster sampling methods and problems, see ibid., pp. 148-247.
22. J. H. Lorie and H. V. Roberts, *Basic Methods of Marketing Research* (New York: McGraw-Hill, 1951), p. 120.
23. Kish, *Survey Sampling*, p. 156.
24. For specifics on these problems and how to solve them, the reader is referred to the many good sampling texts. Two that have been mentioned already are Kish, *Survey Sampling*, Chap. 5, 6, and 7; and Cochran, *Sampling Techniques*, Chaps. 9, 10, and 11.

第6章
第2阶段：数据收集设计——定性研究

唯一能够获得深刻的个人洞见从而帮助你唤起消费者情绪的途径是定性研究。

——吉娅·卡尔霍恩（Gia Calhoun），Burt's Bees 全球洞见经理

学习目标

阅读本章后，你应该了解：

1. 定性研究的特征及其与定量研究的区别。
2. 使用定性研究的商业决策类型。
3. 各种定性研究方法。
4. 访谈者的重要性与责任。
5. 与定性研究相关的伦理问题。

定性研究方法论植根于众多学科，包括人类学、社会学、心理学、语言学、传播学、经济学以及符号学。可能因为这些起源，定性方法并没有得到高层管理者的无条件认可。一些高层管理者认为，定性数据过于主观，容易产生人为误差并受到数据收集与解释方面偏差的影响。定性研究得到的结果无法推广到更大范围的人群中，这是它最根本的缺陷。因此，一些高层管理者认为，定性研究无法为昂贵的和关键的管理决策提供稳定的根基。然而，管理者还是越来越多地转向定性技术，因为定量技术太耗费时间，且无法为那些昂贵的业务决策提供真正的洞见。[1]

从历史上看，定性方法早在19世纪就已出现，远比管理者所重度依赖的定量工具要久远得多。虽然定性研究目前占企业研究支出的20%左右，但新技术正在助力定性方法迅速拓展其所能得出的洞见［例如，社交媒体分析（网络志），人类志（观察人类文化），众包（通常是通过互联网、在线社区和虚拟团体，尤其是智能手机等媒介来给一群人分配要解决的问题或任务）］。[2]一些人认为，企业对定性研究的使用正处于大规模扩张的前夜。[3]最新的《行业趋势研究绿皮书》在其12种新兴研究技术中也引用了一些定性方法（见图表6-1）。

鉴于管理层关注定性数据的可信赖性，研究者在使用定性方法时会采用严格的规程[4]：

- 认真通过文献搜索来构建探究性问题；
- 仔细判断选定方法或方法组合的合理性；
- 在自然情境（现场研究）而不是高度控制的情境（实验室）下使用所选择的方法；

图表 6-1 新兴的定性研究技术

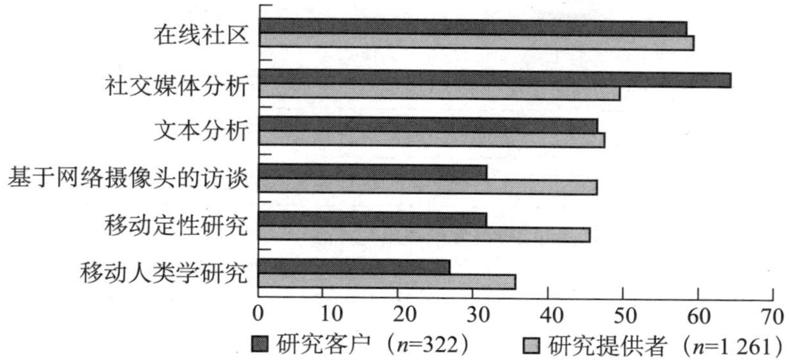

资料来源：Leonard F. Murphy，"GRIT Report，" Greenbook，June 2016，p. 5，downloaded June 30，2016（https：//www . greenbook. org/images/GRIT/2016 _ grit/GRIT _ Report _ 2016 _ Edition. pdf).

- 选择样本参与者是由于他们与研究问题相关，而不是因为他们对目标总体的代表性高；
- 开发并纳入那些可以揭示规则或理论的例外问题；
- 认真组织数据分析；
- 比较多个来源和不同背景下所获得的数据；
- 为了更清晰地阐述（研究结果）、获得额外的洞察以及减少偏差，应该在同行中报告自己的研究结果。

6.1 什么是定性研究

定性研究（qualitative research）包括"一系列解释性技术，对于社会领域中或多或少自然发生的某种现象，这些技术试图描述、解码、翻译并弄清这些现象的含义（而非频率）"。[5]这些技术包括个人深度访谈（IDI）和小组访谈，以及多种应用访谈和观察技巧的方法（如个案研究、人类志、扎根理论、行动研究）。定性研究可以异步（多个参与者在不同时间）进行或同步（所有参与者在同一时间）进行。定性研究可以构建为横截面研究（例如，研究期间与每个参与者进行一次互动）或纵向研究（例如，研究期间与每个参与者进行多次互动）。

如果管理者仅仅需要知道发生了什么或事件发生的频率，**定量研究**（quantitative research）方法就可以实现目标。但是，为了解人们基于各自经历所理解的事件发生的不同意义，通常需要利用研究技术深入探究人们内心潜藏的解释、理解以及动机。定性研究用来告诉研究者事情如何发生（过程）以及为何发生（意义）。著名的定性研究者朱迪思·兰格（Judith Langer）指出，如果你想挖掘情感、情绪、激励、知觉、消费者"语言"或自我描述行为，定性研究是最理想的。[6]图表 6-2 提供了一些在企业管理中适合应用定性研究的例子。

定性研究是基于研究者对所研究问题的沉浸式研究，其中的数据详细描述了事件、情况及人与事物的交互作用，由此提供了有关研究问题的更深入、更细致的信息。[7]

图表 6-2　企业管理中定性研究的例子

决策活动	要解决的问题
工作分析	● 当前的工作任务产生最高的工作效率了吗? ● 不同工作层面的改进是否包括获得最高工作效率所必需的培训?
广告概念开发	● 我们应该选用什么形象与目标客户建立联系?
生产率提高	● 我们应该采用什么行动，既可以提高工人的生产率又不会激起他们的不满?
新产品开发	● 当前的市场如何看待我们提出的产品创意? ● 我们需要新产品，但什么样的新产品才能充分利用客户感知到的我们的优势? ● 就投资回报率（ROI）和分销商发展而言，哪种产品与我们现有的产品结合起来可以产生最大的协同作用?
福利管理	● 我们的薪酬计划应该更灵活可变吗? ● 从价值观的角度来看，相比矫正性健康计划，员工如何看待预防性健康计划?
零售设计	● 消费者为何偏爱在我们商店购物? 他们是带着明确的目的购物，还是受其他动机的影响?
流程理解	● 清洁木质地板包括哪几个步骤? 在这个过程中，人们如何看待我们的产品?
市场细分	● 为什么具有某种人口统计学或生活方式特点的人群比其他人群更多地使用我们的产品? ● 谁是我们的客户，他们如何使用我们的产品来保持自己的生活方式? ● 文化对产品的选择有什么影响?
工会代表	● 各个部门如何理解当前工厂对成立工会所付出的努力? 哪些部门不满? 对什么不满?
销售分析	● 为什么曾经忠诚的顾客不再购买我们的服务了?

定性数据曾经只包括文本数据。如今，事件、情况和交互的详细描述（包括语言、视觉和声音）都构成了数据。数据可能包含在访谈或视频焦点小组访谈的记录中，也可能包含在这些交互过程中记录的笔记里。根据定性技术的定义，它会产生大量的文字和图像，需要研究者对其进行编码和分析以获取意义。虽然在定性研究中越来越多地使用计算机软件来进行编码，但定性研究过程的核心是研究者，及其经验框架和对数据的解释。[8]

在定性研究中，研究者和管理者（研究委托方）通常在收集和解释数据上投入大量精力。研究者可以充当研究参与者、催化师、参与式观察者或者访谈者。管理者可以观察（有时可以将访谈的网络直播直接呈现在委托方的电脑上），修改访谈问题并在总结过程中添加解释和洞见。定性研究者进行内容分析的来源是参与者的个人表达、行为观察、数据收集者的总结以及对参与者互动的物理环境中的物件和痕迹证据的书面或记录材料。

定性研究使用较小规模的样本，使得更快地提供周期性研究结果成为可能。虽然速度从来不是选择一种方法的最重要的原因，但定性数据能够快速地为低风险方法提供支持，这一点是特别有用的。小组访谈和个体访谈是定性研究的主要技术，它们可以在高度安全的环境中进行。在这个注重数据安全的时代，保护研究、防止被竞争对手觊觎至关重要。定性技术适用于所有商业领域。

快速浏览 ▶▶▶▶▶▶▶▶▶

使用 IDI 揭示数字化转型

处于数字化转型中的企业使用数字化的先进技术并改进对传统技术的使用，以此来改变客户关系、内部流程和业务模型。麻省理工学院数字业务中心和凯捷咨询公司开始着手研究，与高科技公司或数字初创公司相比，全球范围内的传统公司（年销售额超过 10 亿美元或更多）是否正在进行数字化转型并从中受益。

他们进行了一项跨年度的研究，对 15 个国家/地区的 50 家公司的 157 位高管（一半业务负责人和一半 IT 负责人）进行了深度访谈。访谈聚焦企业如何使用四种数字技术（分析、移动、社交媒体和嵌入式设备）。

研究结果表明，公司采用三种不同的策略来应对三个关键的转型领域（客户体验、运营流程和业务模型）：替代（如使用智能手机而不是台式机来发送电子邮件）、扩展（显著改进，如使用平板电脑而不是纸来处理订单）或突破（从根本上重新定义流程或功能，如使用嵌入式设备和分析功能来建立全自动化工厂）。替代技术在除了社交媒体之外的技术中均占主导地位。嵌入式设备仍然是新兴技术，不到 1/4 的公司正在使用这些设备。

访谈结果显示，“即使已经拥有了这些数字技术，也很少有企业能充分利用技术变革所带来的价值”。一些公司提高了流程效率，改善了用于战略决策的财务数据，但没有学会如何在与供应商的谈判中使用这些信息。另一些公司收集了有关买方行为的详细信息，但缺乏分析能力来利用所收集的数据。还有一些公司尚未开始转型。

数字化转型之所以进展缓慢，原因包括高层缺乏动力，在某些行业中缺乏有关某些技术的商业案例，监管、隐私和安全问题，技术不足（尤其是在分析上），自动化、信息授权和劳资关系导致的与工作变动有关的组织文化，或者是信息技术的基础较差。数字化转型的成功体现出 IT 团队对底层业务流程有深刻理解，并承担着内部流程顾问的作用。他们推动了数字化转型。

研究者为什么选择使用 IDI 来收集此数据?

资料来源：ebusiness. mit. edu；capgemini. com.

6.2　定性研究设计

图表 6－3 呈现了使用定性研究时会影响研究设计的几个主要特征：

● 在定性研究前，确定管理研究问题层次中问题开发的水平及其对测量工具开发的影响。在定性研究中，研究者从更广泛的探究性问题入手，并能够在研究过程中修改所提出的测量问题或所做的观察，以获得对问题更深刻的理解。

● 在研究前让研究参与者做好准备。在定性研究中，基于访谈的设计的参与者不仅要经过彻底的预筛选，而且通常在研究开始前就进行**预研究练习**或称**前任务阶段**(pretasking)，从而使他们熟悉研究主题。参与者之所以被招募，很大程度上是因为他们能够交流内心的想法和感受，这需要参与者做一些事先的筹划。来自数据收集者

图表 6-3 定性研究设计

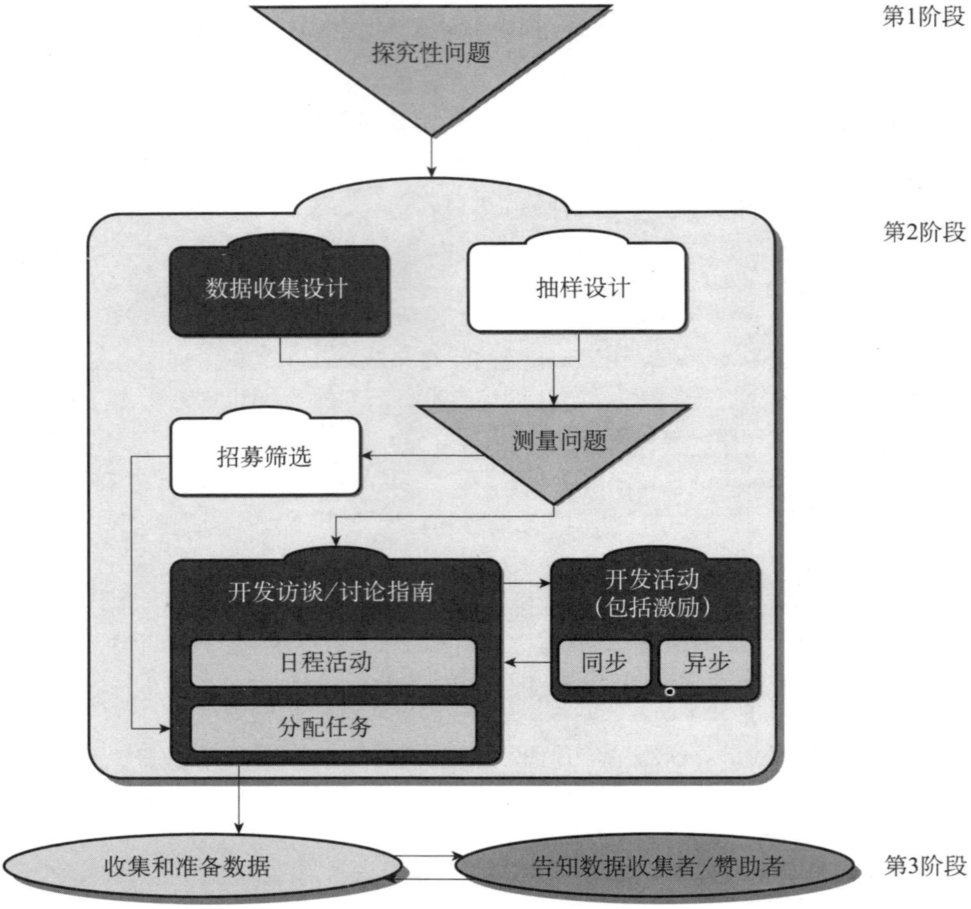

和委托方的数据和洞见的融合也是数据收集和准备过程（汇报）的一部分。

● 在数据收集和准备过程中，整合来自数据收集者和研究委托方的数据和洞见。在定性研究中，多个来源会对获得洞见有帮助，特别是数据收集者、研究委托方及访谈情况观察者的汇报。

定性研究与定量研究的根本不同在于以研究者为中心。研究者负责引导研究过程来获取想要的洞见。在定量研究中，研究者对于参与者来说是隐形的。在任何定量研究中，以上这些区别都会带来不可接受的偏差，从而降低数据的价值。但在定性研究中，它们是发现所求洞见的关键。图表 6-4 揭示了定性研究和定量研究之间的区别。

图表 6-4 定性研究和定量研究的比较

	定性研究	定量研究
研究的焦点	● 理解和解释。	● 描述、解释和预测。
研究者参与程度	● 高度参与——研究者是参与者或激励者。	● 参与受限：为了防止偏差的产生，研究者的参与受到限制。

续表

	定性研究	定量研究
研究目的	● 深度理解：理论建构。	● 描述或预测：构建和检验理论。
抽样设计	● 非概率性的：有目的的。	● 概率性的。
样本规模	● 小规模到中等规模。	● 中等规模到大规模。
研究设计	● 可能会在项目进行过程中改变或调整研究设计。 ● 经常同时或相继使用多种方法。 ● 不期望研究设计的一致性。 ● 包括纵向研究路径。	● 开始项目之前就做好研究设计。 ● 使用单一方法或多种方法。 ● 研究设计的一致性很关键。 ● 包括横向或纵向研究路径。
投入练习，包括投射技术	● 经常使用。	● 很少使用。
参与者准备	● 通常要进行任务前的准备。	● 不需要准备，以避免参与者产生偏差。
数据类型和准备	● 言语或图像描述。 ● 简化为言语代码（有时采用计算机辅助方法）。	● 言语描述。 ● 简化为数字代码以便于计算机分析。
数据分析方法	● 在计算机编码或人工编码之后进行人工分析，主要是非定量的分析。 ● 促使研究者关注测量现象的背景性框架——对事实和判断的区分不够清晰。 ● 通常在整个项目中持续进行。	● 电脑化分析——以统计方法和数学方法为主导。 ● 在整个项目中可能持续地分析。 ● 事实和判断之间有清晰的区分。
洞见和意义	● 其标准是有更深层的理解；取决于自由回答问题的类型和数量。 ● 研究者参与数据收集，形成洞见，并在整个过程中进行检验。	● 受限于探访被调查者的机会以及收集原始数据的工具的质量。 ● 数据收集和数据录入后形成洞见，很少能再次与研究参与者进行访谈。
研究委托方的参与	● 可通过现场观察研究或听取访谈录音进行参与。	● 很少与研究参与者进行直接或间接的联系。
研究速度	● 较小的样本量使得可能在较短的周期内更快地进行数据收集。 ● 随着研究的推进逐渐形成洞见，缩短了数据分析的时间。	● 较大的样本量增加了数据收集时间；网络方法正在缩短整个周期，但它对许多研究不适用。 ● 数据收集和录入之后形成洞见，延长了研究过程；访谈软件允许在数据收集的过程中进行回答的分类记录。
数据安全性	● 使用了严格的录入设备和较小的样本量，能够保证数据的安全性。	● 正在进行的研究活动经常被竞争对手知晓；因为存在一些基于现场的直观研究，竞争对手可能通过这些研究获得一些信息。

资料来源：Judith Langer, *The Mirrored Window: Focus Groups from a Moderator's Point of View* (Ithaca, NY: Paramount Market Publishing, 2001); Hy Mariampolski, *Qualitative Market Research: A Comprehensive Guide* (Thousand Oaks, CA: Sage Publications, 2001); David Carson, Audrey Gilmore, Chad Perry, and Kjell Gronhaug, *Qualitative Marketing Research* (Thousand Oaks, CA: Sage Publications, 2001); and Norman K. Denzin and Ynonna S. Lincoln, editors, *The SAGE Handbook Qualitative Research*, 4th ed. (Thousand Oaks, CA: Sage Publications, April 27, 2011).

6.3 定性抽样设计

与定量抽样设计不同，定性研究者在确定需要的样本个案特征的同时，可能不会预先确定研究项目的样本大小。研究者寻求的是**数据饱和度**（data saturation），即没有任何新信息即将出现且似乎也没有可行的新洞见的那个临界点。[9] 也就是说，定性研究的样本量因技术而异，但通常比定量研究要小得多。当然，针对样本量较小的规则也总是有例外。美国电话电报公司（AT&T）进行了一项定性研究，以开发针对其远程服务的“800个理由”广告活动，并在数周内对数十个城市的业务专员进行数千次结构化访谈。这些访谈提供了企业使用AT&T服务设备的许多原因，每一个这样的“原因”在多维广告宣传中都成为电视和杂志广告的焦点。[10]

定性研究采用**非概率抽样**（nonprobability sampling）。在随意和主观地选择样本个案的过程中，研究者不仅很少尝试去建立有代表性的样本，反而经常寻找非代表性的样本，以获取最多、最重要的洞见。以下几种类型的非概率抽样在定性研究中很常见：

- 目标抽样。研究者可以任意选择参与者，或者因为他们独有的特征，或者因为他们的经验、态度或知觉。在访谈过程中，当参与者的概念或理论类别形成后，研究者会寻找新的参与者来挑战现有的模式。
- 滚雪球抽样。研究参与者指引研究者找到其他人，其特征、经历或态度可能与参与者类似，也可能并不相同。
- 便利抽样。研究者选择任何容易获得的个体作为参与者。

招募高质量的参与者是定性研究者最重要的工作之一。没有对的人，他们将无法获得深刻的研究意义。研究者需要以下人员[11]：

- 具有共同特征，因此他们可以融洽相处；
- 有许多生活经验；
- 对问题有不同的看法；
- 可以表达他们的想法、经历、感觉、态度和信念；
- 想要分享他们的想法/经验；
- 想要倾听他人的想法/经验；
- 喜欢协作解决问题。

我们越来越多地使用在线社区和小组来寻找参与者，因为我们需要参与者投入很多的时间和精力。但是，当研究主题是一般性的或与特定小组相关时，我们也会使用组织成员。例如，我们可能从教会成员中招募参与者来做关于洗衣产品购买的访谈（一般性话题），或者招募社交俱乐部成员来评估餐厅（与特定群体相关的话题）。当所需的参与者（例如医生、律师、科学家等）难以获得时，研究者可能会使用样本招募服务。样本招募员会通过电话、电子邮件联系参与者，直到形成一个样本组。招募需要的时间有时候可能与定性研究的时间一样长。

许多定性研究需要参与者精心准备，这被称为预研究练习或前任务阶段。为了从参与者那里获取细节和意义，这一步相当重要。通过一些创造力和智力练习，能引出参与者对自己的思维过程和观点的认识。这些练习包括：

● 提供一些产品或工具供家庭使用（附带产品或工具的使用说明，例如一本杂志，在访谈前的准备阶段可以反复使用）。

● 让参与者带来一些直观刺激物（如在自己房间里拍的家庭照片，这些照片反映出他们不喜欢收拾房间，或在装饰房间方面遇到的麻烦，或最喜欢的一件衣服）。

● 让参与者准备一张形象生动的拼贴画（如用一次性相机花几周时间为他们的孩子拍照；不同场合下最喜欢的服装；或从杂志上剪切图片，以反映他们使用某种产品或品牌时的感受）。

● 让参与者写下关于行为和知觉的详细日记（如记录他们使用特定产品准备一顿饭时每一步的体验）。

● 让参与者针对一次经历画一幅画（如最近一次在某个特定商店购物时，他们有何感受）。

● 让参与者对假设的经历写一段对话（如当投诉得不到解决时，参与者和售货员之间的对话会如何进行）。[12]

参与者越意识到其提供的信息是有价值的，越认为应该获得某种方式的补偿。[13]花费的时间多、所需的练习多、参与者少、需要的跟进接触多，都会增强参与者的参与动机。因此，研究者需要做好准备，激励参与者来参加定性研究。激励不一定是现金，也可以是折扣券、顾客津贴、度假等。Noom 这家旨在改善医疗保健的组织的首席执行官阿蒂姆·帕塔科夫（Artem Patakov）说，公司越来越需要隐私保护哲学，不仅包括承诺保护参与者隐私、数据控制以及参与者参加数据收集的选择，还包括公正地对参与者共享信息给予补偿。[14]

6.4 定性数据收集设计

6.4.1 访谈

访谈（interview）是定性方法中主要的数据收集技术。根据访谈期间参与的人数、结构化程度、受访者对参与者的接近程度以及研究中的访谈次数，访谈包括不同的形式。访谈可以单独进行，也可以分组进行。图表 6-5 比较了作为一种研究方法，个体访谈和小组访谈的差异。在定性研究中两者各有其独特之处。

图表 6-5　个体访谈和小组访谈的比较

	个体访谈	小组访谈
研究目标	● 深入探索个体的生活。 ● 随着时间的推移进行多次访谈来形成个案史。 ● 检验调查的结果。	● 使研究者适应调查的领域及其语言。 ● 探究一系列态度、看法和行为。 ● 观察赞成和反对的过程。 ● 把背景细节加入定性结果中。
关注的主题	● 详细的个人经历、选择、生活史。 ● 敏感的问题可能激发焦虑。	● 公众感兴趣或共同关注的问题。 ● 几乎一无所知的问题或假设性质的问题。

续表

	个体访谈	小组访谈
参与者	● 时间紧迫的参与者或难以招募的参与者（如精英或地位高的参与者）。 ● 参与者具有足够的语言技能（如年龄超过 7 岁的个体）。 ● 个性特点会妨碍参与研究的参与者。	● 无论背景是否相似，都不至于引发冲突和不适的参与者。 ● 能清楚表达其想法的参与者。 ● 能表明对问题的态度的参与者。

访谈需要训练有素的访谈者（对于小组访谈通常称为**主持人**（moderator）），他通过丰富的经历获得诸多技能。这些技能包括：使回答者比较自然，探究细节内容却又不让回答者感觉受到骚扰，鼓励参与者坦诚表达时保持中立态度，仔细倾听，跟上参与者的思维速度，从长达数小时详细的描述性对话中提取观点和洞见。熟练的访谈者学会利用他们与受访者的相似性和差异性来挖掘信息；利用相似性表达同情和理解，利用差异性表明要去理解和移情的迫切心情。在定量研究中，我们更关心数据收集者是否遵循规定的程序，而在定性研究中，实施访谈的个体需要对问题困境以及如何运用洞察力有较为全面的了解。因此，一个熟练的访谈者必须是一个“学得快的人”，他不必具备产品或服务方面的经验，也不必是一个技术专家，但他要能抓住问题的要害。

研究者可以选择不同类型的访谈：**非结构化访谈**（unstructured interview），即没有具体的问题或讨论主题的顺序，每个访谈都是针对每个参与者定制的，通常从参与者叙述其与研究主题相关的故事开始；**半结构化访谈**（semistructured interview），即首先从几个特定的问题开始，然后通过访谈者的探究来跟进个人的思想轨迹；**结构化访谈**（structured interview），即使用类似于问卷的详细访谈指南来指导问题的顺序和提出问题的具体方式，通常使用开放式问题。在基于手机或互联网的访谈中，访谈者的问题可能会提前录制好，特别是当访谈是异步进行时。结构化访谈可以更直接地对参与者的回答进行比较。因为问题不存在差异，答案的差异也就被认为是真实存在的。使用材料（例如视频、照片、拼贴等）时，可以选择做结构化访谈。在结构化访谈中，访谈者有更强的中立性。

定性研究中使用的非结构化访谈或半结构化访谈在许多方面不同于结构化访谈。具体特点如下：

- 依赖访谈者和参与者之间的对话；
- 要求访谈者有较强的创造力；
- 访谈者需要使用技巧来提取差异性较大的数据；
- 访谈者需要使用经验和技巧来获得更清晰、更翔实的答案。

许多访谈是面对面进行的，具有能观察和记录非言语行为以及言语行为的明显优势。当然，访谈也可以通过电话或者在线进行。在同样的时间安排下，电话和在线访谈能提供更多的访谈机会，从更广泛的地理区域中选取参与者。这些方法也节省了训练有素的访谈者前往参与者所在地的行程费用（也包括把参与者带到中立的地点所花费的行程费用）。在进行访谈时，选择那些精神饱满、有亲和力的访谈者，能提高访谈的质量。另外，从参与者所在的小组来看，对于任何一个市场来说，都可能缺乏足够的成员参加小组访谈，从而迫使研究者使用电话或在线技术。

6.4.2　访谈者作为顾问

作为数据收集者，访谈者由于其专业技能而在定性研究中负有独特的责任。访谈者在扮演顾问角色时需要[15]：

- 推荐访谈方法和访谈的结构化水平；
- 控制访谈过程，同时需要规划（并可能管理）研究的地点和设备；
- 制定抽取样本参与者的标准；
- 开发招募筛选工具，招募参与者；
- 开发各种前任务阶段的练习；
- 准备访谈/讨论指南；
- 准备访谈期间要用的所有研究工具（如不同种类的图片或书面练习）；
- 指导记录过程；
- 帮助分析数据和提炼观点；
- 亲自撰写或指导他人撰写客户报告，包括为口头报告提供视频剪辑。

在上述职责列表中，应特别注意两条：招募筛选工具和访谈/讨论指南。访谈者通常负责确定筛选问题，这些问题用于招募定性研究的参与者。这类预访谈使用的工具与调查问卷类似，叫作**招募筛选工具**（recruitment screener）。图表 6－6 提供了一个完整的招募筛选工具包括的各种要素。它所设计的每个问题都是用来确保受邀的参与者拥有必要的信息和经历，以及与研究者期望的信息相关的社会和语言技能。可以把招募过程中的数据收集并入研究的数据分析阶段，因为招募数据为参与者所表达的信息提供了背景补充。

图表 6－6　招募筛选工具包括的各种要素

信息类型	描述
开头	包括项目名称、访谈日期、筛选工具的特性。
筛选要求	详述邀请潜在的候选人时必须满足的条件；可能包括各种人口统计学特征、生活方式、态度或用途问题。
身份信息	包括潜在候选人的姓名、住址、电话和电子邮箱。
介绍	用激发参与动机的方式描述研究的目的。“全盲”研究不需要激发参与者的动机。
安全问题	揭示可能存在的参与者过分参与或兴趣上的冲突；与配偶或直系家庭成员有关的类似信息。
人口统计学问题	确定对年龄、性别、种族、收入、地理位置、员工地位或职业的要求。
产品/品牌用途/购买的问题	确定使用频率、购买状况、客户忠诚度等。
生活方式问题	确定参与者的日常生活经历，以及与谁分享他的生活经历。
态度和知识问题	了解知觉、态度、看法、知识等的广度。
表达能力和创造性问题	寻找参与者能清楚表达其观点、形成和表达看法的证据；寻找可能包含问题或解决方案的场景，或者让参与者面临一个不同寻常的挑战（“你可以用砖头做哪些事?”）。
邀请/结束	邀请参与者，讨论报酬和预研究练习，准备访谈；或者证明这个人不适合当前的研究但可能适合未来的研究。

自愿的参与者经常不知道自己拥有小组访谈想要的信息，这时访谈者要有能力从他们那里获取信息。现实中访谈者经常负责编写**访谈或讨论指南**（interview or discussion guide），确定要讨论的一系列主题（非结构化访谈）或要提出的问题（半结构化访谈），以及按什么样的顺序进行（结构化访谈）。在编写指南时，许多访谈者使用分层提问结构，如图表 6－7 所示。访谈始于比较宽泛的问题，其目的是让参与者放松并让他们感觉自己有许多可贡献的东西，然后再逐步增加具体的问题来获取细节内容。

图表 6－7　访谈问题分层

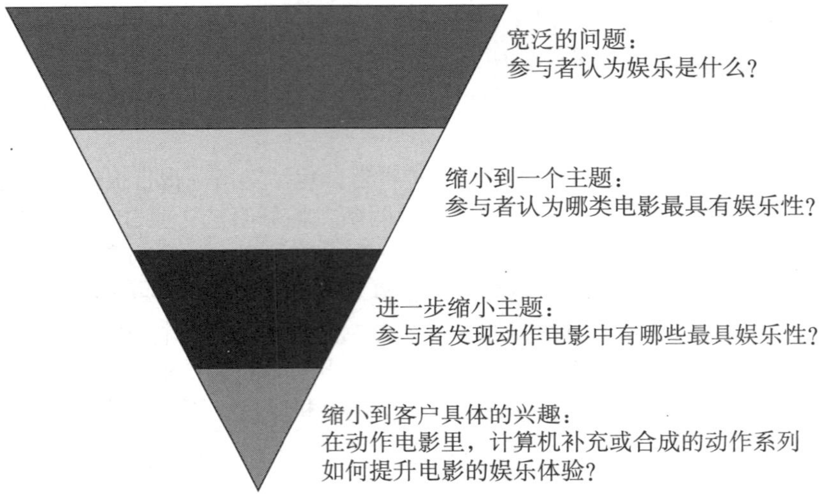

资料来源：Judith Langer，*The Mirrored Window：Focus Groups from a Moderator's Point of View*（Ithaca，NY：Paramount Market Publishing 2001），www. paramountbooks. com.

6.4.3　创造性的练习

在定性访谈中，创造性的练习或活动很常见。由于研究者经常寻找潜藏的或者被压抑的意图，在访谈中可以使用**投射技术**（projective technique）。投射技术是“故意模棱两可的、本质上非结构化的运动或活动，因此可以用来揭示消费者难以表达的信念、感觉、态度和动机”。[16]这些技术让参与者可以把他们的感受和想法投射到另一个通常是假想的个体身上。创造性的练习的例子有[17]：

- **文字或图片关联**（word or picture association）。对于任何要研究的问题，都可以请参与者将图像、经历、情绪、产品和服务，甚至人物和地点与其进行匹配。“请告诉我，当你想起家乐氏公司的 Special K 麦片时，是怎么看的。”
- **完成句子/填空**（completion/fill in the blank）。请参与者完成句子。“完成这个句子：通过网络进行购买的人……”
- **漫画或空气球**（cartoon or empty balloon）。请参与者给一幅卡通图片写一段对话。“当顾客在新车展厅看到销售员走近他时，他会说什么？”
- **主题统觉测验**（thematic apperception test）。请参与者看一幅图（通常是一张照片或绘画），请他描述图片人物的感受如何，在想什么。

● **元素分类**（component sort）。向参与者展示包含元素特征的动画卡片，请他们重新组合。

● **感知分类**（sensory sort）。向参与者展示气味、纹理和声音，通常用词语描述在卡片上，要求参与者按照一个或多个标准对它们进行排列。

● **搭梯子或利益链**（laddering or benefit chain）。要求参与者把功能性特征与其物质的和心理的利益联系起来，包括真实的和理想的利益。

● **想象力练习**（imagination exercise）。要求参与者把一个事件/人物/品牌的特性与另一个特性联系起来。"如果佳洁士是一所大学，它会是一个什么样的大学?"

—**想象中的宇宙**（imaginary universe）。要求参与者假设品牌和它的用户居住于整个宇宙中，然后请他们描述这个新世界的特征。

—**天外访客**（visitor from another planet）。要求参与者假设自己是外星人，第一次面对这个产品，然后请他们描述自己的反应。

—**拟人化**（personification）。要求参与者把无生命的物体想象成带有人类特点、性质、个性的物体。"如果 X 品牌是一个人，它会是什么类型的人?"

—**权威人物**（authority figure）。要求参与者把品牌或产品想象成一个权威人物，请他描述这个人物的特征。

—**歧义和悖论**（ambiguity and paradox）。要求参与者把一种品牌想象成其他事物（如汰渍狗粮或万宝路麦片粥），描述它的属性和状态。

通过练习通常可以让小组中讷言的成员有更多表现。投射技术可以驱散敏感话题所导致的紧张，在访谈中迫切需要改变焦点时也有用。如果研究要求将这些技术中的一种或多种纳入个人深度访谈或小组访谈，则需要训练有素的访谈者。这些技术的应用也很耗时，会延长个人访谈或小组访谈的时间。在线访谈中，参与者根据自己的时间来练习这些技术，可以缩短与访谈者的交流时间。这些技术延长了数据分析时间，但丰富了可获得的数据。

6.4.4　个人深度访谈

个人深度访谈（individual depth interview，IDI）是个体访谈者和参与者之间的互动。个人深度访谈一般要花费 20 分钟（电话访谈）到 2 小时（预先安排的面对面访谈），这取决于对问题或主题的兴趣以及所用的联络方法。像生活史这样的方法可能花费长达 5 小时的时间。参与者分享他们的深层洞见和想法通常是要报酬的，一分钟 1 美元是对一般参与者的预算，但对于代表高技能专家的参与者，可能需要更高的费用。[18]

受访者通常可以通过邮件、传真或网络得到预先确定好的材料。当今技术的发展开始鼓励访谈期间使用复杂的视觉、听觉辅助手段，出现了一种叫作**计算机辅助个人访谈**（computer-assisted personal interview，CAPI）的方法。CAPI 经常采用结构化或半结构化的个人深度访谈。

在企业管理研究中，有一些常用的非结构化的个人深度访谈，包括口述历史、文化访谈、生活史、关键事件技术、集中访谈以及序列（或顺序）访谈等。图表 6－8 描述了这些研究类型，并提供了相应的例子。

图表 6-8　使用个人深度访谈的研究类型

类型	研究如何实施	研究如何使用
口述历史/叙事（oral history/narrative）	请参与者讲述与历史事件或过去行为相关的个人经验和感受。	开发产品。[如图书：*September 11, 2001: Stories from 55 Broad Street*, Eddie T. Deerfield and Thomas T. Noland Jr.（editors）；*An Album of Memories: Personal Histories from the Greatest Generation*, Tom Brokaw.]
文化访谈（cultural interview）	请参与者讲述他与文化或子文化有关的经验，包括上一代传承下来的知识、自己拥有的或计划传给下一代的知识。	确定产品定位或广告创意。（如人们使用发酵粉的方式导致产品定位为：不仅可以用作烘焙成分，而且是除臭剂和牙膏的替代品等。）
生活史（life history）	从参与者自童年到现在有关某一产品或服务种类、品牌或公司的记忆和经历中获取信息。鼓励参与者分享他们生活中的重要人物是如何谈论这个组织的或与组织有何关联，他们的态度或偏好如何随着与组织有关的生活的改变而变化，他们的各种生活经历如何改变自己的知觉和偏好。	在 I. D. 或名称改变之前，为公司进行定位。（如 Frosted Flakes 和 Tony the Tiger——成年人觉得必须掩饰自己的表现，因为他们吃的是一款“儿童麦片”。）
关键事件技术（critical incident technique）	参与者描述： ● 什么导致了事件的发生。 ● 他正确地做了（或没有做）什么特别有效的（或无效）的事。 ● 这一行为的产出或结果是什么，为什么有效？或者，什么是我们期望的更有效的行为？	评估生产过程、个人销售和电话销售项目、薪酬或激励项目，或者其他管理事件。
集中访谈（convergent interviewing）	在一系列个人深度访谈中，专家作为研究参与者；为了将话题聚焦于核心问题，研究者从每次访谈中提炼问题。	为所有类型的研究开发恰当的问题（在探索性研究中）。
序列访谈（sequential interviewing）（顺序访谈）	带着问题去访谈参与者，这些问题围绕以前发生过或可能发生过的一系列活动而提出，以使参与者能想起自己的详细经历。	确定商店设计、广告开发以及产品设计；这种方法用来获取与购物行为、广告消费行为以及产品使用行为有关的细节信息。
人类志（ethnography）	访谈者和参与者在现场的观察和非结构化访谈中进行合作。	确定产品重新设计、广告宣传、定位、分销选择；了解表现突出的员工的反应和态度。
扎根理论（grounded theory）	使用结构化访谈，基于来自先前访谈的研究结果和解释对每个后续的访谈进行调整，目的是开发用于分析数据的一般的概念或理论。	确定产品设计（或重新设计）以及广告促销开发。

资料来源：Hy Mariampolski, *Qualitative Market Research: A Comprehensive Guide* (Thousand Oaks, CA: Sage Publications, 2001), p. 53; David Carson, Audrey Gilmore, Chad Perry, and Kjell Gronhaug, *Qualitative Marketing Research* (Thousand Oaks, CA: Sage Publications, 2001), pp. 84-89 and 152-157; Anselm Strauss and Julia Corbin, *Basics of Qualitative Research: Techniques and Procedure for Producing Grounded Theory* (Thousand Oaks, CA: Sage Publications, 1998).

管理 IDI

通常，选择个人深度访谈的参与者不是因为他们的观点代表了主流观点，而是因为他们的经历和态度将全面地反映所研究的问题。为了给访谈者提供所需的丰富细节，个人深度访谈的参与者也需要有较强的语言表达能力。Primary Insights 公司开发了 CUE 方法，帮助营销商了解消费者判断一个产品所用的线索。这种方法使用目标抽样来招募个体，他们“对分析性思考和发现事物如何起作用有特殊的兴趣，并有这方面的才能”。CUE 把家庭产品使用与预练习日记结合起来，然后采用个人深度访谈来获取参与者在与产品互动时见到的、摸到的、听到的、闻到的以及感觉到的内容。当调整产品来提高客户满意度时，客户可能使用的感官线索的层级会改变。[19]

个人深度访谈通常需要做记录（音频和视频）转录，从而为研究者提供方法使用中所需要的丰富细节内容。访谈者也可以事后进行自我总结以获得自身对参与者的态度、洞见以及访谈质量的看法。个人深度访谈在引导访谈和评估访谈时要占用访谈者大量的时间，在访谈者的办公室进行访谈时，还涉及占用设备的时间。有些参与者可能在讨论敏感话题或分享自己的观察、行为和态度时，会感觉与某个人单独讨论或分享更舒服，有些人则可能更乐于在小组的情境中开展互动。

快速浏览

IDI 帮助重组 MTC

50 年来，Maritz Travel Company（MTC）推出了会议、活动和奖励旅行体验。它实际上身处提供激励服务的行业，可以帮助客户教育、激励和激发员工实现业务目标。最近为实现对 Experient 的收购、服务的扩展和激进的增长目标，MTC 聘请 Marcus Thomas 公司来回答以下问题：“MTC 应该以何种形式进行组织，以在整个品牌组合中实现平衡，同时提高长期价值?”“MTC 怎样针对每个受众优化其自身定位和信息传递?”这项业务的复杂性要求采用一种全面的研究方法来概述从抽样招募少见且难以接触的受众到详细的分析和交付计划的每个细节。

该研究通过使用商业出版物中的客户清单和目标清单进行为期三周的深入招募，对主要采购决策制定者（会议策划者、协会和贸易展览组织者，其活动预算为 500 000～1 000 000 美元）、在关键市场和行业中对每个受众有影响力的人进行了 22 次深入访谈。研究者对所有参与者进行了筛查，以掌握其对 MTC 旗下的 Maritz Travel 或 Experient 预先了解的程度。筛查内容还包括对 MTC 竞争对手的了解，以使参与者在访谈过程中不会意识到研究的目的。访谈是通过面对面的焦点小组（90 分钟）或 WebEx IDI（45～60 分钟）进行的。“在线 WebEx 访谈平台让我们可以通过共享屏幕来显示图像和其他信息，并通过摄像头来观察参与者的非言语反应。”Marcus Thomas 的研究副主任埃德维格·维南斯解释说。使用投射技术来获取参与者的品牌认知度，并使用预研究练习的方法来获得购买历程的体验。所有访谈都被记录下来。

综合访谈指南旨在引出以下内容：

1. 对 MTC、Maritz Travel、Experient 和主要竞争对手的看法。
2. 品牌间的平衡性。
3. 对三种品牌结构的感知价值：

- 宝洁模式（子品牌高于公司品牌）；
- 万豪模式（公司品牌和子品牌平衡）；

● 哈雷-戴维森模式（牺牲子品牌来成就主品牌）。

4. 购买经历体验。

“[一旦 MTC 被揭示为研究发起人]，为了测试不同的品牌结构，将特定的假设情景包括进旨在获得受访者直觉反应的讨论中。品牌结构的改变显然势在必行，因为替代的结构具有最大的影响潜力。” Marcus Thomas 的战略规划师斯蒂芬妮·里迪格（Stefanie Riediger）透露。

这项研究完成后，将收集的主要研究内容以及对公司情报和二手资料的完整分析相结合，有助于形成关键结论以及对 MTC 的启示。Marcus Thomas 根据其 TRU 方法分析了参与者的回答：品牌公司中每个子品牌的真实性、相关性和独特之处是什么。最终的书面报告和口头报告概述了详细的发现并总结了结论，以及战略意义、建议和成功实施品牌战略所需的后续步骤。

MTC 根据这项研究作出了至关重要的战略业务和沟通决策。

资料来源：www. marcusthomasllc. com；www. maritzglobalevents. com.

6.4.5 小组访谈

小组访谈（group interview）是一个访谈者访谈一个以上的研究参与者的数据收集方法。小组访谈基于的思想是，由于互动的存在，获取的数据将变得更加丰富。因此，小组访谈是当今少数几个鼓励参与者互动的研究技术。小组访谈可以面对面进行，也可以通过电话或其他移动设备进行，还可以通过互联网进行。为了让后两种类型的访谈中参与者保持互动，访谈者需要付出更多努力。

小组访谈在规模上各不相同：两人组（2 人），三人组（3 人），微型组（2～6 人），小型组（焦点小组，6～10 人），大型组（不超过 20 人）。当参与者来自的总体比较小，主题或概念列表是宽泛的或技术性的，或者研究需要更多的密切接触时，通常采用小型组访谈。当需要借助友谊或其他关系（如配偶、上下级、兄弟姐妹等）的特殊性质来激发对敏感问题的坦诚讨论时，通常使用两人组。两人组和三人组也常用于儿童，他们的表达能力较差，注意力集中的时间比较短，在大型组中很难控制。当研究者要在较短的时间内得到全面的观点，放弃大量的互动时，可以选择使用大型组。

就组成而言，小组可以是**异质小组**（heterogeneous group）（由不同的个体组成，他们在看法、背景和行为上具有多样性）或者**同质小组**（homogeneous group）（由相似的个体组成，他们在看法、背景和行为上具有共同性）。小组也可以是**专家小组**（export group）（对讨论的问题有独特看法的个体）或**非专家小组**（nonexpert group）（这些人至少掌握了一些研究者想要的信息，但对信息的多少并不知晓）。

小组访谈的过程包括主持人与小组成员的互动，以及主持人对小组进行调查以澄清反应。因此，如果主持人对于一些反应比另一些反应传递了更有利的言语和非言语信号，那么研究结果可能会出现偏差。主持人也要引导讨论沿着至少有利于顾客的思路进行。只有通过培训和后续的经验，才能克服小组访谈中这些潜在的缺陷。技术娴熟的研究者能帮助研究委托方确定要进行的小组访谈的适当数量。小组的数量由以下因素决定：

● 研究问题的范围：问题越宽泛，所需的小组越多；

● 根据利润多少进行不同的市场细分：利润越大，细分越多，所需的小组也越多；

● 希望得到的新思想或洞见的数量：数量越多，所需的小组也越多；

● 信息的详细程度：所需的信息越详细，所需的小组也越多；

● 地理位置或种族差异对态度或行为的影响：影响越大，所需的小组也越多；

● 小组的同质性：同质性越小，所需的小组越多。

一般的规则是：小组访谈要持续进行，直到不再获得新思想为止。通常，有限的小组数量就足够了，有时数量也可能增加到8～12个。更可取的做法是，根据研究主题对不同的子目标分别进行小组访谈。例如，关于营养建议的研究，为了确定提供建议的最好方式，可能要分别对消费者和医生群体进行访谈。[20]

研究者应该注意，小组的形成不能仅仅根据人口统计学指标，也不要偏好与参与者有亲密关系的“自然”群体（如家庭成员、同事、教会成员等）。[21]然而，对于客户群体，应该考虑性别、种族、职业地位和受教育水平等因素，因为文化是知觉的主要决定因素。在最近的一项折扣购物的探索性研究中，美国东部沿海和西部沿海的被调查者关于经济和个人资金的态度是截然不同的。研究委托方可以使用来自小组访谈的信息为每一个地理区域制定销售战略。[22]

无论小组的构成如何，设定小组风格的是主持人。同质小组经常在早期就发现他们的相似之处并能融洽相处。但对于异质小组，主持人必须进行破冰活动，以使参与者相互交流。当使用个人深度访谈时，主持人负责开发招募筛选工具和小组讨论指南。图表6-9总结了小组访谈中促进和抑制个体参与的因素。为了弄清这些区别，随后介绍众所周知的小组访谈技术之一——焦点小组访谈。

图表6-9　小组访谈中促进和抑制个体参与的因素

正面的/促进因素	
认知/自我价值感提高	主持人对参与者有助于问题理解的贡献表示欣赏；参与者公开赞同其他参与者的评论。
个人贡献	参与者希望并且感觉到自己的贡献确实有帮助。
确认	参与者需要自己的感受、态度或观点得到确认。
精神发泄/负荷分担	参与者需要与其他人分担负面的或麻烦的事情。
个人成长	参与者希望通过新观点增加知识或了解；参与者对于新经验的渴望。
社会化	参与者希望在“安全的”环境中遇到新人并成为朋友。
预期	参与者对小组讨论目的的准确理解。
外部回报	参与者对于参与研究所得费用的价值感知。
负面的/抑制因素	
抽象术语的使用	主持人或参与者使用术语或不熟悉的俚语。
自我威胁	参与者挑战另一个参与者所拥有的与主题相关的知识。

续表

负面的/抑制因素	
政治正确性	参与者保留意见是因为害怕人们可能认为他的贡献是对他人的知识或观点的不尊重。
自我防御	参与者保留意见是因为害怕说出来可能使他显得不明智或其观点不受群体欢迎。
记忆衰退	参与者不能记起事件或事件的细节。
添枝加叶	为了完全地参与或提升地位，参与者创造性地增加对行为的回忆内容。
不善表达/漫谈式的描述	参与者不能快速或准确地表达观点。
迷惑	参与者不能理解所讨论的问题。
有所保留	参与者需要被邀请参与（而不是主动作出评论）。
时间	参与者对其他约束的忧虑。
主导/垄断	参与者试图成为领导或焦点，因此阻碍其他人作出贡献。

6.4.6 焦点小组访谈

默顿（R. K. Merton）1965 年在 *The Focused Interview*：*A Manual of Problems and Procedures* 一书中首次提出焦点小组这一术语。**焦点小组**（focus group）是由受过培训的主持人领导的一组人（一般包括 6～10 名参与者）进行 90 分钟到 2 小时的讨论。激励者或主持人使用群体动力学原则来关注或引导小组就某个具体主题交流观点、感受和经验。

由于整个过程牵涉到研究委托方，焦点小组通常在研究中是独特的。多数设备能使委托方实时地观察小组及其动态，从所观察的对话和非言语信号中得出深刻洞见。许多设备也能使客户把通过实时观察所产生的新话题或新问题提供给主持人。在个人深度访谈、其他小组访谈或调查研究中，往往不会出现这种情况。

焦点小组访谈要持续 1～3 小时。通常会给焦点小组提供一些设施以避免分散成员的注意力。单向玻璃（mirrored window）能使那些有兴趣的人观察小组，而不干扰小组动态。另一些设备可用于产品准备和测试，也可以用于提供其他创造性的练习。

较少数量和较长时间的焦点小组访谈越来越常见。当会议时间很长时，需要各种活动来引出较深刻的感受、知识和动机。[23]

焦点小组访谈经常作为探索性技术使用，并且可能是一种首要的方法。例如在以下两种情况下使用：一个小院校使用焦点小组访谈制定计划以吸引更多的新生申请[24]；血液中心使用焦点小组访谈来改善血液捐献状况。焦点小组访谈在以下场景中更有价值[25]：

- 获得关于主题或问题的全面的背景信息；
- 通过定性研究形成所要探索的研究问题；
- 解释先前所获得的定性结果；
- 激发产品或项目的新思想；
- 强调具体的管理者所寻找的机会领域；
- 诊断管理者需要应对的问题；

● 形成品牌印象和品牌知觉以及产品创意；

● 对参与者所受的影响有一定程度的了解。

焦点小组最好能探索意外信息和新观点。当然，议程安排要随着研究团队转向下一个焦点小组而调整。对于当前的焦点小组，技术娴熟的促进者也可以在先前小组的观点和洞见的基础上得到更深入的理解。

电话或在线焦点小组访谈在以下情境中特别有效：

● 很难招募到理想的参与者——精英群体的成员和难以找到的被调查者，如专家、专业人士、内科专家医生、高级执行官以及商店店主；

● 目标群体成员很少，“影响范围较小”，或者在地理位置上比较分散——医疗诊所的负责人、娱乐界的名人、早期的养父母、乡村医生；

● 问题比较敏感，需要采用匿名形式，但被调查者又必须来自广泛的地理区域——传染病患者、使用非主流产品的人、高收入个体、竞争者；

● 你仅仅想进行两个焦点小组访谈，但又希望具有全国范围的代表性。

在线焦点小组访谈可以用于以下情形：

● 青少年或年轻人是理想的参与者；

● 期望的参与者是技术控，习惯于使用计算机；

● 小组讨论的主题是基于计算机的应用程序，例如软件或游戏；

● 视觉刺激是讨论感兴趣的主题所必需的。

像电话焦点小组访谈一样，视频和在线焦点小组访谈比面对面的焦点小组访谈节省很多钱。通过减少访谈者和管理者的旅行时间，可以在更短时间内以更低成本协调好这些小组。

快速浏览

智能手机时代的定性研究

定性研究包括范围较广的一系列技术，但它们具有重要的共性。每种技术都有其存在的意义。每种技术都会深入挖掘，但会使用更小的样本量来实现。每种技术都依赖于沟通，尽管形式不一。定性研究者过去使用了数十年互联网，而随着智能手机普及率的提高，他们已经拥抱智能手机。现在，超过 77% 的美国成年人拥有智能手机，而 6 年前这一比例为 35%。年轻人中智能手机普及率则接近 100%。现在有 88% 的美国成年人使用互联网宽带。加拿大 itracks 首席执行官丹・韦伯（Dan Weber）指出：“随着移动设备的普及，我们已经越来越多地使用在线定性方法，特别是移动定性方法。与会人员对移动友好型的研究体验表示了强烈的偏爱。”

itracks GO 是针对定性研究者的完整的在线与移动工具套件，包括 IDI 和小组讨论。该软件的最新版本已经解决了困扰定性研究者的一些问题。itracks 设计了 itracks Board 平台，为那些可能只有间歇性或有限的宽带、无线访问的参与者提供了一个移动解决方案，让他们能够对定性问题作出反馈并发布视频回复而无须连接到互联网。当他们的设备返回到可以使用宽带或无线互联网的环境时，响应（包括视频）将自动发布。韦伯说：“关于移动研究，稳定性不再是问题。如果你使用基于互联网的平台进行研究，而参与者的女儿下载了电影，则参与者可能会断线。itracks Board 将对断断续续的互联网访问作出调适，一旦互联网访问恢复，就会上传视频。现在，在智能手机上进行的研究可以让任何环境（包括家里后院、商店或偏远地区）的参与者都参与其中，而无论其互联网功能如何。”

在一个时间宝贵的时代，作为软件后端的一部分，itracks GO 内置了参与者日历通知和提醒以及给发起研究的经理的提醒通知。这些经理可以在办公室或家里查看定性主持人所看到和听到的信息。在全球研究的时代，itracks GO 提供了几乎所有语言的套件（或者可以在不到 7 天的时间内准备好一种新语言）。

定性研究者通常希望记录参与者的身份，不管是在小组讨论还是在 IDI 中，不论是在家里还是在商店中测试新产品以作出购买决定的时候。任何投射技术都会生成视频。视频剪辑提供了很多其他信息，除了单词外，还包括肢体语言和语调。这些剪辑还提供了额外的背景信息，可以在视频背景中观察到。然而，完整上传这些高质量的视频一直是个问题，直到 itracks 设计了一种将单个视频压缩并拆分为数千个较小片段的方法。这些片段可以快速上传，然后快速重新连接。它还集成了用于标记剪辑中情绪（如正面、中性或负面）的软件。它还提供了“VideoVault”，用于视频的存储和编辑。突出显示的片段为研究结果和研究报告中的洞见提供了重要的验证支持。

有些定性研究的参与者非常敏感。韦伯注意到研究者对参与者退出小组访谈或 IDI 的担忧有所增加。这些参与者对展示自己的形象感觉不适。itracks GO 现在包括一个基于音频的 IDI 工具，该工具让受访者无须被拍摄就可以参与。工具还包括媒体共享和标记工具，可以增强参与者的参与度。

Y 世代和 Z 世代（出生于 1960—2000 年）都是短信用户，因此 itracks GO 集成了基于文本的聊天平台。这些会话的记录可以立即下载，然后再由文本分析软件（例如 OdinText）进行分析。韦伯说：“移动技术在 Qual 中起着至关重要的作用。”他预计，随着人们对智能手机的依赖不断增强，这一技术将更加重要。

资料来源：www. itracks. com.

6.4.7 小组访谈的缺点及其解决办法

由于时间限制，小组访谈从每个参与者那里获取细节的时间有限。[26] 当小组访谈被设计为涵盖许多问题或话题时，这个问题就会更严重。

小组访谈的另一个缺点是招募、安排和协调需要旅行的小组成员的难度增加。但是，这个缺点（可以转包给专业研究供应商）被认为是为了得到通过团队互动才能揭示的洞见所要付出的代价。

对于访谈者来说，管理小组对话的同时避免自己参与到小组讨论中是一项挑战。访谈者的工作还包括控制外向型或主导型的参与者，确保包括内向型或个人思考者在内的其他人也能作出有意义的贡献。如果无法控制好，可能就会压制某些成员的意见，并损失宝贵的洞见。有时候，参与者面对中立的访谈者会比面对与自己相同看法的访谈者更诚实。不愿透露自己竞争优势和劣势的小企业主就是如此。熟练的研究者可以通过个人或小组访谈来预测哪些主题更可能获得良好的结果。

6.4.8　小组访谈的录制、分析和报告

在面对面的环境下，一些主持人使用房间墙上的大张白纸来记录动向，一些人使用个人记事本。设备管理者制作录像，以便全面分析访谈。小组访谈的言语部分与主持人的情况说明部分要进行誊写，还要补充主持人的记录笔记。可以利用内容分析法对若干焦点小组访谈进行**内容分析**（content analysis）。这个分析过程为研究委托方提供了有关被调查者关心的内容、思想、态度和感受的定性描述。小组访谈内容的初步概况常用计算机软件中的内容分析来处理。这类软件寻找电子版记录中的共同短语和词汇、背景以及表达方式。

快速浏览

焦点小组内的问题

Kahle Research Solutions 公司的创始人兼首席研究员罗伯特·卡勒（Robert W. Kahle）在 *Dominators*，*Cynics*，*and Wallflowers* 一书中剖析了典型的焦点小组参与者，以阐明改变其问题行为的方法。支配者（dominator）无所不知，回答问题快速，会选择座位位置以挑战主持人并获得控制感。愤世嫉俗者（cynic）表现出消极的行为，嘲笑他人的想法。敌对者（hostile）有自己的意图并寻求正确的行动，经常生气和好斗。陶醉者（intoxicated）因为某种因素的影响而表现得狂躁和语无伦次。说教者（proselytizer）不能接受别人有反对意见，并试图说服别人接受他们的意见。喋喋不休者（blatherer）提供冗长、离题的答案而忽略主持人的提示。小丑（joker）寻找每个评论源材料来制造笑话、讲故事或作出可笑的表情。追随者（follower）倾向于重复别人的观点。局外人（wallflower）在身体和语言上都疏离于活动。最后，共同主持人经常在讨论开始前就与其他参与者进行交流，提出自己的问题，并寻求与其他参与者成为朋友或支持其他参与者。

为什么每种行为都有问题，你将如何处理这些问题参与者？

资料来源：www. kahleresearch. com；www. paramountbooks. com.

6.5　定性方法的组合

研究者在寻找研究意义时，经常将访谈和观察这两种主要的定性方法相组合。这些组合中的案例研究和行动研究因在企业研究中经常使用而值得关注。

6.5.1　案例研究[27]

案例研究（case study）也称作**个案史研究**（case history），是一种很有效的研究方法，它将个体访谈和小组访谈与记录分析法和观察法结合起来。研究者从公司手册、年报、销售收据以及报刊文章中提取信息，有时也通过直接观察法把观察和来自参与者的访谈数据结合起来。目的是获得在某一时间点和某一段时间内对某个组织、情境、事件或过程的多重视角。案例研究方法或来自这类研究项目的书面报告，通常称为案例分析或案例报道，可用于理解一些特殊的过程。例如，研究项目可能是评估新产品开发过程的相似点，尤其是外部顾问、构思技术以及计算机模拟的使用；也可

能是详细考察购买者对刺激物的反应，如对显示器的反应。研究结果可用于完善新产品开发过程的调试，或显示器选择和配置过程的实验，从而产生高价值的交易。研究问题通常关注问题是什么和为什么会产生，由此形成一个描述性或探索性的研究。

研究者选择具体的组织或情境进行剖析，是因为这些例子或被试提供了关键的、极端的或不同寻常的个案。研究者经常选择多个被试而不是单一被试进行研究，以便有机会进行跨案例分析。研究多个主题可以对主题产生更深的理解。选择多个主题时，有可能对可预测的原因提供相似的结果（言语重复）或相反的结果（理论重复）。尽管采用理论抽样是通行做法，但最少 4 个、最多 15 个被试似乎是最受欢迎的选择。

案例研究中常请参与者讲述他们经历的故事，选取代表同一组织不同层面的人或对同一情境或过程持不同观点的人，以获得更深入的观点。案例研究方法的灵活性和对理解主题背景信息的强调，提供了理解的丰富性，有时称为深度描述（thick description）。

数据分析期间，单个的案例分析通常在跨案例分析之前进行。它重点关注出现了什么差异，为什么会出现，造成了什么影响。当研究者完成几个组织或情境的案例研究并深入思考后，就会得出有关最佳企业实践的规范性推论。

作为学习企业管理原理的一种方法，案例研究为商科学生所熟悉。汤姆·彼得（Tom Peter）和罗伯特·沃特曼（Robert Waterman）的《追求卓越》（*In Search of Excellence*）一书就是使用案例研究方法来阐述卓越企业如何运营。[28] 在有关宝洁和迪士尼的书中也使用这一方法进行过类似的研究。在企业管理领域，这类案例研究考察了在新产品开发、销售、雇佣实践以及培训项目上所发生的变化。

6.5.2 行动研究

管理者进行研究是为了获得洞见，从而在具体场景下作出决策。**行动研究**（action research）的设计是针对那些我们知之甚少的、复杂的、实际的问题，这种问题可以说缺乏任何已知的启发。因此，要研究场景；要确定、计划和执行一项修正性行动；要观察和记录行动的结果；要评估行动是否有效。这个过程不断重复直到获得想要的结果，在整个过程中能学到许多有关过程和所研究的规范行动的知识。行动研究者调查了应用解决方案的效果。无论开发出什么样的理论，都需通过实践应用才能证明是有效的。[29]

假设某个从未接到过顾客投诉的餐厅，因为一顿令顾客不满意的晚餐而第一次面对挑战。如果餐厅没有如何对待不满意顾客的通行规则，组织可能需要研究情境，并提出几种备选方案。备选方案可能是：

- 忽略问题（缺乏经验会阻碍餐厅得知负面口碑，这是最可能的结果）；
- 在最短的时间内做任何必要的事情来更换顾客不满意的饭菜；
- 接受当前不可纠正的情况，向顾客道歉，给顾客提供一份与本次用餐费用等值的免费餐券，他可以日后再来餐厅用餐。

在行动研究中，可能选择这些方案中的一种来实施，并记录结果。当顾客离开时，他满意了吗？顾客会在某一天的晚上再来用餐，还是永远也不来了？在接下来的 3 个月内，顾客在该餐厅的总用餐支出是多少？如果顾客没有再来，下一次不满意的顾客表达不满时，就要选择另一个方案，然后与首次选择方案的结果比较来进行评估。

6.6 定性与定量方法的融合

三角法（triangulation）是一个用于描述几种定性方法相结合或定性方法与定量方法相结合的术语。鉴于之前所描述的争论，定性研究可以与定量研究相结合以提高感知到的研究质量，尤其是当定量研究在定性研究之后并对定性研究结果进行检验时。对于融合的方法，在企业管理研究中有四种常用的策略[30]：

1. 定性研究和定量研究可以同时进行。

2. 在采用定性研究来测量行为和态度随着时间的推移而发生的变化时，可以同时进行多轮定量研究。

3. 定性研究可以在定量研究之前进行，定量研究之后可以再进行第二次定性研究，以寻求进一步的解释。

4. 定量研究可以接着定性研究进行。

第一种策略的例子是，当使用焦点小组来探索一种影响公众特定观点的方法时，可以结合使用民意调查。对于第二种策略，当使用多轮问卷调查考察对不同晋升策略的反应时，可以收集生活史的资料。对于第三种策略，可以进行定性研究来确定人们对家具购买过程和内部装饰的行为和知觉，然后使用这些信息来设计定量研究，从而测量行为和态度的实际发生频率。对于第四种策略，可以调查人们对某一品牌的行为和态度，也许需要一些个人深度访谈来解释不太清晰的研究结果。

许多研究者认识到，定性研究弥补了定量研究的不足，反之亦然。这些站在学术前沿的思想家认为，方法之间是相互补充的，而不是相互竞争的。

6.7 伦理问题及其解决方案

与任何设计一样，参与者、研究委托方和研究者在定性研究的计划中都负有责任。这些责任集中在隐私、保密性和研究质量以及安全上。定性研究通常涵盖数天或数周的大量活动。参与者有完成研究的责任。他们还被要求分享生活经验和轶事，他们负有诚实的责任。

管理者通常没有进行定性研究的技能，因为许多技术需要专门的教育背景和培训。想要进行高质量研究的管理者在聘用专业人士时有充分披露信息并不强制干涉的责任。

由于定性研究通常针对敏感的主题去探究意义，研究者有责任保护参与者和研究委托方的秘密，在定性研究方法中选择恰当的方法和活动，并培训主持人/访谈者以确保研究质量。

为了解决这些问题，研究者经常竭尽所能来让参与者感到舒适并保持参与。参与者要与研究者分享他们的内心想法和个人经验。定性研究的优势之一是能够使用参与者的声音、视频、照片、拼贴画等作为支持研究者洞见的证据。在此过程中，参与者需要感到自己的身份是受到保护的。因此，研究者必须在使用参与者的图像、文字以及音视频文件前履行其隐私权和同意权。研究者还必须保护收集到的洞见，并仅与研究委托方分享。在定性研究中，尤为重要的是重视数据的局限性：不要将小样本的结果投射到目标总体中去。

❖小　结

1. 定性研究包括一系列解释性技术，对于社会领域中或多或少自然发生的某种现象，定性方法试图描述、编码、翻译并弄清这些现象的含义而不是频率。定性研究方法在以下几个方面不同于定量方法：研究的焦点、研究目的、研究者参与程度、抽样设计、样本规模、研究设计、投入练习、数据类型和准备、数据分析方法、洞见和意义、研究委托方的参与、研究速度以及数据安全性等。针对组织中的问题，定性研究方法可以单独使用，也可以与其他定性或定量方法结合使用。

2. 定性研究的目的是告诉研究者事情如何发生（过程）以及为何发生（意义）。它适用于所有的商业类别，并广泛用于市场营销、人力资源、财务和一般管理。在业务计划和决策制定中，定性方法可用于工作分析、广告概念开发、生产率提高、新产品开发、福利管理、零售设计、流程理解、市场细分、工会代表和销售分析等。

3. 决策中使用的定性方法是从人类学、社会学、心理学、语言学、传播学、经济学和符号学中使用的技术发展而来的。这些方法中常见的是个人深度访谈和小组访谈，以及与观察法相结合的方法（如人类志、行动研究、个案研究和扎根理论）。在小组访谈中，焦点小组访谈是使用最广泛的方法。定性研究通常使用创造性的实践来深入探究动机、态度、观点、感受和经验。这些实践包括鼓励参与者分享自己的想法并同时将其投射到另一个假想的个体的投射技术。具体的技术包括文字或图片关联、完成句子/填空、漫画或空气球、主题统觉测验、想象力练习以及元素分类等。

4. 对于出色的定性研究来说访谈者至关重要，应根据其技能来进行选择。访谈者不仅是数据收集者，还是项目的合作顾问，可以作出很多贡献，包括：推荐访谈方法和访谈的结构化水平，制定抽取样本参与者的标准，开发招募筛选工具并招募参与者，控制访谈过程并管理特定设施，开发各种前任务阶段的练习，准备访谈期间要用的所有研究工具，指导记录过程，帮助分析数据和提炼观点，亲自撰写或指导他人撰写客户报告，包括为口头报告提供视频剪辑。

5. 定性研究的伦理问题包括隐私、保密性（发起人和参与者）、研究质量以及安全性。参与者、研究委托方和研究者共同承担这些责任。由于有时在定性研究中讨论的主题敏感，保护参与者至关重要。获得参与者的知情同意是解决此问题以及遵守严格的隐私准则的最佳策略。参与者经常同意参与为期几天甚至几周的项目。一旦开始研究，他们就有责任完成研究并如实分享他们的人生经历、想法、态度和观点。

❖关键术语

案例研究/个案史研究（case study/case history）
半结构化访谈（semistructured interview）
搭梯子或利益链（laddering or benefit chain）
定量研究（quantitative research）
定性研究（qualitative research）
访谈（interview）
访谈或讨论指南（interview or discussion guide）
非概率抽样（nonprobability sampling）
非结构化访谈（unstructured interview）
非专家小组（nonexpert group）
感知分类（sensory sort）
个人深度访谈（individual depth interview，IDI）
关键事件技术（critical incident technique）
集中访谈（convergent interviewing）
计算机辅助个人访谈（computer-assisted personal interview，CAPI）
焦点小组（focus group）
结构化访谈（structured interview）
口述历史/叙事（oral history/narrative）
漫画或空气球（cartoon or empty balloon）

内容分析（content analysis）
拟人化（personification）
歧义和悖论（ambiguity and paradox）
权威人物（authority figure）
人类志（ethnography）
三角法（triangulation）
生活史（life history）
数据饱和度（data saturation）
顺序访谈（sequential interviewing）
天外访客（visitor from another planet）
同质小组（homogeneous group）
投射技术（projective technique）
完成句子/填空（completion/fill in the blank）
文化访谈（cultural interview）
文字或图片关联（word or picture association）
想象力练习（imagination exercise）
想象中的宇宙（imaginary universe）
小组访谈（group interview）
行动研究（action research）
异质小组（heterogeneous group）
预研究练习（前任务阶段）（pretasking）
元素分类（component sort）
扎根理论（grounded theory）
招募筛选工具（recruitment screener）
主持人（moderator）
主题统觉测验（thematic apperception test）
专家小组（expert group）

❖讨论问题

术语回顾

1. 定性研究与定量研究的区别是什么？

2. 什么是数据饱和度，它如何影响定性研究？

3. 定性研究所收集数据的本质是什么？

4. 为什么相比定性数据，高管更愿意依靠定量数据？定性研究公司如何降低高管的疑虑？

5. 区分结构化访谈、半结构化访谈和非结构化访谈。

制定研究决策

6. 假设你是一家小型厨房电器制造商（如Hamilton Beach / Proctor Silex），你想确定某些为欧洲市场开发的具有独特形状和颜色的创新设计是否可以在美国市场成功销售。你会推荐什么样的定性研究？为什么？

7. NCR Corporation是全球领先的ATM、POS机和机场值机亭制造商。它于2009年6月宣布将其全球总部从俄亥俄州的代顿迁至位于佐治亚州亚特兰大郊区的德卢斯，而前者作为其总部已有超过125年的历史。NCR是代顿1 200名员工（主要是高薪专业技术人员）的雇主。之所以作出搬迁决定，是因为佐治亚州提供的超过5 690万美元的抵税政策、增长迅速的25～34岁受教育群体、10个欧洲国家政府的国际办事处，以及世界上最繁忙的国际机场（亚特兰大国际机场）的诱惑。

a. NCR可以通过做什么样的定性研究来作出这个决策？

b. NCR通过迁至佐治亚州来缩减其全球总部的员工人数。什么样的定性研究有助于NCR确定为1 200名员工中的哪些人在德卢斯提供职位？

从概念到实践

8. 使用图表6-6为你在问题6的答案中描述的研究开发招募筛选工具。

9. 与你班上的同学就以下主题中的一个进行焦点小组讨论：

a. 院系在提供满足毕业要求的必修课和选修课上存在的问题。

b. 通过由你所在大学赞助的娱乐活动把社区活动带入校园。

来自头条新闻

10. 最近，在法律诉讼和公关问题方面，航空公司经历了一段艰难的时期。消费者公开表示对被驱赶下飞机或被迫离开航班感到愤怒。请设计一个定性研究来揭示导致这种愤怒的被抑制（相对于表面而言）的问题。

a. 有哪些表面问题？

b. 你想让谁参与研究？如何招募他们？

c. 你将选择哪种定性方法？具体说明你将要进行的任何实践。

❖参考文献

1. Leonard F. Murphy, "GRIT Report," Greenbook, June 2016, downloaded June 30, 2016 (https://www.greenbook.org/images/GRIT/2016_grit/GRIT_Report_2016_Edition.pdf).
2. Leonard Murphy, "Research Innovation during Disruptive Change: 10 Key Takeaways from Market Research in the Mobile World," GreenBook, July 24, 2012, accessed July 16, 2012 (http://www.greenbookblog.org/2012/07/24/research-innovation-during-disruptive-change-10-key-takeaways-from-market-research-in-the-mobile-world); and Ray Fischer, "Online Ual Methods and Toots for Testing Concepts and Ideas," Aha! Webinar, April 11, 2017.
3. Murphy, "Research Innovation during Disruptive Change."
4. This list was developed from numerous sources, including David Carson, Audrey Gilmore, Chad Perry, and Kjell Gronhaug, *Qualitative Marketing Research* (Thousand Oaks, CA: Sage Publications, 2001), pp. 67–68, which references Norman Denzin and Y. Lincoln, *Handbook of Qualitative Research* (London: Sage Publications, 1994); Y. Lincoln and E. Guba, *Naturalistic Inquiry* (Newbury, CA: Sage Publications, 1985); M. Q. Patton, *Qualitative Evaluation and Research Methods,* 2nd ed. (Newbury Park, CA: Sage Publications, 1990); A. M. Pettigrew, "On Studying Organizational Cultures," *Administrative Science Quarterly* 24 (1979), pp. 570–81; Mellanie Wallendorf, Russel Belk, and John Sherry, "The Sacred and the Profane in Consumer Behavior: Theodicy on the Odyssey," *Journal of Consumer Research* 16 (June 1989), pp. 1–38.
5. John Van Maanen, "Reclaiming Qualitative Methods for Organizational Research: A Preface," *Administrative Science Quarterly* 24 (December 1979), pp. 520–24.
6. Judith Langer, *The Mirrored Window: Focus Groups from a Moderator's Point of View* (Ithaca, NY: Paramount Market Publishing, 2001), p. 26.
7. Carson, Gilmore, Perry, and Gronhaug, *Qualitative Marketing Research*, p. 65.
8. Adrian Holliday, *Doing and Writing Qualitative Research* (London: Sage Publications, 2002), pp. 71–72, 99, 105.
9. Patricia I. Fusch and Lawrence R. Ness, "Are We There Yet? Data Saturation in Qualitative Research," *The Qualitative Report* 20, no. 9 (2015), pp. 1408–16, downloaded May 13, 2017 (http://tqr.nova.edu/wp-content/uploads/2015/09/fusch1.pdf).
10. *Making Connections,* AT&T (video).
11. Jennifer Mason, *Qualitative Researching,* 2nd ed. (London: Sage Publications, 2002).
12. Hy Mariampolski, *Qualitative Market Research: A Comprehensive Guide* (Thousand Oaks, CA: Sage Publications, 2001), p. 79.
13. Rick Kendall, "Thoughts on The Economist's Big Rethink," GreenBook, March 20, 2014, downloaded May 17, 2017 (http://www.greenbookblog.org/2014/03/20/thoughts-on-the-economists-big-rethink/).
14. Ibid.
15. Mariampolski, *Qualitative Market Research,* pp. 31, 85.
16. Laura Jett, "How to Keep Online Respondents Engaged and Focused: Projective Techniques," GutCheck, July 21, 2015, downloaded April 21, 2016 (http://blog.gutcheckit.com/how-to-keep-online-respondents-engaged-and-focused-projective-techniques).
17. These techniques were culled from various qualitative research company sources, as well as Jett,"How to Keep Online Respondents Engaged and Focused: Projective Techniques"; Christine Daymon and Immy Holloway, *Qualitative Research Methods in Public Relations and Marketing Communications* (London: Sage Publications, 2002), pp. 223–25; and Hy Mariampolski, *Qualitative Market Research: A Comprehensive Guide* (Thousand Oaks, CA: Sage Publications, 2001), pp. 206–19.
18. Langer, *The Mirrored Window*, p. 41.
19. "Services: Research: Case Studies: Cracking the Low-Involvement Ceiling," Primary Insights, downloaded January 1, 2003 (http://www.primaryinsights.com/services.cfm?cid=15&cscont=CrackingCeiling.cfm).
20. P. Hawe, D. Degeling, and J. Hall, *Evaluating Health Promotion: A Health Worker's Guide* (Artarmon, N.S.W.: MacLennan & Petty, 1990).
21. Dennis W. Rook, "Out-of-Focus Groups," *Marketing Research* 15, no. 2 (Summer 2003), pp. 10–15.
22. "Shoppers Speak Out in Focus Groups," *Discount Store News* 36, no. 5 (March 3, 1997), pp. 23–26.
23. Martin Bauer and George Gaskell, eds., *Qualitative Researching with Text, Image, and Sound: A Practical Handbook* (London: Sage Publications, 2000), pp. 48–51.
24. "How Nonprofits Are Using Focus Groups," *Nonprofit World* 14, no. 5 (September–October 1996), p. 37.
25. Carson et al., *Qualitative Marketing Research,* pp. 114–15.
26. Rook, "Out-of-Focus Groups," p. 13.
27. Carson et al., *Qualitative Marketing Research,* pp. 91–94, 100–6.
28. Tom Peters and Robert Waterman, *In Search of Excellence: Lessons from America's Best Run Companies* (New York: HarperCollins, 1982). *In Search of Excellence* was reprinted in 2012 in celebration of the 30th anniversary of its publication.
29. Carson et al., *Qualitative Marketing Research,* pp. 159–63.
30. Uwe Flick, *An Introduction to Qualitative Research*, 2nd ed. (London: Sage Publications, 2002), pp. 262–63.

第7章

第2阶段：数据收集设计——观察研究

公司不再仅仅通过询问人们对技术的看法以及如何使用技术来研究消费者心理。现在，它们构建了观察研究，让人类学家应用其人类学专业技能来访谈、观察自然状态下的消费者并对其进行录像。

——凯蒂·哈夫纳（Katie Hafner），作家

学习目标

阅读本章后，你应该了解：

1. 什么时候观察研究最有用。
2. 行为观察与非行为观察的区别。
3. 研究设计中观察法的优点。
4. 研究设计中观察法的局限。
5. 观察研究中看待观察者-参与者关系的三个角度。
6. 观察研究的不同设计。

研究设计可以依据原始数据的收集方法进行分类：研究人员既可以只监测（观察）被试，也可以与被试进行沟通。行为科学研究者根据动物或人类的行为来定义观察研究。但对于企业研究方法之一的观察法来说，这种定义太过局限。我们更希望将**观察法**（observation）定义为一种通过观察者的主要感官来收集数据的方法，它涉及聆听、阅读、闻嗅、品尝以及触摸。

要记得的重要一点是，企业正在用研究来确定创新的途径。结构化的沟通研究有时会埋没一些研究参与者，而企业正希望这些参与者能够为此类创新打开大门。研究者用看起来与参与者无关的问题打断参与者自然的思考过程和行为。在观察期间，参与者会投入与过程、对象、环境以及人员相关的实际行动。参与者用肢体语言来呈现他们感觉到的非语言暗示，并通过自发的评论来呈现他们听到的语言暗示。受过训练的观察者通常会确定参与者的创新行为以及创新动机（例如，参与者结合不同产品或将产品与服务结合起来以解决问题；改变流程以更有效地工作，节省时间或减少浪费等）。沟通研究的参与者自我报告的自身行为已经被证明是非常不可靠的，但观察者的研究对象是实际行动而非记忆。针对观察者的培训内容不仅包括已经确定可行的研究方式，还包括可能可行的研究方式。图表7-1描述了适合运用观察法收集数据的情况，并将这些情况与沟通模式（如访谈、调查等）中的情况做了对比。

尽管沟通法似乎占据了主导地位，但观察法对企业来说也越来越重要。我们监测

图表 7-1　数据收集方法的选择

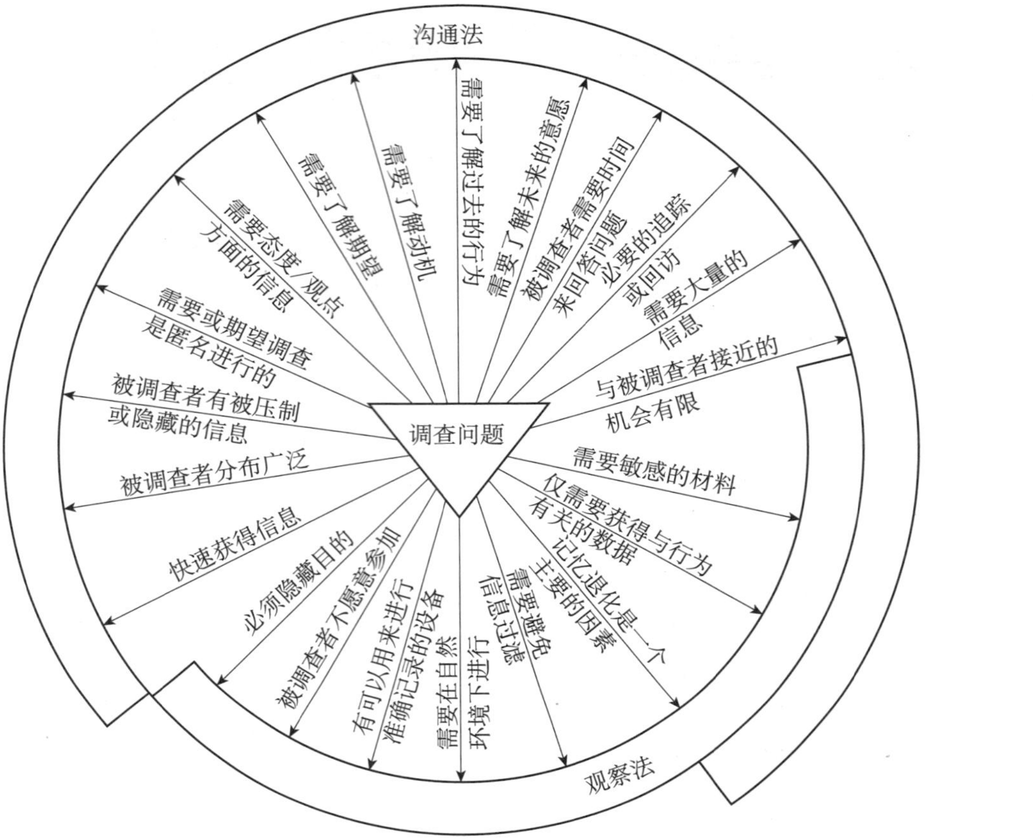

一切：货物从工厂车间到零售商店的运输，再到高速列车中每个零件的性能；从急诊室工作人员的绩效到家中冰箱里食物的保质期；从餐厅顾客的行为到读者在网页上的眼动轨迹。在那些曾经只能靠人来进行观察的地方，监控摄像头增强了人的观察能力。如今，一些观察越来越依赖于嵌入式传感器或软件。在过去几年中，我们已经达到了一个临界点。设备中的运算传感器——物联网（IoT）——以超过我们分析能力的速度扩展了我们的观测数据。观察法的更多变化即将到来。

我们所知道的很多知识来自观察法。我们注意到集会区的声音、香水的气味、办公室咖啡的味道、副总裁的大理石桌面的光滑度，以及许多其他的刺激。尽管这种观察可能是知识的基础，但其收集过程通常是偶然的。作为一种科学的探索，观察研究是专门为回答研究问题而进行的，必须系统地计划和执行，必须使用适当的控制措施，且必须可靠而有效地描述研究过程。观察法的多功能性使其成为必不可少的主要方法以及其他方法的补充。图表 7－2 描述了观察法在研究过程中的应用。

有时候，即便观察法是正确的方法，我们也需要更改观察方案以实现研究目标。一个例子可能是，我们如何通过观察研究来了解飞机和灾难性的航空事故。当前，航空公司通过传感器和数字记录设备来收集关键的飞机运行数据以及每分钟的座舱对话。

图表 7-2　**观察法在研究过程中的应用**

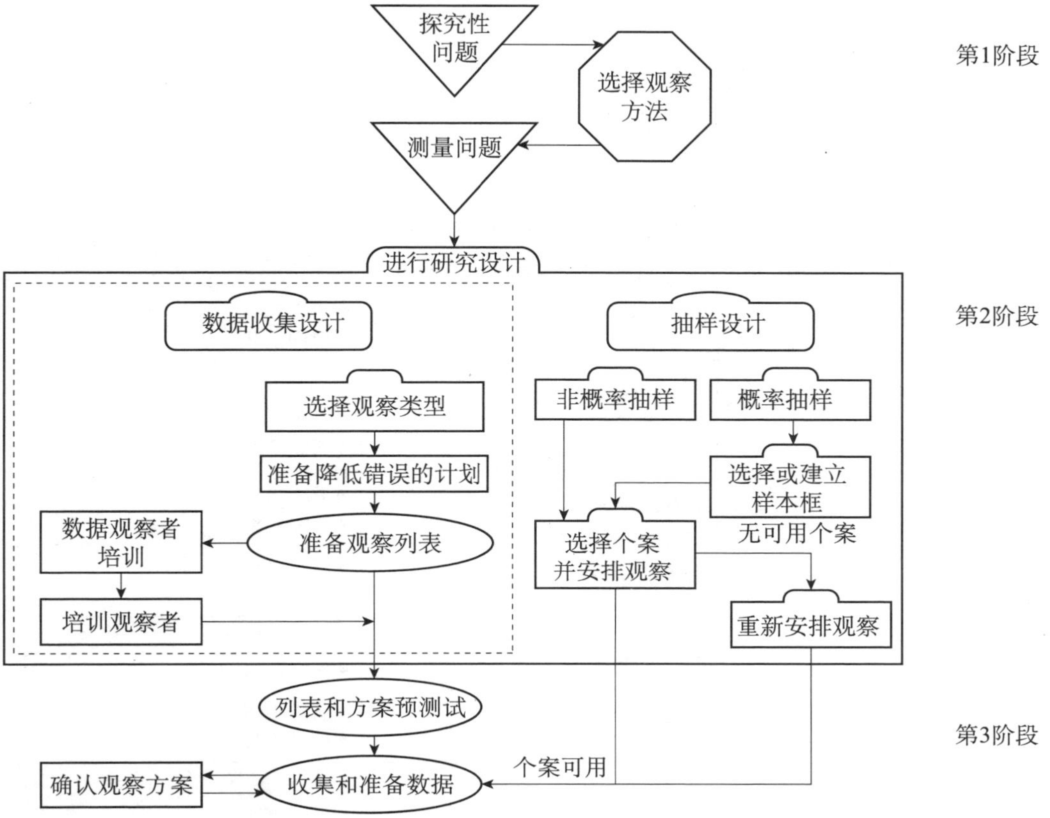

传感器和数字记录设备将这些信息存储在飞机上的“黑匣子”中。当信息收集完成后，我们可能会分析这些数据以安排飞机维护、了解零件设计或性能、解决飞机故障。然而，有一年，三架飞机坠毁，数百人丧生，而黑匣子及其数据并没有成功恢复。发生此类事故后，哥伦比亚广播公司（CBS）报道说，当前的技术可以实时捕获此类信息并将其存储在云服务器上。这个方法将使航空公司能够准确地知道一架坠落的飞机上发生了什么，以及在何时何地发生。与所有的研究决定一样，使用这种较新方法的成本（估计每年每架飞机高达 10 000 美元）是个令人关注的问题。此外还要考虑地面雷达的覆盖范围、基于卫星的 WiFi 和 GPS 的可用性，以及水上交通事故中搜索黑匣子的高昂费用。对于观察法来说，通过机上黑匣子获得的观测数据是否足够达成研究目标?[1]

7.1　观察研究设计

图表 7-3 总结了许多影响观察研究设计的因素，包括：

- 抽样设计选择；
- 数据收集设计中的选择：

—内容的类型；

—观察环境；
—观察的类型；
—数据收集方案；
—观察者是否在场；
—观察者隐匿；
—观察者参与。

图表7-3 观察研究设计的影响因素

	因素	选项
何人/何事	抽样设计	● 事件抽样 ● 时间抽样
何事	内容的类型	● 事实 ● 推断 ● 两者同时
何事	观察的类型	● 非行为观察 ● 行为观察
何时/何地	观察环境	● 现场（自然场景） ● 实验室（人工场景）
如何	数据收集方案	● 简单观察法 ● 系统观察法
如何	观察者是否在场	● 直接观察 ● 间接观察
如何	观察者隐匿	● 无隐匿 ● 完全隐匿 ● 部分隐匿
如何	观察者参与	● 不参与 ● 参与式观察

7.2 抽样设计

什么样的个案（参与者的活动、记录、对象以及事件）值得被观察？答案在调查问题中。如果个案拥有所需信息，就值得被观察。

在两大抽样类型中，有两种专门为观察法而设计的抽样：事件抽样和时间抽样。[2]在**事件抽样**（event sampling）中，研究人员记录特定行为的发生；观察的持续时间取决于行为开始和结束的时间。在某些情况下，研究人员还可能会在事件发生前立即捕获事件的前因（研究者感兴趣的行为发生前的事件和条件）以及后果（事件后紧接着出现的情况）。例如，假设机器出现故障或停转，感兴趣的事件是停转本身。具体包括停转何时发生、机器生产的产品是什么、什么或谁（内部设备、操作机器的人等）让机器停转、机器停转时谁正在操作机器等。尽管我们不太可能雇用观察者在机器旁等待以观察机器是否发生故障，但我们可以使用此类事件的记录。在观察人类行为时，使用事件抽样或时间抽样都是可行的。

在**时间抽样**（time sampling）中，研究者基于一定的时间间隔来选择个案。时间抽样有三种类型：时间点抽样、连续实时抽样以及时间间隔抽样。时间点抽样是在指定时间段内的固定时间点进行。如果感兴趣的变量（包括全部个案）落在该时间段内，则对其进行测量。例如，管理者可能会对员工每天查收电子邮件的频率感兴趣。在 IT 部门的帮助下，他在三个时间段监视电子邮件查收，每次 10 分钟。如果员工查收了电子邮件，管理者不仅会测量是否有查收行为，还会估算查收的持续时间（员工在电子邮件上停留 2 分钟、7 分钟或 10 分钟）。通过这项研究，可以确定电子邮件对工作干扰的效应。在较长的时间内，如果样本随机抽取，时间抽样可以很好地估计查收电子邮件活动的模式。

连续实时抽样可以记录指定时间内的所有行为，包括抽样个案的行为以及他人的行为。举个例子，假设你的职业是专业会议策划。你对与会者如何使用会议间的休息时间感兴趣。你可能会对会议休息期间的会场外休息区进行记录，捕获并研究所有相关行为（与会人员是否交换联系信息、讨论会议主题、计划聚餐或喝酒；联系他们的办公室或打个人电话、在平板电脑或台式机上工作、去洗手间；返回会议室或留在休息区等）。你可能已经预料到其中的某些行为，因此可以检查每一次行为的发生频率，甚至是记录不同性别的参会者的行为差异。在这项研究中，我们可能会评估茶点的位置、休息空间的座位数量以及为休息分配的时间段等。

时间间隔抽样可实时记录每个目标行为，但每个时间间隔内仅对每个个案的行为计数一次。从本质上讲，你对行为是否发生感兴趣，而非对行为发生的频率或变化感兴趣。因此，对于上个例子中的专业会议策划者来说，可以记录在休息时间是否有任何男性或女性使用洗手间或检查他/她的电话等。如果有一个人进行了上述任一活动，则该活动将被确认为在休息时间发生。

如果以人作为样本个案，那么对样本的选择通常是基于某些先验行为或特征。例如，在一项可能涉及产品使用的观察研究中，我们观察到有人在商店购买某种商品(例如一盒蛋糕粉)，然后招募他们来进行家庭使用的研究。我们安排一段时间来观察他们烤蛋糕的过程。他们是严格按照指示来做，还是做了一些修改？他们在准备蛋糕面糊时使用了什么工具（锅、铲子、碗)？为了完成蛋糕制作他们还用了什么其他东西（如蜜饯或果酱、糖霜、糖果、彩糖或装饰品、蜡烛等）吗？他们在制作中遇到困难了吗？蛋糕做得成功吗？通过此类研究，我们可能会建议更改包装说明、包装设计或者推出新产品。

抽样设计还必须回答以下问题：谁是访问样本个案的联系人？这些人通常是中间人，他们会帮助你进行介绍，并在情况发生变化或出现问题时充当联系人。这些中间人还提供对所需记录以及记录设备等的访问。

7.3 数据收集设计

数据收集设计确定了观察的详细信息。在本质上它回答了何事、何时、何地以及如何的问题。

7.3.1 内容的类型

我们想要观察的具体条件、事件或活动决定了观察的报告系统（相当于测量问题)。为了明确观察内容，我们应该将感兴趣的主要变量和任何可能影响主要变量的其他变量包括进来，然后从中选择我们计划观察的项目。对于任何选定的变量，如果存在概念上模棱两可的问题或者具有特殊含义，我们必须提供一个操作性定义。即使是一个非常普通的概念，也必须确保所有的观察者对测量术语有统一的认识。例如，我们可能同意变量 W 用计数形式报告，而变量 Y 虽然也进行了计数，但它的运用效果是通过定性方式判断的。

观察的结果可能是事实（明显的动作、表面指标、自发的话语），也可能是推断(对事实的解释)。让我们用销售人员的展示作为观察结果。也许研究者正在尝试确定当前培训计划的有效性。测量的内容可以用行为来定义。下面任何一项都可以被定义为观察研究中的行为：

- 一个被单独表达出来的想法；
- 一次身体运动；
- 一个面部表情；
- 一项运动技能。

虽然行为可能被很好地定义，但是它们经常给观察者造成困难。一次单独的产品销售介绍中可能包括多个关于产品优势的想法，包括为某个招致反感的特点辩驳，还包括对竞争对手的评论。这会导致观察者忙于先对每个想法进行分类，决定该想法是否代表一个单独的观察单元，然后飞快地将其记录下来，以便跟上接下来的陈述。

图表 7－4 显示了在对销售人员的观察中如何区分事实与推断成分。该表仅是建议性的。它不包括许多其他有趣的变量，如有关客户购买历史的事实数据；公司、行业和总体经济状况；销售论据提出的顺序；用来描述某些产品特性的特定词语。观察的特定内容同样受到观察环境的性质的影响。

图表 7－4　观察的内容：事实与推断

事实	推断
销售人员和顾客的介绍/识别	销售人员的信誉、顾客的身份地位
一周内的某个时间和某一天	为顾客提供便利、欢迎顾客的态度
产品介绍	顾客对产品的兴趣
每件产品的卖点介绍	顾客接受的每件产品的卖点
每件产品引发异议的顾客的人数	顾客关心的特点与利益
销售人员对顾客提出异议的内容进行辩驳	销售人员试图辩驳的效果
销售人员恢复控制的尝试	销售人员尝试控制的效果、喜欢互动的顾客的结果
访谈的长度	顾客/销售人员对访谈的热情程度
干扰访谈的环境因素	导致顾客分心的程度
顾客购买决策	对销售人员的表达技巧的总体评价

7.3.2　观察的类型

在本书中，观察包括行为观察和非行为观察，如图表 7－5 所示，可以大致划分为如下几种。

● 非行为观察：
—记录分析；
—物理状态分析；
—过程（活动）分析。
● 行为观察：
—非言语分析；
—语言分析；
—超语言分析；
—空间分析。

图表 7-5　选择观察方法

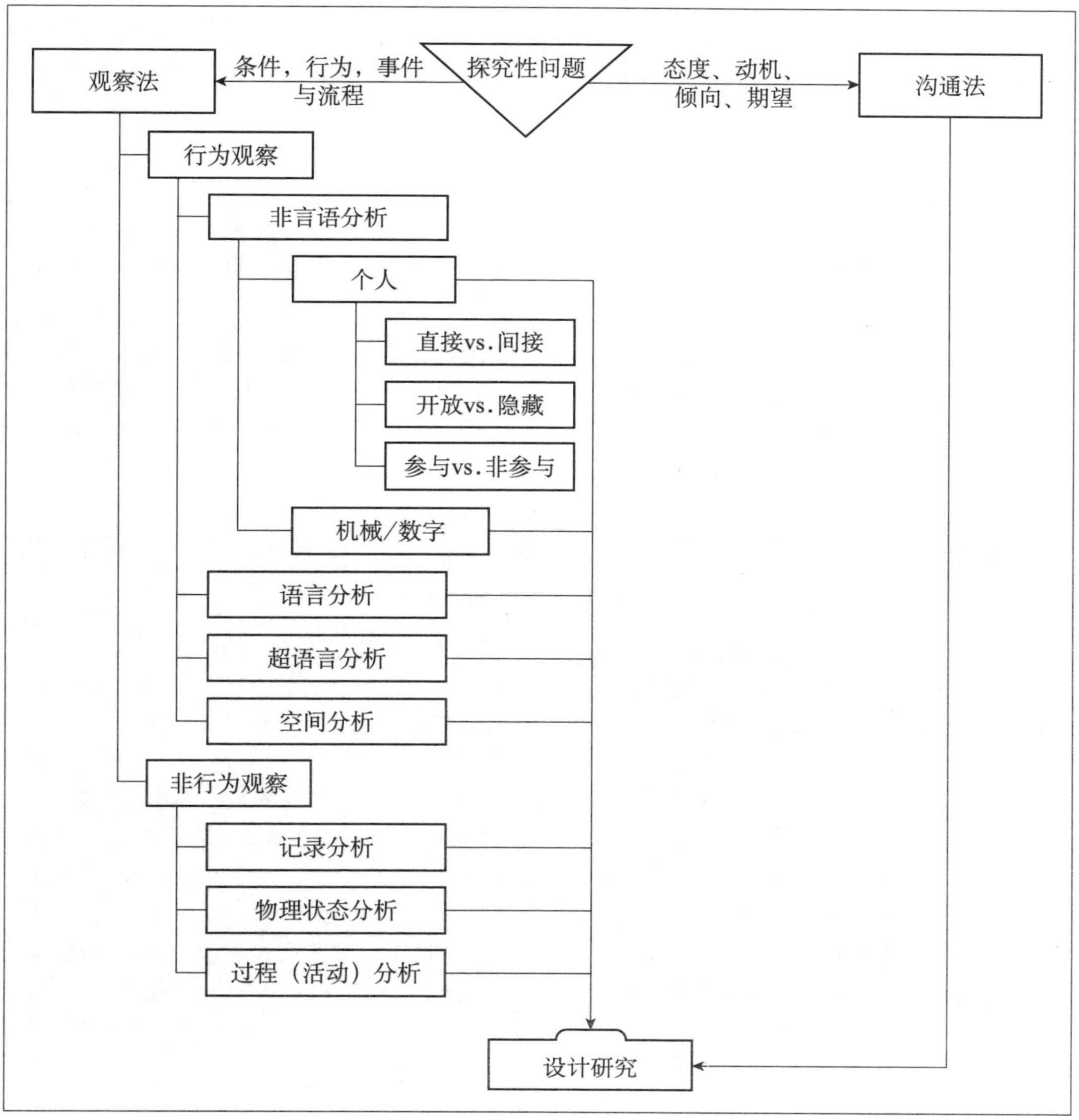

非行为观察

在观察研究中比较普遍的形式是**记录分析**（record analysis）。这种形式既包括历史记录，也包括当前记录；既包括公共记录，也包括私有记录。这些记录可能是书面材料、印刷材料、录音数据、图片信息或录像。历史统计数据经常成为研究的唯一参考资料。而对当前的财务记录和经济数据的分析也能够为研究提供主要的数据资源。此类观察的例子还有对竞争性广告的内容分析（content analysis）和对人事记录的分析。与非行为观察相关的主要问题是纵向追踪记录的数据缺乏一致性。如果企业没有对概念和构念使用一致的操作性定义，就会难以对数据进行直接比较。

物理状态分析（physical condition analysis）的典型代表包括商品的库存审计、对工厂安全规定的遵守状况研究、库存条件分析和财务报表分析。**过程（活动）分析**（process（activity）analysis）包括制造过程的时间/动作研究、分销系统的运输流量分析、办公室的文件流程分析以及银行系统的资金流量分析。这两种类型的观察中，观察者可以记录公开的动作和情况，或者进行记录分析，或将两者结合起来进行分析。

行为观察

观察研究可以分为四种主要类型。[3] **非言语行为**（nonverbal behavior）是其中最普遍的，包括肢体活动、运动表达，甚至包括眼神的交流。在整个身体运动的层面上，可以研究销售人员是如何在某个区域内进行推销的。在细微的层面上，可以研究一名工人装配产品时的肢体活动，或者对部门工人的活动进行时间抽样，找出每位员工采用不同方式工作所花费的时间。更抽象地说，研究者可以将肢体活动看作特定环境下人们的兴趣或厌烦、生气或愉快的指标；对运动表达诸如面部运动进行观察，将其作为情绪状态的信号；对眨眼的频率进行研究，将其作为对广告信息感兴趣的指标；眼神交流在人际行为的研究中很受关注。

快速浏览

视觉内容遇到 Sticky

眼动追踪是一种正在引起研究者及其客户兴趣的新兴技术。年度《研究行业趋势绿皮书》（GRIT）研究中超过 58%的研究者表示他们目前正在或计划使用该技术。领先的视觉优化平台 Sticky 提供了生物识别解决方案，可以帮助数字内容开发人员测量和优化视觉网络。参与者（通常是客户小组的成员或 Sticky 自己的小组的成员）在笔记本电脑、台式机或平板电脑上通过互联网来接触视觉刺激。Sticky 首席执行官汉斯·李（Hans Lee）表示："Sticky 可以在 3D 模式下测量面部表情和眼动。即使在人们移动、光线变化或面部部分被遮挡的情况下，也可以进行最准确的跟踪。在测量视频和其他内容的影响时，情绪的强度决定了信息的共鸣水平，因而也就决定了内容传播的可能性。" 企业在网络上策划了很多内容。每一家企业都对眼睛看到和追踪的内容以及共享其内容非常感兴趣。"获得关注会带来市场成功。使用 Sticky，公司可以测量媒介实际获取的注意秒数，我们是行业中第一个做到的。" 李说道。

例如，Sticky 用其在线眼动追踪方法测试了自己策划的广告之一：猜游戏（Guessing Game）。结果显示，虽然几乎所有的广告受众都很快看到了关键的视觉效果和标题信息，但该广告仅提供了平均水平的品牌认知度。而没有品牌知名度，广告就不可能吸引潜在客户。

你的眼睛对视觉刺激进行追踪的方式不仅反映了你对一个组织的社交网站的投入，还反映了你对消息的回忆、网站点击以及最终购买。Sticky 可以将调查数据与其眼动追踪和面部编码数据进行汇总，以了解参与者在视觉刺激下的情感参与程度。该技术（曾经仅在有特殊设备的实验室中可用，但现在无论参与者身在何处都可以使用）已应用于网站设计、包装设计、广告设计、电子邮件通信以及情感理解。

资料来源：www. sticky. ad.

语言行为（linguistic behavior）是使用频率排在第二位的行为观察类型。大多数学生非常熟悉的一个简单例子是教授在课堂上发出或使用的诸如“啊”之类的或者其他令人讨厌的声音或者单词，这是语言行为的第一种。第二种语言行为更为正式的应用还包括对销售陈述的内容进行研究，或者对一个培训情境中信息传递的内容、方式和数量等进行研究。第三种语言行为包含发生在两个人之间或一个小群体的成员之间的相互作用过程。在一些观察中，自发的言语与公开的行为同等重要。[4]

研究者也可以在超语言水平上对行为加以分析。有时**超语言行为**（extralinguistic behavior）和语言行为一样，都是非常重要的沟通方式。有人提出超语言活动存在四种维度，分别是[5]：（1）声音（vocal），包括音高、音响和音色；（2）时间（temporal），包括语速、说话持续的时间和节奏；（3）互动（interaction），包括插话、支配和抑制的倾向；（4）语言风格（verbal stylistic），包括用词和发音的特性、方言以及有特色的表达。这些维度可以让我们更好地理解上下级之间或者销售人员和顾客之间相互作用时的语言内容。

第四种类型的行为研究涉及**空间关系**（spatial relationship），特别是一个人如何与他人发生肢体上的联系。这类研究的一种形式是空间关系学（proxemics），它关注的是人们如何组织他们身边的空间以及与其他人保持一定的距离。研究销售人员是如何在肢体上接近客户的，或者研究工作场所拥挤导致的结果，都是这类观察的例子。

在研究中，研究者经常对两种或两种以上类型的信息感兴趣，而且通常需要不止一位观察者。在这些形式的行为研究中，考虑观察者和观察对象之间的关系也非常重要。

7.3.3　观察环境

现场或实验室场景中可以设计应用观察研究。在企业研究中，可能会在客户的家中、购物场所、员工工作区（工厂、办公室、配送中心）、供应商处等进行现场研究。提供自然环境的现场研究最有可能获得未被干扰的行为，尤其是在观察者没有直接参与的情况下。

实验室研究最有可能做到保护研究数据。如果需要专门的观察设备（例如眼动仪、心率监测器、皮肤电反应仪等），通常应选择实验室环境。通过被试的笔记本电脑和平板电脑上的摄像头进行眼动追踪，我们已经取得了一些成功。实验室环境显然更加昂贵，通常样本量较小，并且在招募被试方面存在更多困难。实验室观察可以是实验设计的一部分。

快速浏览

观察与警用摄像机

如果你阅读或观看新闻，就会知道城市地区因为过度使用暴力而受到质疑的警察行动急剧上升，而旁观者的视频在判断警察行动方面起到越来越重要的作用。2015 年，美国最高法院在格雷厄姆（Graham）起诉康纳（Connor）一案中裁定，一名官员的行为“必须从一个理性的警官的角度而非事后诸葛亮的角度来判断”。南卡罗来纳大学法学教授、前警官塞思·斯托顿（Seth W. Stoughton），南卡罗来纳大学犯罪学教授杰弗里·阿尔珀特（Geoffrey Alpert）以及加利福尼亚州奥兰治县的警务顾问杰夫·诺布尔（Jeff Noble）在《大西洋》（*The Atlantic*）杂志上的一篇文章中写道：“对警官以嘲弄口吻所指的‘事后诸葛亮’的厌恶……（让）警官不愿接受对其行为的批评……（并且）使他们不愿提供自己完整而诚实的评论。”然而，在全美范围内我们已经看到了让警察作出改变并且使决策更加透明的要求，这导致人们强烈呼吁警察使用随身摄像机和巡逻车载摄像机。

你认为当你看到警察身上或警车上的摄像机录制的视频时，能够真实地了解事件吗？斯托顿也在询问执法机构。他剪辑了一系列视频，以展示该问题的答案。他的做法与一项基于观察者观看模拟警察事件录像的观察研究相似。他通过使用一系列安装在警察胸前或警车上的摄像机以及旁观者视频，显示出仅使用警用巡逻车或随身摄像机所拍摄的视频会很难得出准确的结论。

在互动或追逐过程中，安装在胸前的摄像机通常会抖动并产生变形的图像。斯托顿把它称为“欺骗性的强度”。它给人一种警官受到攻击的印象，但事实上可能并没有。在一段截取的视频中，车载摄像机拍下了一个逃逸嫌犯以及一名警官使用泰瑟枪的情况，其准确性与制高点有关。随身摄像机无法呈现是否有使用泰瑟枪的情况，而旁观者拍摄的视频则可以。“当视频让我们以某人的视角观看时，我们倾向于采用一种对该人有利的解释。”斯托顿解释道，这是一种心理现象，被称为“相机视角偏差”。斯托顿的研究还显示，观众对警察的信任程度会影响其对视频的解读。因此，尽管旁观者可能不知道导致这一事件的任何事实，但他的相机会有其自身的偏差。他因此得出结论，对视频证据的解释取决于视角和偏差。

因此，在观察研究中，我们是否应该将摄像机视为准确、公正的观察者？

7.3.4 数据收集方案

观察法几乎在所有的研究中都能见到，至少在探索性研究阶段可以见到。这种数据收集方法称为**简单观察法**（simple observation）。由于探索阶段的本质是发现，所以它并不是我们所期望的标准化操作。早在研究者将研究问题转换为调查问题的时候，就已经确定了使用观察法作为数据收集的主要方法。调查问题明确说明了研究的结果——研究者必须运用收集到的数据回答具体问题。如果研究不是处于探索阶段，可能需要使用**系统观察法**（systematic observation）。系统观察法具有标准化的操作程序、接受过培训的观察者、记录的时间进度表以及观察者使用的反映其他原始数据收集方法的科学程序的设备。不同的系统研究在对观察到的信息进行记录和编码时的侧重点可能存在差异。

> 处于各种研究方法一端的是非结构化和开放式的方法。观察者尽可能提供完整的、未经筛选的描述。研究方法的另一端是架构化和事先确定好的方法，调查者事先决定哪些行为被记录，以及观察的频次。使用结构化观察法的调查者在选择记录哪些行为以及行为如何编码时可能存在更多的歧视性想法。[6]

一位作者根据环境设置中的结构化程度和研究者施加在环境上的结构数量对观察研究进行了分类[7]，见图表7-6。研究者实施的第一类研究，即完全非结构化的研究，会在自然环境或实际环境中进行，以努力适应当地文化。一个典型的例子是人类志的研究。在这项研究中，研究者既是参与者又是观察者，成为文化的一部分，详尽地描述了与感兴趣的事件或活动相关的所有细节内容。一位研究者为了描述一个小的工作组为忍受高度单调重复的工作所依赖的非正式交往模式，而在一家工厂里当了冲床工人。[8]具有其他目的的研究者可以使用这种类型的研究提出研究假设。

图表7-6　观察研究的分类

研究类别	结构	目的	环境	研究工具
1	完全非结构化	提出假设	自然环境	
2	非结构化		实验室环境	
3	结构化		自然环境	观察清单
4	完全结构化	检验假设	实验室环境	观察清单

第四类研究——完全结构化研究——处在与完全非结构化的实地调查相对立的另一端。第四类研究的目的是检验研究假设，因此事先应该熟知关于观察哪些具体的操作化行为的计划。这时需要一个称为**观察清单**（observation checklist）的测量工具，这种清单与问卷类似。图表7-7表明调查设计与清单开发是平行进行的。

观察清单在定义相关行为与行动时必须有较高精确度，并且包含互斥和无遗漏的分类。编码常常是封闭式的，以简化数据分析。被观察的对象群体必须是可以进行比较的，实验室条件必须完全相同。第四类研究的经典例子是Bales公司对群体互动进行的调查。[9]许多团队建设、决策制定和评价中心研究都会遵循这种结构化模式。

中间两类观察研究强调研究者施加控制的最佳特征或自然环境的最佳特征。在第二类研究中，研究者利用实验室设备（录像带、双向透明玻璃镜、道具以及场景）对环境施加更多的控制，同时减少观察需要的时间。相反，第三类研究充分利用了自然环境下的结构化观察工具的优势。

数据收集方案必须回答观察“何时”的问题。记住，观察者使用的是他们全部的感官来收集数据，因此这些决定不仅反映了可以看到的东西，还反映了可以听到、触

图表 7-7 创建观察清单的流程图

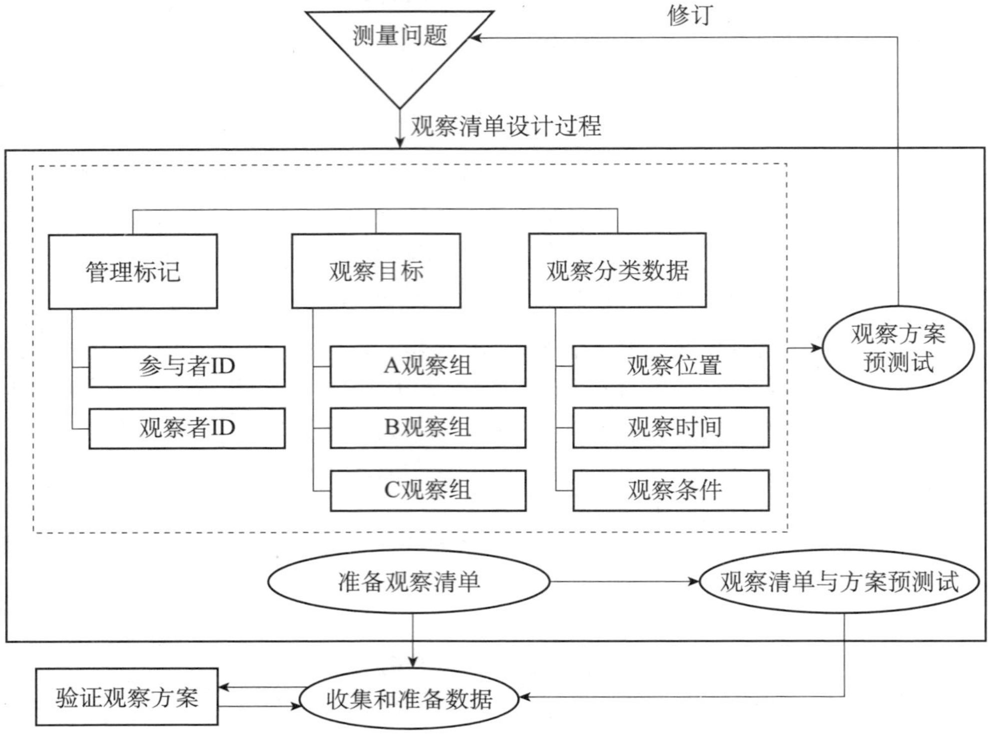

摸以及闻到的东西。就“何时”而言，观察时间重要吗？假设我们正在研究一家超市的缺货情况。确切的观察时间可能很重要。存货仅在特定日期和特定时间送到商店，并且购买高峰出现在不同日期和时间。特定商品缺货的可能性是这两个与时间有关的活动的函数。或者，假设我们正在观察工人的休息习惯和方式，以确定如何重新设计为了这个目的而预留的空间。换班中段与换班末段的空间使用方式是否会有所不同？

数据收集方案还必须回答有关“如何”的问题。如果有两个或更多观察者，他们将如何分配任务？如何记录结果以供以后分析？观察者将如何应对可能发生的各种情况，如预期的行为没有出现，或有人在观察环境中挑战观察者。

数据收集方案还必须回答“何地”的问题。在一定的空间范围内，行为在哪里发生？在零售动线模式的研究中，可能会记录顾客在走进大门后，确定自己要选择走向入口、显示屏或指示牌之前的短暂停留。观察必须在较大场所的特定位置进行吗？观察者的位置以及观察行为（如商店内的销售策略观察）的位置会极大地影响记录行为。观察者面临条件的无限变化，并且必须在研究时间内对此作出反应。当计划周密且观察者受过良好训练时，观察研究就会有效果。幸运的是，那些的确会发生的问题很少同时发生。

7.3.5 观察者是否在场

人类作为观察者的观察研究很容易出现观察者偏差。在决定观察者与参与者间的关系时，需要仔细考虑下面三个选择：

- 观察是直接的还是间接的；
- 观察对象是否知道观察者的存在；
- 观察者起什么作用。

直接观察（direct observation）指的是观察者本人在场并亲自监测发生的一切。这种观察方式非常灵活，因为它允许观察者在事件和行为发生时，对它们的细微方面作出反应并进行报告。研究者还可以自由地更换观察地点，改变观察焦点，或者集中关注意外发生的事件（如果有的话）。这种观察方式的一个缺点是观察者可能会因为事件变化得太快而任务超载，而观察者必须在稍后尝试去重新建构那些无法记录下来的东西。此外，观察者的疲劳、厌倦和其他令人分心的事情也会降低观察的准确性和完整性。

间接观察（indirect observation）指的是使用机械、摄影或电子手段进行记录。例如，某大型商场的一个部门可以安装一种每秒拍摄一张照片的特殊摄影器材，用以研究顾客和员工的活动情况。间接观察不如直接观察灵活，但是较少产生偏差，准确性也更高。间接观察的另一个优点是可以重复分析永久性的记录，从而了解一个事件的不同方面。现在，质量更好、成本更低的电子记录设备已经在观察研究中得到越来越多的使用。

7.3.6　观察者隐匿

参与者应该知道观察者的存在吗？观察者可以使用**隐匿**（concealment）的方式与观察对象隔离。常用的技术手段包括单向玻璃、隐藏的摄像头和麦克风等。当观察者被发现时，会存在参与者出现非典型行为的风险（**反应性反应**（reactivity response））。

观察者刚刚进入某个情境时常常会扰乱观察对象的活动模式，但是这种影响通常会很快消失，特别是当观察对象正专注于某些有趣的活动或者观察者的进入不会对观察对象的自身利益构成潜在威胁时。参与者同意被观察吗？在被欺瞒且个人隐私受到侵犯后，如果研究结果公布，会对参与者造成什么样的后续伤害？这些都是采用隐匿隔离或隐蔽参与的方法时需要考虑的。

非介入性测量

研究人员介绍了一些很有创新性的观察程序，能够在不引起观察对象反应和注意的情况下加以应用。这种思路称为**非介入性测量**（unobtrusive measure），它鼓励有创造性和想象力的间接观察、档案检索，并对简单和人为的观察进行改变。[10] 其中特别有意义的测量涉及建立在包括腐蚀（耗损测量）和增长（堆积物测量）的**物理痕迹**（physical trace）基础上的间接观察。

自然损耗测量的例子包括将博物馆展品前塑料地砖的更换频率作为展览受欢迎程度的指标。研究书页磨损与撕裂程度来测量图书馆书籍的使用情况。计算汽车销售商陈列架上剩余的小册子数量以找出消费者的兴趣所在。物理痕迹也包括自然增长（natural accretion），比如通过观察汽车内安装的收音机来获得广播电台的听众人数。另一个非介入性测量的例子是通过收集和分析家庭生活垃圾来估计饮料和杂志的消费情况。一个有趣的应用比较了通过访谈得到的啤酒消费量的报告和从垃圾抽样研究中得到的结果。如果访谈数据有效，那么这个地区的啤酒消费数据是 15%。然而，从垃圾抽样研究中计算得到的结果显示啤酒的消费比例是 77%，这时访谈研究结论的有效性就值得怀疑了。[11]

通过对垃圾填埋地的挖掘，一位对人类行为和文化模式有深入了解的研究人员声称："人们会描述他们的行为以符合文化期望，就像图森市的妈妈们一致宣称她们亲手为婴儿制作食品，但她们的生活垃圾反映了另外一种情形。"[12]

由于物理痕迹法能够以低成本收集到频率、出现和发生的数据，而不受其他方法或观察对象反应的影响，因而其使用得到了大力推广。物理痕迹法还是交叉效度极佳的"三角校正"（triangulation）策略，因此它可以作为其他研究方法的补充。设计非介入性测量研究可以检验研究者的创造力，同时研究者必须对研究结果的推论持谨慎态度。耗损因素未被考虑可能成为腐蚀结果出现的原因，选择性的堆积或残留也有可能导致材料累积。

部分隐匿

一个不同的思路是部分隐匿，即观察者的存在是公开的，观察目标和感兴趣的观察对象却是隐匿的。一项对销售方法的研究可能通过派出一位观察者跟随一位正在与顾客通电话的销售人员来进行。但是，销售人员和顾客可能都不知道观察者的真正目的（例如，观察者可能假装正在分析他所访问的商店的商品陈列和店面布置的特征）。

7.3.7　观察者参与

观察者是否应该进入观察环境并同时担任观察者和参与者，即进行**参与式观察**（participant observation）？在几种情况下，观察者可能会参与观察行为：（1）我们要测量的行为很少发生，因此我们创建了一个场景来模拟研究时间内的行为；（2）我们要测量的行为有很多变化，我们需要测量每个变化；（3）招募的观察者是我们需要测量的过程或行为的一部分，因此将其排除是不切实际的。有时，这些人被视为某些或所有参与者的观察者。在其他时候，观察者的真实角色则被隐藏起来。家庭和工作环境中的人类志研究（观察者沉浸于参与者的文化中）应用于商业领域，参与者知道自己被观察并完全同意所使用的方案，例如在产品使用研究和工作过程研究中。

参与式观察有两个主要问题：观察者的角色可能会影响他人的行为方式，并给观察者带来双重角色（记录可能会干扰参与，参与则可能会干扰观察和记录）。这些问题是企业研究尽可能避免参与式观察的主要原因。培训虽然可以解决这些问题，但也让参与者的观察成本更高或观察结果更不可靠。

7.3.8　观察者培训与监督

数据收集者/观察者是观察研究的一个关键方面。我们想有最好的观察者，希望观察者具备以下特征：

- 专注（concentration）：在一个充满干扰的环境里完成任务的能力；
- 细节导向（detail-oriented）：记住一次经历中细节的能力；

- 非介入性（unobtrusive）：融入环境并让自己不凸显出来的能力；
- 经验水平（experience level）：从一项观察研究中获得最多信息的能力。

观察者应熟悉特定研究的要求。每个观察者都应了解研究的目标结果以及要研究的确切内容。应当对观察者使用仪器和录像带做观察试验，直到观察者观察的结果高度可靠为止。如果观察层次比较浅，仅涉及简单的清单或编码系统，那么经验就不那么重要。有经验的观察者可能对主题先入为主，那么经验不足便可能是一个优势。只有接受高强度的培训才能解决问题。

当一项研究需要多个观察者时，观察者之间可能会有解释上的差异。这些差异必须被协调好。培训可以解决这些差异。另一个处理观察者间差异的方法是利用团队将问题变成机会。IDEO在为办公设备供应商Steelcase实施共情设计项目时，让一个由人文专家、工程师和设计师组成的团队进入办公大楼。每个人都基于其培训和指导带来的固有差异来观察各自环境中的相同工人，提供不同的数据。[13]

观察者可能会受到**晕轮效应**（halo effect）（认知偏差会影响观察者对他所观察到的人、物体、事件或行为的印象）[14]、**观察者漂移**（observer drift）（观察文档随时间逐渐变化）[15]和疲劳的影响。如果晕轮效应起了作用，那么有吸引力的主题可能会得到更多积极的推论性观察。在这种情况下，观察者将使用对美感的整体评价来对其他特征作出积极的判断，例如友善、社交能力、效率、保持牢固关系的能力等。这些判断会缩短我们的决策时间，但也可能是错误的，导致我们得出错误的结论。观察者可能拥有与性别、年龄、种族、工作表现等有关的晕轮。观察者漂移会导致观察结果的可靠性或有效性随时间而下降，从而影响对类别的编码。如果不及早发现，这将是一个严重的问题。[16]可以通过培训消除晕轮效应和观察者漂移的影响，让管理者验证观察规程是否得到严格遵守。只有安排多个观察者、观察期间进行休息以及缩短观察研究时间才能解决疲劳问题。

7.4 对观察法的评价

7.4.1 优点

观察法的第一个优点是，在收集某些特定类型的信息时，观察法是唯一可以运用的方法。例如，对记录、机械过程、无法用语言沟通的观察对象的研究都可以归到这一类。观察法的第二个优点是，可以在原始数据产生的时候进行收集，而无须依赖他人的报告。无论被调查者有怎样良好的意图，他们都会对信息进行**选择性过滤**（selective filtering）。有时遗忘或者其他原因会导致被调查者不愿意完整和公正地进行报告。[17],[18]观察法可以克服询问中的许多此类缺陷。

特写

观察研究的设计

行为观察研究设计采用与其他研究设计相同的模式。一旦研究者指定了调查问题，那么实施这项研究的最好方法就是观察。本专栏对实施行为观察和将调查问题转换为观察清单进行指导。我们首先回顾一下步骤，然后解释如何创建一个观察清单。

大多数采用行为观察的研究都遵循与研究过程相对应的通用步骤（参见图表7-2）。在这里，我们将这些步骤用观察法的专用术语来描述。

- 界定研究内容；
- 开发一份数据收集计划来确认观察目标、抽样策略和行为（操作化为观察清单或编码方案）；
- 甄选和培训观察者；
- 收集数据；
- 分析数据。

假定你在MarketViews工作，这家专业研究公司被HomeExtravaganza请来开展一项研究。HomeExtravaganza正面对顾客再度光顾商场的比例下降的问题。阶段性调查的初步结果表明，顾客在商场遇到的困惑使其不愿意再次光临，因此MarketViews计划进行一次观察研究来弄清楚员工和商场的设计元素是如何解决问题或促成问题解决的。

研究问题可能是：

- 员工做了哪些工作来减少或消除顾客的困惑？
- 员工的哪些行为促使顾客的困惑产生？
- 哪些设计元素减少了顾客困惑？
- 哪些设计元素增加了顾客困惑？

进一步假定，调查表明那些感到困惑并因此而不再光顾的顾客进入商场寻找商品，不知道从哪里开始。这些顾客在种族、年龄或受教育水平上并没有显现特殊的相似性或差异性。有一些人从商场的服务员或询问台那里得到了帮助，另一些则没有。

观察目标是双重的，既包括从主入口进入商场的顾客，也包括担任商场门口服务员或询问台服务员的员工。从主入口的服务员那里寻求帮助的顾客以及查看指示标志的顾客将会成为主要的观察目标。如果他们和询问台的服务员有接触，那么服务员也会成为观察目标。

调查研究发现在一天中的不同时段，顾客所寻找商品的类型并不相同。因此，MarketViews计划在一天的四个主要时间段（上午、中午、下午和傍晚）对全部三个“指示标志”进行抽样。指示标志上的符号对商场的布局进行了描述，并标注了顾客当前所处的位置。

预先熟悉商场有助于识别需要记录的行为。在接下来的会议中，MarketViews决定记录下顾客寻求服务员或指示标志帮助的行为；对方向标志或者其位置的咨询；到达商品所在位置的路径，以及购买行为是否完成。询问台服务员给予的帮助也将被记录下来。这些行为被进一步划分为：给予帮助或未给予帮助；语言说明和手势；仅有语言说明；向顾客提供商场布局平面图的复印件，并标注了商品的位置和到达的路径；询问其他员工；将顾客转给其他询问台服务员；陪顾客走到正确的通道；陪顾客走到实际摆放商品的货架位置；给顾客提供语言信息帮助他们从众多商品中选择正确的商品。

MarketViews决定开发一个观察清单并进行测试，在测试后做必要的修改。开发出的清单如图表CU-1所示。最大的顾虑是顾客或者服务员可能会发现有人正在观察他们，从而改变其行为表现。观察者将会跟踪观察目标的路径。通过商场的监控摄像头，研究者将会记录顾客从主入口进入商场，经过门口的服务员，在指示标志前停住的过程。从指示标志处发出去的商场地图小册子以及询问台服务员使用的商场布局平面图的数量也可以成为顾客寻求帮助的测量指标。

图表 CU-1 HomeExtravaganza 的样本观察清单

时间________ 星期：一 二 三 四 五 六 日 日期________ 商场编号______________ 观察者#________

目标顾客的拦截地点：□主入口处 □指示标志所在处：□#1
□#2
□#3

目标购物者的特征：□男 □女
□儿童 □青少年 □中年人 □老年人

购物者的陪同人员：□独自 □和其他人：□其他成年人 男性______（数量） 女性______（数量）
□儿童______（数量）

购物卡的使用：□否 □是

商场门口服务员与顾客的语言互动：□否 □是 服务员编号______________
行为：□用手势指出指示标志
□语言指导

询问台服务员与顾客的互动：□否 □是 拦截地点：过道#________ 岔路#________

询问台服务员#________

询问台给予帮助：□否 □是 活动：□仅有语言说明
□语言说明和手势
□提供商场布局平面图的复印件，并标注了商品摆放的地点
□提供商场布局平面图的复印件，并标注了商品摆放位置和到达的路径
□询问其他员工
□将顾客转移给其他的询问台服务员
□带领顾客找到摆放商品的过道的位置
□带领顾客找到摆放商品的货架的位置
□提供商品选择方面的帮助

顾客与指示标志的互动：□否 □是 标志的位置：□#1
□#2
□#3

购买：□否 □是 在寻找商品方面寻求帮助：□否 □是

顾客通道：

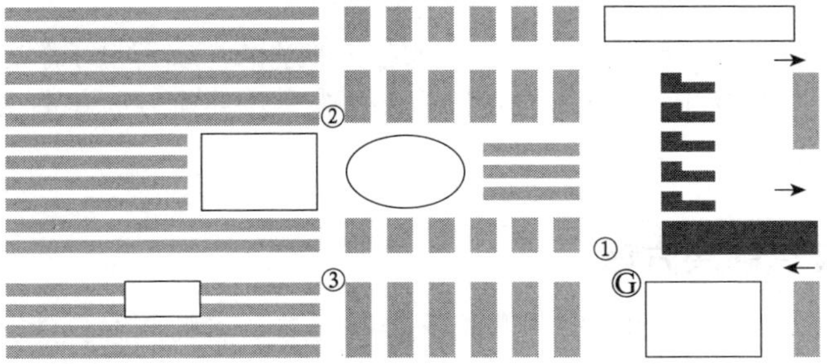

观察法的第三个优点是，能够获得一些因为太常见或在意料之中而被参与者忽视的信息，或者因为看起来不相关而被参与者忽视的信息。例如，你在一家商店里观察购买活动，这时会存在一些对研究而言十分重要，而购买者并不会注意或并不认为重要的条件。比如，天气怎样？这是一周中的哪一天或一天中的哪个时段？顾客流量如何？竞争对手的促销水平怎样？从大多数被调查者那里，我们只能获得有关这些问题的少量答案。

观察法的第四个优点是，它能够单独地获取某个事件在自然状态下发生的全过程。实验环境对被调查者而言有人为的痕迹，而且问题的数量和类型限制了从被调查者那里获得的回答的范围。与其他大多数收集信息的主要方法相比，观察法受到的限制比较少。此外，调查法或实验法对于数据收集活动时长的限制，对观察法来说也是不存在的。你可能会对一次谈判中有关工会和管理层代表的所有情况感兴趣，这类谈判可能会随着时间的推移而延长，观察法可以帮助研究者了解任何为推进谈判而做的努力，而沟通法在很多方面都无法提供观察法所能提供的看法。

最后，研究对象接受观察介入的情况似乎要好于接受沟通介入的情况。与沟通法相比，观察法对他们的要求更少，正常情况下观察对象产生的行为偏差也比较小。此外，进行一次伪装和不引人注目的观察比执行一次伪装的沟通要容易得多。

7.4.2 局限

观察法也有一些局限，尽管如此，观察法的所有优点都证明了在细心和理解的基础上运用它的价值。

观察是一个耗时且成本高的过程，它要求有观察者或者昂贵的监测设备。当事情发生时，观察者通常必须在场，但是，预测事情发生的时间和地点常常是不可能的。防止错过事件的一种方法是让观察者观察更长的时间，直到事件发生。在此情形下，观察者的疲倦、厌倦以及分心事件都会降低观察的精确度和完成度。

观察法最可靠的结果大多为那些可以通过公开的行动或表面的指标获得的信息。要进行更深入的研究，观察者必须作出推测。两个研究者有可能就不同的表面事件（surface event）的性质达成一致意见，但是他们对从这些数据作出的推测可能存在较大的差异。

观察研究的环境可能更适合主观评价和数据记录，而不适合对事件的控制和量化。研究者通过主动的干预来控制事件，可能会威胁被评价内容的有效性。即使样本规模很小，观察记录也有可能很多而难以分析。

最后，观察法在作为了解过去情况的一种途径，或者是了解一定距离之外当前发生的情况的一种方法时，受到的限制较大。观察法还难以收集有关意图、态度、观点或者偏好的信息。

7.5 伦理问题及其解决方案

当进行基于沟通的研究时，我们需要获得参与者的同意。然而，当使用人类个体进行观察研究时，我们隐藏了我们的存在和参与。的确，研究结束后，我们可以让参与者知道他们是研究对象，但参与者可能仍然感觉到被冒犯。虽然在公共场所或工作环境中观察人并不违法，但在这些场所中被观察者仍然拥有某些隐私权。

研究高质量权不是观察研究所固有的，但是必须通过适当的观察清单和深入的观察者培训来保护它。观察者不仅在数据收集中扮演重要角色，在数据解释和形成洞见的过程中发挥着更重要的作用。对观察清单和观察方案进行预测试，监督观察者执行观察方案，并在收集数据后向观察者释疑，这是确保质量研究的重要步骤。

观察研究经常使用非概率抽样。在这种情况下，确保质量还意味着不能把小样本、缺乏代表性的结果投射到目标总体中，得出不能被收集的数据支持的结论。使用此类研究来形成假设而不是检验假设是合适的。当进行人口普查或概率抽样时，可以使用观察法来检验假设。

❖小　结

1. 观察法是研究记录、机械过程、低等动物、少年儿童和复杂互动过程时少数几种可供选择的方法之一。观察法可以让研究者在事件发生的同时收集数据。与沟通法相比，观察法更能够让研究者把握整个事件。另外，研究者必须亲临现场捕捉事件，或者通过现场记录设备完成这项工作。

2. 观察研究中的抽样设计包括选择目标总体（人、行动或事件、行为等）和适当的方法（概率抽样与非概率抽样）。观察研究有两种独特的抽样方法：事件抽样和时间抽样。事件抽样可测量与单个指定事件有关的所有因素，时间抽样则选择一个时间间隔并记录该时间内的所需变量。时间抽样共有三种类型：时间点抽样、连续实时抽样和时间间隔抽样。在数据收集设计中，我们必须考虑七个不同的因素：内容的类型（事实或行为、对这些行为的推理，或两者皆是）、观察的类型（非行为观察或行为观察）、观察环境（现场或实验室）、数据收集方案（简单观察法或系统观察法）、观察者是否在场（直接观察或间接观察）、观察者隐匿（完全隐匿、部分隐匿或无隐匿）以及观察者参与（参与式观察或不参与）。观察研究的测量工具是观察清单。

3. 观察包括各种监测情形，涵盖非行为观察和行为观察。两种类型的观察都可以由人或数字/机械观察者来进行，但是都需要人工编码和解释。非行为观察包括记录分析、物理状态分析和过程（活动）分析。最常见的非行为观察是记录分析。创建记录时缺乏一致性会影响记录分析的有效性。行为观察包括非言语分析、语言分析、超语言分析以及空间分析。

4. 观察法作为数据收集方法的优势包括：确保可以收集到无法以沟通法获得的有关人员或事件的信息；确保收集刚出现的信息、参与者可能忽略或不愿报告的信息、环境背景信息并以较少干扰的方式获得数据以及在数据收集时间段内以更灵活的方式来避免记忆衰减和选择性过滤。

5. 观察法可能受到以下任一因素的限制：难以预测何时会发生特定的预期事件或行为，导致观察时间过长；数据收集缓慢；如果参与者知道自己被观察可能出现反应性反应；样本量小；成本高昂，尤其是在使用专用设备或设施时；记录高速事件的需求；用于捕获态度、动机和认知过程的推理的可靠性令人怀疑；对极大规模的记录进行编码；调和观察者间关于同一行为或记录的事实和推理的差异；观察者的晕轮效应、观察者漂移和疲劳；观察者在参与式观察期间所需的双重角色导致承担过多责任；参与者并没有明确表示同意，其隐私权受到侵犯。非介入性测量提供了减少观察研究中反应性反应的方法，既可以确认其他方法的发现，也可以作为单一数据源来使用。通过数字记录感兴趣的行为、进行观察者培训、预先测试观察清单和观察方案，以及在实际数据收集过程中监督观察方案的执行，可以解决大多数的问题。

6. 伦理问题集中在参与者的隐私权和管理者的高质量研究权上。如果对参与者隐瞒了观察结果，则可以在研究后对参与者进行释疑来解决第一个问题。除非研究者特别注意观察清单的制定、开展针对观察清单的培训、对观察清单和观察方案进行预测试，并在观察研究期间验证这些方案，否则研究质量并不会很高。观察法可用于生成和检验假设，因此知道哪种方法适合给定的研究，由此可以确保研究质量。

❖关键术语

参与式观察（participant observation）
反应性反应（reactivity response）
超语言行为（extralinguistic behavior）
非介入性测量（unobtrusive measure）

非语言行为（nonverbal behavior）
观察法（observation）
观察清单（observation checklist）
观察者漂移（observer drift）
过程分析/活动分析（process analysis/activity analysis）
记录分析（record analysis）
间接观察（indirect observation）
简单观察法（simple observation）
空间关系（spatial relationship）
时间抽样（time sampling）
事件抽样（event sampling）
物理痕迹（physical trace）
物理状态分析（physical condition analysis）
系统观察法（systematic observation）
选择性过滤（selective filtering）
隐匿（concealment）
语言行为（linguistic behavior）
晕轮效应（halo effect）
直接观察（direct observation）

❖讨论问题

术语回顾

1. 将观察法与沟通法的优缺点进行比较。在什么情况下你确定要使用观察法？

2. 观察法涉及哪些伦理问题？在使用非介入性测量时涉及哪些伦理问题？

3. 根据当前或过去的工作经验，提出可以通过使用基于观察的数据来解决的管理问题。

4. 区分以下各项：

a. 非言语分析、语言分析和超语言分析。

b. 事实和推断。

制定研究决策

5. 观察者与参与者之间的关系是观察研究设计中的重点考虑因素。在以下情况下，你会推荐什么样的关系？

a. 评估教师课堂表现的学生在课堂上对教师行为的观察。

b. 研究者对零售店购物者的观察。该研究者对确定客户购买不同类型商品的时间感兴趣。

c. 对客户进行的焦点小组访谈的观察。

d. 个体农场工人组织者对葡萄种植者的组织工作有效性的观察。

6. 假设你是模块化办公系统、家具以及办公用具（桌面和墙面收纳工具、文件系统等）的制造商。你的公司被要求为一家大型保险公司做一项观察研究，以了解其白领和管理人员对办公空间的使用。这项研究是提高办公效率和文书工作流程项目的一部分，预计会涉及重新设计办公空间以及购买新的办公家具和办公用具。

a. 可以观察哪些类型的信息？

b. 选择有限数量的内容用于研究，并操作性定义应该测量的观察行为。

c. 制定一份观察者在以前的研究中用过的清单。确定你需要多少观察者，并为每个特定的观察任务分配2～3名观察者。

d. 比较小组成员核对观察清单的结果，以确保记录内容的稳定性。

7. 亚马逊的Kindle比索尼的竞品要成功得多。这可能一定程度上受到“奥普拉因素”的影响：Kindle首次在《奥普拉秀》上推出，并得到了奥普拉的大力支持。然而，最初的Kindle在按钮位置和翻页速度等方面存在一些问题。问题解决后，Kindle2于2009年发布，获得热烈反响，并最终促使Kindle Fire推出。在对最初的Kindle进行重新设计的过程中，可能使用了哪些观察研究？

8. 你希望分析一座主要购物中心里一家特定商店的人流量。你对确定有多少购物者经过这家商店感兴趣，并希望按照各种相关维度对这些购物者进行分类。你想确保任何信息都仅通过观察来获得。

a. 你认为还有哪些其他有用的信息？

b. 你如何决定收集哪些信息？

c. 设计你需要的操作性定义。

d. 在研究说明中，你打算对计划使用的观察者说什么？

e. 你会如何对购物者流量进行抽样？

9. 沃尔玛宣布，经过30年的发展，它取消了3 800多家商店夜班的迎宾员，重新定义了日班迎宾员的角色，并把他们进一步移至商店中并远离门口。你将进行哪些观察研究以作出这些决定？

从概念到实践

10．使用图表 7－5，确定本章每个快速浏览专栏中描述的研究类型。

来自头条新闻

11．2017 年 5 月，全球第四大机场洛杉矶国际机场用了三个晚上（每晚 5 个小时）搬迁了 15 家航空公司，以适应达美航空的扩张。在此期间，达美航空每天在四个航站楼运营 200 多个航班。在 2 号和 3 号航站楼，所有航空公司都搬走了。机场重新布置了售票柜台、自助售票亭、接待厅、计算机系统和超过 1 000 个标志。该项目的筹备期为 15 个月。达美航空为所有涉及的航空公司支付了相关费用。如果你是达美航空负责人，那么在这次行动中你将进行哪些观察研究，以判断搬迁计划的有效性？

❖参考文献

1. "Why the Technology to Track Missing Planes Hasn't Taken Off," *CBS This Morning*, May 20, 2016, downloaded May 20, 2016 (http://www.cbsnews.com/news/why-airplanes-slow-to-adopt-technology-to-stream-flight-data/).
2. Louise H. Kidder and Charles M. Judd, *Research Methods in Social Relations*, 5th ed. (New York: Holt, Rinehart & Winston, 1986), p. 291.
3. K. E. Weick, "Systematic Observational Methods," in *The Handbook of Social Psychology*, vol. 2, ed. G. Lindzey and E. Aronson (Reading, MA: Addison-Wesley, 1968), p. 360.
4. R. Bales, *Interaction Process Analysis* (Reading, MA: Addison-Wesley, 1950).
5. Weick, "Systematic Observational Methods," p. 381.
6. Louise H. Kidder and Charles M. Judd, *Research Methods in Social Relations*, 5th ed. (New York: Holt, Rinehart & Winston, 1986), p. 292.
7. Kenneth D. Bailey, *Methods of Social Science*, 2nd ed. (New York: Free Press, 1982), pp. 252-54.
8. Donald F. Roy, "'Banana Time,' Job Satisfaction, and Informal Interaction," *Human Organization* 18, no. 4 (Winter 1959-60), pp. 151-68.
9. Robert F. Bales, *Personality and Interpersonal Behavior* (New York: Holt, Rinehart & Winston, 1970).
10. E. J. Webb, D. T. Campbell, R. D. Schwartz, L. Sechrest, and J.B. Grove, *Nonreactive Measures in the Social Sciences*, 2nd ed. (Boston: Houghton Mifflin, 1981).
11. W. L. Rathje and W. W. Hughes, "The Garbage Project as a Nonreactive Approach: Garbage In . . . Garbage Out?" in *Perspectives on Attitude Assessment: Surveys and Their Alternatives*, ed. H. W. Sinaiko and L. A. Broedling (Washington, DC: Smithsonian Institution, 1975).
12. William Grimes, "If It's Scientific, It's 'Garbology,'" *International Herald Tribune*, August 15-16, 1992, p. 17.
13. Dorothy Leonard and Jeffrey F. Rayport, "Spark Innovation through Empathic Design," *Harvard Business Review*, November-December, 1997, downloaded May 18, 2017 (https://hbr.org/1997/11/spark-innovation-through-empathic-design).
14. Erin Long-Crowell, "The Halo Effect: Definition, Advantages & Disadvantages," *Psychology 104: Social Psychology*, study.com, downloaded May 17, 2017 (http://study.com/academy/lesson/the halo-effect-definition-advantages-disadvantages.html).
15. "What Is Observer Drift?" *Psychology Dictionary*, downloaded May 19, 2017 (http://psychologydictionary.org/observer-drift/?utm_ source=TrendMD&utm_medium=cpc&utm_campaign=Psychology_Dictionary_TrendMD_0).
16. Kidder and Judd, *Research Methods in Social Relations*, pp. 298-99.
17. Marc G. Berman, John Jonides, and Richard Lewis, "In Search of Decay in Verbal Short Term Memory," *Journal of Experimental Psychology: Learning, Memory, and Cognition* 35, no. 2 (March 2009), pp. 317-33, downloaded May 23, 2017 (https://www.ncbi.nlm.nih.gov/pmc/articles/PMC3980403/).
18. Jordon Gaines Lewis, "This is How the Brain Filters Out Unimportant Details," *Psychology Today*, February 11, 2015, downloaded May 24, 2017 (https://www.psychologytoday.com/blog/brain-babble/201502/is-how-the-brain-filters-out-unimportant-details).

第 8 章

第 2 阶段：数据收集设计——实验

如果你知道它会有用，那就不是实验。

——杰夫·贝佐斯（Jeff Bezos），亚马逊首席执行官

学习目标

阅读本章后，你应该了解：

1. 实验法与其他主要的数据收集方法有何不同。
2. 精心计划的实验的七个步骤。
3. 实验研究设计的内部和外部效度。
4. 三种类型的实验设计以及每种设计的区别。
5. 实验法的优劣势。
6. 实验中的伦理问题及其解决方案。

8.1 实验与因果关系

为什么事件在某种情况下出现而在其他情况下不出现？**实验**（experiment）是一种解释为什么事情会发生的研究类型。在这类研究中，研究者提出**因果假设**（causal hypothesis）（推测一个变量导致另一个变量发生变化）。然后，研究者操纵**自变量**（independent variable，IV）并观察**因变量**（dependent variable，DV）是否如假设那样受到了影响。

8.1.1 因果证据

因果关系（causation）的基本要素是 A “产生” B 或 A “迫使” B 发生。因此，在因果关系研究中，至少有一个自变量和一个因变量。从实证的角度，我们永远无法证明 A 和 B 之间存在因果关系。我们无法通过演绎的方式来证明因果关系，因为因果关系需要证据来得出归纳性的结论。因此，在因果关系研究中，我们根据观察和测量的结果来估计 A “产生” B 的概率。

在检验因果假设时，我们寻求的是三种类型的证据：

1. A 和 B 之间的协变

- A 和 B 如同我们假设的那样一起出现了吗？
- 当 A 没有出现时，B 是否也不会出现？
- 当 A 增加或减少时，B 是否也相应地增加或减少？

2. 事件沿假设的方向移动的时间顺序

- A 是否早于 B 出现？

3. 没有其他可能导致 B 的原因

- 是否可以确定 C、D 和 E 与 B 不存在暗示着可能的因果联系的共变？

除了这三个条件之外，因果设计中的成功推理必须满足其他两个要求。除自变量外，所有因素都必须保持恒定，并且不与研究范围外的其他变量（**控制**（control）变量）相混淆。每个研究个案必须有同等的机会接触研究中自变量的每个水平（将个案**随机分配**（random assignment）到不同组中）。

8.1.2　因果结论

图表8-1中所示的密尔求同法（Mill's method of agreement）[1]有助于排除一些额外变量。如果我们在找到 C 的每种情况下都能找到 Z 且只有找到 Z，并且没有其他变量（A、B、D 或 E）始终与 Z 一起出现，那么我们可以得出结论，C 和 Z 之间存在因果关系。在图表8-1中，A、B、D 和 E 不太可能是 Z 的原因。然而，这里有一个隐含的假设，即除了 A、B、C、D 和 E 之外不考虑其他变量。我们永远不能很肯定地接受这种假设，因为潜在变量的数量是无限的。另外，尽管 C 可能是原因，它也可能只是在我们尚未研究的其他变量出现时才会起作用。

图表8-1　密尔求同法

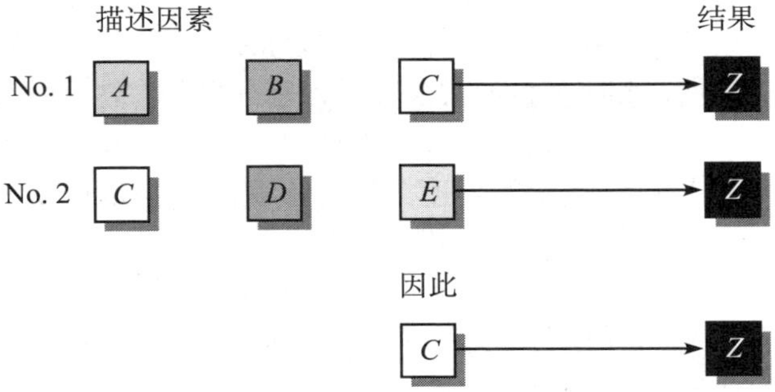

负向求同法（negative canon of agreement）指出，C 的缺失与 Z 的缺失相关，可以作为 C 和 Z 之间存在因果关系的证据。这与求同法一起构成了求异法（method of difference）的基础（如图表8-2所示）："如果有两个或多个个案，在其中一个个案中可以观察到 Z，而在另一个个案那里无法观察到 Z；如果变量 C 在观察到 Z 时出现，而在没有观察到 Z 时不出现；则可以断定 C 和 Z 之间存在因果关系。"[2]

两个变量之间可能存在三种关系[3]：

- 对称关系；
- 互为因果关系；
- 非对称关系。

对称关系（symmetrical relationship）是两个变量一起波动的关系。但是我们假定两个变量的变化都不是由对方的变化导致的。当两个变量都是另一个因素或自变量

图表 8-2 密尔求异法

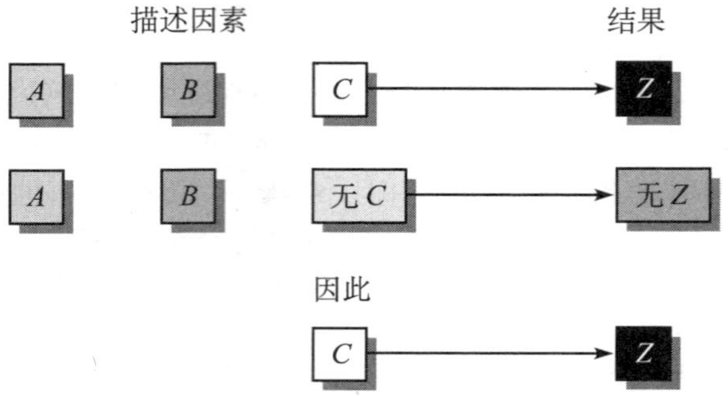

的备选指标时，对称关系的条件最常出现。假设一家企业为工人设立了一个露营俱乐部，该俱乐部偶尔会赞助周末露营活动。在俱乐部的成员参加周末露营活动之后，企业发现他们在星期一的缺勤率很高。如果这种关系是对称的，那么低到岗率和积极参加周末露营活动之间的相关性将取决于另一个因素。许多研究呈现的是对称关系。

当两个变量相互影响或相互补充时，存在**互为因果关系**（reciprocal relationship）。如果看产品广告导致使用该品牌的产品，则可能出现互为因果关系。因为对产品的使用反过来也会使人们关注该品牌的更多广告。许多研究呈现的是互为因果关系。

研究分析人员经常会寻求**非对称关系**（asymmetrical relationship）。在非对称关系中，我们假设一个变量（自变量）的变化与另一变量（因变量）的变化有关。例如，我们假设参加公司赞助的露营俱乐部的活动（自变量）会导致下周一的高缺勤率（因变量）。自变量和因变量通常很容易识别（例如在这个缺勤情境中），但有时就没那么容易确认。在后一种情况下，我们基于以下事实来确定自变量与因变量：

1. 每个变量可以改变的程度。相对不变的变量是自变量（如年龄、社会地位、露营俱乐部会员资格、当前的制造技术等）。

2. 变量间的时间顺序。自变量在因变量之前。

图表 8-3 描述了四种非对称关系：刺激-响应、属性-特质、特质-行为和属性-行为。实验通常涉及刺激-响应关系。属性与特质之间的关系经常在商业和社会科学中研究。

图表 8-3 四种非对称因果关系

关系类型	关系特征	举例
刺激-响应（stimulus-response）	一个事件或变化导致了某一对象的反应。	● 工作规则的变更带来更高的工人产出。 ● 政府经济政策的变化限制了公司的财务决策。 ● 价格上涨导致单位销量下降。
属性-特质（property-disposition）	一个既有属性导致了特质。	● 年龄和有关储蓄的态度。 ● 性别与对社会问题的态度。 ● 社会阶层和税收观念。

续表

关系类型	关系特征	举例
特质-行为（disposition-behavior）	一个特质导致了特定行为。	● 关于品牌及其购买的意见。 ● 工作满意度和工作产出。 ● 道德价值观和税务欺诈。
属性-行为（property-behavior）	一个既有属性导致了特定行为。	● 家庭生命周期的阶段和家具购买。 ● 社会阶层和家庭储蓄模式。 ● 年龄和体育活动参与。

注：刺激是一个事件或力量（如温度下降、股市崩盘、产品召回或工厂爆炸）。响应是决定或反应。属性是参与者持久性的、不依赖于环境而激活的特征（如年龄、性别、家庭状况、宗教信仰、种族或身体状况）。特质是在某些情况下以某种方式作出反应的趋势（如态度、观点、习惯、价值观和内驱力）。行为是一种行动（如消费习惯、工作绩效、人际交往行为和其他类型的绩效）。

尽管实验法既不能确保发现所有的相关变量，也无法提供因果关系的确凿证据，但它通过排除不恰当的因果论点来帮助我们增进对因果关系的理解。[4]

我们需要作出因果推理。尽管它们可能既不是永久性的也不是普遍性的，但这些推理使我们能够随着时间的推移不断构建关于研究假设的知识。这样的实证结论提供了对真相的渐次逼近。

一个经典的实验范例是对旁观者和小偷的研究。[5]在此实验中，要求参与者进入办公室，在那里他们有机会看到一个人从接待员的桌子里偷钱。当然，偷钱的人是实验人员假扮的。实验的主要假设是，观察盗窃的人在以下哪种情况下更有可能举报：(1) 独自一人观察到犯罪；(2) 和其他人一起观察到犯罪。

在我们的例子中，自变量是观察盗窃时独自一人或有他人在场的状态，因变量是参与者是否举报观察到犯罪行为。为了支持事件的时间顺序，“盗窃”必须在“举报犯罪”之前发生。结果表明，旁观者如果是单独观察，没有他人在场，更有可能举报犯罪行为。研究者可以总结，就是这个原因（单独观察）导致了举报犯罪行为。因为所有其他变量都被控制了，无法影响举报犯罪行为。

通过事后研究设计（研究者对受访者进行访谈或观察正在发生或曾经发生的事）也有发现因果关系的可能。事后研究设计法与实验法的区别在于，研究者需要接受世界的既有状况，实验法则允许研究者系统地改变感兴趣的变量并观察随之发生的变化。

快速浏览

改善员工健康的实验

如果可以让超重的员工减轻体重，让吸烟者戒烟，那么雇主的医疗保健成本可能会降低，这就是雇主基于健康的激励措施背后的动机。最近的一项实验揭示了哪些激励方法更有可能起作用，而哪些无效。

宾夕法尼亚大学佩雷尔曼医学院教授、沃顿商学院医疗管理学教授米特什·帕特尔(Mitesh Patel) 称：“美国约80%的大型雇主使用某种形式的财政激励措施来促进健康。”然而，很少有研究来验证这些措施的有效性。帕特尔进行了为期一年的实验，测试通过调整保费提供的财务激励措施（如果达到健康目标，则应降低雇员对其健康保险的交存比）是否有助于人们减肥。

在实验中，“如果人们在一年中可以减轻 5% 的体重，我们将向他们提供 550 美元。这 550 美元以保费调整的方式，通过 26 笔分期支付给减重 5% 的人们”（每个支付期中每笔支付将增加 21 美元）。第一组员工会在下一年获得激励，第二组马上获得激励，第三组则获得现金奖励而非保费调整。控制组什么也得不到。控制组中的员工基本上没有减轻体重，分配到实验组的所有员工也没有减轻体重。

帕特尔从研究中得出结论，保费调整这一方法不起作用。他假设原因是激励经常是隐藏的。“人们倾向于立即获得满足，他们想现在就获得激励。为了明年的奖励，真的很难让一个人现在去减肥以及做一些很难的事情。”行为经济学研究建议，激励措施要快且明显才能有效。

你将如何为这个实验绘图？自变量是什么？因变量是什么？这个实验设计的缺点和优点各是什么？

资料来源：“Why Some Workplace Health Incentive Programs Don't Work-and Some Do，” Knowledge @Wharton，April 4，2016，downloaded April 6，2016（http：//knowledge. wharton. upenn. edu/article/workplace-health-incentive-programs-dont-work/？utm _ source = kw _ newsletter & utm _ medium = email & utm _ campaign = 2016 - 04 - 06）.

8.2 进行实验[6]

在一个实施良好的实验中，研究者必须完成一系列活动来成功实现他们的设想。虽然实验法是确定因果关系的最佳科学方法，但实验研究需要研究者足智多谋并具有创造性，以发挥实验法的潜能。在这一部分以及图表 8－4 介绍的内容中，我们讨论了研究者取得实验成功所必须完成的七种活动：

1. 选择相关变量。
2. 明确处理水平。
3. 控制实验环境。
4. 选择实验设计。
5. 选择和分配被试。
6. 初步测试、修改和正式测试。
7. 分析数据。

8.2.1 选择相关变量

研究者的任务是将捉摸不定的管理问题转化为最能说明研究目标的问题或假设。思考下面这个研究问题，并按以上所列的七步进行操作：

在销售演示的简介部分描述产品的优点，能增加对产品知识的记忆吗？

假设是一种试探性的陈述，是一种有关研究结果的推断，它可以采用下面这种形式：

图表 8-4 研究过程中的实验

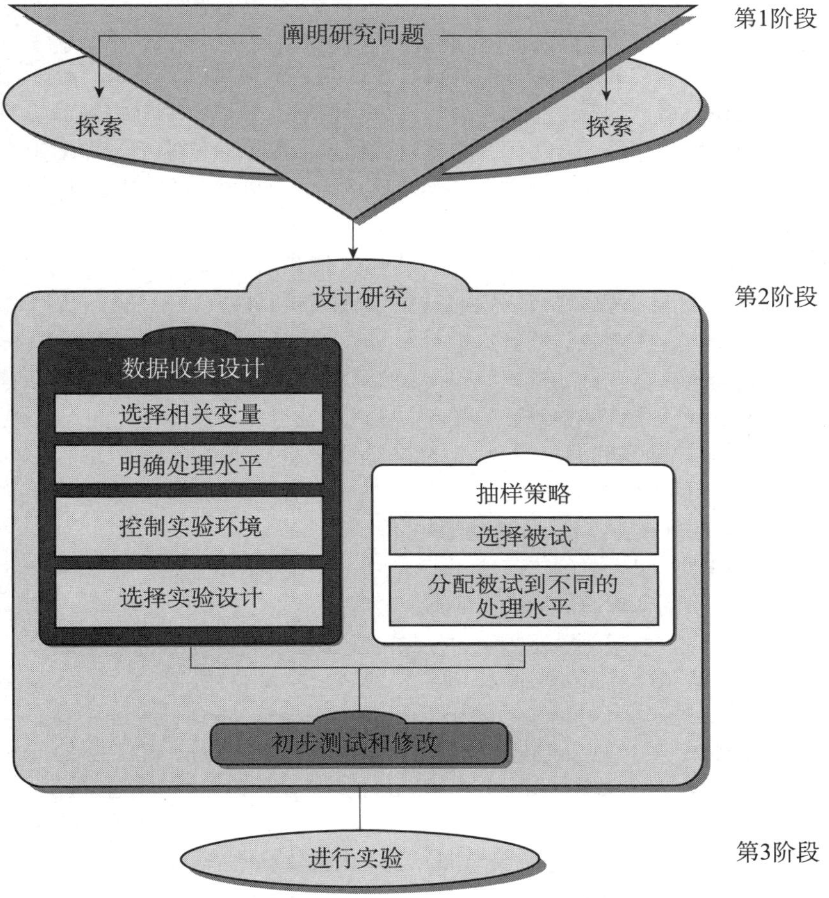

在12分钟的产品销售演示中，把产品优点模块放在简介部分的报告相比那些放在结论部分的演示，能产生更好的有关产品知识的记忆。

研究者需要选择最能够让概念（如销售展示、产品优点、记忆以及产品知识）可操作化的变量。研究者也应该定义产品的类别和目标观众的性质。另外，术语通过显著性检验能被更好地操作化。实验中的变量数目受项目预算、时间、恰当控制的可行性以及被试数量等限制。由于统计的原因，必须拥有比变量数目更多的被试。[7]

选择用于检验的测量工具时，需要对现有文献和工具进行完整的综述。另外，测量工具必须适合研究情境的特殊需要，而不改变它们的特定目的或原始含义。

快速浏览

机器人实验

几十年来，在生产车间我们看到机器人正在取代人类。在重复性任务需要高度精确操作的情况下，机器人似乎运行良好。最低工资标准的提高也提升了人们对机器人的兴趣。人工智能是否足够先进，让我们可以在零售场合使用机器人？

在热衷机器人的日本，哥伦比亚广播公司的记者塞斯·多恩（Seth Doane）在长崎市附近奉行低成本、未来主义的Henn na Hotel住了一晚。在那里，从搬运行李到办理入住手续再到客房服务均由机器人完成。机器人替代人类工作的进程是由经济因素推动的。“对于提供高端服务的五星级酒店来说，员工至关重要。但是，对于三星级或四星级酒店，你需要的是以合理的价格得到舒适的住宿环境以及基本的沟通。”Henn na Hotel经理泽田秀雄说。与拥有员工的酒店相比，机器人将劳动力成本降低了70%。

Peppers and Rogers Group的创始合伙人唐·佩珀斯（Don Peppers）警告说，机器和人类之间的权衡不应该只考虑经济因素。“即使是最常规和重复性的任务也仍可以改进、更改、升级或修改为更好、更高效的任务。机器永远不会建议做这些改变，而人类会。”

计算机每年都在以更低的成本获得指数级别的更强大的功能。这使得具有成本效益的机器人技术更有可能用于许多重复性的任务。实验还在继续。在旧金山的一家商店中，塔吉特（Target）正在测试使用机器人来发现库存空缺或货架上的不合格商品。在全食（Whole Foods）商店中，如果你喝茶的话，就可以参加一个从机器人那里订购茶并由其冲泡的实验。温迪（Wendy）和麦当劳正在一些餐厅测试自助服务亭。

但是在丰田汽车最古老的工厂里，人们在一个角落锻造曲轴。在彭博社的一篇文章中，丰田高级管理人员河合满（Mitsuru Kawai）透露：“我们不能仅仅依靠一遍又一遍地重复执行相同任务的机器。要成为机器的主人，你必须具备教授给机器的知识和技能。”

资料来源：“A night in Japan's robot hotel,” CBS News, July 22, 2015, downloaded May 23, 2016 (http://www.cbsnews.com/news/inside-japan-robot-hotel-hennna-where-staff-are-robots/); Craig Trudell, Yuki Hagiwara and Ma Jie, “Herald Toyota's Vision of Future,” Bloomberg, April 7, 2014, downloaded May 23, 2016 (http://www.bloomberg.com/news/articles/2014-04-06/humans-replacing-robots-herald-toyota-s-vision-offuture); Judith Aquino, “Automate or Humanize? The Great Customer Service Debate,” 1to1 Media, May 23, 2016, downloaded May 23, 2016 (http://www.1to1media.com/view.aspx?docid=35796&utm_content=title&utm_source=1to1weekly&utm_medium=email&utm_campaign=05232016); Larry Downes, “Happy birthday to Moore's Law,” The Washington Post, April 16, 2015, downloaded May 29, 2016 (https://www.washingtonpost.com/news/innovations/wp/2015/04/16/happy-birthdayto-moores-law/); Matt McFarland, “Ex-McDonald's CEO says raising the minimum wage will help robots take jobs,” Washington Post, May 25, 2016, downloaded May 29, 2016 (https://www.washingtonpost.com/news/innovations/wp/2016/05/25/ex-mcdonalds-ceo-says-raising-the-minimum-wage-will-help-robots-take-jobs/); Julie Vogtman and Agata Pelka, “Minimum Wage Update: State and Local Highlights,” National Women's Law Center Blog, June 5, 2015, downloaded May 23, 2017 (https://nwlc.org/blog/minimum-wage-update-state-local-highlights/); Julie Vogtman, “The Fight for $15 is Winning for Women and Families,” National Women's Law Center, April 2017, downloaded May 23, 2017 (https://nwlc.org/wp-content/uploads/2017/04/The-Fightfor-15-is-Winning.pdf).

8.2.2 明确处理水平

在一个实验中，**实验处理**（experimental treatment）是参与者对自变量的操控。自变量的**处理水平**（treament level）是研究者对于实验自变量所确定的主观的或自然的类别。例如，假设薪酬（自变量）对于员工的股票购买行为（因变量）有影响，薪酬可以分为高、中、低来代表自变量的三个水平。

给一个自变量分派的水平应该基于简单性原则和常识。在销售演示的例子中，如果对产品信息的介绍大约需要 12 分钟，实验者就不应该选择 8 分钟和 10 分钟作为起点来代表两种处理水平。同样，如果把产品优点模块的内容放在演示的第 1 分钟和第 2 分钟，将可能观察不到差异，因为两种水平太接近了。因此，在第一轮实验中，研究者可以把产品优点模块放在距离简介部分和结论部分的时间段相同的位置（如图表 8－5所示）。

图表 8－5　销售演示中产品优点模块放置位置的实验

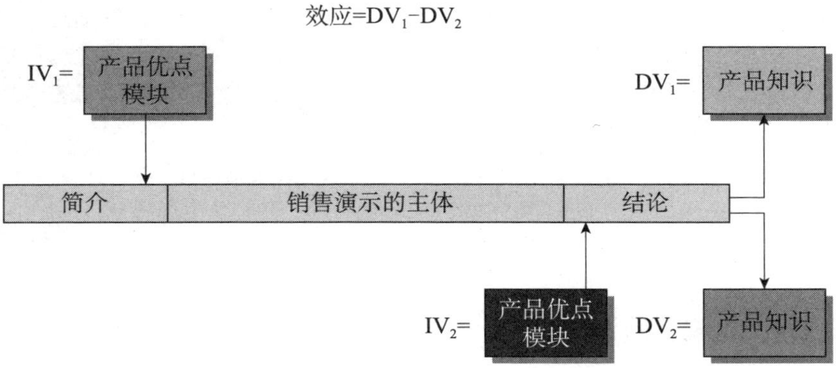

注：假设在 12 分钟的销售演示中，产品优点模块放在简介部分比放在结论部分能使顾客产生更好的产品知识记忆。

在完全不同的假设下，可能需要自变量的几个水平来检验呈现顺序的效应。这里我们仅仅使用两个水平的自变量。此外，**控制组**（control group）可以提供比较的基准。与那些接受实验处理的被试相比，控制组的被试没有受到自变量的影响。

8.2.3　控制实验环境

在这一阶段，我们主要关注**环境控制**（environmental control），即保持实验的物理环境恒定不变。实验介绍和指导语最好使用录像带，以确保一致性。在实验的每一次实施中，房间的安排、实施的时间、实验者和被试的练习等必须保持一致。

其他形式的控制涉及被试和实验者。当被试不知道自己正在接受实验处理时，为**单盲实验**（blind）。当实验者不知道他们正在对实验组或控制组实施实验处理时，这种实验称为**双盲实验**（double blind）。两种方法都控制了不必要的干扰因素，如被试对预期条件的反应或实验者的影响。

在销售演示实验中，年龄、性别、种族、服饰、沟通能力以及参与者、信息或情境的许多其他特征都可能作为外部变量出现。这些外部变量可能会使实验处理对因变量所产生的效应失真，因此，必须控制或排除这些变量。

快速浏览

Zeotap 实验与梅赛德斯-奔驰

数据隐私和安全法规在世界各地有很大的不同。因此，找到一种使电信公司能够将其大规模的客户数据进行变现的模型是一项重要的任务。Zeotap 是一家德国初创公司，可以将多家电信公司的数据与希望定位特定目标客户的广告商联系起来。它们刚刚与梅赛德斯-奔驰完成了一项实验。

当你购买移动设备时，你向运营商提供了你的姓名和地址。他们会把这些信息与你的套餐计划的详细信息进行匹配，包括电话号码、手机型号、语音、数据和每月套餐费用。随着时间的推移，它们会增加你的实际使用情况信息，包括你使用各种移动设备的方式和位置。Zeotap 的工作是获取匿名的、没有个人识别信息的电信数据，并将移动广告通过自己的平台和广告技术合作伙伴（例如 Zenith）的平台面向这些消费者的细分群体进行推送。

由于奔驰 E 级轿车比较昂贵，因此奔驰希望吸引的目标群体“年龄在 40～60 岁之间，每月移动账单花费 100 欧元或以上，或花费 100 欧元或以上并支付了不止一个移动线路的费用”。借助 Zeotap 的技术，可以做到这一点。你将如何设计和评估实验？

资料来源：www. mercedes-benz. com；www. zeotap. com；www. zeotap. com.

8.2.4 选择实验设计

实验设计是实验法所独有的。在进行实验时，研究者应用自身知识选择一个最适合研究目标的设计。对实验设计的审慎选择将提高观察到因变量的变化来源于对自变量的操纵而非其他因素的概率，同时可以提高实验结果在实验环境之外的可推广性。

8.2.5 选择和分配被试

所选的实验参与者应该能代表研究结果预期推广的目标群体。在销售演示的例子中，如果所谈论的产品是瞄准工业用途而不是消费者使用时，公司客户、采购经理或其他有决策资格的人作为研究参与者，将比大学生作为参与者更有利于产品的推广。

实验被试的随机抽样程序原则上与问卷调查中被调查者的选择程序是相同的。研究者首先准备好样本框，然后使用随机化技术把被试分配到各个实验小组中。然而，如果使用随机化方法，被分配到实验组的被试很可能与分配到控制组的被试是相似的。要使各组的因变量尽可能可比较，就需要把被试随机分配到各组。随机化不能确保在实施处理之前进行预测试时各组的情况会完全相同，但可以保证存在的差异是随机分配的。在我们的例子中，需要三个随机分配的小组——两个小组分别实施两种实验处理，第三个小组为控制组。

当把被试随机分配到各组不可行时，可以使用匹配法。**匹配**（matching）使用了非概率定额抽样方法。匹配的目标是将实验组和控制组的每一个被试在研究所涉及的每种特征上都进行匹配。随着变量和研究组数量的增加，这种方法会显得笨拙。由于受关注仅仅是与处理水平或因变量相关的特征，因此，这些特征很容易识别、控制和匹配。[8]在销售报告的实验中，如果大部分样本由最近刚接受过沟通培训的商业女性构成，我们将不会把性别、商业经历以及沟通培训等特征不均衡地分配到一个组中。

一些权威人士认为**配额矩阵**（quota matrix）是使匹配过程直观化的最有效的方法。[9]在图表8-6中，每个矩阵单元中1/3的被试将被分配到三组中的任意一组。如果匹配不能缓解分配问题，则可以综合使用匹配、随机化以及增加样本量等几种方法。

图表8-6　配额矩阵的例子

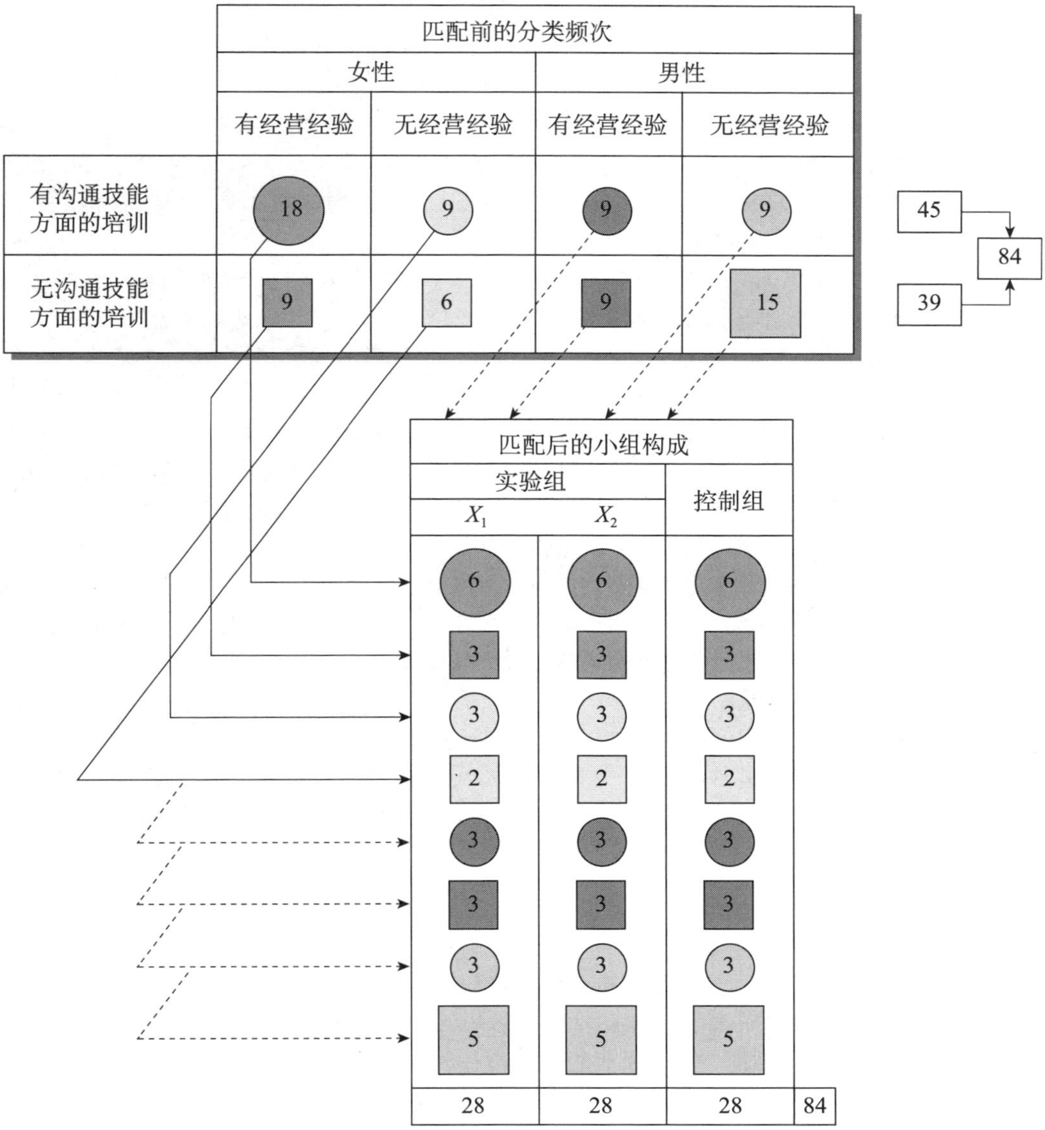

8.2.6　初步测试、修改和正式测试

这一阶段的程序与其他数据收集方法的程序相同。初步测试的目的是发现设计中

的错误以及针对外部变量或环境条件的不恰当的控制。初步测试能使研究者在最终测试之前对工具进行修改完善。这是研究者修改实验设计的最好机会，寻找实验室条件下的控制问题，仔细检查环境以找出可能混淆结果的因素。在现场实验中，研究者有时会对给被试带来巨大影响的事件不够警觉，例如，实验前竞争对手宣布对产品进行试销，或者在进行重要的组织干预之前大规模地裁员、重组或者并购。实验应该选择时机，这样被试就不会因为一些环境因素对自变量那么敏感了。

快速浏览

麻省理工学院的可感知城市实验室

未来的工作空间与今天或十年前会有什么不同？麻省理工学院可感知城市实验室主任卡洛·拉蒂（Carlo Ratti）表示，今天的工作、生活和休闲空间都将成为未来的工作空间。“查尔斯-爱德华·勒柯布西耶（Charles-Édouard LeCorbusier，现代建筑之父，在目前的城市空间设计中发挥了重要作用）宣称城市有四个功能：居住、工作、娱乐和交通。当前的一些研究者预测，城市将最终消失。但城市不会过时。随着数字世界和物理世界的融合，城市正在蓬勃发展。我们正在收集数据以了解这种融合。”

“1979年还没有手机，当时估计，到了2016年，移动设备将会建立70亿个连接，而到2020年将达到500亿个连接。传感器通过IoT嵌入我们生活的方方面面，这个数字只会继续攀升。”可感知实验室已经在迪拜购物中心、巴黎卢浮宫博物馆和麻省理工学院校园等不同地方的工作、生活和休闲空间进行了实验。麻省理工学院是第一批WiFi完全覆盖（2000年前）的校园之一，可监控访问WiFi网络的位置和时间也就不足为奇了。它还尝试使用其WiFi网络来监测什么时候空间被占用，并根据需要来调整供暖/制冷环境，即所谓的“局部供暖”。可感知实验室的研究表明，工作并非固定的，在一天中会转移到不同空间。因此，一个空间不再必须具备单一的专用用途。当该用途不是立刻需要时，该空间就空了出来。一家欧洲家具制造商正在试验一种模块化家具。该家具由可调节高度的单一尺寸的吊舱组成。当几个吊舱聚集在一起时，可以变成桌子、椅子、沙发、床，甚至是带凳子的酒吧桌。一些城市正在拥抱这种灵活空间的概念，它们为远程办公但又不想在家工作的人提供了“共同工作空间”。星巴克对某些人可能很有吸引力，但是不久之后，这些职场人士将有许多不同的选择。

资料来源： senseable. mit. edu.

8.2.7 分析数据

如果研究者进行了充分的计划和初步研究，那么实验数据将形成不同于调查和非结构化观察研究所得的顺序和结构。这并不是说来自实验法的数据容易分析，而是处理水平、前测和后测以及小组结构等使数据得到了更好的整理，也相应简化了统计技术的选择。在实验法中，研究者可以选择以下几种测量方法和工具：

- 观察清单和编码计划；
- 使用开放式问题或封闭式问题的自我报告工具；
- 量表技术（例如，李克特量表、语义差异量表、Q-分类技术）；
- 生理测量（例如，皮肤电阻反应、心电图（EKG）、音频分析（voice pitch

analysis)、眼球扩张（eye dilation))。

8.3 实验法的效度

即使实验法是一种理想的研究设计，它也并非不存在问题。结果是否真实就经常是一个问题。我们前面把效度定义为一个测量是否达到了它的目的。尽管有多种不同类型的效度，这里仅仅考虑两种主要的效度：**内部效度**（internal validity）——我们所论证的实验关系的结论真的包含因果关系吗？**外部效度**（external validity）——所观察到的因果关系能在不同的人、不同的场景和不同的时间进行推广吗？[10] 每一类效度都有具体的威胁因子值得我们警惕。

8.3.1 内部效度

在众多影响内部效度的威胁因子中，我们主要考虑以下七个：

- **历史**（history）因素；
- **成熟**（maturation）因素；
- **测试**（testing）因素；
- **测量工具**（instrumentation）因素；
- 被试**选择**（selection）因素；
- **均值回归**（regression toward the mean）因素；
- **实验样本流失**（experimental mortality）。

我们将用一种叫作前实验（preexperiment）的设计来讨论以下几种情况。一家公司的管理层可能希望在本年度的劳工谈判之前找到向员工告知公司财务状况的最佳方法。为了评估这种努力的价值，管理者对员工进行了一次有关公司财务知识的测试（O_1）。然后，他们对所有员工进行培训（X），培训后公司再次测量员工的知识水平（O_2）。这种设计称为前实验设计，它不是一个很有效力的设计，可表示如下：

O_1	X	O_2
O_1 前测	X 操作	O_2 后测

在这个设计中，在引入对自变量（X）的操作前，我们需要对因变量（O_1）进行控制测量。在对自变量进行操作后，我们再对因变量进行一次后测。那么，O_1 和 O_2 之间的差异即为操作所导致的变化。然而，在 O_1 和 O_2 之间，可能发生很多事件混淆培训的影响。

历史因素

在实验过程中，可能会出现一些公司无法控制的事件，使正在研究的关系变得混乱。大公司可能会遇到罢工。报纸文章可能披露公司有财务问题，工会会议可能对这一问题进行了讨论，或者其他事件的出现可能扭曲了公司培训测试的效果。

成熟因素

随着时间的推移，被试自身可能会出现变化，这种变化并不针对任何具体的事件。当研究历时较长时，这些因素十分值得关注。但当实验只有一两个小时时，这些因素也可能成为测试中要关注的因素。被试可能在短时间内饥饿、厌烦或者疲倦，这些情况会影响反应结果。在我们的实验中，在 O_1 和 O_2 节点间，一个参与者可能刚好在当地的大学上财务或会计课程。

测试因素

接受测试的过程会影响第二次测试的得分。第一次测试的经历会产生学习效应，从而影响第二次测试的结果。因此，在我们的实验中，对财务知识的测试行为实际上会增加员工对这类信息，特别是那些他们一开始不知道的答案的信息的敏感度。

测试工具因素

测量工具对内部效度的影响是由测量工具或者观察者在各次观察之间的变化所引起的。每次测量选用不同的题目很显然会有问题，选用不同的观察者或访谈者也会影响效度。即使所有的测量选用同一个观察者，还是可能出现问题。观察者的经验、厌烦、疲劳以及对结果的预期都会使每次观察的结果失真。我们可能会通过调查或访谈来测量财务知识，如果改变方法或工具，就会威胁到实验的内部效度。

被试选择因素

内部效度的一个重要威胁因子是对实验组和控制组进行有差别的被试选择。基于效度的考虑，要求所有组在每一方面都是等同的。如果把被试随机分配到实验组和控制组，则可以在很大程度上解决这个问题。另外，各组成员在关键因素上的匹配能提高各组的等同性。如果在一组中只选择来自财务或会计部门的参与者，而在另一组中只选择来自生产车间的工人，则会给实验带来内部效度问题。

均值回归因素

当依据极端值来选择研究组时，统计回归的影响尤其明显。假设我们在实验前的几天内测量某部门所有员工的产出，然后对那些生产率得分排在前 25%和后 25%的工人进行实验。不管在 O_1 和 O_2 上做什么，都会产生一种明显的趋势：在 O_1 上高分者的得分不断降低，在 O_1 上低分者的得分不断提高。实际上，这种趋势是由于在记录 O_1 上得分特别高或特别低的人时，测量本身并不完美。在第二次测量中，两组成员的得分更接近他们最终的平均分。

实验样本流失

当研究小组的构成在测试期间发生改变时，即出现实验样本流失。流失尤其可能出现在实验组，减少一个被试，小组就发生了变化。由于控制组成员不受测试情境的影响，他们很少会退出。在一项薪酬激励研究中，一些员工可能不喜欢薪酬方案的改变，因而会从实验组退出。这种行为可能歪曲了与控制组的比较，因为控制组依然在研究建立的系统中继续工作，也许不知道正在进行实验。

到目前为止提到的所有威胁通常（但并非总是）通过在实验中随机分配被试得到充分处理。然而，内部效度的下面五个影响因素与随机分配被试无关。[11] 其中前三个因素对平衡实验组和控制组有用。

1. 实验处理的扩散或者模仿（diffusion or imitation of treatment）。如果实验组和控制组的被试进行交谈，则控制组的被试可能听说了实验处理，从而会减少组间差异。

2. 补偿平衡（compensatory equalization）。当实验处理更为理想时，管理者可能不愿意剥夺控制组被试的权利。对控制组实行的补偿行为可能混淆了实验结果。

3. 补偿竞争（compensatory rivalry）。这种情况可能在控制组成员得知自己处在控制组时发生。它可能产生竞争性压力，使控制组成员更加努力。

4. 不满引起的士气低落（resentful demoralization of the disadvantaged）。当实验处理更为理想，而且实验又引人注目时，控制组成员可能因为被剥夺权利而感到不满，从而降低他们的配合度和产量。

5. 当地历史（local history）。前面已经提到，正常的历史效应对实验组和控制组产生同样的影响。然而，当实验者把所有的实验对象分到一个组，把所有的控制对象分到另一个组，一些特殊的事件可能会混淆实验结果。这个问题可以通过给个体或者小组随机分配实验内容和控制内容来处理。

8.3.2 外部效度

内部效度的影响因素会使观察到的差异是来源于实验处理（X）还是来源于外部变量弄混淆。相比而言，外部效度关注实验处理与其他因素的交互作用，以及研究结果在不同时间、不同地点或不同个体之间的推广能力。以下交互作用可能是外部效度的主要影响因素：

- 在 X 上的测试反应性；
- 被试选择和实验处理 X 的交互作用；
- 其他反应性因素。

在 X 上的测试反应性

反应性效应是指经过前测后被试变得更为敏感，他们以不同的方式对实验处理（X）作出反应。针对公司的生态项目的知识进行前测，通常会使被试对公司作出的各种实验性的沟通努力变得敏感。当自变量是态度的改变时，这种前测效应可能在实验中尤为显著。

被试选择和实验处理 X 的交互作用

为实验选择被试的过程可能成为外部效度的一个威胁因素。实验者选择被试的群体可能与实验者希望推广结果的群体是不同的。假设你选择了某个部门的工人群体进行计件工资激励制度的测试，就可能存在一个问题：你能否把结果推广到所有的生产工人当中？假设在一项研究中你要求一个有代表性的群体参与实验，但许多人拒绝了。如果你仅仅使用那些同意参加实验的人（自我选择）来进行实验，结果能推广到总体吗？

其他反应性因素

实验环境本身可能会对被试在实验处理上的反应有倾向性的影响。人为设定的环境所产生的结果明显不能代表更大范围的总体结果。设想把得到激励性报酬的工人转移到另一个工作区，与控制组分开。仅仅这些新的条件就可能产生强烈的反应性效应。

如果被试知道自己在参加实验，他们可能会出现一种反应倾向，即采用一种歪曲实验处理效应的方式作出反应。另一种反应性效应是实验处理和被试特征之间可能产生交互作用。激励性报酬的提议可能对从事某种类型工作、具有某种技能水平或者某种人格特质的员工更有效。

通过精心的实验设计可以解决内部效度问题，但不能解决外部效度问题。外部效度主要是一个推广性的问题，在逻辑意义上，这是一个由收集到的数据进行推断的归纳性过程。在推广时，我们要评价那些可能被忽略的并将与实验变量发生交互作用的因素。假定两个事件在时间、空间和测量上越近，它们越可能遵循同样的法则。

根据经验，首先要保证内部效度。通过使实验条件尽可能与结果将要应用的环境条件类似，尽力获取更高的与内部效度要求相协调的外部效度。

8.4　实验研究设计

对于自变量和因变量的关系，不同实验设计在控制干扰因素的能力上各不相同。广为接受的实验设计一般基于这种控制特征，主要有三种类型：（1）前实验设计；（2）真实验设计；（3）现场实验设计（如图表 8－7 所示）。

图表 8－7　关键的设计符号

X	*X*代表给研究小组呈现实验刺激。自变量的影响最值得关注。
O	*O*代表一种测量方法或观察活动。
R	*R*代表小组成员被随机分配到各组。
E	*E*代表实验效应，用等式表示。

图中的*X*和*O*按时间顺序从左到右进行阅读。

当多个*X*和*O*相互垂直时表示刺激和/观察同时进行。

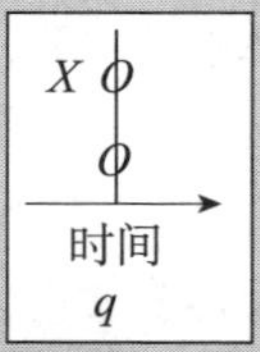

平行的行没有被虚线分开，表明随机化过程已经使相互对照的两组实现了均衡。

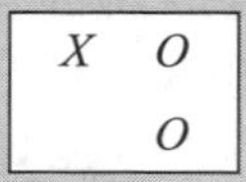

那些被虚线分开的组并没有被均衡化。

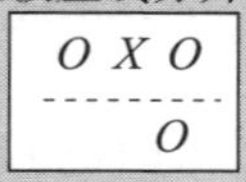

8.4.1 前实验设计

三种前实验设计的科学测量能力都很弱。也就是说，它们无法充分控制对内部效度的各种威胁。对于事后研究来说尤其如此。

后测设计

后测设计（after-only design）可以用以下方式表示：

$$\underset{\text{对自变量的处理或操纵}}{X} \qquad \underset{\text{对因变量的观察或测量}}{O} \tag{1}$$

一个例子是在事先没有评估员工财务知识的情况下，开展有关公司财务状况的员工教育活动。结果只能显示员工在开展教育活动后知道了什么，但是无法判断这个活动的有效性。你认为这个设计将如何处理对内部效度的各种威胁？因为缺乏预测试和控制组，这个设计不适用于构建因果关系。

单组前测-后测设计

单组前测-后测设计（one-group pretest-posttest design）是前面的培训例子中使用的设计。它比仅有后测的研究面对的内部效度的威胁因素要少，但它仍然是一个较差的设计。如何控制好历史因素、成熟因素、测试因素或其他影响？

$$\underset{O\text{前测}}{O} \qquad \underset{X\text{操作}}{X} \qquad \underset{O\text{后测}}{O} \tag{2}$$

静态小组对照设计

静态小组对照设计（static group comparison design）提供了两组被试，一组接受实验刺激，另一组作为控制组。在现场环境下，想象这一场景：森林火灾或者其他自然灾害是实验处理，居民所遭受的精神创伤（或财产损失）是测量到的结果。在森林火灾之前可能有前测，但不是大规模进行的（如在加利福尼亚火灾中）。而且，前测的时机也是个问题。接受后测的控制组由那些财产还有剩余的居民组成。

$$\begin{array}{cc} \underline{X} & \underline{O_1} \\ & O_2 \end{array} \tag{3}$$

增加一个控制组可以大大改善前两种设计。但增加控制组的主要缺陷是，无法确保控制组和实验组是等同的。

8.4.2 真实验设计

前实验设计的主要缺陷是无法提供真正同质的控制组。获得同质组的方法是通过匹配或者随机分配。使用随机分配小组，我们可以对观察到的差异进行统计显著性检验。

通常用 X 表示测试刺激，用空白表示控制情境的存在。这是对真实情况的高度简化。更准确地说，有 X_1 和 X_2，有时还有更多。X_1 指一个具体的自变量，X_2 通常是随意选择的作为控制处理的另一个自变量。同一自变量的不同水平可能也会用到，选择其中的一个水平作为控制组。

前测-后测控制组设计

前测-后测控制组设计（pretest-posttest control group design）是在单组前测-后测设计中增加一个控制组，通过随机程序（R）把被试分配到各组。如下所示：

$$\begin{array}{llll} R & O_1 & X & O_2 \\ R & O_3 & & O_4 \end{array} \tag{4}$$

实验变量的效应是：

$$E=(O_2-O_1)-(O_4-O_3)$$

这种设计能够很好地处理内部效度的七个主要问题，尽管仍然存在一些困难。当地历史可能在一个组出现，在另一个组不出现。此外，如果实验组和控制组的被试之间有交流，可能会产生竞争性问题或者其他内部效度问题。

这种设计很好地处理了成熟因素、测试因素和均值回归等因素的影响，因为实验者可以预期它们在实验组和控制组中是等同的。然而，如果各研究组有不同的退出率，被试损耗因素将成为问题。用随机分配方法可以充分克服被试选择效应。

然而，这种设计在外部效度上并不好，可能会出现来自测试的反应性效应。在态度改变研究中，前测引入了不同寻常的主题和内容，因此，反应性效应对研究有很大影响。这种设计也不能保证消除了被试选择和实验变量之间的反应。甚至较高的被试退出率可能会使随机选择落空。这将导致非概率样本的使用，尤其是自愿者样本和不具代表性的样本的使用。如果这种情况发生，我们首先要在其他条件下用另一些被试多次重复实验，才会对外部效度有信心。

仅有后测的控制组设计

仅有后测的控制组设计（posttest-only control group design）省略了前测。在经典的研究设计中要进行前测，但如果可以做到随机化，前测并不是必要的。这种设计如下：

$$\begin{array}{lll} R & X & O_1 \\ R & & O_2 \end{array} \tag{5}$$

通过 O_1 和 O_2 之间的差异可以测量实验效应：

$$E=O_2-O_1$$

这种设计的简易性使得它比前测-后测控制组设计更有吸引力。历史因素、成熟因素、被试选择因素以及均值回归等内部效度影响因素，都可以通过随机分配得到充分控制。由于仅仅对参与者测量一次，所以这种设计可以减少测试和测量工具等因素的影响，但实验组和控制组之间不同的被试缺失率仍然是一个潜在的问题。这种设计减少了测试交互作用效应所产生的外部效度问题。

8.4.3 现场实验：准实验或半实验设计[12]

在现场条件下，我们通常无法充分控制外部变量或实验处理来采用真实验设计。由于刺激条件在自然环境中发生，因此需要进行现场实验。

本章开头提到的旁观者和小偷现场实验的现代版本包括使用电子监控系统来防止某些人冒充顾客进商店行窃。在一项研究中，一名购物者来到一家大商场的眼镜柜台前，让售货员拿出设计新颖的镜框。这位售货员（实验者的同伙）回答说她去附近储存室的箱子里取，然后就走开了。这名“小偷”从开着的柜台拿走两副太阳镜，撕去安全标签，然后走出商店。

35%的被试（商店顾客）在售货员回来后报告了偷窃行为。63%的被试在售货员问起的时候才说出来。和以前研究不同的是，另一名顾客在场并没有降低报告偷窃行为的意愿。

这项研究不可能使用控制组、前测或随机分配被试，但它所获得的信息很重要，可以作为真实验设计的折中方法。我们也使用了前面讨论的前实验设计或准实验设计处理同样的问题。在准实验设计中，我们通常不知道在什么时候或对谁进行实验处理。然而，通常我们可以决定在什么时候测量谁。准实验设计不如真实验设计，但它通常优于前实验设计。在本节内容中，我们详细探讨一些常用的准实验设计。

非等同控制组设计

非等同控制组设计（nonequivalent control group design）是一种非常有效并得到广泛使用的准实验设计。它不同于前测-后测控制组设计，因为实验组和控制组没有随机分配。这种设计如下所示：

$$\begin{array}{ccc} O_1 & X & O_2 \\ \hline O_3 & & O_4 \end{array} \qquad (6)$$

这种设计有两种变式。一种是完整等同设计（intact equivalent design），其中实验组和控制组是自然分配的。例如，我们可以使用一个学校的不同班级、相似俱乐部的成员或者来自相似商店的顾客。在理想的状况下，两组是尽可能相同的。当任何类型的被试选择过程都存在反应性问题时，这种设计尤其有用。

第二种变式是自我选择实验组设计（self-selected experimental group design），这是一种较差的设计，因为实验组由招募的自愿者组成，而非自愿者作为控制组。当被试认为他们有兴趣参与实验——比如一个测试性培训项目时，可能采用这类设计。

前测结果的比较（O_1-O_3）是衡量实验组和控制组等同程度的一个指标。如果前测结果有显著差异，两组的可比性就会存在问题。另外，如果前测观察中两组是相似的，就更有理由相信实验的内部效度良好。

分离样本的前测-后测设计

当我们不知道什么时候对谁实施处理，但能决定什么时候对谁进行测量时，使用**分离样本的前测-后测设计**（separate sample pretest-posttest design）是最适合的。基本的设计如下所示：

$$\begin{array}{cccc} R & O_1 & (X) & \\ R & & X & O_2 \end{array} \qquad (7)$$

括号内的处理（X）与研究目的不相关，它表明实验者不能控制这种处理。

这不是一种很好的设计，因为它无法充分控制内部效度的几个影响因素。历史因素会使实验结果失真，但能通过在其他环境和其他时间重复进行研究来克服这一缺陷。相比而言，在外部效度上它比真实验设计要好。其优点在于它是现场实验，其中样本通常来自我们希望推广结果的总体。

特写

工作丰富化的准实验设计[13]

一种有关工作态度的理论认为，“保健”因素包括工作条件、工资、安全、地位、人际关系以及公司政策，它可能是员工不满的主要来源，但很少起到积极的激励作用。这一理论提出，积极的激励因素是工作本身所固有的，包括成就、对成就的认可、工作本身、责任以及成长或提高。

有研究者在英国化工公司（British Chemical）以实验室技术员和“学术主任”（EO）为研究对象，对工作丰富化作为工作满意度构成因素的价值进行了研究。这个项目采用了多组时间序列的准实验设计。在本专栏的最后，我们用图表展示了这个项目。

这个部门的两个分部作为实验组，另两个分部作为控制组。选择这些组的依据不是很清楚，但没有使用随机分配方法。其中的一个实验组和一个控制组紧挨着一起工作。而另外两组在地理位置上是分开的，并参与了不同的研究。“保健”因素在研究期间保持恒定，而且研究是保密的，以避免被试以虚假的方式作出反应的倾向。

前测使用工作反应调查工具。结果表明学术主任的工作士气尤其低，并且许多人写出了他们遭受的挫折。研究者要求所有的学术主任每月写进展报告，这些报告被用来评价他们的工作质量。评价时要参照八个标准，它们由 3 名非本部门的管理人员所组成的小组制定。评价者并不知道哪些实验室技术员在实验组，哪些在控制组。

研究历时一年多，通过一些改变为实验组的学术主任提供取得成就的重要机会，同时也使工作更具挑战性。例如，认可学术主任取得的成就，增加他们某些方面的权力，给高级学术主任分配新的管理职责，提供自我主导的工作机会。6 个月后，一个控制组也进行同样的改变，另一个组继续作为整个研究的控制组。学术主任几个月的进展报告可以作为评估的先前基准线。这个项目的结果如图表 8－8 所示。

图表 8－8　对学术主任月度报告的评价

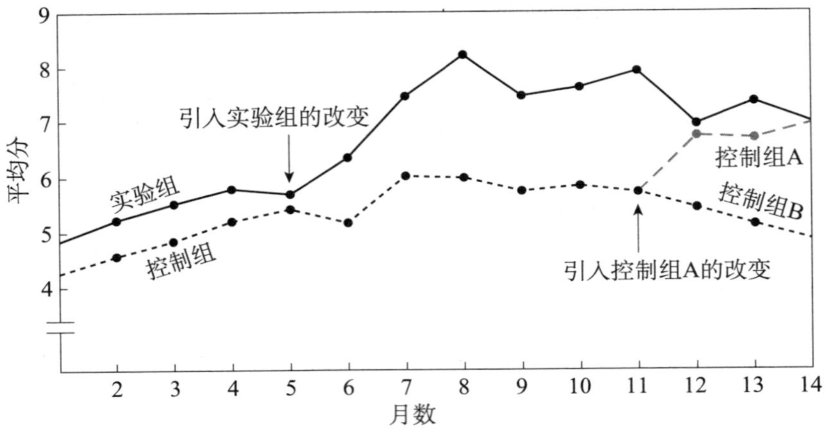

我们将发现，当总体很大、前测存在反应性问题或没有办法限制实验处理的应用时，这种设计更适合。设想一家公司正计划采取强有力的宣传活动来改变员工对节约能源的态度。研究可能要随机抽取两组员工作为样本，在宣传前对一组进行有关能源使用态度的访谈，在宣传后再对另一组进行访谈。

小组时间序列设计

小组时间序列设计（group time series design）引入了实验处理前和实验处理后的重复观察，它允许被试在自己的掌控下进行活动。单一处理组设计把前测-后测作为唯一的控制。多组设计采用两个或多个比较组，对每一个实验处理组都重复测量多次。

当定期保存的记录是环境中自然存在的内容，并且不可能存在反应性效应时，时间序列设计会特别有用。此外，在用事后回溯方式研究计划外的事件时，时间序列法也是一种很好的方法。假设美国联邦政府突然开始进行价格控制，如果我们在某个时间段里定期收集了一些价格控制之前和之后的记录，就可以研究这种做法所产生的效应。

这种设计的内部效度问题是由历史因素造成的。为了减少这种风险，我们要记录实验期间可能出现的外部因素，并试图调整结果以反映这些因素的影响。

8.5　对实验法的评价

8.5.1　优势

我们没有办法确定地证明因果关系，但是可以毫无疑问地确定一个变量与另一个变量相关。要做到这一点，实验法比其他任何原始数据收集方法都更好。

实验法的最大优势是，研究者能操控自变量。因此，因变量的变化源于这种操控作用的可能性就增大了。而且，控制组可以作为对照来评估操作的存在和效力。

实验法的第二个优势是，可以比其他研究设计更有效地控制来自额外变量的干扰。这有助于研究者分离出实验变量，并评估它们随着时间的推移所产生的影响。

实验法的第三个优势是，在便利性和成本方面优于其他方法。这些优势使得实验者能机动地安排数据收集时间，灵活地调整变量和条件，以引发在常规情况下无法观察到的极端表现。另外，实验者可以组合变量进行检验，而不用在研究环境下搜寻它们的偶然出现。

实验法的第四个优势是**重复性**（replication），即在不同的环境条件下使用不同的被试组重复一个实验。这一优势能使实验者发现自变量在不同被试、不同情境和不同时间下的平均效应。

实验法的第五个优势是，研究者使用自然发生的事件和**现场实验**（field experiment）（对真实环境条件下的因变量进行研究），在某种程度上弱化了被试把研究者当作他们日常生活的干扰源的感受。

8.5.2　劣势

第一，实验室的人为性是实验法的主要缺点。然而，在设备上进行投资可以大大改善被试对人为设计的环境的知觉。第二，尽管进行了随机分配，但非概率样本的推广性可能存在问题。一项研究能在多大程度上从大学生身上推广到经理或主管身上，仍然受到人们的质疑。而且，当实验不能进行成功的伪装时，自愿参加的被试通常是那些对主题很感兴趣的人。第三，尽管实验成本很低，但实验法所需的费用在很多情况下远远超过其他数据收集方法。第四，实验法对解决当前的或不久将出现的问题更有效。对过去进行实验研究是不可行的，对于意图和预测也很难进行实验研究。最后，管理研究通常关注对人的研究。实验法由于其操纵和控制涉及伦理问题，因而在应用上受到一定限制。

8.6 伦理问题及其解决方案

实验涉及的主要伦理问题是参与者的福利、参与者的隐私、研究质量以及对委托方和结果的保密。在实验室实验中，参与者通常是预先招募的，签订知情同意协议是常规流程，因此参与者隐私保护不是问题。然而，在参与者对自己参与实验并不知情的现场环境中，研究者没有得到参与者的事先同意。这就意味着，为了保护研究目标，参与者的隐私受到了侵犯。研究者通过向参与者进行**释疑**（debriefing）来解决这个问题。在不影响正在进行的实验的前提下，研究者会分享他们能够分享的关于实验的细节。

在任何实验中，当研究者操纵一个或多个变量时，参与者都会受到影响。在有关旁观者举报盗窃行为的经典实验中，研究者不知道参与者在观察到犯罪时会经历什么样的情感创伤。研究者应始终根据对参与者任何可能的伤害来判断信息和洞见的价值。如果研究者有显著的顾虑，他可以安排训练有素的人员（如心理学家、咨询师等）来应对预期的或可能的影响。

研究质量始终至关重要，尤其当研究目标是确定因果关系时。研究者通过认真制定实验设计计划和执行实验来保证研究质量，包括对任何数据收集者及参与变量操纵的研究人员进行全面的培训。

在实验环境下，可能无法隐藏研究委托方的身份，但是研究者始终可以对研究结果进行保护。即使协议中要求对参与者给予释疑，研究者或数据收集者也不宜讨论真正的研究结果或研究目标。

❖小　结

1. 实验是在需要测量的基础上，研究者进行干预的研究。通常的干预是操纵一个变量（自变量）并观察其如何影响所研究的变量（因变量）。

2. 考虑以下活动对于计划周密的实验的执行至关重要：

a. 选择要测试的相关变量。

b. 明确处理水平。

c. 控制实验环境。

d. 选择适合该假设的实验设计。

e. 选择和分配被试。

f. 初步测试、修改并进行正式测试。

g. 分析数据。

3. 我们通过满足内部效度和外部效度测试的程度来判断各种类型的实验研究设计。如果人们确信实验处理是因变量变化的源头，那么该实验具有较高的内部效度。更具体地说，设计的内部效度取决于其能够有效应对七种威胁的程度。这些威胁包括历史因素、成熟因素、测试因素、测量工具因素，被试选择因素、均值回归因素和实验样本流失因素。当实验结果被认为适用于一些较大规模的人群时，该实验对该人群就具有高外部效度。外部效度的三个潜在威胁是测试反应性、被试选择和实验处理 X 的交互作用以及其他反应性因素。

4. 实验研究设计包括前实验设计、真实验设计和现场实验设计三种类型。这些实验类型间的主要区别是研究者可以对效度问题进行控制的程度。本章介绍了三种前实验设计。这些设计代表了最原始的实验形式，只有在没有更好的方法时才使用。它们的弱点是缺乏等同的控制组，这会导致它们不能满足许多内部效度标准。三类前实验设计包括：(1) 后测设计；(2) 单组前测-后测设计；(3) 静态小组对照设计。

本章还介绍了两种类型的真实验设计。它们的主要特征是提供了一种手段，让我们可以通过随机化分配来确保实验组与控制组间的对等性。

真实验设计包括前测-后测控制组设计和仅有后测的控制组设计。经典的双组实验设计可以扩展为多组设计，只需将不同水平的测试变量作为控制变量，而不是传统的非测试控制。在很少或没有控制的前实验与有随机化分配的真实验这两个极端之间有一个灰色区域，即准实验。当可以控制某些变量，但通常无法通过随机分配来建立对等的实验组和控制组时，准实验设计很有用。准实验设计很多，本章仅涉及三种：（1）非等同控制组设计；（2）分离样本的前测-后测设计；（3）小组时间序列设计。

5. 对实验法的评价显示出以下优势：（1）揭示因果关系的能力；（2）提供对额外变量和环境变量的控制；（3）方便且低成本地建立测试情境，而不是在业务场景中寻找；（4）重复发现并排除特异或孤立结果的能力；（5）利用自然发生事件的能力。实验法的劣势有：（1）实验室的人为设置；（2）对非概率样本结果的泛化；（3）在特定商业情境下不成比例的高成本；（4）仅关注当前情况和临近的未来；（5）与对参与者的操纵和控制有关的伦理问题。

6. 实验涉及的主要伦理问题是参与者的福利、参与者的隐私、研究质量以及对委托方和结果的保密。研究者应对这些问题的方法包括：在可能的情况下获得参与者的同意，并在必要时向参与者释疑；预期可能的被试反应并制定相应的计划；精心设计和彻底遵循设计方案；隐藏委托方身份并对研究结果保密。

※ 关键术语

测量工具（instrumentation）
测试（testing）
成熟（maturation）
处理水平（treatment level）
刺激-响应（stimulus-response）
单盲实验（blind）
单组前测-后测设计（one-group pretest-posttest design）
对称关系（symmetrical relationship）
非等同控制组设计（nonequivalent control group design）
非对称关系（asymmetrical relationship）
分离样本的前测-后测设计（separate sample pretest-posttest design）
后测设计（after-only design）
互为因果关系（reciprocal relationship）
环境控制（environmental control）
仅有后测的控制组设计（posttest-only control group design）
静态小组对照设计（static group comparison design）
均值回归（regression toward the mean）
控制（control）
控制组（control group）
历史（history）
内部效度（internal validity）
配额矩阵（quota matrix）
匹配（matching）
前测-后测控制组设计（pretest-posttest control group design）
实验（experiment）
实验处理（experimental treatment）
实验样本流失（experimental mortality）
释疑（debriefing）
双盲实验（double blind）
随机分配（random assignment）
特质-行为（disposition-behavior）
外部效度（external validity）
现场实验（field experiment）
小组时间序列设计（group time series design）
选择（selection）
因变量（dependent variable，DV）
因果关系（causation）
因果假设（causal hypothesis）
重复性（replication）
属性-特质（property-disposition）
属性-行为（property-behavior）
自变量（independent variable，IV）

※讨论问题

术语回顾

1. 区分以下各项：

a. 内部效度和外部效度。

b. 前实验设计和准实验设计。

c. 历史因素和成熟因素。

d. 随机抽样、随机化和匹配。

e. 环境变量和额外变量。

2. 将实验法的优势与调查法和观察法的优势进行比较。

3. 为什么一位著名的商业研究者会说："即使实际上我们必须偏离理想模型，也要始终牢记受控实验的模型，这一点很重要"？

4. 在人参与实验时，会存在哪些伦理问题？

5. 哪些关键特征将真实验设计与其他研究设计区分开来？

制定研究决策

6. 一家照明公司试图研究其制造的玻璃壳的缺陷比率。理论上说，次品率取决于温度、湿度和工匠的专业水平。公司拥有以下变量在一年内每天的完整历史数据：

a. 温度（高/正常/低）。

b. 湿度（高/正常/低）。

c. 工匠的专业水平（高/中/低）。一些专家认为缺陷还取决于生产主管。但是，在 365 天中只有 242 天有当值主管的数据。这个研究应该如何进行？

7. 许多互联网广告是根据点击活动定价的。根据潜在客户在谷歌或必应等搜索引擎中输入的搜索词，在宿主网站上会显示相应的广告。如果潜在客户直接点击他在宿主网站上看到的广告来访问广告客户的网站，那么该广告就被认为是有效的，广告客户必须要向宿主网站付费。然而，研究表明，尽管所有潜在客户都没有点击显示在宿主网站上的广告，但许多潜在客户通过在他们的浏览器或搜索引擎中输入广告客户的网址来直接访问广告客户的网站。你将如何设计一项实验来确定在宿主网站上显示的没有被点击的广告其实有效地吸引了潜在客户访问广告客户的网站？

8. 一家药品制造商正在测试一种被开发用于治疗癌症的药物。在开发的最后阶段，正在针对不同剂量条件和年龄组的个体测试该药品的有效性。一个问题是实验期间的患者死亡率。通过比较替代方案以及内部效度和外部效度来验证你的设计建议。

a. 为实验推荐合适的设计。

b. 如果你推荐使用控制组、单盲研究和双盲研究，请解释它们的用法。

9. 你被要求进行一项实验，研究报酬对确保个人访谈参与者回应率的影响。这项研究将有 300 人参与，他们被分为以下几组：无报酬组、10 美元报酬组和 30 美元报酬组。访谈中将探讨与各种社会问题有关的敏感事宜，300 名参与者将从成年人中抽样。请描述你的研究设计。

10. 在下列各种情况下，你会推荐哪种类型的实验设计？请对如何设计每个研究给出详细建议：

a. 对工厂工人三种薪酬支付方式的实验。三种方式分别是小时工资、奖励性工资和周薪。因变量是每单位产出的直接人工成本。

b. 研究不同水平的广告营销和降价对零售百货连锁店特定品牌产品销量的影响。

c. 研究确定以下假设的真实性：在商店的公共广播系统上播放快节奏音乐是否会提高顾客的购物速度，而不会对顾客平均消费金额产生不利影响。

11. 在组织合并中，最困难的问题之一是让被合并公司的 IT 系统彼此可以互通。当你谈论美国大陆航空和美国联合航空的合并时，这个问题的严重性就会高一个量级。虽然票务转换良好，但空中交通跟踪系统的独特性让其转换成为问题。因此，当公司确定美国联合航空的系统更适合合并后的航空公司时，就需要对其进行测试。你将如何设计一个实验，以确定你的跟踪系统是否可以知道航班位置、到达时间和起飞时间、航班号以及它们是否偏离飞行计划？

从概念到实践

12. 使用图表 8－7 中的研究设计符号来绘制本章任意一个快速浏览专栏中所描述的实验。

来自头条新闻

13. 杜比是一家为电影院提供先进的音频与

灯光系统的公司。在其所处的市场环境中，影院票房每年下降5%～10%，这主要是消费者更多样的娱乐选择、更短的注意周期以及更好的家庭娱乐设备等原因导致的。杜比影院现在为眼睛所做的事情与过去为耳朵所做的一样。杜比在其洛杉矶运营中心进行了实验室实验，在自愿参加者体验一部由杜比影院放映的电影时测量了脑电波、皮肤电反应以及心律。请绘制实验图，并讨论其优缺点。

参考文献

1. The work of John Stuart Mill in the 19th century is the standard for determining causation.
2. From *Methods in Social Research* by William J. Goode and Paul K. Hatt. Copyright (c) 1952, McGraw-Hill Book Company. Used with permission of McGraw-Hill Book Company.
3. This section on variable relationships was developed using Morris Rosenberg, *The Logic of Survey Analysis* (New York: Basic Books, 1968), p. 3; and Rhona E Johnsen and David Ford, "Developing the Concept of Asymmetrical and Symmetrical Relationships: Linking Relationship Characteristics and Firms' Capabilities," 2002, downloaded May 6, 2017 (http://impgroup.org/uploads/papers/452.pdf).
4. Morris R. Cohen and Ernest Nagel, *An Introduction to Logic and Scientific Method* (New York: Harcourt, Brace, 1934), Chap. 13; and Blalock, *Causal Inferences,* p. 14.
5. Bibb Latane and J. M. Darley, *The Unresponsive Bystander: Why Doesn't He Help?* (New York: Appleton-Century-Crofts, 1970), pp. 69-77. Research into the responses of bystanders who witness crimes was stimulated by an incident in New York City, where Kitty Genovese was attacked and killed in the presence of 38 witnesses who refused to come to her aid or to summon authorities.
6. This section is largely adapted from Julian L. Simon and Paul Burstein, *Basic Research Methods in Social Science,* 3rd ed. (New York: Random House, 1985), pp. 128-33.
7. For a thorough explanation of this topic, see Helena C. Kraemer and Sue Thiemann, *How Many Subjects? Statistical Power Analysis in Research* (Beverly Hills, CA: Sage Publications, 1987).
8. Kenneth D. Bailey, *Methods of Social Research,* 2nd ed. (New York: Free Press, 1982), pp. 230-33.
9. The concept of a quota matrix and the tabular form for Exhibit 8-6 was adapted from Earl R. Babbie, *The Practice of Social Research,* 5th ed. (Belmont, CA: Wadsworth, 1989), pp. 218-19.
10. Donald T. Campbell and Julian C. Stanley, *Experimental and Quasi-Experimental Designs for Research* (Chicago: Rand McNally, 1963), p. 5.
11. Thomas D. Cook and Donald T. Campbell, "The Design and Conduct of Quasi-Experiments and True Experiments in Field Settings," in *Handbook of Industrial and Organizational Psychology,* ed. Marvin D. Dunnette (Chicago: Rand McNally, 1976), p. 223.
12. William J. Paul Jr., Keith B. Robertson, and Frederick Herzberg, "Job Enrichment Pays Off," *Harvard Business Review* (March-April 1969), pp. 61-78.
13. For an in-depth discussion of many quasi-experimental designs and their internal validity, see ibid., pp. 246-98.

第9章
第2阶段：数据收集设计——调查研究

我们看到，客户的需要超出了他们的数据收集能力，他们可以从更广泛的数据中获益。所以我们建立了在线调查网站调查猴子（SurveyMonkey），现在已经有400万注册用户。客户可以选择他们想要的调查对象，我们可以提供样本。

——戴维·戈德伯格（David Goldberg），调查猴子CEO

学习目标

阅读本章后，你应该了解：

1. 选择适当和最佳调查方法的过程。
2. 三种调查方法主要的优势和劣势。
3. 调查研究参与率的影响因素。
4. 沟通研究中的主要错误来源以及如何最小化。
5. 为什么一个组织可能外包沟通研究。
6. 调查研究的伦理问题及其解决方案。

数据收集设计的分类可以依据原始数据的收集方法来进行。首先，我们可以通过观察目标总体或从中抽取的样本来收集数据。除了观察研究外，我们还可以与目标总体就各种主题进行沟通，包括参与者的行为、观点、态度、倾向、期望、动机和知识等。**沟通法**（communication approach）包括使用问卷或个人访谈来调查参与者。学生通常会错误地将企业调查研究当作唯一合适的数据收集方法。恰恰相反，应该把调查研究看作观察研究的一个有力补充。图表9-1总结了两种研究方法的适用条件。

对沟通法的选择受到几个因素的明显影响。第一个因素是调查问题的性质。在沟通研究中，我们需要得到的是通过观察研究无法得到的信息。基于沟通的研究可以应用于所有商业领域，这让沟通研究成为一种非常通用的数据收集方法。关于已经发生事件的信息一般只能通过沟通研究获得。第二个因素是样本个案的特征，即个案是否可以表达他的想法、思想和经验。第三个因素是作出商业决策所需的时间。沟通比观察可以更快地得到结果。第四个因素是成本。某些沟通法的个案平均成本比较低。因此，选择沟通法还是观察法似乎显而易见。图表9-2呈现了在研究过程中的这种选择。

图表 9-1　两种数据收集方法的适用条件

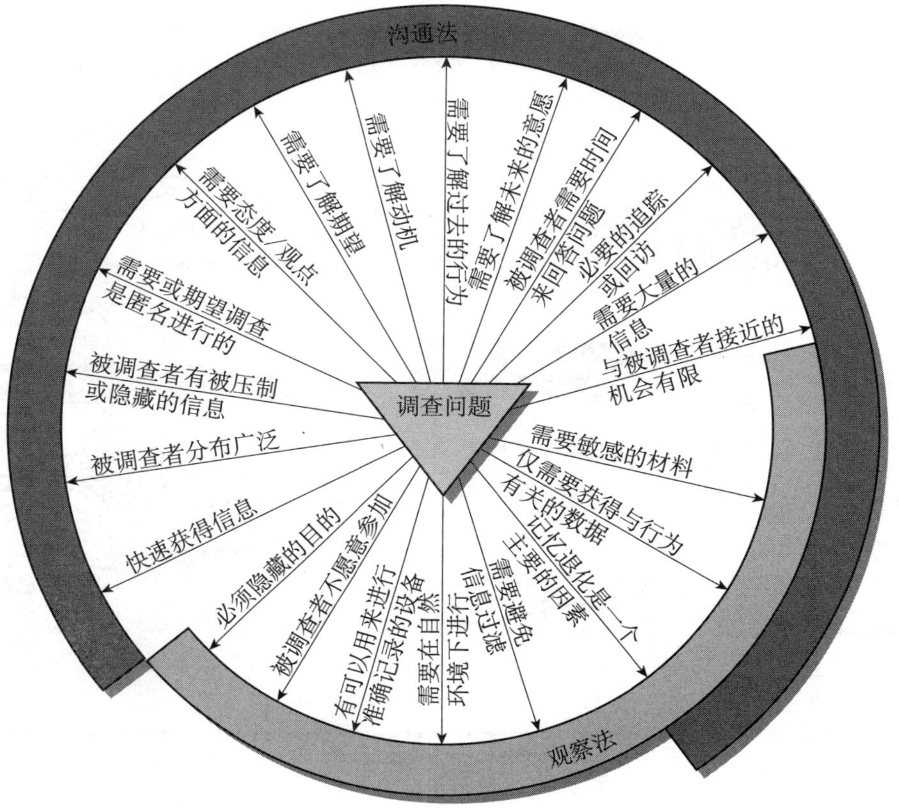

9.1　数据收集设计：调查

调查（survey）是一种在结构化访谈（包括有访谈者与无访谈者）中收集信息的数据收集设计形式。调查问题被精心选择或编制、排序，并被用来准确地询问研究参与者。调查的目的是收集所有个案的可以用于比较的数据，以便发现不同个案情况的异同。结合用于选择参与者的统计概率抽样，调查的发现和结论可以外推至庞大而多样化的群体当中。

一旦研究委托方或研究者决定了调查或访谈是数据收集的合适方式，将会采用各种方法从个体那里获取信息。例如，研究者可以通过个人访谈或者电话访谈进行半结构化的访谈或调查，或者通过信件、传真、计算机、电子邮件、网络或者以上方式的综合来分发自填式调查问卷。如图表 9-3 所示，调查方法主要包括自填式调查、电话调查和个人访谈调查三种。

在过去的 20 年中，调查研究领域正在进行着一场静悄悄的革命。纸笔调查是 2000 年以前的标准配置。而如今，电脑和移动设备调查已经基本上取代了纸笔调查。

图表 9-2　调查研究以及研究过程

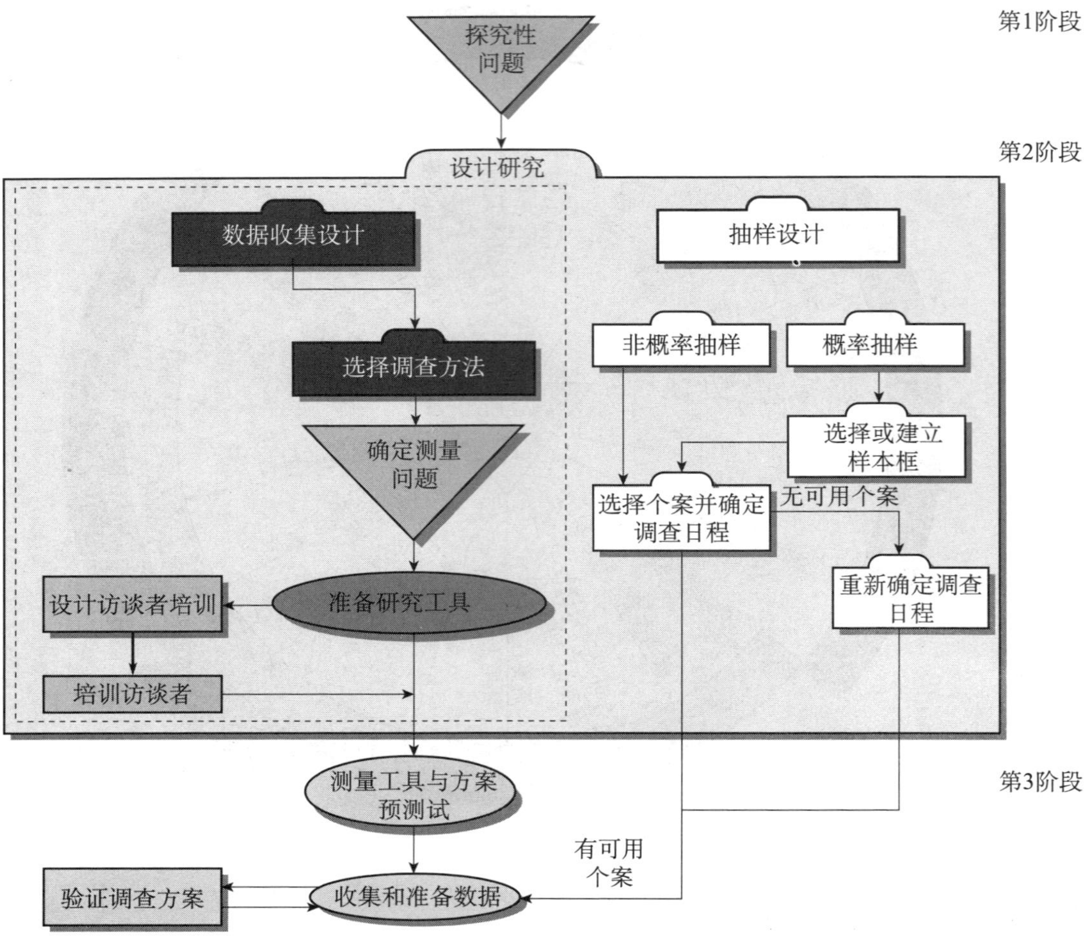

当前人们对智能手机和平板电脑的热衷（不仅是因为硬件的进步，还因为数据传输速度与可靠性的提升），以及宽带和互联网访问的普及，对调查研究产生了深远的影响。这些因素不仅影响了测量方式的选择，也对测量工具的设计产生了巨大的影响。此外，企业正在努力通过数据分析（尤其是社交媒体分析）来捕捉更多有价值的信息，以此作为深入洞察人们行为的手段。但是研究者也提出了警告：从调查（高度结构化的研究）中获得的数据与从社交媒体中获得的数据有很大的不同。一位 CEO 是这么说的：

> 如果社交媒体是对饭菜是否煮熟的温度检查的话，那么问卷调查就是对饭菜是不是煮得恰到好处的味道检查。一份好的问卷调查让你能够：（1）消除杂音，并将精力集中于能够直接有助于解决最迫切问题的意见和评论上；（2）验证你可能怀疑但不够确定的趋势和偏好的变化。[1]

图表 9-3　选择调查方法

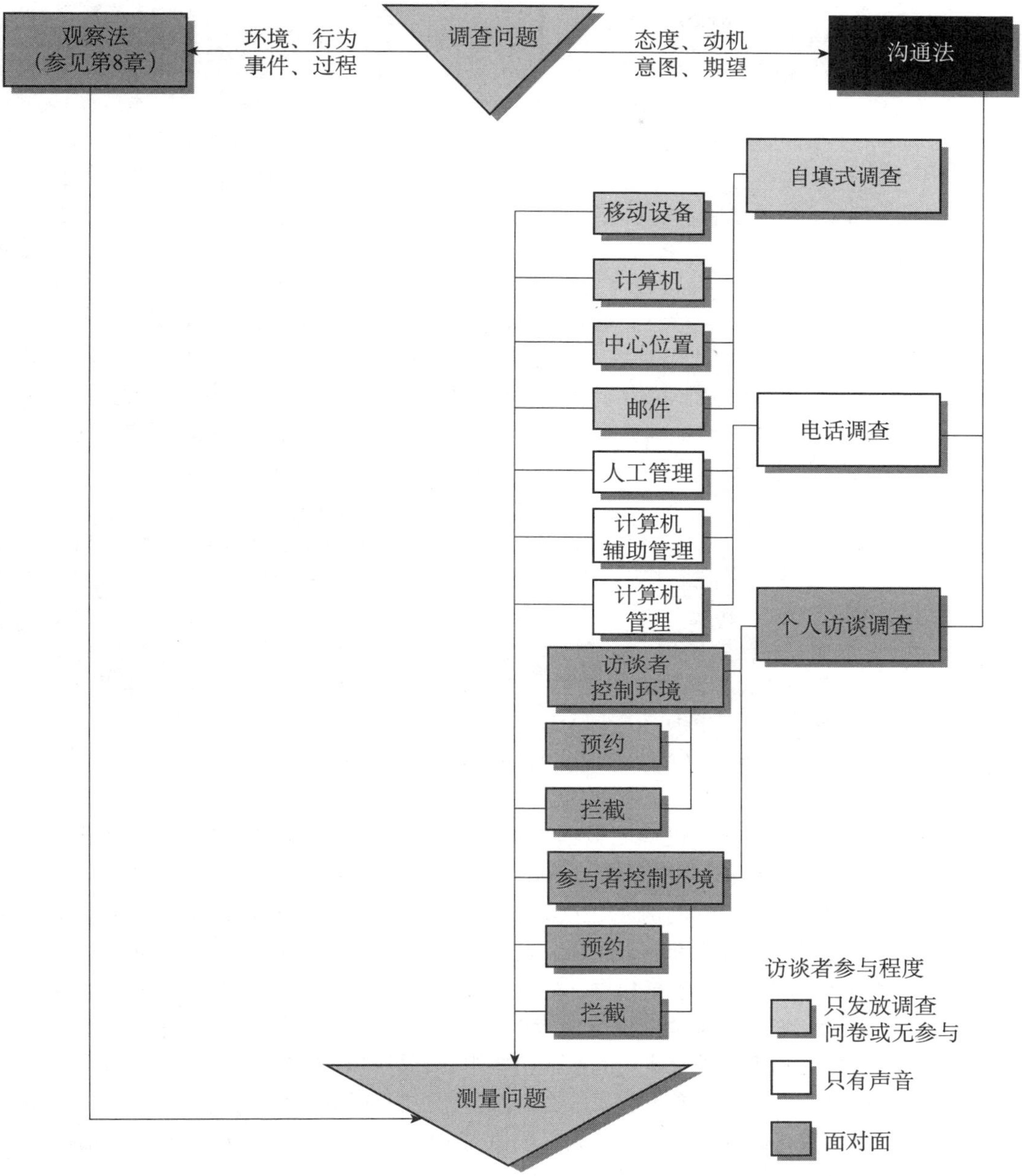

快速浏览

调查研究中的游戏化

据高德纳咨询公司（Gartner Group）估计，到 2020 年将有 1 亿消费者以增强现实（augmented reality，AR）的方式购物。根据《游戏化革命》（*Gamification Revolution*）的作者盖布·兹彻曼（Gabe Zichermann）的说法，企业通过游戏化方式实施的行为改进正在取得成功。对于 G 世代中的人来说，游戏已经成为主要的娱乐形式，这也许并不奇怪。然而，在娱乐行业之外，游戏化才刚开始被看作一个强有力的工具。

根据博客（Gamification）的博主，以及《营销中的游戏化和游戏化设计》（*Gamification in Marketing and Gamification by Design*）的作者盖布·兹彻曼的说法，游戏化是“利用游戏思维和游戏机制来吸引受众并解决问题”的过程。高德纳咨询公司分析师布莱恩·伯克（Brian Burke）指出，游戏化注定要用于“非游戏环境，如创新、营销、培训、员工绩效、健康以及社会变革”。

许多调查参与者认为调查过程很无聊。Research Through Gaming（RTG）的首席执行官兼创始人、致力于游戏化的博客 Game Access 的主编贝蒂·阿达穆（Betty Adamou）说，游戏化的基本原则是投入和奖励。RTG 为游戏化研究的参与者创建了一个术语：玩家参与者（playspondent）。“随着我们的调查成为游戏，参与者并不完全是受访者，也不是真正的游戏玩家。”RTG 的基本研究环境是“玩家参与者剧场”（Playspondent Playhouse）。客户可以在这里“租一个房间来执行其项目，在这里，化身被制作出来后可以放在一个房间中，这个房间里有［客户的］问题、产品图片和配置，然后就可以开始执行项目”。

英国工作和养老金部（Department for Work and Pensions）创建了一个名为 Idea Street 的创新游戏，以从其 12 万名员工中产生想法。在头 18 个月内，Idea Street 大约有 4 500 名用户产生了 1 400 个想法。游戏中的协作元素产生了 63 个得到实施的想法。

神经学研究支持将游戏作为一种研究技术，因为在游戏过程中多巴胺会释放到大脑中，这种愉悦的感觉可以作为参与游戏的奖励。游戏世界迫使玩家去寻求游戏中明确提出的奖励。很多人认为研究需要更多地考虑这个趋势。

资料来源：www. researchthroughgaming. com；www. gartner. com；www. m2research. com.

不管是冠以“计算机辅助数据收集”（computer-assisted collection，CADAC）、“计算机辅助调查信息收集”（computer-assisted survey information collection，CASIC），还是“计算机辅助访谈”（computer-assisted interviewing，CAI）的名称，计算机对调查研究的渗透都越来越深。自动化是调查研究中的时髦术语，它正在影响研究过程中从形成问题、收集数据、分析数据到撰写报告的各个层次。虽然在公共机构中还不明显（美国政府是世界上最大的调查研究者，纸笔调查依然占据突出位置），但是在对家庭和组织进行研究的私人机构中，计算机对方法论的影响是深远的。

选择调查方法并不像看起来那么麻烦。通过将你的研究目标与每种方法的优势和劣势进行比较，研究者可以选择满足项目需求的方法。图表 9-4 中对个人访谈调查、电话调查以及自填式调查的利弊的总结应该有助于作出选择。

当你的探究性问题需要从很难接触或无法访问的参与者那里获取信息时，应该考虑电话调查、邮件调查或通过计算机进行的调查。然而，如果必须非常迅速地收集数据，需要放弃邮件调查的方式，因为无法控制参与者反馈的及时性。或者，你可能决定要对研究对象进行大量的提问与探索，就应该考虑个人访谈调查。

如果没有哪种方法特别合适，也可以将两种或多种方法的最佳特征组合到混合模式中。尽管这个决定会带来组合调查方法成本的增加，但以此换来根据你的独特需求定制的调查方法，通常是可以接受的。

图表 9-4　调查方法比较

	自填式调查	电话调查	个人访谈调查
描述	调查问卷是： a. 通过电话或平板电脑发送或通过通信软件进行填答（以下用 a 表示）。 b. 邮寄、传真或快递给调查对象进行填答（通常包括回收机制）（以下用 b 表示）。 c. 通过局域网、互联网和在线服务进行传递，计算机自动存储和发送完成的调查问卷（以下用 c 表示）。 d. 在中心位置使用纸质或者电子版的调查工具进行拦截调查（以下用 d 表示）。	经过培训的访谈者通过电话访问被选入样本的人。	经过培训的访谈者亲自访问被选入样本的人。
优势	• 可以联系上用其他方法无法接近的参与者（例如 CEO）。 • 可以运用奖励来提高回答率。 • 经常是成本最低的选择。 • 在不增加成本的情况下扩大调查范围（c）。 • 需要最少的工作人员（a，c）。 • 被认为更具匿名性（c）。 • 允许参与者有时间考虑问题（c）。 • 可以使用更为复杂的问卷（c）。 • 可以使用视觉或音频刺激（a，c，d）。 • 允许参与者卸载（a，c）。 • 更快地接近精通计算机的人（a，c）。 • 快速收集数据（a，c，d）。 • 可以接近不能通过电话（语音）接近的人（a，c，d）。 • 样本框列出的是可行的地点，而不是预期的参与者（b，d）。	• 比个人访谈调查成本低。 • 在成本没有明显增加的情况下扩大覆盖范围。 • 使用数量较少但技能水平较高的访谈者。 • 减少访谈者偏差。 • 完成速度最快。 • 可以通过重复回访更好地接近难以接近的参与者。 • 可以使用计算机随机拨号。 • 计算机辅助电话访谈（CATI）：应答能够直接输入电脑文件，减少误差和成本。	• 得到参与者的良好配合。 • 访谈者可以回答参与者有关调查的问题，探究参与者给出的答案，通过追问和观察收集信息。 • 可以使用特殊的可视化帮助和记分工具。 • 可以接近文盲或者功能性文盲的参与者。 • 访谈者可以预先筛选参与者，确保符合要求。 • 计算机辅助个人访谈（CAPI）：应答能够输入手提电脑，减少误差和成本。
劣势	• 当人们从固定电话转向使用移动电话时，自填式调查的使用机会在减少（a）。 • 访谈者不能介入探查或解释（a）。 • 有些方式的回答率低。 • 不能太长或者太复杂（a）。 • 需要准确的邮寄列表（b）。 • 寄回调查问卷的参与者经常代表了总体的极端情况（有偏的回答）（b）。 • 有些参与者会产生焦虑。 • 需要指导或者软件向导来完成调查（a，c）。 • 计算机的安全性（b）。 • 需要较少分散注意力的环境来完成调查（d）。	• 回答率比个人访谈调查低。 • 如果访谈的地理分布范围较广，费用较高。 • 必须限制访谈时长。 • 很多电话号码未记载入册或是无效的，使得通讯列表不可信。 • 一些目标群体不能通过电话获得。 • 回答可能不太完整。 • 不能使用图解。	• 高成本。 • 需要训练有素的访谈者。 • 需要更长的时间实地收集数据。 • 地理分布范围较广。 • 追问是密集劳动。 • 无法获得或接近所有的参与者。 • 一些参与者不愿意在家中与陌生人交谈。 • 有些小区很难进行访问。 • 访谈者可能会改变问题或指导参与者。

尽管在线调查和移动调查带来了更快的数据收集速度、实时数据输入以及比收集

后再输入数据的方法（如纸笔调查）更低的成本，但它们并非完全没有问题。并非所有客户在接到邀请后都会参与调查，因而会导致无应答误差。虽然理论上在线形式提供了无限的提问空间，但是只有简短的调查才可能让人们乐于参与并完成。通过电话或电子邮件提醒参与者参与调查的重要性可能会改进调查研究设计，但会大大增加成本。电话调查和个人访谈调查的混合模式研究设计至少会给部分数据带来程度未知的访谈者偏差的可能性。

最终，所有研究者都面临着研究成本和期限的现实。如图表 9-4 所示，平均而言，通过个人访谈进行的调查是最昂贵的，且需花费最多的现场时间（除非使用大型的现场团队）。电话调查的成本适中，并且花费时间最少，尤其是在使用计算机辅助电话访谈时。通过电子邮件或互联网填答问卷的成本最低。当你可以通过互联网来获得理想样本时，互联网调查可能被证明是成本最低且数据最快可用（实时）的沟通方法。将来，通过使用计算机来选择参与者并减少编码与处理的时间，将继续提高这种方法的性价比。

大多数时候理想的方法很容易确定，但通常内部资源无法满足管理者对信息的需求。对诸如专业知识、大规模现场团队、特定设施或快速周转等的需求促使管理者寻求可以提供调查相关服务的研究供应商的帮助。

快速浏览

互联网将预测研究带入 21 世纪

管理者通常必须对未来作出决策。这些决策有很大的不确定性。研究的目的是降低风险。然而，如果仅仅让人们去预测自己的行为、态度或反应，效果并不是很好。众所周知，我们很不擅长这件事情。例如，1985 年预测人们对可口可乐计划推出的新配方的接受程度时，预测错得离谱，可口可乐损失了数百万美元。

从历史上看，研究者曾经用专家共识预测（德尔菲技术）来弥补个人预测能力的不足。然而，并非所有情形下都能找到理性的专家小组。詹姆斯・苏罗维耶茨基（James Surowiecki）在其 *Wisdom of Crowds* 一书中描述了一群不同的人如何能够比单独的个人或专家作出更好的决策和预测。麻省理工学院的研究者解释说，由于互联网的影响，人与人之间的联系日益紧密，带来了“令人惊讶的新的集体智能形式的兴起”。作为社交动物，人们喜欢关注他人在做什么、试图理解他们为什么会这样做，并预测他们将会做什么。在皮尤研究中心的一项研究中，美国人集体预测有 37%的人肥胖，从实际上 31%的人被诊断为肥胖来看，这个预测相当不错。

Marcus Thomas（MT）需要一种快速的研究方法，以打消其金融客户对自我报告预期行为相对于实际行为失真的怀疑。MT 选择使用预测市场。MT 的合伙人兼战略洞察主管詹妮弗・赫特-马钱德（Jennifer Hirt-Marchand）解释说：“预测市场就像在线股票投资游戏。交易者将虚拟美元‘投资’到要测试的想法、产品、资产等上。如果交易者投资的想法获胜，就可以获得比仅完成一项调查更大的激励。‘利益共享，风险共担’是这种方法的重要特征，它可以提升交易者的参与度和考虑的周全性。它的优势在于，它不依赖于要求个人预测自己将来会做什么，而是他们认为其他人将来会做什么。”

利用样本提供者的服务，在线调查被发送给一般小组成员。潜在参与者基于自己对房地产规划、个人理财和投资、度假计划、医疗保健等方面的财务了解来确认参加研究。最终，从小组参与者中招募到上千人，他们被称为交易员（trader）。小组参与者除了因为参与常规研究项目可以获得同一家公司的报酬外，根据其预测的准确性，还可以赚取额外的报酬。报酬的多少将取决于投资“获胜”组的交易员数量，以及每个交易员在该组中投资的金额。

通过继续进行在线调查，首先提供给被选交易员有关新型金融服务的书面说明（由于产品正在开发中，因此每个交易员先前都已同意保密协议）。然后，每人一次得到六个消费者档案（称为插图）。每个插图都是根据先前对消费者细分群体的研究和深入的二手资料研究来开发的，代表了一个可能的购买者群体。它包括一段对一个群体的叙述，以及生动描绘该群体的照片。每个交易者都会获得 1 000 美元虚拟资金，可用于投资他们认为最有可能购买新金融服务的一个或多个插图组。此外，每个交易者被要求回答开放式问题，解释他们认为每个插图组值得购买或不值得购买的原因。

使用这种方法，Marcus Thomas 根据最优插图确定了金融客户的三个细分市场，其中包括一个最初被认为不太可能的细分市场。代表客户主要产品线的核心用户群体的插图在新型金融服务的预测研究中排名不高。基于此研究，到达三个最优群体的媒体/参与接触点和消息传播洞见被开发出来。一些全球领先的消费和工业公司依靠位于克利夫兰的 Marcus Thomas 来创建或完善自己的品牌，并驱动消费者去寻找和购买它们的产品和服务。

资料来源：www. marcusthomasllc. com.

9. 1. 1 自填式调查

自填式调查（self-administered survey）是一种在没有访谈者的情况下完成的高度结构化的访谈形式。它在现代生活中无处不在。你可能在酒店、餐厅、汽车经销店和物流服务商的服务评估上拥有丰富的调查研究经验。通常，简短的调查问卷会放在便利的位置或产品包装里来让参与者填答。用户注册信息、杂志里的产品信息需求、保修卡以及员工动机在线调查等都是自填式调查的例子。自填式调查可以通过电子邮件、邮政服务、传真和快递服务、电话、拦截研究（面对面）或在你访问某些网页时的弹出页面上进行。甚至在实验中也可能包括此类调查。

没有任何领域能够像自填式调查这样感受到计算机革命产生的巨大影响。计算机投递自填式问卷（也称**计算机辅助自我访谈**（computer-assisted self-interview，CASI））通过组织的局域网、互联网或在线服务传递给参与者。参与者可能是限定的（例如，在线电子商务评价服务商 BizRate 发送一封电子邮件给注册的网络购买者，让其参与一份调查以完成购买订单），也有可能是自行选择的（例如，通过计算机的弹出式窗口给正在点击某个特定网页的个体提供一份调查问卷，或者某个潜在的参与者对寻求参与者的明信片或电子邮件作出回应）。调查问卷及其管理软件可以存放于计算机或者网络上，也可以通过邮件将两者都寄给参与者。基于计算机的问卷调查可以很快迁移到手机或平板电脑上。实际上，研究者的口头禅如今已经是“移动第一”。

皮尤研究中心的数据显示，有 88%的美国家庭使用互联网。[2] 低收入和高收入家庭之间的数字鸿沟正在缩小。家庭年收入低于 30 000 美元的家庭里有 79%在使用互联网，而家庭年收入高于 75 000 美元的家庭里有 98%在使用互联网。大约 73%的美国人在家中使用宽带网络服务，而低收入家庭的这一比例为 54%。[3]研究者越来越多地使用在线调查，并发现在线参与者通常与通过其他方法接触到的参与者重合。美国超过一半以上的家庭是仅使用手机的家庭。[4]对于年轻的西班牙裔和非洲裔美国人来说这一数字会更高。随着只能通过手机联系到的成年人数量的增加，在没有同时包括固定电话和手机访谈的调查中出现偏差的可能性正在增加。[5]如图表 9-5 所示。

图表 9-5　网络作为调查研究的渠道

网络的优势	例子
加快了结果的转换；参与者在完成调查的同时结果已经被记录。	● 一个软饮料制造商从网络调查中获得结果只需 5 分钟。
具有运用可视化刺激的能力。	● 佛罗里达旅游机构运用眼动跟踪增强了它的网站的吸引力，并完善了广告牌和印刷广告。 ● 一家大型广告机构运用虚拟的超市通道完成一项研究，参与者会在该通道中走过，以对客户产品及促销作出反应。 ● LiveWorld 开展了一项包装研究，展示了超过 75 种标签和瓶子的设计。
随着时间推移，可以进行多次调查。	● 一家打印机制造商在开发一款新产品的 6 个月中进行了 7 次调查。
能够吸引无法参与其他研究项目的参与者，包括国际参与者。	● 一家农业设备制造商利用免费提供给农民的双向传呼机进行了一项调查，询问使用者对其设备的评价情况——参与者通常无法通过电话和计算机获得。
参与者感觉是匿名的。	● 药物制造商进行一项有关阳痿的调查研究时，匿名是必须具备的要素。
缩短了从问卷起草到调查执行的时间。	● 惠普利用 Greenfield Online 的 Quick Take，只用两星期就完成了拟定方案、启动和实地调查，而非网络的标准调查要花费 3 个月时间。
网络的缺点（含解决办法）	**例子**
招募恰当的样本费时费钱；不拥有像电话和邮寄调查那样的样本框。 （像 Toluna and Survey Samples 这样的公司，现在提供基于网络用户专题小组建立的样本，这些用户都表现出了参与在线调查的兴趣。）	● TalkCity 为 Whitton Associates 和 Fusion 5 工作，它运用电话、推荐、邮件列表、网站的旗帜广告和网站浏览的形式，为测试软饮料新包装的调查建立了一个由 3 700 名青少年组成的专题小组。从中选取 600 个样本进行研究。建立这个清单的费用超过 50 000 美元。
将调查转化为网络形式是昂贵的。 （Qualtric Lab 的 SurveyPro 软件，Apian 的用于无线及内部调查的 Perseus 软件，使得调查从纸质向互联网转换更加容易。）	● LiveWord 的青少年研究花费了 5 万～10 万美元建立样本，加上用于每个焦点小组或调查的费用，总费用达到几百万美元。
实施网络调查既需要技术能力，也需要研究能力。 （现在许多公司都提供调查托管服务。）	● 10～15 分钟的调查可能需要技术专家花费 5 天的时间进行实验与检测。
研究需要与更多的浏览器实现兼容，但是技术仍然不完善。 （一些调查托管服务运用原始的研究筛选问题来识别浏览器和系统规格，并提供与大多数参与者的计算机系统兼容的调查格式。）	● 一个非常著名的商业杂志在其招募的样本中进行了一项测试，但是只调查了 20 个问题就夭折了。

在商场、会场、集市、度假胜地甚至繁忙的城市街角进行的拦截调查可以使用传统的纸质调查问卷，也可以通过平板电脑、计算机或信息亭来进行计算机投递调查。通常在预设的环境中（如在购物中心的房间中），受访者在没有访谈者协助的情况下参加调查。所有的模式都有其特定的缺点和独特的优势（如图表9-4所示）。

成本

所有典型的自填式调查的成本都比个人访谈调查的成本低。这一事实同样适用于邮寄调查、计算机投递调查和拦截调查。电话访谈和邮寄调查的成本总体上处于同一水平，尽管在个别情况下其中之一的成本可能略低一些。样本的分布地域越广，通过计算机或者邮件形式发放的自填式调查问卷的成本越低。邮寄调查或计算机投递调查的成本较低是由于它经常只需要一个人进行工作。计算机投递的研究（包括需要访谈者和参与者进行互动的研究）可以节省调查的印刷成本，这在邮寄调查和需要纸笔的个人访谈中都是重要的花费。通过计算机投递节约成本最显著的地方在于，它不仅降低了事前和事后的通知成本（这在邮寄、个人访谈等其他类型的自填式调查中都会包含），而且降低了大型研究中向每一个参与者发出调查问卷的成本。[6]

样本的可获得性

可以断言的是，运用邮件自填式调查的研究者可以联系到其他方法无法联系到的人。一些群体，比如公司的高层管理者、医生，很难与他们亲自见面或者通过电话联系，因为秘书、办公室经理、助理等限制了我们与他们的接触。但是，研究者能够通过邮件或者电脑接近这些特殊的参与者。当研究者没有确切的人可以联系时（例如，在一项有关公司的研究中），邮件或计算机投递的调查问卷经常能够帮助我们获得一些样本，这些样本通过计算机和网络之外的任何途径都无法识别，例如某个具体的在线游戏的用户或者某个特定的在线零售商的客户。

时间限制

拦截调查所需要的相对快速的回应会给参与者造成压力。但是在邮寄调查中，参与者可以花费比电话访谈和个人访谈更多的时间来收集事实，与他人交谈或者仔细考虑答案。计算机投递调查，尤其是那些经电子邮件与网络相连的调查，常常有进入的时间限制，而且一旦回答开始，必须在限定的时间内完成。一旦开始，计算机投递的研究通常不能因为参与者去搜寻那些他没有立即弄明白的信息而中断。然而，最近一项由宝洁委托的研究通过计算机投递调查，询问参与者（使用过沐浴液的人）洗澡时在最后冲洗之前，让沐浴液在身体各部位上保留的确切时间。该问题出现在一份相当长的调查问卷的中部。研究者鼓励参与者回答这个问题时暂时停止调查，去计算他们在冲洗之前沐浴液留在身上的时间，然后通过链接和个人编码回到调查中，给出具体的答复。[7]参与者会随着参与时间的增加而越来越疲惫。除极少数情况外，大多数人都不愿意花5～10分钟的时间来分享他们的想法、思想和经验。

匿名性

一般认为，邮寄调查比诸如自填式问卷等其他沟通模式更客观，也提供了更多的匿名性。虽然在未来对于隐私关注的增加会削弱这种感觉，但是计算机投递调查依然被人们认为同样具有匿名性。[8]

主题范围

自填式调查的一个重要局限在于，它收集到的信息的数量和类型是有限的。研究者通常不期望获得大量的信息，也无法深入地探查某个问题。而对一份冗长而复杂的邮寄、计算机投递或者拦截调查的问卷，参与者经常拒绝合作，除非他们觉得可以获得收益。回收的问卷中大量问题没有回答就可以证明这一点，当然也存在例外。一般的经验是填答问卷的时间不要超过 10 分钟——这一法则同样适用于电话访谈。一项对一般总体的研究发现，完成一份问卷 70%的内容至少需要作出 158 项回答。[9] 早期关于计算机投递调查的几项研究表明，参与者可以从参与调查的过程中感受到某种水平的愉悦，将调查描述成有趣的和好玩的。[10] 然而，研究过程的新颖性随着经验的增加而下降。网络和电子邮件问卷应答率的下降似乎可以支持这一点。

最大化自填式调查的参与

为了使总体的应答率最大化，必须关注调查过程中可能破坏应答的每一个地方。[11] 例如：

- 错误的电子邮件地址或者邮寄地址可能导致无法投递或者无法回收；
- 信封或者传真封面看起来像垃圾信件，可能没有打开就被扔掉了，电子邮件的主题读起来像垃圾邮件，不能鼓励阅读者将其打开；
- 缺少完成调查的适当指导可能导致没有应答；
- 错误的人打开信封、收到传真或电子邮件，没有引起应该看信的人的注意；
- 参与者可能发现没有充足的理由或动机让他完成这份问卷调查，所以放弃了；
- 参与者可能将问卷暂时搁在一边或者放在他的邮箱中，没有完成问卷；
- 回复的地址可能丢失，因此调查问卷无法收回。

因此，我们应该努力使总体的应答率最大化。总体设计法（total design method，TDM）是其中的一种途径，它可以通过问卷设计将回答者的负担最小化[12]：

- 容易阅读；
- 提供清晰的应答指导；
- 包含个性化的沟通；
- 提前通知或提供有关调查的信息；
- 激励参与者应答。[13]

超过 200 篇有关提高调查应答率的方法的文章已经公开发表，与此同时，几乎没有哪种方式能够始终让研究保持高应答率。[14] 不过，这些结论形成了一些有利于实际操作的建议[15]：

- 预先通知将要发放某一自填式问卷可以有效地提高应答率；
- 在自填式问卷发放之后进行追问或提醒有利于提高应答率；
- 清晰地指定回复地址或方式（例如，提供回复用的信封，特别是已付邮资的回复信封）可以提高应答率；
- 对参与研究给予货币激励有利于提高应答率；
- 注明截止日期不会提高应答率，但有利于加快问卷回收的速度；
- 承诺调查的匿名性对于应答者非常重要，但是并不会提高回答率。

自填式调查的发展趋势

自填式调查的主要趋势是由技术以及对速度的需求驱动的。企业要求研究者以“商业速度”交付研究成果。管理者无法再花数周甚至数月的时间等待研究进程从研究问题推进到成果交付。计算机或网络调查行业已经提供了快速研究的方法。使用网络群组成员作为参与者，公司可以在 7～10 天内完成计算机或移动调查从计划到结果交付的过程。

尤其是在计算机投递自填式调查中，研究者正在利用颜色、视觉和音频刺激，甚至是游戏属性来让调查研究更有吸引力。相应地，参与者将通过图片、视频以及详细的书面回复来作出反应。

中心位置抽样（central location sampling）结合了平板电脑和大屏幕智能手机，并利用了 GPS 技术。在贸易展览会、医院、大型购物中心、主题公园甚至大学校园中，正在参观访问的参与者都可以使用自己的设备或者使用研究者提供的平板电脑来完成问卷调查。问题会根据他们的位置来提出。

连续的结果列表让管理者和研究者在调整后续调查的测量问题时拥有更大的灵活性。

公司现在正在使用局域网功能来评估员工政策与行为。电子邮件系统的易于访问使得大小组织都可以对内部和外部参与者群体进行计算机调查。传统邮件调查的许多技术都可以轻松地用于计算机投递问卷（如更容易执行对未参与者的追踪且成本更低）。

易于使用的问卷设计和分发软件（其中许多具有复杂的高级功能）不再是对未来的期许，它们已经出现了。从互联网上可以看到，组织使用其网站来评估客户服务流程、建立销售线索清单、评估计划的促销和产品更改、确定供应商与客户需求、发现对职位空缺的兴趣以及评估员工的态度等。

近年来，尽管基于网络和电子邮件的自填式调查已经受到企业管理领域的极大关注，但是被检验证明可靠的电话访谈和个人访谈方法仍然具有其优势，并在研究者群体中拥有支持者。

快速浏览 ▶▶▶▶▶▶▶▶▶▶

研究欢迎智能手机

根据国家健康访谈调查（National Health Interview Survey），美国超过一半的家庭仅使用无线电话。在过去十年中，这个数字增长了 500%。随着许多发达国家的固定电话覆盖率下降，研究者正在用抽样技术和调查设计来解决该问题并利用无线电话提供的机会。

根据北卡罗来纳州 Research Triangle Institute（RTI International）的调查方法学家安迪·佩切夫（Andy Peytchev）博士的说法，一些参与者通过固定电话参与而另一些参与者通过移动电话参与的多方法电话研究已是获得国家层面概率样本的常态。固定电话的数据可以根据人口普查参数进行加权。然而，不是所有问题都可以通过加权来解决。“例如，青年人群的固定电话响应与他们的移动电话响应是不同的。我们不知道原因，只知道不一样。如果你只使用移动电话或固定电话来进行调查，则可能会犯覆盖面不足的错误。”

移动电话调查带来了独特的挑战。许多参与者想知道为什么要通过手机与他们联系。因此，RTI International 修改了标准电话指导语。访谈员告知手机参与者正在通过手机与他们取得联系，并告知他们原因。RTI International 还向手机受访者提供了继续参与调查的激励，这些激励足以表明公司的感激以及对手机相关费用的考虑。手机调查还需要问其他问题。RTI International 训练其访谈员询问："你现在在开车吗?"如果参与者正在开车，访谈员会询问方便与参与者联系的其他时间，然后挂断通话。访谈员还可以询问手机参与者是否在安全的地方。

关于自填式智能手机调查的研究很少，但是佩切夫对这类机会很感兴趣。智能手机调查可以包括图像，既包括参与者拍摄和共享的图像，也包括研究者共享的图像。但佩切夫告诫道："图像可能会扭曲问题的含义。你向参与者展示的所有内容都被视为信息。"从参与者那里收集的图像必须进行分析和解释。一些 RTI 实验表明，参与者不愿意完成文本框响应。如果调查中包括这样的响应设置，手机参与者就更有可能选择无意义的答案以避免打字。这给调查研究中关于"问什么"这个古老问题带来了新的变数。

资料来源：www. rti. org；www. cdc. gov/nchs.

9.1.2 电话调查

电话调查（telephone survey）依然是调查研究的主要方法之一。随着发达国家电话服务渗透率的提高，通过电话调查以低成本、高效的方式与参与者进行联系成为研究人员的可行选择。与政治参选人合作的民意测验人员使用电话调查评估在竞争激烈的竞选活动中演讲或辩论的效果。每周都有许多公司进行电话综合研究。这些研究中的个别问题被用来捕捉一切，从人们对汽油价格上涨的感受，到广告活动或最新的青少年时尚趋势中名人代言的力量。

在电话调查的所有优势中，可能没有一个能超过其成本的适度性。一项研究指出，电话调查中的抽样和数据收集成本比相应的个人访谈低 45%～64%。[16] 大多数的成本节约源于交通费用的减少和培训及监管上的行政费用的节约。如果只对一个地区进行电话调查，研究者可能会使用数量更少但更加熟练的访谈者。当需要使用回访以满足精确抽样的需求，且参与者分布地域广泛时，电话调查尤其经济。长途电话服务使得在成本合理的基础上进行全国性调查成为可能。

在进行电话调查时，可借助终端、个人电脑或者语音数据将参与者的回答快速输入一个数据文件。此举进一步节约了时间和金钱。**计算机辅助电话访谈**（computer-assisted telephone interview，CATI）已经被世界范围内的研究组织使用。CATI 系统由布置在监测站周围的、听觉上相互独立的访谈室组成，每个访谈室的电话访谈者都拥有一台个人电脑或者终端设备，这台电脑或终端设备通过网络与电话系统和中央数据处理器相连。一个软件程序可以通过介绍性陈述、资格评审问题和预置问卷条目提示访谈者并驱动访谈顺利进行，这些材料都会出现在访谈者的显示器上。CATI 运用电话号码管理系统选择号码、给调查样本拨打电话并输入应答。密歇根大学调查研究中心的这样一套设施包括 60 个访谈室，有 100 名访谈者从早晨 8 点到午夜（美国东部标准时间）轮班进行全美范围内的访谈。当满员工作时，每个月的访谈时间超过

10 000 小时。[17]

另一种直接获取应答者数据的方法是**计算机管理电话调查**（computer-administered telephone survey）。与 CATI 不同，这种方法没有访谈者。计算机自动拨号和执行访谈，并将数据存入文档中供以后制作表格之用，然后终止联系。问题是用语音合成的，参与者的回答和计算机定时设置决定了访谈继续还是终止。现有的几种计算机管理电话调查的模式是：按键式数据输入（TDE）；语音识别（VR），一般只能识别有限的词汇——通常为是或否的回答；语言自动识别（ASR），能够识别和记录较多的语言应答。CATI 经常用于自填式问卷调查，具有保护参与者隐私的优势。一项研究显示，电子调查模式的未接触率与其他使用随机号码簿的电话访谈的未接触率相似。同时还发现，对于这种数据收集方式的拒绝影响了拒绝率（导致了无应答误差），因为人们拒绝一个使用计算机的调查比拒绝一个使用访谈者的调查容易得多。[18]

未接触率（noncontact rate）是潜在联系人中未联系到的百分比（无应答、忙碌、应答机或语音邮件，以及未联系上但并未拒绝）。社会中的行为规范似乎对电话访谈有利。如果有人听到电话铃声，是不是会接听电话？然而，虽然访谈目的和时长由访谈者决定[19]，但接电话以及挂电话是由目标参与者来决定的。一些技术可能会导致电话调查相关的未接触率升高，特别是让接听者可以根据智能手机上标记的呼叫者身份及未知号码来决定是否接听电话的呼叫过滤系统。

拒绝率（refusal rate）是指已联系上的参与者中拒绝接受访谈的人与所有潜在联系人之间的比率。一项研究指出，“（关于参与调查的）积极态度正在下降，而消极态度正在上升。”这将导致更高的拒绝率。[20]享有盛誉的皮尤研究中心 20 年来首次注意到，电话响应率开始稳定在 9%（拒绝率为 91%）。[21]

与其他个人访谈调查或邮寄自填式调查相比，使用电话调查能够比较迅速地完成研究，有时只需花费 1 天左右的时间。相比个人访谈调查，使用电话进行调查还可能减少访谈者误差，特别是由于访谈者的外表、身体语言和行为引起的误差。

使用电话调查进行研究也存在一些缺点。一个熟练的研究者会对电话调查的使用进行评价，并将这些缺点最小化。

- 难访谈的家庭（没有安装电话或者无接触率/低接触率）；
- 不正确或者无效的电话号码；
- 访谈时间的限制（较少的测量问题）；
- 对可视化或复杂问题的限制；
- 访谈容易终止；
- 参与者参与程度低；
- 容易分心的物理环境。

难访谈的家庭

大约 94%的美国家庭安装了电话。[22]表面上看，电话调查应该作为沟通研究的主要方法。然而，多种因素降低了人们对这种方法的热衷程度。更多的家庭使用科技手段限制了呼叫的进入。随着仅使用移动电话的家庭数量的增加，电话呼叫的进入有所减少。2004 年 5 月，号码携带制度在美国的全面实施，使得电话用户将有线电话号码转到无线电话服务上（反过来也一样），或者将他们的无线电话号码在不同运营商之间转换而不换号码成为可能。因此，通过识别电话号码的地理位置继而识别用户的方法将不再适用。[23]

通过电话得到的参与者可获得性的差异也是误差产生的主要来源之一。随机拨号装置可以用来减少这种误差。**随机拨号**（random dialing）通常需要选择电话交换机或者交换单元，然后在这些交换单元内产生随机数字进行拨号。[24]当然，只是拨通家庭电话，并不能保证其参与研究。

不正确或者无效的电话号码

目前已经开发了几种方法来克服这种通讯录的缺陷，包括使用随机拨号或通讯录与随机拨号相结合的方式。[25]然而，个人和家庭对多条电话线路需求的增加导致了新的电话区号和本地交换机的产生，这也会使准确率下降。

访谈时间的限制

访谈的时间长度受到限制是电话调查的另一缺点，但是这种限制程度取决于参与者对话题的兴趣。一般而言，10 分钟是理想的长度，但是 20 分钟或更长时间的访谈也不稀奇。卡夫公司赞助的一项电话调查持续的时间接近 30 分钟。这项调查旨在判断样品杂志的接受者订阅杂志《食物与家庭》的意愿。这项调查也可测量样本杂志中推荐的食谱引起消费者购买意愿的有效性。[26]另外一个关于远程服务的调查中，访谈者的访谈持续了一个半小时。[27]

对可视化或复杂问题的限制

电话调查限制了调查的复杂性以及使用的量表或测量技术的复杂性，这些在个人访谈调查、CASI 或网络调查中都可以实现。例如在个人访谈调查中，有时会要求参与者对包含一个问题不同答案的卡片进行分类或排序。对于无法看到量表或其他测量工具的参与者，访谈应该试着去进行描述，一种解决途径是采用 9 点量表（a nine-point scale），并要求参与者使用电话拨号或按键的方式使其形象化。[28]在电话访谈中，使用地图、图例和其他可视化帮助是非常困难的。但是在某些情况下，访谈者可以通过传真、电子邮件或者网络在访谈开始之前提供这些资料。

访谈容易终止

一些研究认为，电话调查的应答率比面对面访谈的应答率低。原因之一是，参与者发现终止电话调查非常容易。电话营销也是造成这种情况发生的重要原因。公众对电话营销中的错误行径和不道德行为的反应加大了研究者进行电话调查的难度，研究者必须让参与者相信电话调查既不是要求他们进行捐赠（打着研究的旗号募捐），也不是销售商品（打着研究的旗号销售）。

参与者参与程度低

电话调查可能导致完整的应答比较少，接受过电话调查的人发现电话调查相比个人访谈调查来说是不值得参与的。参与者反映他们与电话访谈者之间的关系不如与个人访谈者那样融洽。考虑到个人访谈调查的成本和难度不断增加，将来电话调查的使用频率会更高。因此，研究者在使用电话调查时应该努力提高参与者的兴趣。一位专家的建议是：

> 我们需要尝试新的技术来提高参与者参与访谈的兴趣，使总体应答率最大化

并且使具体测度上的应答误差最小化。这项工作首先需要将面对面访谈中的互动，比如微笑、皱眉、眼神接触等，转化为语言的提示。所有这些提示包含信息内容，并且是个人访谈环境中的重要组成部分。我们可以有目的地选择那些对数据质量和参与者信任最重要的提示，而摒弃那些与调查互动无关的提示。[29]

容易分心的物理环境

手机或者无线电话对家庭或者办公室电话的取代也引起了关注。就电话调查而言，研究者关注的是不断变化的环境。调查在容易让人分心的环境（繁忙的交叉路口、周末超市拥挤的过道中间、当地高校的篮球场）中进行，会影响收集到的数据的质量，也会提高拒绝应答的比率。

电话调查的趋势

研究者如何应对仅使用手机的家庭的持续增长将是需要观察的最重要的趋势。呼叫识别技术以及计算机自动拨号识别并自动挂断的技术都可能对电话调查的未接触率产生影响。然而，也不要太低估这种久经考验的调查方法。使用计算机辅助电话访谈、计算机管理电话调查以及随机拨号的经验都表明，这些技术在过去一直是电话调查的救星。

隐私法以及政府推动的“谢绝来电”登记对研究者造成了威胁。“谢绝来电”登记由美国联邦贸易委员会于2003年发起，并在2007年通过《“谢绝来电”改进法》修订。[30]尽管调查研究者目前不受其限制，但客户对调查研究和电话销售的区别的困惑不断引起立法者的抱怨。当立法者收到投诉时，就会按照法律来处理。对电话销售的不满可能会导致无应答率上升。虽然电话销售可能才是导致上述法案提出的催化剂，但这会导致合法的研究也受到不利的影响。

电话研究者无法与参与者建立联系将持续困扰电话调查研究。电话访谈者如何提高参与者的参与度值得关注。智能手机技术可以通过对开放式问题而非结构化问题做语音回答来提升调查过程的乐趣以及数据的质量。

快速浏览

语音增加了调查的深度

电话调查和访谈是否适合当今计算机和移动调查主导的研究领域？位于康涅狄格州斯坦福德的商业智能和营销研究公司 Anderson Analytics 最近与一家专门从事全自动电话调查和访谈的新西兰公司 BigEars 合作，对大学生进行了有关手机的调查。调查采用了在线调查和自动电话调查相结合的混合研究模式。

BigEars 的运作方式非常类似于基于网络的调查工具。不同之处在于，受访者使用电话（一般通过800号码）来回答问题。“我们不使用人工访谈者，允许呼叫者在他们合适的时候（而不是我们合适的时候）参与。”Anderson Analytics 执行合伙人汤姆·安德森（Tom Anderson）说。

调查结果表明，使用电话调查的主要优势在于它能够鼓励受访者对开放式问题进行更长时间、更有效的回答。BigEars 总经理马克·福赛思（Mark Forsyth）说：“交谈是没用的。”电话中对开放式问题的回答比同时使用的在线调查中输入的回答要长15%。此外，电话录音为深入的定性分析提供了可能。单个语音片段中的情绪和抑扬顿挫被用来检查研究中的异常值。“能够聆听参与者的实际声音，而不是简单地编码或阅读他们的回答，可以带来全新的分析维度以及对调查结果的信心。”汤姆·安德森说。

“使用这种新的混合方法，如果你想对事件或交易（例如逛商店）作出反应，当这个想法还新鲜时就可以立即捕获数据。”Anderson Analytics 高级顾问和开发人员杰西·陈（Jesse Chen）说，“有些人在网络上交流更自在，有些人在电话里交流更自在。通过适应这些差异，你可以扩大参与者的范围。”

资料来源： www.andersonanalytics.com；www.yourbigears.com.

9.1.3 个人访谈调查

个人访谈调查（survey via personal interview）是一项定量研究。训练有素的访谈者与单个参与者之间进行**个人深度访谈**（individual depth interview，IDI），耗时从 20 分钟到 1 个小时甚至更长。此**结构化访谈**（structured interview）使用一种类似于问卷的测量工具，用于明确问题及问题的顺序。访谈者可以灵活地询问准备好的后续问题来**探查**（probe）参与者。这是它与自填式调查相比的一个独特优势。结构化的访谈将通过个人访谈进行的调查与定性的个人深度访谈区分开来。结构化的访谈可以更直接地对回答进行比较。问题的变异性已被消除，因此答案的变异性被认为是真实存在的。

访谈者技术包括：使受访者感到自在、保持中立的同时鼓励受访者公开地谈话，认真聆听并观察受访者对问题或回答格式表现出困惑的肢体语言，跟上受访者的思路，并在不让受访者感到被冒犯的情况下通过探究获得更明确的答案。在这种定量方法中，研究者希望看到访谈者遵循给定的程序，以避免让个人偏差干扰结果。

个人访谈调查既有实际的优点，也有明显的缺陷。它的最大价值在于可以获得深度的信息和细节内容。这一点远远超过了电话调查和通过邮件或计算机（局域网和互联网）进行的自填式调查。

个人访谈调查可以设置和控制访谈条件。它可以使用特殊的计分设备和视觉材料，就像**计算机辅助个人访谈**（computer-assisted personal interview，CAPI）一样。访谈者可以在访谈过程中共享其屏幕。

与其他方法相比，访谈者可以做很多事来提高接收的信息的质量。访谈者可以记录访谈的情况并通过观察来收集补充信息。访谈者在观察到问题及对访谈参与者的影响时，可以调整访谈的语言和语调。

在有专业设施的场所进行面对面访谈有明显的好处，即能够观察和记录参与者的言语与非言语行为。只要保证参与者和访谈者能够彼此看到，就可以通过互联网来进行个人访谈调查。这项技术的进步使人们有可能应对访谈的一些最明显的劣势，如高昂的费用、获得足够样本量所需要的时间长、有限的地理覆盖范围以及实际存在的偏见。

成本

在成本方面，通过个人访谈进行的面对面调查可能需要花费几美元到几百美元才能对一个很难接触到的人进行访谈。如果研究涉及广泛的地理区域或有严格的抽样要求，那么成本会特别高。一个例外是通过**拦截访谈**（intercept interview）进行调查。拦截调查在人群密集的地点（如大型购物中心、运动场、音乐厅、会场或办公楼）选择参与者，减少了需要多个访谈者、访谈培训以及差旅的相关成本。但是，当概率抽样对研究结果至关重要时，低拦截调查成本产生的效益就被抵消了。

由于社会氛围的变化，个人访谈调查变得更加困难，其成本因此迅速上升。如今，许多人不愿与陌生人交谈或不允许陌生人到访家中。同时，访谈者也不愿单独访问陌生的社区，尤其是在晚上进行访谈时。

数据收集的时限

与其他调查方法相比，通过个人访谈调查从相同数量的参与者中获取信息所花费的时间更长。即使通过研究设计来让参与者自行前往访谈者处进行双向对话也需要更长的时间。通过个人访谈进行的互联网调查，采用双向对话的形式，可以在一定程度上减少数据收集的时间。它的优势是数据实时输入，从而缩短了研究时间。

地理范围

如果研究者希望控制成本，那么通过面对面个人访谈进行的调查会有明显的地理范围限制，除非目标总体在地理位置上比较集中（如工厂的员工、指定商店的购物者、医生诊室中的患者等）。如果目标总体的地理位置不集中，访谈参与者的高昂费用通常会影响样本的代表性。可以使用基于个人访谈的互联网调查技术来解决地理覆盖范围不集中以及成本高的问题。

实际存在偏见

访谈者的存在从许多方面来看都是优势，但通过个人访谈进行的调查总是有可能产生偏见。**实际存在偏见**（physical presence bias）是参与者对访谈者的有意识或潜意识的反应，通常是由访谈者的外貌、肢体语言、语言、种族等因素造成的。偏见可能是对访谈者的性别、年龄、种族、感知的社会地位或受教育水平，甚至体重的反应所致。偏见可以是负面的也可以是正面的。对于任何研究来说，偏见如何影响受访者的反应都是未知的。甄选和培训访谈者是我们克服这种偏见的最佳解决方案。

访谈作假

如果访谈者更改选择参与者的方案、更改访谈问题、更改问题顺序或伪造单个问题甚至整个访谈的答案，通过个人访谈获得的调查结果可能会受到访谈者的负面影响。计算机辅助个人访谈使用计算机提示的问题，可以避免问题顺序出错，但是计算机提供问题并不一定意味着现场访谈者不会改变询问的方式。对访谈者进行现场监督在一定程度上是可行的，但是对访谈者的招募和培训才是防范作假的最佳措施。

9.2 误差

如图表9-6所示，沟通研究中存在三种主要的误差来源：测量问题与调查工具误差、访谈者误差、参与者误差。如果企业的决策者选择或编制了不恰当的问题，采用了不适当的询问顺序，运用了不适当的过渡和指导语来引出问题，研究者将无法帮助企业的决策者回答研究问题。

图表 9-6 调查研究中的错误来源

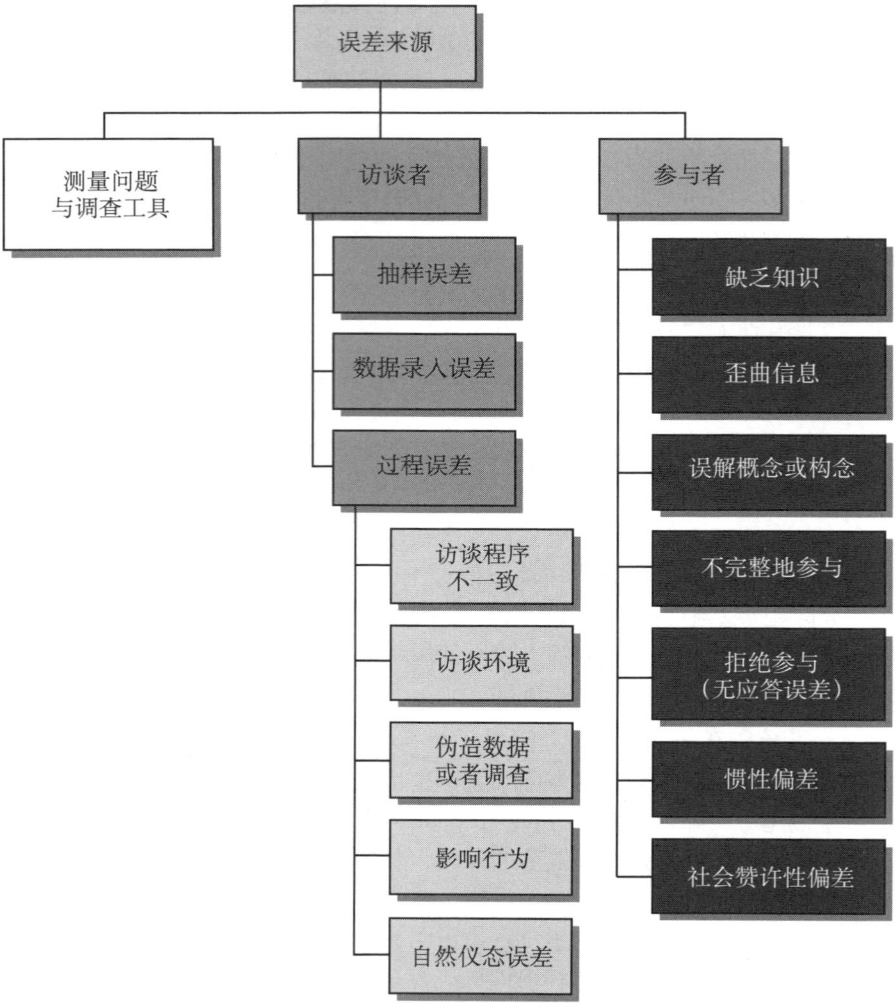

9.2.1 访谈者误差

从访谈开始到访谈结束，访谈者会在许多地方对过程进行控制，继而影响数据的质量。**访谈者误差**（interviewer error）是抽样误差和应答偏差的主要来源，它是由多种行为导致的：

● 未能得到参与者的充分合作（抽样误差）。如果访谈者没有做好工作以获得参与者的合作，样本就可能是有偏差的。

● 未能准确和完整地记录应答（数据录入误差）。误差可能源于访谈的记录程序，这一记录程序迫使访谈者总结或者解释参与者的应答，或者没有提供充足的空间记录参与者的应答。

● 未能始终如一地执行访谈程序。当访谈者未能始终如一地执行程序从而影响了数据时，调查估计的准确性就会下降，估计值也会存在更多的误差。

● 未能建立适当的访谈环境。当访谈者没有接受适当的培训，未能恰当地激励参与者，或者未能建立一种适宜的人际环境时，应答可能出现系统性错误或者偏差。[31]

● 伪造个人应答或整个访谈。欺骗或许是最具潜在危害的访谈者误差。调查是一项困难的工作，它经常由一些仅接受了有限培训的兼职雇员在没有直接监督的情况下完成。有时，伪造一个被遗漏的问题的回答被当作弥补不完整数据的简单办法。这个简单的、看起来无害的第一步可能会导致接下来更多、更普遍的伪造。我们不知道这种情况发生了多少，但是在研究主管开发数据收集设计和组织外包调查时，这个问题应该始终受到关注。

● 不恰当的影响行为。显而易见，访谈者不恰当的行为会导致研究结果失真，包括不恰当的建议、指导或者言语探查；不恰当的词语强调、问题措辞；不恰当的语调、身体语言、面部表情或者其他非语言信号。不管是有意的还是仅仅由于粗心，这些行为的确普遍存在。通过一份简单的问卷可以调查这个问题，参与者对访谈者的行为进行报告，结果表明“指导行为的偏离频率高得惊人”。[32]

● 自然仪态误差。访谈者可能会通过一些未被察觉的细微方式影响参与者。年长的访谈者经常被年轻人看作权威人物，因此，年轻人会相应地改变自己的回答。一些研究表明，访谈者与参与者之间被感知到的社会距离会产生误解，尽管这些研究并没有在这一关系的内容上完全达成一致。[33]

根据对访谈者误差不同方面的众多研究，研究者最安全的做法是，认识到应答误差始终有存在的可能性。

9.2.2 参与者误差

一项成功的调查的参与者必须满足三个主要条件：

● 参与者必须掌握调查问题希望了解的信息；

● 参与者必须理解自己在访谈中的作用是准确地提供信息；

● 参与者必须有足够的合作动机。

因此，参与者造成误差的途径有两个：一是他们是否（愿意）应答；二是他们怎样应答。

基于参与的误差

有三个因素影响参与过程[34]：

● 参与者必须相信这次访谈经历会是令人愉快和满意的；

● 参与者必须相信回答这份调查问卷是重要的，值得他们花费时间；

● 参与者必须消除自己可能持有的对于参与调查的内心保留。

在个人访谈调查和电话调查中，访谈是否令人愉快和满意在很大程度上取决于访谈者。通常参与者愿意与那些行为透露出自信、拥有个人魅力的访谈者合作。有效的访谈者不是以人口学特征而是以人际关系能力来区分的。这里的自信指的是访谈者能够使大多数参与者立刻确信他们想参与这项研究，并且会与访谈者充分合作。有魅力的个人风格指的是访谈者通过适应参与者的个体需求而立即与之建立起信任关系。对于那些没有利用人际关系影响的调查，提前告知或书面指导语的重要任务之一就是，让参与者相信参加这项调查将会是一次愉快的经历。

为了让参与者感到回答调查是重要而且有价值的，必须对研究目的作出解释，尽管由于研究目的不同，所能透露的信息量不一样。在个人访谈调查和电话调查中，研究者会为访谈者提供操作指南，以便访谈者知道需要解释的内容并提供这些解释。通常访谈者会陈述研究目的，告知将如何使用这些信息，并指出期望从参与者那里获得哪些信息。参与者应该觉得与研究者的合作无论是对自己还是对调查结果而言都非常有意义。如果实现了这一点，会有更多的参与者愿意表达他们的观点。

如图表 9－7 所示，获取信息的质量和数量很大程度上取决于参与者合作的能力和意愿。参与者经常会对访谈有所保留，这是我们需要努力克服的。他们可能会怀疑访谈者有非法的目的。他们可能认为谈论的主题太敏感，访谈会很尴尬或有被侵入感。或者，他们可能觉得对于问题的不充分回答或担忧会受到他人的轻视。过去一些试图将销售点或筹款活动伪装成调查研究的企业行为也会削弱参与者的合作意愿。在个人访谈调查和电话调查中，参与者更多的是对调查者，而不是对问题的内容本身作出情绪上的反应。

图表 9－7　参与者动机的影响因素

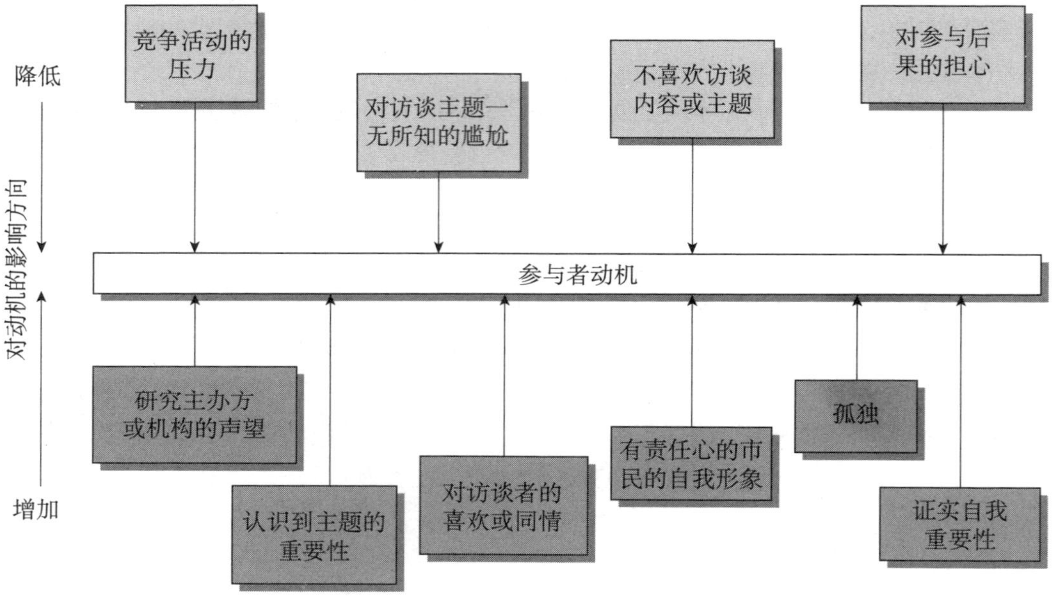

调查或访谈的核心是两人之间或者人与问卷之间的互动。在互动中，参与者被要求提供信息。同时，他们也希望获得一些小的回报——对参与调查给予的补偿、身份地位的提高或者知识的增加——他们对于从提炼出的数据中获得直接的或即刻的收益几乎不抱希望。因此，对参与者进行激励是研究者和访谈者的重要职责。对许多调查反应的研究发现，参与者能够被激励去参加个人访谈调查和电话调查，事实上他们甚至享受访谈的过程。在一项研究中，超过 90%的参与者都觉得访谈的经历是有趣的，有 3/4 的人自称愿意再次接受访谈。[35] 在拦截/自填式调查中，访谈者的主要任务是鼓励参与者独立完成调查问卷。

在调查研究中，当参与者的应答同非参与者的应答存在系统性差异时，就会出现

无应答误差（nonresponse error）。这种情况出现在研究者找不到想要研究的那个人（预先设定样本元素）或未能成功地鼓励人们参与的时候。这在对参与者进行概率抽样时很容易出现。如果参与者无法回答或拒绝回答，会导致整个研究或某个具体条目/问题的样本代表性不足。许多研究表明，受教育程度高的个体和对调查主题感兴趣的个体会参与调查。对某项调查给予回答的群体中较大比例的人也会对其他调查给予回答，那些不给予回答的人大多是习惯性的非参与者。[36]

研究者不得不采取行动避免或减少上面讨论的这些误差。尽管挑战很大，但是与参与者进行沟通（运用调查）仍然是市场研究的主要方法。

基于应答的误差

应答误差（response error）的产生有两条途径：参与者未能给出正确答案或者未能给出完整答案。访谈者对参与者掌握信息的水平几乎无能为力。当对参与者的应答能力有疑问时，应该选择适合参与者的问题。最适合运用沟通研究的情况是，只有参与者才能够提供研究者希望获得的信息。问题可以用来询问参与者个体特征，例如家庭收入、年龄、性取向、种族或家庭生命周期的阶段；也可以用来询问参与者专有的内在信息，包括生活风格、态度、观点、期望、知识、动机和意图。

如果我们要求参与者回答那些他们没有亲自参与过的事件，则需要对回答进行仔细的评价。如果我们的目的是了解参与者对这一事件的理解，那么可以接受他给出的答案。但如果我们的目的是想了解这一事件的实际内容，则必须认识到参与者提供的是二手资料，信息的准确性会下降。

参与者有意或无意地错误陈述他们的真实行为、态度、偏好、动机和意图，同样会引起误差（应答偏差）。当参与者调整他们的应答以便被社会接受，或者为了在访谈者面前挽回面子或荣誉（**社会赞许性偏差**（social desirability bias）），或者试图表现得具有合理性和逻辑性时，参与者就可能造成了应答偏差。

造成应答偏差的主要原因之一是**默许偏差**（acquiescence bias）——合意性趋势（tendency to be agreeable）。从参与者的角度来说，默许可能是因为对某一概念或构念的相关认知技能和知识的掌握水平较低，可能是因为语言困难，也可能是因为他们感觉到的匿名水平。然而，默许偏差的产生可能与研究者询问问题的速度（询问问题的速度越快，默许行为越多）和问题在访谈中所处的位置（题目越靠后，默许行为越多）有关。[37]

有时，参与者可能对所关注的问题没有任何观点。在这种情况下，他们正确的回答应该是“不知道”或者“没有意见”。一些研究表明，大多数选择“不知道”选项的参与者实际上拥有研究者所寻求的知识或观点。[38]参与者选择这个选项可能是想缩短参与过程的时间，可能是对主题有矛盾情绪或有冲突观点，也可能是觉得没有足够的信息作出判断——即使他们有自己的立场观点——他们不相信这个答案选项与他们的立场匹配，或者他们不具备理解答案选项的认知技能。如果参与者由于以上任何一种原因选择“不知道”选项，那么探寻参与者的真正立场将会同时提高数据的信度和效度。然而，通过去掉“不知道”选项而强迫参与者表达他们并未持有的观点会使研究者难以了解数据的可靠性。

参与者对问题或概念的解释可能不是研究者想要的。当研究者使用参与者不熟悉的词语时，这种情况就会发生，其结果是导致参与者回答的问题并非研究者想要询问的问题。

抛开这些原因，参与者误差的每一个来源都会降低收集到的数据的价值。而研究者很难识别这些误差来源。因此，应该接受通过沟通获得的内容——参与者的陈述——这些陈述反映了不同程度的事实和准确性。

9.3 外包调查服务

研究服务的商业供应商包括全套服务经营商和专业咨询机构。当机密性可能影响竞争优势时，管理者或员工有时倾向于仅投标项目的一个阶段。或者，组织和员工可能拥有产品或服务方面的特殊知识，这使得他们必须自己完成研究的一部分。不管怎样，探索工作、研究设计、抽样、数据收集、处理和分析，既可以单独签订合同，也可以作为一个总体签订合同。

研究公司也能提供一些它们的客户不具备的特殊优势。集中区域访谈或计算机辅助电话设备对某些研究来说可能是非常需要的。拥有训练有素且经历过类似管理问题的员工也是一个优势。数据处理和统计分析能力对调查研究来说特别重要。其他一些第三方可能为访谈和数据表格化设计了专门的软件。[39]专题小组供应商提供了另一种类型的研究服务，强调纵向调查工作。通过在不同的时间使用同样的参与者，**专题小组**（panel）可以追踪对事件、产品或产品选择的态度或者消费行为的变化趋势，以及其他研究兴趣点。专题小组供应商可以通过个人访谈调查和电话调查获取信息数据，也可以通过邮件、网络或者综合模式获取信息。日记是专题小组成员记录研究中有价值的事件的一种常用方法。这些日记会被上传或邮寄回研究组织。销售终端和扫描仪为专题小组类型的参与群体提供了电子数据收集方面的帮助。放置在小组成员家中的机械设备可以用来评价媒体使用情况。Yankelovich Partners、盖洛普咨询公司（Gallup Organization）和哈里斯互动公司（Harris Interactive）都管理着众多专题小组。

综合调查（同一调查中涉及多个公司的问题，但结果是分开的）或联合研究提供商（收集多个公司感兴趣的数据并将其出售给愿意支付费用的相关方）是企业收集调查数据的其他途径。BDRC是综合调查的一个例子。它将“业务意见综合”（business opinion omnibus）应用于财务执行。[40]高德纳咨询公司是为IT和其他行业提供服务的联合研究者的一个例子。[41]

9.4 调查研究评价

调查研究作为主要数据收集设计方式之一的强大优势在于它的多功能性以及它可以应用于所有业务领域。通过对人们进行询问，调查可以收集所有类型的抽象信息。此外，通过一些精心选择的问题可能收集到的信息，通过其他数据收集方法需要花更多的时间和精力。使用移动电话、固定电话、纸质邮件、电子邮件、计算机或互联网作为通信媒介的调查可以扩大地理覆盖范围，而其成本和时间仅仅是其他方法的几分之一。使用概率抽样进行的调查可以提供可预测到更大范围内人群的结果。

但坏消息是，调查研究有许多可能的错误源。如果研究者没有精心制定减少错误的计划，那么结果可能会令人生疑。

9.5　伦理问题及其解决方案

调查研究涉及的主要伦理问题包括欺骗、保密性、研究质量以及安全性。欺骗涉及三个问题：隐瞒完成调查所需的时间、隐瞒委托方和研究目的，以及为实现研究目的而撒谎。当参与者仅被告知一部分真相甚至真相被完全扭曲时，**欺骗**（deception）就发生了。调查研究需要估计参与者的时间投入。如果研究者在设计问卷时不够仔细，那么调查时间通常会比所需时间更长。如果研究者不能正确地估算时间，则可能无法得到参与者的合作。这个问题的解决方案是对调查进行充分的预测试，以确定完成调查所需时间的可靠估计。对完成时间的低估还会导致参与者流失率的上升。对于任何调查而言，这都会导致数据质量的降低。从广义上讲，这种低估会导致人们不愿意参加调查，从而增加无应答误差。

企业研究通常需要隐瞒一些信息以保护可能影响资源分配的重大决策，如创新，雇用或外包，建设或关闭硬件设施等。特别是在有访谈者的情况下，访谈形式的自由度可能会损害研究委托方的保密权。临时性的欺骗可能被用来防止参与者的反应出现偏差。在以员工为目标总体时，利用欺骗可能可以保护他们的工作稳定感、工作安全性或自我价值感。研究者有责任保护参与者和委托方，并通过认真培训访谈者和专业地开发测量工具来做到这一点。

通过说谎来接触参与者或获取竞争性的商业情报也是欺骗问题的一种。这些研究实践都是不可接受的。解决方案可以是使用不同的研究方法，或使用有不同招募协议的不同调查方法。

为了保护参与者免受欺骗的不利影响，研究者应解释研究的益处（通过完整的研究过程披露，即研究者介绍自己或其公司，解释参与者的权利和对参与者的保护，并获得参与者的**知情同意**（informed consent））。图表 9-8 为调查研究中的知情同意程序提供了建议。研究者还可以在数据收集后向参与者通报研究内容，具体包括解释任何欺骗行为、为参与者可能遇到的任何后续问题提供研究者的联系信息，并揭示正在研究的假设或同意分享某些研究结果等。

图表 9-8　调查知情同意书

内容
在由印第安纳大学调查研究中心进行的调查中，指导语包含以下知情同意的成分： 1. 自我介绍：访谈员姓名和印第安纳大学调查研究中心。 2. 简要描述调查主题（如健康保险的障碍）。 3. 描述我们正在访谈的地理区域（如印第安纳州的人）或目标总体（如航空航天工程师）。 4. 告知谁是委托方（如美国国家人文基金会）。 5. 描述研究目的（如对当地机构提供的服务的满意度）。 6. 给出完成访谈所需时间的“诚实”估计。 7. 承诺匿名和保密（如果适用）。 8. 告诉参与者是否参加是自愿的。 9. 告诉参与者对条目不作出回应是可以接受的。 10. 获得许可后开始调查。

样本指导语
您好，我是来自印第安纳大学调查研究中心的［填入姓名］。我们正在调查印第安纳波利斯地区的居民，以征询他们对某些健康问题的看法。这项研究是由美国国立卫生研究院资助的，其结果将用于研究社区关系对医疗行为态度的影响。调查大约需要 40 分钟。您的参与是匿名和自愿的，所有回答将完全保密。如果您有任何无法解决的问题，请告诉我们，我们将跳至下一个问题。如果得到您的允许，我将继续。
样本总结
将为参与者提供有关如何联系主要研究者的信息。例如：约翰·肯尼迪是这项研究的主要研究者。您需要他的地址或电话号码吗？以便您随时联系肯尼迪医生。

大多数发达国家都有信息隐私和数据保护的法律，有些比美国严格得多。因此美国企业必须遵守最高的适用标准。自 2000 年以来，数据隐私（包括数据移动）一直是此类立法的重点。[42]因此，参与者享有**隐私权**（right to privacy），即拒绝接受访谈或拒绝在调查过程中回答任何问题，不允许研究者进入家中、不接电话、不回复电子邮件或网络邀请、禁用手机上的当前位置信息等。他们还享有**保密权**（right to confidentiality），以保护自己的身份以及与身份有关的特定反应。为了解决参与者隐私权问题，研究者可以预先筛选参与者来确保他们都自愿参加，预先计划调查流程，限制时间要求，限制对参与者身份相关信息的提取，限制对完整数据工具的访问，以及仅在知情同意的情况下透露参与者信息等。委托研究的管理者也有责任保护参与者的这些权利。

研究质量与避免犯错误有关，这意味着要严格遵循问卷结构和指导语。不要为了达成研究目标而提出不必要的问题，不要想着获取所采用的调查方案不支持的数据。访谈者负有不伪造调查完成情况的责任。研究者解决质量问题的方法包括对访谈者进行培训，以及遵守合适的行业测量（包括对测量问卷和测量工具的选择与开发）和数据分析标准。

调查者的**安全权**（right to safety）应该得到保障。安全是指访谈发生的环境（如夜间访谈、在高犯罪率地区访谈）或者必须访谈的人不会将访谈者置于危险境地。如果研究者冷漠回应访谈者对遭受人身伤害的恐惧，他们将会面临可能的法律后果和研究质量问题（伪造测量工具）。

许多企业都有政府合同，并受到联邦、州以及当地的法律、政策和程序的约束。这些法律、政策和程序规范了以人为被试的研究。其中之一是机构审查委员会（Institutional Review Board，IRB）风险测评，它是由美国卫生和公共服务部（Department of Health and Human Services）于 1966 年实施的。许多机构要求所有的研究者遵守该程序的指导。你所在的大学可能也有自己的 IRB 流程。图表 9－9 提供了 IRB 流程的要点。如果研究者严格遵循 IRB 程序，可以识别问题并预防后续问题。

图表 9－9 IRB 流程的特征

步骤	过程	举例
目的	成立一个委员会来评审和批准涉及人类被试的研究。	评审可以最大限度地减少与研究相关的潜在风险，并要求对研究进行全面披露，以便参与者可以就是否参加进行明智的决策。

续表

步骤	过程	举例
应用	确定你的研究中参与者的参与水平并选择恰当的形式。	● 涉及人类被试。 ● 不涉及人类被试。 ● 分析编码（二手）数据。 ● 分析生物样本。
初始访谈	中心级别评审（之前的豁免研究）。	● 对涉及观察儿童公共行为且研究者不参与其中的研究，可以进行中心级别评审。 ● 在既定或普遍接受的教育环境中进行的研究，涉及正常的教育实践，例如：（1）对常规和特殊教育教学策略的研究；（2）对教学技术、课程或研究管理方法的有效性或比较研究。（调查或访谈不能进行中心级别评审。）
	加急评审。	当对个人或团体行为特征的研究（例如对观念、动机、沟通、文化信仰或习俗以及社会行为的研究）或采用调查、访谈、口述历史、焦点小组访谈、项目评估、对人为因素的评估以及质量保证方法的研究不符合中心级别评审的条件时。
	全面评审。	涉及物理干预程序的研究；先前经验表明对被试有潜在的风险；可能会导致显著的心理或身体压力。
准备 IRB 材料	提交 IRB 表格和研究方案。	提交材料通常附带： ● 知情同意书； ● 完成的知情同意清单； ● 其他地方的合作 IRB 批准的证据； ● 数据收集工具； ● 用于非英语国家被试的同意书或文书的翻译证明； ● 手册/招募材料。
继续评审	给研究批准有限的时间段（如一年）。	超过时间期限后，未经 IRB 批准，研究将无法继续，需要提交后续的申请。
修订	主要研究者向 IRB 提交任何他想要对研究作出的更改。	修订研究方案（如更改知情同意书、使用的调查工具或被试的数量和性质）。
IRB 行动	批准。	批准提交的方案。
	等待。	（1）研究者要阐明研究的一个方面，提供其他信息，或讨论研究的潜在风险和收益；（2）对知情同意文件或研究方案进行细微更改。
	不批准。	提议进行的研究让参与者面临的风险超过了所获知识的收益或价值；研究存在不可接受的伦理问题。

❖小　结

1. 沟通法使用问卷或个人访谈来调查参与者，具体包括个人访谈调查、电话调查以及自填式调查，每种方法有各自的优势和劣势。如果没有哪种方法特别合适，也可以将两种或多种方法的最佳特征组合到混合模式中。

2. 自填式调查可以通过电子邮件、邮政服务、传真和快递服务、电话、拦截研究（面对面）或在你访问某些网页时的弹出页面上进行，甚至在实验中也可能包括此类调查。计算机投递自填式问卷通过组织的局域网、互联网或在线服务传递给参与者。参与者可能是限定的，也有可能是自行选择的。

电话调查依然是调查研究的主要方法之一，因为电话服务渗透率高，调查成本低。电话调查也存在一些缺点：难访谈的家庭（没有安装电话或者无接触率/低接触率）；不正确或者无效的电话号码；访谈时间的限制（较少的测量问题）等。

个人访谈调查可以获得深度的信息和细节内容，可以设置和控制访谈条件。个人访谈调查也有一些明显的劣势，如高昂的费用、获得足够样本量所需要的时间长、有限的地理覆盖范围以及实际存在的偏见。

3. 一项成功的调查的参与者必须满足：参与者掌握调查问题希望了解的信息；参与者理解自己在访谈中的作用是准确地提供信息；参与者有足够的合作动机。

4. 参与者误差包括两类：一类是基于参与的误差，所有调查中都存在这个问题。在调查研究中，当参与者的应答同非参与者的应答存在系统性差异时，就会出现无应答误差。这种情况出现在研究者找不到想要研究的那个人（预先设定样本元素）或未能成功地鼓励人们参与的时候。另一类是基于应答的误差。它的产生有两条途径：参与者未能给出正确答案或者未能给出完整答案。研究者不得不采取行动避免或减少上面讨论的这些误差。尽管挑战很大，但是与参与者进行沟通（运用调查）仍然是市场研究的主要方法。

5. 外包调查服务有许多优势，包括拥有训练有素且经历过类似管理问题的员工、集中区域访谈、计算机辅助电话设备等。专题小组供应商提供了另一种类型的研究服务，强调纵向调查工作。通过在不同的时间使用同样的参与者，专题小组可以追踪对事件、产品或产品选择的态度或者消费行为的变化趋势，以及其他研究兴趣点。

6. 调查研究涉及的主要伦理问题包括欺骗、保密性、研究质量以及安全性。

❖关键术语

安全权（right to safety）
保密权（right to confidentiality）
电话调查（telephone survey）
调查（survey）
访谈者误差（interviewer error）
个人访谈调查（survey via personal interview）
个人深度访谈（individual depth interview，IDI）
沟通法（communication approach）
计算机辅助电话访谈（computer-assisted telephone interview，CATI）
计算机辅助个人访谈（computer-assisted personal interview，CAPI）
计算机辅助自我访谈（computer-assisted self-interview，CASI）
计算机管理电话调查（computer-administered telephone survey）
结构化访谈（structured interview）
拒绝率（refusal rate）
拦截访谈（intercept interview）
默许偏差（acquiescence bias）
欺骗（deception）
社会赞许性偏差（social desirability bias）
实际存在偏见（physical presence bias）
随机拨号（random dialing）
探查（probe）
未接触率（noncontact rate）
无应答误差（nonresponse error）
隐私权（right to privacy）
应答误差（response error）
知情同意（informed consent）
专题小组（panel）
自填式调查（self-administered survey）

❖讨论问题

术语回顾

1. 区分应答误差、访谈者误差和无应答误差。

2. 环境因素如何影响个人访谈调查的应答率？我们如何应对这些环境问题？

3. 区分社会赞许性偏差和默许偏差。

制定研究决策

4. 假设你打算对一个购物中心的购物者进行访谈，以了解他们对食品价格上涨以及美国联邦政府应该如何应对的看法。你可以通过哪些不同的方式来激励购物者对你的调查给予合作？

5. 近年来，家中个人访谈的成本越来越高，而且越来越难完成。但是，假设你有一个项目需要在受访者家中与他们交谈。你可以采取哪些措施来降低成本并提高应答率?

6. 在以下情况下，请决定要使用个人访谈调查、电话调查还是自填式调查。给出你的原因。

a. 对新区居民进行调查，以了解他们为什么选择在该地区居住。你还希望获得他们对在该区生活喜欢和不喜欢的方面的信息。

b. 都会大学学生对三名学生会主席候选人的偏好进行了调查。

c. 对分散在美国东部的 58 家批发百货公司的仓库人员管理政策进行了调查。

d. 对《财富》500 强公司的财务人员进行调查，以了解他们对明年行业经济前景的预测。

e. 在有 2 000 名学生的大学（其中 1 500 名学生参与了勤工俭学计划）进行学生勤工俭学工作分析，对申请人的要求、工作任务和绩效期望进行调查。

7. 你决定在 721 电话交换区中的 40 个家庭进行电话调查。你想要获得交换区中所有电话用户的高代表性样本。请说明你将如何进行这项研究。

8. 你计划对全国 1 000 家主要制造公司的运输管理者进行邮件调查。该研究关注他们所在的公司关于为调动工作的雇员支付搬家费用的政策。你将如何提高此类调查的应答率?

9. 一家大型公司同意资助关于工作场所性骚扰的内部研究。这项研究是对其女性员工所表达的关切的回应。你将如何处理以下问题?

a. 沟通方式（自填式、电话、个人访谈和/或混合）。

b. 目的：事实发现、意识觉醒、关系建立和/或改变。

c. 参与动机。

d. 最小化应答误差和无应答误差。

10. 随着市场竞争的加剧，越来越多的公司正在采取行动，通过培养以客户为中心的文化来提高满意度并增加利润。研究表明，96%的公司正在以某种方式利用消费者语音（VoC）数据来改善业务绩效。公司现在期望通过这些目标客户计划在客户留存率和营业额增长方面实现实质性的改善。如果你想知道哪些 VoC 程序正在被使用、哪些有效或无效，你将设计什么调查方法，为什么?

从概念到实践

11. 以图表 9-2 为指导，画出你在问题 7 或问题 8 中设计的沟通研究。

来自头条新闻

12. 梅赛德斯-奔驰有一款自动驾驶汽车，时速为 80 英里。你必须把手放在这辆 E 级轿车的方向盘上才能操作自动驾驶功能，但汽车可以读取并响应速度限制，并能够在 40～55 英里/小时的速度范围内刹车或转弯以避开自然或人类障碍物。使用该技术的任何责任仍由驾驶员承担。你将如何通过调查研究来确定公众是否已准备好驾驶这款汽车?

❖ 参考文献

1. “Harness the Conversation: Business in Today’s Social World,” Cvent, accessed March 8, 2012 (http://www.cvent.com/en/sem/business-in-todays-social-world-survey-ebook.shtml).
2. “Internet/Broadband Fact Sheet,” Pew Research Center, January 12, 2017 (http://www.pewinternet.org/fact-sheet/internet-broadband/).
3. Ibid.
4. Stephen J. Blumberg and Julian V. Luke, “Wireless Substitution: Early Release of Estimates From the National Health Interview Survey, July–December 2016,” National Center for Health Statistics, May 2017, downloaded May 29, 2017 (https://www.cdc.gov/nchs/data/nhis/earlyrelease/wireless201705.pdf).
5. This conclusion has been reached by several researchers. “A Future without Key Social and Economic Statistics for the Country,” U.S. Census Bureau, posted May 11, 2012, accessed July 20, 2012 (http://directorsblog.blogs.census.gov/2012/05/11/a-future-without-key-social-and-economic-statistics-for-the-country/); “Assessing the Representativeness of Public Opinion Surveys,” Pew Research Center, May 15, 2012, accessed July 20, 2012 (http://www.people-press.org/2012/05/15/assessing-the-representativeness-of-public-opinion-surveys/); “House GOP Votes to Kill Census’ American Community Survey,” *Daily KOS*, posted May 15, 2012, accessed July 20, 2012 (http://www.dailykos.com/story/2012/05/15/1091881/-House-GOP-Votes-to-Kill-Census-American-Community-Survey); Scott Keeter, “Survey Research, Its New Frontiers and Democracy,” address to the 67th Annual Conference of the American Association for Public Opinion Research, May 18, 2012, accessed July 20, 2012 (http://pewresearch.org/pubs/2270/polling-survey-research-cellphone-only-households-random-samples).
6. Edith de Leeuw and William Nicholls II, “Technology Innovations in Data Collection: Acceptance, Data Quality, and Costs,” *Sociological Research Online* 1, no. 4 (1996) (http://www.socresonline.org.uk/1/4/leeuw.html).

7. Personal experience of the author.
8. de Leeuw and Nicholls II, "Technology Innovations in Data Collection."
9. Don A. Dillman, *Mail and Telephone Surveys* (New York: Wiley, 1978), p. 6.
10. de Leeuw and Nicholls II, "Technology Innovations in Data Collection."
11. Dillman, *Mail and Telephone Surveys,* pp. 160–61.
12. Ibid., pp. 12, 22–24.
13. "Total Design Method," February 4, 2000 (http://survey.sesrc.wsu.edu/tdm.htm). Don Dillman is professor of sociology and rural sociology and deputy director of research and development of the Social and Economic Sciences Research Center at Washington State University.
14. Leslie Kanuk and Conrad Berenson, "Mail Surveys and Response Rates: A Literature Review," *Journal of Marketing Research,* November 1975, pp. 440–53; Arnold S. Linsky, "Stimulating Responses to Mailed Questionnaires: A Review," *Public Opinion Quarterly* 39 (1975), pp. 82–101.
15. Kanuk and Berenson, "Mail Surveys," p. 450. Reprinted from the *Journal of Marketing Research,* published by the American Marketing Association.
16. Robert M. Groves and Robert L. Kahn, *Surveys by Telephone* (New York: Academic Press, 1979), p. 223.
17. "Data Collection and Processing Services," Survey Research Center at the University of Michigan, accessed April 27, 2012 (http://www.src.isr.umich.edu/content.aspx?id=research_ services_sro_data_collection).
18. Michael J. Havice, "Measuring Nonresponse and Refusals to an Electronic Telephone Survey," *Journalism Quarterly*, Fall 1990, pp. 521–30.
19. See, for example, J. H. Frey Jr., *Survey Research by Telephone* (Beverly Hills, CA: Sage Publications, 1989).
20. "2003 CMOR Respondent Cooperation and Industry Image Study Topline Report," CMOR, downloaded November 23, 2003 (http://www.cmor.org/resp_coop_news1003_2.htm). CMOR, founded in 1992 as the Council for Marketing and Opinion Research, tries to improve access to consumers for its more than 150 member trade associations and research companies, to increase respondent awareness of the value of research, and to increase respondent cooperation rates.
21. Scott Keeter, Nick Hatley, Courtney Kennedy, and Arnold Lau, "What Low Response Rates Mean for Telephone Surveys," Pew Research Center, May 15, 2017, downloaded June 1, 2017 (http://www.pewresearch.org/2017/05/15/what-low-response-rates-mean-for-telephone-surveys/).
22. Chart 3-8: Percent of U.S. Households with a Telephone by Income by Rural, Urban, Central City Areas, and Total U.S., downloaded December 15, 2003 (http://www.ntia.doc.gov/ntiahome/net2/presentations/slide5.html through slide8.html). See also U.S. Census Bureau, Census 2000 Summary File 3, Matrices H6 and H43
23. "Wireless Local Number Portability," Federal Communications Commission, downloaded May 22, 2004 (http://www.fcc.gov/cgb/consumerfacts/wirelessportability.html).
24. A block is defined as an exchange group composed of the first four or more digits of a seven-digit number.
25. G. J. Glasser and G. D. Metzger, "Random Digit Dialing as a Method of Telephone Sampling," *Journal of Marketing Research,* February 1972, pp. 59–64; Seymour Sudman, "The Uses of Telephone Directories for Survey Sampling," *Journal of Marketing Research,* May 1973, pp. 204–07.
26. Personal experience of the author, October 2002.
27. Seymour Sudman, *Reducing the Costs of Surveys* (Chicago: Aldine, 1967), p. 65.
28. J. J. Wheatley, "Self-Administered Written Questionnaires or Telephone Interviews," *Journal of Marketing Research,* February 1973, pp. 94–95.
29. Robert M. Groves and Robert L. Kahn, *Surveys by Telephone* (New York: Academic Press, 1979), p. 223.
30. Marilyn Geewax, "FTC Scrubs Do-Not-Call Start Date," Cox News Service, posted September 27, 2003 (http://www.dfw.com/mld/dfw/news/nation/6875595.htm).
31. Floyd J. Fowler Jr., *Survey Research Methods* (Beverly Hills, CA: Sage Publications, 1988), p. 111.
32. B. W. Schyberger, "A Study of Interviewer Behavior," *Journal of Marketing Research*, February 1967, p. 35
33. B. S. Dohrenwend, J. A. Williams Jr., and C. H. Weiss, "Interviewer Biasing Effects: Toward a Reconciliation of Findings," *Public Opinion Quarterly,* Spring 1969, pp. 121–29.
34. One of the top research organizations in the world is the Survey Research Center of the University of Michigan. The material in this section draws heavily on the *Interviewer's Manual,* rev. ed. (Ann Arbor: Survey Research Center, University of Michigan, 1976); and Fowler, *Survey Research Methods,* Chap. 7.
35. Robert L. Kahn and Charles F. Cannell, *The Dynamics of Interviewing* (New York: Wiley, 1957), pp. 45–51.
36. D. Wallace, "A Case for and against Mail Questionnaires," *Public Opinion Quarterly,* Spring 1954, pp. 40–52.
37. Jon Krosnick, "The Art of Asking a Question: The Top 5 Things Researchers Need to Know about Designing Questionnaires," a seminar sponsored by SPSS and American Marketing Association, March 30, 2004.
38. Ibid.
39. There are a number of sources for research services, some of which are annotated. For current listings, consult the latest edition of the *Marketing Services Guide* and the *American Marketing Association Membership Directory* (Chicago: American Marketing Association); *Consultants and Consulting Organizations Directory* (Detroit: Gale Research Corporation); or the research section of *Marketing News.*
40. "Business Opinion Omnibus," BDRC-Continental, downloaded June 1, 2017 (http://bdrc-continental.com/products/business-opinion-omnibus/).
41. "About Gartner," Gartner Inc., downloaded June 1, 2017 (http://www.gartner.com/technology/about.jsp).
42. There are literally dozens of laws influencing survey research relating to privacy and confidentiality. The *Privacy Act of 1974* is the foundation of much of the more specific legislation restricting health information, financial and credit information, and information about or from children. A summary of pre-2010 legislation is available from Jonathan Ishee, "Summary of Selected Laws and Regulations addressing Confidentiality, Privacy, and Security," Department of Health and Human Services, February 18, 2010, downloaded May 31, 2017 (https://www.healthit.gov/sites/default/files/federal_privacy_laws._table_2_26_10_final_0.pdf).

Business Research Methods

第 3 篇

测　量

Measurement

第 10 章

第 3 阶段：测量基础

在互联世界中，绝对数字并不能给我们带来完整的图景。它们并没有像可能的那样真实。我们需要与其他数据相连接的、可以让我们改变看法的相关数字。

——大卫·麦坎德利斯（David McCandless），*Knowledge Is Beautiful: Impossible Ideas, Invisible Patterns, Hidden Connections* 作者

学习目标

阅读本章后，你应该了解：

1. 测量对象、属性和属性指标间的区别。
2. 测量中使用的四种尺度类型间的异同，以及每种尺度的使用场景。
3. 测量误差的四个主要来源。
4. 评估良好测量的标准。

10.1 测量的本质

所谓测量，指的是去探索某种事物的程度、尺寸、数量或容量，特别是与标准进行比较时。

我们可以测量身高（以英寸或厘米为单位）、体重（以千克或磅为单位）、视力（以 20/20 表为标准）。你还可以测量你有多喜欢一首歌、餐厅食物的口味或一个朋友的性格。

测量的目的是提供最高质量、最低误差的数据，来检验假设、形成估计或预测，或者进行描述。研究者从一个假设推论出某些条件应该存在后，就会测量现实世界中的这些条件。如果发现这些条件的确存在，则数据可以支持该假设，并且可以根据该假设作出决定；如果条件不存在，研究者将得出该假设是错误的结论，那么管理者将寻找替代的解决方案或行动。

企业对测量概念和构念很感兴趣，但我们实际衡量的是它们的“替身”——变量。我们对每个变量以测量标准来确定一个操作性定义（对于构念来说可能有多个操作性定义）。操作性定义必须充分说明所需的实证信息及其收集方式。此外，操作性定义必须范围适当或与研究问题相适配。我们在图表 10－1 中回顾了这些条件。

图表 10-1 关键术语回顾

概念：与某些事件、对象、条件、情况或行为相关的一些含义或特征。 对具有超出任何单个观察点的共同特征的对象或事件进行分级和归类，就会形成概念。当你想到电影票时，想到的不是一个单独的例子，而是关于门票的集合记忆，你从中可以抽象出一组特定且可定义的特征。
构念：为构建给定的研究和/或理论而专门发明的图像或想法。 我们通过合并更简单、更具体的概念来建立构念，尤其是当我们要传达的想法或图像无法直接观察时。汽车造型是一个构念。
变量：可以测量的事件、行为、特征、特质或属性，我们为其分配数字或值；变量是构念或正在研究的属性的同义词。 一些变量被认为是二分的，只有两个值，反映了属性的存在与否，例如就业与失业。一些变量是离散的，它们测量类别，例如种族和宗教的人口统计学变量。在一次车展上，当我们对车型进行测量时，给雪佛兰打 5 分，给本田打 6 分，而没有 5.5 分的选项。收入、温度、年龄和测试成绩是连续变量的例子。这些变量可能采用给定范围内的值，或者在某些情况下使用无限集。你的考试成绩可能介于 0 到 100 分，你的年龄可能是 23.5 岁，你现在的收入可能是 35 463 美元。
操作性定义：根据测试或测量的特定标准所陈述的构念的定义，指的是实证标准（我们必须能够计数、度量或通过我们的感知来收集相关标准的信息）。 无论所定义的是物理对象（如一罐桃子）还是高度抽象的对象（如对工作安全的态度），操作性定义都必须指定特征（变量）以及如何对它们进行观察或计数。规范和程序必须清楚到任何胜任的人员都可以以相同的方式使用并能对对象进行分类。例如："桃子罐"是指可以在密歇根州底特律联合大都市统计区内的杂货店、药店、便利店或大宗商品零售商处购买的重量至少为 12 盎司的任何金属、玻璃、塑料或复合材料容器。

10.1.1 测量任务

研究中的**测量**（measurement）是指按照一套规则对实证事件、对象或属性、活动赋值。这个定义意味着测量是一个包含三个任务的过程。

1. 选择可观察的实证事件。

2. 开发一套**映射规则**（mapping rule）：这一方案用数字或符号来代表被测量事件某个方面的特征。

3. 将映射规则运用到对这一事件的每一次观察中。[1]

假设新款汽车将在车展上展出，你要研究的是参加车展的观众。你想知道车展观众中的男女比例。你仔细观察进入展区的每一个人。如果进来的是位女性，你记下 F；如果是位男性，你记下 M。一些测量理论家认为，由于测量涉及量化，因此"必须为研究对象分配数字，以表示单个属性或所有对象属性的数量或程度"。[2]因此，你可以将 1 分配给男性，将 2 分配给女性，并建立一个满足这些完美主义者需求的映射规则。不过，如今的数据分析软件可以处理所有类型的符号，还可以对这些符号进行计数。研究者可能还想测量人们对于车展中一辆新型概念车的款式的喜欢程度。他们可能会访谈一些参观者，然后按照不同的映射规则，将参观者的观点用下面量表中的数字表示出来。

对概念 CS 车的风格，你持怎样的观点？

非常喜欢　　5　4　3　2　1　　非常不喜欢

图表 10－2 用车展这个例子来说明测量的三个任务。

图表 10－2　测量任务

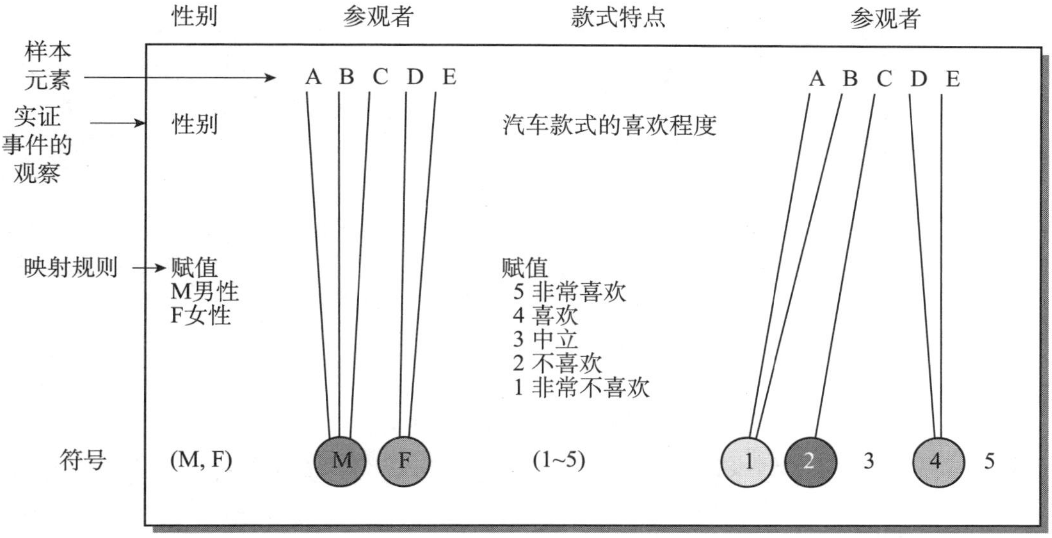

10.1.2　测量什么

研究中的变量可以分为对象和属性。**对象**（object）包括日常生活中的一些概念，指看得见摸得着的物体，如家具、洗衣液、人或者汽车之类；对象也包括构念，如同辈压力、领导层或生活方式。**属性**（property）是对象的特点。一个人的物理属性可以用体重、身高和体型等来表述。心理属性包括态度和智商等。社会属性包括领导力、阶层归属和社会地位等。在研究中，个体的这些属性以及其他属性都是可以测量的。

从字面上看，研究者测量的既不是对象，也不是属性。他们测量的是属性的指标或者对象的属性的指标。比如，假设你通过分析销售队伍中的几百个成员来了解哪些个性特征有助于销售的成功，这些特征包括年龄、工作年限和每周拨打电话的次数。要测量“意见领袖”或“说服力”构念的属性特征并不容易。由于无法直接测量每个属性，研究者必须通过观察某些指标或测量点来推断其是否存在。当开始进行此类推断时，通常在如何为每个指标确定操作性定义上会存在分歧。

10.2　测量尺度

在测量中，我们可以设计一些映射规则，然后用这些规则对属性指标的观测结果进行转换。对每一个概念或者构念而言，可能有几种类型的测量，恰当的选择取决于你对映射规则所做的假设。每一条规则都由其基本假设来规定如何用数字符号反映现实世界中的观察值。

映射规则有四种假设：

1. 用数字对回答进行分等、归类或者分类，它们之间不存在顺序。

2. 用数字排序。一个数字比其他数字大、小或者相等。

3. 数字之间的差别是设定好的。任何两个数字之间的差别大于、小于或者等于其他两个数字之间的差别。

4. 数字序列以零作为唯一起点。这是一个绝对的并且有意义的零点。

类别、顺序、距离和起点这四个特征结合起来提供了四种广泛使用的测量尺度[3]：定类、定序、定距、定比。在讨论技术细节前，先了解一下这些测量尺度。假设教授让一名学生志愿者品尝 6 种糖块，学生首先以巧克力—非巧克力尺度来评价，这是一个定类测量。然后将糖块从最好到最差进行排序，这是定序测量。接着用一个 7 点量表依据一些标准（如口感）来评估糖块，且量表中每两点之间的测量距离相等，这是一个定距测量。最后，学生考虑使用另一个测量维度，将 100 分分配给这 6 种糖块，这是一个定比测量。图表 10－3 总结了这些测量尺度的特征。

图表 10－3　测量尺度的类型

类型	数据特征	基本的实证操作
定类	有类别（互斥并且能穷尽所有类型），但没有顺序、距离或者自然起点。	● 计数（频率分布）；使用众数来测量集中趋势；没有测量离中趋势。 ● 与其他变量一起使用以识别模式、揭示关系。
定序	有类别，有顺序，但没有距离或自然起点。	● 数值大或小的测定。 ● 计数（频率分布）；使用中位数来测量集中趋势；非参数统计。
定距	有类别、顺序、距离，但没有自然起点。	● 间距或差异之间相等的测定。 ● 计数（频率分布）；使用平均值或中位数来测量集中趋势；使用标准差或四分位间距来测量离中趋势；参数测试。
定比	有类别、顺序、距离和自然起点。	● 相同比率的测定。 ● 以上任何一种统计运算，加上乘法和除法；平均数代表集中趋势；使用方差系数来测量离中趋势。

确定哪种类型的尺度能够满足你的研究需要是研究过程的一部分，正如图表 10－4 所示。

10.2.1　定类尺度

在企业管理研究中，定类数据应用广泛。采用**定类尺度**（nominal scale）能够收集到自然条件下或通过设计而划分为两类或更多类别的变量的信息。类别是可以穷尽的，且类别之间是互斥的。

在采用定类尺度时，每组成员的数量是唯一要进行的计算操作。如果我们在映射规则中用数字符号来标记种类，那么这些数字仅仅用作类别标识，而没有数值上的意义。

由于唯一可做的量化就是计算每种类型中的个案数目（频次分布），研究者只能

图表 10-4　测量：从探究性问题到测量问题

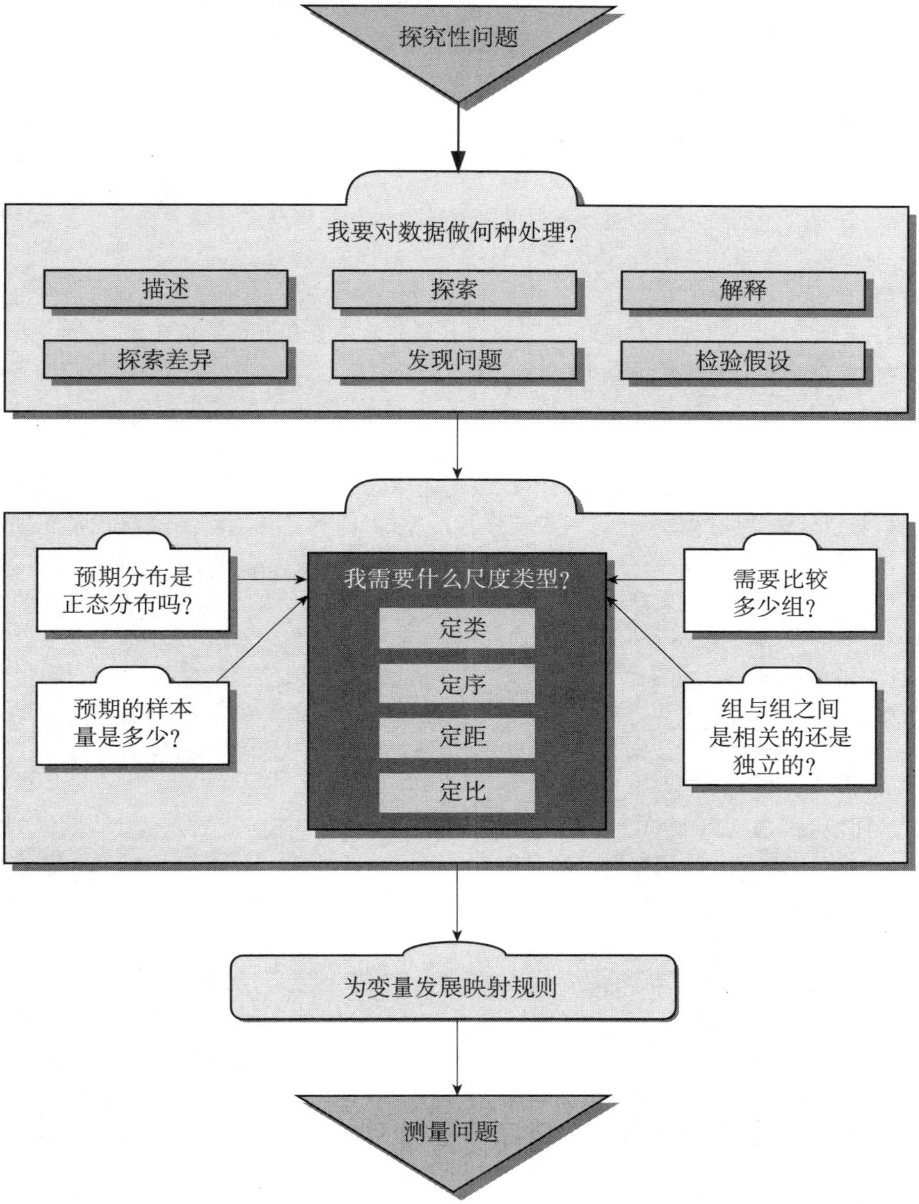

使用众数来测量数据的集中趋势。[4] 众数是出现频率最高的那个值。你可以总结出哪一类的成员最多，但也仅此而已。没有通用的方法来测量定类尺度的离差。离差刻画了数值在分布中聚集或者分散的情况。通过将定类变量与其他变量进行交叉制表，可以识别出数据的范式。

尽管定类数据的统计效力很弱，但它们仍然非常有用。在没有其他尺度可以使用的情况下，我们几乎总是可以把一系列属性划分成一系列相对应的类别。定类测量在探索性工作中尤其有用，因为探索性研究的目的就是揭示事物之间的关系而不是确保测量的准确性。这种类型的尺度也广泛应用于调查和其他研究中，此时数据往往依照总体中的主要子群体来分类。根据被调查者的婚姻状况、性别、政治倾向和特定经历进行的分类有助于洞察重要的人口统计学数据的变化模式。

快速浏览 ▶▶▶▶▶▶▶▶▶

研究的情感面

广告业中的创新测试方法几乎只能测量理性的消费者反应（如品牌记忆、品牌联结、信息理解、购买考虑和意图），而没有把精心设计的情感反应测量包括在内。一些世界领先的消费和工业公司依靠位于克利夫兰的 Marcus Thomas（MT）来创建或完善自己的品牌，并带动客户寻找和购买它们的产品和服务。其中一家客户俄亥俄州彩票公司（The Ohio Lottery）想要一种更好的方法来评估其电视和广播广告对消费者的影响，并了解消费者对各种广告风格元素（如故事、人物、音乐、语气）的反应，以指导未来的广告开发。因此，MT 推荐了一种新方法。

MT 从近 12 个月内玩过彩票的俄亥俄州成年人的受访者小组中选择了 1 000 名参与者。MT 和彩票公司共同选择了代表各种流派和风格的 11 种广告执行方式（包括电视和广播节目），并把这些广告呈现给参与者。先前研究表明，情绪反应（即人们看到广告后的感觉）可以比常用的理性测量更好地预测效果。因此，在 15 分钟的在线调查中，在广告播放后立即就对参与者的情绪进行了捕捉。受访者从代表基本感觉（如幸福、惊喜、愤怒）的脸部照片中进行选择，以报告他们看到/听到的一则广告带给他们的感受如何。通过对开放式问题的回答，参与者在再次看/听广告时还报告了他们瞬间的情绪变化及变化的原因。受访者还回答了测量理性反应的问题，包括传统的品牌记忆和联结、购买可能性、购买意图等问题。

MT 研究副主任埃德维格·维南斯对这种方法进行了描述："在广告呈现后即刻的集合感受以及使用图表来代表情绪对于确保捕获纯粹的非理性情感来说很关键。"由于调查问卷问题比较多，问卷使用游戏化技术来优化受访者的体验并保持其参与度。

MT 与 BrainJuicer 合作，对情绪反应进行了汇总，并为每个广告创建了情绪旅程图。这些情绪反应提供了对影响受访者感受的广告元素（字符、色调、颜色、音乐、对话等）的洞察。此外，情绪反应与理性反应进行了比较，还与行业标杆做了比较以了解更多的背景信息。这些发现清楚地识别出产生积极情绪和消极情绪的元素，并指出消费者缺乏情感参与（广告商不希望的事情）的中性（neutral）时刻。MT 通过研究中学到的内容建立了修订版的未来彩票广告开发创意指南。这些洞见被用于创意执行（例如对话、音乐、事件序列），以在下一年最大化消费者的情感参与度，最终让销售额超出预期增长了 4%。

资料来源：www. marcusthomasllc. com；www. system1group. com.

10. 2. 2 定序尺度

定序尺度（ordinal scale）除了包括定类尺度的特征外，还包括顺序的指标。定序数据要遵从一个逻辑假定，即如果 a 大于 b，b 大于 c，那么 a 大于 c。[5] 定序尺度的应用意味着"大于"或者"小于"（"等于"也是可以接受的）的陈述，但并没有说明大于或者小于的程度。尽管定序测量表达的是对"大于"或者"小于"的测量，但也有可能运用其他表述——“优于”、“更高兴”、“更贫穷”或者“更重要”。如同一根橡胶码尺，一个定序尺度可以沿着它的长度变化延伸。因此，在满意度量表中 1 级和 2 级之间的真正差异可能大于或者小于 2 级和 3 级之间的差异。定序的概念可以超出例子中 $a>b>c$ 这样简单的三个个案的排序，个案的数目不受限制，任何数量的个案都可以进行排序。

当对多个属性感兴趣时，定序概念可以进一步延伸。我们让品酒师按照味道、颜色、碳酸饱和度以及这些特征的综合来对多种碳酸软饮料进行排序。有两种方式可以实现这种排序：一是要求被调查者基于对这些属性的综合评价来排序；二是先按照每种属性进行排序，在此基础上再构建一个综合排序。

定序数据的例子包括态度量表和偏好量表。由于定序尺度中使用的数字仅排序，因此对集中趋势的测量更适合采用中位数。中位数是分布的中点。百分位数或者四分位数都能揭示出离散性。

有关定序变量的分析受到不同排序技术的约束。统计显著性的测量在技术上也受到非参数方法（也称自由分布统计）的限制。[6]

在分析定序数据时应用更具效力的检验是否合适，研究者在这一问题上存在分歧。由于非参数检验对于计算来说已经够用，并且简单，具有良好的统计效力[7]，不要求研究者必须接受参数检验的假设，所以我们建议对于定类数据和定序数据使用非参数检验。但是，由于参数检验（例如 t 检验或者方差分析）是通用的、被人接受和理解的，因此，如果研究者能够证明定序数据基本满足定距尺度分析时的必要假设，那么对定序数据使用参数检验也是可以理解的。

10.2.3 定距尺度

定距尺度（interval scale）有定类数据和定序数据的效力，并且有一个额外的优势，即它具有距离相等的含义（1 和 2 之间的尺度距离等于 2 和 3 之间的尺度距离）。日历时间就是这样一个尺度。例如，早晨 3 点和 6 点之间的时间距离与早晨 4 点和 7 点之间的时间距离是相等的。但是，我们不能说早晨 6 点是早晨 3 点的 2 倍，因为“零时”是一个任意零点。摄氏温度和华氏温度是另外两个经典的定距尺度。这两个尺度都人为地定义了一个零点，但不是唯一的起点。

研究者将很多态度量表看成是定距的。当尺度是定距的，而且数据以某种模式呈现出相对对称时，就可以利用算术平均数来测量集中趋势。在保险收益研究中，你可以计算出电视促销广告的平均时间和不同年龄组的被调查者态度的平均值。标准差是对离散状态的测量。积差相关、t 检验、F 检验以及其他参数检验都是定距数据可以选择的统计程序。[8]

如果从定距数据计算得出的分数分布偏向于一方（向右或者向左倾斜），通常用中位数来测量集中趋势，用四分位数间距来测量离散状态。[9]

10.2.4 定比尺度

定比尺度（ratio scale）除了具备前面所讲的三种尺度的效力，还有绝对零点或者起点。定比数据代表一个变量的真实值。身体维度（如体重、身高）的测量、距离和面积的测量都是定比数据的例子。在行为科学中，几乎没有能满足定比数据要求的情形——心理物理学研究领域中有些特例。在企业管理研究中，我们发现定比数据存在于很多领域，比如金钱的价值、人口数量、距离、回报率、生产率和时间量（例如，一位客服代表回答顾客电话咨询所用的时间）。

斯沃琪（Swatch）的 BeatTime——2000 年奥运会采用的全球标准时间，是一种定比尺度。它提供了标准时间，0 拍是该时间的起点（在新的比尔子午线时间轴上，瑞士比尔市的午夜 12 点）。一天由 1 000 拍组成，1 拍相当于 1 分 26.4 秒。[10]

到目前为止我们提及的所有统计技术都可以用于定比尺度，其他处理实数的方法也可以用来处理定比尺度的数值。乘法和除法可以用于这种尺度，但不可以用于上述其他尺度。算术平均数和调和平均数可以用来测量定比数据的集中趋势，变异系数可以用来描述变异性。

10.2.5 重新编码

一些统计技术要求数据具有相同的测量层次。为实现这一点，变量在数据收集后甚至是数据准备和数据检验过程中可以调整，即通过**重新编码**（recoding）将变量转换为另一个不同的测量层次。定类变量是没有顺序、距离或起点的，我们不能在事后人为地创造出来。基于比率的工资变量可以降低层次。将产品成本由定比变量调整成定类变量（例如，高、中、低）可以简化比较。这个例子也适用于其他测量情形，即转化或重新调整变量可以将测量从效力较大、较强的层次降到较低的层次。[11] 这个决定带来了测量效力的降低，也意味着在接下来的数据分析中将采用较低效力的统计方法，不过对其进行恰当应用需要符合的假设要求也减少了。

总之，较高水平的测量通常会提供更多信息。由于测量精度较高，因而可以采用更有效力和更灵敏的统计程序。正如我们在糖块的例子中看到的，当测量从较高水平降为较低水平时，会损失很多信息。最后，在较高水平上收集信息时，我们总是能够转化、调整或者缩减数据，使其降到较低水平。

快速浏览

TiVo 家庭的测量：跳过的广告与观看次数最多的广告

电视上一些最受欢迎的节目的广告观看率反而最低，这个结果不奇怪吗？TiVo 的研究发现：“几乎所有赢得 2009 年艾美奖的电视节目的广告跳过率均高于其所属类型的平均水平。”情景喜剧的广告跳过率达到 66%，而《广告狂人》（MadMen）的广告快进率达到 88%，有 73% 的观众会跳过所有剧情类电视剧的广告。TiVo 负责受众研究和测量的副总裁托德·朱恩格（Todd Juenger）表示，观看热门节目的人更有可能跳过广告，因为他们比其他观众对电视节目更加投入。

Madison Avenue 媒体策划人员一直建议避免在超级碗（Super Bowl）的第四节购买广告，即使知道超级碗的吸引力之一就在于观看广告。然而，在比赛的最后时刻连续两次产生冠军之后，这些建议被重新评估。NBC 在第四十三届超级碗最后一节的商业广告转播中观众人数很多。TiVo DVR 有两个最受欢迎的广告在比赛的最后时段播放：百威柠檬味淡啤酒和网站注册公司 GoDaddy.com。这些广告是在亚利桑那红雀队（Arizona Cardinals）触地得分后，匹兹堡钢人队（Pittsburgh Steelers）重新夺回领先优势并赢得比赛之前播出的。朱恩格说：“在 TiVo 家庭中，商业广告获得高评价有两个原因。要么［节目］被经常倒带并反复观看，要么［广告］恰好在［被一遍又一遍观看的引人入胜的节目中］。”

那些坐等第四十三届超级碗结束的人让它成了史上观看人数排名第二的超级碗。对于那些正在回看第四节最后时刻的观众，请提出一些可以解释广告跳过的假设。你将使用什么方法来检验你的假设?

资料来源：www. tivo. com.

10.3 测量差异的来源

理想的研究应该做细致的设计和控制，从而对变量进行精确和清晰的测量。由于不可能做到完全控制，于是便产生了误差。很多误差是系统性的（由偏差造成的），剩下的误差则是随机的（不规律产生的）。权威人士指出，测量差异可能有以下几个来源。[12]

假设你正在对某跨国公司进行企业公民行为的事后研究。这家公司生产家庭和个人日化用品，被调查者是某大城市的居民。这项研究涉及 Prince 公司，这是一家大型生产商，其总部和几个主要机构都设在这个城市里。研究目的是了解公司在健康、社会福利和环境等问题上的思路，公众对此的看法如何；同时，也想知道公众持相反观点的原因是什么。

在理想情况下，被调查者打分的任何差异都会反映出他们对公司看法的真正差异。人们对作为雇主、作为生态敏感组织或者作为优秀企业公民的公司的态度也会清晰地表达出来。然而，四个主要的误差来源会影响所得的结果，这四个误差来源是：(1) 被调查者；(2) 情境；(3) 施测者；(4) 数据收集工具。

10.3.1 误差来源

被调查者

影响测量的观点差异源于被调查者相对稳定的个人特征，典型因素包括员工地位、所属族群、社会阶层、与生产设备的接近程度等。训练有素的研究人员会预计到很多这样的维度，从而调整设计以便对这类差异进行消除、中和或处理。然而，即使是熟练的研究者，也可能没有意识到那些不太明显的维度。某个被调查者与 Prince 公司有关的体验也许并不令人愉快。

被调查者可能不太愿意表达强烈的负向（或正向）情绪；可能故意表达出他们觉得与众不同的态度；也可能对 Prince 公司并不了解但又不愿意承认。被调查者不愿意承认对某个题目的无知可能导致调查中充满着猜测或假设，最终会产生错误的数据。被调查者也可能会受到一些临时因素的干扰，例如疲惫、厌烦、焦虑、饥饿、分心或者其他情绪上的变化。这些因素都会限制被调查者准确、充分地回答问题的能力。设计出能够使被调查者在测量期间全心投入的量表非常关键。

情境

给访谈或者测量环节造成压力的任何情境，都会对访谈者和受访者之间的默契产生严重影响。如果有其他人在场，这个人的参与、干扰或者仅仅是在场都有可能导致受访者给出失真的答案。如果受访者认为调查的匿名性得不到保证，他们可能不愿意表达某些情感。街头调查或拦截调查都不太可能得到详细的回答，而入户调查往往能做到这一点。

施测者

施测者可能会因为重述、解释或者重新排列问题而导致回答失真。外表或者行动上的刻板印象会产生偏见。声音的变化以及微笑、点头等有意无意的提示都会鼓励或者阻止某些回答。在一些细节加工方面不够认真和仔细——记录错误的回答（根据映射规则）或者未能完整记录回答的内容，显然会造成结果失真。在数据分析阶段，错误的编码、粗心的制表以及统计计算上存在的缺陷，都会导致进一步的误差。

数据收集工具

有缺陷的数据收集工具可能会从两个方面造成失真。首先，它可能使人感到困惑和模棱两可。最典型的情况是使用那些超出受访者理解范围的词汇和语法。诱导性问题、语义模糊、细节内容缺陷（没有为答案留出足够的填写空间、答案选项遗漏、印刷质量差）和多重问题是数据收集工具可能存在的主要问题。很多这样的问题是操作性定义不够充分的直接后果，它导致选择或开发了不合适的量表。

其次，测量的题目没有涵盖调查问题，这一类数据收集工具缺陷更难解决。数据收集工具不可能探索所有潜在的重要内容。Prince 公司的研究可能从就业和生态角度来看待公司的形象，而忽视了公司管理者的民间领导力、对当地教育项目的支持程度、公司的慈善事业或者公司对少数族裔问题的立场。即使那些一般性方面都被考虑到了，测量题目也不可能涵盖每一个关注的领域中足够多的方面。我们可能会从薪水和工资等级、晋升机会和工作稳定性等方面来研究 Prince 公司的雇主形象，但是诸如工作条件、公司管理层与工会的关系、退休及其他福利计划等主题也应该包括在内。

快速浏览

人才分析：人力资源研究的前沿

对于大多数公司而言，最大的投资是员工。这些公司很想知道，基于其业务类型和给定职位的人才市场，它们是否在吸引、招聘和开发最优秀的人才。根据 Bersin & Associates 的研究，“最初，许多［HR］评估主要用于招聘前的选择。如今，评估提供者为那些希望在招聘之外建立完整的员工知识的全球组织提供战略资源，以进行人才的开发、晋升、内部调动和继任计划”。

正如 Bersin & Associates 所定义的那样，人员情报是“从个人应聘前到退休这段个人从属于组织的整个过程中所收集的有关个人的信息。它所包含的数据经过分析后，对于个人以及整个组织的战略人才和业务决策制定、绩效改善都有价值”。随着技术把业务成果与交付该成果的人员更紧密地联系起来成为可能，这种人员情报越来越引起人们的关注。

为此，SHL 提供了一个称为人才分析（talent analytics）的研究过程。SHL 的《2012 年商业成果研究报告》涵盖超过 66 项商业成果的研究，证明了出色的评估工具和具有竞争力的标杆管理可以吸引更好的人才（具有可以更好地适应组织并产出更好的底线结果的技能和特质的人才）、留住人才、提高生产力并减少拒绝录用的负面影响。时代华纳（Time Warner）、葛兰素史克（GlaxoSmithKline）、家乐氏（Kellogg's）和希尔顿酒店（Hilton Hotel）等客户可以通过安全且用户友好的在线平台从 1 000 多种现成的、预先打包好的评估解决方案中进行选择。

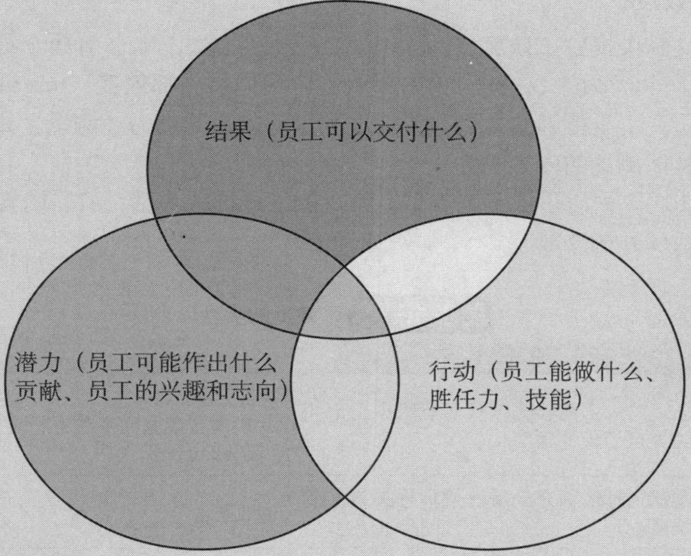

人才审计的元素

使用这些测量工具的结果令人印象深刻。一家汽车配件零售商发现在一项旨在预测销售潜力的评估中得分更高的销售合伙人在其工作的前三个月要多卖 21%。一家保险公司使用人才分析将员工流动率降低了 40%。在解决问题和组织能力方面的人才分析指标上得分高的餐厅经理取得突出绩效的概率是一般经理的两倍。一家汽车制造商使用人才分析技术对可靠性和安全性进行了测量。结果表明，高分者被上级评定为具有较大晋升潜力的可能性是低分者的两倍。

Bersin & Associates 是一家旨在改善公司的企业学习和人才管理策略、流程和系统的咨询公司。SHL 是 SHL 和 PreVisor 这两家人才评估先驱机构合并的结果。作为全球最大的人才评估公司，SHL 每年以 30 多种语言进行超过 2 500 万次经过科学验证的选拔和发展评估。你可以访问其网站了解有关人才分析的更多信息。

资料来源：www. shl. com；www. bersin. com.

10.4 良好测量的特征

好的测量工具应该具备哪些特征？对这个问题的直觉回答是，这个工具应该是能够准确测量出我们感兴趣的东西的计算器或者指标器。另外，它应该使用起来简单有效。评价一个测量工具主要有三个标准：效度、信度和实用性。

- 效度是一个测试能够测量出我们实际希望测量的内容的程度；
- 信度与测量过程的准确性与精确度相关；
- 实用性与经济性、便利性和解释力等许多影响因素有关。[13]

在接下来的内容中，我们将讨论这些性质以及研究者在测量过程中如何达到这些要求。

10.4.1 效度[14]

研究文献中提到了**效度**（validity）的多种形式。[15]本书前面介绍实验法和抽样设计时探讨了外部效度，在此讨论内部效度。我们将**内部效度**（internal validity）进一步限定为研究工具能够测量到我们旨在测量的内容的能力。测量工具真的能测量出设计者声称其能测量的内容吗？

图表 10－5 列出了效度的类型。常见的三种形式包括：（1）内容效度；（2）效标关联效度；（3）构念效度。[16]

图表 10－5　效度的类型

类型	测量的内容	方法
内容效度	条目的内容能够充分代表研究中全部相关条目领域的程度。	● 主观判断。 ● 用内容效度比率法进行定组追踪评估（panel evaluation）。
效标关联效度	预测指标能够充分反映效标相关方面的程度。	● 相关。
同时效度	对当前的描述；效标资料可以和预测分数同时获得。	● 相关。
预测效度	对未来的预测；效标资料要过一段时间后收集。	● 相关。
构念效度	回答的问题是："什么内容解释了测量中的变异？"试图识别测量的潜在构念并确定测试能代表构念的程度。	● 判断。 ● 所构建的测试与已有测试之间的相关关系。 ● 聚合-区分技术。 ● 因素分析。 ● 多质多法分析。

内容效度

测量工具的**内容效度**（content validity）指的是它能充分涵盖用于指导研究的调查问题的程度。如果测量工具能够包含与测量主题有关的代表性内容，那么它就具有良好的内容效度。评估一个测量工具的内容效度时，我们必须首先就哪些要素能够充分覆盖我们要测量的内容达成共识。在 Prince 公司的研究中，我们必须确定什么样的知识和态度与我们想要测量的企业公众形象有关，然后再确定哪些形式的观点能够代表这些主题的相关立场。

主观判断是判定内容效度的方法之一。研究者通过对主题、将要测量的条目以及将要使用的量表的细致界定来确定其内容效度。这种逻辑程序常常依靠直觉，并且对每个研究者来说都是独特的。

另一种方法是让一个固定小组来判断测量工具满足标准的程度。固定小组中的每个人先对工具的测试题目进行独立判断，判断这个题目是否必需而且重要。然后用内容效度比率来评价每个题目从小组成员那里获得的“必需”的数量，那些能够满足统计显著性水平的条目将被保留下来。在信息判断过程和这一系统过程中，“内容效度主要与测试结构的推论有关，而不是与测试分数的推论有关”。[17]

不要把内容限制得太窄，这一点非常重要。如果在 Prince 公司的态度调查中，只是想获得比较浅显的观点表述，那么不可能有充分的内容覆盖。

效标关联效度

效标关联效度（criterion-related validity）反映用于预测或者估计的测量成功与否。你可能想预测某个结果，或者估计当前行为或时间洞察力是否存在。如果一个态度量表能准确预测顾客的购买决定，那么它就具有预测效度（predictive validity)。如果一种观察方法能根据目前的收入等级对家庭进行正确分类，那么它就具有同时效度(concurrent validity)。尽管这些例子看上去有简单和明确的效标，但是在估计效度时仍然有很多困难。例如，在估计家庭收入过程中就遇到一些问题，每个家庭都有一个可知的真实收入，但是我们会发现很难获得这个数字。也就是说，效标是清晰的，却难以获得。

研究者可能想开发出一套雇佣前测试来预测员工以后可能取得的销售业绩。存在多种可能的效标，但是没有一个效标能够为我们提供所有的信息。每位销售人员的总销售额可能无法充分地反映区域市场的潜力、竞争状况或者各种产品的盈利能力。销售经理的整体评价或许是值得信赖的，但是他们评价的公正性和准确性如何呢？研究者必须确保所使用的效标本身是有效的。任何一个效标测量都必须根据以下四个特性进行评判：(1) 相关性；(2) 无偏性；(3) 可靠性；(4) 可行性。[18]

如果效标是按照我们认为能恰当衡量销售人员成功的术语来定义并打分的话，那么它就是相关的（relevant)。如果你认为用每年实现的销售额能够充分测量出销售成功，那么它就是相关效标。如果你觉得销售成功还应该包括大量的客户渗透，那么单独的销售额就不是相关效标了。在作出此类决定时，你必须依赖于你对于哪些效标是销售人员成功的合适指标所做的判断。

当效标为每一位销售人员提供获取良好业绩的相同机会时，它就具有无偏性(free from bias)。如果销售效标没有对区域潜力和竞争状况的区别作出调整，那么它可能是有偏差的。

一个可靠的（reliable）效标是稳定的和可重复的。不稳定的效标（例如月度销售额，各月的销售额往往变动非常大）很难成为销售人员雇佣测试中判断业绩的可靠标准。最后，效标所需的信息必须是可以获得的（available)。如果尚未获得，那么获取的成本和难度将有多大呢？花费在效标开发上的财力和精力应取决于测试所能解决的问题的重要性。

一旦获得了测试分数和效标分数，就必然以某种方式对两者进行比较。通常的思路是对两者进行相关分析。例如，你可以将 40 名新进销售人员的测试成绩与第一年的销售业绩进行相关分析，当然销售业绩已根据区域销售状况的不同进行了调整。

构念效度

在评估**构念效度**（construct validity）时，我们既需要考虑理论，也需要考虑采用的测量工具。如果我们想要测量在跨职能团队中信任的作用，那么“信任”的操作性定义需要与建立在实证基础上的理论相一致。如果我们了解一种测量信任的知名方法，可以把用这种测量方法获得的结果与用新的测量工具获得的结果进行相关分析。通过这种方式，可以得到聚合效度（convergent validity）（测量同一构念的两个量表所得的分值的相关程度）的初步结果。

回到上一个例子，鉴别信任这一构念的效度的另一种方法是，将它与该理论或者相关理论中的其他构念区别开来。如果能够将信任与团结、互惠和移情等概念区别开来，就完成了区分效度（discriminant validity）的第一步（测量某个构念的量表的得分与设计用来测量不同构念的量表的得分之间不相关的程度）。

我们分别讨论了效度的三种形式，不过它们在理论上以及操作上都是相关联的。预测效度对于预测产品能否成功的测试来说非常重要。在开发这样的测试时，你可能首先要列出为有效预测提供基础的因素（结构）。例如，你想提出一个关于哪些变量影响产品成功的理论——在这里可能用到结构效度。在开发预测成功的测试应包括的具体条目时，你应该关注这些具体条目能够代表每个构念的全部内容的程度（也就是内容效度）。参考图表 10-6，用射手的弓箭和靶子作比方，我们可以更好地理解效度和信度的概念。

图表 10-6　理解效度和信度

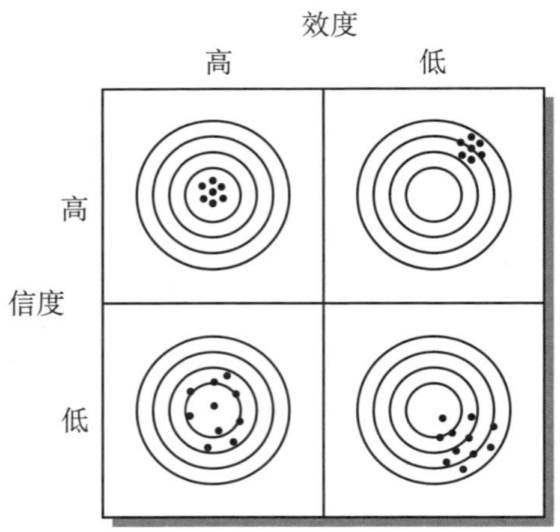

注：让我们用射手的弓箭和靶子来打个比方。

高信度意味着箭不断地射中靶子的同一个地方——但未必是我们想要射中的地方（图中第一行）。如果同时效度也高的话，那么每支箭都会射中靶心（左上方）。如果信度本身就低或者因某种原因而降低的话，射出的箭就会分散开来（缺乏相似性或紧密性，如第二行的图所表现的那样）。

高效度意味着箭每次都会射准，不会射偏到靶子外。效度高的弓射出的箭会集中在中点（靶心），即使它们因信度降低而变得分散（左下方）。效度低的弓射出的箭是歪扭的，就好像一把有缺陷的弓把箭射到靶心的右方一样（图中第二列）。由于低效度的弓箭——如同有瑕疵的数据收集工具——无法按计划去执行任务，将无法击中目标靶心。当低效度和低信度相结合，射出的箭不但远离靶心，而且非常分散（右下方）。

10.4.2　信度

信度（reliability）关注的是测量控制随机或不稳定误差的程度。如果测量能提供一致的结果，那么测量就是可靠的。信度与效度之间的关系可以用体重秤为例子来简单说明。如果体重秤每次都能准确地测出你的体重（利用同时效标，比如一个已知准确的体重秤），那么它就是既可靠又有效的。如果体重秤称出的体重始终多出 6 磅，那么这个体重秤是可靠但无效的。如果体重秤时不时地测不准，那么它就是不可靠且无效的。因此，如果一项测量无效，那么它是否可靠就无关紧要了，因为它无法完成研究者为了解决问题所需的测量。信度是效度的必要条件，但不是其充分条件。在这种情况下，信度虽然不如效度重要，但更容易评估。

可靠的测量工具可以放心使用，因为短暂的情境因素不会对测量造成干扰。此外，可靠的测量工具也比较稳定，它们在不同的时间、不同的条件下都运行良好。时间与条件是衡量信度的经常使用的视角（如稳定性、等值性和内部一致性）的基础（如图表 10－7 所示）。

图表 10－7　信度估计小结

类型	系数	测量什么	方法
重测	稳定性	从测试得分推断出的测试或工具的稳定性；在间隔小于 6 个月的时间里对同一群被试进行两次相同的测试。	相关
平行复本	等值性	测量程序的复本产生的与原测量程序相同或相近结果的程度；两次测量可以同时进行，也可以有一定的时间延迟。对与裁判观察或打分的相似性进行的一致性估计。	相关
分半信度，KR 20，Cronbach's α 系数	内部一致性	测试工具条目之间的同质性程度以及反映同一潜在构念的程度。	专门的相关计算公式

稳定性

如果你用同一个工具重复测量相同的人得到一致的结果，那么这种测量就具有**稳定性**（stability）。如果让某个人一次或者多次阅读同样的材料，那么这个观察过程就是稳定的。对一个被试重复观察并且比较观察值之间的一致性程度，通常是有可能做到的。但是，当两次测量间隔了很长时间时，就可能会有某些情境因素发生变化，从而影响观察。这种变化的出现会导致测试过程中信度的下降。

在调查研究中要比在观察研究中更难开展稳定性测量。可以多次重复观察某种行为，但是通常只能重复调查一次。这就导致了再测安排——比较两次测试之间的差异来判定它们的可靠性。在再测方法（test-retest methodology）中存在许多难点，这些难点也会造成稳定性的下降，主要包括：

- 两次测量之间的时间延迟引起某些情境因素的变化（这也是观察研究中存在的问题）。

● 两次测量之间的间隔时间过短，被调查者会记住以前的答案并重复以前的回答，导致信度指标存在偏差。

● 被调查者觉察出研究所隐藏的目的。如果被调查者基于与研究目的相关的观点进行回答，而不是对目前的测量问题进行评估，就会引起偏差。

● 主题敏感性。如果回答者在再测之前了解了更多关于该主题的内容或者形成了与以往不同的新观点，就会引起偏差。

一个好的建议是延长初测和重测之间的时间间隔（从两周到一个月）。尽管这可能会奏效，但是研究者必须对随之而来的外界因素影响测量过程和使稳定性失真的问题提高警惕。因此，通过再测方法进行的稳定性测量也受到了限制。人们对以等值性为核心的方式更感兴趣。

等值性

对信度的第二个考虑角度是不同的观察者（在观察研究中）或者研究项目的不同样本（在询问或者量表中）所带来的误差量的多少。尽管稳定性会随着时间的推移而受到个人和情境变化的影响，但是**等值性**（equivalence）关注的是在某个相同时点上观察者和项目样本的变化。考察不同观察者测量等值性的一种好的方式是，比较他们对于同一事件的打分。一组裁判对奥林匹克花样滑冰运动员打分就是这样的例子。

在需要多个专家或者观察者意见一致的研究中，裁判知觉的相似性有时会受到质疑。一组主管是如何对绩效加薪、新产品包装或者企业的未来趋势作出评判的？在这种情况下可以用评分者信度（interrater reliability）来计算裁判打分或观察之间的相关性，提供他们评估相似程度的指标。在奥林匹克花样滑冰中，给运动员打分的裁判之间的相对顺序（通过为裁判建立等级顺序和比较每位裁判对所有运动员的排序确定）是测量等值性的一种方式。

对等值性的主要兴趣不在于被调查者对不同项目的回答的差异有多大，而在于一组给定的条目如何对个体进行归类。对条目进行回答的两组样本可能存在很大的差异，但是如果在每一次测试中都以相同方式对某个人进行归类，该测试就具有很好的等值性。

测试等值性的一种方法是，用同一个测试的替代或平行复本（parallel form）同时测试相同的人，然后对这两个测试的结果进行相关分析。在这种情况下，测试过程的时间较长可能会引起被调查者的疲劳，并使平行复本的推断信度相应降低。一些测量学理论家建议通过在两次测试之间留有一定的时间间隔来解决这个问题。这种方法叫作延迟的等值形式（delayed equivalent form），它是再测和等值性两种方法的组合。正如再测那样，我们对一半受测者先进行X测试再进行Y测试，对另一半受测者的测试顺序则刚好相反，先进行Y测试再进行X测试，以减少出场顺序对结果的影响。[19]

在一个测量工具中包含有限数量的测量问题。这种限制意味着在某个内容范围内只能抽取一些测量问题作为样本，并需要为第二个测量工具选择相似数目的测量问题作为样本。创造第二套测量工具通常是很困难的，但如果一开始条目库足够大，测试条目就可以被随机选取出来形成测量工具。即使采用比标准化测验的发布者更复杂的程序，找到完全等值并且可以互换的问题也是很少见的。[20]

内部一致性

信度的第三种形式是仅用一个工具或者一次测试来评估条目之间的**内部一致性**（internal consistency）或者同质性。当测量工具包含很多相似的问题或陈述时，可以采用分半技术（split-half technique），即先用某个工具进行测试，然后将结果按照条目的奇偶或者随机地分成两半。当这两半之间相关且相关度很高时，从内部一致性的角度看，该测量工具就具有较高的信度。高相关度告诉我们，条目之间存在相似性（或同质性）。当测试包含很多条目时，推断出错误的高内部一致性也是可能的——这种状况会夸大相关系数。

斯皮尔曼-布朗校正公式（Spearman-Brown correction formula）可以用来调整测试时长带来的影响，并评估整个测试的信度。[21]

10.4.3　实用性

一个项目从科学的角度来说，要求测量程序可靠、有效；从操作的角度来说，则要求测量程序具有实用性。**实用性**（practicality）被定义为经济性、便捷性和可解释性。[22]这个定义适用于教育学和心理学测试的发展，不过在企业测量中也同样有意义。

经济性

我们往往需要在理想的研究项目和预算之间作出平衡。数据不是免费的，工具的长度也会受到经济方面的压力。条目多可以带来更高的信度，但是为了限制访谈时间或者观察时间（当然也是因为成本），我们要削减测量问题的数量。数据收集方法的选择也常常受到经济因素的影响。个人访谈成本的上升首先导致了电话调查的应用增多，接着是网络调查的兴起。在标准化测试中，测试材料成本就是一笔巨大的花费，以至于人们会选择重复使用测试材料。此外，对快速而经济的计分方式的需求使我们明白为什么电脑计分和扫描具有如此大的吸引力。

便捷性

如果测量工具操作方便，就会很容易进行测量。带有具体、清晰的指导语并且附上一些例子的问卷或者测量量表，会比没有这些内容的量表更容易让被调查者正确地完成。在一项精心准备的研究中，访谈者指导语比访谈问题长几倍是非常正常的。当然，概念和构念越复杂，就越需要有清晰和完善的指导语。我们也可以通过改进工具的设计和布局使测试更容易操作。尽管在本章以及后面的第 13 章中提到的信度和效度会支配我们对量表设计的选择，但是执行的难易程度也会起到一定的作用。问卷完成的时间长度、指导语的复杂性、参加者感知到的调查难度，以及他们在这个过程中所感受到的快乐也会影响设计。布局问题包括材料过于拥挤、插图的复制质量不理想、某些条目排版时出现跨页，以及用电脑进行网络调查时需要翻屏等。有关设计和布局的决策都可能使得测量更难完成。

可解释性

与实用性相关的另一个方面是测试设计者之外的人能够对结果进行解释。这通常是标准化的测试必须做到的，但也并不绝对。在这样的情况下，数据收集工具的设计者会提供一些关键的信息，使其他人有可能解释结果：

- 测量工具的测量功能说明以及开发过程说明；
- 针对实施者的具体指导语；
- 计分键和指导语；
- 恰当的参照群体的常模；
- 有关信度的支持证据；
- 子量表之间相关性的证据；
- 此测试与其他测量之间关系的证据；
- 对测试使用方面的指导。

❖小　结

1. 尽管人们在日常生活中可以随意地进行测量，但是研究中的测量更加精确，也受到更多的控制。在测量中，我们要测量的是对象的属性，而不是对象本身。一个事件是根据持续时间来测量的，在此期间发生了什么事情、涉及哪些人、在哪里发生，等等，这些都是事件的属性。更准确地讲，测量的是属性指标。因此，对于持续时间来说，我们需要测量记录中的小时数和分钟数。对于已发生的事情，我们可以用某套体系将发生的活动予以分类。测量通常是用某种量表将收集到的数据予以分类或者量化。

2. 有四种类型的尺度。按照效力由弱到强的顺序依次是定类尺度、定序尺度、定距尺度和定比尺度。定类尺度可以分类，但是不能表明顺序、距离或者自然起点。定序数据可以表明大小关系，但是没有距离和自然起点。定距尺度既有顺序也有距离，但是没有自然起点。定比尺度既有类别，也有顺序、距离和自然起点。

3. 多种原因导致测量工具得到关于指标的错误数据。误差的来源可以分为以下几类：（a）被调查者；（b）情境；（c）施测者；（d）数据收集工具。

4. 好的测量需要通过效度、信度和实用性来检验。效度反映的是测量工具能够测量到期望测量的、有助于研究者解决研究问题的内容的程度。效度包括三种形式。内容效度指的是测量充分反映研究主题的程度。评判内容效度主要依靠主观判断和直觉。效标关联效度反映的是我们预测结果或者估计目前状况的能力。构念效度最为复杂，也最为抽象。如果一个测量能达到其他理论命题所预测的相关程度，那么它就具有构念效度。

如果测量能始终提供一致的结果，那么它就是可靠的。信度是效度的部分贡献因素，但一个测量工具可能可靠却并非有效。稳定性、等值性和内部一致性是信度的三种形式。如果一个测量对于研究而言是经济的、便捷的和具有解释能力的，它就具有实用价值。

❖关键术语

测量（measurement）
重新编码（recoding）
等值性（equivalence）
定比尺度（ratio scale）
定距尺度（interval scale）
定类尺度（nominal scale）
定序尺度（ordinal scale）
对象（object）
构念效度（construct validity）
内部效度（internal validity）
内部一致性（internal consistency）
内容效度（content validity）
实用性（practicality）
属性（property）
稳定性（stability）
效标关联效度（criterion-related validity）
效度（validity）
信度（reliability）
映射规则（mapping rule）

❖讨论问题

术语回顾

1. 我们可以测量下列四个对象的哪些内容？请尽可能具体说明：

a. 洗衣粉；

b. 雇员；

c. 工厂产量；

d. 工作满意度。

2. 定类尺度、定序尺度、定距尺度和定比尺度之间最根本的区别是什么？这些区别如何影响我们采用的统计分析技术？

3. 四种主要的测量误差来源是什么？举例说明每种误差如何影响面对面访谈情境的测量结果。

4. 你是否同意下面的说法？请解释。

a. 对测量来说，效度比信度更关键。

b. 构念效度是最难确定的效度类型。

c. 一个有效的测量是可靠的，但是一个可靠的测量未必有效。

d. 稳定性和等值性本质上是一回事。

作出研究决策

5. 你从某个公司获得了其 200 名员工每个人的年度工资数据。

a. 举例说明如何以定比、定距、定序和定类数据的形式来表示这些数据。

b. 描述数据从定比尺度变成定类尺度的过程中信息不断损失的情况。

6. 下面列出了一些抽象程度不同的对象。你认为应该采用四种基本尺度中的哪一种来测量这些对象？

a. 商店里的顾客；

b. 选民的态度；

c. 钢铁合金的硬度；

d. 对一只很常见的股票的偏爱；

e. 公司各部门的利润率。

7. 市场部主管让你设计一种测量工具，私立学校将利用这个工具评价其开设的各门课程的质量和价值。如何确保你的测量工具具有：

a. 稳定性；

b. 等值性；

c. 内部一致性；

d. 内容效度；

e. 预测效度；

f. 构念效度。

8. 作为破产重组的一部分，通用汽车公司发起了一场广告活动，展示了精简后的通用汽车的希望：更少的品牌（凯迪拉克、别克、雪佛兰、商务之星）和每个品牌中更少的车型。

a. 你将进行哪些研究来确定通用汽车应保留哪些车型以及放弃哪些车型？

b. 你将测量什么以及使用什么类型的测量尺度？

9. 有人请你开发一套指标来测量你们系学生的士气水平。

a. 你会使用什么样的构念或概念？

b. 选择几个主要的概念，然后细化其维度。

c. 选择用来测量这些维度的观测指标。

d. 如何将这些不同的维度聚合成一个单独的指标？

e. 如何判断这些测量的信度和效度？

10. 在进入行业超过 75 年后，Walsworth Publishing 的领导层充分意识到兼顾学校工作和制作高质量学校年鉴两件事的辛苦。他们检查了沟通和生产流程，并决定实施基于 Information Builders 的 WebFOCUS 的报告门户，即在线仪表板。4 000 所学校中的每一所都有自己的仪表板，学生志愿者和教职员工可以实时访问该仪表板。在线仪表板包含通知、离截止日期的进度、内容丢失或损坏的提醒等。为了确定新的在线仪表板流程对提高每所学校年鉴的制作效率和质量的有效性，研究应该测量什么？

从概念到实践

11. 利用图表 10－3 和一份公开数据的调查问卷，将每个问题与它所适用的尺度类型进行匹配。对没有对应问题的尺度类型，开发出一个适合该尺度类型的测量问题。

来自头条新闻

12. 沃尔玛最近要求奥利奥的所有者蒙德雷斯重新推出其 20 世纪 90 年代麦片 Oreo O's 的新的改良版。通过研究社交媒体评论，沃尔玛发现人们偏爱将麦片作为深夜零食。沃尔玛在产品重新推出（商店专卖）的最初 90 天中应该测量什么？应该在什么水平进行测量，为什么？

❖ 参考文献

1. Fred N. Kerlinger, *Foundations of Behavioral Research,* 3rd ed. (New York: Holt, Rinehart & Winston, 1986), p. 396; S. Stevens, “Measurement, Statistics, and the Schemapiric View,” *Science,* August 1968, p. 384.
2. W. S. Torgerson, *Theory and Method of Scaling* (New York: Wiley, 1958), p. 19.
3. S. S. Stevens, “On the Theory of Scales of Measurement,” *Science* 103 (1946), pp. 677-80.
4. I assume the reader has had an introductory statistics course in which measures of central tendency such as arithmetic mean, median, and mode have been treated. Similarly, I assume familiarity with measures of dispersion such as the standard deviation, range, and interquartile range.
5. Although this might intuitively seem to be the case, consider that one might prefer *a* over *b, b* over *c,* yet *c* over *a*. These results cannot be scaled as ordinal data because there is apparently more than one dimension involved.
6. Parametric tests are appropriate when the measurement is interval or ratio and when one can accept certain assumptions about the underlying distributions of the data with which they are working (normality, independence, constant variance). Nonparametric tests usually involve much weaker assumptions about measurement scales (nominal and ordinal), and the assumptions about the underlying distribution of the population are fewer and less restrictive.
7. *Statistical power* is the probability of detecting a meaningful difference if one were to occur. Studies should have power levels of 0.80 or higher (i.e., an 80 percent chance or greater of discerning an effect if one was really there).
8. See Chapters 14 and 15 for a discussion of these procedures.
9. To learn more about Swatch’s BeatTime, visit http://www.swatch.com/internettime/internettime.php3.
10. To learn more about Swatch’s BeatTime, visit https://www.swatch.com/en/internet-time/.
11. Claire Selltiz, Lawrence S. Wrightsman, and Stuart W. Cook, *Research Methods in Social Relations,* 3d ed. (New York: Holt, Rinehart & Winston, 1976), pp. 164-69.
12. Claire Selltiz, Lawrence S. Wrightsman, and Stuart W. Cook, *Research Methods in Social Relations,* 3rd ed. (New York: Holt, Rinehart & Winston, 1976), pp. 164-69.
13. Robert L. Thorndike and Elizabeth Hagen, *Measurement and Evaluation in Psychology and Education,* 3rd ed. (New York: Wiley, 1969), p. 5.
14. The focus of this chapter is internal validity; external validity was discussed in sampling design and experiments. For more information consult Thomas D. Cook and Donald T. Campbell, “The Design and Conduct of Quasi Experiments and True Experiments in Field Settings,” in *Handbook of Industrial and Organizational Psychology,* ed. Marvin D. Dunnette (Chicago: Rand McNally, 1976), p. 223.
15. Examples of other conceptualizations of validity are factorial validity, job-analytic validity, synthetic validity, rational validity, and statistical conclusion validity.
16. *Standards for Educational and Psychological Tests and Manuals* (Washington, DC: American Psychological Association, 1974), p. 26.
17. Wayne F. Cascio, *Applied Psychology in Personnel Management* (Reston, VA: Reston Publishing, 1982), p. 149.
18. Thorndike and Hagen, *Measurement and Evaluation,* p. 168.
19. Cascio, *Applied Psychology,* pp. 135-36.
20. Emanuel J. Mason and William Bramble, *Understanding and Conducting Research* (New York: McGraw-Hill, 1989), p. 268.
21. A problem with this approach is that the way the test is split may influence the internal consistency coefficient. To remedy this, other indexes are used to secure reliability estimates without splitting the test’s items. The Kuder-Richardson Formula 20 (KR20) and Cronbach’s coefficient alpha are two frequently used examples. Cronbach’s alpha has the most utility for multi-item scales at the interval level of measurement. The KR20 is the method from which alpha was generalized and is used to estimate reliability for dichotomous items (see Exhibit 10-8).
22. Thorndike and Hagen, *Measurement and Evaluation,* p. 199.

第 11 章
第 3 阶段：测量问题

当我们提出错误的问题时，测量误差会增加。我们提出的问题必须是负责任的、清晰的、没有偏见的且易于回答的。

戴维·哈里斯（David F. Harris），Insight and Measurement 总裁，
The Complete Guide to Writing Questionnaires: How to Get Better Information for Better Decisions 作者

学习目标

阅读本章后，你应该了解：

1. 初步分析计划在开发测量问题中的作用。
2. 为测量问题选择合适的测量尺度所涉及的关键决策。
3. 基于量表类别（评级、排序、分类以及其他量表）的不同问题的特征和用途。
4. 影响特定测量问题的因素。

11.1 工具设计

工具设计的对象（如图表 11-1 所示）是**测量工具**（measurement instrument），即测量问题和非问题元素的集合。工具设计过程是一个从研究者评估其信息需求开始的包括多个步骤的过程。

在本章，我们将探讨工具设计的第一步——**测量问题**（measurement question）开发。研究者在研究过程中会询问参与者或记录有关个案的信息。我们可以用多种方式来编写和设计测量问题。即使对于特定的变量，也总有不止一种方式来提出问题。**测量量表**（measurement scale）指的是研究者选择用来收集数据的测量问题。为了找到或提出正确的问题，研究者经常会针对一个变量搜索或编写很多个问题，每个问题使用不同的尺度，然后再选出能为他们计划进行的分析提供最佳测量水平的问题。从概念上讲，第一步会引导研究者完成图表 11-2 中所述的步骤。正如在前面章节讨论变量与测量时那样，我们将从初步分析计划开始讨论。

图表 11-1 研究过程中的测量工具设计

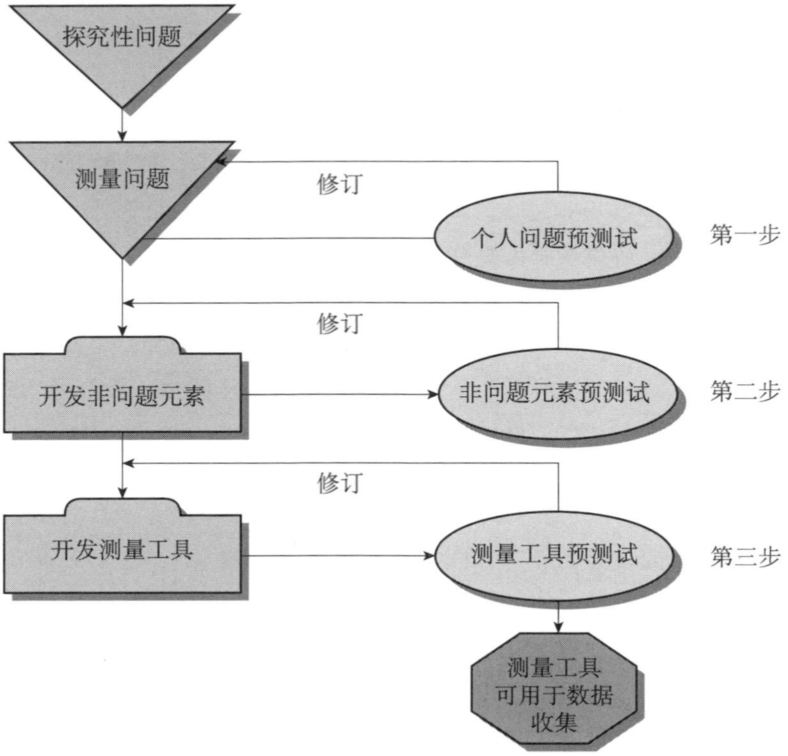

图表 11-2 测量工具设计：第一步

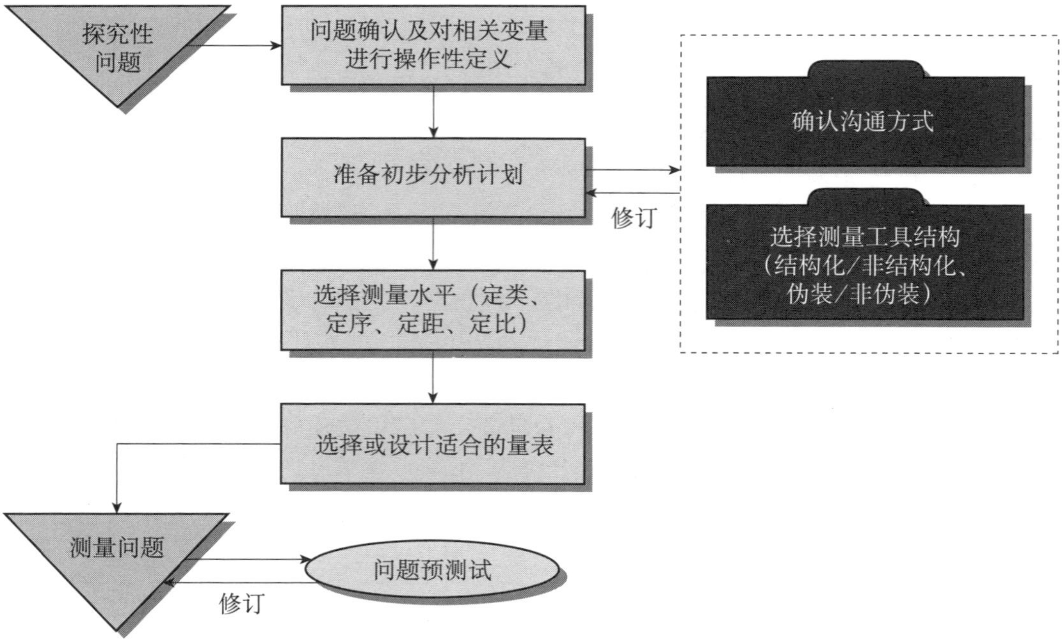

11.2　准备初步分析计划

初步分析计划（preliminary analysis plan）指的是研究者计划收集数据的步骤，它是创建或选择恰当的测量问题的核心。这些步骤可能包括统计汇总、用于寻找模式的变量交叉表、假设检验、关系测量以及数据的图形化等。测量工具所用的尺度决定了研究者选择的分析程序。定类、定序、定距和定比尺度各自具有不同的特征，都会对数据分析（统计选择和假设检验）产生影响。图表 11－3 概述了按数据级别划分的测量尺度。如图表 11－2 所清晰呈现的那样，在选择测量问题所用的尺度之前，分析计划至关重要。

图表 11－3　按数据级别划分的测量尺度

尺度类型	数据特征	基本的实证操作
定类	有类别（互斥并且能穷尽所有类型），但没有顺序、距离或者自然起点。	● 计数（频率分布）；使用众数来测量集中趋势；没有测量离中趋势。 ● 与其他变量一起使用以识别模式、揭示关系。
定序	有类别，有顺序，但没有距离或自然起点。	● 数值大或小的测定。 ● 计数（频率分布）；使用中位数来测量集中趋势；非参数统计。
定距	有类别、顺序、距离，但没有自然起点。	● 间距或差异之间相等的测定。 ● 计数（频率分布）；使用平均值或中位数来测量集中趋势；使用标准差或四分位间距来测量离中趋势；参数测试。
定比	有类别、顺序、距离和自然起点。	● 相同比率的测定。 ● 以上任何一种统计运算，加上乘法和除法；平均数代表集中趋势；使用方差系数来测量离中趋势。

要想检验测量问题在多大程度上可以满足数据分析计划的需求，一个好办法是在初步分析计划期间开发**虚拟表**（dummy table）。每个表格都交叉列出根据调查需要开发的两个或多个变量。例如，《大观》（*Parade Magazine*）根据对美国人饮食习惯的两年期研究发表了文章。[1]为了有助于给作者分配任务，可能需要知道年龄是否会影响方便食品的食用，或者那些过着健康生活方式的人是否会食用较少的方便食品。因此，它为每个假设（年龄×方便食品的使用频率；健康生活方式×方便食品的使用频率）建立一个虚拟表。绘制虚拟表有助于研究者了解每个变量需要的数据水平（例如，年龄和使用频率的定序数据），以及测量问题适合的尺度。图表 11－4 显示了用于《大观》杂志研究的样本虚拟表。

花在数据分析上的时间是一切研究项目的主要成本。过于庞大的初步分析计划可能意味着有些不必要的测量问题被开发出来。工具设计的指导原则始终是仅询问或测量需要的问题。

图表 11-4　美国人饮食习惯的虚拟表

年龄	方便食品的使用				
	总是使用	频繁使用	有时使用	很少使用	从不使用
18～24 岁					
25～34 岁					
35～44 岁					
45～54 岁					
55～64 岁					
65 岁以上					

11.2.1　确认沟通方式

基于沟通的研究可以通过个人访谈、电话、邮件、计算机（局域网、互联网）或这些方式的某种组合（称为混合研究）来进行。关于使用哪种方法以及在何处与参与者互动的决策（在家里、第三方地点、研究委托方的营业场所等）将会影响测量工具的设计。与通过邮件或常规电话进行询问相比，个人访谈、计算机和手机调查可以更轻松地使用图像和其他询问工具。因测量实施的途径不同，测量介绍、说明、工具的页面布局以及结论也会有所不同。例如，研究者可以使用拦截设计，在购物中心、商店、运动场、游乐园或集市等中心地点对参与者进行个人访谈。拦截研究对测量工具的使用存在一些挑战。

在设计测量工具之前，我们需要了解测量方法。因为一些测量问题如果没有视觉辅助以便看到响应选项的话将很难作答。

11.2.2　选择测量工具结构

问题结构

不同量表类型提供的选项既包括**非结构化问题**（unstructured question）（或自由回答或开放式问题），即参与者可以用自己的方式回答的问题；也包括**结构化问题**（structured question）（或封闭性问题），即参与者需要以特定方式来作出反应的问题。非结构化问题的范围既包括参与者可以深入进行自我表达的问题，也包括参与者的自由度受空间、布局或说明（例如，选择一个单词或短语，或答案不超过 40 个字符）限制的问题。

结构化问题通常分为二分选择、多项选择、清单、评级或排序响应策略等类型。是使用结构化问题还是非结构化问题，会受到以下情境因素的影响。

- 参与者对主题信息的了解程度；
- 参与者对主题的思考程度；
- 与参与者沟通的容易程度；
- 参与者分享信息的动机水平。

当以非结构化的方式提出问题时，相比结构化问题，不同参与者通常会作出不同的反应。因此，研究者有时会同时用两种方式对同一个问题做测试，以确保他们在结构化问题中包含了适当的响应选项。[2]

伪装目标和委托方

沟通工具设计中的另一个考虑因素是是否应该掩饰研究目的。**伪装问题**（disguised question）旨在掩饰问题的真实目的。调查问题中经常存在某种程度的伪装，尤其是对研究委托方的伪装。如果研究者认为参与者在知道研究目的和委托方（或两者之一）后会作出不同的回答，那么他们就会使用伪装问题。

对于研究者来说，一个公认的经验是必须掩饰研究的目的或委托方以获得无偏差的数据。通过分析以下四种情况下伪装研究目的是否存在问题，可以更轻松地决定何时在调查中使用伪装问题：

- 自愿进行有意识的信息分享；
- 勉强进行有意识的信息分享；
- 对已知信息进行有限意识层次的分享；
- 潜意识水平的信息。

在要求自愿进行有意识的信息分享的调查中，使用伪装或非伪装问题都可以。然而这种情况很少需要使用伪装技术。

示例：最近六个月，你是否观看过外语电影？

有时参与者知道我们想要的信息，但出于各种原因不愿分享。本章后面部分提供了有关参与者不诚实的原因的更多洞见。当要求某个参与者发表某些观点时，如果参与者的观点可能是社会不认可的，我们经常会使用投射技术。在这种伪装问题中，研究者以假设的方式对问题进行措辞，或者问参与者以其经验来看，其他人将如何回答这个问题。通过使用投射技术来让参与者表达自己的真实感受，而不是给出符合刻板印象的回答。这里的假设是，参与者对这些伪装问题的回答将间接地呈现其真实的观点。

示例：你是否从互联网上下载了受版权保护的音乐而没有付费？（非投射）

示例：你是否知道有人从互联网上下载了受版权保护的音乐而没有付费？（投射）

并非所有信息都在参与者的意识水平之上。如果给参与者一些时间和动力，他们可以表达出意识水平之下的信息。当参与者知道自己持某种态度但并未探究自己为什么持该态度时，比较适合使用伪装问题来询问参与者的态度。一个典型的例子是对第二次世界大战期间政府债券购买的研究。[3] 一项调查试图探究为什么在具有同等购买力的人群中，有些人购买的债券比其他人多。那些经常购买的人曾接到个人请求去购买债券，而大多数不经常购买者没有收到个人请求。由于参与者并不知道他们接受的是不同的请求方式，这里就无法通过直接问参与者“为什么”来得到问题的答案。

示例：是什么吸引你在暴风雨天气里乘飞机旅行？

在评估购买行为时，我们承认一些动机是潜意识的。态度信息也是如此。寻求对态度或消费习惯的基本动机的洞见可能需要（也可能不需要）伪装技术。投射技术（例如句子完成测验、卡通或气球测验以及单词联想测验）彻底伪装了研究目的，但投射测验的结果通常很难解释。

示例：你是否想说你刚才发表的评论表明你可能会（或可能不会）在 Galaxy 商店购物？（在个人访谈中进行调查）

11.3 选择和编制一个测量量表

技术不仅影响了实施调查的方式，还影响了测量工具的开发过程。当今的软件、硬件以及互联网、局域网基础设施让研究者可以：(1) 通过利用问题库中适当的、经过测试的问题和工具模板来更快地编制测量工具；(2) 创建视觉驱动的工具以优化参与者的参与流程；(3) 使用问卷软件来完成问卷调查流程，节省单独的人工数据输入；(4) 创建可以节省数据分析时间的问卷。[4]

选择和构建一个测量问题需要选择一个合适的量表（如图表 11-5 所示）。对于合适的量表，主要考虑的是其信度、效度以及实用性。

图表 11-5 测量问题：选择量表

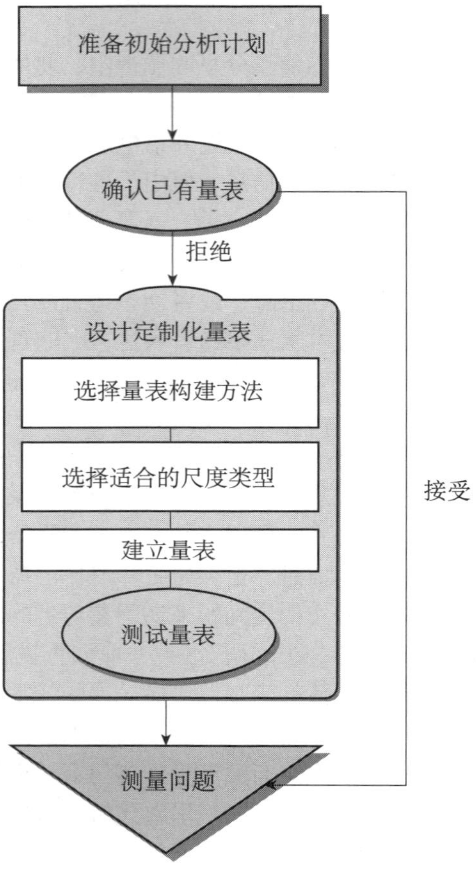

在进行初步分析计划时，我们需要考虑以下方面：

- 研究目标；
- 回答类型；
- 维度数量；
- 平衡/不平衡量表；

- 迫选式/非迫选式量表；
- 量表的点数；
- 评分者误差。

11.3.1　研究目标

研究者的目标（包括但不仅限于以下内容：态度研究、态度变化、说服、意识、购买意向、认知和行动、实际和重复的购买行为）很多，难以一一列出。研究者一般会面对以下两种目标：

- 测量研究参与者的特征；
- 研究参与者作为评判者，评判呈现在他们面前的对象或指标。

假设你正在开展一项研究，考察顾客对企业形象（公司的商标、标识、信笺抬头、网页等）的变化的态度。对于第一个研究目标，你的量表应该能测出顾客赞同与否的倾向，你可以把每个人的答案综合起来，形成一个总体倾向的指标。第一个研究目标侧重测量不同人的态度差别。对于第二个目标，你可以使用同样的数据，但是现在你感兴趣的是人们对于不同设计选项的满意程度。所有的参与者都被要求选择他们更赞同的对象或者更喜欢的方案。参与者判断哪个对象更有特点，或者哪个设计方案最贴近公司所陈述的目标。

11.3.2　回答类型

测量量表一般分为四种类型：评级、排序、定类和分类。当参与者不需要与另一个对象或态度进行比较，直接为一个对象或指标打分时，就会用到**评级量表**（rating scale）。例如，研究者可能会要求参与者用一个 7 点量表评价一款新车。**排序量表**（ranking scale）要求研究参与者对两个或更多的对象（或它们的指标）进行比较。研究者可能会要求参与者从两款汽车中选出款式最具吸引力的一款。单选量表要求参与者从两个选项中选出一个。也可能要求他们对目标汽车的舒适度、经济性、性能和价格按重要性进行排序。**定类量表**（categorization scale）要求参与者将他们自己或者属性指标分成不同的类别。以下情境会用到定类回答策略：让参加车展的应答者确认他们的性别、种族背景，或者表明一种具体的样车设计对年轻司机或成年司机是否有吸引力。**分类量表**（sorting scale）需要参与者根据研究者制定的标准将卡片（代表概念或者构念）分成几堆。卡片可能包括带有产品特征的照片、形象或者陈述（如对汽车性能的描述）。

11.3.3　维度数量

测量量表可以是一维的，也可以是多维的。**一维量表**（unidimensional scale）一般用来测量参与者或对象的某种特性。对于演员的明星效应，测量的是他们驾驭电影的能力，这是个单一维度。可以用几个问题来测量这一维度，然后将这几个问题合并成一个单一的测量，根据此数据，一个明星经纪人可以把自己的客户放在明星效应线性数轴的某个位置上。**多维量表**（multidimensional scale）认为采用多个维度比采用单一维度连续体能更好地描述一个对象。演员的明星效应这个变量可以通过三个不同的维度来表述：收到的剧本数量、获得的主角数量以及最近主演的三部电影的媒体热度（媒体报道、推特、YouTube视频）。

11.3.4 平衡/不平衡量表

平衡的评级量表（balanced rating scale）在中点以上及中点以下的种类是相等的。一般来说，评级量表应该是平衡的，即赞同或反对的回答选项具有相同的数目。无论是否有无关选项或者中间选项，量表都可能是平衡的。平衡的评级量表可能采用“很好—好—中等—差—很差”的形式。**不平衡的评级量表**（unbalanced rating scale）包括的赞同和反对选项并不相等。它可能只含有一个反对的描述，却有四个赞同的描述，比如“差——般—好—很好—极好”。量表的设计者期望平均等级偏向“好”，答案在这个点的周围形成对称分布，但是这个量表会使持反对立场的参与者无法表达其态度的强烈程度。

如果研究者事先知道所有参与者的打分都会向一方倾斜，使用这种不平衡量表会比较合理。当参与者对评价对象十分熟悉并自我卷入时，会倾向于给对象打分更高。[5]对品牌忠诚的顾客一般也会给予赞同的回答。当研究者知道量表的一个方向可能不会用到时，就会尽量使引起参与者关注的一方更为准确。如果事先了解到参与者是“宽松的评定者”或“严格的评定者”，一般也会考虑采用不平衡量表。不平衡量表能够纠正评分者带来的**宽松误差**（error of leniency）（参与者总是作出过于正面的评价）或者**严格误差**（error of strictness）（参与者总是作出过于负面的评价）。

11.3.5 迫选式/非迫选式量表

迫选式评级量表（forced-choice rating scale）要求参与者必须从提供的选项中选择一个答案。然而，并不是所有的参与者都会对每一个对象或属性有自己的看法，或者他们的态度不会很强硬。当参与者无法在所给的选项中作出选择时，**非迫选式评级量表**（unforced-choice rating scale）给他们提供了不表达意见的机会。当研究者知道大多数参与者对某个主题有自己的态度时，经常会避免设置“没有看法”“不能决定”“不知道”“不确定”这样的选项。在这种情境下对参与者进行限制是合理的，这样能使他们把注意力集中在选项上，并且不会在考虑选择中立的答案上浪费时间。但是，当很多参与者确实难以作出明确决定，并且没有机会表达他们的不确定时，迫选式量表会使结果出现偏差。研究者发现，如果参与者中较大比例的人表述了过去在同样问题的研究中并未出现的态度，很有可能就是出现了这种偏差。这种偏差出现的部分原因是有些参与者提供了无意义的回答，或者回答了他们实际上没有态度倾向的问题。这些情况会影响统计数据的平均数和中位数，使它们向量表的中值偏移，从而难以通过测量工具来辨别态度的差异。[6]对研究者来说，弄清如何处理中立的回答是一个挑战。在一项顾客满意度研究中使用了非迫选式量表，该研究的问题主要集中于对电力行业公司的总体满意度的看法。然而，研究结果显示，如果将该研究关注的26个问题中的2个（获得极高评价的问题）去掉的话，75%表示中立的参与者都会转变为一个品牌忠诚者。[7]因此，中立组的那些参与者并非真正立场中立，迫选式量表可能反映出了真正需要的信息。

11.3.6　量表的点数

在评级量表中，几点量表是理想的？学术界和实践界对这个问题的反应往往比较教条，真正的答案通常更为实际，即一个量表必须服务于它的目的。一个有用的量表必须与呈现的刺激相匹配，应该能从复杂的态度对象、概念或构念中获得相应的信息。比如，如果一种产品的购买过程无须太多精力和思考，靠习惯购买，或者产品很快就失去效用（低卷入产品），就可以用简单的量表去测量。对于除臭剂、汉堡包、礼品包装纸或快餐来说，3 点量表（高于平均水平—平均水平—低于平均水平）可能就足够了。在这个例子中，用 5 点及以上的量表就没有意义了。但是，当产品很复杂、在顾客的生活中扮演着重要角色或者非常昂贵（如金融安全、工作满意度、工作安全以及工作骚扰）时，就需要一个 5～11 点的量表。

信度和效度是影响测量决策的重要因素。[8]

- 量表的测量信度会随着点数的增加而提高。[9]
- 在一些研究中，与 3 点、5 点、7 点量表相比，11 点量表具有更高的效度。[10]
- 一些研究构念需要更高的测量敏感性以及提取更多变异的机会，量表点数的增加可以提供这些机会。
- 当使用一维而非多维量表时，需要点数更多的量表以提高测量的准确性。[11]
- 在跨文化测量中，文化方面的实践活动会将参与者限定在一个标准范围中，如在意大利使用 10 点量表。

图表 11－6 提供了本章所讨论的量表汇总以及在本章中描述的量表的特征。

图表 11－6　量表类型的特征

特征	二分	多选项	清单	评级	排序	自由回答
量表类型	定类	定类、定序或定比	定类	定序或定距*	定序	定类或定比
可供选择的答案数目	2	3～10	10 个及以下	3～7	10 个及以下	没有
应答者回答的理想数目	1	1	10 个及以下	每个条目 1 个	7 个及以下	1
用于提供……	类别	类别、顺序或者具体的数值估计	类别	顺序或者距离	顺序	类别、顺序或者具体的数值估计

* 研究者对从相同量表中获得的数据的处理方式并不相同。如果不能建立被测变量的线性关系或者对于是否具有相同的间隔没有把握，把从这些量表中获得的数据作为定序数据处理比较合适。

11.3.7　评分者误差

评级量表的价值是基于个人有能力且有意愿作出准确的判断这一假设。在接受参与者的评定之前，应该考虑由趋中效应和晕轮效应而导致错误的趋势。[12]一些评分者不愿意给出极端的判断，这一事实称为**趋中偏向误差**（error of central tendency）。参与者可能是宽容的评定者或严格的评定者，但他们会带来宽松误差或严格误差。当参与者不了解需要评定的对象或属性时，会经常出现这类误差。针对这些倾向性，研究者可以：

- 调整描述性形容词的强度；
- 对处于中间的描述性短语做进一步细分；
- 处于量表两端的部分的语义差异比处于中心部分的差异小；
- 在量表中使用更多等级。

晕轮效应（halo effect）是评分者带来的一种系统偏差，当评分者对某个对象的某个方面产生大体的印象时，就会影响他对这个对象的其他方面作出评价。例如，老师总是期望在考试的第一个问题上答得不错的学生在第二个问题上也会答得好；你因为喜欢一个报告的形式而推断它写得好，或者你因为同意一个人的观点而觉得他聪明。当所研究的属性定义不清、不易观察、不常讨论、涉及对他人的反应或者是一个具有高度伦理重要性的特征时，晕轮效应就更难避免。[13]有几种方法可以消除晕轮效应：让参与者每次只评定一个特征，每一页只展现一个特点（比如在网络调查中，参与者不能回头去修改他们的答案），或者定期颠倒量表条目的顺序，这样积极的特性就不会总出现在每个量表的同一位置上。图表11-7总结了其他可能会影响参与者诚实度的因素。

图表11-7 影响参与者诚实度的因素

表现	描述	举例
炫耀者	渴望被认为比其他人更聪明、更富有、更幸福或更美好。	声称在伦敦哈洛德百货（Harrods）购物的受访者（声称者数量是实际购物者的两倍）。
取悦者	希望通过提供他们认为研究者希望听到的答案来帮助研究者，取悦、避免冒犯或避免受到社会性的侮辱。	受访者就其尊敬长者、尊重配偶等的程度给出政治上正确或假定正确的答案。
游戏者	改编回答并以玩游戏的方式参与。	捏造特定人群的身份以参加高报酬研究。他们声称开昂贵的汽车，但其实他们不开车；或者声称得了癌症但其实并没有。
不投入者	不想深入思考某个主题。	参与者否认自己对广告的记忆或购买行为（想不起来或没有买过），但其实他们有记忆或购买过。
自欺者	自我欺骗的参与者。	受访者伪造行为，如他们的回收利用水平。
无意识决策者	被非理性决策主导的参与者。	受访者无法预测自己未来的任何行为。
无知者	不知道或不记得答案的参与者。	受访者提供虚假信息，例如他们无法在地图上标识他们居住的地方或回忆起前一天晚上的晚餐。

11.4 态度的本质

在商业领域中，通常用研究来测量行为、知识和态度。研究问题还可以测量参与者的特征和状态（如年龄、收入、受教育程度、就业状况、驾驶汽车的类型、住房类型等）。这其中，开发测量态度的问题是最难的。因此，我们将使用态度测量来加深你对量表选择和问题开发过程的理解。

态度（attitude）是一种后天习得的、稳定的（行为）倾向性，是一种对自己、他人、事物或者事件持续的喜欢或不喜欢的方式。[14]这个定义中重要的方面包括：后天习得的特性、相对的持久性、与社会重大事件和对象的联系。因为态度是一种（行为）倾向性，所以如果个体对一种产品或服务的态度越积极，就越可能购买这种产品或服务。但事实并不总是如此。

让我们用一个例子来解释态度的特性：

1. 莎莉确信苹果公司拥有出色的人才、完美的产品和更多的业务增长机会。

2. 莎莉喜欢在苹果公司工作。

3. 莎莉期望能够继续在公司努力工作，得到快速晋升，获得更大的认可和影响力。

第一个陈述是基于认知内容的态度的例子。它代表了莎莉对于事物属性的记忆、评估和信念，信念是对事情真相的估计（可能性）。在这个例子中，她对苹果公司归纳的特点可能都是正确的。"我认为手机市场将迅速扩张，合并音频和视频市场。"这个陈述也是从认知和信念中产生的。

第二个陈述是基于情感层面的态度，它代表了莎莉对事物的感觉、直觉、价值观和感情。"我喜欢洋基队"和"我讨厌西蓝花"是另一些情感导向的态度的例子。

最后，研究者认识到态度的第三个组成部分——基于意向和行为的态度。第三个陈述反映了莎莉对自己公司的期望和行为意图，以及实现未来目标所需要的工具性行为。"我打算购买雷克萨斯"或"我打算看（　）电影"是态度陈述的例子。如果选择一种特定类型的量表，我们可以编制多条关于态度的描述，并询问参与者同意的程度。

11.4.1　态度和行为的关系

在编制测量量表来测量态度时，你需要知道虽然态度会导致行为意图，但是态度并不总是引发实际的行为。另外，行为也能够影响态度。例如，销售商知道积极的体验会强化对一项产品或服务的积极态度，或者使消费者质疑消极的态度。这就是为什么给你留下坏印象的餐馆会送给你一张下一餐的免费赠券。它们知道一次糟糕的经历可能会导致负面态度的形成。

基于态度的复杂性以及态度是从数据中推断出来而非观察到的事实，企业研究者将态度看作一个**假设的构念**（hypothetical construct）。这些特点使得研究者在通过测量态度来预测行为时需要小心谨慎。下面的一些因素会影响态度研究的应用：

- 具体的态度比一般的态度更能预测行为；
- 强烈的态度（强度受可及性或对事物被记忆和被意识到的程度、态度的极端性、对态度的信心程度等因素影响）比微弱的态度（只包括很弱的强度和当下关注的兴趣）更能预测行为；
- 与态度对象（当态度通过反复暴露或通过提醒物形成时）的直接接触会产生更可靠的行为；
- 态度包含三个成分：情感（基于情绪）、行为倾向（基于经验）以及认知（基于知识）；

- 基于认知的态度比基于情感的态度更容易影响行为；
- 基于情感的态度能够更好地预测消费行为；
- 对态度进行多重测量或者通过时间和环境进行多次行为评估被证明具有预测性；
- 参照群体的影响（人际支持、从众、同伴压力）和个人遵从倾向会增加态度和行为的联系。[15]

由于态度提供了预测行为的视角，研究者热衷于测量并分析态度。许多态度的测量量表都通过了信度、效度检验，但是我们常常要开发与这些标准不同的独特量表。例如，开发一种测量个体对旅游景点、产品或候选人的态度，以及个体参观、购物或工会选举投票的行为意向的工具。无论是态度还是行为意向工具，单独测试还是合在一起测试，如果不仔细设计，在预测个人的实际行为上都是无效的。无论如何，管理者知道态度的测量是重要的，因为态度反映了过去的经历，并且会影响将来的行为。

11.4.2 态度量表

量表（scaling）是“为事件的属性分配数字（或者其他符号）的一个程序，是为了将问题的属性用数字表示”。[16]**态度量表**（attitude scaling）是一个评估态度的（行为）倾向的过程。这个过程使用一个数字代表个体在一个态度连续体上的得分（分数范围从极度赞同到极度不赞同）。从程序上说，我们分配数字以代表事件的属性。例如，很多人会抱怨天气。为此，有人针对各种冷热水平分配了不同的数字，这就有了温度计。为了测量气温，你要知道温度的属性是导致汞的压缩或者膨胀，一个充满汞的玻璃管通过汞的升降来表示温度的变化。同理，可以通过各种量表来测量你对大学的态度，这些量表可以捕捉你对学校的认识、感觉或者行为意向等维度的指标。

11.5 评级问题

我们采用评级量表来生成**评级问题**（rating question）以判断事物的属性，不与类似的对象做比较。这种评级可能采取“喜欢—不喜欢”“同意—中立—反对”或者其他含有更多答案的分类方法。例如，研究者针对受访者对某种软饮料口感的态度提出问题，受访者的回答包括“解渴的”“酸的”“多泡的”“橙汁口味的”“糖浆似的”。从这些答案中并不能看出回答者对软饮料的喜爱程度，因此对于研究者来说其价值是有限的。但是，如果采用一个结构良好的量表，研究者就可以为目标品牌描绘出口感偏好的概况。

图表11-8展示了本节所讨论的评级量表的一个示例，由于这个图表详细描述了本节所展示的内容，所以我们会经常提到这个图表。[17]

当开发一个测量问题时，我们会用量表的名称来描述它。因此，多种选项问题使用的是多种选项-单一选择量表；二分选择问题使用的是简单的分类量表；清单问题使用的是多种选项-多种选择量表；等等。

图表 11-8　用于测量问题的样本评级量表

简单分类量表
（二分量表）
数据：定类数据

我计划在一年之内购买MindWriter公司的笔记本电脑。
- □ 是
- □ 否

多种选项-单一选择量表
数据：定类数据

你最常从哪份报纸上获得财经新闻？
- □ 东城公报
- □ 西城论坛报
- □ 地区性报纸
- □ 全国性报纸
- □ 其他（请具体指出：______）

多种选项-多种选择量表（清单）
数据：定类数据

在设计新房子时，你会选择哪些渠道获得信息？
- □ 在线设计服务
- □ 杂志
- □ 独立承包商/建筑商
- □ 开发商的模型/规划
- □ 设计师
- □ 建筑师
- □ 其他（请具体指出：______）

李克特量表
加总评级
数据：定距数据

在信息的综合搜索方面，互联网要优于传统的图书馆。

非常同意	同意	中立	不同意	非常不同意
(5)	(4)	(3)	(2)	(1)

语义差异量表
数据：定距数据

Lands' End 公司的服务

快 ___ : ___ : ___ : ___ : ___ : ___ : ___ : 慢
高质量 ___ : ___ : ___ : ___ : ___ : ___ : ___ : 低质量

数值量表
数据：定序或定距数据

非常好　5　4　3　2　1　非常差

员工的团队合作精神 ______
员工对任务的了解 ______
员工的计划有效性 ______

多等级清单量表
数据：定距数据

请标出每种服务特征的重要程度。

	重要						不重要
快速可靠的维修	7	6	5	4	3	2	1
上门维修服务	7	6	5	4	3	2	1
生产商的维护保养	7	6	5	4	3	2	1
专业的维修技术人员	7	6	5	4	3	2	1
升级提示	7	6	5	4	3	2	1
保修期后的服务合同	7	6	5	4	3	2	1

定和量表
数据：定比数据

把我们讨论过的供应商的所有特点结合在一起考虑，现在把成本因素补充进来，对你来说它们的相对重要性的得分是多少？（总分为100分）

成本最低的供应商	
供应商其他各个方面的表现	
总和	100

斯塔佩尔量表
数据：定序
或*定距数据

公司名称

+5	+5	+5
+4	+4	+4
+3	+3	+3
+2	+2	+2
+1	+1	+1
技术领先	产品优异	信誉一流
−1	−1	−1
−2	−2	−2
−3	−3	−3
−4	−4	−4
−5	−5	−5

可视图形评级量表
数据：定序、定距
或*定比数据

你在多大程度上愿意将（公司）推荐给他人？（在这条线上最能反映你的判断的位置上，做记号√）

非常愿意　　　　　　　　　　　　非常不愿意

* 研究者对从相同量表中获得的数据的处理方式并不相同。如果不能建立被测变量的线性关系或者对于是否具有相同的间隔没有把握，把从这些量表中获得的数据作为定序数据处理比较合适。

11.5.1　简单分类问题

二分选择问题（dichotomous-choice question）是用简单分类量表开发的问题。**简单分类量表**（simple category scale），也称为二分量表（dichotomous scale），提供了两种互斥的回答选项。在图表 11－8 中，两个回答选项是“是”和“否”，但也可以很容易地调整为“重要”和“不重要”、“同意”和“不同意”。如果问题不同，可采用另一套不连续的答案种类。这种回答策略对于人口统计学问题或当一个二分回答已经足够准确时尤其有用。

当参与者在多个选项中只选一个答案时，就可以使用**多种选项-单一选择量表**（multiple-choice，single-response scale）来开发**多项选择问题**（multiple-choice question）。我们的例子中有 5 个选项，主要的选项中应该包含 90%的范围，然后用“其他”选项来补充参与者的答案列表。当不可能存在“其他”回答或不严格要求穷尽种类时，可以省略“其他”答案选项。多种选项-单一选择量表和简单分类量表都产生定类数据。

如果问题是通过多样化、**多种选项-多种选择量表**（multiple-choice，multiple-response scale）的形式来构建的，可以让参与者选择一个或多个回答。在图表 11－8 的**清单问题**（checklist question）中，我们在一个问题中测量 7 个条目，有可能这 7 个来源都被询问过。如果研究需要参与者的完整答案，这个量表的累积特征就是有益的，但是如果研究委托方预期答案的总和是 100%，这种回答可能会给报告带来问题。另外，这种量表产生的是定类数据。

简单的态度量表容易开发，成本较低，并且能够设计得十分明确。如果设计精巧的话，它们会提供有用和充分的信息。然而，它们也存在一些缺点。这种设计方法是主观的。在对象的总体态度方面，如何选取一些条目作为其代表性例子，研究者的视野和能力是唯一的保证。没有证据表明，每个人都会用与别人一样的参考框架来看待所有的条目。虽然在研究中常常使用这样的量表，但仍需要作出巨大的努力去完善技术，以克服量表的一些缺陷。

快速浏览

Toluna 和 VOSS 测量水

根据 Toluna 的一项调查，随着天气转暖，有 58% 的美国人倾向于把更多精力放在健康的生活方式上，其中，又有 61% 的人表示他们会尝试喝更多的水。然而，普通的饮用水没有味道，有 39% 的美国人很难喝下去。挪威的自流水供应商 VOSS 希望利用这种饮水更多的趋势以及客户对品牌的忠诚度——他们通过社交媒体表达了对更多口味的兴趣。

VOSS 希望评估在其苏打水产品系列中添加的两种口味：柠檬黄瓜和橘子柠檬草。这两种口味不仅本身很美味，还可以与多种食物很好地搭配，并可以作为各种烈性酒的完美补充。VOSS 找到领先的按需、实时数字消费者洞见提供商 Toluna 来实施评估。Toluna 利用其 900 万会员的社交社区和强大的针对移动设备进行优化的研究平台，可以帮助全球范围内的公司调查态度和行为。通过客户自己的问题，Toluna 的实时研究可以在几小时（而不是几周）内提供超过 1 000 个个案的代表性样本。

针对 VOSS 评估研究，Toluna 在 6 小时内对来自其专有小组的 1 894 名具有全国代表性的受访者进行了调查。由于 Toluna 已经拥有作为小组成员的每个参与者的丰富的人口统计资料描述，因此本次简短调查聚焦于得到行为和态度信息。"VOSS 调查仅包含 11 个问题。" Toluna 研究总监丹尼尔·恩森（Daniel Enson）称。一个多种选项的单选题直接问了水缺乏味道的问题：

想到水时，缺乏味道是否让你失去兴趣？
是的，由于缺乏味道，我不喜欢喝水。
是的，但我仍然尝试喝水，因为它有益于健康。
水有没有味道对我来说无所谓。
不，我喜欢水的味道。
不，我喝水不是为了味道。

另一个多种选项的单选题评估了参与者在喝烈性酒时吃的食物的类型：
你在喝鸡尾酒的时候喜欢吃什么类型的食物？请在下列选项中选择一个。

咸的零食（花生、椒盐脆饼等）
轻零食（奶酪、面包和黄油、薯条和萨尔萨辣酱等）
重零食（鸡柳棒、马苏里拉奶酪棒等）
健康的开胃菜（沙拉、蔬菜和蘸酱等）
酒吧食品（汉堡包、玉米片、炸鱼薯条等）
其他类食物

有几个问题涉及饮水行为和饮水动机（健康的生活方式、减肥、观察卡路里）。有个问题提供了可供选择的口味：你会把哪些味道与春/夏季饮料和鸡尾酒联系在一起？请选择所有适用的选项。

柠檬
黄瓜
橙/橘
草莓
薄荷
其他

资料来源：www. toluna-group. com；www. vosswater. com.

11.5.2 定和评级量表

在定和评级量表中，由伦西斯·李克特（Rensis Likert）开发的**李克特量表**（Likert scale）使用最为频繁。**定和评级量表**（summated rating scale）包括一系列陈述，主要是对评价对象表达赞同或反对的态度，让参与者针对每个陈述回答是否同意。每个答案都会被赋予一个分数，以反映在态度上赞成的程度，可以用分数的加总来测量参与者的总体态度。我们在下面的例子中会提醒大家，加总并不是必需的，在某些例子中会产生误导。

在图表 11－8 中，研究参与者从“同意”的 5 种程度中选择一项，这是传统的李克特量表，它满足了李克特量表构建和检验的规则。数字表示每一个可能的答案所赋予的值，其中 1 代表对于网络优越性最低程度的赞同，5 代表赞同的最高程度。李克特量表也可以采用 7 点或者 9 点量表。从技术上说，大家的普遍共识是这种量表的结构经常不够严密。但是，7 点或 9 点量表的优势在于，它们能够更好地反映回答的正态曲线，并且能够在答案中提取更多的变量。

负责任的研究者要确保每个条目都通过实证测试证明其具有区分赞同与不赞同态度的能力。最初，李克特量表的创建涉及一个称为项目分析（item analysis）的过程。图表 11－9 提供了使用项目分析为量表选择李克特陈述（条目）的步骤。每个选择的值通常并不是测量工具的一部分，但它们会呈现在图表 11－10 中以对评分系统进行说明。

虽然项目分析有助于找出区分度较低的陈述（条目），但累加程序也会给研究者

图表 11-9　如何进行李克特项目分析

项目分析　对每个条目（陈述）基于李克特量表进行评分，评估其对总得分高的人和总得分低的人的区分程度。 第 1 步　收集满足以下条件的大量陈述： ● 每个陈述都与所研究的态度有关。 ● 每个陈述都反映对该态度的积极或消极的立场。
第 2 步　选择与研究参与者相似的人（参与者的替代者）来阅读每个陈述。
第 3 步　参与者的替代者使用 5 分制来表示他们对每个陈述的同意程度。1 表示强烈消极的态度（强烈不同意），5 表示强烈积极的态度（完全同意），2（不同意）、3（既不同意也不反对）、4（同意）为中间态度。 ● 为确保结果一致，如果陈述反向计分，则分配的数值将会反向。1 总是表示非常消极，5 总是表示非常积极。
第 4 步　对每个参与者的替代者的回复进行加总，以确保得到完整的总分。
第 5 步　从最高到最低对总分进行排列，然后选择某个部分（通常定义为分布的顶部和底部的 10%～25%）来代表最高和最低总分。 ● 两个极端群体代表对研究持最积极和最消极态度的人，它们是评估各个李克特陈述（条目）的两个效标组。 ● 舍弃中间组的分数（参与者的替代者的 50%～80%），因为他们的态度没有高度区分性。
第 6 步　计算低得分者和高得分者中每个量表条目的平均得分。
第 7 步　通过对每个陈述的两组均分进行 t 检验来考察其差异的统计显著性。
第 8 步　按照陈述的 t 值从高到低对陈述进行排序。
第 9 步　选择具有最高 t 值（均值之间的差异统计显著）的 20～25 条陈述（条目），纳入最终的李克特量表。

注：研究者发现，针对每个态度对象使用更多条目可以提高李克特量表的信度。作为一项陈述区分度的近似指标，一位权威专家建议只使用 t 值为 1.75 及以上的那些陈述，前提是每组中有 25 个或更多的参与者的替代者。有关示例参见图表 11-5。

资料来源：Allen L. Edwards，Techniques of Attitude Scale Construction（New York：Appleton-Century-Crofts，1957），pp. 152-54.

带来一些问题。下面是一个关于网站中横幅广告的例子，它表明同样的加总分数却可能含义不同。

1. 横幅广告为我提供了期望获得的相关信息。
2. 我将收藏这个网站并在未来使用。
3. 这个广告令人心烦。
4. 我会点击下一步的链接以获得更详细的信息。

如果使用 5 点量表，赞同的最高分为 20（假设 5 分代表对陈述的最强烈赞同，那么需要对表达负面态度的陈述 3 进行反向记分）。一般来说，赞同和反对的陈述会各占一半，以防止产生晕轮效应。由于相同的总分会掩饰不同的回答形式，所以对总分进行加总会带来问题。一个参与者可能发现网站的横幅广告与自己相关，值得浏览，从某种程度上说是令人愉悦的，但是不愿意获得进一步的信息。另一个参与者可能觉得广告是令人厌烦的，但是对于另外三个陈述持积极态度，这两种不同的回答形式却产生同样的总分。

李克特量表有许多优点，这可以解释其受欢迎的程度。它很简单，并且可以很快

图表 11-10　运用项目分析对量表的陈述进行评估

回答的种类	低分组				高分组			
	X	***f***	***fX***	**X(*fX*)**	**X**	***f***	***fX***	**X(*fX*)**
① {完全同意	5	3	15	75	5	22	110	550
同意	4	4	16	64	4	30	120	480
不知道	3	29	87	261	3	15	45	135
不同意	2	22	44	88	2	4	8	16
完全不同意}	1	15	15	15	1	2	2	2
总分		73	177	503 ←	②	→ 73	285	1 183
		n_L	$\sum X_L$	$\sum X(fX)_L$		n_H	$\sum X_H$	$\sum X(fX)_H$

$$\overline{X}_L=\frac{177}{73}=2.42 \longleftarrow ③ \longrightarrow \overline{X}_H=\frac{285}{73}=3.90$$

$$\sum(X_L-\overline{X}_L)^2=503-\frac{177^2}{73}=73.84 \longleftarrow ④ \longrightarrow \sum(X_H-\overline{X}_H)^2=1\ 183-\frac{285^2}{73}=70.33$$

$$t=\frac{\overline{X}_H-\overline{X}_L}{\sqrt{\dfrac{\sum(X_H-\overline{X}_H)^2+\sum(X_L-\overline{X}_L)^2}{n(n-1)}}} \longleftarrow ⑤$$

$$=\frac{3.90-2.42}{\sqrt{\dfrac{70.33+73.84}{73(73-1)}}}$$

$$=8.92 \longleftarrow ⑥$$

注：

①对于每类回答，量表的值（X）乘以选择此值的应答者数量或频次（f），得到的值构成了乘积（fX），然后这个数字再乘以 X。例如，在低分组有三个应答者给分为 5（强烈赞同这个陈述）：$fX=3\times5=15$；$X(fX)=5\times15=75$。

②将频数和乘积相加。

③计算每个组的平均分。

④按照公式对误差分数进行计算、平方及相加。

⑤比较每个条目的高分组和低分组，对数据进行校正 t 检验。注意公式分子的平均分。

⑥计算出的数值将与 1.75 这个标准进行比较。如果计算值（在这个例子中是 8.92）等于或超过这个标准，则认为这种陈述对于被测量的态度有较好的区分度。（如果低于这个标准，则认为这种陈述对于被测态度的区分度较差，将其从测量工具中剔除。）然后，我们选择下一个测量条目并重复这一过程。

对于“我的数码相机拥有的特色令人激动”这个陈述，我们选取了分数最高的 25%（高分组）和分数最低的 25%（低分组）的数据。每组包括 73 人，在这个研究中分布处于中间的 50%不予考虑。

地创建。[18]李克特量表可能比其他许多量表更加可靠，并且可以提供更大的数据量。李克特量表产生的是定距数据。

任何要求回答同意程度的问题都可能存在**默认偏差**（acquiescence bias）（参与者同意某个条目或陈述的倾向）。受教育程度较低和知情程度较低的参与者会表现出更多的默认偏差。[19]不同的问题形式以及成对比较可以减少这种偏差。

11.5.3　语意差异量表

语义差异量表（semantic differential（SD）scale）运用两极形容词来测量态度对象的心理学含义。语义差异量表是建立在一个对象具有几个维度的隐含意义这一命题上的。

这些隐含意义分布在多维度的属性空间之内，称为语义空间。隐含意义是指对象的明确含义之外的暗示含义。例如，壁炉中的熊熊火焰除了表达在砖造的容器中燃烧可燃物质之外，还可能隐含着浪漫的意义。一家餐厅试图在周二晚上提供特别的菜单去吸引顾客，称为“乡土烹饪”。餐厅在周二提供的扬基焖烧肉、焖煮菜肴和鸡肉馅饼虽然不是平时提供的菜肴，却传递出了可口食物的隐含意义，吸引了很多顾客，使周二成为该餐厅一周中最繁忙的一天。长期以来，广告商、销售人员、产品及包装设计者都知道他们必须使用语言、形状、联想和形象以激活人们对隐含意义的感知。

奥斯古德（Osgood）和他的助手发展了语义差异方法，用以测量个体对于一个对象的心理学意义。[20]他们生成了一个 289 对双极形容词的清单，最终缩减为 76 对，并且形成了态度研究的评级量表。他们通过分析推断出语义空间是多维而非一维的。评价、效力和行动这三项因素对于参与者作出有意义的判断是最关键的。如图表 11－11 所示，从已有的同义词研究中找出的这些概念阐释了该技术对人、抽象概念、事件、机构和物理对象的广泛适用性。[21]

图表 11－11　同义词研究的结果

评价	效力	行动	
好的—坏的	硬的—软的	主动—被动	
积极—消极	强壮—软弱	快的—慢的	
乐观—悲观	重的—轻的	热的—冷的	
完整—片面	阳刚—阴柔	激动—冷静	
及时—不及时	严厉—宽容		
	顽固—顺从		
评估的亚类别			
温和的优点	**动态的优点**	**可靠的优点**	**享乐的优点**
干净—肮脏	成功—不成功	对的—错的	快乐—痛苦
友善—残忍	高的—低的	值得尊敬—不受尊敬	美丽—丑陋
擅长社交—不擅社交	有意义—无意义	相信—怀疑	擅长社交—不擅社交
明亮—黑暗	重要—不重要	聪明—愚蠢	有意义—无意义
利他主义—自我中心	进步—退步	健康的—患病的	
感激—不感激	干净—肮脏		
美丽—丑陋			
和谐—失衡			

资料来源：Charles E. Osgood，G. J. Suci，and P. H. Tannenbaum，*The Measurement of Meaning*（Urbana：University of Illinois Press，1957），table 5，pp. 52－61.

企业研究者通常会开发他们自己的形容词或短语对，相对潜能或活动而言更加关注评价性的维度。这样做的积极意义在于能够保证所开发的量表适用于具体的管理问题。某项研究将 35 对词语或者短语分成 8 组，对一个零售店的形象进行探索性研究。这些成对词语是专门为这个研究创造的，图表 11－12 的内容选自该量表。量表的条目分类包括“公司的总体特点”“商店的物理特征”“商店的定价”“商店的员工”“商店的广告”“你的朋友与商店”。由于这样的测量组合与商店及其用途的特点紧密相关，所以可以采用它们勾画出不同商店的形象和轮廓。

图表 11-12 用于零售店形象研究的语义差异量表

从居住地去商店的方便程度		
近的	__：__：__：__：__：__：__：	远的
到达商店需要很短时间	__：__：__：__：__：__：__：	到达商店需要很长时间
驾车困难	__：__：__：__：__：__：__：	驾车方便
很难找到停车的地方	__：__：__：__：__：__：__：	很容易找到停车的地方
便于去其他购物商店	__：__：__：__：__：__：__：	不便于去其他购物商店
提供的商品		
不同商品的选择范围很大	__：__：__：__：__：__：__：	不同商品的选择范围很有限
备货充分	__：__：__：__：__：__：__：	存货不足
不信任的产品	__：__：__：__：__：__：__：	可信任的产品
高质量	__：__：__：__：__：__：__：	低质量
很多品牌	__：__：__：__：__：__：__：	很少品牌
不知名的品牌	__：__：__：__：__：__：__：	知名的品牌

资料来源：Robert F. Kelly and Ronald Stephenson，"The Semantic Differential：An Information Source for Designing Retail Patronage Appeals，" *Journal of Marketing* 31（October 1967），p. 45.

语义差异量表具有以下几个优点：它是一种从大样本中获取态度的简单、有效的方法，可以从方向和程度上去测量这些态度，所有的答案为目标对象的含义提供了一个全面的描述，并且为评定者提供了一种衡量方式。这是一种标准化技术，很容易重复进行，又可以避免采用更直接的方法造成回答失真的问题。这种方法产生定距数据。构建语义差异量表的基本指导如图表 11-13 所示。

图表 11-13 构建语义差异量表的步骤

1. 选择概念：概念的选择是经过判断的，它反映了调查问题的本质。
2. 确定可能的名词、名词短语、形容词或视觉刺激来代表变量。
3. 选择你需要的两极词语或者短语。如果你使用传统的奥斯古德形容词表，你的选择可以遵从以下几个标准： ● 当使用评价、效力和行动时需要三组词。这些单独条目的分数能够根据因素水平进行平均，以提高信度。 ● 量表必须和当前评价的概念具有相关性。选择那些可以表达隐含意义的形容词，无关的概念量表会产生一些中立的中间值，传递不了相关信息。 ● 量表在评分者和概念上必须是稳定的。比如，大—小这对词在判断一些物理对象（如汽车）时可能被解释成外延指示意义，但当判断抽象概念（如产品质量）时可能就会用到隐含意义。 ● 量表的两极之间必须是线性的并且通过原点。健壮—娇弱这对词在评估维度上是非线性的，因此不能使用这个测试，因为这两个形容词在单独使用时都含有赞许的意思。
4. 建立计分系统并对量表中的每一点分配权重。以前的打分程序（-3，-2，-1，0，+1，+2，+3）中的负面象征会产生编码错误，0 分具有很大的主观性。大多数语义差异量表都是 7 分制：7，6，5，4，3，2，1。
5. 随机将一半的形容词颠倒位置，以尽量减弱晕轮效应。
6. 对两极词对进行排序，让所有代表同一个维度（如评估）的两极词对在最终版的测量问题中不会同时出现。

资料来源：Charles E. Osgood，G. J. Suci，and P. H. Tannenbaum，The Measurement of Meaning（Urbana：University of Illinois Press，1957）.

在图表 11－14 中，我们展示了一个公司领导者小组使用的量表，用评估在他们的行业协会中高级职位的候选人。他们挑选的概念来源于他们认为候选人必须具备的获得成功的特征。一共有三个候选人。

图表 11－14　用于分析行业协会候选人的语义差异量表

评价候选人			
(E)	擅长社交的	(7)：__：__：__：__：__：__：__：(1)	不擅社交的
(P)	弱的	(1)：__：__：__：__：__：__：__：(7)	强的
(A)	主动的	(7)：__：__：__：__：__：__：__：(1)	被动的
(E)	上进的	(7)：__：__：__：__：__：__：__：(1)	不上进的
(P)	自私的	(1)：__：__：__：__：__：__：__：(7)	利他的
(A)	慢的	(1)：__：__：__：__：__：__：__：(7)	快的
(E)	真的	(7)：__：__：__：__：__：__：__：(1)	假的
(P)	重的	(7)：__：__：__：__：__：__：__：(1)	轻的
(A)	热的	(7)：__：__：__：__：__：__：__：(1)	冷的
(E)	不成功的	(1)：__：__：__：__：__：__：__：(7)	成功的

针对小组的需求，研究者选择了 10 对词三位候选人打分。图表 11－14 中左列的字母代表相关的态度维度，实际量表中会省略这些字母，只列出数值。需要注意的是，对于评价、效力和行动的测量是融合在一起的，所以每个维度的测量条目并没有彼此靠在一起。

为了分析结果，要对评价（E）、效力（P）和行动（A）的值计算平均数。图表 11－15 的蛇形图中标出了数据。为了数据呈现的需要，还记录了成对的形容词，以便评价、效力和行动的描述指标都在同一组内，同时理想的影响因素呈现在量表左侧。

图表 11－15　语义差异量表的图形表示

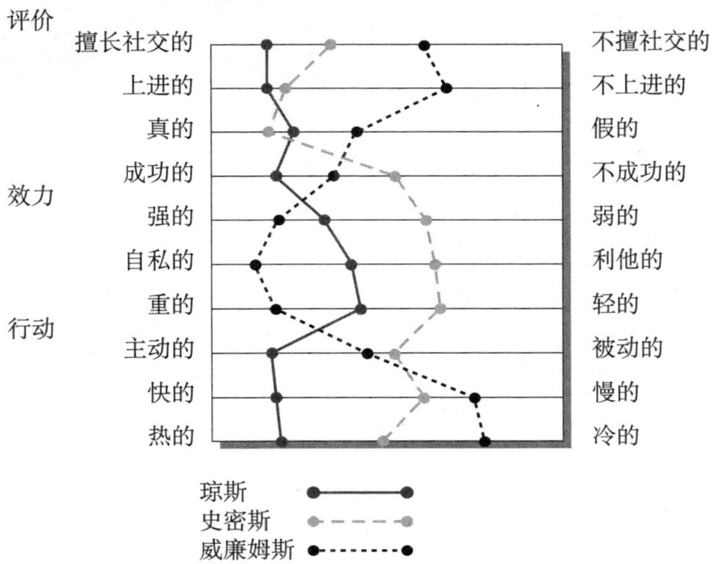

快速浏览

Maritz 发现更好的方法来测量客户满意度

长期以来，服务行业的客户满意度是通过对总体满意度进行评分，然后再对具有各种有影响力的属性的满意度进行评分来测量的。这些评分通常以 5 分或 7 分制呈现。长期以来突破性研究方法的领导者 Maritz Research 的研究者认为，他们已经找到了更好的方法。他们将这种方法称为“成败”(make or break) 客户满意度。

新的调查问卷在提出问题时采用了非补偿模型。例如，一家酒店中的参与者被要求评估他们的总体满意度。之后，不是让那些满意的客户使用相同的量表分别评估一系列属性，而是要求他们从一系列属性中找出一个让他们的体验如此之好，以至于他们忽略了其他属性的任何不足之处的那个属性。不满意的客户将做类似的操作。他们被要求从相同的属性中找出一个让他们的体验如此糟糕，以至于其他属性的优点也没办法弥补整体体验的那个属性。回答了这个初始清单问题之后，每个参与者根据提供的量表评估其他的属性。

1. 请使用以下量表来表示你对自己的（填体验）的满意度：[1] 完全满意；[2] 比较满意；[3] 没有满意，也没有不满意；[4] 有些不满意；[5] 不满意。

2a. 如果选择 1 到 3，请问：下列方面中的任何一个的表现是否都好到足以让你的总体（填体验）是满意的?

2b. 如果选择 4 或 5，请问：下列方面中的任何一个的表现是否都差到足以让你的总体（填体验）是不满意的?

各个方面清单如下。（略）

只有在这个最初的列表清单问题答完之后，才要求受访者以提供的量表来评估 2a 或 2b 中没有提到的其他属性。

Maritz 已经在多个行业进行了几次拆分样本测试，这些测试证明了新的测量问题能够更好地预测客户的退货行为。它还为管理者提供了关键客户服务属性重要性（不管是消极的还是积极的）的证据。

资料来源：www. maritzcx. com.

11.5.4 数值/多等级清单量表

如图表 11－8 所示，**数值量表**（numerical scale）中各数字尺度之间是定距的，语言锚用作每个极值的标签。数值量表一般都是 5 点量表，也可能是 7 点或 10 点量表。研究参与者从量表中选择一个数字写在每个条目旁边。如果示例中包括关于某种产品表现的若干问题，这种方法既提供重要性的绝对测量，又提供被评价的不同方面的相对测量（排序）。这种量表具有直线性、简明性以及可以产生定序和定距数据的特点，在研究者和管理者中十分流行。当评估一种新产品的概念时，可以用 5 点到 7 点的数值量表测量购买意图，语言锚为“一定会买”和“一定不会买”。

多等级清单量表（multiple rating list scale）（见图表 11－8）和数值量表类似，

但在以下两方面有所不同：（1）它允许评分者以画圈或强调的方式进行回答；（2）它的版式编排使得结果具有直观性。这种量表的优点是研究参与者进行评定的心智地图能够清楚地展现在评分者自己和研究人员面前。这种量表产生定距数据。

11.5.5　斯塔佩尔量表

斯塔佩尔量表（Stapel scale）可以作为语义差异量表的替代选择，尤其是当难以找出与调查问题相匹配的双极形容词时。在图表 11 - 8 的例子中，公司形象有三个特性。此量表由能够确定形象维度的词（或短语）和每个特性的 10 个回答构成。研究者有时会使用较少的答案种类，参与者为描述态度对象的特征选择相应的数字。描述越准确，正的数字越大；描述越不准确，选择的负数的绝对值越大。等级从＋5 到－5，参与者选择描述商店从非常准确到非常不准确的数字。与李克特量表、语义差异量表和数值量表一样，斯塔佩尔量表产生定距数据。

11.5.6　定和量表

定和量表（constant-sum scale）是能够帮助研究者发现比例的量表。参与者通过定和量表给一个以上的属性或特征赋予分数，这些分数加起来是一个定和，通常为 100 分或者 10 分。图表 11 - 8 中的例子显示了总和必须为 100 分的两个种类。在餐厅的例子中，研究参与者必须把 100 分分配给 4 个项目。

你需要将 100 分分配给 Dallas 牛排餐厅的如下特征。分数体现了每个属性对你在作出是否在这家餐厅就餐的决策时的相对重要性。如果你给一个属性分配越多的分数，就说明这个属性对你的决策越重要。

____食物质量
____餐厅气氛
____服务
____价格
100 总分

种类不超过 10 个时都可以使用定和量表，但如果要对过多刺激物分配比例并加总，对于参与者的准确性和耐心来说都是极大的考验。在某些情况下，参与者的加总能力也会受到考验，因此，这种回答方式并不适用于儿童和受教育程度较低的人。基于手机和计算机的研究让量表的使用越来越容易。当参与者输入数字时，软件可以自动进行加总。当总和超过 100 时，系统就会拒绝输入；当总和不到 100 时，系统会警示参与者。

定和量表的优势是其与百分比的相容性，而且评分者能够为他们感知相同的其他因素打分，这是大多数排序量表做不到的。这种量表一般用于测量态度、行为和行为意图。定和量表产生定比数据。

11.5.7 图形评级量表

图形评级量表（graphic rating scale）最初是为了让研究者区别细小的差异而创建的。从理论上讲，如果研究参与者对于辨别和记录差异足够熟练的话，评级过程无限次进行下去是可能的。参与者可以在连续体的任意一点标出自己的答案，通常数据是对距离任意一个端点的长度的计量（以毫米为单位），结果通常被作为定距数据处理。这种量表的难点在于对数据的编码和分析，与预先设定种类的量表相比，图形评级量表会耗费更多的时间。

从来不如此____________________总是如此

可视图形评级量表（visual graphic rating scale）（见图表 11－8）使用图片、图标或其他视觉资料与评分者进行沟通，并代表着不同的数据类型。对儿童经常使用可视图形评级量表，因为他们的词汇量限制了语言描述量表的使用。

11.6 排序问题

在**排序问题**（ranking question）中，参与者直接比较两个或多个对象，并从中作出选择，参与者经常被要求选择最好或最偏好的一个。如果只有两个选择，这种方式会带来令人满意的回答，但是，如果存在多于两种的选择，就会出现联结关系。例如，假如要求参与者在三种及以上的产品模型中选择最喜欢的一个，在答案中，40％的人选择模型 A，30％的人选择模型 B，30％的人选择模型 C，那么哪个模型最受欢迎呢？分析者可能会认为 A 是最受欢迎的，这种解释可能是正确的，但是实际上 60％的回答者都未选择 A。可能所有选 B 或 C 的人都会把 A 排在最后，喜欢 B 或 C 胜过 A。本部分随后介绍的一些技术可以避免这种模糊性。

使用**配对比较量表**（paired-comparison scale），回答者能够通过在两个对象中作出选择明确地表明态度。图表 11－16 中关于跑车偏好的例子就是典型的配对比较。配对比较中判断的次数为$[n(n-1)/2]$(n 为被判断的对象个数)，当评估 4 辆汽车时，回答者对汽车做了 6 次$(4\times3/2=6)$比较。

另一个例子是对一个品牌经理正在考虑的包装设计的建议进行比较（见图表 11－17）。一般来说，当需要对两种以上的对象进行判断时，会使回答者的任务冗长繁杂。如果存在 15 种设计建议，就需要做 105 次成对比较。可以用几种方式来处理成对数据。当存在明显的连贯性时，如果我们发现 A 比 B 受欢迎，B 比 C 受欢迎，那么 A 当然比 C 受欢迎。这种传递的情况未必总是正确的，但在大多数情况下是正确的。这种做法可以用所有比较中被偏好的总次数作为该刺激物的得分。假设一名经理正在考虑 5 个独特的包装设计，她想知道老客户对这些包装设计是如何排序的，一种做法是从老客户中选取一个样本，请他们对这些包装设计进行配对比较。对每个选择的总体偏好进行大体比较之后，可发现 B 是最受欢迎的。

在不减少比较对象数目的情况下减少每个参与者配对比较的次数，能够减轻负担。你可以向每个参与者只展示其中一部分刺激物，使用这种方式时，每对对象必须

图表 11-16　样本排序量表作为测量问题

配对比较量表
数据：定序数据

如果你必须从下面列举的每对双座跑车中选择一个，你最喜欢哪个，请在它的旁边勾选出来。

___ BMW Z4 M Coupe
___ Porsche Cayman S

___ Chevrolet Corvette Z06
___ Porsche Cayman S

___ Chevrolet Corvette Z06
___ BMW Z4 M Coupe

___ Porsche Cayman S
___ Dodge Viper SRT10

___ Chevrolet Corvette Z06
___ Dodge Viper SRT10

___ Dodge Viper SRT10
___ BMW Z4 M Coupe

强制排序量表
数据：定序数据

根据你的偏好对雷达探测器的特征进行排序。在你最喜欢的选项旁边标上1，次优的选项旁边标上2，依此类推。

——用户使用程序
——无线相容性
——体积小
——远程报警
——误报率很低

比较量表
数据：定序数据

与你以前使用的吹风机的功效相比，这个新的吹风机：

更好		差不多		更差
___	___	___	___	___
1	2	3	4	5

图表 11-17　针对 5 个可供选择的包装设计进行配对比较，200 个重度用户的回答范式

	设计				
	A	B	C	D	E
A	—	164*	138	50	70
B	36	—	54	14	30
C	62	146	—	32	50
D	150	186	168	—	118
E	130	170	150	82	—
总计	378	666	510	178	268
排序	3	1	2	5	4

* 该单元显示：相比设计 A（行）来说，200 个消费者中有 164 个喜欢设计 B（列）。

比较相同的次数。另一种程序是选择其中一些被认为以相同的间隔覆盖了整个范围的对象，然后用其他所有的对象和这些标准对象进行比较。如果对 36 种汽车进行判断，可以选择其中 4 种作为标准对象，然后把其他汽车分为 4 组，每 8 种一组。在每一组内，这 8 种汽车都进行相互比较。然后，32 种汽车中每一种都单独与 4 种标准汽车进行比较。这种做法使得比较的总次数从 630 次减少到 240 次。

配对比较通常存在这样的风险：回答者会厌倦回答，他们或是给出并未充分考虑的答案，或是拒绝继续作答。关于比较对象的数量上限并没有一致的观点，但是当回答者还需要回答其他问题时，五六个对象还算是合理的。如果只收集配对比较的数据，10 个以内的对象也是合理的。配对比较产生定序数据。

如图表 11－16 所示，**强制排序量表**（forced ranking scale）列出了相对排序的所有属性。这种方式比配对比较更快捷、更简单，对回答者来说也更有互动性。它包括 5 个条目，完成这项任务需要 10 次配对比较，5 个条目的简单强制排序更容易。此外，当 A 比 B 更受欢迎，B 比 C 更受欢迎，但 C 比 A 更受欢迎时，排序法不存在传递问题，虽然的确做了错误的单一维度的假定。

强制排序的缺点在于这种方式必须控制对象的数目。5 个对象很容易排序，但是当要对 10 个及以上条目排序时，回答者可能不会认真回答。另外，由于并不知道偏好之间的距离，这种方式产生定序数据。

管理者通常对标杆比较法感兴趣。这种方法需要一个标准，从而使项目、过程、品牌、促销点或者人员可以与该标准进行比较。如果参与者对这些标准很熟悉，**比较量表**（comparative scale）可以取得理想的效果。在图表 11－16 的例子中，采用的标准是研究参与者以前使用的吹风机，新的吹风机以它为基础进行评估。这个例子中没有显示其他吹风机与这个标准进行比较的内容，但显然研究者拥有这些数据。

这种量表的得分反映了标准和比较对象之间的间距，一些研究者把比较量表产生的数据作为定距数据来处理。但是，除非有证据支持问题中的变量是线性的，否则我们应该将条目的顺序或者位置作为定序数据。

快速浏览

配对比较可增加友好度

西北航空公司、万豪酒店或阿拉斯加航空公司是否应该尝试开展吸引残障人士的业务？如果是的话，如何抓住这个细分市场？残障人士倡导组织 Open Doors Organization（ODO）的执行董事埃里克·利普（Eric Lipp）资助了一项研究以找出答案。在他的议事日程中，最重要的是激励旅游业提供住宿，以吸引在过去两年中有 6 300 万次旅行经历的 2 200 万名残障人士。他们可能还想有更多的旅行。“我们估计，美国残障人士目前的旅行支出为 132 亿美元。如果旅游业能够更加适应残障人士的需求，那么这一数字至少会翻番［达到 272 亿美元］。”

ODO 聘请了哈里斯互动，这是一家以“哈里斯民意调查”（Harris Poll）闻名，并率先采用互联网方法进行科学意义上准确的市场研究的公司。哈里斯互动通过在线和电话调查进行了一项混合研究，以确定残障旅行人群的规模、购买力以及该人群增加旅行所需的住宿条件。哈里斯互动的项目主管劳拉·莱特（Laura Light）解释说：“用一种方法无法联系到所有的残障人士。他们身体上的特点可能会把一种方法或其他方法排除在外。”此外，公司如何评估所有可能的住宿条件（从飞机上的盲文安全卡到由指定的人来处理酒店中的问题）？哈里斯互动使用了其专有的 COMPASS 方法。该方法使用配对比较作为测量工具。莱特解释说："COMPASS 节省了参与者的时间和精力。即使清单很长，COMPASS 也可以很快完成。"在 ODO 研究中，COMPASS 使用了两次：一次用于测量 17 种可能的航空公司设施，一次用于测量 23 种可能的酒店设施。通过让每个参与者只评估大量设施配对中的一部分而非完整列表（航空公司设施共有 136 个，酒店设施共有 253 个），每个问题的回答时间不超过 4 分钟。通过对样本中所有个案使用此流程，哈里斯互动能够对条目进行排序并测量条目之间的差异度。这让达美航空、万豪酒店或阿拉斯加航空公司可以更容易地为残障人士作出正确的设施选择。

资料来源：www.opendoorsnfp.org；www.harrisinteractive.com.

11.7 分类量表

Q-分类（Q-sort）方法是将一沓卡片分堆，以代表评分数轴上的不同评分点。基本的 Q-分类程序包括：在一系列与要研究的概念相关的文字描述、短语、词汇或者照片中作出选择。出于统计的稳定性考虑，卡片的数量必须不少于 60，而为了方便考虑，卡片不应多于 120。制作卡片之后，先将它们打乱放在一起，参与者需要将卡片分成堆（一般是 7～11 堆），每一堆代表评分数轴上的一点。最左边的一堆代表"最有价值的""最赞同的""最同意的"等概念，最右边的一堆则是最不同意的卡片。研究者让参与者把那些他们拿不定主意的卡片放在中间或放在中立的位置上。在结构化分类中，每一堆卡片的分配是预先确定的。在非结构化分类中，只确定了分成几堆的数量。虽然在大多数结构化分类中，卡片的分堆和正态分布比较接近，但是在将数据作为定序还是定距数据进行分析上尚存在争议。因为科技的进步，现在可以使用计算机的 Q-分类测验。

分类的目的在于得到分类者对于对象所持态度的概念表征，而且可以比较人与人之间的关系。对于概念的相对排序能够让研究者提取具有相似偏好的群体。研究者可以更改指导语，让这种技术用于描述产品、服务、行为意图以及应用在其他方面。技术先进的特殊设施可以在大的计算机屏幕上对卡片进行分类。在下面的例子中，要求参与者对写着杂志名称的卡片进行结构化分类。尽管这个例子中的分布产生了正态分布的数据，但是要知道，每个等级的计分标准和每一堆的数量都是预先规定的。

你希望新加坡航空公司在其舱内服务中提供哪本杂志？

最希望										最不希望	
10	9	8	7	6	5	4	3	2	1	0	（每个等级的计分标准）
3	4	7	10	13	16	13	10	7	4	3	（每堆卡片的数量）

11.8 累积问题

累积量表（cumulative scale）中问题的总分具有相同的含义。给出一个人的总分，就可能估计出哪些条目被给予积极的回答，哪些条目被给予消极的回答。这类量表的先驱是量表图表。**量表图表分析**（scalogram analysis）是决定一系列条目是否构成一维量表的一个程序。[22]如果应答者的响应落入了这样一种模式，即对于一个反映极端立场的条目的赞成导致对于所有立场不那么极端的条目都赞成，那么这个量表就是一维的。

假设我们正在调查对一款新跑鞋的看法，我们设计了一个包括 4 个条目的偏好量表：

1. Airsole 看起来很漂亮。
2. 我下次还会坚持购买 Airsole，因为它真的很漂亮。
3. 我可以接受 Airsole 的外观。
4. 与其他款式相比，我更喜欢 Airsole 的款式。

应答者回答是否赞同。如果这些条目构成一个一维量表，回答的范式会符合理想的结构，如图表 11－18 所示。条目 2 处于 4 个态度陈述中最极端的位置，一个同意条目 2 的应答者对于 4 个陈述肯定都是同意的。在量表图表中，这些条目从左到右按照最极端到最不极端的方式排列。如果每个赞同的得分为 1，4 分意味着同意所有的陈述，并且代表最赞同的态度。一个得分为 3 的人应该不同意条目 2，但是同意其他所有的陈述，依此类推。根据量表图表理论，这种范式进一步肯定了内容的包容性（对跑鞋外观的态度）是可以测量的。

图表 11－18　理想的量表图表回答范式

条目				回答者分数
2	4	1	3	
√	√	√	√	4
—	√	√	√	3
—	—	√	√	2
—	—	—	√	1
—	—	—	—	0

	条目				回答者分数
个案	2	4	1	3	
1	√	√	√	√	4
2	—	√	√	√	3
3	—	—	√	√	2
4	—	—	—	√	1
5	—	—	—	—	0

√表示同意；—表示不同意。

量表图表以及其他用于发现潜在结构的类似程序，对于评定高度结构化的态度和行为（比如社会距离、组织层级和产品发展阶段）十分有效。[23]虽然这种方法在今天并不经常使用，但在一些具体的应用领域中仍然具有较大的潜力市场。

11.9 查找或编制测量问题

一旦确定了要用于每个变量的量表，就需要实际编写或查找量表中的问题。一些因素会对测量问题产生影响：

- 问题覆盖范围；
- 问题的措辞；
- 问题的参照系；
- 问题的个性化；
- 备选响应的结构、数量和顺序。

11.9.1 问题覆盖范围

问题覆盖范围是指根据操作性定义对变量进行充分测量所需的问题数量。有时你可以用单个问题来覆盖变量。例如，询问参与者年龄时只需一个问题即可。然而，如果变量具有更复杂的结构，我们可能需要一系列问题。例如，如果想了解参与者对安全实践的态度，我们可能会针对他们在工作中是否感到安全来编写一个问题，然后编写有关各种实践的问题以及参与者在遵循每种实践时的安全感的问题。

11.9.2 问题的措辞

在问题中使用的每个字词都有可能让参与者的回答产生偏差。在调查研究中，问题措辞导致的问题被认为超过了其他大多数的失真来源。[24]

虽然研究者和参与者有共享的词汇库非常关键，但这还不够。研究者最好始终使用对参与者来说常见的词汇。除非你的样本定义非常窄，否则尽量不要使用特定公司或行业的技术术语。有时，即使是简单的特定单词也有不止一种含义。这就需要对一个或一系列问题进行操作性定义。例如，对于由知识型企业构成的样本来说，利润既可以用毛额和净额来测量，也可以用基于成本或收入计算的百分比来测量。安全是另一个对参与者来说可能具有不同含义的词。安全性是指“免于身体伤害”“免于胁迫”“免于欺凌”“免于性骚扰”，还是其他完全不同的意思？我们希望问题的措辞具有准确性，但这通常意味着句子会更长、更复杂。这对于测量问题来说并不理想。

目标问题不必仅由词语构成。计算机辅助调查、计算机实施调查、在线和移动调查、访谈指南以及纸笔调查（在较小程度上）通常将视觉图像也包括进施测流程。基于计算机的调查和移动调查的优势之一是能够将视频刺激纳入测量问题。

问题设计者需要避免几个特定的用词问题[25]：诱导性问题、复合问题、带有不受支持的假设的问题。**诱导性问题**（leading question）会向参与者提供关于理想答案的建议，其偏颇措辞会让问题毫无价值。

> 这款洗发水起泡如此之好，你觉得呢？

复合问题（double-barreled question）里包括两个或更多问题，但仅能从选项中选择一个答案。在分析时，你不知道参与者回答的是哪个问题。更糟糕的是，这一点很可能被忽略。太多这样的问题会让参与者感到沮丧，并让他们越来越有可能停止回答问卷。解决方案很简单：把问题分开。

请评价你对房间舒适度和清洁度的满意程度。

带有不受支持的假设的问题（unsupported assumption question）指的是当前问题（正确或错误地）隐含了一个对没有被问到的问题的肯定回答。如果只给参与者提供对所提问题的选项，而没有选项来体现没有提出的问题的答案，那么对于许多参与者来说，这个问题就会存在数据缺失。对参与者来说，这种类型的问题还意味着他们的观点可能没有价值，从而导致他们会质疑自己是否应该继续答题。在下面的问题中，我们可以通过向5分制的反应尺度（推荐的可能性）添加选项（没有参加在线培训）的方式来解决数据缺失的问题。

你将在多大程度上向同事推荐XYZ的在线软件培训？

对于移动调查，问题通常被缩短。一个经验法则是，如果可以删除一个词而又不影响问题的含义，那就删除这个词。因此，在询问性别时，不要问“你的性别是？”（答案选择：男性或女性）或“你是男性还是女性？”（答案选择：男性，女性），该问题也许可以缩短为“你是……？”（答案选择：男性，女性）。这种方式在预期参与者会作出类别响应的分类问题中比较容易采用。

11.9.3 问题的参照系

我们每个人都根据自己的经验来理解概念、组织词语和表达自己。参加儿子所在学校拦截调查的女性可能会使用她的“妈妈”参照系而非她的“律师”参照系来回答问题。由于你不知道参与者日常生活中的参照系是什么，因此对于任何需要回答的问题都应提供参照系。例如，一个参与者被要求“评估（商店）”。评估的依据是什么？是商店布局、客户服务、产品选择、信贷政策还是广告质量？

任何行为问题都需要一个**行为时间框架**（behavior time frame）。合适的时间框架由**行为周期**（behavior cycle）（行为需要多少时间以及行为事件间的时间间隔）以及**行为频率**（behavior frequency）（参与者执行特定行为的频率）来决定。时间框架最常见的错误是：（1）无法提供时间框架；（2）相对给定的行为周期和行为频率而言，时间框架过长（如“你感冒过吗？”）；（3）使用与行为频率不同步的时间框架，从而无法回答（如“在过去的12个月中，你多久检查一次电子邮件？”）。使用过短的行为时间框架也存在危险。我们可能会询问过去7天的电影上座率，尽管这个时间太短而无法据此来估算一年中某段时间的上座率。最好询问过去30天或60天的上座率，尤其是在寒假和夏季前后等电影上座高峰期。许多问题设计者建议，有关行为的问题应以行为时间框架为准。

精度对于行为时间框架也很重要。假设你问一个参与者：“上周，你是否在家工作以赚取工资？”他们的参考框架是“7天之前”，是“上个从周日到周六的一周”，还是“上个从周一到周五的工作周”？此外，研究者要面对的一个问题是**记忆衰退**（memory decay），即随着时间的流逝，参与者无法准确地回忆起细节。记忆衰退对短时记忆的影响最大。但对长时记忆来说，通常也认为只有当事件在参与者的生活中很重要并且研究者可以把问题与这些重要记忆联系起来时，参与者才可以回忆起来。因此，如果一个问题要求回忆不重要的内容，那么参与者可能会选择“不知道”或“不记得”。如果没有这个选项，研究者担心参与者会顺从问题并提供合作性的回应。

11.9.4　备选响应

确定备选响应数量的一般经验法则是，它们应该覆盖参与者预期答案的 90%。你总是可以添加“其他”类别来覆盖剩下的 10%，但是你不希望有很大比例的参与者选择此类别。预测试可以发现你的备选响应是否满足该法则。

响应和条目的顺序可能导致数据的偏差。可以对计算机辅助问卷进行编码，让备选响应的顺序随机化。这有助于防止产生**近因效应**（recency effect）（选择最后一个或最近的选项）、**首因效应**（primacy effect）（选择给定的第一个选项）以及趋中偏向误差（选择中间的选项）。首因效应在视觉调查（互联网调查、手机调查或邮件自填式调查）中占主导地位，而近因效应在口头调查（电话调查和个人访谈调查）中占主导地位。[26]使用分投选票技术可以抵消这种偏差。这种技术使用相同的备选选项，但以不同的顺序排列来向不同部分的样本提出问题。

在大多数多项选择题中，还有一个问题是要确保选项体现了一维尺度。也就是说，给定问题的备选选项应该代表同一概念维度的不同方面。在大学选择的清单问题中，我们可以列出与大学相关的对学生有吸引力的特点。该清单应仅包括概念范围内的因素“大学可控制范围内的大学吸引力因素”（良好的学术声誉、高素质的教师、专业种类）。相应地，该清单不应提及可能影响学校选择的代表不同概念范围的其他因素（父母和同伴的建议、当地校友的努力、入学的朋友数量以及高中辅导员的推荐等不在大学控制范围内的因素）。

当不知道参与者作何选择时，研究者可能对各种选项作出平衡。以平衡量表形成的问题具有相同数量的正面或负面的选项。你还可以在一组平衡的选项中拥有一个中性的中心点。以不平衡量表形成的问题会导致正面或负面方向存在更多的选项。如果你对参与者针对这个问题、对象的倾向拥有先验知识，并希望在量表的一侧拥有更高辨别力，则很可能设计出具有不平衡选项的问题。通常按从低到高或从高到低的顺序对数值排序。还要确保数字是合理的。如果我们问：“以下哪个数字最接近当前美国高校招收的学生人数?”答案选项可能是：a. 75 000，b. 750 000，c. 10 000 000，d. 25 000 000，e. 50 000 000。考虑到美国的人口估计为 3.231 亿[27]，俄亥俄州立大学招收了 64 000 名学生，凤凰城大学[28]招收了150 000 名学生，对于大多数参与者来说显而易见的是，选项中的前三个是不合理的。[29]

响应选项还可以提供**非结构化响应**（unstructured response）（开放式或自由响应问题）或**结构化响应**（structured response）（将响应限制为口头、视觉或数字的问题）。影响响应选择的因素包括参与者对有关问题主题的信息的了解、对主题的思考程度、沟通的便捷程度、共享信息的意愿以及可用于分析的时间等。[30]

我们在讨论问题类型时提到了量表分数。一般的经验法则是，你希望有足够的数字以区分选项。如果参与者对问题或话题的思考不多，3 点量表可能就足够了。如果他们进行了深入的思考，则应采用 7 点或 10 点量表。图表 11－19 总结了与开发测量问题有关的主要问题，这些问题在此前已讨论。

图表 11-19 与测量问题有关的主要问题总结

问题类别	基本问题
问题内容	
1. 有目的的 vs. 有趣的	所问的问题对管理者作出决策来说仅是有趣的还是真正有用的？
2. 未完成的或不专注的	这个问题会揭示管理者需要知道的信息吗？
3. 复合问题	问题是否要求参与者提供太多信息？所需的单个答案对于问题的所有部分而言是否准确？
4. 精度	这个问题是否准确地问了管理者需要知道的信息？
5. 思考的时间	是否有理由假设参与者可以给出问题的答案？
6. 参与以牺牲准确性为代价	这个问题是否会给参与者带来必须给出一个答案的压力，而不论他们的知识或经验如何？
7. 推定知识	问题是否假定参与者知道他可能没有的知识？
8. 回忆和记忆衰退	问题是否要求参与者提供与太过久远的想法或活动相关的信息，以至于无法想起来？
9. 平衡（一般 vs. 具体）	问题是否要求参与者概括或总结可能没有可识别模式的行为？
10. 客观性	问题是否遗漏或包含了会导致参与者产生有偏回答的信息？
11. 敏感信息	问题是否要求参与者透露令人尴尬、羞耻或与自我有关的信息？
问题措辞	
12. 共享词汇	问题是否用了对参与者来说无意义或有歧义的词语？
13. 不便支持的假设	问题是否假设了参与者没有或可能没有的先验经验、前提条件或先验知识？
14. 参考框架	问题是从参与者而非研究者的角度提出的吗？
15. 有偏措辞	问题是否包含了研究者希望参与者以一种方式而非另一种方式作出回应的暗示性措辞？
16. 个人化与投射	参与者是否有必要透露其个人态度和行为，或者参与者可能将这些态度和行为投射到与他相似的人身上？
17. 适当的备选项	这个问题是否提供了一个没有遗漏的选项清单，包括了现实的或可能的参与者态度和行为？
响应策略选择	
18. 研究目的	该问题是否旨在对态度、条件和行为进行分类、标记或揭示？
19. 信息水平	参与者是否拥有适合参加研究的信息水平？
20. 事先思考的完整性	参与者对提出的问题是否有态度？
21. 沟通技巧	参与者是否有足够的语言能力来回答问题？
22. 参与动机	参与者的动机是否足够强，可以鼓励其给出深思熟虑的有启示性的答案？
23. 使用方法	该问题是否适合参与者所使用的测量工具？

快速浏览

SurveyMonkey 问题库

每个研究者都希望自己的管理困境或情况是独特的，并且没有其他研究者对此有相同的洞见。这为针对特定情况设计测量量表进行研究奠定了基础。但问题在于，这些自定义问题通常没有得到适当的审核，即未在研究情境中进行测试以确保其效度、信度以及无偏见等。

因此，从无偏见问题库中选取问题是一个更好的方法。即使找不到你认为很关键确切的问题，也很可能会找到一个非常接近的问题，只需稍加修改就很合适，同时又不会引入错误。那么，我们应该去哪里找这些经过测试的问题，特别是在如今的移动调查时代？答案可能与你用于启动调查的软件一样容易获得。

SurveyMonkey 的客户每年实施 300 万次以上的调查，提出近 3 300 万个问题。其中一些是以前审核过的问题，一些是自定义问题。为了构建问题库，SurveyMonkey 使用了这些调查的一部分内容，扫描了最常被调查的主题（如客户反馈、员工满意度、医疗保健、人口统计学信息等）。SurveyMonkey 对于每个主题都随机选择了 10%的调查，并确保有关该主题的每项调查都有平等且独立的机会被选中。通过这个过程，3 300 万个问题被缩减到大约 2 万个。之后，SurveyMonkey 要求其方法专家重新编写客户提出的问题，让这些问题仅仅询问感兴趣的构念。这些专家剔除了带有明显回答偏差的问题。这些问题迫使受访者在潜意识中沿一个方向或另一个方向回答。他们剔除了提出多个问题但只有一个选项的双重问题。他们让选项与每个问题中要测量的构念保持一致。最后一共有 1 500 个问题进入 SurveyMonkey 问题库。

你还可以求助于政府组织，例如疾病控制和预防中心（CDC），或者求助于非营利组织，例如皮尤研究中心或凯撒家庭基金会（Kaiser Family Foundation）。它们每年都会用经过测试的问题进行数百项调查。当前调查方法学专业知识的另一个来源是 QUEST。QUEST（Questionnaire Evaluation Standards）网络是目前参与调查问题和工具评估的群体的组织。该群体的核心成员来自美国、欧洲和其他国家的统计机构和研究组织。该群体每 18 个月开一次会，并在网络上分享洞见。查看资料来源可获取经过测试的问题。

资料来源：www. surveymonkey. com；www. cdc. gov/qbank/；kkf. org；www. pewresearch. org.

11.9.5 已有问题的来源

数据收集工具应该适应研究问题，而不是相反。因此，本章的重点是编制问题以回答特定的探究性问题。但是，创建、完善和预测试问题需要大量的时间和精力。对于某些主题来说，仔细阅读相关文献并检索现有的工具资料可以缩短这个过程。专门进行调查研究和开发调查软件的公司越来越多地拥有经过预测试的问题库。

从现有来源借用工具并非没有风险。对于从原始资料中所选的问题或问卷的某些部分来说，确定信度和效度会非常困难。你所借用的问题或工具的原始研究者可能没有报告判断问题质量所需的抽样和测试程序。

语言、措辞和习语也可能带来问题。问题会变得过时，并且可能不会像新出现的问题那样显得（或听起来）与参与者有关。整合先前使用的问题和定制问题也有风险。通常，一份调查表中的相邻问题都依赖于上下文。如果从中选择一个问题，则所借用的问题将失去其特定语境下的含义。[31]不管是用设计的问题来构造工具还是对从他处借用的问题进行修改，都建议进行预测试。

11.9.6 预测试

对于测量问题，我们通过将单个问题分配给参与者的替代样本并从同事那里获得评估来进行**预测试**（pretest）。这是开发有效测量问题的关键步骤。反馈可以揭示无法回答的问题、难以回答的问题、评分等级不合适的问题、复合问题或诱导性问题、带有不受支持的假设的问题、需要说明或操作性定义的问题等。不要在测量问题的开发中跳过这一重要步骤。

※小　结

1. 工具设计是一个包括三个步骤的过程。工具设计第一步的核心是使用初步分析计划将调查问题转换为量表选择。该计划包含收集数据的程序。虚拟表（用于两个或多个变量交叉表的模型）可以被创建用于确定对研究问题的核心关系与模式的搜索。这些表格用于确定每个变量所需的数据级别（定类、定序、定距、定比），以便选择正确的尺度来选择或创建测量问题。好的研究设计决策（沟通方法和结构水平）对初步分析计划有帮助。初步分析计划太泛化会导致高数据分析成本，要提示研究者注意一个问题：用于单个研究的测量工具太大，需要修正数据分析计划。

2. 为测量问题选择和构建合适的量表需要考虑几个影响因素：量表信度、效度和实用性。两个广泛的研究目标是测量参与研究的个人的特征，以及将研究参与者作为呈现给他们的对象或指标的评判者。测量量表可以是以下四种类型：评级、排序、定类以及分类。测量量表可以是一维的或多维的。平衡的评级量表在中点以上和中点以下具有相等数量的类别，而不平衡的评级量表具有数量不一的积极和消极选项。当参与者无法在给定备选项中作出选择时，非迫选式评级量表为他们提供了不发表意见的机会。迫选式评级量表要求他们必须选择一个给定的备选项。评价量表的理想点数应与呈现的刺激相匹配，并应该能从复杂的态度对象、概念或构念中获得相应的信息。评级量表的价值基于的假设是评估者能够并且会作出良好的判断。趋中偏向误差、晕轮效应、宽松和严格误差都会对响应产生不利影响。

3. 企业研究者对测量参与者的知识、行为、态度以及个性感兴趣。态度测量通常是了解过去的经验并预测未来行为的最佳工具。态度是个体以一贯积极或消极的方式来回应自己、他人、事物或问题的后天习得的、稳定的倾向。态度通常被认为由三个成分组成：情感、认知和行为倾向。

评级量表有多种用途、设计功能以及要求。简单分类量表提供两个互斥的响应选择。多种选项-单一选择量表为评估者提供了多个选项，包括“其他”。多种选项-多种选择量表（也称为清单）让评分者可以选择一个或多个选项，从而提供了累加功能。

李克特量表由一系列陈述组成，询问参与者同意或不同意每个陈述。使用李克特量表可以进行求和，尽管求和并非必须，且在一些情境下并不可取。

语义差异量表测量的是态度对象的心理学含义。研究者使用该量表来研究品牌和机构形象。该方法采用一组双极评分量表，通常使用 7 点计分，一个或多个参与者在每个量表条目上对一个或多个概念进行评分。斯塔佩尔量表可以用作语义差异量表的替代方法，尤其是在很难找到与调查问题相匹配的双极形容词时。参与者为描述态度对象的特征选择一个数字，评分范围从－5 到＋5，代表参与者认为该特质描述对象的准确度从非常准确到非常不准确。

数值量表中数值尺度之间的间隔相等。语言锚是每个极值的标签。数值量表通常是 5 点量表，但也可能是 7 点或 10 点量表。多等级清单量表与数值量表类似，但是接受评分者以画圈或强调的方式进行回答，并且版式编排使得结果具有直观性。能够帮助研究者发现比例的量表是定和量表。参与者最多可以把 100 分分配到 10 个类别中。图形评级量表最初是为了让研究者区别细小的差异而创建的。参与者可以在连续体的任意一点标出自己的答案。可视图形评级量表使用图片、图标或其他视觉资料与儿童或其他因为词汇量有限而无法使用语言描述量表的人进行交流。

排序量表让参与者可以直接比较两个或多个对象，并从中作出选择。通常，参与者被要求选择“最好”或“最偏好”的一个选项。当只有两个选择时（如配对比较量表），参与者可以通过在两个对象之间进行选择来表明态度。强制排序量表列出了相对排序的所有属性。这种方式比配对比较法更快捷，对回答者来说也更友好。研究者通常对标杆比较法感兴趣。这种方法需要一个标准，从而使项目、过程、品牌、促销点或者人员可以与该标准进行比较。如果参与者对这些标准很熟悉，标杆比较法可以取得理想的效果。Q-分类是一种量表形式，方法是将一沓卡片分堆，以代表评分数轴上的不同评分点。分类的目的在于得到分类者对于对象所持态度的概念表征，而且可以比较人与人之间的关系。在累积量表中，给出一个人的总分，就可能估计出哪些条目被给予积极的回答，哪些被给予消极的回答。累积量表的先驱是量表图表，它是决定一系列条目是否构成一维量表的一个程序。

4. 一些因素会对测量问题产生影响：问题覆盖范围，问题的措辞，问题的参照系，问题的个性化，备选响应的结构、数量和顺序。问题覆盖范围是指根据操作性定义对变量进行充分测量所需的问题数量。变量通常需要用多个问题或一个问题中的多个条目来进行测量。问题措辞是指问题中的词语选择，并受到共享词汇或对图像、符号的共享解释的影响。要避免的措辞问题包括诱导性问题（包括导致偏差的词语）、复合问题（提出多个问题，但只允许选择一个答案），以及带有不受支持的假设的问题。

参与者因其在生活中扮演的各种角色而具有多种参照系。指定你希望他们在提问时担任的角色至关重要。一个重要的参考框架与时间有关。行为问题要求的时间框架取决于行为周期（行为需要多少时间以及行为事件间的时间间隔）以及行为频率（参与者执行特定行为的频率）。在建立行为问题时，省略时间框架、使用太宽泛的时间框架或与行为周期或频率不同步都可能会产生有偏差的结果。

备选响应需要覆盖大部分可能的响应。这涉及选择正确数量的量表点、正确的文字/图像/符号以锚定这些量表点以及制定合理的响应选项。虽然数值备选响应通常按最高—最低或最低—最高的顺序排列，备选响应通常随机化排列，以免产生偏差。

已有问题的来源很多，但并非所有问题都经过了效度和信度测试。使用已有问题的风险包括缺乏针对性、过时、覆盖范围有限以及措辞不当等。将已有问题与定制化的问题进行整合，会涉及调整已有问题的上下文背景。这可能会改变参与者响应的准确性。强烈建议进行预测试，以避免与本章讨论的测量问题相关的众多潜在问题。

❖ 关键术语

比较量表（comparative scale）

不平衡的评级量表（unbalanced rating scale）

测量工具（measurement instrument）

测量量表（measurement scale）

测量问题（measurement question）

初步分析计划（preliminary analysis plan）

带有不受支持的假设的问题（unsupported assumption question）

定和量表（constant-sum scale）
定和评级量表（summated rating scale）
定类量表（categorization scale）
多等级清单量表（multiple rating list scale）
多维量表（multidimensional scale）
多项选择问题（multiple-choice question）
多种选项-单一选择量表（multiple-choice, single-response scale）
多种选项-多种选择量表（multiple-choice, multiple-response scale）
二分选择问题（dichotomous-choice question）
非结构化问题（unstructured question）
非结构化响应（unstructured response）
非迫选式评级量表（unforced-choice rating scale）
分类量表（sorting scale）
复合问题（double-barreled question）
记忆衰退（memory decay）
假设的构念（hypothetical construct）
简单分类量表 simple category scale
结构化问题（structured question）
结构化响应（structured response）
近因效应（recency effect）
可视图形评级量表（visual graphic rating scale）
宽容误差（error of leniency）
累积量表（cumulative scale）
李克特量表（Likert scale）
量表（scaling）
量表图表分析（scalogram analysis）
默认偏差（acquiescence bias）
排序量表（ranking scale）
排序问题（ranking question）
配对比较量表（paired-comparison scale）
平衡的评级量表（balanced rating scale）
评级量表（rating scale）
评级问题（rating question）
迫选式评级量表（forced-choice rating scale）
Q-分类（Q-sort）
强制排序量表（forced ranking scale）
清单问题（checklist question）
趋中偏向误差（error of central tendency）
首因效应（primacy effect）
数值量表（numerical scale）
斯塔佩尔量表（Stapel scale）
态度（attitude）
态度量表（attitude scaling）
图形评级量表（graphic rating scale）
伪装问题（disguised question）
行为频率（behavior frequency）
行为时间框架（behavior time frame）
行为周期（behavior cycle）
虚拟表（dummy table）
严格误差（error of strictness）
一维量表（unidimensional scale）
诱导性问题（leading question）
语义差异量表（semantic differential (SD) scale）
预测试（pretest）
晕轮效应（halo effect）

❖讨论问题

术语回顾

1. 讨论以下量表各自的优点和不足：
a. 评级量表和排序量表；
b. 李克特量表和语义差异量表；
c. 一维量表和多维量表。

作出研究决策

2. 假如你是 Menu Foods 公司的员工，计划在公司有史以来最大的宠物食物召回之前做一项大型研究。你感觉你必须增加一个或多个问题去测量消费者对公司的信心。为下面各种量表设计一个测量信心的问题：
a. 定和量表；
b. 李克特类型的定和量表；
c. 语义差异量表；
d. 斯塔佩尔量表；
e. 强制排序量表。

3. 你的员工满意度研究中有一个调查问题用来评估员工的“工作参与”。为下面的量表构建一个测量问题：
a. 图形评级量表；
b. 多等级清单量表。
你推荐哪个问题？为什么？

4. 你从一个 200 人的抽样中获得了对四种软饮料口味偏好的配对比较结果：

	Koak	Zip	Pabze	Mr. Peepers
Koak	—	50*	115	35
Zip	150	—	160	70
Pabze	85	40	—	45
Mr. Peepers	165	130	155	—

* 表示 50 个人喜欢 Zip 胜过 Koak。

a. 在这个例子中，对这些品牌的总体偏好是怎么排序的？

b. 为这四种品牌开发一个定距尺度的量表。

5. 开发评级量表时有一个问题涉及回答用语的选择，以下几个例子是普遍使用的量表文字形式，你认为它们存在什么问题？

a. 是—依具体情况而定—不是

b. 很好—好—一般—差

c. 很好—好—平均—一般—差

d. 强烈支持—支持—不确定—不支持—强烈不支持

6. 你正在进行一项关于四种品牌自行车的消费者知觉的研究，你需要开发测量问题和量表来完成如下任务。你需要清楚解释哪种数据水平（定类、定序、定距、定比）是合适的，以及你将使用哪种定量技术。

a. 准备一个针对所有品牌的总体评价。

b. 针对下面的每个维度对这些品牌进行比较：

1）样式；

2）耐久力；

3）车轮质量；

4）品牌形象。

7. 下面是一个李克特量表，用来评估你对所录取学校的教育学位计划的看法。有五种回答类别：强烈同意（SA）、同意（A）、既不同意也不反对（N）、反对（D）、强烈反对（SD）。如果强烈同意代表最积极的态度，你将如何评价下面的条目？记录你对下面条目的回答：

a. 这个计划不太具有挑战性。	SA A N D SD
b. 教学水平普遍良好。	SA A N D SD
c. 我真的认为我从这个计划中学到很多东西。	SA A N D SD
d. 在这里学生的意见很少受到重视。	SA A N D SD
e. 这个计划对于职业准备很有效。	SA A N D SD
f. 这个计划达不到我的期望。	SA A N D SD

对于这种回答还可使用哪两种不同的方式？每一种方式的目的是什么？

8. 第三代 iPad 令许多人感到失望，人们不仅期待获得更高分辨率的屏幕（已交付），还期待苹果公司为 iPhone 4S 开发的广受好评的语音响应应用 Siri（未交付）。苹果表示 Siri 没有包括在内是因为 iPad 的 Siri 还没准备好。请你设计可以呈现 iPad3 发烧友的期望的问题。

9. 以下是四个问题。评估每个问题的优缺点：

a. 你是否定期阅读《国家地理》杂志？

b. 你花了多少时间从组织中的他人那里询问信息？

c. 你第一次吃口香糖是什么时候？

d. 你每年有多少可以自行决定的购买权？

从概念到实践

10. 使用图表 11-8 或图表 11-16 中的响应策略，帮助理解反映学生对所学专业的学术课程需求的各种指标。

来自头条新闻

11. 折扣百货公司科尔士最近宣布，其客户将“随着 Apple Pay 的推出拥有一种新的简便、安全且私密的店内付款方式，以及在科尔士应用程序中使用 Apple Pay 的能力。科尔士的客户还可以在 Apple Pay 中添加 Charge 卡作为付款方式”。让一些分析师感到惊讶的是，这一消息是由科尔士，而非技术优先的百思买或更高档的梅西百货宣布的。假设研究者正在考虑这个决定。你的典型购物者年龄较大，而你想吸引千禧一代，这些人对技术更加适应。你需要有关购物者和目标群体千禧一代的哪些信息，来让这项重大投资物有所值？你会用什么类型的量表，为什么？

※参考文献

1. "What America Eats 2003," *Parade*, November 16, 2003. This is the ninth biennial survey of the food habits of the United States; 2,080 men and women, aged 18 to 65, were interviewed in March 2003 by Mark Clements Research.
2. "Questionnaire Design," Pew Research Center, downloaded June 27, 2016 (http://www.pewresearch.org/methodology/u-s-survey-research/questionnaire-design/).
3. Dorwin Cartwright, "Some Principles of Mass Persuasion, " *Human Relations* 2 (1948), p. 266.
4. "Technical Report: The How's and Why's of Survey Research," SPSS Inc., October 16, 2002.
5. J. P. Guilford, *Psychometric Methods* (New York: McGraw-Hill, 1954), pp. 278-79.
6. H. H. Friedman and Taiwo Amoo, "Rating the Rating Scales," *Journal of Marketing Management* 9, no. 3 (Winter 1999), pp. 114-23.
7. Donald R. Cooper, "Converting Neutrals to Loyalists," unpublished paper prepared for the IBM Corporation, New York, 1996.
8. You might want to review these concepts in the previous chapter.
9. G. A. Churchill and J. P. Peter, "Research Design Effects on the Reliability of Rating Scales: A Meta-Analysis," *Journal of Marketing Research* 21 (November 1984), pp. 360-75.
10. See, for example, H. H Friedman and Linda W. Friedman, "On the Danger of Using Too Few Points in a Rating Scale: A Test of Validity," *Journal of Data Collection* 26, no. 2 (1986), pp. 60-63; and Eli P. Cox, "The Optimal Number of Response Alternatives for a Scale: A Review," *Journal of Marketing Research* 17, no. 4 (1980), pp. 407-22.
11. A study of the historic research literature found that more than three-fourths of the attitude scales used were of the 5-point type. An examination of more recent literature suggests that the 5-point scale is still common but there is a growing use of longer scales. For the historic study, see Daniel D. Day, "Methods in Attitude Research," *American Sociological Review* 5 (1940), pp. 395-410. Single- versus multiple-item scaling requirements are discussed in Jum C. Nunnally, *Psychometric Theory* (New York: McGraw-Hill, 1967), Chap. 14 .
12. Guilford, *Psychometric Methods*.
13. P. M. Synonds, "Notes on Rating," *Journal of Applied Psychology* 9 (1925), pp. 188-95.
14. E. Aronson, D. Wilson, and R. Akert, *Social Psychology* (Upper Saddle River, NJ: Prentice Hall, 2002); Robert J. Sternberg, *Cognitive Psychology*, 3rd ed. (Reading, MA: Wadsworth Publishing, 2002); Richard E. Petty and John T. Cacioppo, *Attitudes and Persuasion: Classic and Contemporary Approaches* (Boulder, CO: Westview Press, 1996); and Gordon W. Allport, "Attitudes," in *A Handbook of Social Psychology*, vol. 2, ed. C. A. Murchison (New York: Russell, 1935), 2 vols.
15. See, for example, Robert A. Baron and Donn Byrne, *Social Psychology*, 10th ed. (Boston: Pearson Allyn & Bacon, 2002); and David G. Myers, *Social Psychology*, 7th ed. (New York: McGraw-Hill, 2002).
16. Bernard S. Phillips, *Social Research Strategy and Tactics*, 2nd ed. (New York: Macmillan, 1971), p. 205.
17. This is adapted from Pamela L. Alreck and Robert B. Settle, *The Survey Research Handbook* (Burr Ridge, IL: Irwin, 1995), Chap. 5.
18. One study reported that the construction of a Likert scale took only half the time required to construct a Thurstone scale. See L. L. Thurstone and K. K. Kenney, "A Comparison of the Thurstone and Likert Techniques of Attitude Scale Construction," *Journal of Applied Psychology* 30 (1946), pp. 72-83.
19. "Questionnaire Design," Pew Research Center, downloaded June 27, 2016 (http://www.pewresearch.org/methodology/u-s-survey-research/questionnaire-design/).
20. Charles E. Osgood, G. J. Suci, and P. H. Tannenbaum, *The Measurement of Meaning* (Urbana: University of Illinois Press, 1957).
21. Ibid., p. 49. See also James G. Snider and Charles E. Osgood, eds., *Semantic Differential Technique* (Chicago: Aldine, 1969).
22. Louis Guttman, "A Basis for Scaling Qualitative Data," *American Sociological Review* 9 (1944), pp. 139-50.
23. John P. Robinson, "Toward a More Appropriate Use of Guttman Scaling," *Public Opinion Quarterly* 37 (Summer 1973), pp. 260-67.
24. S. A. Stouffer et al., *Measurement and Prediction: Studies in Social Psychology in World War II*, vol. 4 (Princeton, NJ: Princeton University Press, 1950), p. 709.
25. An excellent example of the question revision process is presented in Stanley Payne, *The Art of Asking Questions* (Princeton, NJ: Princeton University Press, 1951), pp. 214-25. This example illustrates that a relatively simple question can go through as many as 41 different versions before being judged satisfactory.
26. Jon A. Krosnick and Duane F. Alwin, "An Evaluation of a Cognitive Theory of Response-Order Effects in Survey Measurement," *Public Opinion Quarterly* 51, no. 2 (Summer 1987), pp. 201-19.
27. "2016 Population Estimate," U.S. Census, downloaded June 16, 2017 (https://www.census.gov/search-results.html?q=u.s.+population&search.x=11&search.y=13&search=submit&page=1&stateGeo=none&searchtype=web&cssp=Typeahead&%3Acq_csrf_token=undefined).
28. Goldie Blumenstyk, "U. of Phoenix Looks to Shrink Itself With New Admissions Requirements and Deep Cuts," *The Chronicle of Higher Education*, June 30, 2015 (http://www.chronicle.com/article/U-of-Phoenix-Looks-to-Shrink/231247/).
29. Actual enrollment in 2016 was approximately 40 million according to the NCES. See "Table 302.60: Percentage of 18-24 year olds enrolled in degree-granting postsecondary institutions, by level of institution and sex and race/ethnicity of student 1970-2015," National Center of Education Statistics, downloaded June 14, 2017 (https://www.sec.gov/Archives/edgar/data/929887/000092988716000225/apol-aug31201610k.htm).
30. Robert L. Kahn and Charles F. Cannell, *The Dynamics of Interviewing* (New York: Wiley, 1957), p. 132.
31. Jean M. Converse and Stanley Presser, *Survey Questions: Handcrafting the Standardized Questionnaire* (Beverly Hills, CA: Sage Publications, 1986), p.51.

第 12 章

第 3 阶段：测量工具

在这个行业，我们需要适应移动调查形式，因为其调查设计（与传统调查）存在根本差异。我们还需要把专注于构建移动功能作为抽样实践的一部分。

——克里斯汀·勒克（Kristin Luck），战略和研究顾问，*Women in Research* 创始人

学习目标

阅读本章后，你应该了解：

1. 开发测量工具的过程。
2. 测量工具中元素的主要类别及其用途。
3. 研究人员在第二步和第三步所做的工作以及作出特定决定的动机。
4. 在第二步和第三步中进行预测试的作用。

12.1 工具设计

测量工具（measurement instrument）是按一定顺序排列的问题清单。它根据各种尺度来编制，包括指导语、过渡、指南以及结束语等内容。测量工具是从结构化访谈或观察中的参与者那里获取信息的主要工具。在本章中，我们重点探讨用于沟通研究的测量工具。根据调查方法的不同，它通常被称为问卷或访谈指南。

可以把测量工具的设计过程看作玩拼图游戏：你首先要把拼图零片整理好，然后再尝试把零片放在一起，看看它们能拼成什么图片。一些拼图爱好者会从战略上来解决问题。他们根据颜色、图案、形状等来组合零片。他们可能会从一个区域开始，先解决拼图中的角落或特定的图像。当他们努力拼图时，可能同时在拼多个部分。当他们拿起一块新的零片时，会看一看它是应该放在已拼出部分的某处，还是尚未开始拼相关部分。完成拼图可能需要数小时（或数天、数周），具体取决于零片的数量、图片的复杂程度以及拼图者花在其他事情上的时间。对于某些人来说，拼图是一个协作过程：一群人一起完成。协作可能有助于为某个部分找到缺少的零片，为一个零片找到它的最佳位置，加快流程或者只是更加有趣。总的来说，拼图的流程是：收集零片（但愿全部零片都在盒子中），按照某种策略组织零片，把各个独立的部分组合在一起，在需要时寻求帮助，最后形成完整的图形。

新手研究者通常认为测量工具开发是一个相当简单的过程：把测量问题放到一起就可以了。但是经验丰富的研究者知道，他们的初稿永远不会是最终版本。在发布之前，通常需要对其进行多次测试和完善。

图表 12－1 描述了研究过程中的测量工具设计。开发工具的过程因研究而异，但建议按流程分为三个步骤：(1) 开发和完善测量问题；(2) 开发和完善非问题元素；(3) 开发和完善测量工具。上一章我们讨论了测量问题开发（第一步），从本章开始我们将讨论第二步。

图表 12－1　研究过程中的测量工具设计

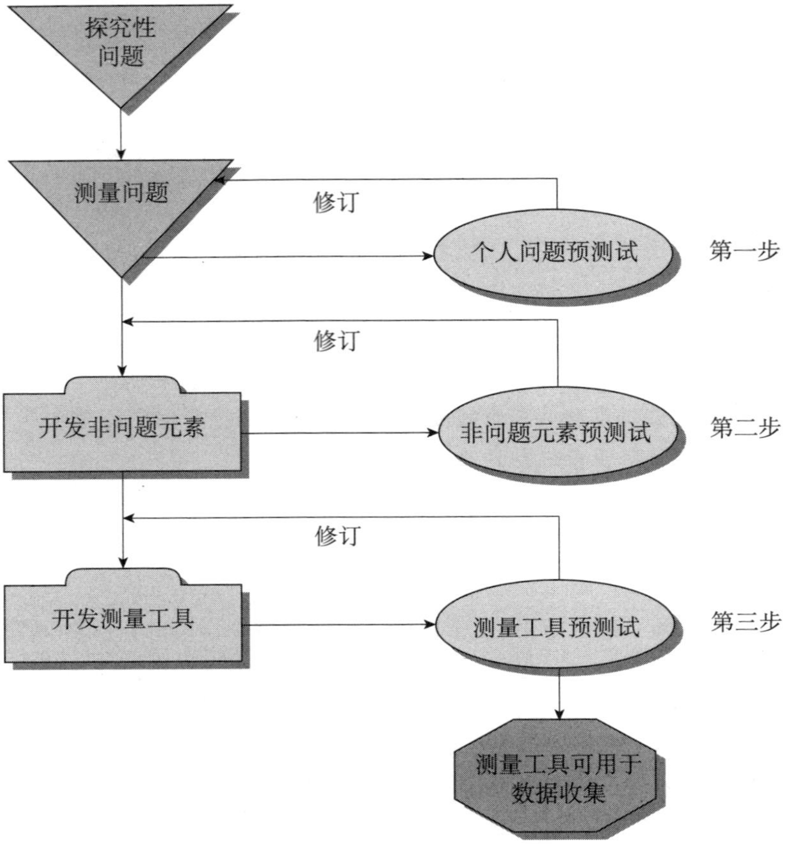

12.2　第二步：对零片进行组合排序

正如你在上一章中所了解的那样，创建调查问题并非偶然或随意的过程。这个过程很严格，需要特别注意细节，同时要解决许多问题。无论是自己创建、借用已有问题还是获得问题许可，都需要在形成具体测量问题时考虑主题的内容、每个问题的措辞（受伪装程度以及对构念与概念提供操作性定义的需要的影响）以及响应策略（根据初步分析计划对每个问题生成不同级别的数据）。

在第二步（如图表 12－2 所示），研究者收集测量问题和非问题元素，以准备创建具有适当范畴（主题）和覆盖度（主题内的问题）的测量工具。在上一章中，重点是测量问题的设计，而在本章，我们关注的是确保有一组恰当的问题来实现研究目标。测量工具包括三类测量问题和一些非问题元素：

- 管理问题；
- 分类问题；
- 目标问题；
- 非问题元素。

非问题元素包括指导语、过渡、指南和结束语。我们将在下一个部分讨论这些内容。

图表 12-2　工具设计第二步：收集零碎材料并分类

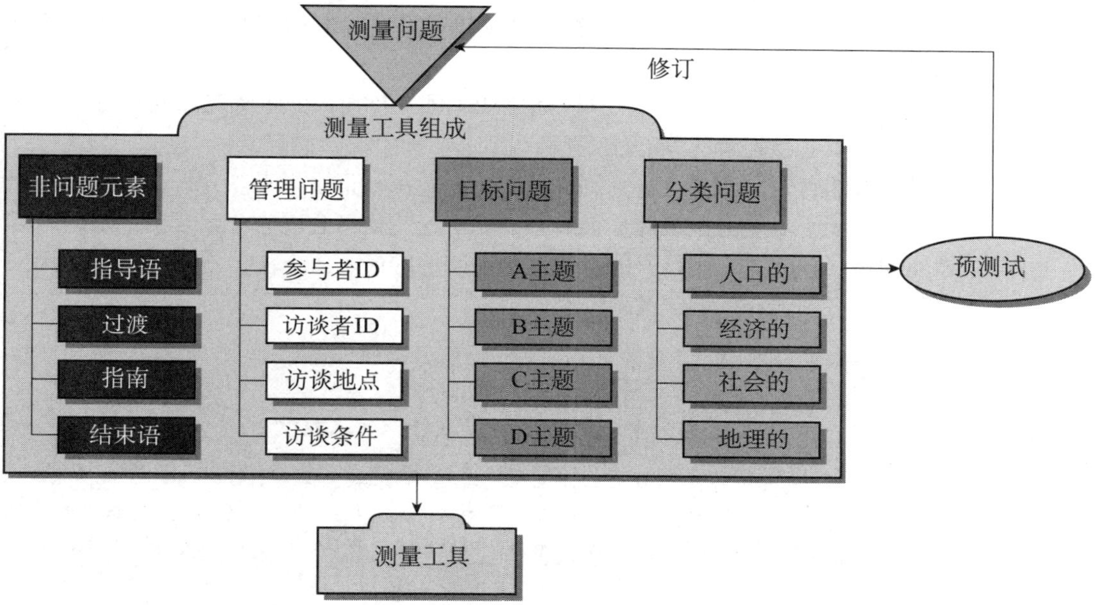

测量工具应完成以下任务：

- 鼓励参与者参加研究；
- 帮助建立并保持与参与者的友好性；
- 鼓励参与者提供准确的信息；
- 鼓励参与者提供充分的信息；
- 在参与者拒绝回答特定的问题时进行阻止；
- 阻止参与者过早地中断参与；
- 让参与者对参与调查保持积极的心态。

12.2.1　问题类型

管理问题

管理问题（administrative question）涉及参与者、访谈者、访谈地点以及访谈条件。

1. 研究者为每个参与者分配一个唯一的识别号，它会成为数据集中的个案编号。使用当前的技术，识别可以在数据输入过程中以扫描电子码（例如条形码）的形式来完成。识别号也可能是参与者用来完成基于计算机的调查的代码。有关参与者的其他管理问题可能包括评估儿童或其他成年人的存在（个人访谈）、重新联系的时间（电话调查）以及参与者的参与意愿等。管理问题通常包含通讯地址、电子邮件地址或电话号码等联系信息，以便研究者进行后续的研究说明。

2. 访谈者也被分配了唯一的识别号。当访谈者现场或通过电话进行调查时，他们的性别、年龄和种族信息也会被收集。

3. 根据研究方法的不同，访谈地点可能包括城市、环境类型（如购物中心、主题公园、运动场）和在环境中的位置（如在梅西百货外的 Seminole 购物中心进行拦截研究），涉及研究在内部或外部进行，以及研究方法（电话调查、个人访谈、移动或计算机自填式调查等）。

4. 访谈条件包括诸如星期几、一天内的时间、天气、交通情况、调查时发生的其他事件或情况、参与者的分心程度等。

不是所有的管理问题都会被问到，但所有问题都被记录下来。分析这些问题对研究数据模式并识别可能的错误源是很有必要的。这些信息会成为个案数据记录的一部分。自由回答（开放式）问题可能是构建管理问题的最有效方法，不过也可以使用二分选择问题、多项选择问题或清单问题。

快速浏览

丘比特在办公室隔间中是否应该有一席之地？

作为管理者，你应该鼓励还是阻止办公室恋情？领先的招聘和人员配置公司 Spherion 最近开展了 Workplace Snapshot 调查。公司高级副总裁兼首席人力资源官约翰・海因斯（John Heins）表示："这项调查的结果证实了我们的直觉，许多员工在工作场合中找到了恋爱机会。"

该在线调查使用哈里斯互动的 QuickQuery 在线综合工具来收集工作场所恋情调查结果，调查每周进行两到三次。在 1 月份的三天时间内，对美国的 1 588 名 18 岁以上的成年人进行了抽样调查。结果做了加权，让样本与美国实际人口的比例保持一致。

根据调查，近 40% 的员工（30% 的女性，47% 的男性）会考虑与同事约会，或已经在约会。这类恋爱中约有 25%（男性为 27%，女性为 23%）会走向婚姻。41% 的员工（47% 的女性，36% 的男性）认为办公室恋情会影响他们的工作安全或升职，42% 的员工则把恋情公开。"新的影响因素是博客、YouTube 和社交网站等在线渠道的爆炸式增长。它们提供了共享个人新闻的非常公开的方式。"海因斯说，"成为互联网八卦的目标确实有可能影响职业发展和安全。"

仅有 16% 的雇主有关于办公室恋情的政策。尽管我们大多数人每天都会花 1/3 的时间工作，但 Boswell Group 的精神分析师克里・苏尔科维克兹（Kerry Sulkowicz）提醒我们："如果两个［相关人员］之间存在任何汇报关系，那么地位较低的人将被要求换工作或离开。"

资料来源：www. spherion. com；harrisinteractive. com；www. boswellgroup. com.

分类问题

分类问题（classification question）即根据参与者对目标问题的回答进行分组以便发现模式，进行研究和检验以便形成洞见。分类问题包括人口统计学、经济、地理以及社会学变量。这些问题涉及的主题包括年龄、受教育程度、家庭组成、婚姻状况、收入、就业状态和就业类型、社会阶层、种族、语言以及政治背景等。分类问题还可能包括一些与行为和态度有关的问题（慈善捐赠、环境可持续发展、拼车服务的使用等），这些问题似乎与目标问题有关，但没有被包括在一般的行为与态度测量中。对于每种测量工具来说，分类问题的选择都不同。因为每种测量工具都必须服务于分析特定研究目标的数据。有时，这类问题对于参与者来说似乎是令人讨厌的或不必要的，因此研究者应谨慎地解释它们的用法。

一些分类问题可能会在测量工具的前面部分出现。这些**筛选问题**（screen question）决定了参与者是否具备参与研究的知识水平。在测量工具中，某些分类问题可以作为**过滤问题**（filter question），它们确定参与者是否被问到相关主题的一个或多个问题。为了让参与者尽早投入核心问题的调查，许多测量工具的设计者把大量分类问题放在测量工具最后的单独部分。分类问题可以是自由回答（例如年龄）、二分选择问题（例如性别）、多项选择问题（如收入、受教育程度、就业、种族、语言、住房类型等）或评级问题（例如你进行废物回收利用的程度）。

目标问题

目标问题（target question）涉及的是特定研究中的探究性问题。在三类问题（管理问题、分类问题、目标问题）中，目标问题的数量最多，也是最重要的。研究者把目标问题与分类问题结合使用，以发现有助于管理人员作出重要决策的模式。

为了方便参与者完成调查，目标问题按主题分组。根据研究目标、要检验的任何假设以及调查问题，研究者要确定测量工具涵盖的主题（**工具范畴**（instrument scope））以及每个主题需要的问题及其范围（**工具覆盖度**（instrument coverage））。研究者可以限定任何特定测量工具的范畴和覆盖度。当调查问题过长时，可能需要分成多个工具来对参与者进行分次调查，或者对每个分调查选择一个单独的样本，以使调查时间不会太长。保持测量工具简短的敏捷调查就是这样做的。

目标问题应该最大限度地减少没有告知的参考框架的变化。对于提供时间框架的行为问题尤其如此。参与者通常会根据前面出现的问题来理解当前问题。除非明确说明，否则他们可能会错过观点或主题的转变。参与者一般不会仔细听说明，他们经常在研究者给出完整问题之前就得出有关该问题的结论。他们的回答受到自身经历（他们的参考框架）的强烈影响。对象或主题的任何变化都必须显而易见。大多数涵盖一系列主题的问卷都使用主题标签分为多个部分。各部分之间具有明确的过渡，以提醒参与者参考框架的变化。

目标问题既可以是结构化的（让参与者在一些既定的选项中作出选择，通常称为封闭式问题），也可以是非结构化的（对回答没有限制，但是为参与者的回答提供了参照框架，通常称为开放式问题）。为了便于更快地回答调查问卷，测量工具设计人员倾向于在单个测量工具中使用较少的问题类型，以便参与者熟悉问题的结构。

12.2.2 预测试：范畴和覆盖度

在预测试阶段，研究者可以与同事合作。研究者可能会从同事那里寻求对测量工具主题（范畴）和主题问题（覆盖度）的评价。同事还可以发现分配给一个主题的问题何时看起来更适合另一个主题，从而提醒研究者潜在的顺序问题。或者他们可能提出与原计划不同的主题的顺序。研究者在此阶段并不开发测量工具，而是提供了问题主题的模型，包括主题中每个问题的重点，并要求反馈。在创建测量工具之前获取反馈可以节省宝贵的时间，并防止偏差和错误。

第二轮预测试可以对主题排序，并为该主题提供实际的问题，但不能对问题指定任何顺序。同事在主题上下文中看到一个问题后，可能会提出关于问题内容（删除或添加）的建议。当然，同事也可能建议应该以不同的方式提出问题；或者鉴于主题中其他问题的情况，换一个更合适的量表。

12.2.3 职责履行

在这一步骤，研究工作有很多职责。图表 12-3 总结了在此步骤履行职责所需的行动。

图表 12-3　履行第二步职责所需的行动

职责	行动
鼓励参与者参加研究。	提供适当的介绍。
帮助建立并保持与参与者的友好性。	● 提供有关匿名性和保密性的信息。 ● 将参与者感兴趣的主题放在前面，把敏感主题放在最后。 ● 提供明确的指导语。
鼓励参与者提供准确的信息。	● 提供必要的操作性定义。 ● 在指导语和过渡中使用常用词。
鼓励参与者提供充分的信息。	● 将问题从一般到特殊排序。 ● 使用颜色/设计功能让参与者能看到全部的任务和响应选项。 ● 包含对跳转或遗漏问题的提示。
在参与者拒绝回答特定的问题时进行阻止。	● 尽早与参与者建立融洽的关系。 ● 当参与者跳转或遗漏某个问题时，提示该问题的重要性。
阻止参与者过早地中断参与。	● 根据参与者的兴趣对主题排序。 ● 把与同一主题有关的所有问题放在一起。 ● 只问最关键的主题的问题来表达对参与者付出时间的感激。 ● 在计算机/移动设备调查中提供状态栏。 ● 采取不同的响应策略以避免无聊。 ● 使用相同的尺度时，尽可能使用重复的响应类别。 ● 把视觉刺激作为问题、指导语或过渡的一部分。 ● 使用视觉响应选项（移动设备/计算机）。
让参与者对参与调查保持积极的心态。	● 包括让参与者感到自己知识渊博、已为重要的事情作出贡献的主题和问题。 ● 提出与主题相关的有意义的问题。 ● 在总结中感谢参与者。

12.3　第二步：非问题元素

我们已经按照分类问题、目标问题和管理问题对测量问题进行了预测试，并对目标主题进行了关于范畴和覆盖度适当性的预测试。现在，我们需要考虑的是测量工具开始和结束部分的非问题要素，以构建测量工具的友好性，提升测量工具的质量。

友好性（rapport）被当作结果和行为来研究。例如，友好性被描述为产生回答动机、自由地给出适当的答案，也被描述为“一种以达成协议、相互理解或共情为特征的关系，使交流成为可能或变得容易”，或被称为“促进合作、沟通和信任的和谐协议或关系”。[1]友好性被视为鼓励参与（减少反应偏差）的积极因素，但如果它导致参与者试图讨好研究者或访谈者，则可以被视为消极因素（**社会期望偏差**（social desirability bias））。它会让参与者为了被认可而作出不准确的回答。大多数研究者把友好性作为测量工具的必要功能。没有友好性，参与和完成一个测量工具的动力就会下降。[2]

如图表 12－4 所示，第二步聚焦以下元素：（1）通过使参与者更容易、压力较小、更愉快地完成调查过程来增强与参与者的友好性；（2）确保通过减少中止调查过程的动机，提供能够进行全面、准确的响应的要素，从而保证质量。这些元素是：

- 指导语；
- 过渡；
- 访谈者指南；
- 参与者指南；
- 结束语。

测量工具的非问题元素应完成以下工作：

- 鼓励参与者参加调查；
- 促进参与者对过程的理解，包括时间或活动承诺；
- 促进参与者对所问问题的目标总体的理解；
- 使回答问题更容易，必要时提供操作性定义；
- 鼓励参与者完成问卷；
- 减轻参与者可能存在的任何担忧，让他们认为这个经历是有价值的，值得他们花时间。

12.3.1　非问题元素

指导语

指导语必须为参与者提供参与研究的动机。指导语会提供访谈者的名字，以帮助访谈者与潜在参与者建立至关重要的融洽关系。指导语要对接下来的问题有充分的介绍，通常是介绍问卷涉及的部分或全部主题，以便参与者判断他们是否有兴趣和能力提供所需信息。在任何沟通研究中，介绍时都要告知参与者整个过程所需的时间、研究机构或委托方的信息（除非研究为伪装性的）以及研究目的。这里可能包含有关如何选择参与者的陈述，并且通常包含有关如何处理数据的保密性声明，目的在于减轻

图表 12-4　第二步：工具设计的流程图

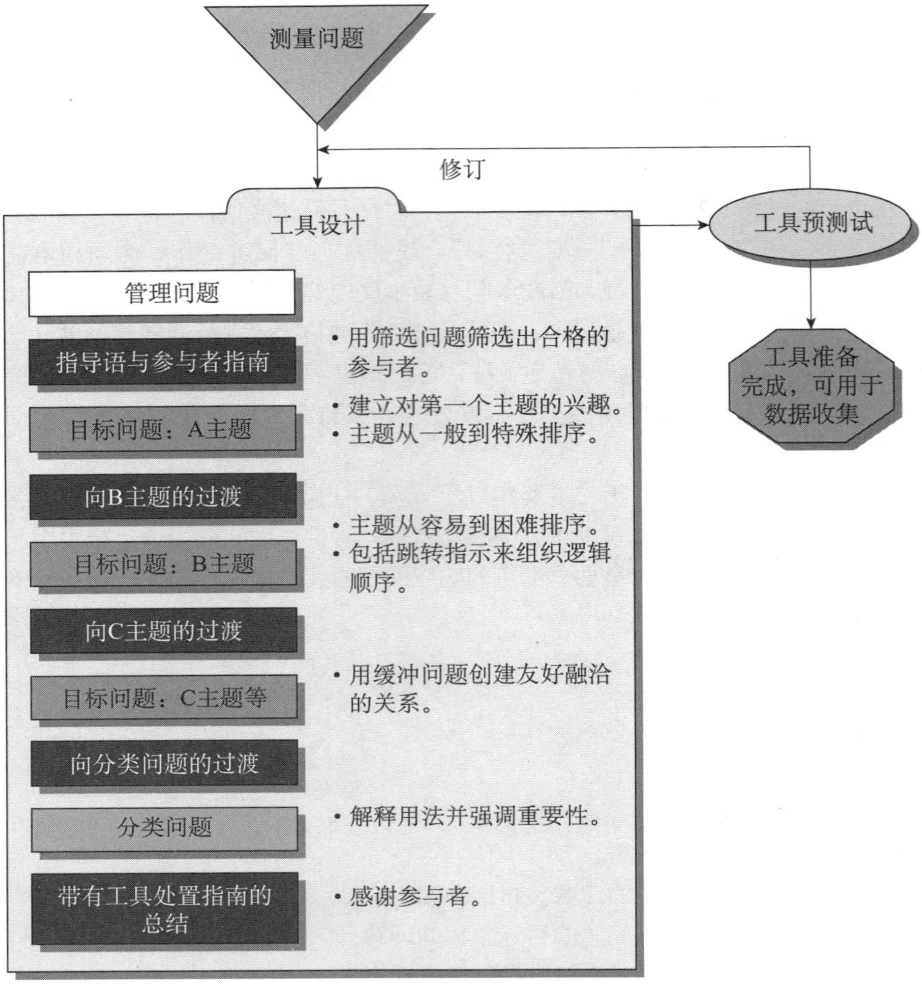

参与者对匿名性和保密性的担忧。此外，超过 2/3 的电话调查中都包括这样一句陈述，访谈者“并不推销任何东西”[3]。如果遵循机构审查委员会的做法，指导语还包括一份声明，表明参加是自愿的。回答第一个问题就意味着自愿同意参加。设置指导语的目的是鼓励参与者如实回答。告诉他们“没有正确的答案”，可以减少社会期望偏差。一般来说，指导语为参与者参与调查提供了指导。图表 12-5 提供了指导语的例子以及测量工具的其他构成部分。

如果没有对参与者进行预筛选，则指导语将以一个或多个筛选问题开始，以确定潜在参与者是否具有参与研究所需的知识或经验。如果他们的知识或背景经验不足，指导语将提供调查中止的陈述（如“我们今天仅与家里养了 5 岁以上狗的人交谈，感谢您与我交谈”）。

过渡

过渡（transition）是旨在提醒参与者主题更改或问题组转变的描述性陈述。过渡

图表 12-5　沟通工具的构成样本

构成部分	示例
指导语	晚上好，我能和您（参与者的名字）谈谈吗？
a. 电话/个人访谈	（参与者的名字）先生，我是（访谈者的名字），受 XYZ 的委托来完成本次调查。近期您在全面服务中心接受了 XYZ 公司提供的笔记本电脑服务。能占用您 5 分钟的时间，了解一下您对该中心服务质量的评价吗？
b. 在线（通常通过电子邮件）	近期您在全面服务中心接受了 XYZ 公司提供的笔记本电脑服务。能占用您 5 分钟的时间，了解一下您对该中心服务质量的评价吗？请点击下面的链接。
过渡	下一个部分的问题是关于您的家庭，以及您如何支配非工作时间或者个人时间的。
指南	
a. 结束（在筛选或甄选问题之后）	抱歉，我们调查的对象是每周至少吃三次麦片的消费者，但还是非常感谢您的参与。（等待参与者的回答。）再见。
b. 参与者终止	是否可以另约一个方便的时间来完成访谈？（暂停，记录下时间。）我们将会在（复述日期、时间）联系您。再次感谢您的参与。 或者： 感谢您参与本次调查，再见。
c. 跳转说明（在问题之间或者几组问题之间）	在最近一周里，您是否购买了盒装麦片？ □是 □否（跳转至第 7 题）
d. 部署说明	本次问卷中包含一个邮资已付的信封，完成后请将问卷折叠放入该信封，并邮寄给我们。
结束语	
a. 电话或面谈	这是最后一个问题，您的意见和对其他重要客户的看法，可以帮助我们完善照料中心的服务项目。谢谢您的参与（等待参与者回答。）再见。
b. 自填式调查（通常在部署说明之前）	感谢您提供关于照料中心的服务项目的意见，您的建议将有助于改进我们的服务。
c. 调查后联系	如果您对这个调查有任何问题，请电话联系帕梅拉·辛德勒，号码为 123-456-7890。

可能包括指导语和回答后续问题所必需的操作性定义。如果主题中的所有问题都使用相同的测量尺度，那么过渡中可能也包括尺度。过渡中还可能包括时间框架的变化。图表 12-5 提供了一项研究中测量问题变为个人和家庭相关问题时过渡的例子。

访谈者指南

除了跳转指示外，通常还为访谈者提供了以下指南，以确保他们始终遵循规则。

- 拒绝没有资格的参与者——告知访谈者当参与者不能正确回答甄选或筛选问题时，如何结束访谈；
- 结束无法继续进行的访谈——告知访谈者当遇到参与者不愿继续接受调查时，如何结束访谈；
- 研究工具中问题间的转换——告知访谈者或参与者，当使用分支问题时，根据参与者对问题的回答，如何在问卷中不同部分间进行跳转（跳转的方向）；
- 处理已完成的问卷——告知访谈者或参与者，在自填式工具中，如何提交已完成的问卷。

这些指南可以嵌入计算机辅助访谈，也可以包含在所有其他访谈类型的培训中。前两种类型的指南旨在保持融洽关系，让参与者对调查及相关各方有良好的感觉，即使他们选择终止调查也是如此。最后要确保收集的数据包含在最终的数据集中。

参与者指南

除了跳转指示之外，通常为参与者提供了以下指南：

- 访问测量工具——参与者如何访问和打开测量工具。这可以作为指导语的一部分，在招募参与者的电子邮件或电话中完成。
- 使用调查软件——参与者如何在页面间或屏幕间移动，是否允许返回以前的问题（基于计算机），是否需要保存答复或定期提交答复，如何回应“更正”指导语（关于完成问题的嵌入式指导语，例如如何回答多条目评分题中被跳过的条目），如何在参与者有问题时提醒研究者，如何上传图像或视频等。
- 回答特定问题或一组问题——为特定问题或问题组提供解释或说明（例如，提供与多个问题一致的测量尺度或就问题中的某一部分进行详细说明）。
- 处理已完成的调查表——参与者完成自填式工具后如何提交已完成的调查表。这可能就像“单击‘完成’以把您的答案发送给我们”或“请通过美国邮政的邮资已付信封把调查表寄回给我们”那样简单。

这些指南通常嵌入基于计算机的调查。对于通过电子邮件或邮件进行的自填式调查，可以将其打印在测量工具上或测量工具附带的单独的指南中。

结束语

结束语的作用是告诉参与者他们的参与非常重要，后续的研究者可能还需要他们参与新的研究。如果访谈者和问卷本身都能给参与者留下良好的印象，很可能会在后续的调查中建立合作关系。

结束语应始终包含对研究参与者的真诚感谢。结束语通常还包括有关后续联系的说明。结束语中可能包括参与者可以联系的联系人（姓名和电话或姓名和电子邮件）的说明，如果参与者有问题的话可以联系。结束语还可能包括未来分享结果的承诺。如果研究提供报酬，那么结束语中能会包括获得报酬的指南。结束语的示例见图表12-5。

12.3.2 解决测量工具中的问题

为了帮助改进调查结果，研究者可以做如下事情：

- 与参与者建立友好互信的关系；
- 对调查的项目进行预测试。

与参与者建立友好互信的关系

如果测量工具拥有友好性，则可直接得到调查所需的很多信息。与参与者建立友好关系能激发参与者对调查的兴趣，并使参与者更加配合调查。研究者可以通过一些物质上的奖励，使那些不愿接受调查的参与者更加配合。该方法在邮件调查中尤其有效，因此基于网络的调查正越来越多地使用该方法。

确保调查的保密性同样能使参与者更愿意参与调查。其中一种方法是通过问题的措辞、访谈者的评论与行为向参与者提供无关联性的保证，让参与者感到自己对于争论话题或敏感性问题的各种行为、态度、立场等是正常的、可接受的。访谈者可如实地向参与者保证他们的回答仅会作为统计上的数据，而不会涉及参与者的私人生活。如果参与者确信他们的信息将对某项研究产生重要作用，即使涉及一些禁忌话题，他们也会愿意参与调查。如果研究者所在的组织遵循机构审查委员会的做法，委员会可能需要一份指导语以表明参与者是在自愿的情况下作答的。当对内部人员（公司雇员）进行调查时，这点尤为重要。

预测非问题元素

鉴于指导语在建立友好性上的重要性，明智的办法是对问题元素进行预测试。对参与者的替代样本，仅向他们提供指导语，询问他们有关其参与意愿的问题，可以为研究者提供一个指标，来确定是否需要修改指导语。仅仅基于指导语，这个样本还可以告诉研究者，参与者的替代者希望测量工具涵盖哪些主题，以及他们是否认为自己在这些主题上会遇到困难。

研究者可以分享测量的主题，并询问参与者的替代者是否需要解释所计划的主题。如果计划中的调查过程包括比较复杂的活动（例如上传视频或图片），那么研究者可以测试计划的指南是否到位。

结束语负责确保参与者把测量工具返回给研究者，并让调查及其委托方或研究者在参与者那里留下好印象。留下好印象意味着参与者对测量过程感到满意，且没有任何顾虑。如果达不到这个目的，就应该进行修改。结束语不像指导语和指南那样经常被测试，但应该这样做。

12.3.3　职责履行

图表 12 - 6 总结了研究者为实现友好性和确保质量而采取的行动。

图表 12 - 6　履行第二步职责所需的行动：非问题元素

职责	行动
鼓励参与者参加调查。	● 提供介绍，提高参与者的自我价值。 ● 提供适当的参与激励。
促进参与者对过程的理解，包括时间或活动承诺。	● 在介绍中指出完成问卷所需的最长时间。 ● 在每个问题上提供一个状态栏，显示已完成的测量问题数量（计算机/移动设备）。 ● 指定对研究至关重要的活动类型。
促进参与者对所问问题的目标总体的理解。	● 在目标问题组之间创建过渡，以转移参与者的参考框架。
使回答问题更容易，必要时提供操作性定义。	● 提供关键概念、构念以及变量的操作性定义。
鼓励参与者完成问卷。	● 给参与者发送参与提醒（电子邮件、电话）。 ● 提供测量工具内的提示，让参与者完成未回答或跳转的问题。
减轻参与者可能存在的任何担忧，让他们认为这个经历是有价值的，值得他们花时间。	● 提供联系人和联系电话以解决任何后续问题。

12.4　第三步：整理零片

测量工具设计的第三步是一个最终形成完整的测量工具的过程。其具体任务为：

1. 放置指导语，包括筛选问题。
2. 确定主题的顺序。
3. 确定主题内的问题顺序。
4. 确定分类部分的位置。
5. 确定分类问题的顺序。
6. 放置过渡。
7. 放置指南。
8. 放置结束语。
9. 确定物理设计。

我们将在本节集中讨论主题的位置、主题内的问题、问题之间的跳转以及分类问题的位置。任务 1、6 和 8 有既定的位置（分别在测量工具的开始、特定主题的开始或测量工具的结尾）。根据指导语的不同，任务 7 要么在主题的开头，要么在特定问题之前。

除了完成研究目标外，测量工具还应完成以下工作：

- 鼓励参与者参加调查；
- 促进参与者对过程的理解，包括时间或活动承诺；
- 促进参与者对所问问题的目标总体的理解；
- 使回答问题更容易，必要时提供操作性定义；
- 鼓励参与者完成问卷；
- 减轻参与者可能存在的任何担忧，让他们认为这个经历是有价值的，值得他们花时间。

快速浏览 ▶▶▶▶▶▶▶▶▶

新车调查

假设你最近买了一辆新车。大约三个月后，你在邮件中收到了一份调查问卷。在收到调查问卷之前，在买车的过程中你就多次被鼓励要完成这个调查。现在问卷到了，你感到惊讶和不知所措。

封面为你提供了两种选择，可以是手中的纸笔版本，也可以是在线的基于计算机的版本。纸笔版本打印在超大尺寸的纸上，像小册子一样装订。封面上有完成要求，表明这是一项行业研究而非经销商研究。汽车行业将使用你提供的“相关洞见”，“帮助汽车制造商就未来的产品和服务采取决定性行动”，并“帮助汽车行业创造下一代产品”。作为奖励，参与者将参加一项包括 8 个现金奖励的竞赛，奖金从 1 000 美元到 10 000 美元不等。提供此奖项是因为参与者付出了时间。该调查有条形码。在线版还有每个人特定的密码。在“不需要为了赢得比赛而购买产品”的竞赛声明下方，以很小的字体显示研究公司“致力于在适用法律范围内保护”参与者的隐私。打印的调查问卷长 10 页，以非常小的 7 号字体打印。问卷有 64 个目标问题和 13 个分类问题。64 个目标问题中有 9 个是评级量表，其中有 7 个是多条目评级量表。每个问题最少有 3 个条目，最多有 77 个条目。在这 9 个问题中，3 个问题包括 66 个以上的条目，4 个问题是有 18～35 个条目的语义差异量表。2 个评级量表是 4 点迫选式量表，没有中性点。剩下的 5 个是 5 点量表，其中 3 个是非平衡量表，正负评分比率为 3：2

或 4∶1。尽管存在一些二分选择问题，但大多数问题都是多项选择问题或清单问题。有 5 个问题是开放式问题，询问购买的配件、购买的品牌和型号、财务提供者以及有用的网站地址。

问题主题按照在调查中出现的顺序编号：

1 新车满意度
2. 车辆设备
3. 车辆使用及设备
4. 车辆感知
5. 功能满意度
6. 寻求的功能
7. 车辆金融
8. 购车经验
9. 售后配件
10. 以前的车辆信息
11 家中的其他车辆
12. 下次购车
13. 车辆燃油信息
14. 购买信息来源
15. 新车评级
- 外观造型
- 内饰造型
- 驾驶/乘坐
- 整体

16. 问题
17. 互联网使用
18. 个人生活方式和交通工具
19. 自动驾驶汽车

在没有看到任何一个问题的情况下，作为研究者，你将如何评估该测量工具?

12.4.1　对主题和问题排序

主题

研究者倾向于根据研究目标和调查问题对主题排序。从他们的角度来看，这是合乎逻辑的，因为这是研究者的重点。但这个策略是错的。主题的顺序应该依据建立和保持参与者的兴趣的需求和完成测量的动机来确定。这意味着参与者最感兴趣或最有人情味的主题应该放在工具的最前面。主题的顺序应便于根据之前出现的主题来简化回答问题，并限制参与者在主题间的跳跃。正是出于这种建立兴趣的需求，才反对在工具前部放置分类问题。

在“快速浏览：新车调查”专栏中，主题按顺序列出。我们可以看到第一个主题为新车满意度，这是一个建立友好性的主题。这个主题包括一个关于满意度的问题和一个关于推荐可能性的问题。回答这两个问题都很快、很容易。在检查其他变量以寻找参与者响应中的规律时，可能会用到满意度和推荐可能性。因此，这个主题和这些问题对研究者来说很重要。把它们放在测量工具的前部是可行的，这样可以让参与者轻松参与调查。因此，我们发现了第一个问题：顺序无法激发参与者的兴趣或动机。

第二个主题是车辆设备和使用，实际上是两个主题：一系列有关如何使用车辆以及由谁驾驶的问题以及设备清单。浏览一下列表，看看在哪里可以找到与功能或设备相关的主题。它们在主题 3 中吗？否，但是你会在主题 6 和主题 9 中找到功能问题。你已经找到了第二个测量工具问题。它可能在预测试时被发现。测量工具应该让同一主题的内容集中在一起。

在第一页上，研究者向我们展示了两个（实际上是三个）主题和 13 个问题。它们并没有激发我们的兴趣。指导语中承诺，研究者对参与者关于开发下一代车辆的洞见感兴趣。这些内容放在第一页上没有问题。但请注意，主题 19（在 10 页调查表的第 9 页上）涉及自动驾驶汽车。这是一个评分问题，包含两个使用 5 点计分的条目。该主题刚好在分类问题前面。如果你已同意按指导语的承诺进行调查，你会继续吗？

从研究者的角度对主题排序，我们可能会在参与者进行到我们真正想要了解的内容之前就失去了他们。我们想知道他们对新车是否满意以及他们关于汽车行业的未来方向的洞见。

在此示例中，我们重点介绍了四个准则：

- 根据参与者的兴趣而不是研究目标或调查问题来对主题排序。
- 对主题排序可以建立参与者友好性，提高参与者兴趣和持续参与性。
- 把相关主题集中在一起。
- 分类问题放在测量工具最后部分（非筛选或过滤问题）。

在主题内，目标问题通常是从简单到复杂。把更复杂的问题推后，直到让参与者对调查过程更满意，可以减少中立或“不知道”的回答的数量，并减少回答的中断。

- 从较简单的问题开始，然后是较复杂的问题。
- 把主题按更容易回答到更难回答排序。

目标问题

目标问题通常按主题内的一般问题到更具体的问题排序。使用这个方法的目的是了解参与者的参考框架并提取所需的全部信息，同时限制主题中较早的问题可能对较晚的问题产生的失真影响。每当涉及两个或更多问题时，总是存在互相干扰的潜在风险，因为参与者可能会尝试“正确地调整”他们的回答。在自填式调查中问题尤其严重。参与者可以通过翻动页面或单击“上一个”按钮返回到较早的问题，然后更改其初始答案。我们永远不会知道我们收到的答复是经过深思熟虑的初始答案还是经过调整的、政治或社会意义上都正确的答案。

在提出彼此相关的观点性问题时，先前的问题可能会让参与者或多或少地同意第二个更具体的问题。[4] 如果不预先测试顺序，你将不知道这个效果有多大。因此，目标问题的顺序拥有两类顺序效果：**对比效果**（contrast effect）（顺序导致第一和第二个问题之间的响应差异更大）和**同化效果**（assimilation effect）（顺序导致第一和第二个问题之间的响应更加相似）。

● 从一般问题到具体问题排序，以限制失真效果，但要测试对比效果和同化效果。

● 限制参与者根据后续问题更改较早答案。

如果某个主题涉及敏感问题，研究者可以从缓冲问题开始，以便建立友好性并让参与者感到轻松。**缓冲问题**（buffer question）是关于主题的泛化而中性的问题，不需要参与者就敏感问题表达立场。例如，在询问"任何人都可以使用流媒体服务观看带有色情内容的电影吗？"之前，问参与者"过去 30 天内，你是否亲自使用流媒体服务观看电影？"在测试中，与直接询问参与者没有缓冲的敏感问题相比，在缓冲问题之后的敏感问题会出现明显不同的回答。[5]

主题与测量问题排序

测量问题的设计受到测量工具需要关联各个问题的影响。通常一个问题（称为**分支问题**（branched question））的内容会假定其他问题已经以一定的方式提问和回答。在基于计算机的测量工具或计算机辅助测量工具中，这种问题的分支由对初始问题进行内部编码来处理。

指导语也是排序的主要工具。三种排序类型会带来**跳转指示**（skip direction）。指导语指出了参与者或访谈者在给出一个或一系列响应后应该前往哪个位置（问题、主题或部分）。指导语可以嵌入工具（纸版或基于计算机）或提供给访谈者。基于计算机的工具和计算机辅助访谈使跳转变得相当容易。输入预编程的响应后，计算机会自动让参与者跳转。第一种类型是从问题到问题的跳转：一个问题会针对经验或知识进行筛选，如果参与者不具备相关经验或知识，则被认为无法回答下一个问题。

第二种类型是从问题到主题的跳转：一个问题会针对经验或知识进行筛选，如果参与者不具备相关经验或知识，则被认为无法回答该主题下的任何问题。

示例：在过去 6 个月里，你完成防范性骚扰的培训了吗？

□是

□否（如果选否，跳到安全部分）

第三种类型是从问题到分类的跳转。当参与者通过初始筛选但随后的回答表明他们不符合调查条件时，会出现该跳转。这种跳转取决于参与者对一个或多个先前问题的答案。

研究者已经开发出各种工具和方法来帮助确定顺序。受欢迎的一个方法是**跳转逻辑图**（skip logic diagram），它是测量工具中指示测量问题跳转方向的图形表示。它们可以简单地用纸笔创建。一些研究者把单个问题打印在纸上，把纸贴在一个平面上，用即时贴来指示跳转方向，然后给最终结果拍照。其他人则使用流程图或设计软件来绘制跳转方向。图表 12－7 提供了两个用于设计跳转逻辑图的选择。任何跳转逻辑图，不管起源如何，在开发基于计算机的复杂测量工具时，特别是在把问题输入调查软件之前，都是有帮助的。

合理设置顺序的基本原则为：问题间的设置顺序以及访谈的结构由参与者的特点和需求决定。

图表 12-7 跳转逻辑图（两个选项）

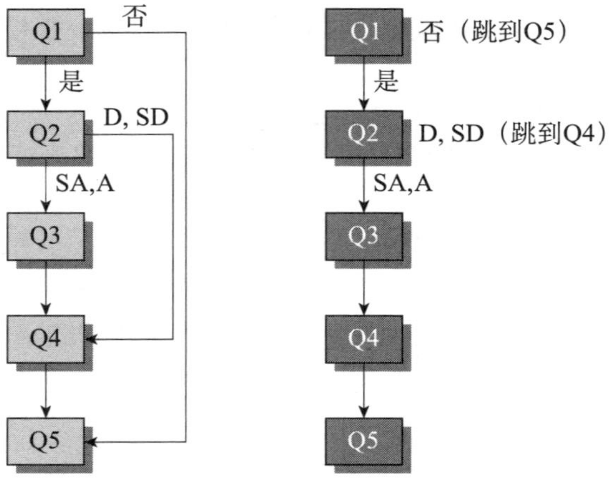

分类问题

调查过程结束时，参与者可能会感到疲倦，并对自己分享的个人信息越来越担心。研究者在分类部分提出了更多关于个人的问题，会增加这种担忧。在工具部分的开头，研究者通常重申：本部分通过问题收集的数据用于对参与者的回答进行比较；该数据用于探索数据中的规律；数据是通过归并或成组查看，并不针对个人。

大多数分类问题是容易回答的二分、多项或自由回答问题。但是有些问题要求提供非常个人的信息，触动了敏感的“热键”，从而使一些参与者不愿回答。宗教信仰、种族、性取向和收入都是敏感问题。在把它们加入测量工具之前，请确保你的研究目标的确需要收集这些数据。敏感问题可能是调查中断的原因。

在对分类问题排序时，先确定哪些问题对发现模式很关键，然后先问这样的问题。一个或多个特定问题可能已被用来筛选或过滤较早的问题，因此在此无须再次询问。如果分类问题被跳转了，最好有个指导语，并与参与者分享这些问题在数据分析中的重要性。研究者通常会把最敏感的问题放在最后，以避免调查中断。

- 考虑使用关键分类问题作为测量工具中的筛选或过滤器；
- 把关键的分类问题放在本节的开头；
- 敏感的分类问题放在本节的结尾。

12.4.2 预测试测量工具

让参与者的替代者和研究者的同事来进行工具的**预测试**（pretest）非常重要。参加者通过此项替代测试可以得到**完成估计**（completion estimate），即参与者完成测量工具所花费的时间。你总是要计算最长时间和平均时间。最好把最长的时间作为估算值，并在指导语中告知参与者。“这项调查最多需要10分钟就能完成。”除了提供完成估计之外，参与者替代样本还可以揭示指南缺失或不清楚、过渡困难、顺序问题、测量尺度问题等。即使你对单个目标或分类问题及非问题元素进行单独测试，当测量工具是完整的时，这些地方的表现也会有所不同。

研究者本人应尝试所有可能情况来测试整个测量工具，以查看跳转指示和分支问题是否有效。然而，没有什么方法可以代替参与者替代样本对这些元素进行的现场测试。对于非常熟悉测量工具的研究者而言，对他们可行的工具可能对参与者而言就没有那么好用。

请求同事进行调查也可能会让研究者有所启发。你认为是主题间的逻辑转换，同事可能认为它是一个问题。同事还可以指出主题以及主题中问题的排序不当。他们在看到整个工具后，可能会建议去掉一个或一组问题，或者再添加一个问题。同事之间帮忙检查测量工具是业界里的惯常做法，因此，如果你要同事帮你检查，就要做好帮同事检查的准备。查看其他研究者的测量工具也是提高自己测量工具设计技能的好办法。

许多企业都有政府合同，并受联邦、州和本地法律政策以及程序对人类被试研究的管控。其中，机构审查委员会（IRB）风险评估是由美国卫生与公共服务部从 1966 年开始实施的。许多机构要求所有研究都必须遵守该指导原则。[6] 研究者严格遵守 IRB 的要求可以识别测量问题并防止出现后续问题。

12.4.3　物理设计

组合所有零片时，测量工具看起来如何、用起来如何，是测量工具设计的重要方面。随着可用选择的不断扩展，这些方面越来越受到研究者的关注。

- 如何使用视觉元素（颜色、图片、视频）？
- 如何呈现问题？

基于计算机的测量工具

视觉设计　大多数计算机辅助的电话调查、计算机辅助的个人访谈和基于计算机的调查都具有范围广泛的设计选项。软件要求设计人员选择配色方案、能够体现管理者-委托方或研究公司的标识（如果调查包含了伪装）以及标识的位置（仅第一屏、仅第一和最后一屏幕、每个页面）。

诸如颜色之类的视觉元素用于改善阅读的清晰度，尤其是在区分多项目评分量表的不同行时。颜色还用于快速识别和暗示指导语和操作性定义的重要性。根据软件的不同，这些元素可能被设计为弹窗呈现，而非作为指导语或问题的一部分。

视觉元素正越来越多地用于实际响应类别（例如，在移动调查中使用男性/女性符号表示性别，而非使用文字）。视觉图像或视频也可以用作问题的一部分，而不是冗长的口头描述。因为视觉元素会增加兴趣并提高参与度。

问题呈现　对于移动调查而言，由于屏幕较小，为了避免频繁滚动屏幕，大多数问题是单独或以两个为一组来呈现。对于在台式机、笔记本电脑或平板电脑上完成的调查，因为在较大的屏幕上滚动问题不大，可能会在每页屏上以主题组或主题组子集的形式来呈现问题。除非参与者被限制使用某种特定类型的计算机设备，否则测量工具设计人员越来越多地遵循“移动第一”的口号。

该领域的另一个决策是，该工具是设计为参与者单击下一个问题就上传提交参与者的回答，还是在全部工具完成后再提交。研究行业中这两种方法都在使用，但是就像在撰写学期论文时定期保存你的成果一样，让参与者在移至下一个屏幕时保存已完成的内容是合乎逻辑的，并且可以在停电或软件故障时保护数据。

纸笔工具

对面对面访谈中，相对于所使用工具的外观有吸引力，更重要的是考虑实用性和注意力问题。对于使用纸质调查表的访谈者而言，涉及物理设计的决策很多。指导语和筛选问题可能在不同的页面上。指南的一些内容会被分开放在不同的纸上，另一些则可能放在相关问题的旁边。结束语可能包含管理问题并在单独的一张纸上。设计者必须考虑应把工具的页面集中在一起还是分开：访谈者采用哪种方式更方便？如果为参与者提供详细说明分数点或口头/视觉描述的答题卡，则工具的材料（大小、覆膜、颜色）以及内容也需要确定。在某些拦截访谈中，参与者拿的是平板电脑而不是答题卡。这些屏幕都需要设计。如果需要多个屏幕，则必须对这些屏幕排序。

对于自填式的纸版测量工具，纸张的尺寸（卡片、信纸或其他尺寸的纸张）、颜色和厚度都会有影响。一些测量工具是多页的，设计者必须确定是把页面组织为散页（通常用于一或两页）、集合页（通常用于三页或更多页），还是折页册（通常用于五页或更多页）。设计者还必须决定是双面打印、单面打印，还是表格打印（通常由纸张重量、邮寄费用和视觉清晰度决定）。

设计中的其他关键问题包括如何提示主题的变化（纸版工具可以使用颜色，但通常因为成本问题而不这么做），以及问题的字体及字号（基于清晰度和易于阅读而进行选择）。其他设计方面的问题包括如何使指南显而易见（可使用文本框、加粗字体、超大文本、阴影或彩色背景等）；把指导语放在说明信中还是在工具中？如果参与者没有“通过”筛选问题，在什么地方放置停止答题说明（通常在筛选问题下方用方框框起来，包括测量工具是否应当退回）。在使用纸笔自填式调查时，一个关键的设计问题与调查的部署有关：应提供什么尺寸的信封、应使用什么邮寄方式、信封中是否包含任何参与者的 ID 符号（ID 号、条形码等）。

12.4.4 预测试：物理设计

研究者依靠先前的实践、同事以及对工具元素进行预测试期间从参与者替代样本那里获得的对参与者的了解来进行物理设计决策。使用基于计算机的测量工具时，测试不同的配色方案或比较视觉元素与听觉元素的使用相当容易。这样的决策也值得进行测试。在此类预测试中，你需要的是提高参与度和清晰度。

12.4.5 职责履行

图表 12－8 总结了履行第三步职责所需的行动。

图表 12－8 履行第三步职责所需的行动

职责	行动
放置指导语，包括筛选问题	● 在指导语中包括对主要主题和关键活动的描述。 ● 包括完成问卷需要的时间估计。 ● 在指导语之后立即呈现主要的筛选问题。 ● 在筛选问题之后立即放置终止指导语（如果参与者未能通过筛选问题的话）。

续表

职责	行动
确定主题的顺序	● 根据参与者的兴趣对主题排序。 ● 对主题排序，与参与者建立融洽的关系、引起其兴趣并保持其参与。 ● 把感兴趣的主题排在前面。 ● 按容易回答到难以回答的顺序排列主题。 ● 把敏感主题排在后面。 ● 将相关主题聚在一起。 ● 确定并应用跳转逻辑图。
确定每个主题内的问题顺序	● 在难以回答/复杂的问题之前排上更容易回答的问题。 ● 把一般问题放在具体问题之前。 ● 测验对比效果与同化效果。 ● 在敏感问题前放置缓冲问题，以便参与者更容易回答。 ● 确定分支问题。 ● 确定并应用跳转逻辑图。
确定分类部分的位置	● 将分类问题部分放在测量工具最后。 ● 把作为筛选问题的分类问题放在前面。
确定分类问题的顺序	● 在本节前面排上更多关键的分类问题。 ● 把需要敏感信息的问题排在后面。
放置过渡	● 在主题部分之间放置过渡（包括操作性定义，如果有必要的话）。
放置指南	● 将起始指南放在介绍后。 ● 将跳转指南放在相关问题或主题中。 ● 将工具处置指南放在工具末端。
放置结束语	● 在工具提交（网络）后或在工具末尾（纸版）提供联系信息。 ● 在工具提交（网络）后或在工具末尾（纸版）收集激励所需信息。
确定物理设计	● 使用色彩以方便阅读。 ● 为关键概念、构念和变量添加直观可见的操作性定义。 ● 在主题之间添加视觉上明显的过渡。 ● 使用视觉设计来提高兴趣并保持与参与者的友好性。

❖小　结

1. 测量工具是在基于沟通的研究中收集数据的主要工具。它是一系列问题的列表，使用各种尺度选项精心设计，并配有指导语、过渡、指南和结束语。工具设计是一个多步骤的过程：(1) 开发和完善测量问题；(2) 开发和完善非问题元素；(3) 开发和完善测量工具。工具设计就像构建一个拼图：你收集零片（测量问题、指导语、过渡、指南、结束语），对它们进行组织，然后构成图片。

2. 测量工具中的问题一般分为三类。目标问题针对的是调查问题，并且是最重要和数量最多的，它们是任何研究项目的重点。分类问题涉及参与者的特征，并允许对参与者的答案进行分组以进行分析。管理问题可以确定参与者、访谈者以及访谈地点及访谈条件，这些信息可用于标记个案记录并识别可能的差异或错误来源。

3. 在第二步，研究人员设计测量工具时，他们的行为必须鼓励参与者的参与、与参与者建立和保持融洽的关系、鼓励参与者作出准确而充分的回应、阻止参与者拒绝回答、阻止参与者过早地中断参与，并让参与者对参与持积极态度。他们通过选择激发兴趣的主题、根据参与者的兴趣来组织主题、仅用有关系的和关键的问题来构建每个主题来尊重参与者的时间付出、撰写引人入胜的介绍、表示尊重的结束语以及清晰准确的指导语来完成这些职责。

在第二步，确保工具包含所有三种类型的问题（管理问题、目标问题和分类问题）至关重要。在第二步的第一部分中进行预测试可以评估工具的范畴和覆盖度。同样在第二步，通过开发指导语、结束语、主题间过渡和指南来确保工具元素能够与参与者建立友好性并保证填答质量。在第三步，要完成对所有收集到的零片的组织，并解决物理设计的问题。这一步涉及的是主题和问题的顺序或排序。顺序会严重影响参与者的合作意愿和响应质量。通常，应该是从唤起参与者继续进行调查的兴趣开始。前面的问题应该简单、容易、没有威胁，并且显然与所宣布的研究目标密切相关。参照系的变化应该最小化，并且问题应该按顺序排列，以保证前面的问题不会扭曲对后续问题的回答。分类问题的放置不应干扰参与者的兴趣，因此应放在工具最后。

物理设计包括视觉设计（如颜色、商标的放置、使用图片和视频元素以激发兴趣和参与以及清晰度）。物理设计还涉及每页显示的问题数这样的呈现问题。“移动优先”的口号目前主导着整个行业。在纸笔调查中，由访谈员控制的工具主要由其实用性与注意力以及吸引力因素所决定。在确定工具的划分方式是否与自填式设计不同时，应谨慎对待跳转和分支问题。物理设计还涉及纸张重量、颜色和尺寸等问题。最关键的是如何使话题转移，指导语如何引起访谈员的注意。

4. 预测试是评估问题量表的适当性、主题和主题中的问题的范畴和覆盖度、主题和问题的组织，以及融洽和质量元素的过程。第二步的预测试旨在评估主题和问题是否提供了提升参与动机和参与投入度的指导语、是否有完整的指南以促进参与者准确而充分的回答、过渡是否鼓励了参与者的参与和完成，以及结束语是否让参与者对自己的参与感到积极并确保他们正确提交了工具用于后续分析。第二步还评估了工具的范畴（主题数）和范围（每个主题内的问题），以确保它满足探究性问题和研究目标的需求。让参与者的替代者和研究者的同事一起进行预测试。进行第三步的预测试以确保各个部分可以协同工作，尤其是组织工具（如跳转指示、过滤问题和分支问题），并确保参与者没有遇到任何困难。预测试还应该评估物理设计的决策，如布局、颜色使用、每页屏幕的问题、纸张重量和颜色，以及如何突出显示指导语和定义等。

❖ 关键术语

测量工具（measurement instrument）
对比效果（contrast effect）
分类问题（classification question）
分支问题（branched question）
工具范畴（instrument scope）
工具覆盖度（instrument coverage）
管理问题（administrative question）
过渡（transition）
过滤问题（filter question）
缓冲问题（buffer question）
目标问题（target question）
筛选问题（screen question）
社会期望偏差（social desirability bias）
跳转逻辑图（skip logic diagram）
跳转指示（skip direction）
同化效果（assimilation effect）
完成估计（completion estimate）
友好性（rapport）
预测试（pretest）

❖ 讨论问题

术语回顾

1. 区分以下各项：

a. 管理问题和分类问题。

b. 筛选问题和缓冲问题。

c. 指导语和过渡。

d. 友好性和社会期望偏差。

e. 测量工具和测量问题。

2. 跳转逻辑图的功能是什么？

3. 总结会导致与参与者的友好性降低的工具设计决策。

4. 你认为测量工具设计的四个主要缺陷是什么？原因是什么？

5. 测量工具开发中的一个设计问题与问卷问题的顺序有关。你对设计新问卷的新手研究者有什么建议？

6. 研究人员在工具设计中可能作出哪些无效假设？每种无效假设会对工具产生怎样的影响？

制定研究决策

7. 在课堂练习中，学生需要设计一份简易的自填式问卷用于评价一位教授。一位同学提交了如下问卷，请从提问方式以及问卷格式方面作出评价。

教授评估表

1. 你对该教授的总体评价如何？

□好　　□中　　□差

2. 该教授是否：

a. 有效地传授知识？________

b. 熟悉课程的专业？________

c. 对该课程抱有积极的态度？________

d. 判分公平？________

e. 有幽默感？________

f. 使用音频设备、案例以及其他教学辅助设施？________

g. 判分及时？________

3. 该教授的最大优点是什么？________

4. 该教授的最大缺点是什么？________

5. 该教授所教课程的类别是什么？________

6. 这门课程是不是必修的？________

7. 你是否愿意选修该教授的其他课程？________

8. 假设美国培训师协会为了增加其会员的利益并吸纳新会员而进行如下研究。以下是协会中的一名会员收到的说明信以及调查问卷。

a. 对说明信进行评价。

b. 识别问题类型，开发主题列表，按主题或类型组织问题，然后评估研究范畴和覆盖度。

亲爱的 ASTD 会员：

ASTD 正在对会员的价值感知进行评估，以下是一份简短的问卷以及回邮的信封。希望占用您几分钟的时间来完成问卷，请将信息尽快反馈给我们。

此致

协会主任

问卷

说明：请尽可能简要地回答以下问题：

1. 你通过哪家公司进入了培训领域？

2. 你在培训领域已经待了多长时间？

3. 你在当前公司的培训部门供职多久了？

4. 培训部门是否隶属于其他部门？如果是的话，隶属于哪个部门？

5. 你所在的部门除了培训之外，还有哪些职能？

6. 你所在公司（当地工厂或者机构）的培训部门有多少人（包括你自己）？

7. 你在哪个学校获得何种学位？

主修________　　辅修________

8. 你为什么从事培训工作？你有什么特别的资质促使你进入了培训行业？

9. 要在贵公司的培训部门供职，你认为有必要具备哪些方面的经历？包括教育背景和实践经验。

9. 美国政府经济数据显示，在当今的经济中是年轻人，而不是中年或老年人，正在经历最困难的时期。尽管美国的劳动力市场显示失业率下降，但目前 18～24 岁年轻人的就业比例（54%）是自 1948 年政府数据开始收集以来的最低水平。调查组织对年轻人和老年人进行了一次公众调查，你将在调查中设计什么主题和问题来更深入地探讨这一发现？

从概念到实践

10. 使用图表 12-7，为你在下一个问题中设计的工具开发一个跳转逻辑图。

来自头条新闻

11. 最近对常春藤盟校的大学生进行的一项研究表明，有 20%的人尝试过用改善表现的药物来提高他们的学习成绩。英国皇家学会的一项研究发现，（药物）对高级雇员的影响甚至比对 19

岁的年轻人的影响还要大。《金融时报》的一篇文章称，这些药物“在城市中的律师、银行家和其他渴望比同事更具竞争优势的专业人士中越来越受欢迎。”《自然》杂志的一项读者调查显示，有20%的人曾经或正在服用此类药物。科学家预测，为克服生理与心理问题，认知增强剂的使用可能会增加。尽管服用者报告了头痛、紧张不安、焦虑和失眠等副作用，但似乎并未阻止药物的使用。请设计一个测量工具，评估你所在的公司或大学中的员工是否正在使用所谓的“聪明药”来使他们工作更努力、工作时间更长或表现得更聪明。

❖ 参考文献

1. “Rapport,” *Miriam Webster Dictionary,* downloaded June 13, 2017 (https://www.merriam-webster.com/dictionary/rapport).
2. Brooke Foucault, Joanquin Aguilar, Peter Miller, and Justine Cassel, “Behavioral Correlates of Rapport in Survey Interview,” downloaded June 13, 2017 (http://home.isr.umich.edu/files/2013/01/FoucaultAAPOR2009.pdf).
3. Jane Sheppard, “Telephone Survey Practices Study 2000,” ResearchInfo.com, June 1, 2000, accessed March 19, 2004 (http://www.researchinfo.com/docs/library/telephone_survey_ practices_study_2000.cfm).
4. “Questionnaire Design,” Pew Research Center, downloaded June 27, 2016 (http://www.pewresearch.org/methodology/u-s-survey-research/questionnaire-design/).
5. Frederick J. Thumin, “Watch for These Unseen Variables,” *Journal of Marketing* 26 (July 1962), pp. 58-60.
6. You might want to visit the chapter on survey research for a review of the IRB process.

Business Research Methods

第 4 篇

数据的收集、准备和研究

Collect, Prepare, and Examine the Data

第 13 章

第 3 阶段：收集、准备与检查数据

精心设计的、深思熟虑的可视化效果可以让人茅塞顿开，只用电子表格是做不到的。

——达娜·祖伯（Dana Zuber），Butler，Shine，Stern & Partners 分析副总监

学习目标

阅读本章后，你应该了解：

1. 数据收集的任务。
2. 使用内容分析对文本和语音数据进行后期编码。
3. 对原始数据进行编辑来确保其完整、准确以及编码正确的重要性。
4. 可实现数据可视化的探索性数据分析技术。
5. 交叉表如何检查变量间的关系。

研究过程中这个阶段的目标是拥有一个干净的数据文件以用于下一阶段：数据分析和解释。研究过程的这个阶段涉及多种活动（见图表 13-1），包括：

- 收集数据。
- 录入数据。
- 准备数据。

—数据收集后的编码。

—编辑数据。

- 检查数据。

13.1 收集数据

数据收集（data collection）指的是使用测量工具进行的一系列行动，包括以下任务：

1. 培训数据收集人员。
2. 确定数据收集时间表。
3. 决定并实施测量工具回收。
4. 邀请选定的参与者。
5. 启动调查。
6. 提醒参与者完成调查并返回测量工具。
7. 录入数据。

图表 13-1 研究过程中的数据收集、准备与检查

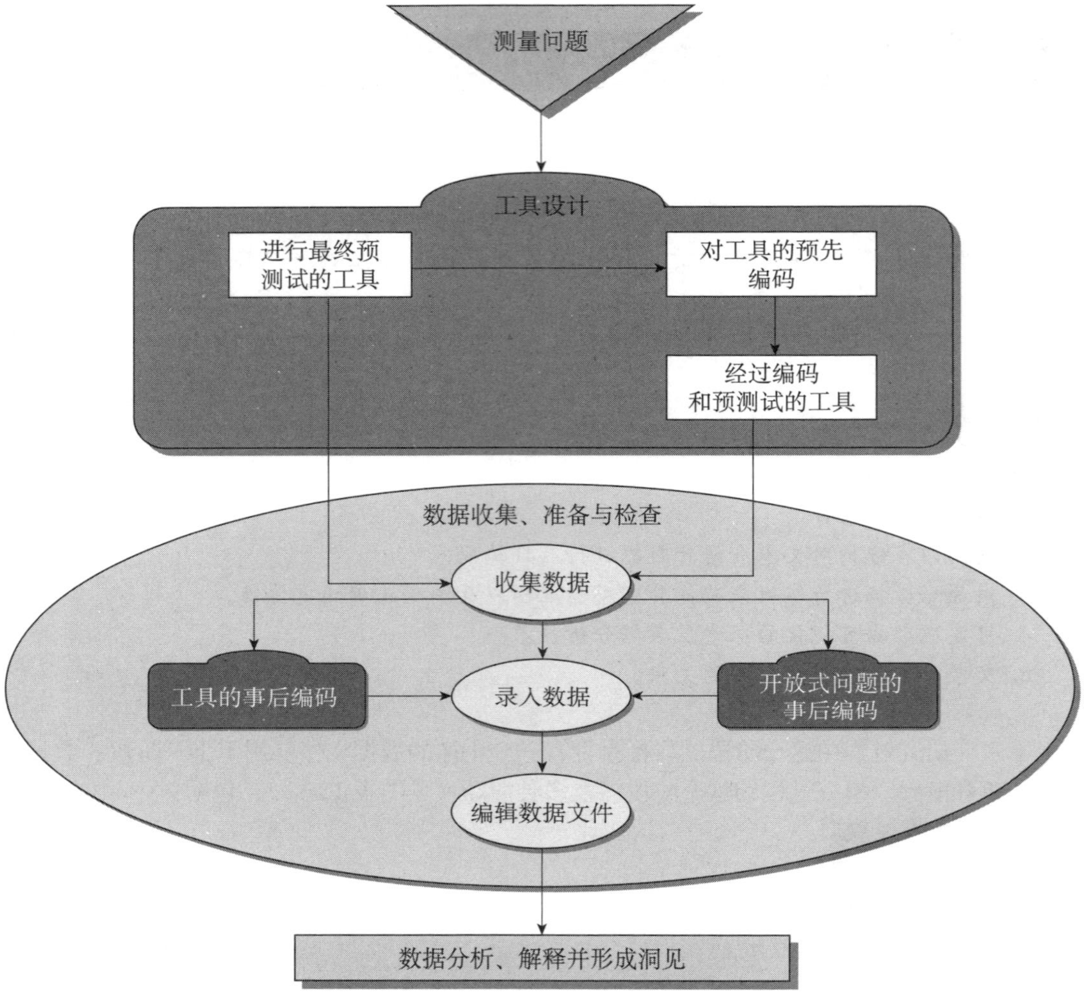

13.1.1 培训数据收集人员

如果测量工具较为复杂，或访谈者在选择参与者时有一定的自由度，那么培训是至关重要的一步。知道如何遵循跳转指示和其他指南对于保证数据质量非常关键。当计算机辅助访谈将问题提供给访谈者时，他们需要了解整个工具以及可能存在的缺陷。访谈者还要被培训如何与潜在参与者接触，以最大限度地减少偏差，包括词汇强调、面部表情、回答辅助的使用等。确保访谈者知道如何提交完整的测量工具通常也是培训的一部分。

13.1.2 确定数据收集时间表

当你的研究有时间表时，实际的数据收集也需要自己的时间表。至少，它需要有调查启动日期及时间（开始和停止时间）、数据开始录入和预期完成的时间、数据开始编辑和完成的时间，以及干净的数据文件就绪的时间。它还可能包括使用电话访谈和个人访谈时对数据收集人员进行培训的日期和时间。

13.1.3　决定并实施测量工具回收

如果测量工具无法完整地返回，它们就几乎没有价值。测量工具回收是指将完整的工具返回给研究者。一些纸笔调查通过邮寄返回，另一些调查则放入投递箱、通过电子邮件发送或网络上传。这些方法中的每一种都需要做准备，包括取得与放置投递箱、设置特定的电子邮件账户或邮局邮箱，或者确定云上传的位置。这些方法需要进行说明。这些说明可以随测量工具一起提供或单独提供。如果样本个案是为调查而预先招募的，那么研究者可能会在调查开始之前就给参与者发送关于工具完成和收集的指南。基于计算机的调查仍然需要一个提交过程，如果你用的是调查软件，该过程将嵌入到测量工具中。这个操作很简单，只需在测量工具的结束语中添加一行即可："请单击'完成'按钮将您的回答发送给我们。"如果包括测量工具以外的内容，例如参与者准备的视频或照片，也需要上传。

13.1.4　邀请选定的参与者

邀请对获得参与者的合作至关重要，同时也是与参与者建立友好关系的第一步。不管用什么方式做调查，都可以通过电话、邮件或电子邮件来邀请参与者。在邀请过程中也可以对参与者进行预筛选。准备筛选问题、邀请说辞、电子邮件或信件等，也是数据收集过程的一部分。即使雇用专业公司做样本招募，研究者也希望在参与者被告知的内容、提供的报酬等方面有一些发言权。对于拦截研究来说，邀请的方法也是访谈者培训的一部分。

13.1.5　启动调查

研究者必须确定何时准备启动调查。**调查启动**（survey activation）是研究者开始调查的决定，它表明研究者已经解决了所有已知的关于测量工具的问题，并且已经做到了最大限度地无差错。

13.1.6　提醒参与者完成调查并返回测量工具

记得要提醒参与者。参与者很忙，他们有自己的生活。对大多数人来说，参加研究并不是他们的首要任务。认识到这一点，研究者可以提醒参与者是否还没提交或返回测量工具，以提高研究的应答率。研究者经常使用电子邮件或电话进行提醒。根据研究者正在使用的概率样本的性质，可能会进行多次提醒。

13.1.7　录入数据

数据录入（data entry）是一组包括编码（使用封闭式问题时某些操作在数据收集前完成，另一些则在数据收集后完成）和数据文件创建的过程集合。没有数据录入，研究者将无可分析。它是在数据准备之前数据收集过程中关键的最后一步。

13.2 录入数据

数据录入将通过次要或主要方法收集的信息转换为可供观察和操作的媒介。特定研究的数据录入后，将形成一个数据文件。程序允许使用者定义数据字段，连接文件，简化存储、检索和更新过程。图表 13－2 说明了数据字段、数据记录、数据文件和数据库之间的关系。

图表 13－2　数据字段、数据记录、数据文件和数据库

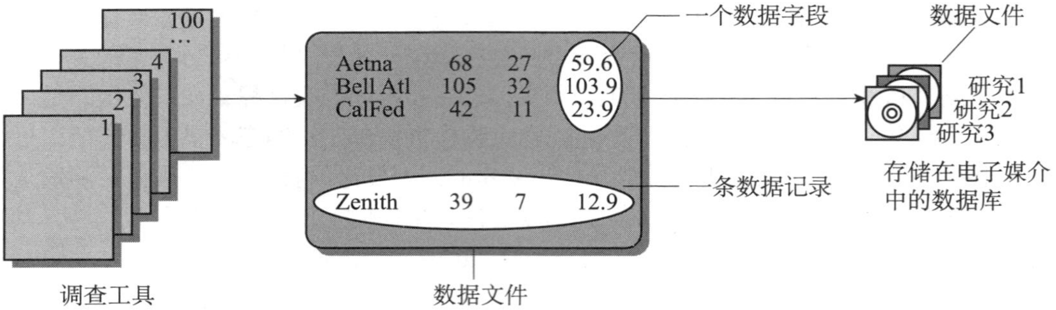

数据字段（data field）代表变量（如一个参与者对一个测量问题的回答），包括数字、词语、图片，等等。一条**数据记录**（data record）是来自个案的一组数据字段（如参与者对所有测量问题的回答）。在数据文件中，一行就代表一条数据记录。**数据文件**（data file）是一个单独的研究中所有参与者对测量问题的所有回答。**数据库**（data base）由相互关联的一个或多个数据文件组成（如过去 10 年中每个季度进行一次全体雇员的调查）。

许多用于个人电脑的统计程序和制表绘图应用程序具有与 Excel 电子表格（见图表 13－3）相似的数据编辑器。这是一种录入和浏览数据的方便、灵活的工具。

图表 13－3　部分数据文件

Microsoft Excel - Sample Survey Spreadsheet

	A	B	C	D	E	F	G	H	I	J	K	L
1	Case ID	Q1	Q2	Q3	Q4	Q5	Q6a	Q6b	Q6c	Q6d	Q6e	Q6f
2	0001	1	2	1	10	2	1	2	1	1	4	4
3	0002	2	5	2	7	1	2	2	3	2	4	5
4	0003	1	2	1	6	2	2	4	3	4	4	4
5	0004	1	2	1	1	1	3	4	4	4	5	4
6	0005	2	6	2	8	2	3	5	4	2	5	1
7	0006	2	1	2	8	2	3	5	2	2	3	1
8	0007	1	3	1	8	1	2	5	3	5	3	3
9	0008	2	4	2	5	2	3	3	4	5	1	3
10	0009	1	2	1	9	1	3	2	4	5	2	5
11	0010	2	2	2	9	2	4	2	5	5	3	5
12	0011	2	5	2	9	1	4	1	1	3	1	5
13	0012	1	2	1	9	1	2	2	2	3	2	2
14	0013	2	1	2	3	2	5	3	3	4	2	1
15	0014	1	6	1	2	2	3	4	4	5	5	2
16	0015	2	4	2	3	1	1	4	3	1	5	3
17	0016	2	3	2	4	2	5	5	5	2	5	4
18	0017	1	3	1	6	1	5	5	2	1	1	4
19	0018	2	3	2	5	2	5	5	2	2	2	3

每一行是一条数据记录。每一列是一个变量。在这个数据文件中，问题 1、3、5 是有两个回答类别的定类变量。问题 6 使用多列，因为它是一个多条目评级问题，使用 1～5 的计分尺度。每个条目都是变量，因此每个条目都有自己的列。数据可以先输入电子表格，然后导入 SPSS 或其他统计分析软件；也可以直接输入统计分析软件。每个参与者都分配有一个识别号（CaseID）。描述性统计摘要显示异常值代码或缺失数据后，你可以使用 CaseID 来定位原始的测量工具以对数据文件进行清理。

编码方案（coding scheme）对于准确录入数据以及数据准备和数据分析来说都很关键。编码方案即编码本（codebook）包含研究中的全部变量，并对每个变量指定了回答编码的映射规则。测量工具的预测试可以提供有关变量的足够信息来测试编码方案。与预测试数据一起使用的初步编码方案可能会揭示编码问题。在收集和处理最终的研究数据之前，需要解决这些编码问题。在许多统计分析程序中，编码方案在录入数据之前建立数据文件时不可或缺。它与类似于图表 13－3 的数据视图不同。大多数编码方案都包含变量标识号（ID）、变量名称及标签、变量代码在数据文件中的位置（列名称）、回答选项编码及标签，以及变量类型（确定其可能适用的统计流程）。计算机编码方案通常太宽而无法在此处显示，因此图表 13－4 提供了一个大型测量工具中少数变量的纸质版本。

图表 13－4　一些工具问题的编码图式样例

变量 ID	位置	变量标签	回答编码	变量类型
A1	1	访谈者 ID	分配	定类
A2	2	参与者 ID	分配	定类
Q5	10	对当前政策的评价	1＝非常好，2＝好，3＝一般，4＝差	定序
Q6a	11	购买原因：购置新房	1＝是，2＝否	定类
Q6b	12	购买原因：子女出生	1＝是，2＝否	定类
Q6c	13	购买原因：亲属去世	1＝是，2＝否	定类
Q6d	14	购买原因：升职	1＝是，2＝否	定类
Q6e	15	购买原因：换工作	1＝是，2＝否	定类
Q6f	16	购买原因：支付大学费用	1＝是，2＝否	定类
Q6g	17	购买原因：获得资产	1＝是，2＝否	定类
Q6h	18	购买原因：退休	1＝是，2＝否	定类
Q6i	19	购买原因：婚姻状态变化	1＝是，2＝否	定类
Q6j	20	购买原因：事业起步	1＝是，2＝否	定类
Q6k	21	购买原因：事业拓展	1＝是，2＝否	定类
Q6l	22	购买原因：父母生病/去世	1＝是，2＝否	定类
Q6m	23	购买原因：代理人合同	1＝是，2＝否	定类
Q6n	24	购买原因：其他	1＝是，2＝否	定类
C1	30	性别	1＝男性，2＝女性，3＝其他，9＝缺失	定类
C2	31	婚姻状态	1＝已婚，2＝丧偶，3＝离异，4＝分居，5＝未婚	定类
C3	32	房屋所有权	1＝自有，2＝租房，3＝其他，9＝缺失	定类
C4	33	出生年份	2 位数字	定比
C5	34	5 位邮政编码	5 位数字代码，99999＝缺失	定类

对于需要马上创建数据集并以占据最小空间的方式将其存储在各类媒介上的研究者而言，键盘仍然是他们的主要工具。为成千上万个测量工具（每个工具都包括数百变量）做数据录入可能是一个缓慢而费力的过程。然而，研究者已经从更有效地加快研究过程的方法中受益，还提高了其准确性。那就是让参与者通过在线或移动方式、条形码、光学字符、用于纸笔调查的符号识别、用于电话调查的语音识别、用于拦截研究访谈者的平板电脑等方式来录入数据。包括电子表格和统计分析软件包在内的数据库程序可以作为有价值的数据录入工具。

通常，工具内的所有变量将在编码方案中按顺序呈现。图表 13－4 是从保险测量工具的编码方案中选择了一些变量，以显示不同的变量形式。以 A 开头的变量 ID 是指管理问题；以 Q 开头的是目标问题；以 C 开头的是分类问题。你可以用不同的以字母开头的变量 ID，例如 S 代表筛选问题，B 代表分支问题等；或者你可以为目标问题选择不同的名称，使用不同的字母代表问题的主题而不是用标准化的 Q。字母后的数字是指工具上的实际问题编号。由于 Q6 是一个多条目清单问题，每个条目都是一个变量，因此变量 ID 在问题编号后带有一个小写字母来对此进行注释。在使用 SPSS、SAS 等统计软件时，变量 ID 会出现在你要求的每个描述性统计、交叉表或统计显著性测试中。方案中的全部元素，而不仅是回答编码，让你的选择对于你自己以及其他阅读数据分析文件的人来说有意义。

13.3 准备数据

经验丰富的研究者知道，数据在原始状态下是无法分析的。**数据准备**（data preparation）包括两个任务：数据收集后的编码以及数据编辑。研究者在每个阶段所做的决定都可以确保数据的准确性以及将其从原始形式转换为更适合分析的加工形式。为所收集数据中的每个变量准备一个描述性的统计摘要，可以作为一个工具来评估编码方案中的错误编码以及识别数据录入的错误。图表 13－1 呈现了研究过程此阶段的步骤。

13.3.1 数据收集后的编码

文字与语音回答的编码

如果你的工具包含开放式问题，就需要在分析之前对这些问题进行编码。即使已经对相应类别有了预期，并已经对开放式问题做了预编码，收集到数据后，研究者也会发现重新评估类别很有用。在工具开发过程中，至少回答内容的类型是可预期的，大部分的编码工作则是在收集数据之后。

内容分析（content analysis）指的是使用一种系统的、客观的方法来编码消息特征的方法。利用内容分析，研究者在寻找模式和进行推断时可以定量地处理各种文本或语音内容。在商业情报分析中，内容分析是一种主要的方法。它也可以处理小样本，但最适合的是大样本。对于小样本来说，焦点小组访谈的内容分析记录——除非这些小组被重复了很多次、小组规模很大（例如在线超级小组）或包含对该主题非常有影响力的人——并没有太多附加价值。[1] 内容分析可以用来分析来自实验、观察、调查和辅助数据研究的书面、音频或视频数据。要做内容分析的文本数据包括访谈记录和不限成员名额的调查结果。研究者还可以对员工评估、年度报告、财务分析师报告、广告、促销手册、新闻稿、演讲、网页、社交媒体帖子、历史文件、会议记录以及杂志和报纸文章等使用内容分析方法。例如，美国 81%的人拥有社交媒体账户。到 2020 年，预计全球将有 30 亿人拥有社交媒体账户。想象一下企业可以分析的内容。[2]益普索（Ipsos）最近通过一私人在线社区使用众包来评估一家公司的产品名。他们分析了推荐的名称，不仅关注词汇的使用，还关注名称的主题。参与者能够对其他成员关于产品名的建议作出回应，这让研究者可以发现可能存在问题的其他主题或话题。[3]

在本章中，我们将研究语义内容的编码，即词汇的使用以及问题中这些词汇的含义。像所有定量技术一样，内容分析也不是仅使用软件的分析方法，它同时使用软件计算以及人工录入和解释来为管理者提供关键的决策洞见。对大量开放式回答进行分析会拖慢分析流程并增加错误概率。因为单个问题的答案种类繁多，可能会影响收集后的分类。

快速浏览

你如何编码文字数据？

有三种方法可以对文字数据进行编码：人工编码、基于算法的自动化编码和用户指导的自动化编码。

人工编码的最大优点是能够理解上下文中的复杂含义。例如，机器或软件不太可能在文本中发现讽刺性的内容，但人类可以。OdinText 高级顾问/研究经理马格扎塔·科林（Malgorzata Kolling）说：“人类还可以在更广泛的上下文情境中理解陈述，而不仅限于单个句子或帖子。”然而，与其他两种方法相比，人工编码在其他一些标准上明显处于劣势。自动化编码的最大优势在于高速度和低成本，但是它无法理解意义复杂的标准。用户指导的自动化编码（如 OdinText）在所有标准上都击败了竞争对手，因为它在加工处理意义的时候更像人类，同时又能保证速度和准确性。下表总结了方法选择的标准。

标准	人工编码	基于算法的自动化编码	用户指导的自动化编码
速度	慢	快	快
成本	高	低	低
准确性	低	高	高
测量评分者内部一致性的需求	高	无	无
多个评分者的需求	取决于数据集大小	无	无
测量评分者间一致性的需求	高	无	无
可用编码数量	小	无限制	无限制
用户对编码的控制	高	无	高
在进程中改变编码的能力	是，但必须重复过程	是，但必须重复过程	是
上下文中对意义的理解	高	无	一些，增加中

资料来源：www. odintext. com.

采用内容分析方法，编码时首先需要确定的是分析数据的单位。一位研究者提出了三种可以选择的数据单位类型：上下文、样本或记录。[4] **上下文单位**（context unit）指的是研究的目标（如果你正在研究员工绩效，则该数据单位可能是正式评估表中对绩效的书面描述）。**样本单位**（sampling unit）是研究者进行编码的文本元素（单词、短语、句子、段落等）。**记录单位**（recording unit）是嵌入内容中的想法。因此，“山姆·史密斯绩效突出，拥有巨大的管理潜力”反映的是两个记录单位，即“绩效”和“管理潜力”。

记录单位可以是语义的、指示的、命题的或主题的。每种数据单位都是将文本编码为互斥的类别并搜寻含义的基础。

- 语义单位可以是单词、短语、句子或段落；单词是分析中最小的、最可靠的数据单位。尽管我们能够对这些单位计数，但对它们传递的含义更感兴趣。
- 指示单位由单词、句子进行描述；参与者可能认为一个产品是“一流的”、“得力助手”或“安全性最高”。

研究者使用指示单位来对态度、价值观或偏好进行推断。因此，我们可能会确定最常用于描述 A 与 B 的词语。我们会问：“相比于对 B 的描述，这些对 A 的描述是否更有可能带来赞成意见，从而导致偏好和最终的选择?”

- 命题单位是对物体、事件、人物等的肯定性陈述。例如，评价杂志订阅广告的研究者可能得出结论：“接受报价 A 的订阅者每册将节省 15 美元。”这则广告的文字中呈现的正是这个对节省金额的肯定性陈述。
- 主题单位是文本内部（或文本之间）包含的话题；主题单位代表从文本及其语境中推断出的更高水平的抽象含义。对一个关于购买行为的开放式问题的回答，可能反映时间主题：过去（“在你们更改包装之前我从不购买其他品牌”）、现在（“我非常喜欢现在的包装”）或未来（“如果产品有更多口味，我以后会经常购买”）。相对于产品特点“多种口味”，我们还可以检验与主题“包装”相关的评论。

在编码方面，研究者必须建立**评分者内部一致性**（intra-rater reliability，同一评分者必须以一致的方式为每个被分析的文本进行编码）。如果需要多人对内容进行编码，那么**评分者间一致性**（inter-rater reliability，不同的评分者必须以同样的方式为同一文本进行编码）就变得很重要。与所有其他研究方法一样，内容分析的用途受到研究者在数据收集之前所做决定的影响。计算机化的内容分析确实防止了对内容的选择性知觉，可以严格地执行信度和效度标准，并且可以实现计算机化。

让我们看一看内容分析在一个开放式问题中的非正式应用。在这个例子中，我们没有使用内容分析软件。假设一个生产企业销售部门的员工被问到这样一个问题：“如何改进公司和客户之间的关系?”

在预编码中，预计回答将集中在责任方（公司、客户、公司与客户、其他）上。在 100 个回答中，其中一个样本包括：

- 我们应该更尊敬地对待客户。
- 当客户表示拒绝或疑问时，我们应该停止尝试加快销售进程。
- 我们应该配备实时追踪客户订单的软件。

● 我们的笔记本电脑已经过时了。我们在现场时无法使用最新的软件或快速查看信息。

● 我在现场时发现我的（销售部门）领导接听客户电话时对客户很粗鲁。他应该被调任或解雇。

● 当我们的客户变得不愿购买商品时，管理部门应该停止施加要求我们完成销售额的压力。

第一次对数据进行遍历（指依次对每个数据点做一次访问）会在责任方范围内形成一些常规类别，这些类别会扩展我们的原始类别。第二次遍历生成的是用于行动计划的类别：人际关系（解雇或调动经理）、技术（替换笔记本电脑、软件）、培训（客户尊重、销售监督）、管理（购买过程、销售过程）以及战略计划等。我们甚至有一个不需要采取任何措施的指标。图表 13-5 显示了如何对每个回答进行分类，从而有可能获得针对该问题的新分类的准确频率计数。

图表 13-5 开放式问题的编码（修订后）

问题："如何改进公司和客户之间的关系？"

责任来源	频数（$n=100$）
A. 管理	
1. 销售经理	10
2. 销售流程	20
3. 其他	7
4. 没有明确的行动领域	3
B. 销售人员	
1. 培训	15
C. 客户	
1. 购买过程	12
2. 其他	8
3. 没有明确的行动领域	5
D. 环境情况	
E. 技术	20
F. 其他	

内容分析软件使用统计运算法则对开放式问题的回答进行分析。运算法则包括词干派生、同义词搜索和排除等过程。词干派生通过共同的词根词的派生得到同义词（如用"正在搜索""曾经搜索"替代"搜索"）。同义词搜索可以搜索同义词（如"英明"和"精明"是"聪明"的同义词）。排除指在搜索含义时过滤无关紧要的单词（如"是""这个""的"）。[5]

当使用菜单驱动程序时，自动分类选项将文本数据中一起出现的项目聚合起来，生成可管理的类别。然后按几个键，就可以调整分类参数，修正结果。当分类与研究和调查的问题一致时，可以选择输出到数据文件或 Tab 分隔格式的内容中。图表形式的输出结果成为最终报告的模块。图表13-6为餐厅投诉数据的内容分析输出图。各对题目的距离表示题目在一起出现的可能性，灰度代表类别。

图表13-6　餐厅投诉的内容分析输出图

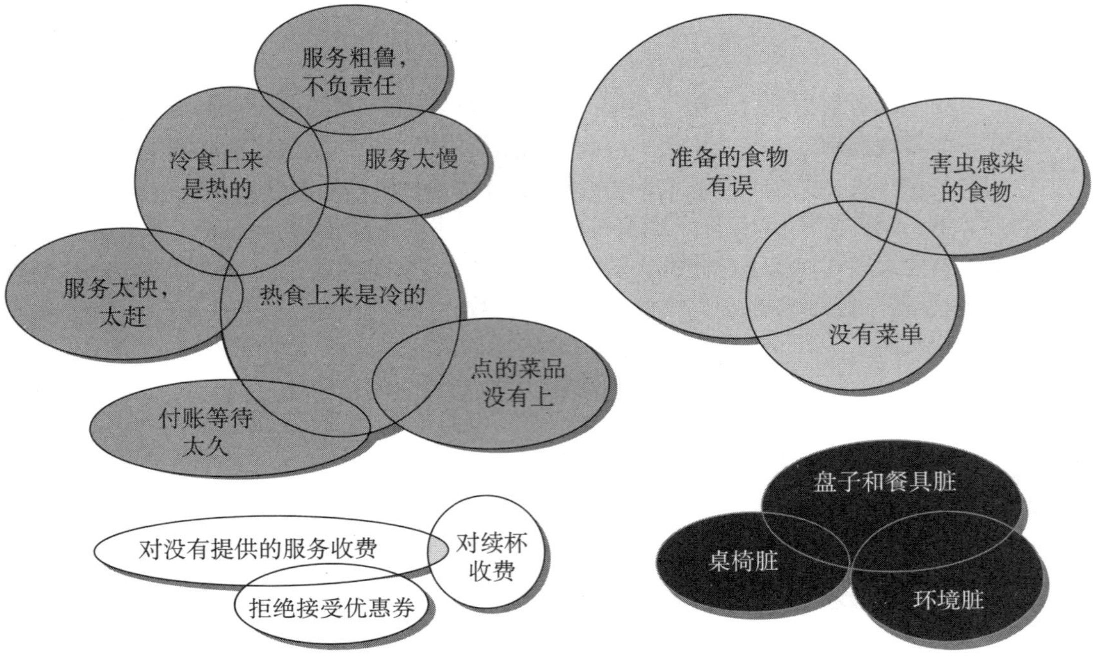

封闭式问题编码

封闭式问题的回答指的是那些可以预期到的回答。对封闭式问题可以进行**预编码**（precode），即在工具设计阶段将值的代码分配给回答类别。使用计算机化调查设计以及计算机辅助、计算机填答或在线方式收集数据时必须进行预编码，因为软件会在收集数据时进行计数。一旦数据收集完成，在知道每个数据字段按代码划分到不同类别的过程后，可能会发现初始的映射规则不像初步分析计划所预测的那样有价值。例如，假设编码方案使用了7点量表，其中研究者为参与者提供了三个同意水平、三个不同意水平和一个中立立场。收集到的数据显示，如果使用3点量表，即更少的同意-不同意分歧水平将更适合数据分析。对变量进行**重新编码**（recoding）涉及开发新的映射规则，并在合并初始变量类别的基础上来分配新的编码。当我们要尝试了解数据中的模式时，在数据检查期间进行重新编码非常有用。

13.3.2　数据编辑

编辑（editing）指的是确保变量使用了预设编码方案且数据被正确录入的过程。编辑过程检测数据的错误和遗漏，并尽可能进行修正，以确保数据达到最高的质量标准。为了发现错误，需要对所收集数据中每个变量的描述性统计摘要进行回顾。尽管在线调查及其后针对结构化问题的参与者数据录入消除了一些编辑问题，但这些方法无法彻底消除编辑的需要。

编辑的目的是保证数据的：

- 完整性；
- 准确性；
- 编码适当性。

完整性

当收集的所有数据已经为分析做好准备时，我们就说数据是完整的。有时，数据处在无法进行充分分析的状态。例如，在个人访谈中进行数据收集以及观察或实验中进行纸笔记录时，任务压力可能会导致研究者使用缩写和特殊符号。访谈、实验或观察后不久，研究者应该把这些缩写或速记翻译回来。当访谈中存在空白时，研究者可能会决定做一个电话回访；回访比猜测参与者可能说了什么要好，因为猜测可能会产生偏差。

"不知道"回答　当一组参与者选择"不知道"回答选项时，含义可能都有所不同。**"不知道"回答**（"don't know"(DK) response）揭示出数据准备中的特殊问题。当回答"不知道"的人数较少时，这并不是问题。但很多时候需要引起我们的关注，特别是"不知道"成为频率最高的回答时。这是否意味着导致这种回答的问题是没有用的？答案是：具体情况具体分析。

大多数"不知道"回答分为两类。[6] 第一种类型是，当参与者不知道答案时，选择"不知道"是合理的。我们有理由相信在任何适当地包括"不知道"回答选项的问题中会出现一些合理的"不知道"回答。作为研究者，这些回答可能符合我们的研究目标。我们期待看到"不知道"回答，并认为它们是有用的。你应该像对其他回答一样检查这些回答。然而，在第二种类型中，"不知道"回答表明研究者未能从测量问题中获得合适的信息。这样的问题会带来两种类型的"不知道"回答，从而使数据产生偏差。在后一种情况下，研究者可能会从分析中排除所有的"不知道"回答。在这两种类型中包含的"不知道"回答的类别如图表 13－7 所示。

图表 13－7　"不知道"回答的类别

"不知道"回答的类别	类型
1. 参与者忽略了对他们来说直接可得的信息。	合理
2. 参与者被问到他们不具备相关信息水平的问题。	合理
3. 参与者还没有作出判断。	合理
4. 参与者目前还没有回答问题所需的信息。	合理
5. 参与者不愿提供信息。	含有偏差
6. 参与者认为该问题不值得考虑。	含有偏差

请看下面几个描述性问题，并将它们与图表 13－7 中的类别相匹配。

A. 谁开发了管理方格理论？

B. 你认为新任总裁的财务政策可行吗？

C. 你喜欢当前的工作吗？

D. 在不同品牌的口香糖中，你认为哪种质量最好？

E. 过去的 12 个月，你看了多少部电影？

在 A 中，如果参与者知道这个信息，他们没有理由对正确答案保密，它适合类别 1。在 B 中，目前尚不清楚参与者是不知道总裁的财务政策，还是知道政策却未做评论；这个“不知道”回答适合类别 1 或 3。研究者应该询问两个问题：首先，应该了解参与者对财务政策的了解程度。如果参与者通过了这个测试，再通过第二个问题获得他们对财务政策的评论。在 C 中，一个 DK 回答可能表示“我不想回答这个问题”或者参与者很久没有做那份工作了，已经无法确定是否适合（喜欢）。它适合类别 5 或者 3。在 D 中，一个 DK 回答也许表示“这个问题无足轻重，所以不值得谈论”。它适合类别 6 或者 2。最后，在 E 中，要求参与者对他们不关心的问题进行计算，因此不会把行为记在心上。它适合类别 4，但也可能适合类别 6。如你所见，如果将“不知道”回答包括在可能有多种不同解释的分析中，则会在数据分析期间产生问题。

缺失数据　**缺失数据**（missing data）指参与者或个案中缺少的一个或几个研究变量的信息。在调查研究中，当参与者故意或意外地跳过、拒绝回答或不知道问卷中某个题目的答案且不愿意去猜测时，都经常导致数据缺失。此外研究者的错误、软件或设备故障、数据文件损坏，在一些参与者数据收回后研究或者测量工具设计的变化（如一些变量被去掉或增加等）等因素也会导致数据缺失。在追踪研究中，缺失数据的原因可能是参与者退出研究或在一个或几个数据收集阶段缺席。

处理缺失数据包括两个步骤：首先，研究者探索缺失数据的类型，确定数据值缺失的概率。其次，选择一种缺失数据处理技术。例如，在一项关于培训偏好的调查中，假设在编辑过程中发现，在评估培训事件的变量上，男性比女性的缺失数据更多。如何解决这个问题？首先，研究者将判断属于哪一种数据缺失类型。

- **完全随机缺失的数据**（data missing completely at random，MCAR）——某个变量出现数据缺失的概率不依赖于这个变量本身，也不依赖于数据表中的另一个变量(例如，一个参与者因为疏忽遗漏了一个问题)。
- **随机缺失的数据**（data missing at random，MAR）——某个变量出现数据缺失的概率不依赖于这个变量本身，但依赖于数据表中的另一个变量（例如，分支问题组的第一个问题的答案可能使分支问题组的第二个问题产生缺失数据）。
- **非随机缺失的数据**（data missing but not missing at random，NMAR）——特定变量出现数据缺失的概率依赖于变量自身而非数据表中的其他变量（如参与者发现问题无法回答或者过于敏感，从而跳过了问题）。

在我们的示例中，随机缺失不适用，因为没有分支，但是可以使用完全随机缺失或非随机缺失。如果数据为非随机缺失，则参与者表达的是跳过该问题所未提供的“无偏好”选项。“无偏好”是一个可用的回答，这些数据应作为该变量的单独数据类别纳入分析。在编辑过程中可以为“无偏好”回答分配代码。

有三种技术用于挽救含有缺失数据的数据表：

- **成列删除**（listwise deletion）——在对某变量的所有分析中，把在该变量上有缺失数据的个案整体删除（SPSS 或 SAS 等大多数统计软件包的默认选项）。如果假定缺失是随机或完全随机的，这种方法不会产生偏差，因为只有填写完整的个案才能作为变量的样本。在我们的例子中，跳过问题的男性会被排除在外。然而，如果我们排除了跳过问题的男性，数据是非随机缺失而不是完全随机缺失的，那么从样本中删除男性会对所有关于女性对培训偏好的分析造成偏差。男性有目的地跳过问题是他们在表达对培训的“无偏好”，这个数据也是我们想要得到的。

- **配对删除**（pairwise deletion）——将一个变量的缺失数据替换为估计值（如均值或集中趋势的其他度量）。估计值是用在一个或一对变量上有数据的所有个案数据来确定的。它假定的前提是数据是完全随机缺失的，这可能会导致偏差。在我们所举的例子中，男性的缺失数据可以被所有男性的集中趋势的度量所替换。这个操作会导致不仅仅是男性，而是所有样本的意见的两极化程度被削弱，使得回答更偏中性，具体程度取决于有多少男性存在缺失数据。
- **预测替换**（predictive replacement）——用另一个变量的观测值所预测的估计值来替换一个变量的缺失数据。观测值用于替代缺失数据的前提假定是数据是随机缺失的，这可能会导致偏差。在我们所举的例子中，假设测量工具包含一个较早的问题，要求选择偏好的培训类型。我们可以用每个人对该变量的回答来替换这个人的缺失数据。但这里可能会产生偏差，因为我们不知道对培训方法的总体偏好是否与对特定培训事件的偏好相同。

准确性

数据验证（data validation）旨在通过识别伪造或不准确的数据来验证研究遵循了避免数据错误的方案，以及验证数据的真实性。如果出现了数据造假，封闭式问题中经常会呈现明显的回答模式。为了揭示数据是否造假，在编辑过程中必须按组来分析每个访谈者使用的测量工具。如果怀疑访谈者有错误或偏差，就需要至少对一些问题再次访谈一定比例的参与者来进行验证。许多研究公司会在数据验证过程中再次联系约 10%的参与者。电话和个人访谈有助于这种类型的数据验证。自填式计算机测量工具可以通过 IP 地址和完成时间来进行检查。重复的 IP 地址和短暂的答题时间会让使用这类工具作答的回答可疑。在纸笔调查中，可以通过寻找相似的手写字迹来验证，然后检查可疑工具上的回答模式是否相似。

数据录入也会导致不准确。有时，参与者是错误的来源，他们的数据输入明显是错误的。例如，一种测量工具要求参与者回答以周为单位的比率数据（如预期为 4 或更少），但是参与者以其他尺度进行回答（例如 13）。或者，他们可能对要求给出一个答案的问题提供两个答案。在以下针对 18 岁及以上成人的问题中，一位参与者选中了两个类别，表明他已经退役且目前正在服役。

请注明你当前的军事身份：

☐从未服兵役　☑现役　☐除役　☑退役

研究者必须确定哪个回答既符合问题的意图，又与测量工具中的其他信息一致，并且对于该参与者而言最准确。如果不确定的话，则将此类回答替换为“无答案”或“未知”的代码。

研究者可能把数据录入到数据记录中错误的位置，或者录入错误的回答。在这些情形下，可检测（由缺失的个案或超出范围的变量代码体现）并通过查看原始测量工具或数据集中的其他信息来替换适当的回答。这就是在测量工具上个案编号很有价值的原因：查找适当的测量工具更加容易。如果时间和预算允许，研究者也可以重新联系参与者以获取正确的信息。

编码适当性

我们的初步分析计划要求对变量进行研究，通常是与其他变量进行比较或交叉制表。在研究测量方法时，我们讨论了开发映射规则以在变量内创建分类，并使用这些规则为参与者的回答分配数字，例如，如果变量为性别，则分类为男性（1）和女性（2）。如果这些类别满足以下两个条件就评估为适当：（1）用于检验假设和呈现关系的数据的最佳划分方式；（2）用于比较数据的可用性。假定这些初始代码是我们将在分析期间使用的代码。封闭式问题通常是作为测量工具设计的一部分进行预编码，它遵循以下原则：类别必须互斥且周延，并集中在单个维度上。

13.4 检查数据

13.4.1 探索性数据分析

数据检查使用**探索性数据分析**（exploratory data analysis，EDA）。该技术使用描述性统计信息和数据的一些初步图形显示来探索并分解数据。数据的分析和解释使用**验证性数据分析**（confirmatory data ananlysis，CDA）。所谓验证性数据分析，是在传统统计推断指导下的用显著性检验和置信度分析来确定变量独立性的分析过程。研究者试图证明因果关系时，需要用到验证性数据分析。[7]一位权威人士曾将探索性数据分析比作警方侦探和其他类调查人员的角色，将验证性数据分析比作法官和司法系统的角色。前者负责搜集线索和证据；后者集中精力估计找到的证据的可信度。探索性数据分析是寻找证据的第一步，如果没有它，验证性数据分析就无从评估。[8]图表 13－8 显示了探索性数据分析与初步分析计划之间的关系。探索性数据分析一般用于数据准备阶段。

数据检查指南是初步分析计划，是测量工具开发的基础。实时数据录入的便利性使新手研究者很容易直接进入统计分析，而跳过了第一步：在数据收集后对初步分析计划的评估。当数据已经被录入且可以随着研究项目的进行而实时查看时，这种跳过评估的诱惑更加强烈。调查或统计分析软件提供了一个操作步骤，来对每个变量的每个响应选项的频率计数。研究者使用该信息来评估初步分析计划中每个步骤的价值。例如，假设你的计划要求建立的是按年龄组呈现方便食品使用的虚拟表，但你的频率计数显示的是 85%的参与者定期吃方便食品；“年龄”对“方便食品使用”的交叉表不太可能显示出很多价值。通过查看频率数据，你把分析任务减少了一半。频率可能确实呈现出意外的模式，如同意-不同意评级问题上的分歧模式。即使超出了研究者在初步分析计划中的预料，他们也必须决定对这种异常进行探索是否对研究目标有价值。

图表 13-8　探索性数据分析在研究过程中的角色

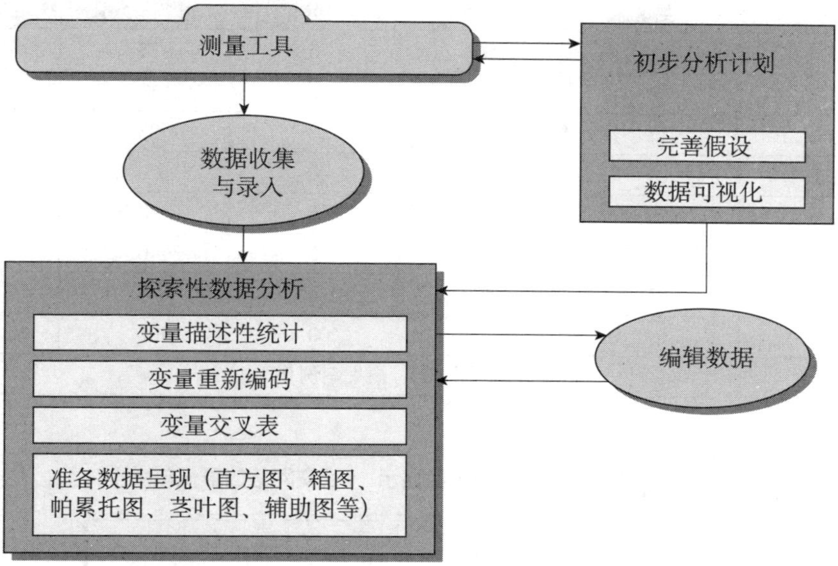

在探索性数据分析期间，研究者可以灵活地对数据初步摘要中揭示的模式做回应。这种灵活性是该过程的重要特征。由于探索性数据分析并不遵循严格的结构，它可以自由地用多种途径来揭开数据中的奥秘。虽然数字摘要可能会启动该过程，但视觉呈现和图形技术会作出重要的贡献。你会经常看到，归纳性统计可能会模糊、掩盖甚至错误地表现数据的潜在结构。如果仅仅使用数字概括而没有经过可视化的检查就接受它，验证性模型的选择也许就只能以有缺陷的假设为基础。[9] 由于这些原因，数据分析首先应该进行可视化的检查。之后，交替使用探索性方法和验证性方法才是可能的和理想的。

频数表、条形图和饼图[10]

呈现数据的几个有用的技术对于探索性数据分析来说并不新鲜。它们对于任何数据研究都很重要。例如，**频数表**（frequency table）是一种排列数据的简易工具。图表 13-9 给出了一个例子。这个表按照分配的数值排列数据，后三列分别表示百分比、有效百分比（考虑缺失数据而调整的百分比）、累积百分比。这个例子描述了个人理解的拥有社交网络的合理的最低年龄。图表 13-10 分别用饼图和条形图表示了这组数据。数值和百分比在这种图形形式下更易于理解。

当关注的变量是用定距尺度测量并且有很多可能的值时，恐怕这些技术就不能特别翔实地提供信息。图表 13-11 是一个简明的频数表，显示 PrimeSell 公司的前 50 位客户的年均购买次数。只有 59.9 和 66.0 这两个值的频数大于 1。因此，这张表的主要作用就是一个将数值排列好的清单。如果把这张表转换成条形图，就会有 48 个相同长度的条，有 2 个数值为 2 的条。当此范围内没有观测值时，条形图也没有为这些值预留空间。使用这个变量的当前形式为该变量构造饼图也是没有意义的，但是频数表可以揭示对变量进行重新编码的机会，因此这些技术可能有价值。

图表 13-9 频数表（社交网络的最低年龄）

数值标签	数值	频数	百分比	有效百分比	累积百分比
21 岁	1	60	6	6	6
最低 18 岁	2	180	18	18	24
最低 16 岁	3	330	33	33	57
最低 13 岁	4	280	28	28	85
最低 10 岁	5	50	5	5	90
任何年龄	6	60	6	6	96
没有意见	7	40	4	4	100
		1 000	100	100	
有效案例 1 000；缺失案例 0					

图表 13-10 数据的定类显示（社交网络的最低年龄）

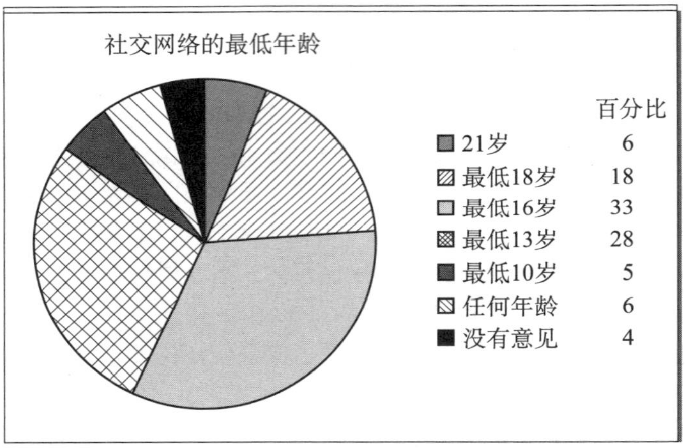

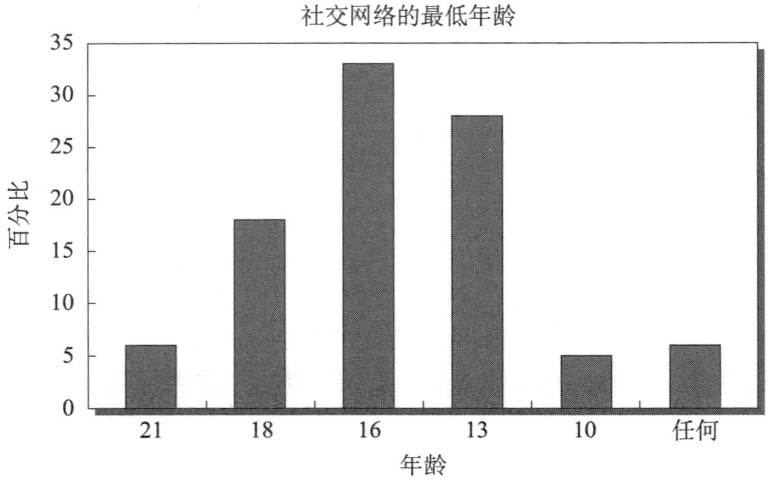

图表 13-11　PrimeSell 公司前 50 位客户的年均购买次数频次表

数值	频数	百分比	累积百分比	数值	频数	百分比	累积百分比
54.9	1	2	2	75.6	1	2	54
55.4	1	2	4	76.4	1	2	56
55.6	1	2	6	77.5	1	2	58
56.4	1	2	8	78.9	1	2	60
56.8	1	2	10	80.9	1	2	62
56.9	1	2	12	82.2	1	2	64
57.8	1	2	14	82.5	1	2	66
58.1	1	2	16	86.4	1	2	68
58.2	1	2	18	88.3	1	2	70
58.3	1	2	20	102.5	1	2	72
58.5	1	2	22	104.1	1	2	74
59.9	2	4	26	110.4	1	2	76
61.5	1	2	28	111.9	1	2	78
62.6	1	2	30	118.6	1	2	80
64.8	1	2	32	123.8	1	2	82
66.0	2	4	36	131.2	1	2	84
66.3	1	2	38	140.9	1	2	86
67.6	1	2	40	146.2	1	2	88
69.1	1	2	42	153.2	1	2	90
69.2	1	2	44	163.2	1	2	92
70.5	1	2	46	166.7	1	2	94
72.7	1	2	48	183.2	1	2	96
72.9	1	2	50	206.9	1	2	98
73.5	1	2	52	218.2	1	2	100
				总数	50	100	

直方图

直方图是显示定距、定比数据的常规方法。当变量值可以分割成区间时，就可以使用**直方图**（histogram）。直方图由代表数值的竖条（或星号）组成，每个值在封闭的区域内占有相同的面积。你想用间隔的数量来表示数据的扩展范围。间隔数可以任意选择。有研究者建议根据观察数的平方根（四舍五入后）来计算间隔数。在图表 13-11 的示例中，间隔数将为 7（$\sqrt{50}=7.07$，四舍五入）。相应地，间隔宽度应近似等于范围除以间隔数[$(218.2-54.9)/8=20.4$，四舍五入为 20]。[11] 数据分析人员发现直方图在以下方面很有用：(1) 显示一个分布的所有区间，即使有些区间没有观察值；(2) 考察分布的形状，包括偏斜程度、峰度和典型模式。面对一个直方图，人们可能会问：它是单峰的吗（一种模型）？各种模型都呈现时，各亚群体可以区分开吗？离散数值能够与集中数值区分开吗？[12]

图表 13-11 中显示的是年均购买次数这一变量的数值。这些数值是用定比量表

测量的，易于分组。同样，直方图也适用于其他具有潜在顺序的变量。直方图不能用于名义变量，因为它的各个类别是没有顺序的。

图表 13 - 12 是年均购买次数的直方图。横轴显示了我们感兴趣的变量——年均购买次数的每个区间的中点。纵轴是每个区间内观察值的频数或次数。我们在水平方向每个区间的中点上方绘制竖条。竖条的高度相当于该竖条所在区间内观察值的频数。这个直方图的区间宽度是以 20 为增量的，这些数值可以在 PrimeSell 公司年均购买次数表（见图表 13 - 11）中看到。频数为 0 的区间表现为数据的空白，并提醒分析人员找出数据扩散存在的问题。当把这个分布的靠右的尾部与频数表进行比较时，我们会发现三个异常值（183.2，206.9 和 218.2）。结合顶端的中点和靠右的尾部数量减少的观察值，这个直方图提示我们注意数据的不规则性。

图表 13 - 12　PrimeSell 前 50 位客户的年均购买次数直方图

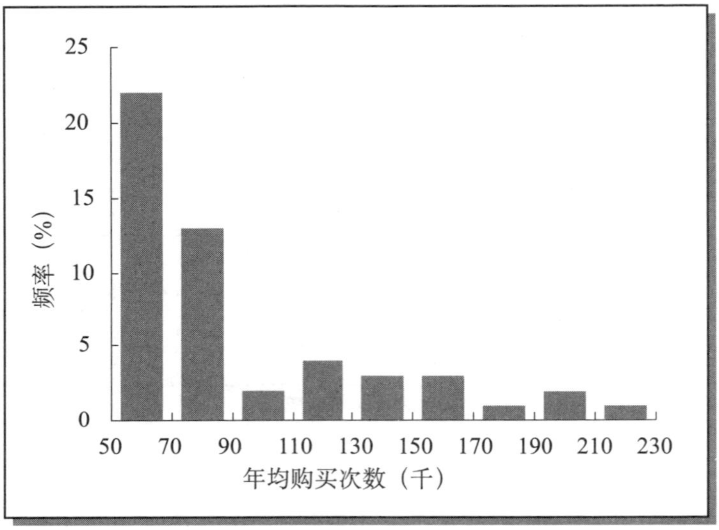

快速浏览

数据与洞见的区别

面对更多商店的关闭，曾经辉煌的西尔斯（Sears）现在几乎无法继续坚持。不过，家用电器仍然是个表现出色的品类。随着千禧一代进入购买高峰期，西尔斯可以占据市场吗？在《福布斯》的一篇文章中，Prosper Insights & Analytics™的首席分析师兼消费者洞见总监帕姆·古德费洛（Pam Goodfellow）分析了数据与洞见之间的区别。“基于 Prosper 的购物者对家电产品的偏好份额（每季度开展的针对消费者的书面独立调查）的分析结果，西尔斯和劳氏（Lowe's）在该类别中占主导地位，份额分别为 20.9%和 14.3%。百思买（Best Buy，10.9%）和家得宝（Home Depot，9.1%）则争夺第三、第四名。沃尔玛（Warlmart）则排名第五（6.7%）。”在注意到西尔斯和劳氏作为首选商店的差距在一年内从 16 个百分点降到 4 个百分点之后，古德费洛接下来研究了千禧一代的喜好（见下图）。她的洞见是，随着西尔斯的不断失败，劳氏有望占据首选家电供应商的位置，但家得宝是劳氏需要注意的一个竞争对手。

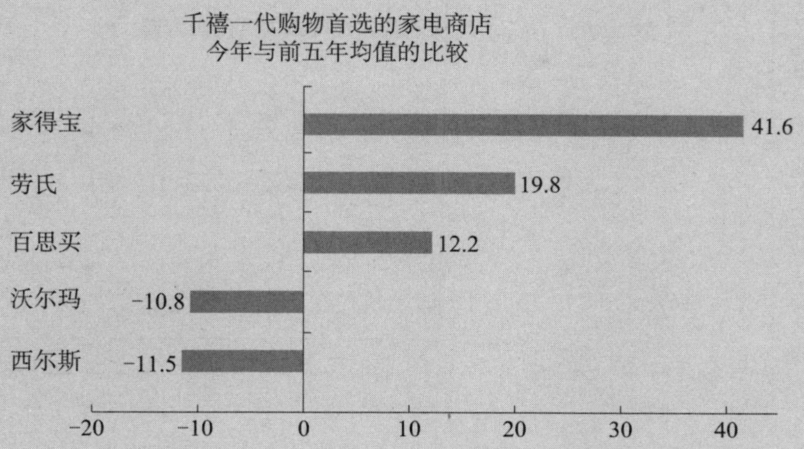

资料来源：Pam Goodfellow，“Lowe's Poised as Successor to the Sears Appliance Empire,” *Forbes*，April 26，2016，downloaded April 26，2016（http：//www. forbes. com/sites /forbesinsights/2016/04/26/lowes-poised-as-successor-to-the-sears-appliance-empire/＃109f7f113ba8）；www. prosper-technologiesllc. com.

茎叶图[13]

茎叶图（stem-and-leaf display）是与直方图密切相关的一种技术。它具有直方图的一些特征，但也有其独特的优势。对于小样本，手工绘制就很简单，也可以通过计算机程序制作。直方图将数值分成区间造成了信息丢失。相比之下，茎叶图包含可以直接检查的实际数值，而不使用封闭的条或星号代表大小。这样就可以看到每个区间内数值的分布，并且保留了它们的排列顺序以方便找出中位数、四分位数和其他概括统计量。使用茎叶图时，从某个观察值追溯数据文件和得出该值的问题条目也比较容易。

可视化是茎叶图的第二个优势。通过茎叶图不仅能一眼看出数值的范围，而且能直接看到数据的形状和扩展范围。数据的模式——例如数据不存在的空白、数据集中的区域、游离于数据主体之外的异常值——都很容易观察到。

建立图表 13－11 中数据的茎叶图时，将每个数据的第一位数字放在一条垂直线的左侧。然后，按照年均购买次数百分比重新编码后的顺序依次看每个数据，并将每个数据的最后一位数字（最小的整数位，1.0）放在垂直线的右侧。注意：小数点右边的数字要忽略。根据每个项目的第一位数字的位置，每个数据的最后一位数字放在水平方向相应的行。现在把每一行的数字排序就很简单了，排好之后就是图表 13－13 所示的茎叶图。

图中每一行或排称为茎，这些数据上的每一条信息称为叶。

图表 13-13　PrimeSell 年均购买次数茎叶图

5	4 5 5 6 6 6 7 8 8 8 8 9
6	1 2 4 6 6 7 9 9
7	0 2 2 3 5 6 7 8
8	0 2 2 6 8
9	
10	2 4
11	0 1 8
12	3
13	1
14	0 6
15	3
16	3 6
17	
18	3
19	
20	6
21	8

旋转后，茎叶图就变为直方图。

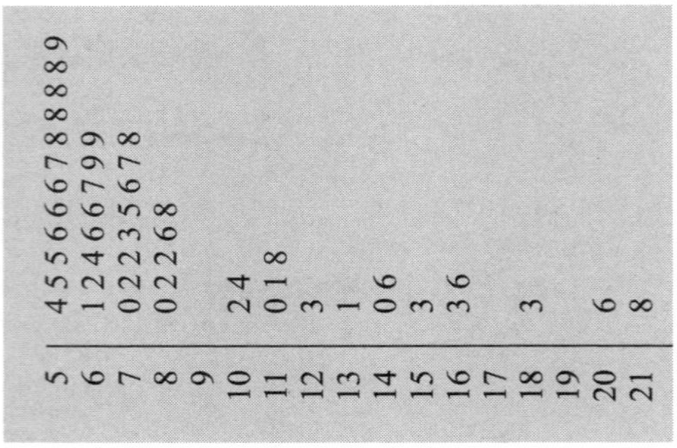

第一行是：

5 | 4 5 5 6 6 6 7 8 8 8 8 9

这一行的意思是：第一位数字是 5 的数据集合有 12 个数，分别是 54，55，55，56，56，56，57，58，58，58，58，59。第二行是：

6 | 1 2 4 6 6 7 9 9

这表示有 8 个客户年均购买次数的值的第一位数字是 6：61，62，64，66，66，67，69，69。

如果把图表 13-13 中的茎叶显示图竖立起来（向左旋转 90°），形状就与图表 13-12 中的直方图相同了。

帕累托图

帕累托图（Pareto diagram）是一个条形图，各个条的百分比加起来是 100%。这种图的数据必须来自多重选项单个回答的量表、多重选项多个回答的量表，或者内容分析中词语（或主题）的频数。回答者的答案按照重要性从高到低排列，竖条的高度从左到右依次降低。这样形成的图形揭示了如何以最少的补救措施获得最大的改进。图表 13-14 是对 Laptop 公司的顾客抱怨分析后所形成的帕累托图。这个图中的累积频数线表明，前两个问题（维修没有解决客户的问题、产品多次返回维修）解释了 80%的维修服务感知欠佳的原因。结果呈现的图形反映出，任何改善服务的尝试都必须解决前两个问题。

箱图[14]

箱图（boxplot），也称箱须图（box-and-whisker plot），是探索性数据分析经常使用的另一种技术。[15] 箱图减少了茎叶图中所表现的细节，提供了数据分布的位置、离散情况、形状、尾部长度和异常值的视觉形象。箱图是数据分布的**五数概括**（five-number summary）的扩展。这一概括包含中位数、上四分位数和下四分位数、最大和最小的观察值。使用中位数和四分位数是因为它们是特殊的**抵抗统计量**（resistant

图表 13-14　笔记本维修投诉的帕累托图

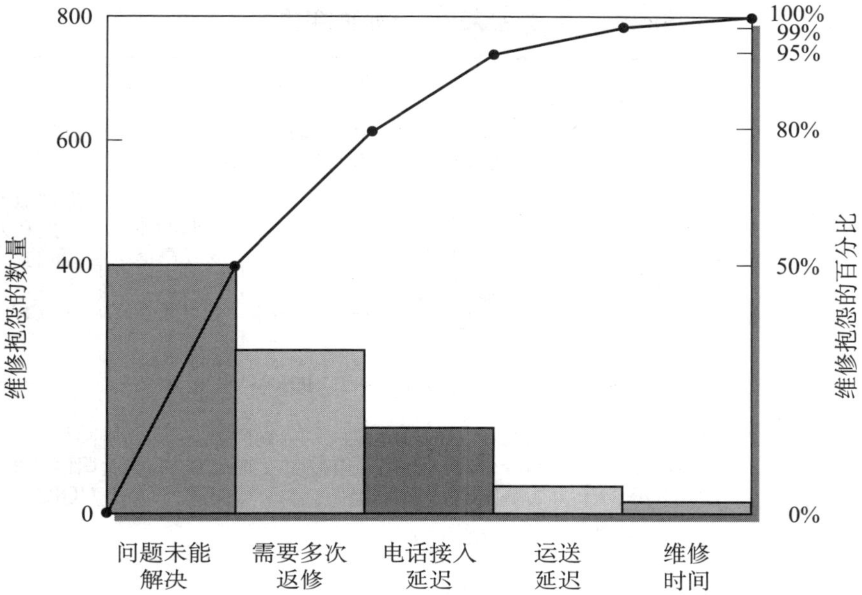

statistics)。抵抗性是对数据在某个位置出现错误的不敏感性。抵抗统计量不会受到异常值的影响。当数据集合中某一小部分被替换时，所引起的微小变化也不会影响抵抗统计量。[16]

现在假设有数据集合［5，6，6，7，7，7，8，8，9］，可得：均值＝7，标准差＝1.22，中位数＝7，下四分位数＝6，上四分位数＝8。
如果用 90 代替 9，数据集合为［5，6，6，7，7，7，8，8，90］，则均值＝16，标准差＝27.78，中位数＝7，下四分位数＝6，上四分位数＝8。

仅改变 9 个数据中的 1 个，数据的位置和离散描述就被改变了，也就无法代表其他 8 个值。均值和标准差都被看作**非抵抗统计量**（nonresistant statistics），它们容易受到分布在末端的异常值的影响。在不对称的情况下，它们不能很好地代表典型数值。标准差尤其有问题，因为它是用均值离差的平方计算出来的。[17]相比之下，中位数和四分位数能够更好地抵抗变化。9 换成 90 时，中位数仍然是 7，上下四分位数仍然分别是 8 和 6。由于四分位数的这种特性，即使多达 25%的数据变成异常值，中位数、图形中的矩形或者四分位数也都不会受到影响。抵抗统计量的这些特征在箱图的构建中得以体现。

通过手工或计算机程序都可以方便地构建箱图。箱图的基本要素是：

1. 包含 50%数据值的矩形图。

2. 中心线（或其他名称）：标明中位数并贯穿矩形框宽度。

3. 称作“限制线”的矩形框的边缘。

4. 触须线：分别从矩形框左侧限制线和右侧限制线向两侧延伸，直至最大值和最小值。[18]

这些数值可以从矩形框的其中一边开始，在**四分位距**（interquartile range,

IQR）的 1.5 倍范围内找到。图表 13－15 显示了这些要素以及它们之间的关系。

图表 13－15　箱图的组成

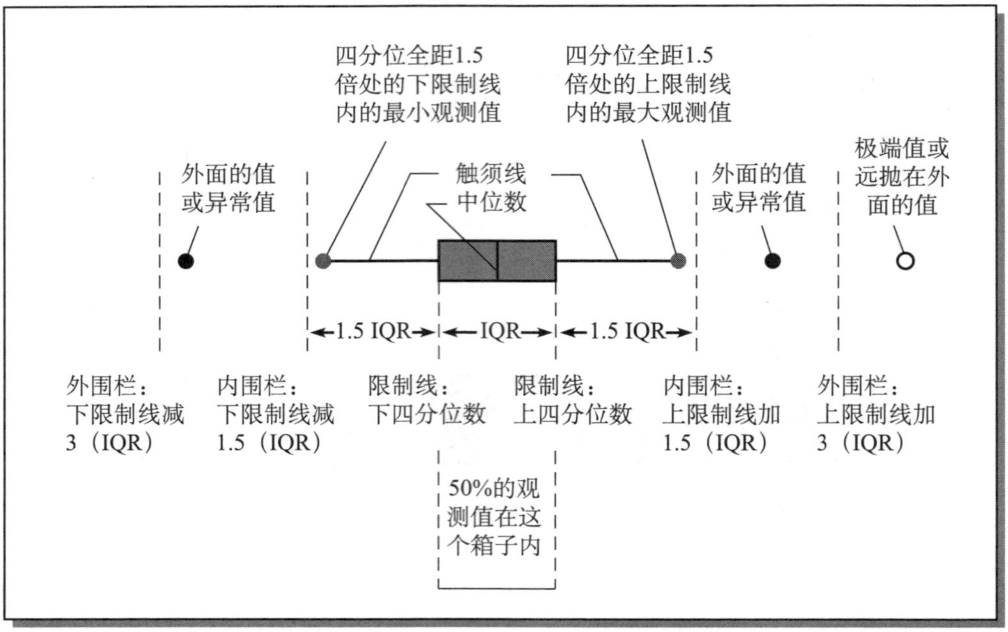

在检查数据时，区分合理的异常值与测量、编辑、编码和数据录入中的错误很重要。**异常值**（outlier）就是超过四分位距 1.5 倍以上的数据，代表不正常的个案，同时也是研究信息的重要来源。它们必须被显示出来或者进行特殊的统计处理，或者防止数据集的其他部分受到它们的影响。录入错误造成的异常值应该在编辑过程中予以更正或剔除。

图表 13－16 总结了几个对分析人员很有用的比较。箱图是很好的诊断工具，尤其是当它们建立在相同的量表上时。图中最上面的两个都是对称的，但其中一个比另一个大。当使用相同量表进行测量的第二个变量来自较大的样本时，有时会使用宽度较大的矩形框。矩形框的宽度应该与样本规模的平方根成比例，但并非所有的绘图程序都是这样。[19]图形比较中还给出了向右、向左偏斜的分布以及离散趋势减小的分布。最后，还可以利用多种图形的均值比较各个组。其中一种变形使我们向假设检验走近了一步。[20]这种变形的中间位置有一个凹口，它划分出了一个置信区间来检验群体的中位数是否相等。图中在上下置信区间，矩形框的边恢复成正常的宽度。当各区间没有交叠时，可以在某个置信水平上相信两个总体的中位数是不相等的。

图表 13－17 运用多个箱图比较了 PrimeSell 公司客户的 5 个部门的年均购买次数的数据。总体的印象是分析人员面临一个潜在问题：不平衡的变异、偏斜度以及异常值。请注意：金融部门和零售部门的分布相似，而高技术部门和保险部门的分布相似。如果按计划进行假设检验，对这个图中每个部门的进一步研究需要借助于茎叶图和五数概括。这样，我们才能确定在验证性数据分析中选择什么类型的检验。

图表 13-16　箱图诊断

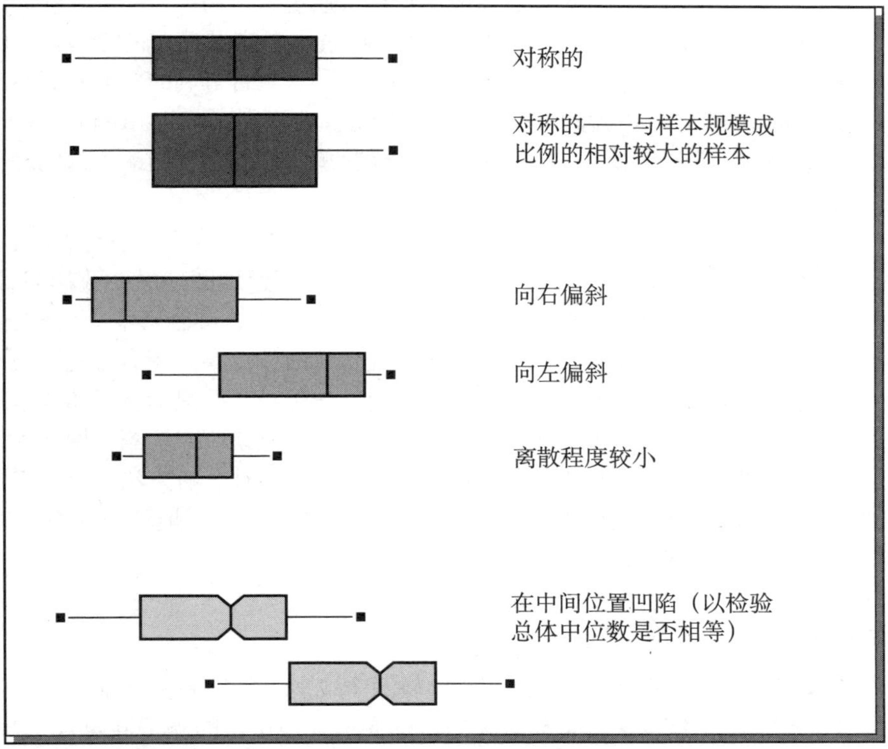

图表 13-17　不同客户部门的箱图比较

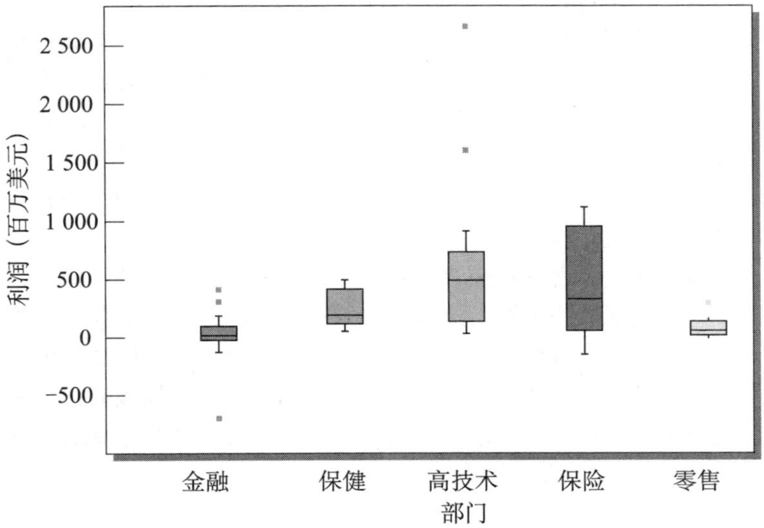

绘制地图

当人们能够买得起并更加便捷地使用地理信息系统（geographic information system，GIS）软件和三维坐标测量装置时，研究参与者的数据越来越多地与其所在的地理维度信息联系起来。地理信息系统的作用实质上就是用至少一个共同的数据领域（例如家庭的街道地址）将多个数据集合联系起来。它使研究人员能够将目标变量和分类变量与某个基于地理位置的数据库（例如美国人口普查局的数据）联系起来，从而更加全面地理解样本的态度和行为。当无线射频识别（radio frequency identification，RFID）数据越来越普遍时，很多行为数据就可以与这种新的丰富的地理数据库联系起来。

展示这种数据最常见的方式就是使用地图。表示知识、态度、行为或人口统计学数据等数组的颜色和模式叠加显示在地图上，包括街道地图（最细致的 GIS）、街区地图或市县、州、国家的地图上。在这类地图的帮助下，综合考虑人口统计学数据、心理数据以及生命阶段细分数据，最后选择店铺的最佳位置。花店将促销效果的信息按照地理位置分组，然后利用地图进行有针对性的促销。研究消费者和企业对企业电子商务的人员将所有制、使用水平和价格敏感性的数据绘制成地图，用于规划新产品在不同地区的首次展示。尽管这是一种很吸引人的探索性分析方法，但它需要特殊的软件和硬件，以及操作它们的专业技术。应该鼓励学生学习地理信息系统方面的课程，以发展他们在这个日新月异的领域中的一系列技能。

13.5 交叉表

交叉表（cross-tabulation）是用于比较两个或多个类别变量数据的一种技术。交叉表也可用于人口统计学变量和研究的目标变量（操作化的测量问题）。这种技术使用含有行和列的表格，此表格对应于每个变量的类别水平或编码值。图表 13－18 是一个电脑生成的交叉表的例子。这个表格有两行表示性别，还有两列表示海外派遣的筛选。两个变量相结合，加上它们的值，就产生了四个单元格。每个**单元格**（cell）包含联合分类的个案数目，以及分别占该行、该列和总计的百分比。行数和列数通常用来代表表格的大小，图中就是一个 2×2 的表格。如图表所示，每个单元格是通过它们的行数和列数识别的。行和列的总数称为**边际**（marginal），出现在表格的右侧和下部“边缘”。它表示各行和各列的案例计数以及百分比。如果创建表格是为了进行统计检验，我们就把这种表格叫作**列联表**（contingency table）。检验可以确定各类别变量是不是相互独立。

在本章中，我们一直在对探索性数据分析的可视化技术进行探索，以超越数字汇总对数据模式有更深入的理解。这其中，只有很少的方法强调需要高级数学，而所有方法都对分析人员具有直观的吸引力。当常用的汇总位置、扩散和形状的方法所传递的数据不够充分时，我们使用更稳健的统计数据来避免受到极端得分和偶发错误的影响。我们还强调了在初步分析过程中而不是在假设检验时对原始的数据尺度做转换的价值。

13.5.1 百分比的重要性

在数据呈现中使用百分比有两个目的。首先，百分比是一种表达比例的方法。其次，百分比将数据转换成基数为 100 的标准形式，可用于相对比较。在抽样情境下，

图表 13 - 18　性别和海外派遣机会的 SPSS 交叉表

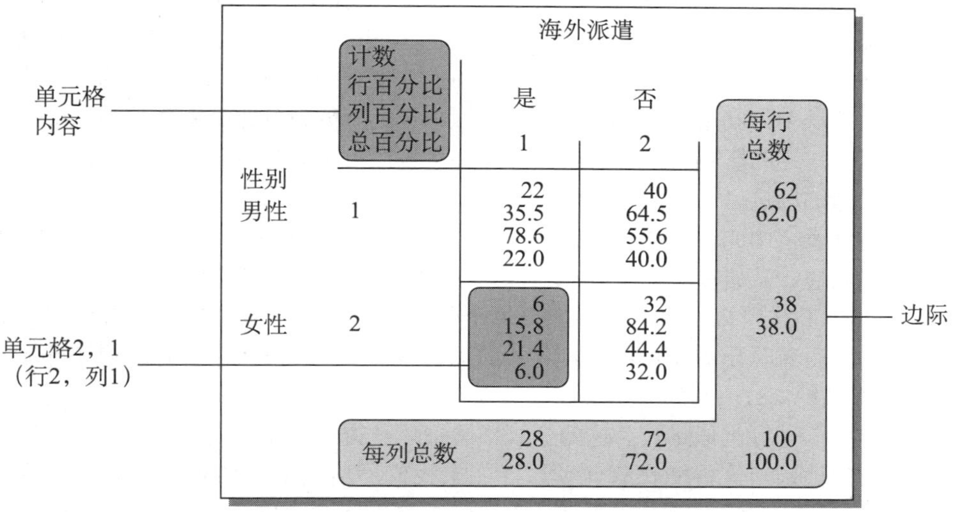

归入某个类别的个案数目如果不与某个基数发生联系，就没有意义。只知道海外派遣人数是 28 就几乎没有意义，除非我们知道数据来自 100 个样本。把 100 作为基数，我们就可以推断此研究样本中 28%的人获得了海外派遣机会。

虽然上述做法很有帮助，但是当研究问题需要比较几个数据分布时，百分比会更加有用。假设上面报告的数据是 5 年前收集的；现在研究的样本是 1 500 人，其中 360 人获得了海外派遣机会。通过使用百分比，我们可以看到两者的相对关系和数据的变化（见图表 13 - 19）。

图表 13 - 19　交叉表中海外派遣百分比的比较

研究1

	计数 行百分比 列百分比 总百分比	海外派遣 是 1	 否 2	每行 总数
性别 男性	1	22 35.5 78.6 22.0	40 64.5 55.6 40.0	62 62.0
女性	2	6 15.8 21.4 6.0	32 84.2 44.4 32.0	38 38.0
	每列总数	28 28.0	72 72.0	100 100.0

研究2

	计数 行百分比 列百分比 总百分比	海外派遣 是 1	 否 2	每行 总数
性别 男性	1	225 25.0 62.5 15.0	675 75.0 59.2 45.0	900 60.0
女性	2	135 22.5 37.5 9.0	465 77.5 40.8 31.0	600 40.0
	每列总数	360 24.0	1 140 76.0	1 500 100.0

在二维表格中，对行或列的不同选择会突出某个分布或比较。这就会带来一个问题：百分比应该在哪个方向上进行计算。大多数计算机程序都提供在两个方向上计算

百分比的选项，并且可以互换表格的行和列。但是当一个变量被假设成推定原因，即被认为能够影响或预测一种结果，或者是另一个变量的前因时，我们把它称为自变量。那么，百分比就应该在这个变量的方向上进行计算。因此，如果自变量放在行上，就选择行百分比；如果自变量放在列上，就选择列百分比。前面的例子中，百分比应该在哪个方向上进行计算呢？如果只报告列上的百分比，就意味着派遣与否会对性别产生一定的影响，这是说不通的。如果按照行来报告百分比，就是说性别会影响海外派遣的筛选。

解释表格中的百分比时必须十分谨慎。让我们再来考虑一下图表13-19中的数据。很明显，从研究1到研究2，获得海外派遣的女性占各自样本中女性人数的比例从15.8%上升到22.5%。这不能与每个样本内获得海外派遣的女性占样本人数的比例混淆，后者从研究1中的6%上升到了研究2中的9%。在所有获得海外派遣的人中，研究1中21.4%的人是女性，然而在研究2中，37.5%的人是女性。对于其他类别，也可以进行类似比较。这两个表格验证了获得海外派遣的女性有所增加，但我们不能推定性别与这种增长有何关系。如果我们不恰当地评估了用于验证的列的百分比，我们所知道的就是，在研究1中，样本中女性的比例为21.4%，而在研究2中，女性的比例为37.5%。比较这些数字并不能验证我们的假设。

实际上，每个与数字打交道的人都要使用百分比，但经常会错用。分析中遵循一定的原则有助于避免报告中的错误。[21]

- 将百分比平均。只有当每个百分比都以计算它的群体规模进行了加权后，才能将百分比平均。因此，简单平均数是不够的，有必要使用加权平均数。
- 使用的百分比太大。这样就达不到使用百分比的目的——简化。一个很大的百分比很难理解，并且容易引起混乱。如果遇到了1 000%的增长，最好用10倍的增长来描述。
- 使用的基数太小。百分比里隐含了计算它们所用的基数。60%与30%相比较，好像是相差很大。但如果其中一类仅有3个个案，而另一类也仅有6个个案，那么其中的差别就没有像百分比所显示的那样大。
- 百分比减小的幅度超过100%。这显然是错误的，却经常出现。较大的数字应该始终作为基数或者分母。例如，如果价格从1美元下降到0.25美元，下降的幅度是75%（75/100）。

13.5.2 其他基于表格的分析方法

认识到变量之间存在有意义的关系一般意味着需要做进一步的研究。即使发现了统计上的显著性关系，这种关系为什么以及在什么情况下存在依然令人困惑。引入**控制变量**（control variable）来理解这种关系很有必要。交叉表可以作为一种框架。

Minitab、SAS和SPSS等统计软件包在它们的模板中都提供选项，可以构建有多个控制变量的多维表格。图表13-20是把三个变量放在同一张表格中的例子。这种方法可以处理更加复杂的表格和统计信息。[22]

图表 13-20　带有控制变量和嵌套变量的 SPSS 交叉表

	控制变量					
	类别 1			类别 2		
	嵌套变量			嵌套变量		
	类别 1	类别 2	类别 3	类别 1	类别 2	类别 3
模块…	单元格…					

	员工性别			
	男性		女性	
	种族类别		种族类别	
	白人	非白人	白人	非白人
员工类别				
办公室人员	16%	7%	18%	7%
办公室实习生	7%	3%	17%	2%
保安人员	3%	3%		
大学实习生	7%	0%	1%	
豁免类员工	6%	0%	0%	
MBA 实习生	1%	0%	0%	
技术人员	1%			

多维表格的一个高级变形是**自动交互检测**（automatic interaction detection, AID)。它是一个用计算机处理的统计过程，需要研究人员区分因变量和一组预测变量或自变量。然后，计算机根据每个预测变量，在多达 300 个变量中寻找对数据最好的一种划分。每选择一个，就使用统计检验分开样本以验证这个选择的恰当性。

图表 13-21 所示的树状图是对笔记本电脑维修服务的顾客满意度进行的 AID 研究。初始因变量是对维修服务的总体印象。这个变量是用 1～5 的定距量表测量的。影响服务效果感知的变量也采用同样的量表测量，但是在这个例子中它们被重新调整尺度，转换成定序数据（1～2 为差，3 为平均水平，4～5 为优秀)。最上面的方框表明 62%的回答者对维修服务的评价为优秀（41%＋21%)。维修效果的最佳预测因素是“问题的解决”。

在树状图的左边，样本中的顾客将“问题的解决”评价为差，他们的期望基本没有得到满足或没有超过样本的平均水平。对“到货时产品状况”评价为差加剧了这种情况，使满意的人数占总人数的比例下降到 2%。从这个例子中可以看到，研究人员分别研究（将 AID 应用于）每一个子群体，都是为了找到再次分解后最能够解释顾客评价过程的变量，以及能够减少每个子样本中不可解释因素的变量。这种分析提醒决策者通过参考笔记本电脑维修服务最好和最坏的情况，了解如何在存在问题的月份恢复过来，以及哪些“关键驱动因素”或影响该过程的自变量应该投入力量予以纠正。

图表13-21 自动交互检测示例

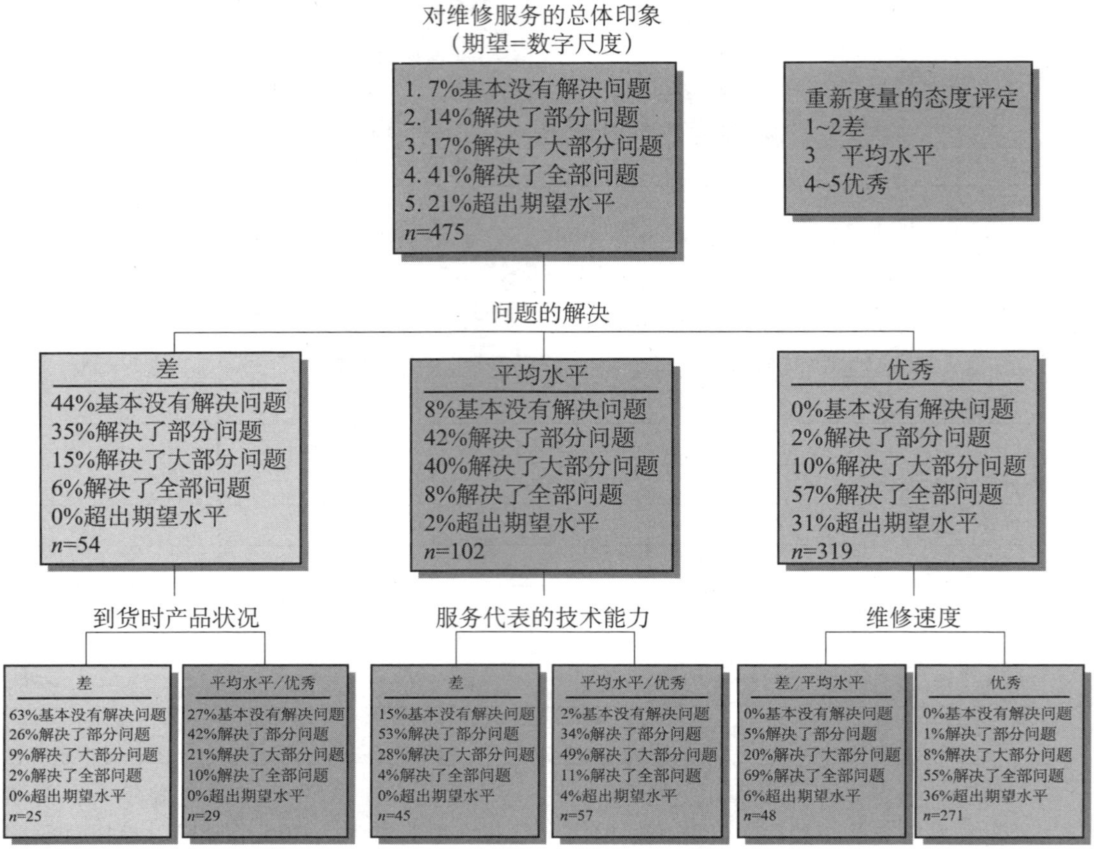

❖小 结

1. 数据收集涵盖了多个任务，包括培训数据收集人员、确定数据收集时间表、决定并实施测量工具回收、邀请选定的参与者、启动调查、提醒参与者完成调查并返回测量工具，以及录入数据。每个任务在保证数据质量上都起着重要作用。数据录入为每个个案创建一个数据记录，并将数据记录合并到一个适合研究分析程序的数据文件中。使用编码方案创建每条数据记录，以确保数据记录间的一致性。该方案包含每个变量的标识号、变量名称与标签、变量代码在数据文件中的位置、用于为每个变量的每个回答分配代码的映射规则，回答选项编码及标签，以及变量类型。

2. 数据准备包括在数据收集后的编码和数据编辑。因为参与者的回答很难预期，所以经常要选择开放式问题。对于文本和语音回答来说，数据收集后的编码尤其重要。内容分析使用一种系统的、客观的方法来对消息特征进行编码，从而让研究者可以在寻找模式和进行推断时定量地处理各种文本或语音内容。研究者可以将内容分析应用于各种情况，包括员工评估、年度报告、财务分析师报告、广告、促销手册、新闻稿、演讲、网页、社交媒体帖子、历史文件、会议记录、杂志以及报纸文章等。编码始于确定要分析的单位，包括上下文单位、样本单位或记录单位。上下文单位指的是与研究目标最相关的待编码的特定文本。样本单位是指待编码的文本的类型和级别（单词、短语、句子、段落等）。记录单位是指嵌入待编码内容中的想法。记录单位有四种类型：语义的（参与者的用词选择）、指示的（参与者在描述对象时指的是什么）、命题的（关于对象的肯定性陈述）以及主题的（文本中表示的话题和主题）。在对文本和语音数据进行编码时，评分者间一致性和评分者内一致性对数据质量都至关重要。

3. 编辑指的是确保变量使用了预设编码方案且数据被正确录入的过程。编辑过程试图确保数据完整、准确且被适当地编码，可以进行分析。完整性评估确定的是数据已准备好可以进行分析。“不知道”回答既可以被分配合理代码，也可以被分配不合理代码。“不知道”回答有多个合理原因以及两个不合理的原因，不合理的原因即有意跳过该问题以避免对敏感问题作出回答，或者表示该主题不重要。两者都有可能在数据记录中导致偏差。缺失数据分为三种类型：完全随机缺失的数据、随机缺失的数据以及非随机缺失的数据。可以用三种技术来挽救有缺失数据的数据记录：成列删除（把在该变量上有缺失数据的个案整体删除）、配对删除（将一个变量的缺失数据替换为该变量上所有数据的估计值）和预测替换（用另一个变量的观测值所预测的估计值来替换缺失数据）。所有方法都从根本上修改了受到影响的数据记录，但都有可能导致偏差。数据准确性评估是数据验证的一个环节。数据验证过程试图通过识别伪造或不准确的数据来验证研究遵循了避免数据错误的方案，以及验证数据的真实性。数据记录和数据录入也会导致数据的不准确。研究者在编辑过程中试图发现并纠正错误。适当的编码评估可以确定编码方案中的代码（尤其是在测量工具中预编码的代码）是否适合进行基于初步频率汇总数据的分析。为了在分析过程中最大限度地利用数据，重新编码变量（为变量开发新的映射规则）可能是必要的。

4. 探索性数据分析提供了搜索数据中的线索和模式的一种视角和一组工具。它从描述性统计过程开始，包括数据文件的初步频率分析和交叉表分析。除了对位置、范围和形状的数字摘要外，探索性数据分析还使用视觉显示来提供完整而准确的分布和变量关系的印象。频数表对于检查回答的范围及其重复出现次数最有用。条形图和饼图适用于定类数据的相对比较。直方图最适合与连续变量结合使用，通过间隔对回答进行分组。帕累托图是条形图，其百分比加起来是 100%。回答按重要性递减排序，条形的高度从左到右依次降低。茎叶图使用直方图类型的设计来显示实际的数据值，该设计可以检查范围和形状。箱图使用五数概括来传达分布的主体、尾部长度和异常值的详细图像。茎叶图和箱图都依靠抵抗统计量来克服可能因为极端得分而失真的描述性措施的局限性。

5. 检查两个或多个变量之间的关系采用交叉表。用于此目的的表格由单元格和边际组成。每个单元格可以包含联合分类的个案数目，以及分别占该行、该列和总计的百分比。一个多维表的高级变形是自动交互检测。

❖ 关键术语

边际（marginal）
编辑（editing）
编码方案（coding scheme）
“不知道”回答（“don't know”（DK）response）
成列删除（listwise deletion）
单元格（cell）
抵抗统计量（resistant statistics）
调查启动（survey activation）
非抵抗统计量（nonresistant statistics）
非随机缺失的数据（data missing but not missing at random，NMAR）
工具回收（instrument disposition）
记录单位（recording unit）
交叉表（cross-tabulation）
茎叶图（stem-and-leaf display）
控制变量（control variable）
列联表（contingency table）
内容分析（content analysis）
帕累托图（Pareto diagram）
配对删除（pairwise deletion）
频数表（frequency table）
评分者间一致性（inter-rater reliability）
评分者内部一致性（intra-rater reliability）
缺失数据（missing data）
上下文单位（context unit）
数据记录（data record）

数据库（database）
数据录入（data entry）
数据收集（data collection）
数据文件（data file）
数据验证（data validation）
数据准备（data preparation）
数据字段（data field）
四分位距（interquartile range，IQR）
随机缺失的数据（data missing at random，MAR）
探索性数据分析（exploratory data analysis，EDA）
完全随机缺失的数据（data missing completely at random，MCAR）
五数概括（five-number summary）
箱图（boxplot）
验证性数据分析（confirmatory data analysis，CFA）
样本单位（sampling unit）
异常值（outlier）
预编码（precode）
预测替换（predictive replacement）
直方图（histogram）
重新编码（recoding）
自动交互检测（automatic interaction detection，AID）

❖讨论问题

术语回顾

1. 区分下列术语：

a. 编码方案和重新编码。

b. 条形图和直方图。

c. DK 回答和缺失数据。

d. 成列删除和配对删除。

e. 主题单位和指示单位。

2. 研究者应如何处理 DK 回答？

3. 研究者应如何处理缺失数据？

制定研究决策

4. 假设你正在为以下变量配对准备双向百分比表格。你将如何计算百分比？

a. 年龄和早餐谷物的消费。

b. 家庭收入和对家庭未来的信心。

c. 婚姻状况和体育活动参与情况。

d. 犯罪率和失业率。

5. 你研究了大学新生的流失问题（那些以新生身份进入大学但没有毕业的学生）。你发现在新生流失、援助和家庭与大学距离之间存在以下关系。

	援助		离家近且接受援助		离家远且接受援助	
	是	否	是	否	是	否
	%	%	%	%	%	%
退学	25	20	5	15	30	40
留下	75	80	95	85	70	60

a. 你将选择什么图形来理解数据？

b. 你对大学新生流失问题的解释是什么？

6. 鞋店经理面临的一个问题是，许多鞋最后必须降价促销。这促使一家制造商对鞋店经理进行邮件调查，其中问道："你发现哪种方法在减小降价幅度上最成功？"我们希望在这些答案中提取尽可能多的信息，以更好地了解商店经理使用的所有策略。创建你所认为的类别集，对 500 个与下面给出的 14 个回答类似的回答进行编码。尝试开发一套完整的类别，可以体现你的降价管理理论。开发完类别集后，用它对 14 个回答进行编码。

- 还没找到答案。只要我们采购时尚的鞋，就会有降价问题。我们在销售较慢的商品上使用推销奖金策略，但它并不能消除降价促销。（推销奖金即销售特定品牌和款式的鞋的特殊现金奖励。）
- 在商品过时之前使用推销奖金。同样在当季降价。与推销员开会，指出要推销哪种鞋。
- 将推销奖金投放在任何滞销产品上并对其进行推广。请更仔细地检查所购买的鞋。
- 密切关注库存，并在需要时降低价格。也就是说，与其等待，不如对当时卖不动的鞋小幅降价。
- 使用推销奖金方法。
- 减少提前采购，更依赖库存。
- 促销。先下手为强。

● 以特价采购尽可能多的优质商品，以弥补降价造成的损失。

● 减少全新采购，依靠补货服务。

● 采购越频繁，买得就越好。把推销奖金用在滞销商品上。

● 以最低价格谨慎采购。在采购线上保留现金。采购出清存货、尾货、积压库存品、“取消”品。(尾货代表工厂停产的样式。)

● 少采购“易变”的鞋。只采购你需要的产品，观察尺寸，不要为新潮买单。

● 采购更多的主流商品。从更少的产品线中购买更多商品。坚持主打在全国范围内广告做得更好的商品。

● 对于当前的样式情况，没有成功的方法。制造商正在试验，零售商正在降价促销（将毛利润减少约 3%），在不会损失销量的前提下，把库存保持在最低水平。

7. 选择一小批班级成员、工作伙伴或朋友，请他们用一两段话回答：“你未来五年内的职业抱负是什么？”使用内容分析的四个基本单位之一来对回答进行编码。使用你所选择的分析单位的频数来描述你的发现。

8. 一家地方卫生机构正在对两封用来筹集资金的呼吁信 A 和呼吁信 B 做实验。呼吁信 A 和呼吁信 B 各发出去 400 份（每个子样本都是在工薪阶层和中产阶层社区中平均分配）。获得的结果如下表所示：

	呼吁信 A		呼吁信 B	
	中产阶层	工薪阶层	中产阶层	工薪阶层
	%	%	%	%
贡献	20	40	15	30
无贡献	80	60	85	70
	100	100	100	100

a. 哪封呼吁信更好？

b. 哪个阶层对哪封呼吁信的反应更好？

c. 呼吁信或社会阶层是不是更强的自变量？

从概念到实践

9. 使用图表 13－11 中的数据绘制茎叶图。

a. 你在哪里找到分布的主体？

b. 内围栏之外还有多少个值？

来自头条新闻

10. *AdAge Media News* 发表的一篇文章显示，“由在线出版商协会委托进行的一项研究发现，有 54%的平板电脑用户更喜欢免费的、带植入广告的应用程序，而不是付费的应用程序。而一年前这一比例为 40%。同时，只有 19%的用户表示，他们更愿意为没有广告的应用程序支付更多费用，低于去年的 30%。”

a. 哪种视觉显示方法可以准确反映数据？

b. 哪种视觉显示方法最有意义？为什么？

❖ 参考文献

1. Tom H.C. Anderson, “Seven Text Analytics Myths Exposed at IIEX,” OdinText Blog, June 15, 2017 downloaded June 21, 2017 (http://odintext.com/blog/7-iiex-text-analytics-myths-exposed/?utm_source=MRX+Leaders&utm_campaign=b75c415402-EMAIL_CAMPAIGN_2017_06_19&utm_medium=email&utm_term=0_28d17bd83e-b75c415402-133618157).
2. Menaka Gopinath, Ipsos Social Media Exchange, “Understanding the Social Dynamic,” NewMR Webinar, June 21, 2017.
3. Ibid.
4. Steve Stemler, “An Overview of Content Analysis,” *Practical Assessment, Research, & Evaluation* 7, no. 17 (June 2001; updated March 7, 2012), downloaded June 21, 2017 (http://pareonline.net/getvn.asp?v=7&n=17).
5. Based on the operation of the SPSS Inc., product TextSmart.
6. Hans Zeisel, *Say It with Figures,* 6th ed. (New York: Harper & Row, 1985), pp. 48-49.
7. David C. Hoaglin, Frederick Mosteller, and John W. Tukey, eds., *Understanding Robust and Exploratory Data Analysis* (New York: Wiley, 1983), p. 2.
8. John W. Tukey, *Exploratory Data Analysis* (Reading, MA: Addison-Wesley, 1977), pp. 2-3.
9. Frederick Hartwig with Brian E. Dearing, *Exploratory Data Analysis* (Beverly Hills, CA: Sage Publications, 1979), pp. 9-12.
10. The exhibits in this section were created with statistical and graphic programs particularly suited to exploratory data analysis. The author acknowledges the following vendors for evaluation and use of their products: SPSS Inc., 233 S. Wacker Dr., Chicago, IL 60606; and Data Description, P.O. Box 4555, Ithaca, NY 14852.
11. “Constructing a Histogram,” downloaded June 20, 2017 (https://www.oswego.edu/~srp/stats/hist_con.htm).
12. Paul F. Velleman and David C. Hoaglin, *Applications, Basics, and Computing of Exploratory Data Analysis* (Boston: Duxbury Press, 1981), p. 13.
13. John Hanke, Eastern Washington University, contributed this section. For further references to stem-and-leaf displays, see John D. Emerson and David C. Hoaglin, “Stem-and-Leaf Displays,” in *Understanding Robust and Exploratory Data Analysis*, pp. 7-31; and Velleman and Hoaglin, *Applications*, pp. 1-13.

14. This section is adapted from the following excellent discussions of boxplots: Velleman and Hoaglin, *Applications,* pp. 65-76; Hartwig, *Exploratory Data Analysis,* pp. 19-25; John D. Emerson and Judith Strenio, "Boxplots and Batch Comparison," in *Understanding Robust and Exploratory Data Analysis,* pp. 59-93; and Amir D. Aczel, *Complete Business Statistics* (Homewood, IL: Irwin, 1989), pp. 723-28.
15. Tukey, *Exploratory Data Analysis,* pp. 27-55.
16. Hoaglin et al., *Understanding Robust and Exploratory Data Analysis,* p. 2.
17. Several robust estimators that are suitable replacements for the mean and standard deviation–for example, the trimmed mean, trimean, the M-estimators (such as Huber's, Tukey's, Hampel's, and Andrew's estimators), and the median absolute deviation (MAD). See Hoaglin et al., *Understanding Robust and Exploratory Data Analysis,* Chap. 10; and SPSS Inc., *SPSS Base 9.0 User's Guide* (Chicago: SPSS, 1999), Chap. 13.
18. The difference between the definitions of a hinge and a quartile is based on variations in their calculation. *Q1, 25th percentile,* and *lower hinge* are used synonymously, and *Q3, 75th percentile,* and *upper hinge,* similarly. There are technical differences, although they are not significant in this context.
19. R. McGill, J. W. Tukey, and W. A. Larsen, "Variations of Box Plots," *The American Statistician* 14 (1978), pp. 12-16.
20. See J. Chambers, W. Cleveland, B. Kleiner, and John W. Tukey, *Graphical Methods for Data Analysis* (Boston: Duxbury Press, 1983).
21. Harper W. Boyd Jr. and Ralph Westfall, *Marketing Research,* 3rd ed. (Homewood, IL: Irwin, 1972), p. 5.
22. SPSS Inc., *SPSS Tables 8.0* (Chicago: SPSS, 1998), with its system file: Bank Data.

Business Research Methods

第 5 篇

数据的分析和解释

Analyze and Interpret Data

第 14 章

第 4 阶段：假设检验

事实是每个人都相信的简单陈述。除非被定罪，否则它是无辜的。假设是一个没人愿意相信的新颖建议。它是有罪的，直到被发现有效为止。

——爱德华·泰勒（Edward Teller），理论物理学家，“氢弹之父”（1908—2003）

学习目标

阅读本章后，你应该了解：

1. 假设检验的性质和逻辑。
2. 统计学意义上的差异。
3. 假设检验程序的六个步骤。
4. 参数检验和非参数检验间的区别以及何时使用。
5. 选择适当的统计显著性检验的影响因素。
6. 如何解释各种检验统计信息。

14.1 简介

正如我们在前两章中认识到科学推理很重要一样，回顾归纳和演绎中明确的差异对于**假设检验**（hypothesis testing）来说是最基本的（图表 14－1 回顾了这些关键术语）。归纳推理从具体事实推及一般性的尝试性的结论。我们无法确保这些归纳性的结论没有瑕疵。在概率估计的帮助下，我们可以证明结果的可靠性，并且说出对这些结果有多大程度的把握。统计推断是归纳推理的一种应用，使我们能够基于从样本中找到的证据推论出对总体的预期结论。

图表 14－1　关键术语回顾

假设	● 关于概念与构念间关系的未经证实的假定。 ● 指导研究。 ● 专为检验（证实）而设计。
归纳	● 基于一组特定事实的结论。
演绎	● 基于一组真实有效前提的结论。

推断性统计是统计程序中的第二个主要类别，第一个是描述性统计。研究者在探索数据的时候需要用到描述性统计。在**推断性统计**（inferential statistics）的前提下，本书中我们主要讨论两个话题。第一个是总体值估计，在抽样设计部分曾经讨论过，

在这里简要回顾一下。第二个是检验统计假设，这是本章的主要内容。本章列举的假设检验的例子超出了大多数学生在期末作业或研究生涯的早期任务中的需要。

在详细论述初步分析计划中的假设后，假设检验的目的是根据收集到的样本数据而不是总体普查来确定假设的准确性。图表 14-2 展示了数据收集设计、数据收集与准备、初步分析计划和假设检验的关系。

图表 14-2 假设检验与研究过程

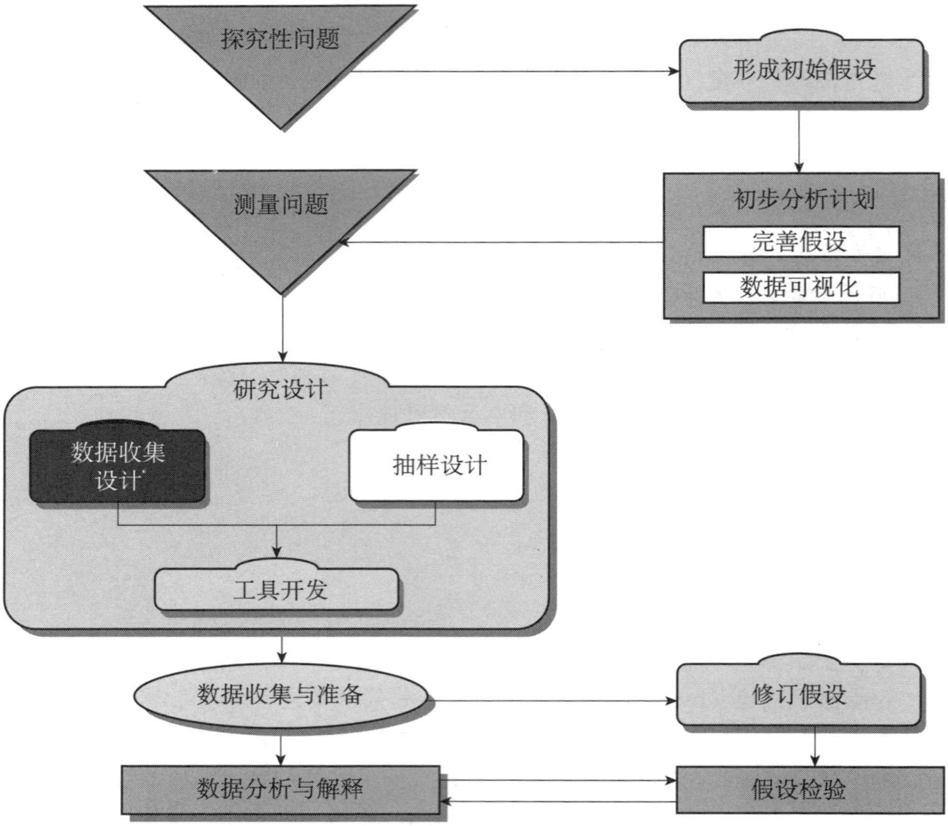

我们通过统计似然性——数据能够反映真正的差异而不是随机抽样误差的程度——来评价假设的准确性。通过衡量测量到的任何改变的实际显著性，来评价统计意义上显著的差异的重要性。

虽然假设检验有两种途径，更为常用的方法是经典的抽样理论方法。**经典统计**（classical statistics）在所有主要的统计书里都可以找到，并且在研究中应用广泛。这种方法代表了一种有关概率的客观视角，它认为我们完全可以通过既得样本数据的分析得出结论。我们建立假设，并且基于对收集到的样本数据的分析来拒绝或者不拒绝假设。

另一种方法称为**贝叶斯统计**（Bayesian statistics），它是对经典方法的一种扩展。这种方法也使用样本数据，但是它还进一步考虑了其他所有可得的信息，这些附加的信息由主观概率估计构成。主观概率估计基于一般经验而非收集到的具体数据得到。

贝叶斯估计建立不同的决策规则，引入成本和其他估计值，将这些元素组合起来，用这些组合所得的预期结果判断备选决策。

14.1.1　统计显著性

对于经典统计方法，我们仅仅通过样本信息接受或拒绝假设。因为任何样本都会与总体存在或多或少的差异，我们必须判断差异在统计上是显著的还是不显著的。如果有确凿的理由相信这个差异不仅仅代表随机抽样波动，这个差异就具有**统计显著性**(statistical significance)。例如，本田、丰田、戴姆勒-克莱斯勒、福特以及其他汽车厂商生产混合动力汽车时，采用一种先进的技术将一台小型内燃机和一台电动机结合到一起。这些汽车在慢速行驶时只使用电动机，在城市道路和高速公路行驶时则同时使用内燃机和电动机。他们的广告策略聚焦在节约燃料上。例如，丰田的混合动力汽车平均油耗为 60 英里每加仑（miles per gallon，mpg)，标准差是 10 英里每加仑。假设研究者发现所有混合动力汽车现在的油耗达到 61 英里每加仑，这与 60 英里每加仑是否具有统计意义上的显著差异呢？当然是，因为这个差异是基于对所有汽车进行普查而非抽样得到的。总体油耗均值由 60 英里每加仑变为 61 英里每加仑已经得到确凿的证明。不过，尽管具有统计意义上的显著性，但这一差异是否具有**实际显著性**(practical significance）是另一个问题。如果决策者认为这一差异实际上不重要，那么它就没多少现实意义。

一个在全球范围内受到尊重的研究公司称，一个研究者能问出的最重要的问题是“那又怎样”。[1]

由于频繁地对一个生产商的所有汽车进行分析太过昂贵，我们采取抽样的方法。假设随机抽取一个包括 25 辆汽车的样本，计算得出其平均油耗为 64 英里每加仑。这在统计上是否显著呢？答案是并不明显。如果有确凿的理由相信总体平均油耗相对 60 英里加仑有所上升，那它就是显著的。因为证据仅仅包括一个样本，所以考虑一下第二种可能性：这可能仅仅是一个随机抽样误差，因此并不显著。我们的任务是确定这样一个由样本得到的结果是不是在统计上显著。为了回答这个问题，我们需要进一步考虑假设检验的逻辑。

14.2　假设检验的逻辑

在经典显著性检验中会用到两类假设。一类是**虚无假设**（null hypothesis)(H_0)，认为参数（对总体普查或对总体的一个样本的事前测量所得的测量值）和相比较的统计量（近期从总体抽样中所得的测量值）之间不存在差别。分析人员通常通过检验确定整体是否没有变化或确实存在差异。为什么不从正面的角度论述假设？为什么不说由于某种原因，在样本统计量和总体参数之间存在一些差异？遗憾的是，这种假设无法被明确地检验出来。与正向形式陈述的假设相一致的证据几乎都不被认为是接受该假设的确凿证据。与这类假设相一致的结果也可能与其他假设一致，因此无法证明给定的假设为真。

例如，假设我们怀疑抛一枚硬币时头像朝上的情况较多。这枚硬币被抛了 100 次，头像朝上占 52 次，多于预期的 50 次结果，但由此立即简单地得出结论“抛硬币偏向于头像朝上”是不正确的。另外，在 100 次抛硬币中有 85 次或者 90 次头像朝上的情况看上去与正反面朝上次数相同的假设是矛盾的。这种情况有力地支持了抛硬币的结果是有偏的。

在混合动力汽车的例子中，虚无假设表述为 60 英里每加仑的总体参数没有改变。另一类假设即**备择假设**（alternative hypothesis）(H_A）认为，平均油耗发生了改变（也就是说，样本统计量为 64，表明总体值可能不再是 60）。备择假设与虚无假设逻辑相反。

混合动力汽车的案例可以进一步探究，以便了解如何使用这些概念检验显著性：

- 虚无假设（H_0）：平均 60 英里每加仑没有变化。

备择假设（H_A）可能有多种形式，这取决于研究者的目标。H_A 可以是“不同于”、“多于”或者“少于”的形式：

- 平均油耗与 60 相比已经改变。
- 平均油耗多于（少于）60。

这些备择假设与双尾或者单尾检验相对应。**双尾检验**（two-tailed test），或者说不定向检验，包含两种可能性：平均值可能超过 60 英里每加仑或者少于 60 英里每加仑。为了检验这种假设，分布的拒绝域被划分成两个尾部。**单尾检验**（one-tailed test），或者说定向检验，将一个不可能结果的全部概率放到备择假设一端的尾部。在图表 14－3 中，第一个图代表了不定向假设，第二个图是“多于”情形的定向假设。

图表 14－3　在 5%的显著性水平上的双尾检验和单尾检验

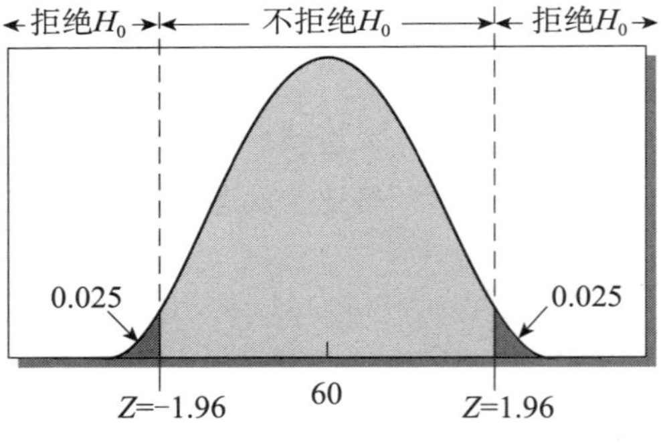

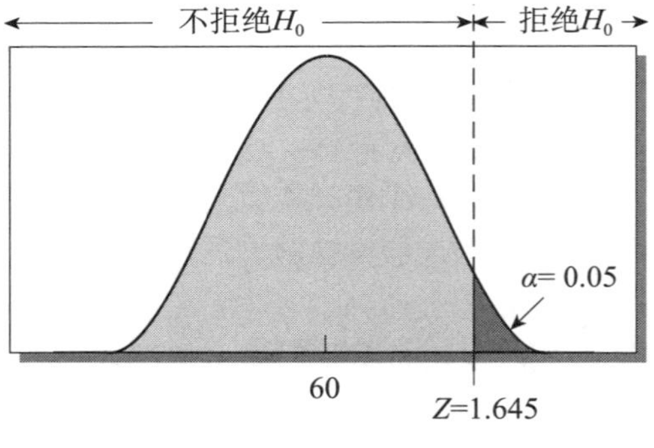

图表 14－3 的假设如下所示：

$$H_0: \mu = 60 \text{ mpg}$$
$$H_A: \mu \neq 60 \text{ mpg}$$（不等于）

或

$$H_0: \mu \leqslant 60 \text{ mpg}$$
$$H_A: \mu > 60 \text{ mpg}$$（大于）

或

$$H_0: \mu \geqslant 60 \text{ mpg}$$

$H_A: \mu < 60$ mpg（小于）

在检验这些假设的时候，要采取这样的决策规则：如果分析发现我们不能拒绝虚无假设，就不能采取任何修正措施。注意：是“不能拒绝”，而不是“接受”虚无假设。有一种观点认为虚无假设绝对不能被证明，因此不能够“被接受”。这里又一次用到了归纳推理。演绎是在前提和假设的关系中提供一个“确证”的合理关系，然而归纳推理没有这个优势。通过统计推断，仅有一个机会去（1）反驳（拒绝）或者（2）无法拒绝假设。除了这个术语之外，也能经常听到“接受虚无假设”而不是蹩脚的“无法拒绝”虚无假设。在这里，不能正式地接受意味着“不能拒绝”虚无假设。

如果我们拒绝一个虚无假设（找到一个统计显著性差异），就接受备择假设。不论是接受还是拒绝虚无假设，我们都有可能作出错误的决定。一个虚无假设可能在应该被接受的时候被拒绝了，或者在应该被拒绝的时候被接受了。

这些问题可以类比美国的法律体系。[2]美国的司法体系假定被告人是清白的，直到得以确立的有罪证据超出了合理的怀疑范围。在假设检验中，这就像虚无假设；我们认为无罪推定和结果之间不应该存在差异，直到找到相反的证据。一旦超出理性怀疑的证据不再能证明被告人是无辜的，就需要公正的罪行判定了。这就相当于拒绝虚无假设并接受备择假设。不当决策或错误是另外两个可能的结果。我们可能会不公正地给一个无辜的人定罪，或者使一个有罪的人逃脱。

图表 14－4 对统计的情形和法律的情形做了比较。本质上两种情况中必然存在一种情况——不是虚无假设为真，就是备择假设为真。一个被告人不是无辜的，就是有罪的。这两种决定可以在以下情况下作出：要么接受虚无假设，要么拒绝虚无假设（因此接受备择假设）。这些情况中，有两种能导致正确的决策，另两种导致决策错误。

第一类错误（type Ⅰ error）(α) 会导致一个正确的虚无假设被拒绝；一个无辜的人被不公正地判罪。拒绝虚无假设的概率值称为显著性水平。**第二类错误**（type Ⅱ error）(β) 指未能拒绝一个错误的虚无假设；这样的结果就相当于不公正地洗脱罪名，使有罪的人逍遥法外。在美国的法律体系中，减少错判无辜的可能性比放走罪犯更重要。同理，假设检验中对第一类错误比对第二类错误更重视。

14.2.1　第一类错误

假设一家消费者测试机构断言每加仑汽油的平均城市行驶里程已经变了，这样会使混合动力汽车制造商的问题变得更加复杂。假设总体平均值为 50 mpg，总体标准差为 10 mpg，样本规模为 25 辆汽车。利用该信息，我们可以计算平均值的标准误 $\sigma_{\overline{X}}$（样本均值分布的标准偏差）。假设分布如图表 14－5 所示。平均值的标准误经计算为 2 mpg：

$$\sigma_{\overline{X}} = \frac{\sigma}{\sqrt{n}} = \frac{10}{\sqrt{25}} = 2$$

图表 14-4 统计决策与法律类推的比较

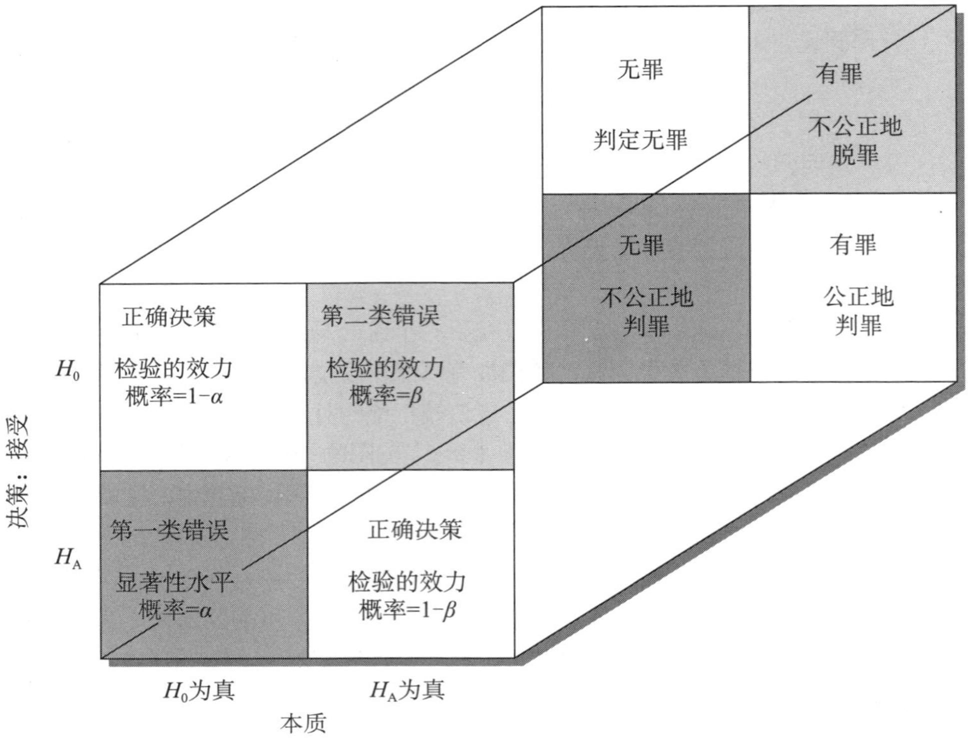

如果在 95%的置信区间（$\alpha=0.05$）拒绝 H_0，每个尾部包含 0.025 的第一类错误是可以接受的（这里假设是双尾检验）。在图表 14-5 的 A 部分，深灰色部分代表**拒绝域**（region of rejection）。在这两个区域之间的部分叫**接受域**（region of acceptance），这两部分之间的分割点叫作**临界值**（critical value）。因为样本均值呈正态分布，临界值可以通过标准化随机变量来计算。[3]其中：

$Z=1.96$（显著性水平为 0.05）

$\overline{X}_c$ =样本均值的临界值

μ=总体均值，如本例中的 50 英里每加仑

$\sigma_{\overline{X}}$ =25 个样本的均值分布的标准误

因此，虚无假设检验的临界值（即英里每加仑没有改变）计算如下：

$$Z=\frac{\overline{X}-\mu}{\sigma_{\overline{X}}}$$

$$-1.96=\frac{\overline{X}_c-50}{2}$$

$$\overline{X}_c=46.08$$

$$1.96=\frac{\overline{X}_c-50}{2}$$

$$\overline{X}_c=53.92$$

图表 14-5　在 H_0 为真的情况下发生第一类错误的概率

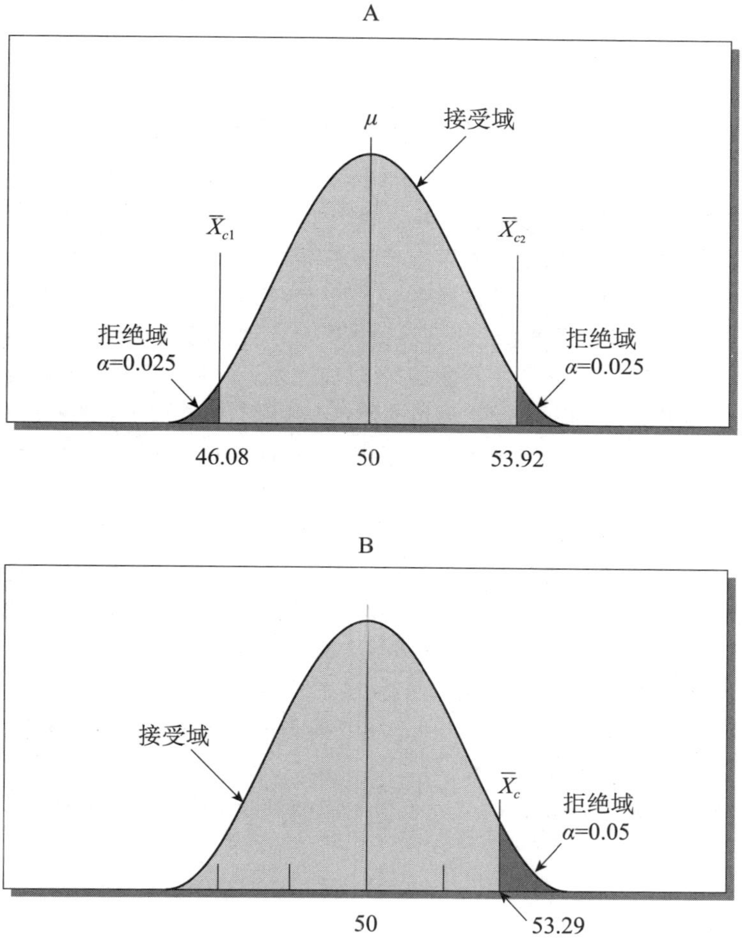

如果第一类错误的概率是 5%（$\alpha=0.05$），虚无假设为真，那么作出正确决策的概率是 95%。通过改变第一类错误的概率，临界值会靠近或者远离所假设的参数值 50。这可以通过改变 α 的值以及改变临界值的位置反映出来。同时，也可以通过改变样本量来改变第一类错误和接受域。例如，如果样本量是 100，发生第一类错误的概率为 0.05 的临界值是 48.04 和 51.96。

备择假设是关于均值 50 英里每加仑两边任何一个方向的改变，但是制造商只对英里每加仑的增加感兴趣。因此，我们运用单尾（大于）H_A，将整个拒绝域放在分布的上尾（upper tail）。我们能够接受一个 5%的 α 风险，并计算出一个新的临界值（X_c）。

在 Z 等式中代入 X_c 并求解：

$$Z=1.645=\frac{\overline{X}_c-50}{2}$$

$$\overline{X}_c=53.29$$

这个新的临界值，也就是接受域和拒绝域的分界线，如图表 14－5 中 B 部分所示。

快速浏览

检验 Troy-Bilt®的假设

Marcus Thomas 最近进行了一项在线调查，以帮助领先的草坪和园艺设备制造商 Troy-Bilt®了解电视广告中哪些元素有助于建立回忆和购买意向，特别是在草坪和园艺类别中。

Marcus Thomas 研究副主任埃德维格·维南斯表示，Marcus Thomas 提出了一个假设，即“打算购买草坪和园艺设备的消费者与没有打算购买的消费者相比，对电视广告的加工会不一样”。以是否打算购买草坪或园艺设备为区分条件，将精心挑选的参与者分成两个同等大小的组（“市场内”群体与“市场外”群体）。为了控制特定类别的反应，Marcus Thomas 还招募了一个对照组，包括打算买涂料的消费者与没有打算买涂料的消费者。

1 000 名受访者被要求在他们的计算机上观看 DIY Network 的节目 House Crashers 的 8 分钟片段（模拟电视观看）。在节目播出 4 分钟之后，嵌入 4 个 30 秒的电视广告（2 个关于草坪或园艺设备，另外 2 个关于涂料），随后是另外 4 分钟的节目。该研究为单盲实验，受访者并不知道研究目的。对每个受访者来说广告的呈现顺序都是随机的，目的是消除顺序偏差。在随后的在线调查中，受访者同时进行了对电视广告的有辅助和无辅助回忆测量（以评估广告中最难忘的元素），并提供了有关广告如何影响每个品牌特征和品牌知名度的信息。为了确保参与者不会被他们对研究目的或商品类别的感知所影响，调查中还包括一些无关问题。

这项检验确实显示了打算购买草坪和园艺设备的消费者和没有打算购买的消费者在加工电视广告方式上的独特差异。

资料来源：www. marcusthomasllc. com；www. troybilt. com.

14.2.2 第二类错误

当事实上均值已经改变时，制造商如果接受虚无假设（$\mu=50$）就可能犯第二类错误（β）。这类错误很难检测。犯 β 错误的概率取决于以下五个因素：（1）参数的真实值；（2）我们选择的 α 水平；（3）在验证假设时用的是单尾检验还是双尾检验；（4）样本标准差；（5）样本量。如果新的 β 值从 50 变动到 54 而不是仅仅到 52，我们就会得到一个不同的 β 错误。对于一系列假定的新的总体参数和 $\overline{X}_c$ 的值，我们必须分别计算 β 错误的估计值。

为了说明这一点，我们假设 μ 实际上从 50 变成了 54。在这种情况下，如果临界值设定为 53.29，犯第二类错误的概率是多大呢？（见图表 14－6。）这可以用以下形式表示出来：

$$P(A_2)S_1=\alpha=0.05 \text{（假定是一个单尾备择假设）}$$

$$P(A_1)S_2=\beta=?$$

$$\sigma_{\overline{X}}=\frac{\sigma}{\sqrt{n}}=\frac{10}{\sqrt{25}}=2$$

$$Z=\frac{\overline{X}-\mu}{\sigma_{\overline{X}}}=\frac{53.29-54}{2}=-0.355$$

图表 14-6　犯第二类错误的概率

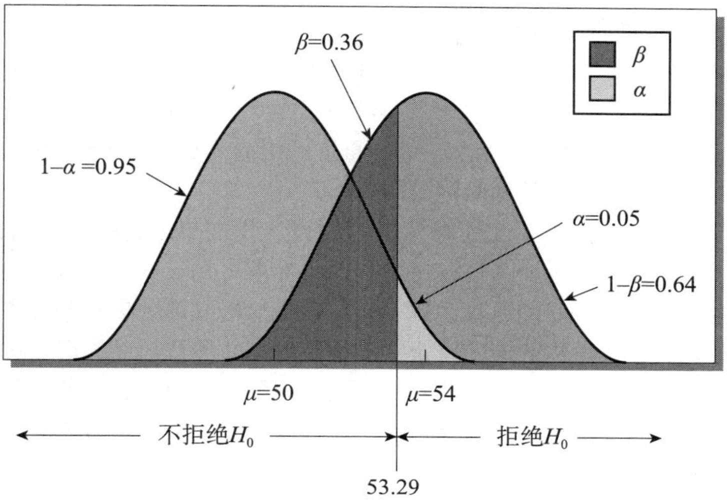

我们在 0.35 和 0.36 之间插入 Z 值来寻找 0.355 的 Z 值。在均值和 Z 之间的区域是 0.137 8。β 是尾部区域或者说在 Z 值以下的区域，β 的计算如下：

$$\beta=0.50-0.137\,8=0.36$$

这种情况如图表 14-6 所示。这就是当真实均值为 54，虚无假设（H_0：$\mu=50$）为假时，我们却没有拒绝虚无假设的百分比区域。如果 μ 为 54，α 为 0.05，样本量为 25，有 36%的可能性在 μ 为 54 时犯第二类错误。我们也会用到**检验效力**（power of the test），也就是（$1-\beta$）。在这个例子中，检验效力等于 64%（1－0.36），也就是说，我们正确地拒绝错误的虚无假设的概率是 64%。64%的效力低于统计学家建议的最低百分比 80%。

有一些方法可以减少第二类错误。我们可以让临界值更接近原始的 $\mu=50$，但是这么做，我们必须接受一个更大的 α 值。是否采取这种方法取决于对相关的 α 和 β 风险的权衡。增加可以接受的 α 值可能是可取的，因为里程数的减少可能需要更多的努力去提高效率，而此时情况还没有变得糟糕。甚至在油耗没有增加的情况下，里程数减少这一事实也可能不会对做广告产生任何负面的影响。

降低第二类错误的第二种方法是增加样本量。例如，如果样本量增加到 100，检验效力就会更高：

$$\sigma_{\overline{X}}=\frac{\sigma}{\sqrt{n}}=\frac{10}{\sqrt{100}}=1$$

$$Z=\frac{\overline{X}-\mu}{\sigma_{\overline{X}}}=\frac{53.29-54}{1}=-0.71$$

$$\beta=0.50-0.261\,2=0.24$$

这能够将第二类错误的概率减少到 24%，将检验效力增加到 76%。

第三种方法试图同时减少 α 和 β 错误，但这种做法很难实现。我们知道测量工具、观察和记录会产生错误。通过利用更好的工具、更严密的观察和记录过程，或者使用一个更有效的样本，我们可以减少观测中的变异性。这样减少了估计的标准误，也减少了抽样分布的离散性，其净效应是误差区域中的尾部区域减少了。

14.2.3 统计检验过程

虽然不同的作者在步骤数量和顺序上各不相同，不过统计显著性检验遵循一个相对明确的模式。统计检验包含六个步骤：

1. 陈述虚无假设。虽然研究者通常对检验变化或差异的备择假设感兴趣，但是虚无假设通常用于统计检验的目的。

2. 选择统计检验。为了检验一个假设，我们必须选择一个合适的统计检验。可供选择的检验很多，在选择时至少有四个标准可用。一个是检验的效率。在相同的显著性水平下，更有效的检验比效率相对较低的检验需要更小的样本。其余三个标准是样本如何收集、总体的性质以及（更重要的是）测量尺度的选取。例如，一些检验仅仅在分数的次序已知或者是配对观测的情况下才会有效；其他检验仅在总体具有某些特定的特征时才适用；还有一些检验仅在使用定距或定比量表时才有效。本章后面会详述检验的选择。

3. 选择理想的显著性水平。**显著性水平**（level of significance）应当在我们收集数据之前确定，最常见的显著性水平是0.05，尽管0.01也较为常用。其他水平如0.10，0.025或0.001有时也会使用。所选择的显著性水平在很大程度上取决于我们愿意接受多少风险以及这种选择对β风险值的影响。α越大，β越小。

4. 求出计算值。在数据收集以后，利用恰当的显著性检验的公式来得到计算值。虽然这个过程基本上都由软件程序完成，但是在本章中会说明这个过程，帮助大家对这个过程有具体的了解。

5. 获得临界检验值。在求出t，χ^2或者其他统计量之后，必须在合适的表格中找出此分布的临界值（或者由软件计算出临界值）。这一临界值是定义虚无假设的接受域和拒绝域的依据。

6. 解释检验结果。对于大多数检验来说，如果计算值大于临界值，我们拒绝虚无假设，得出支持备择假设的结论（虽然它并没有被证明）。如果临界值更大，我们的结论是不能拒绝虚无假设。[4]

14.2.4 概率值（p值）

在统计检验过程中“解释检验结果”这一步，依据检验实施前选择的拒绝域，得出拒绝或者不能拒绝虚无假设的结论。第二种叙述统计检验结果的方法也反映了检验统计量在多大程度上与虚无假设不一致。这种方法之所以流行，是因为分析人员想知道样本分布超过曲线上的样本统计量的百分比，并且大部分统计程序都报告统计检验结果的概率值（p值）。***p*值**（p value）是指假定虚无假设为真时，观测到的样本值与实际观测值一样极端或者比实际观测值更极端的概率。这个区域代表了如果拒绝虚无假设而必须承担的可能发生第一类错误的概率。将p值与显著性水平α相比较，在这个基础上拒绝或者不拒绝虚无假设。

如果 p 值小于显著性水平，则虚无假设被拒绝（如果 p 值 $<\alpha$，拒绝虚无假设）；如果 p 值大于或者等于显著性水平，则不拒绝虚无假设（如果 p 值 $\geqslant\alpha$，不拒绝虚无假设）。

数据统计分析程序经常在假设检验进行的过程中计算 p 值。接下来的例子可以帮助我们说明正确的 p 值解释方法。

在图表 14－5 的 B 部分，临界值表示的是制造商有兴趣判断平均油耗是否增加的情况。在标准差为 10，样本量为 25，制造商愿意接受 5%的 α 风险值的基础上，计算出临界值是 53.29。假设样本均值等于 55，是否有足够的证据拒绝虚无假设？如果 p 值小于 0.05，虚无假设将被拒绝。下面介绍 p 值的计算。

样本均值分布的标准差是 2。适合的 Z 值为：

$$Z=\frac{\overline{X}-\mu}{\sigma_{\overline{X}}}=\frac{55-50}{2}=2.5$$

p 值可以借助标准正态表来确定。在均值和 2.5 的 Z 值中间的区域是 0.493 8。在这个单尾检验中，p 值就是在 Z 值以上的区域。在虚无假设为真的情况下观察到大于或等于 2.5 的 Z 值的概率仅为 0.006 2（0.500 0－0.493 8＝0.006 2）。

这个很小的 p 值代表了拒绝为真的虚无假设的风险，也就是拒绝虚无假设可能犯第一类错误的概率。因为 p 值（0.006 2）小于 α(0.05)，虚无假设被拒绝。制造商可以得出结论——平均油耗增加了。这个结论犯错误的概率是 0.006 2。

14.3　显著性检验

14.3.1　检验类型

总体上说，显著性检验有两类：参数检验和非参数检验。**参数检验**（parametric test）应用于定距数据和定比数据。**非参数检验**（nonparametric test）应用于定类数据和定序数据。如果假设条件被满足，优先选择参数检验，因为参数检验比非参数检验更有效力。参数检验的假设包括以下内容：

- 观测值必须相互独立，也就是说，任何一个个案的选择都不影响其他个案包含在样本中的概率；
- 观测值应来自正态分布的总体；
- 这些总体的方差应相等；
- 测量尺度至少应该是定距的，以便能够进行算术运算。

研究者应当检查所选检验的相应假定。进行诊断性检查允许研究者选择最合适的检验技术。正态分布的总体可以有很多种检验方法。之前我们讨论了初步分析中位置、形状、分布的测量和探索数据形式及检验分布时可以考虑的图形技术。另一种检验工具是**正态概率分布图**（normal probability plot）。这个图将观测值与正态分布的值相比较。[5] 如果数据呈正态分布特征，数据点都会落在一条直线周围的窄带上。图表 14－7 左上图给出了一个例子。

图表 14-7　概率分布图和正态性检验

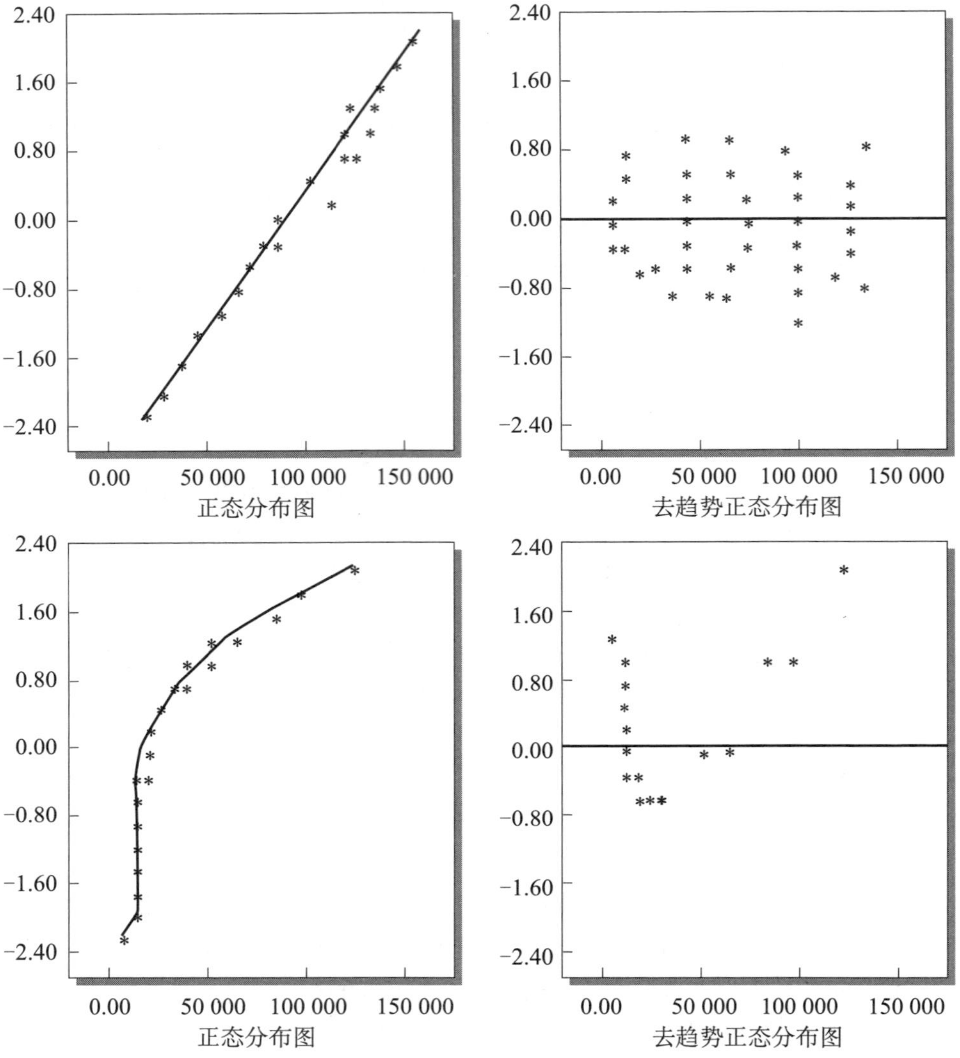

	统计量	自由度	显著性
Shapiro-Wilks	0.680 2	50	< 0.010 0
K-S (Lilliefors)	0.255 8	50	0.000 0

另一种方法是将离开直线的偏差描绘出来。这显示在图表 14 - 7 右上部分的去趋势正态分布图中。这里，我们认为数据点无规则地聚集在水平穿过 0 值的直线上。在图表 14 - 7 下方的两个图中，既没有一条正态概率分布图的直线，也没有在去趋势正态分布图中围绕 0 的随机分布点。看上去，下方的两个图告诉我们变量不是正态分布的。另外，对于数据来自正态分布的假设的两个独立检验，在显著性低于 0.01 的水平上被拒绝。[6]

如果想要检查另一个假定（如方差相等），应当用分布水平图（spread-and-level

plot)。统计软件程序通常提供检查假定的诊断工具，这些诊断工具嵌套在一个特定的统计过程中，例如方差分析或回归分析，或者提供一套用于检查假定的一般性工具。

参数检验对假定的重要性有不同的侧重。一些检验是稳健的，在违反假定的情况下仍然可行。对于另一些检验，不满足线性或等方差假定可能损害结果的效度。

非参数检验的假定较少，也不太严格。非参数检验不要求总体呈正态分布或方差相等。一些非参数检验要求个案之间相互独立；另一些为相互联系的个案所设计。非参数检验是唯一适用于定类数据的方法；它对定序数据来说也是唯一技术上正确的检验，尽管定序数据有时也会使用参数检验。非参数检验也可用于定距和定比数据，但会损失大量可用的信息。非参数检验易于理解和使用。当使用恰当时，参数检验具有更大的效力，不过非参数检验也能有高达 95%的效力。这意味着 100 个样本的非参数检验与 95 个样本的参数检验能够提供同样的统计检验效力。

快速浏览

检验影片中药物使用与现实不符的假设

美国的青少年是否正在接收关于药物使用量或使用后果的不现实的信息？美国国家药品控制政策办公室完成了一项对最流行的 200 部出租电影的内容分析，目的是检查电影中对药物使用的展现。研究者使用视频软件经销商协会根据连续两年出租收入得出的最流行的（前 100 名）家庭电影标题。电影的分类如下：动作冒险、喜剧或戏剧。研究者还收集了电影协会（MPAA）对每个电影的评定等级（G、PG、PG－13、R)。尽管青少年不应该观看 R 级电影（这个级别的电影占总样本的 48%)，但是本研究中包括之前一次独立研究认定的 20 部最流行的青少年电影。

经过培训的编码人员观看了全部 200 部电影，特别注意其中的酒精、烟草、违禁毒品、非处方药、处方药、吸食药和不知名的药物等内容。编码人员忽略掉在医院或与健康相关的情景中由医疗人员使用的药物。药物的使用包括对用药情节的直接展现。在没有迹象表明物品或随身物品会被使用时，药物的外观也会被记录下来。编码人员识别药物使用及其后果的关键信息。编码人员也会记录描写非法药物使用的情节或描写 18 岁以下角色的用药情节。用药流行程度的判断方法是计算每部电影中用药角色的人数，不仅确定用药角色的百分比，还要判断人物是主角还是配角。编码人员会记录角色的年龄、性别、种族及其他特征。用药频率根据每部电影中（从片头字幕结束开始到结尾字幕开始为止）每隔 5 分钟是否出现记录的不同药物进行计算。你最近看过的一部电影如何才能通过这种严格的检查？

资料来源：www.whitehouse.gov/ondcp；www.vsda.org.

14.3.2　如何选择一个检验

在试图选择一种特定的显著性检验时，研究者至少应该考虑三个问题：

- 检验是否包含单样本、双样本或者 k 个（多于两个）样本？
- 如果有两个样本或者 k 个样本，那么每个个案是独立的还是相关的？
- 测量尺度是定类的、定序的、定距的还是定比的？

回答这些问题之后会产生另一些问题：样本量是多少？如果有几个样本，它们的容量是否相等？数据经过加权了吗？数据被转换了吗？通常，这些问题对于所选技术来说是唯一的。你的答案可能会使选择变得更复杂，但是一旦尝试选择，标准的统计教材会提供更多的细节。

决策树提供了选择检验技术的更加系统的方法。社会科学研究机构经常使用的一本指导手册在开篇讨论的问题就是变量的数量、变量的性质（连续的、离散的、二分的、独立的、相关的，等等）以及测量水平。它通过一个树形结构询问有待研究、比较或检验的关系的本质的细节问题。130 多种数据分析问题的解决方法都可与这些普遍的问题进行匹配。[7]

专家系统是选择合适的统计量的另一个途径。通过个人电脑的运算力和便利性，专家系统程序提供了一个统计领域的全面搜索，就像计算机搜索二手资源一样。多数程序询问你的研究目标、数据的性质和最终报告的目标对象。当对答案有百分之百的把握时，你可以用估计的确定性程度将它们区别开。Statistical Navigator™就是一个类似的程序，它包含多种统计类别，从探索性数据分析到信度检验和多元数据分析。作为问题的回答，一份打印的报告包括建议、选择的理论基础、参考文献和提供建议程序的统计包。SPSS 和 SAS 软件中包含指导和帮助模块。

14.3.3 根据筛选标准选择检验

在本部分中，我们运用上一部分讨论的三个问题建立主要的参数和非参数检验及测量的一种分类方法。在满足参数检验的假定时，参数检验更有效力，从而更为常用。因此，接下来，我们首先讨论参数检验：单样本检验、双样本检验和 k 个（多于两个）样本检验（见图表 14－8）。为了说明检验选择基准的应用，假设你的检验包含两个样本，样本互相独立，并且数据是定距的。这种情况表明 t 检验是合适的选择。下面介绍图表 14－8 列举的各种最常用的检验。

图表 14－8　不同测量水平和检验情境下推荐的统计技术

测量尺度	单样本检验	双样本检验		k 个样本检验	
		相关样本	独立样本	相关样本	独立样本
定类	● 二项检验 ● χ^2 单样本检验	● McNemar 检验	● Fisher 精确检验 ● χ^2 双样本检验	● Cochran Q 检验	● k 个样本的 χ^2 检验
定序	● Kolmogorov-Smirnov 单样本检验 ● 游程检验	● 符号检验 ● Wilcoxon 配对检验	● 中位数检验 ● Mann-Whitney U 检验 ● Kolmogorov-Smirnov 检验 ● Wald-Wolfowitz z 检验	● Friedman 双因素方差分析	● 中位数扩展 ● Kruskal-Wallis 单因素方差分析
定距和定比	● t 检验 ● Z 检验	● 配对样本 t 检验	● t 检验 ● Z 检验	● 重复测量的方差分析	● 单因素方差分析 ● n 因素方差分析

资料来源：Sidney Siegel and N. J. Castellan Jr., *Nonparametric Statistics for the Behavioral Sciences*, 2e. (New York: McGraw-Hill, 1988), flyleaf.

14. 3. 4　单样本检验

单样本检验（one-sample test）用于只有一个样本，并且检验来自一个特定总体的假设。在这种情况下，我们会遇到以下问题：

- 根据某一理论，观测频率和预期频率存在差异吗？
- 观测比例和预期比例存在差异吗？
- 推断一个样本来自某种特定分布的总体（正态分布、泊松分布，等等）是否合理？
- 某些集中趋势的测量指标（$\overline{X}$）与其总体参数（μ）之间是否存在统计上的显著差异？在这种情况下，很多检验都可能适用。我们首先讨论参数检验。

参数检验

***Z* 检验**（Z test）或 ***t* 检验**（t-test）用于判断样本分布均值和参数之间的统计显著性。

***Z* 分布**（Z distribution）和 ***t* 分布**（t distribution）不同。t 分布相比正态分布有更多的尾部区域。这是对于 t 分布缺乏总体标准差信息的一种补偿。尽管我们用样本标准差作为（总体标准差的）代替值，但是不准确性使样本标准差必须更加远离 0，从而把在标准正态分布中必然能找到的数值的百分比包含在 t 分布中。

当样本量接近 120，样本标准差可以成为总体标准差（σ）的一个很好的估计值；超过 120 时，t 分布和 Z 分布实际上是一样的。

以下是一些单样本检验在现实中的典型应用：

- 比较信用卡持卡人平均每月余额与 5 年前的平均每月余额之间的差异；
- 比较不同的计算机在一次为期 20 小时的质量标准检验中的故障率；
- 计算愿意在新地区购物者的比例并与假定的比例进行比较；
- 比较今年和去年的平均产品收益。

为了说明 t 检验在单样本案例中的应用，再来看看前面提到的混合动力汽车问题。通过 100 辆汽车的样本，研究者发现这些车平均油耗为 52. 5 英里每加仑，标准差是 14。这些结果是否表示总体均值可能仍然是 50？

在这个问题中，我们仅知道样本标准差（s），必须用其替代总体标准差（σ）。当我们用 s 替代 σ 时，使用 t 分布，特别是在样本量小于 30 时，我们对 t 的定义如下：

$$t=\frac{\overline{X}-\mu}{s/\sqrt{n}}$$

这个显著性检验按前面建议的六个步骤完成：

1. 陈述虚无假设。

H_0：$=50$mpg

H_A：>50mpg（单尾检验）

2. 选择统计检验。由于是定比数据，我们选择 t 检验。假定潜在的总体是正态分布，并且从产品车辆的总体中随机选择样本。

3. 选择理想的显著性水平。令 $\alpha=0.05$，$n=100$。

4. 求出计算值。

$$t=\frac{52.5-50}{14\times\sqrt{100}}-\frac{2.5}{1.4}=1.786,\ \text{d. f.}=n-1=99$$

5. 获得临界检验值。查阅 t 分布临界值表。自由度（d.f.）为99，显著性水平为0.05，得到临界值约为1.66。

6. 解释检验结果。在本例中，计算值大于临界值（1.786>1.66），因此我们拒绝虚无假设，结论是平均油耗增加了。

非参数检验

在单样本情况下，可能会用到不同的非参数检验，这取决于测量尺度和其他条件。如果测量尺度是名义的（只有类别），可以使用二项检验或卡方（χ^2）单样本检验。适用二项检验的情形是总体仅分为两个类别，如男性和女性、购买者和非购买者、成功和不成功，所有观测值都可归入这些类别中的一个或另一个。二项检验尤其适用于样本量太小、χ^2 检验不适用的情形。

χ^2 检验

应用最广泛的非参数显著性检验是**卡方（χ^2）检验**（chi-square（χ^2）test）。它尤其适用于包含定类变量的检验，也可用于更高级别的尺度。典型的情形是人、事或物被分为两个或更多的定类类别，如“是—否”、“支持—不确定—反对”或者“A、B、C、D四个等级”。

我们使用这种技术检验观测的数据在各个类别中的分布和基于虚无假设的期望分布之间的显著差异。χ^2 检验适用于单样本分析、两个独立样本或 k 个独立样本的情形。χ^2 检验必须通过实际计数而非百分比来计算。

在单样本案例中，我们根据每个类别中的对象的期望频数建立虚无假设，然后将每个类别的实际频数的偏差与假设频数进行比较。两者之间的差异越大，其偶然发生的概率就越小。χ^2 的值是表达这种差异的测量指标。差异越大，χ^2 值越大。

χ^2 检验的计算公式如下：

$$\chi^2=\sum_{i=1}^{k}\frac{(O_i-E_i)^2}{E_i}$$

式中，O_i 为第 i 个类别中观测的个案数；E_i 为在 H_0 下第 i 个类别的预期个案数；k 为类别的数量。

χ^2 在每个自由度（d.f.）下的分布都不同。自由度被定义为（$k-1$）或者说是类别的数量减1。

$$\text{d.f.}=k-1$$

在含有两个样本或 k 个样本的不同类别的卡方列联表中，交叉分类表包含若干行和列。在这种情况下，自由度定义为行数减1（$r-1$）乘以列数减1（$c-1$）：

$$\text{d.f.}=(r-1)(c-1)$$

2×2表格的自由度是1，3×2表格的自由度是2。我们必须根据自由度确保每个单元格中的数字足够大，从而保证 χ^2 检验是适用的。当d.f.=1时，每个期望频数应至少为5。如果d.f.>1，那么，当超过20%的期望频数小于5或者任意一个期望频数小于1时，χ^2 检验就不适用。将相邻的两个类别结合起来通常能够增加期望频数。大一、大二、大三、大四四类可以被分为高年级和低年级两类。如果仅有两类并且每一类中频数太少，则最好使用二项检验。

假设我们调查都会大学餐饮俱乐部中学生的兴趣爱好。我们对200个学生进行访谈，了解他们加入俱乐部的目的。我们想通过生活安排（学生居住和用餐的类型和地点）来分析结果。在下表中，200 个回答被分为四类。

居住安排	O=愿意加入	访谈人数	百分比（访谈人数/200）	E=期望频数（百分比×60）
宿舍/互助会	16	90	45%	27
附近的公寓	13	40	20%	12
远距离的公寓	16	40	20%	12
住在家中	15	30	15%	9
总计	60	200	100%	60

这些变异是否表示在这些学生中存在显著差异？或者仅仅是抽样导致的变异？我们进行以下步骤的操作：

1. 陈述虚无假设。

H_0：$O_i=E_i$，总体中愿意加入俱乐部的比例与居住安排之间相互独立。

H_A：$O_i\neq E_i$，总体中愿意加入俱乐部的比例取决于居住安排。

2. 选择统计检验。应用单样本 χ^2 检验比较观测的分布和假设的分布。使用 χ^2 检验是因为回答被划分为名义类别，并且有足够的观测值。

3. 选择理想的显著性水平。令 $\alpha=0.05$。

4. 求出计算值。

$$\chi^2=\sum_{i=1}^{k}\frac{(O_i-E_i)^2}{E_i}$$

通过确定被访谈的 200 个学生在每一组中所占比例来计算期望的分布，然后将这些比例数字应用于想要加入俱乐部的人数，计算如下：

$$\chi^2=\frac{(16-27)^2}{27}+\frac{(13-12)^2}{12}+\frac{(16-12)^2}{12}+\frac{(15-9)^2}{9}$$

$$=4.48+0.08+1.33+4.00$$

$$=9.89$$

$$\text{d. f.}=(4-1)(2-1)=3$$

5. 获得临界检验值。查阅 χ^2 临界值表，自由度为 3，得到 $\alpha=0.05$ 的临界值为 7.82。

6. 解释检验结果。计算值（9.89）大于临界值（7.82），因此拒绝虚无假设，得出结论：加入俱乐部的意愿取决于居住安排。

快速浏览 ▶▶▶▶▶▶▶▶▶

A/B 测试时代到来

对直邮广告的分刊测试（split-run test）作为广告设计的一个功能已经有 100 多年的历史。在直邮广告中会更换信封，看是否会有更多人打开信封；或者在一部分样本中改变促销方式（买一送一 vs. 50%折扣），看是否会有更多的人购买。纸张的颜色、称谓语、回邮信封上的地址——任何组合都可能成为测试重点。然而，分割样本测试从来没有像现在这样成为网站设计研究的热点。

谷歌的事业就是从它的 A / B 测试开始的。基于 Optimizely 对过程的描述，当人们访问一个网站时，有些人会被转移到版本稍有不同的新登录页面。例如，“购买”按钮的颜色可能是蓝色而不是红色。接着对常规页面与新页面的访问者进行跟踪。新页面会获得更多点击、让用户在网站上停留更长时间，或者——最关键的——激发更多购买吗？如果是这样，那么新页面将替换掉之前的页面。

一个网页页面上有无数的内容可以更改，可以一次更改一个，也可以与其他地方一起更改，如文本的位置、大小和颜色，用什么标题，使用静止图像还是视频，页面的配色方案，页面上的链接数，或网站上放置广告的位置。用于测试的更改是无穷无尽的。

由于研究总是在网页上进行，我们需要考虑访问网页时所看到的内容。我们所看到的是测试页还是大众看到的标准页？我看到的亚马逊网站结算屏幕可能跟你看到的不一样。

那么，任何人都可以对网页做 A / B 测试吗？仅仅在几年前，答案还是“否”，直到前谷歌员工创建 Optimizely。该软件允许非程序员随意地进行拖动、调整大小、重新键入、替换、插入和删除等操作，来创建要测试页面的备选版本。

A / B 测试实际上可以排除决策中的致命错误：让与会者中工资最高的人仅仅根据自己的意见来作出设计决策。通过 A / B 测试，可以依据数据来作出所有决策。然而，因为测试的是一些微小的增量变化，存在潜在的危险。如果需要进行大胆的更改，A / B 测试的心态可能会让公司网站管理员被束缚住手脚。正如 *The Most Human Human：What Artificial Intelligence Teaches Us about Being Alive* 一书的作者布赖恩・克里斯蒂安（Brian Christian）所说，“测试可以使你不断对用户的偏好作出反应，但这并不一定会使你变得敏捷。一万个正在进行的调整加起来也不能等同于一个需要的基本［战略］方向的改变。”

资料来源：www. optimizely. com；www. wired. com；www. google. com；brchristian. com.

14. 3. 5　两个独立样本的检验

在商业研究中经常遇到需要用到**两个独立样本的检验**（two-independent-samples test）。我们可能会比较两份杂志的订阅者的购买倾向，发现他们是否来自相同的总体。同样，此方法也用两种渠道的分销方法或者两种竞争性产品市场份额的比较检验。

参数检验

Z 检验和 t 检验是常用于独立样本的参数检验，尽管我们也可使用 F 检验。

Z 检验适用于大样本（每个独立样本都超过 30）或者数据呈正态分布的小样本及总体方差已知的情况。Z 检验的公式是：

$$Z=\frac{(\overline{X}_1-\overline{X}_2)-(\mu_1-\mu_2)}{\sqrt{\frac{S_1^2}{n_1}+\frac{S_2^2}{n_2}}}$$

在小样本、总体正态分布和假定总体方差相等时，使用 t 检验：

$$t=\frac{(\overline{X}_1-\overline{X}_2)-(\mu_1-\mu_2)}{\sqrt{S_p^2\left(\frac{1}{n_1}+\frac{1}{n_2}\right)}}$$

式中，$(\mu_1-\mu_2)$ 为两个总体均值的差；S_p^2 与联合方差估计值相关联：

$$S_p^2=\frac{(n_1-1)S_1^2+(n_2-1)S_2^2}{n_1+n_2-2}$$

为了说明这一用法，让我们考虑一下 KDL 公司的管理者可能面临的一个问题。媒体公司 KDL 正在对客户经理实习生进行评价。管理者希望检验两种培训新客户经理的方法的效果。公司选择了 22 名培训人员，将他们随机分成两个实验组。一组接受 A 类培训，另一组接受 B 类培训。然后，不考虑这些培训人员所接受的培训种类，为其分配工作并进行管理。在年末，管理者检查这些小组中雇员的工作绩效，发现以下结果：

	A 组	B 组
平均每小时销售额	$X_1=1\,500$ 美元	$X_2=1\,300$ 美元
标准差	$s_1=255$	$s_2=251$

我们遵循标准的检验过程，判断一种培训方法是否优于另一种：

1. 陈述虚无假设。

H_0：两种培训方法产生的销售额没有差别。

H_A：培训方法 A 产生的销售额高于培训方法 B。

2. 选择统计检验。使用 t 检验，因为数据至少是定距的，且样本相互独立。

3. 选择理想的显著性水平。$\alpha=0.05$（单尾检验）。

4. 求出计算值。

$$t=\frac{(1500-1300)-0}{\sqrt{\frac{(10)(255)^2+(10)(251)^2}{20}\left(\frac{1}{11}+\frac{1}{11}\right)}}=\frac{200}{101.63}=1.97$$

每个样本的自由度是 $n-1$，所以总的自由度是

$$d.f.=(11-1)+(11-1)=20$$

5. 获得临界检验值。临界值是 1.725。

6. 解释检验结果。由于计算值大于临界值（1.97>1.725），因此拒绝虚无假设，得出结论：培训方法 A 更好。

非参数检验

χ^2 检验适用于检验几个样本之间的差异的情形。这种方法对定类数据尤其有价值，也适用于定序数据。参数数据简化为若干类别后，通常用 χ^2 检验处理，但是这样做会导致信息损失。这个问题的解决方法和前面讨论的方法一致，但公式稍有差异：

$$\chi^2=\sum_i\sum_j\frac{(O_{ij}-E_{ij})^2}{E_{ij}}$$

式中，O_{ij} 为归类到第 ij 个单元格的观测的个案数；E_{ij} 为在 H_0 下归类到第 ij 个单元格的期望的个案数。

假设 TopFlight 公司正在实行工作场所禁烟政策，并对吸烟是否影响工人事故感兴趣。公司有完整的在岗事故报告，因此，从去年发生事故的工人中根据姓名进行抽

样。一个类似的样本来自去年没有发生事故的员工。对两组成员进行访谈，判断每一个人是否吸烟，同时，请吸烟者把自己划归为重度吸烟者或轻度吸烟者。结果如下所示，其中包含计算得到的期望值。

	单元格名称计数 期望值	在岗事故		
		是	否	行合计
吸烟者	重度吸烟者	1,1 12 8.24	1,2 4 7.75	16
	适度吸烟者	2,1 9 7.73	2,2 6 7.72	15
	非吸烟者	3,1 13 18.03	3,2 22 16.97	35
	列合计	34	32	66

检验过程是：

1. 陈述虚无假设。

H_0：在岗事故的发生与吸烟者和非吸烟者无关。

H_A：在岗事故的发生与吸烟者和非吸烟者有关。

2. 选择统计检验。χ^2检验是合适的，但使用定序测量尺度会浪费数据的内容。

3. 选择理想的显著性水平。$\alpha=0.05$，d. f. $=(3-1)(2-1)=2$。

4. 求出计算值。期望分布由表格的边际总量得出。如果事故和吸烟无关，那么在事故组和非事故组中吸烟者的比例应当相同。每个单元格中的期望观测数的计算方法是：将一个特定单元格共有的两个边际总量相乘，再把乘积除以 n。例如：$\frac{34\times16}{66}=8.24$，在单元格（1，1）中的期望值是：

$$\chi^2=\frac{(12-8.24)^2}{8.24}+\frac{(4-7.75)^2}{7.75}+\frac{(9-7.73)^2}{7.73}+\frac{(6-7.72)^2}{7.72}+\frac{(13-18.03)^2}{18.03}+\frac{(22-16.97)^2}{16.97}=7.01$$

5. 获得临界检验值。临界值是 7.01，d. f. $=2$。

6. 解释检验结果。计算值大于临界值，因此拒绝虚无假设。

为了正确使用χ^2检验，数据必须来自多项分布的随机样本，并且期望频数不应太小。我们之前强调了传统的警示：低于 5 的期望频数（E_i）不应占单元格总数的 20%以上，并且所有单元格的 E_i都不应小于 1。某些研究认为，这些限制条件过于严格。[8]

在另一种类型的χ^2检验中，当样本量大于 40 或样本量在 20～40 之间，E_i值不小于 5 时，使用 2×2 表格——Yates 连续性修正。（使用这种修正，是因为这个表格中的连续分布近似于离散分布。当 E_i很小时，这种近似性未必是很好的。）修正的公式是：

$$\chi^2=\frac{n\left(|AD-BC|-\frac{n}{2}\right)^2}{(A+B)(C+D)(A+C)(B+D)}$$

其中，字母代表的单元格分别是

A	B
C	D

图表 14－9 的数据使用连续性修正，得到 χ^2 值为 5.25，观测的显著性水平为 0.021 92。如果事先确定的显著性水平是 0.01，我们将不拒绝虚无假设。但是，如果计算 χ^2 时没有修正，结果值是 6.25，观测的显著性水平为 0.012 42。某些研究者可能在这个水平上拒绝虚无假设。文献对于 Yates 修正值的价值的看法并不一致，但不考虑其他因素时，这个例子表明我们在解释 2×2 表格时应该谨慎。[9] 在保守方面发生的错误正是我们之前讨论的第一类错误。

图表 14－9　由 SPSS 程序交叉列表生成的修正和未修正的卡方结果比较

MBA的职位收入

计数 收入	MBA 是 1	MBA 否 2	行合计
高1	30	30	60 60.0
低2	10	30	40 40.0
列合计	40 40.0	60 60.0	100 100.0

χ^2	值	自由度	显著性
Pearson	6.250 00	1	0.012 42
Continuity Correction	5.251 74	1	0.021 92
Likelihood Ratio	6.437 86	1	0.011 17
Mantel-Haenszel	6.187 50	1	0.012 87
Minimum Expected Frequency:16.000			

图表 14－9 也包含 Mantel-Haenszel 检验和似然比。前者用于定序数据；后者根据极大似然理论，得出的结果与皮尔逊卡方检验相似。

14.3.6　两个相关样本的检验

两个相关样本的检验（two-related-samples test）用于人、物或事件紧密匹配或现象被重复测量的情形。我们可能比较丈夫和妻子的消费量、员工在度假前后的绩效、为了测试营销促进因素的效果而将人员随机分组并实施前测和后测的比较。参数检验和非参数检验都适用于这些情形。

参数检验

独立样本 t 检验不适用于这种情形，因为其假定之一是观测值是独立的。这个问题可用一个公式来解决。公式中包含每对观测值的差值，从而将两个样本简化为一个样本，也就是说，我们现在得到了一些相互独立的差值，可以对它们计算不同的统计量。

在下面的公式中，当 α 差值已知，且样本量足够大时，平均差值 $\overline{D}$ 服从正态分布。(n−1) 自由度下的 t 统计量的定义是：

$$t=\frac{\overline{D}}{S_D/\sqrt{n}}$$

式中

$$\overline{D}=\frac{\sum D}{n}$$

$$S_D=\sqrt{\frac{\sum D^2-\frac{(\sum D)^2}{n}}{n-1}}$$

为了进一步说明，我们以10家公司两年的《福布斯》销售额数据为例（见图表14－10）对差值进行统计检验。

图表14－10　配对样本 t 检验的销售额数据　　单位：百万美元

公司	销售年度2	销售年度1	差异 D	D^2
通用汽车	126 932	123 505	3 427	11 744 329
通用电气	54 574	49 662	4 912	24 127 744
埃克森	86 656	78 944	7 712	59 474 944
IBM	62 710	59 512	3 198	10 227 204
福特	96 146	92 300	3 846	14 791 716
AT&T	36 112	35 173	939	881 721
美孚	50 220	48 111	2 109	4 447 881
杜邦	35 099	32 427	2 672	7 139 584
西尔斯	53 794	49 975	3 819	14 584 761
Amoco	23 966	20 779	3 187	10 156 969
			$\sum D$ = 35 821	$\sum D^2$ = 157 576 853

1. 陈述虚无假设。

H_0：$\mu=0$，年度1和年度2的销售额不存在差异。

H_A：$\mu\neq0$，年度1和年度2的销售额存在差异。

2. 选择统计检验。选择匹配或配对样本 t 检验，因为对每个公司重复测量，数据不独立，而且是定比测量数据。

3. 选择理想的显著性水平。$\alpha=0.01$，$n=10$，d. f. $=n-1$。

4. 求出计算值。

$$t=\frac{\overline{D}}{S_D/\sqrt{n}}=\frac{3\ 582.10}{570.98}=6.27\text{；d. f.}=9$$

5. 获得临界检验值。临界值是3.25。

6. 解释检验结果。计算值大于临界值（6.27>3.25），因此拒绝虚无假设，结论是两年的销售额之间存在统计意义上显著的差异。

图表 14－11 是对这个问题的计算机解决方法。注意：计算 t 值的**观察到的显著性水平**（observed significance level）已经输出（高亮显示）。在 SPSS 中，这个值通常是四舍五入的结果，表示在 0.000 5 水平上显著。t 值左侧的相关系数测量的是分数之间两两配对的关系。在匹配的情况下（例如，丈夫和妻子的分数），它表示匹配减少均值差异的变异性的有效程度。

图表 14－11　配对样本 t 检验的 SPSS 输出结果　　单位：百万美元

配对样本 t 检验							
变量	个案数	均值	标准差		标准误		
年度 2 销售额	10	62 620.9	31 777.649		10 048.975		
年度 1 销售额	10	59 038.8	31 072.871		9 836.104		
离差	标准差	标准误	相关系数	双尾概率	t 值	自由度	双尾概率
3 582.100 0	1 803.159	570.209	0.999	0.000	6.28	9	0.000

非参数检验

McNemar 检验可以用于定类或定序数据，尤其是对同一群参与者进行的前一后测量。检验任何一个观测变化的显著性的方法是：建立一个关于频数的四格表来表示第一组和第二组的回答。

之前	之后	
	不赞成	赞成
赞成	A	B
不赞成	C	D

因为 $A+D$ 代表了变化的总人数（B 和 C 是没有变化的回答），虚无假设下的期望值是 1/2（$A+D$）的个案向一个方向变化，相同比例的个案向另一个方向变化。McNemar 检验使用 χ^2 检验的一种变形：

$$\chi^2=\frac{(|A-D|-1)^2}{A+D},\ \text{d. f.}=1$$

方程中的"-1"是对连续性的修正，因为 χ^2 是连续型分布，而观测频数是离散型分布。

为了说明该测试的应用，我们使用了来自 SteelShelf 公司的调查数据，该公司的研究者决定与公司总部的员工一起测试一个新的办公室座位设计概念。管理人员在测试前随机抽取一个员工样本，要求员工填写一份关于他们对设计概念态度的问卷。根据他们的回答，将员工分为对等的两组，以反映他们对设计的赞成或反对意见。活动结束后，再次要求这 200 名员工填写问卷。所有问卷再次被归类为赞成或反对态度。测试过程为：

1. 陈述虚无假设。

H_0：$P(A)=P(D)$

H_A：$P(A)\neq P(D)$

2. 选择统计检验。选择 McNemar 检验，因为使用的是定类数据，研究包含两个相关样本的前—后测量。

3. 选择理想的显著性水平。$\alpha=0.05$，$n=200$。

4. 求出计算值。

$$\chi^2=\frac{(|10-40|-1)^2}{10+40}=\frac{29^2}{50}=16.82,\ \text{d.f.}=1$$

之前	之后	
	不赞成	赞成
赞成	$A=10$	$B=90$
不赞成	$C=60$	$D=40$

5. 获得临界检验值。临界值是 3.84。

6. 解释检验结果。计算值大于临界值（16.82>3.84），因此拒绝虚无假设，结论是新的设计概念对员工态度有显著的正效应。实际上，χ^2 非常大，已经超过了 0.001 的 α 水平。

14.3.7 *k* 个独立样本的检验

当研究中包括 3 个或 3 个以上样本时，常用 ***k* 个独立样本的检验**（*k*-independent-samples test）。在这种情况下，我们感兴趣的是研究这些样本是否来自相同的总体。当数据是定距或定比数据并且满足必要假定时，可以使用方差分析和 F 检验。如果初步分析表明不满足假定或者是定序或定类数据时，可以使用非参数检验。

和两个样本的情况相同，假定这些样本是独立的。这是完全随机实验的情形，参与者被随机指定到不同的小组。在事后回溯研究中，这种方法也常用于比较两个以上样本的均值。

参数检验

方差分析（analysis of variance，ANOVA）是检验几个总体均值相等的虚无假设的一种统计方法。本部分介绍单因素方差分析，它用单一因素固定效应模型比较一个处理或因素（咖啡品牌、住房种类、零售商店类型）对连续型因变量（咖啡消耗量、看电视小时数、购物支出）的作用。在固定效应模型中，因素水平已经事先确定，并且结果不能一般化到其他处理组。例如，如果咖啡产自牙买加、哥伦比亚和洪都拉斯，我们不能将结果推论到产自危地马拉或墨西哥的咖啡。

使用方差分析必须满足某些条件。样本必须随机选自正态总体，各个总体方差相等。此外，一个值到其组均值的距离应与其他值到该均值的距离独立（误差独立）。方差分析在理论上是稳健的，对于正态性和等方差的少量变异是可以容忍的。但是，分析人员应该使用前述诊断技术对假定进行检验。

顾名思义，方差分析将总体变异分解或划分成几个组成部分。方差分析不同于使用样本标准差的 t 检验，它使用方差的离差的平方，因此，个体数据点到其均值或总体均值的距离可以相加（回忆一下，标准差的和是零）。

在方差分析模型中，每组都有组均值和偏离该均值的若干值。同样，所有组的所有数据点产生一个总体均值。总离差是每个数据点到总体均值的距离的平方和。

任何一个数据点的总离差可以分解为组间方差和组内方差。组间方差代表处理或因素的效应。组间均值差表示每组的处理不同，样本均值到总体均值的离差就是处理。即使不是这样，被试之间的某些自然变异性和某些抽样导致的变异性仍然存在。组内方差表示每组内部的数据点到样本均值的离差。这个结果来自被试的变异性和随机方差，通常称为误差。

从直觉上，我们可能认为当处理导致的变异性超过误差和随机波动导致的变异性时，虚无假设的可行性开始降低。这确实是方差分析的检验统计量的工作原理。

方差分析的检验统计量是 **F 比率**（F ratio）。它对最后两个来源的方差进行比较：

$$F=\frac{\text{组间方差}}{\text{组内方差}}=\frac{\text{均方}_{\text{组间}}}{\text{均方}_{\text{组内}}}$$

式中

$$\text{均方}_{\text{组间}}=\frac{\text{平方和}_{\text{组间}}}{\text{自由度}_{\text{组间}}}$$

$$\text{均方}_{\text{组内}}=\frac{\text{平方和}_{\text{组内}}}{\text{自由度}_{\text{组内}}}$$

在计算 F 比率时，将分子和分母的离差平方和分别除以各自的自由度。通过除法，我们将方差作为平均数或均值进行计算，因此称为**均方**（mean square）。分子组间均方的自由度比组数小 1（$k-1$）。分母组内均方的自由度是观测值总数减去组数（$n-k$）。

如果虚无假设为真，总体均值应该没有差异，比率应该接近 1。如果总体均值不相等，分子应该表示这个差异，同时，F 比率应该大于 1。F 分布决定了拒绝某个显著性水平和特定样本大小下的虚无假设的比率大小。

为了说明单因素方差分析，让我们来看看《旅游产业杂志》关于国际游客对美国至亚洲不同航班的旅途服务质量评价的报告。在撰写旅游高峰时期特别报道之前，该杂志决定请一名研究者探索关于旅客反应的更为全面公正的观点。研究者选择的被试是那些对一家主要航空公司的饮食服务、舒适度和友好程度有近期印象的乘客。他选择了 3 条航线，每条航线中随机选择 20 位乘客。图表 14-12[10] 中的数据用于这个例子和后面的两个例子。对于单因素方差分析问题，我们只考虑“航班服务评分 1”和“航线”这两列。因素“航线”是航空公司的分组变量。

图表 14-12　数据表：方差分析举例*

	航班服务					航班服务			
	评分 1	评分 2	航线†	座位选择‡		评分 1	评分 2	航线†	座位选择‡
1	40	36	1	1	8	36	30	1	1
2	28	28	1	1	9	44	38	1	1
3	36	30	1	1	10	36	35	1	1
4	32	28	1	1	11	40	42	1	2
5	60	40	1	1	12	68	49	1	2
6	12	14	1	1	13	20	24	1	2
7	32	26	1	1	14	33	35	1	2

续表

航班服务					航班服务				
	评分 1	评分 2	航线[†]	座位选择[‡]		评分 1	评分 2	航线[†]	座位选择[‡]
15	65	40	1	2	38	68	67	2	2
16	40	36	1	2	39	81	85	2	2
17	51	29	1	2	40	78	80	2	2
18	25	24	1	2	41	92	95	3	1
19	37	23	1	2	42	56	60	3	1
20	44	41	1	2	43	64	70	3	1
21	56	67	2	1	44	72	78	3	1
22	48	58	2	1	45	48	65	3	1
23	64	78	2	1	46	52	70	3	1
24	56	68	2	1	47	64	79	3	1
25	28	69	2	1	48	68	81	3	1
26	32	74	2	1	49	76	69	3	1
27	42	55	2	1	50	56	78	3	1
28	40	55	2	1	51	88	92	3	2
29	61	80	2	1	52	79	85	3	2
30	58	78	2	1	53	92	94	3	2
31	52	65	2	2	54	88	93	3	2
32	70	80	2	2	55	73	90	3	2
33	73	79	2	2	56	68	67	3	2
34	72	88	2	2	57	81	85	3	2
35	73	89	2	2	58	95	95	3	2
36	71	72	2	2	59	68	67	3	2
37	55	58	2	2	60	78	83	3	2

* 所有数据是假设的。

† 航线：1＝汉莎航空公司；2＝马来西亚航空公司；3＝国泰航空公司。

‡ 座位选择：1＝经济舱；2＝商务舱。

我们再次按照以下步骤进行检验：

1. 陈述虚无假设。

H_0：$\mu_{A1}=\mu_{A2}=\mu_{A3}$

H_A：$\mu_{A1}\neq\mu_{A2}\neq\mu_{A3}$（各均值不相等）

2. 选择统计检验。选择 F 检验，因为我们有 k 个独立样本，接受方差分析的假定，使用的数据是定距数据。

3. 选择理想的显著性水平。$\alpha=0.05$，d. f. ＝［分子$(k-1)=3-1=2$］，［分母$(n-k)=60-3=57$］＝(2，57)。

4. 求出计算值。

$$F=\frac{MS_b}{MS_w}=\frac{5\ 822.017}{205.695}=28.304,\ \text{d. f.}=(2,57)$$

5. 获得临界检验值。临界值是 3.16。

6. 解释检验结果。计算值大于临界值（28.3>3.16），因此拒绝虚无假设，认为两对或更多对均值之间存在统计意义上的显著差异。请注意图表 14－13 中 p 值等于 0.000 1。因为 p 值（0.000 1）小于显著性水平（0.05），这是拒绝虚无假设的第二种方法。

图表 14－13　方差分析举例总结表*

模型概述†					
来源	自由度	平方和	均方	F 值	p 值
模型（航线）	2	11 644.033	5 822.017	28.304	0.000 1
残差（误差）	57	11 724.550	205.694		
总计	59	23 368.583			

均值表				
	计数	均值	标准差	标准误
汉莎航空	20	38.950	14.006	3.132
马来西亚航空	20	58.900	15.089	3.374
国泰航空	20	72.900	13.902	3.108

多重比较过程‡				
	对比	差值	临界差值	p 值
汉莎航空	马来西亚航空	19.950	11.400	0.000 2　S
	国泰航空	33.950	11.400	0.000 1　S
马来西亚航空	国泰航空	14.000	11.400	0.012 2　S

* 所有数据是假设的。

† 因素：航线；因变量：航班服务评分 1。

‡ S＝在 0.05 的水平上存在显著差异；显著性水平为 0.05。

图表 14－13 中的方差分析模型总结是显示方差分析结果的标准方法。这个表中包含标准差、自由度、平方和、均方和计算 F 值的来源。拒绝虚无假设的概率计算到 100%的 α，也就是说，p 值一列报告了被检验的 F 比率的精确显著性。

先验对比

当我们计算 t 值时，不难发现拒绝虚无假设的原因。但是，我们如何使用单因素方差分析确定哪对不相等呢？我们可以计算一系列 t 值，但是它们彼此不独立，导致的第一类错误也将显著增加。这种方法并不推荐。如果我们事先确定对特定总体之间的对比是重要的，那么，应该在 F 检验拒绝虚无假设之后使用称为**先验对比**（a priori contrast）的一类特殊方法（先验是因为决策在检验之前作出）。[11]

F 检验的修正提供了计算对比的一种方法：

$$F=\frac{MS_{\mathrm{CON}}}{MS_{\mathrm{W}}}$$

分母组内均方与单因素 F 比率的误差项相同（记录在图表 14－13 中）。我们之前已经指出 F 比率的分母是误差方差估计值。对比检验的分子定义为：

$$MS_{\mathrm{CON}}=SS_{\mathrm{CON}}=\frac{\left(\sum_j C_j\overline{X}_j\right)^2}{\sum_j \frac{C_j^2}{n}}$$

式中，C_j＝组 j 的对比系数；n_j＝组 j 记录的观测值数目。

当研究者对回答关于因素的一个亚组的具体问题感兴趣时，在实验或准实验设计中进行对比是有用的。例如，在咖啡产品的对比中，我们有一个包含 6 个水平的因素。咖啡组合的各个水平经过了有意义的排序。假设我们对两种美洲中部出产的组合和一种哥伦比亚出产的组合感兴趣。我们不是检验所有可能的组合，而是比较我们感兴趣的组合。如果存在差异，这将增大我们检测出差异的可能性。

多重比较检验

为了在研究发现的报告中恰当使用对比检验相关的概率，重要的是在检验之前设计对比的策略。在航空公司研究中，我们没有事先对比的理论理由。然而，当我们查看均值表时（如图表 14－13 所示），很明显航空公司的均值差别很大。要想对结果进行比较，需要进行事后检验或成对的**多重比较检验（或多重范围检验）**（multiple comparison test /multiple range test）来确定哪些平均值彼此不同。这些检验可以发现没有显著差异的相对同质的均值子集。多重比较检验的是每对均值之间的差异，在 0.05 的显著性水平上（或其他指定的水平）指出均值显著不同的组。多重比较检验要用到的是组均值以及 F 值中的误差均方。它们共同形成了总体均值的置信区间以及一个标准分数。如此就可以进行均值间的差异比较。

我们有一打以上（超过 12 种）这类具有不同最优化目标的检验：最大数目比较、不相等单元格大小比较、单元格同质性、消减第一类和第二类错误，等等。不同检验的价值在统计学者中存在争议，使得研究者在选择检验时缺乏指导。在图表 14－14 中，我们提供了一种一般性指导。对于图表 14－13 中的例子，我们选择 Scheffé's S。这个保守的检验对于不满足假定的情形也是稳健的。[12] 电脑计算的临界差异标准是 11.4，所有均值对之间的差异都超过了这个值。在 0.05 水平下对虚无假设进行 Scheffé's S 检验。由此，我们得出结论：航班服务均值的所有组合之间彼此存在差异。

图表 14－14　多重比较程序的选择

检验	配对比较	复杂比较	仅当 n 相等	n 不相等	假定方差相等	假定方差不等
Fisher LSD	√			√	√	
Bonferroni	√		√	√		
Tukey HSD	√		√		√	
Tukey-Kramer	√			√	√	
Games-Howell	√			√		√
Tamhane T2	√			√		√
Scheffé's S		√		√	√	
Brown-Forsythe		√		√		√
Newman-Keuls	√		√		√	
Duncan	√		√		√	
Dunnett's T3						√
Dunnett's C						√

尽管图表 14－13 中的表格提供了理解拒绝单因素虚无假设和 Scheffé 虚无假设的原因，我们在图表 14－15 中通过图进行比较。均值分布图表明因素的三个水平之间的相对差异。标准差的散点图表明假设的汉莎航空和国泰航空乘客的意见具有较低的

变异性。然而，这两个组在航班服务质量上迥然不同，这在图中显而易见。

图表 14-15　单因素方差分析图

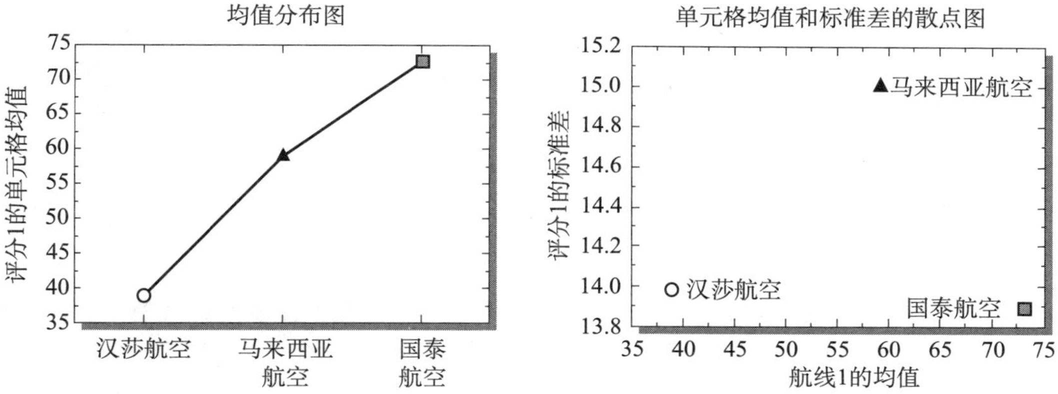

用双因素方差分析探索结果

乘客旅行的航线是不是影响航班服务感知的唯一因素？通过扩展单因素方差分析，我们对服务评分能够了解更多。许多可能的解释都是存在的。为了简便起见，我们研究乘客选择的座位。

请回忆一下图表 14-12，数据表示不同的座位选择：经济舱和商务舱。将这个因素加入模型，我们得到双因素方差分析。现在需要考虑关于该模型的三个问题：

- 航班服务评分的差异能否归因于航线？
- 航班服务评分的差异能否归因于座位选择？
- 航线和座位选择对航班服务评分是否有交互作用？

第三个问题揭示出双因素模型的独特优势。一个单独的航空公司单因素模型平均了座位选择的效应。类似地，对座位选择的单因素检验平均了航空公司选择的效应。但是对航空公司和座位选择的交互效应检验可以同时考虑这两个效应。

图表 14-16 报告了对这三个问题的假设的检验，显著性水平为 0.01。首先考察的是航空公司选择和座位选择的交互效应，因为如果两个因素相互作用，就不能只单独考虑每个因素的主效应。在 0.01 水平上，交互作用不显著，虚无假设没有被拒绝。接下来就可以验证航空公司选择和座位选择分别的主效应。与单因素方差分析一样，航空公司选择和座位选择因素的虚无假设都被拒绝了（结果在 0.000 1 水平上显著）。

图表 14-16　双因素方差分析举例总结表*

模型总结†					
来源	**自由度**	**平方和**	**均方**	***F* 值**	***p* 值**
航线	2	11 644.033	5 822.017	39.178	0.000 1
座位选择	1	3 182.817	3 182.817	21.418	0.000 1
航线×座位选择	2	517.033	258.517	1.740	0.185 3
残差	54	8 024.700	148.606		

均值表格效应：航线×座位选择				
	计数	均值	标准差	标准误
汉莎航空经济舱	10	35.600	12.140	3.839
汉莎航空商务舱	10	42.300	15.550	4.917
马来西亚航空经济舱	10	48.500	12.501	3.953
马来西亚航空商务舱	10	69.300	9.166	2.898
国泰航空经济舱	10	64.800	13.037	4.123
国泰航空商务舱	10	81.000	9.603	3.037

* 所有数据是假设的。

† 被解释变量：评分 1 的航线服务。

图表 14－17 显示了所列的均值和标准差的图。我们注意到经济舱乘客具有相似的离差区间，商务舱乘客具有较低变异性的区间——除了一家航空公司。单元格均值图从直观上验证了我们从总结表中已经知道的信息：航线和座位选择之间没有交互作用（$p=0.185$）。如果存在交互作用，连接单元格均值的各条线应该交叉，而非平行。

图表 14－17　双因素方差分析图

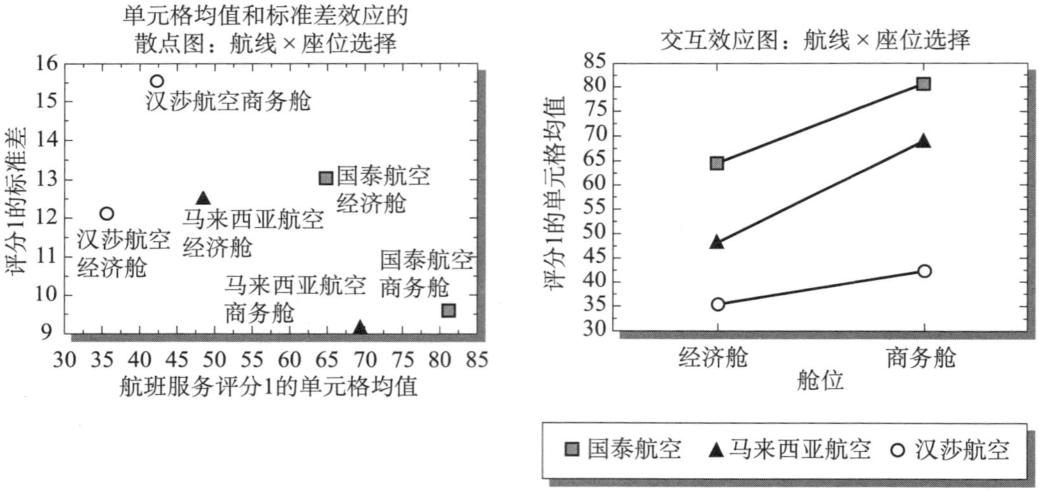

方差分析是一种适用广泛的检验应用，是一种极其通用和有力的工具。

非参数检验

当收集的定类数据有 k 个独立样本时，χ^2 检验是适合的。χ^2 检验还可用于在更高测量水平上对数据进行分类，但是计量信息在简化中丢失。k 个样本的 χ^2 检验是前面所描述的案例的延伸。其计算和解释方法相同。

Kruskal-Wallis 检验适用于定序数据或不满足 F 检验假定、不能变形的或因为其他原因不适用参数检验的定距数据。Kruskal-Wallis 是等级的单因素方差分析，它假定样本是随机选择、相互独立的连续型分布。

对于被评价的每个观测值，评分或分数转换成等级后，数据就准备就绪了。整合的样本中所有数据点的等级从高到低排列。然后，对等级进行检验，判断样本是否取自相同总体。

14.3.8　k 个相关样本的检验

参数检验

k 个相关样本的检验（k-related-samples test）适用的情形是：（1）分组因素具有两个以上水平；（2）观测值或被试是匹配的或对相同被试的测量超过一次；（3）数据至少是定距的。在营销实验或 k 个样本的事后回溯设计中，通常需要多次测量被试。这些重复的测量称为**试验**（trial）。例如，采用多重测量进行存货价格研究，在耐用性、库存、销售额和产品性能方面评价产品。使用单变量或多变量广义线性模型检验这些情形下的假设。

但后者超出了我们讨论的范围。重复测量的方差分析是一种特殊类型的 n 因素方差分析。在这一设计中，对每个被试的重复测量是相关的，就像它们在只呈现两个测量的相关 t 检验中一样。在这个意义上，每个被试对自己进行控制，需要评价被试间的方差效应，这种评价方法不同于一个因素（如航线或座位选择）的组间方差的评价方法。相关测量的效应在计算 F 比率前被剔除。

这个模型是图表 14－12 中数据的解决方法。你还记得单因素和双因素方差分析的例子，只考虑航班服务的第一次评分。假设一周后再次对相同的被试进行访谈，获得了第二次评分。现在有因变量的两轮测试，我们感兴趣的是与单因素方差分析中相同的一般问题，以及时间如何影响对航班服务的感知。

根据如下步骤进行检验：

1. 陈述虚无假设。

（1）航线：H_0：$\mu_{A1}=\mu_{A2}=\mu_{A3}$

（2）评分：H_0：$\mu_{R1}=\mu_{R2}$

（3）评分×航线：H_0：$(\mu_{R2A1}-\mu_{R2A2}-\mu_{R2A3})=(\mu_{R1A1}-\mu_{R1A2}-\mu_{R1A3})$

对于备择假设，我们的总体表述是每个假设中各组的均值不全相等。

2. 选择统计检验。选择用于重复测量的 F 检验，因为我们有对 k 个样本的因变量的相关试验，接受方差分析的假定，并且使用的是定距数据。

3. 选择满意的显著性水平。$\alpha=0.05$，d. f. ＝［航线（2，57），评分（1，57），评分×航线（2，57）］。

4. 求出计算值。见图表 14－18 的总结。

5. 获得临界检验值。d. f.（2，57），$\alpha=0.05$；d. f.（1，57），$\alpha=0.05$。临界值为 3.16（2，57）和 4.01（1，57）。

6. 解释检验结果。统计结果是拒绝所有三个虚无假设的依据，也是得出所有三种情况下均值存在显著性差异的结论的依据。我们的结论是，航班服务的感知受到不同航线的显著影响，两次测量的间隔对评分有显著影响，测量的时间间隔和航线的交互作用显著。

图表 14-18 重复测量的方差分析总结表*

模型总结†					
来源	自由度	平方和	均方	F 值	p 值
航线	2	35 527.550	17 763.775	67.199	0.000 1
被试（组）	57	15 067.650	264.345		
评分	1	625.633	625.633	14.318	0.000 4
评分×航线	2	2 061.717	1 030.858	23.592	0.000 1
评分×被试	57	2 490.650	43.696		

均值表格评分×航线				
	计数	均值	标准差	标准误
评分 1，汉莎航空	20	38.950	14.006	3.132
评分 1，马来西亚航空	20	58.900	15.089	3.374
评分 1，国泰航空	20	72.900	13.902	3.108
评分 2，汉莎航空	20	32.400	8.268	1.849
评分 2，马来西亚航空	20	72.250	10.572	2.364
评分 2，国泰航空	20	79.800	11.265	2.519

均值表格效应：评分				
	计数	均值	标准差	标准误
评分 1	60	56.917	19.902	2.569
评分 2	60	61.483	23.208	2.996

* 所有数据是假设的。

† 因变量：航班服务评分 1 和 2。

图表 14-18 中的方差分析总结表记录了这个检验的结果。均值表提供了所有评分×航线组合的均值和标准差。均值的第二个表格报告了航班服务评分 1 和航班服务评分 2 的差异。图表 14-19 是这些数据的交互作用图。请注意，一周后，第二次航班服务评分在两组中有所提高，但是第三个航空公司的赞成回答下降了。交互作用图中的交叉线反映了这个结果。

非参数检验

当 k 个相关样本是定类数据时，Cochran Q 检验是一个很好的选择。[13] 这一检验是前述用于两个以上样本研究的 McNemar 检验的延伸。它所检验的假设是一个类别中的个案比例与几个相关类别相等。

当数据至少是定序数据时，使用 Friedman 双因素方差分析。它对匹配样本进行检验，对每个个案排序，计算每个变量在所有个案中的平均等级，用这些等级计算一个检验统计量。结果是一个双因素表格，其中行表示被试，列表示处理。[14]

图表 14-19　重复测量的方差分析图

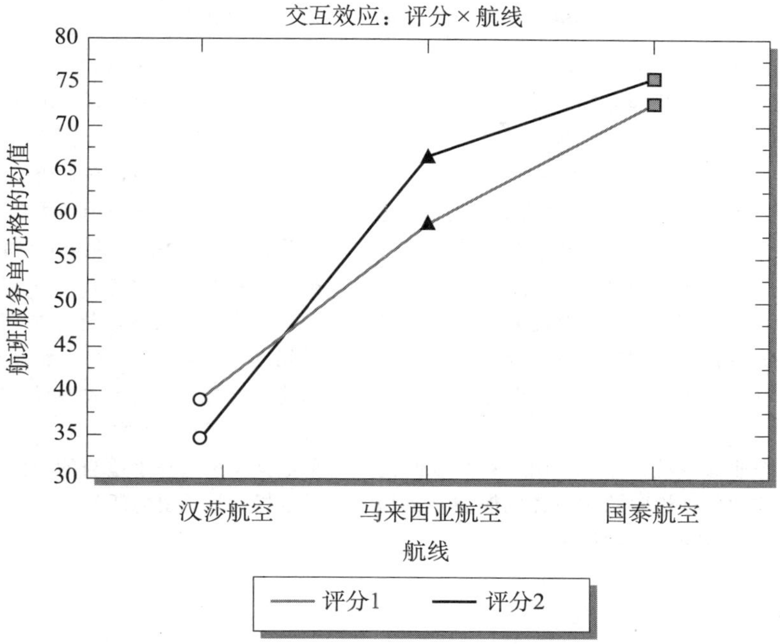

小　结

1. 在经典统计中，我们根据从一个样本中收集的证据对总体进行推断。尽管我们无法清楚地陈述总体真正如何，但可以通过代表性样本陈述总体可能如何以及一个结论中可能存在多大误差。贝叶斯方法也使用抽样统计量，但应补充附加信息，从而帮助决策制定者作出判断。

2. 如果在一个总体中确实存在两组或多组数据之间的差异，那么它在统计上是显著的。为了获得基于抽样证据的统计显著性结果，我们必须能够计算某些观测差异足够大的概率，以至于其几乎不可能来自随机抽样。概率是决定虚无假设的可接受性的基础，样本统计量有助于获得这些估计值。

3. 假设检验可以视为一个六步骤的过程：

a. 陈述虚无假设。指明了差异方向的备择假设需要单尾显著性检验。如果没有指明差异的方向，则是双尾检验。

b. 根据总体分布和测量水平的假定选择统计检验。数据形式也是一个因素。根据这些考虑因素，我们通常选择具有最大效力或能够减少决策误差的检验。

c. 选择理想的显著性水平。尽管 $\alpha=0.05$ 是最常用的水平，其他许多水平也可使用。α 是我们期望的显著性水平，通常在研究之前已经设定。α 或第一类错误是拒绝一个真实的虚无假设的风险，代表一个决策误差。β 或第二类错误是接受一个错误的虚无假设的决策误差。通常，我们确定一个可接受的 α 误差的水平，然后通过增加样本量，将双尾显著性检验变为单尾显著性检验，或同时使用这两种方法设法降低 β 误差。

d. 求出数据的实际计算值。

e. 获得临界检验值，通常是通过查找适当的分布类型的表格来获得临界检验值。

f. 通过将实际计算值与临界检验值比较，解释检验结果。

4. 参数检验和非参数检验适用于本章描述的不同情形。图表 14-8 对这些方法做了总结。参数检验用于定距和定比数据，优先用于满足假定的情形。诊断工具可以检验数据是否违反假定。非参数检验不需要关于总体分布的严格假定，适用于效力较小的定类和定序数据。

5. 在选择一个显著性检验时，我们至少需要知道样本数目、它们相关还是独立以及数据的测量水平。本章强调的统计检验是 Z 检验和 t 检验、方差分析和 χ^2 检验。Z 检验和 t 检验用于检验两个均值之间的差异。样本量较小时使用 t 检验。t 检验的变形可以用于独立样本和相关样本。

单因素方差分析对几个组的均值进行比较。它包含单一分组变量（因素）和一个连续的因变量。方差分析将数据点的总离差分解为组间方差（处理）和组内方差（误差）。检验统计量 F 比率用于判断差异是否足够大以拒绝虚无假设。方差分析可以延伸到双因素、n 因素、重复测量和多变量的应用。

χ^2 是一个非参数统计量，常用于列联表或交叉表。它的应用包括检验总体内各比例的差异和独立性。此外，讨论了 χ^2 的修正。

6. 众多假设检验中的每一个都会生成一个统计值，即临界值。临界值会在研究人员所选的特定显著性水平上与适当分布类型表格中的值进行比较。行业中通常选择的显著性水平为 0.05 或 0.01。如果检验中计算得出的临界值大于其适当分布类型表格中的值，将拒绝虚无假设并得出结论：检验的变量间存在显著的关系。不管检验发现存在显著关系（拒绝虚无假设）还是不存在显著关系（不拒绝虚无假设），每个发现都对解释数据具有同等重要的意义。因为它支持或拒绝了推动最初研究的假设。每当最初假设（备择假设）得到支持或拒绝时，都会影响对洞见及可能提出的建议的开发。鉴于大多数假设检验的统计数据都是由计算机计算的，假设研究人员针对所研究的数据类型选择了适当的检验方式，那么解释统计数据是最重要的任务。

※关键术语

贝叶斯统计（Bayesian statistics）
备择假设（alternative hypothesis（H_A））
参数检验（parametric test）
单尾检验（one-tailed test）
单样本检验（one-sample test）
第二类错误（Type II error（β））
第一类错误（Type I error（α））
多重比较检验（或多重范围检验）（multiple comparison test/multiple range test）
方差分析（analysis of variance，ANOVA）
非参数检验（nonparametric test）
观察到的显著性水平（observed significance level）
假设检验（hypothesis testing）
检验效力（power of the test）
接受域（region of acceptance）
经典统计（classical statistics）
拒绝域（region of rejection）
均方（mean square）
卡方（χ^2）检验（chi-square（χ^2）test）
两个独立样本的检验（two-independent-samples test）
两个相关样本的检验（two-related-samples test）
临界值（critical value）
实际显著性（practical significance）
试验（trial）
双尾检验（two-tailed test）
统计显著性（statistical significance）
推断性统计（inferential statistics）
先验对比（a priori contrast）
显著性水平（level of significance）
虚无假设（null hypothesis（H_0））
正态概率分布图（normal probability plot）
F 比率（F ratio）
k 个独立样本的检验（k-independent-samples test）
k 个相关样本的检验（k-related-samples test）
p 值（p value）
t 分布（t distribution）
t 检验（t-test）
Z 分布（Z distribution）
Z 检验（Z test）

❖讨论问题

术语回顾

1. 区分下列术语：

a. 参数检验和非参数检验；

b. 第一类错误和第二类错误；

c. 虚无假设和备择假设；

d. 接受域和拒绝域；

e. 单尾检验和双尾检验；

f. 第二类错误和检验效力。

2. 总结假设检验的步骤。这个过程的优点是什么？

3. 在方差分析中，组间均方和组内均方的目的是什么？如果虚无假设没被拒绝，这些数据是什么样的？

4. 描述方差分析的假定，并解释如何诊断这些假定。

作出研究决策

5. 指出研究者应该更加关注第二类错误而非第一类错误的情形。

a. 如何降低第一类错误的概率？第二类错误呢？

b. 实际显著性与统计显著性的差异是什么？

c. 假设你访谈了所有的大一和大四学生，发现 65％的大一学生和 62％的大四学生支持在国外建立帮助中心的提案。这个差异显著吗？

6. 针对下列情形你将使用什么样的假设检验程序？

a. 将应聘者分为接受和拒绝的检验。根据 200 个应聘者的数据，我们检验假设：广告定位的成功与性别不相关。

b. 一家公司在两个国家制造和销售汽车。我们想知道两家工厂出产的汽车中使用同样汽油可行驶的里程数是否相同。每家工厂有 45 个单元构成的样本。

c. 一家公司有三类营销分析员：具有职业资格，但缺乏工作经验；具有职业资格和工作经验；没有职业资格，但有工作经验。一项研究测量每个营销分析员的动机水平（分为高、中、低三级）。检验的假设是营销分析员类别与动机之间不存在关系。

d. 一家公司有 24 名销售员。需要通过检验来评价他们参加一个培训项目之后销售绩效是没有变化还是提升了。

e. 一家公司需要评价其增加的销售额是应归因于产品质量、广告还是产品质量和广告的交互作用。

7. 你对 25 名今年毕业的市场营销专业学生样本进行调查，发现平均 GPA 是 3.2。样本的标准差是 0.4。在过去 10 年中，平均 GPA 是 3.0。今年学生的 GPA 是否显著不同于长期均值？这个差异在什么水平上是显著的？

8. 你很好奇你们学院的教授和学生是否有不同的政治信念。你从每个总体中随机抽取 20 个教授和 20 个学生。你发现 10 个教授说他们是保守的，6 个学生说他们是保守的。这个差异在统计上显著吗？

9. 你联系了西部大学的 36 个毕业生组成的随机样本，发现他们去年的平均起薪是 28 000 美元。然后，你联系了东部大学的 40 个毕业生组成的随机样本，发现他们的起薪是 28 800 美元。在每种情况中，样本的标准差是 1 000 美元。

a. 检验虚无假设：两所学校毕业生的平均起薪没有显著差异。

b. 哪些假定对于这个检验是必要的？

10. 访谈一个由学生组成的随机样本，判断班级和对社团的态度是否存在联系。根据下面的结果，检验虚无假设：学生态度没有差异。

	赞成	中立	不赞成
一年级学生	100	50	70
二年级学生	80	60	70
三年级学生	50	50	80
四年级学生	40	60	90

11. 你调查市场营销专业学生和文学院学生，判断他们每周阅读几次日报。在各种情况下，你访谈了 100 名学生。你的结果是：

$\overline{X}_m = 4.5$ 次

$S_m = 1.5$

$\overline{X}_{la} = 5.6$ 次

$S_{la} = 2.0$

检验假设：这两个样本没有显著差异。

12. One-Koat 油漆公司开发出一种新型的门廊油漆。公司希望这种油漆是市场上最耐用的。研发组对这种新产品和两种领先的竞争产品进行检验，方法是用机器刮擦直到穿破涂层。One-Koat 对每种产品进行了五次试验，得到下列数据（单位：千次刮擦）：

试验	One-Koat	竞争者 A	竞争者 B
1	37	34	24
2	30	19	25
3	34	22	23
4	28	31	20
5	29	27	20

检验假设：这些产品的均值没有差异（$\alpha=0.05$）。

13. 一家电脑制造商正在引进一种定位于家庭市场的新产品，并希望比较三种销售战略的有效性：电脑商店、家用电器商店和百货公司。对15名销售员的销售量记录如下：

家用电器商店：5，4，3，3，3

百货公司：9，7，8，6，5

电脑商店：7，4，8，4，3

a. 检验假设：零售商的均值没有差异（$\alpha=0.05$）。

b. 如果必要的话，选择一种多重比较检验，判断哪组的销售量均值存在差异（$\alpha=0.05$）。

来自头条新闻

14. 雇主和大学使用能力测验来预测个人表现。最近，批评家说，在一定水平以上，表现并没有太大差异，每个人基本上都是一样的。在最新一期的《心理科学》杂志上，一项新研究发现事实并非如此。你的分数越高，你以后的表现就越好。该考察考虑了四项针对做过能力倾向测验的人的大型研究，包括110所大学的15万名学生的 College Board SAT 分数及其新生 GPA。另外两个数据集包含学生在高中考试中的表现以及他们在大学中的成绩。测试分数越高，以后的表现越好。提出可以同样解释这一发现的备择假设。

◈ 参考文献

1. An ad from Lieberman Research Worldwide, originally published in *Advertising Age* magazine and provided by the company to the author, claimed, "We look at the results and ask 'so what'–playing out every possible scenario."
2. A more detailed example is found in Amir D. Aczel and Jayauel Sounderpandian, *Complete Business Statistics,* 5th ed. (New York: Irwin/McGraw-Hill, 2001).
3. The standardized random variable, denoted by *Z,* is a deviation from expectancy and is expressed in terms of standard deviation units. The mean of the distribution of a standardized random variable is 0, and the standard deviation is 1. With this distribution, the deviation from the mean by any value of *X* can be expressed in standard deviation units.
4. Procedures for hypothesis testing are reasonably similar across authors. This outline was influenced by Sidney Siegel, *Nonparametric Statistics for the Behavioral Sciences* (New York: McGraw-Hill, 1956), Chap. 2.
5. Marija J. Norusis/SPSS Inc., *SPSS for Windows Base System User's Guide,* Release 6.0 (Chicago: SPSS, 1993), pp. 601–06.
6. For further information on these tests, see ibid., pp. 187–88.
7. F. M. Andrews, L. Klem, T. N. Davidson, P. M. O'Malley, and W. L. Rodgers, *A Guide for Selecting Statistical Techniques for Analyzing Social Science Data* (Ann Arbor: Institute for Social Research, University of Michigan, 1976).
8. See B. S. Everitt, *The Analysis of Contingency Tables* (London: Chapman and Hall, 1977).
9. The critiques are represented by W. J. Conover, "Some Reasons for Not Using the Yates' Continuity Correction on 2 × 2 Contingency Tables," *Journal of the American Statistical Association* 69 (1974), pp. 374–76; and N. Mantel, "Comment and a Suggestion on the Yates' Continuity Correction," *Journal of the American Statistical Association* 69 (1974), pp. 378–80.
10. This data table and the analysis of variance tables and plots in this section were prepared with SuperANOVA™.
11. See, for example, Roger E. Kirk, *Experimental Design: Procedures for the Behavioral Sciences* (Belmont, CA: Brooks/Cole, 1982), pp. 115–33. An exceptionally clear presentation for step-by-step hand computation is found in James L. Bruning and B. L. Kintz, *Computational Handbook of Statistics,* 2nd ed. (Glenview, IL: Scott, Foresman, 1977), pp. 143–68. Also, when you use a computer program, the reference manual typically provides helpful advice in addition to the setup instructions.
12. Kirk, *Experimental Design,* pp. 90–115. Alternatively, see Bruning and Kintz, *Computational Handbook of Statistics,* pp. 113–32.
13. For a discussion and example of the Cochran *Q* test, see Sidney Siegel and N. J. Castellan Jr., *Nonparametric Statistics for the Behavioral Sciences,* 2nd ed. (New York: McGraw-Hill, 1988).
14. For further details, see ibid.

第 15 章

第 4 阶段：关系测量

人类的大脑是令人难以置信的模式匹配机器。

——杰夫·贝索斯（Jeff Bezos），亚马逊首席执行官

学习目标

阅读本章后，你应该了解：

1. 如何用相关分析来研究两个或多个变量间的关系。

2. 积差相关系数的用途、要求和解释。

3. 如何使用最小二乘法通过回归分析进行预测，来最大限度地减少绘制最佳拟合线时的误差。

4. 如何检验回归模型的线性度以及模型对拟合数据是否有效。

5. 当参数技术的关键假设和要求无法满足时，非参数关系的测量及其提供的替代方法。

15.1 简介

上一章中，我们重点讨论了对差异假设的检验。然而，管理问题通常涉及对两个或多个变量关系的研究。因此，关系假设是必不可少的。对于研究问题“美国消费者是否认为美国厨房用具比国外厨房用具质量更好”，两个变量（“来源国家”和“感知的质量”）的关系并不明确。但是，这个表述的隐含意思是一个变量是另一个变量的原因。有关这个问题正确的关系假设应该表述成这两个变量在某种明确的方式下同时发生，而没有一个变量导致另一个变量的隐含意思。

相关分析可以实现不同的目标：发现关系的大小、方向、形状和其他特征；或者，通过一个变量的值预测另一个变量的值，从而回答战术或战略问题。让我们来看一些典型的管理问题：

- 在邮件订单业务中，过高的目录成本迅速抵消了边际利润。许多邮件不能送到愿意接收的或活跃的购买者的手中。减少不活跃客户的邮件数与边际利润增加是什么关系？
- 中型公司通常很难吸引优秀的 MBA 人才，即使成功，也会在留住这些人才时遇到困难。职业候选人在主管面试中的排名与他们在测验或管理评价中的排名有什么关系？
- 由于各州均执行关于消除户外香烟广告和公共交通工具香烟广告的联合协议，香烟公司的营销方案在几年前作出调整。最近，在拥有大量年轻读者群的杂志中，

香烟广告也受到严格审查。在某一时期内，销售点的广告支出额与净利润是什么关系？

● 蓬勃发展的美国高科技公司在欧洲芯片市场上发布大量广告，其销售额比 3 家最大的欧洲公司的销售额总和高出 20%。我们能否根据目前的广告状况预测明年的销售额？

所有这些问题都可以通过关系测量的方法进行检验，并根据变量的测量水平或问题的意图选择不同的技术。前三个问题分别使用定类、定序和定距数据。最后一个问题可以通过简单线性回归解决。

在相关分析中，通过计算一个指标来测量变量间关系的本质。在回归分析中，通过构建一个方程预测因变量的取值。这两种方法都受到测量水平的假设和数据分布的影响。

图表 15-1 列举了一些常用指标及其用法。本章按照该图的顺序，首先讨论二元线性相关，然后研究简单回归分析，最后讨论非参数关系测量。通过对假设的直观检验和诊断评价，我们将继续重点讨论数据探索。

图表 15-1 常用的关系测量

测量水平	系数	说明和用法
定距和定比	皮尔逊（积差）相关系数	用于连续的线性相关变量。
	相关比率（η）	用于非线性数据或计算主效应与连续型因变量的相关。
	点二列相关系数	一个连续变量与另一个服从正态分布的二分变量的相关系数。
	偏相关	三个变量；剔除第三个变量效应后另两个变量的关系。
	复相关	三个变量；一个变量与另两个变量的关系。
	二元线性回归	通过一个变量的值预测另一个变量的值。
定序	γ	基于和谐—不和谐配对：（$P-Q$）；具有消减误差比例（PRE）的含义。
	肯德尔 τ_b	基于 $P-Q$；对捆绑等级的调整。
	肯德尔 τ_c	基于 $P-Q$；对表格维度的调整。
	萨默斯 d	基于 $P-Q$；γ 的非对称性延伸。
	斯皮尔曼 ρ	等级数据的积差相关。
定类	ϕ	基于卡方；用于 2×2 表格。
	克莱姆 V	基于卡方；对一个表格维度>2 的调整。
	相依系数 C	基于卡方；灵活的数据和分布假定。
	λ	基于 PRE 的解释。
	Goodman & Kruskal's τ	基于 PRE；强调表格的边际量。
	不确定性系数	用于多维度表格。
	Kappa	一致性测量。

15.2 二元相关分析

二元相关分析（bivariate correlation analysis）与非参数的关系测量和回归分析

的差别体现在两个重要方面：首先，参数相关需要两个定距或定比的连续变量。其次，相关系数不区分自变量和因变量，而是对称地处理变量，因为系数 r_{xy} 与系数 r_{yx} 的解释相同。

15.2.1 皮尔逊积差相关系数 r

皮尔逊（积差）相关系数（Pearson (product moment) correlation coefficient）的范围从−1 经 0 到+1。符号 r 表示基于样本数据的线性关联的系数估计量。系数 ρ 表示总体相关。

相关系数揭示了关系的大小和方向。大小指变量朝聚集或相反方向移动的程度。+0.40 的相关与−0.40 的相关，大小是相同的。相关系数的大小与符号无关。绝对值 0.4 说明相关程度适中。系数的符号表示关系的方向。方向表示一个变量的较大值是否与另一个变量的较大值有关联（同理，较小值与较小值是否有关联）。当取值通过这种方式联系时，这两个变量具有正向关系：一个变量取值随着另一个变量取值的增加而增加。例如，家庭收入与家庭食品支出正相关。食品支出随收入的增加而增加。还有一些变量是反向相关的。第一个变量的较大值与第二个变量的较小值相关联（反之亦然）。商品与服务的价格与它们的稀缺性负相关。总体上，商品的可用数量下降时，其价格上升。当关系不存在时，系数近似为 0。

快速浏览 ►►►►►►►►►

发现最佳实践

在每个领域中发现最佳实践是许多公司的任务。这些发现可以通过减少资源支出、提高绩效或同时实现两者来显著提高盈利能力。这类基于关系的研究的目的（不考虑领域）是为了识别出那些最佳实践。全球管理咨询公司麦肯锡（McKinsey & Company）着手为其客户探索在拉丁美洲销售渠道的最佳实践，这些销售渠道所在的拉丁美洲国家正在经历增长缓慢、通货膨胀率上升及货币贬值的问题。

与发达国家中大型零售商和仓储式商场压倒性地占据销售渠道不同，在拉丁美洲，小型独立商店（称为零散贸易）仍然销售着 40% 的快速消费品。消费品公司（consumer product goods companies，CPG）通过该地区的社区市场和超级市场进行销售，正在进入新兴的中产阶层市场。为了识别最佳实践，麦肯锡调查了 35 家在拉丁美洲开展业务的 CPG，这是其更大的全球客户和渠道管理调查的一部分。为了发现最佳实践，麦肯锡需要找到采用相似实践的公司，其业绩要明显优于未采用这些实践的公司。“优胜公司与其他公司的表现差异达到了 17 个百分点，比我们研究过的除了中国之外的其他市场都要大。”研究学者布鲁诺·弗塔多（Bruno Furtado）表示。

麦肯锡发现，在选择零散贸易伙伴时，实施最佳实践的 CPG 更有可能使用具有评价性、前瞻性的标准。例如，研究发现，最佳实践公司更有可能评估商店与 CPG 公司的关系质量（50%～6%）、CPG 公司在商店中的份额（67%～29%）、商店盈利能力的增长潜力（33%～6%）以及商店在类别销售中的潜在份额（50%～29%）。对这些标准的监控可以显著提高绩效。

为了与各种类型和规模的商店（而不仅是大型低成本零售商）建立强大的合作伙伴关系，所有最佳实践CPG都在协作式商店关系上投入资金。所有这些CPG都对关键客户使用多功能服务团队，有近50%的团队专注于销售增长。相反，绩效较差的公司则很少使用这种团队，即使有公司使用这种团队，也只有29%专注于销售增长。所有最佳实践CPG都在商店货架图的使用、库存控制、新产品推出等方面投入了更多的资金。这些公司向其销售人员支付的工资要（比其他公司）多28%，从而降低了离职率。最佳实践公司集中管理定价和促销活动，并更频繁地跟踪竞争对手的价格，从而将更大比例的商品（78%～63%）以不打折的价格出售。与业绩不佳的公司相比，它们更加频繁地根据贸易水平定价，并且对当地情况的反应更快。最佳实践公司使用的技术和数据远远多于业绩不良的公司，尤其是在库存管理方面。在存货保存方面，这些CPG使用销售点照片来追踪货架图的使用（75%～17%）和库存（75%～35%）。

该研究学者认为，在拉丁美洲分销的CPG可以向行业中的最佳实践者学习很多东西。

资料来源：www. mckinsey. com.

15.2.2 用散点图探索关系

散点图（scatterplot）对于理解变量之间的关系至关重要，是对数据进行直观检验的方法，这是两个变量值的列表所不能实现的。图形既可以表示关系的方向，也可以表示关系的形状，经过简单操作，还可以显示关系的大小。

图表15-2中的一系列散点图描述了r的取值范围内的一些关系。左侧三个图形中的点在x-y图中从左上方向右下方倾斜。[1]它们代表不同大小的负向关系。右侧三个图形具有相反的类型，表示正向关系。

当较强的关系很明显时（例如，相关为±0.90），各点向一条穿过数据的假想直线汇聚。较弱的关系（±0.40）描述一个更分散的数据云，分散的各点距离这条直线更远。

线性关系的形状被描述为一条直线，而不像线性关系用曲线、抛物线和复曲线描述。皮尔逊相关系数测量线性相关的变量之间的关系。它不能对线性数据和非线性数据进行区分。只采用汇总统计量不能揭示数据是否适合用某模型来分析，这就需要对数据进行直观检查。

数据直观化的必要性可以通过汇总统计量相同但类型截然不同的四组数据加以说明。[2]图表15-3展示了这些数据，图表15-4是根据这些数据绘出的图形。图1中，两个变量正相关。数据点的分布大致在一条直线附近。这个例子非常适合相关分析。图2中，数据呈曲线，皮尔逊相关系数不适合测量这种关系。图3中，影响点的存在改变了原本理想的+1.0的皮尔逊相关系数。最后一个图中，x的值是常数（与动物或质量控制实验的情形相似）。一个杠杆点决定了这些数据的拟合直线。

图表 15-2　两个变量之间相关关系的散点图

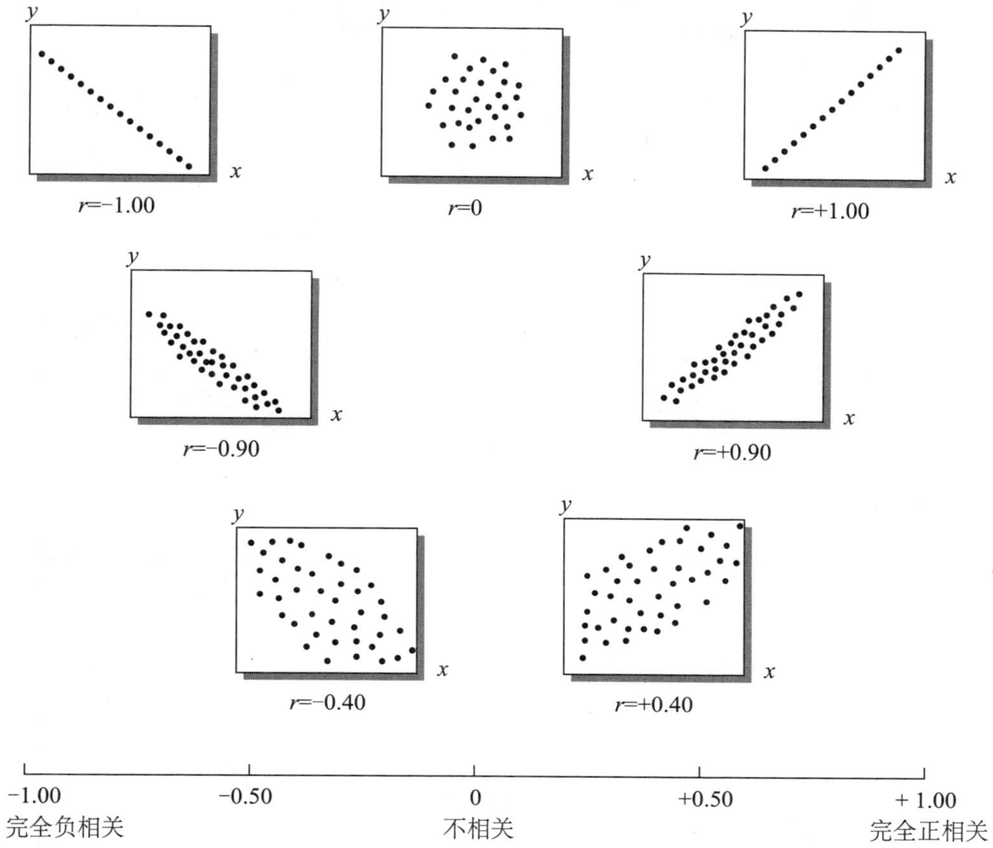

图表 15-3　具有相同的汇总统计量的四个数据表

S_B	X_1	Y_1	X_2	Y_2	X_3	Y_3	X_4	Y_4
1	10	8.04	10	9.14	10	7.46	8	6.58
2	8	6.95	8	8.14	8	6.77	8	5.76
3	13	7.58	13	8.74	13	12.74	8	7.71
4	9	8.81	9	8.77	9	7.11	8	8.84
5	11	8.33	11	9.26	11	7.81	8	8.47
6	14	9.96	14	8.10	14	8.84	8	7.04
7	6	7.24	6	6.13	6	6.08	8	5.25
8	4	4.26	4	3.10	4	5.39	19	12.50
9	12	10.84	12	9.13	12	8.15	8	5.56
10	7	4.82	7	7.26	7	6.42	8	7.91
11	5	5.68	5	4.74	5	5.73	8	6.89

续表

S_B	X_1	Y_1	X_2	Y_2	X_3	Y_3	X_4	Y_4
Pearson's r	0.816 42		0.816 24		0.816 29		0.816 52	
r^2	0.666 54		0.666 24		0.666 32		0.666 71	
调整后 r^2	0.629 49		0.629 16		0.629 25		0.629 67	
标准误	1.236 60		1.237 21		1.236 31		1.235 70	

图表 15-4　相同汇总统计量的不同散点图

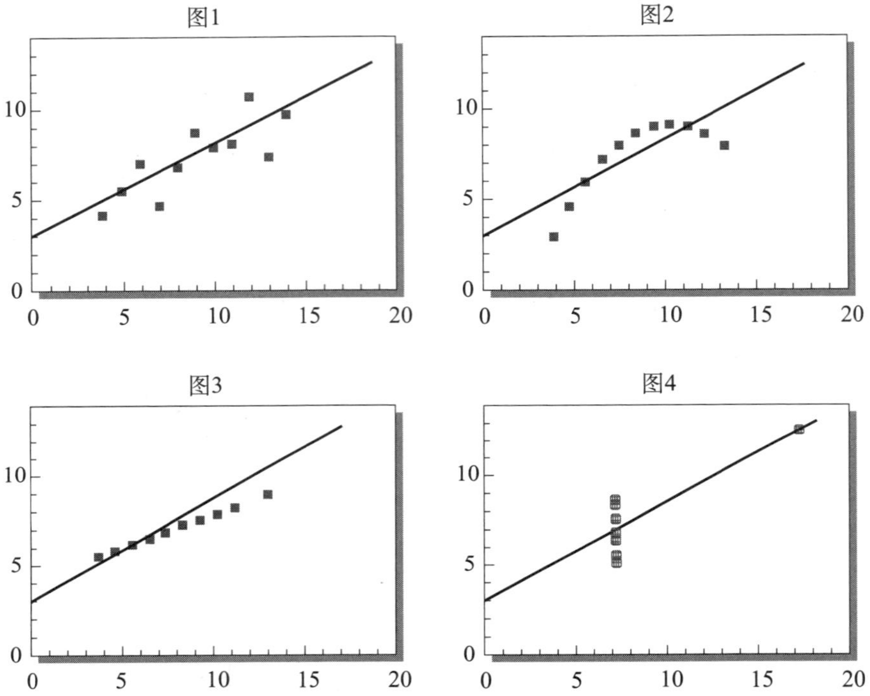

在回归部分，我们将继续讨论这些概念和画散点图的过程。目前，图表 15-4 中图 2 至图 4 与图 1 的对比说明了通过对相关数据的类型进行直观检验来揭示数据模式以确保线性的重要性。谨慎的分析人员将散点图作为检查和探索数据的不可或缺的部分。虽然可以通过手工绘制小样本的散点图，但统计软件包可以节省时间，并且提供了不同的绘图方法。

15.2.3　相关系数的假定

与其他参数技术一样，相关分析对数据提出某些假定。其中许多假定对于系数假设的检验是必需的。

皮尔逊相关系数 r 应满足的第一个条件是**线性**（linearity）。图表 15-2 中除了 $r=0$ 的例子外，其他变量之间的关系都可以用穿过数据云的直线表示。$r=0$ 时，不能用一条直线描述数据的关系类型。补充一点，当变量以非线性形式高度相关时，系数也可能是 0。如图表 15-2 所示，这些图像可以使结果显而易见。

皮尔逊相关系数的第二个假定是**二元正态分布**（bivariate normal distribution）。也就是说，数据来自总体的一个随机样本，两个变量在总体中以联合方式呈正态分布。这些假定或要求的测量水平通常不能满足。此时，分析人员应该选择一个非线性或非参数的关系测量。我们在本章后半部分进行讨论。

15.2.4　相关系数的计算和检验

总体相关系数是：

$$\rho = \frac{\mathrm{Cov}(X,Y)}{\sigma_X \sigma_Y} \tag{1}$$

总体参数通常是未知的，因此我们一般用 X 和 Y 配对的随机样本来对总体参数进行估计：

以 $SS_{XY}/(n-1)$ 作为 $\mathrm{Cov}(X, Y)$ 的样本估计值，σ_x 的估计值是：

$$\sqrt{SSx/(n-1)}$$

σ_Y 的估计值是：

$$\sqrt{SS_Y/(n-1)}$$

在公式（2）中，我们可以用这些估计值来代替它们对应的总体参数，从而得到以 r 表示的样本相关系数：

$$r = \frac{SS_{XY}}{\sqrt{SS_X S_Y}} \tag{2}$$

另一个计算皮尔逊相关系数 r 的常用公式是：

$$r = \frac{\sum (X-\overline{X})(Y-\overline{Y})}{(n-1)S_x S_y} \tag{3}$$

式中，n 为个案配对数；S_x 和 S_y 分别是 X 和 Y 的标准差。

另一个公式的变式称为反映相关，一般在数据并没有进行去均值中心化处理的时候使用：

$$r = \frac{\sum xy}{\sqrt{(\sum x^2)(\sum y^2)}} \tag{4}$$

因为

$$S_x = \sqrt{\frac{\sum x^2}{N}}$$

$$S_y = \sqrt{\frac{\sum y^2}{N}}$$

公式（4）的分子除以 n 就得到了协方差，即 X 和 Y 的分布中共有的偏离量。协方差为正表示变量向聚合方向移动；协方差为负表示变量向相反方向移动。协方差为 0 表示变量之间没有关系。公式（4）的分母表示两个分布共同的最大潜在方差。因此，相关可以看成一个比值。

图表 15－5 是《福布斯》500 强中 10 个公司样本的随机子样本。用于说明 r 的计算过程的变量是现金流量和净利润。每个变量的下方是其均值和标准差。第 4 列和第

5 列是 X 和 Y 的值与其均值的偏离水平，第 6 列是两个变量的乘积。第 7 列和第 8 列是偏离量的平方。

图表 15-5　皮尔逊（积差）相关系数的计算示例

(1)	(2)	(3)	(4)	(5)	(6)	(7)	(8)
公司	净利润（百万美元）X	现金流量（百万美元）Y	与均值的偏离程度 $(X-\bar{X})x$	$(Y-\bar{Y})y$	xy	x^2	y^2
1	82.6	126.5	−93.84	−178.64	16 763.58	8 805.95	31 912.25
2	89.0	191.2	−87.44	−113.94	9 962.91	7 645.75	12 982.32
3	176.0	267.0	−0.04	−38.14	16.78	0.19	1454.66
4	82.3	137.1	−94.14	−168.04	15 819.29	8 862.34	28 237.44
5	413.5	806.8	237.06	501.66	118 923.52	56 197.44	251 602.56
6	18.1	35.2	158.34	−269.94	42 742.30	25 071.56	72 867.60
7	337.3	425.5	160.86	120.36	19 361.11	25 875.94	14 486.53
8	145.8	380.0	−30.64	74.86	−2 293.71	938.81	5 604.02
9	172.6	326.6	−3.84	21.36	82.02	14.75	456.25
10	247.2	355.5	70.76	50.36	3 563.47	5 006.98	2 536.13
	$\bar{X}=176.44$ $S_x=216.59$	$\bar{Y}=305.14$ $S_y=124.01$			$\sum xy=224\ 777.23$	$\sum x^2=138\ 419.71$	$\sum y^2=422\ 139.76$

代入公式，得

$$r=\frac{224\ 777.23}{\sqrt{138\ 419.71}\times\sqrt{422\ 139.76}}=0.929\ 8$$

在子样本中，净利润与现金流量正相关，相关系数很高。现金流量随净利润的增加而增加；反之则相反。变量的线性关系可用图表 15-6 所示的散点图进行检验。数据点落在一条直线上。

图表 15-6　《福布斯》500 强随机子样本的净利润和现金流量的散点图

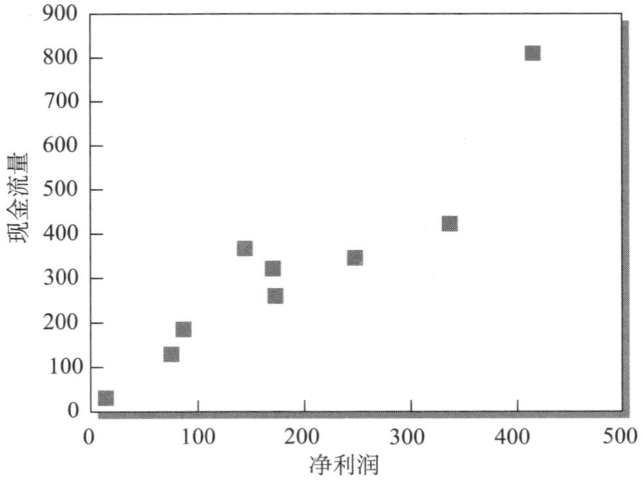

共同方差作为一个解释

X（净利润）和 Y（现金流量）的共同方差用 r^2 表示，称为**决定系数**（coefficient of determination）。如图表 15－7 所示，两个变量的重叠部分表示它们的共同或共享的方差。

图表 15－7　共同方差示例

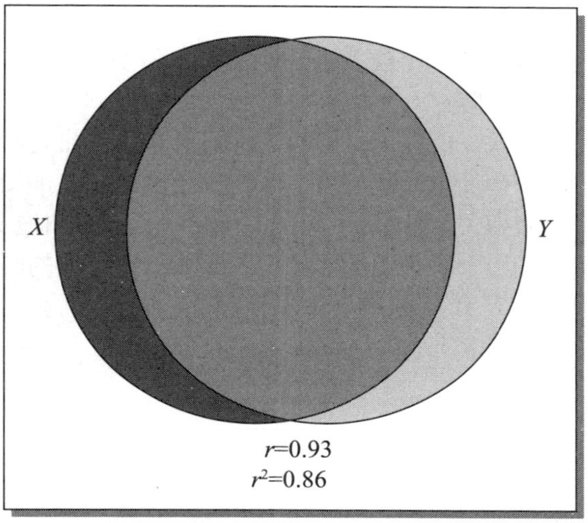

重叠部分表示由一个变量或另一个变量解释的总关系的百分比。因此，Y 解释了 X 的方差的 86%，反之亦然。

检验相关系数的显著性

相关系数是否真正代表净利润和现金流量的关系？或者相关系数是不是偶然得到的？这个问题试图解释 r 是不是对总体 $\rho=0$ 的偶然偏离。在其他情况下，研究者希望知道两个或更多 r 之间是否存在显著差异。在每一种情况下，将 r 用于其他计算或比较之前，应该检验 r 的显著性。对于这个检验，必须使用二元正态分布中的独立随机样本。对虚无假设 $\rho=0$ 采用 Z 或 t 检验。

小样本使用的公式是：

$$t=\frac{r}{\sqrt{\frac{1-r^2}{n-2}}}$$

将 $r=0.93$，$n=10$ 代入方程，计算得到

$$t=\frac{0.93}{\sqrt{\frac{1-0.86}{8}}}=7.03$$

在自由度为 $n-2$ 的情况下，统计程序计算出单尾备择假设 H_A：$\rho>0$ 在概率小于 0.005 的情况下的 t 值（7.03）。总体的净利润与现金流量不存在线性关系的假设被拒绝。虚无假设表示相关系数为 0 时，上述统计分析是适合的，只能用于单尾检验。[3] 然而，我们通常很难事先知道变量是正相关或负相关，尤其当电脑使我们无法

接触原始数据时。软件程序最终进行的是双尾检验。在大多数程序中，观测的单尾检验的显著性水平是输出的双尾值的一半。

相关的解释

任何大小或符号的相关系数，无论其统计显著性如何，都不能暗示因果关系。净利润的增加可能导致市场价值的增加，或者某些情况下，满意度提高可能导致绩效提升，但相关不能提供任何因果关系的证据。相关关系可能有几种不同的解释：

- X 导致 Y；
- Y 导致 X；
- X 和 Y 同时受到一个或多个其他变量的驱动；
- X 和 Y 互相影响。

事后回溯研究很少能提供足够有力的设计来证明上述哪种情况是真实的。通过在实验设计中控制一些变量，我们可以获得关于因果关系的更加精确的证据。

尽量避免**虚假相关**（artifact correlation）。在虚假相关中，几个不同的组结合起来给人们留下它们属于一个组的印象。图表 15－8 上方的图表示来自两个业务部门的数据。如果把变量 X 和 Y 的所有数据点聚集起来，作为一个组计算相关系数，那么结

图表 15－8　虚假相关

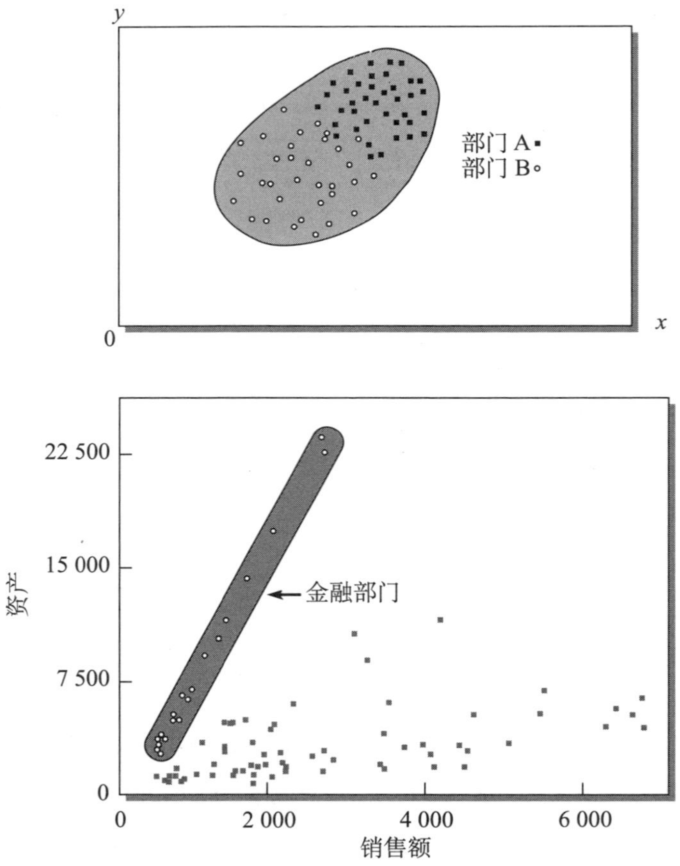

果是正相关关系。分别分析每个部门（注意：部门 A 和 B 的点各组成一个圆）的情况则发现，变量 X 和 Y 之间不存在相关关系。第二个例子是图表 15-8 下方表示资产和销售额的散点图。金融部门的数据被圈出并高亮显示为呈椭圆包围的窄带。在这个部分的公司资产高，销售额低——所有公司都是银行。提取并单独处理银行数据，相关关系近似理想（0.99）。将银行放回样本重新计算，总体相关关系降至中等水平 0.80。简言之，聚集的数据集合中隐藏或嵌套的数据会呈现截然不同的图景。

影响相关系数解释的另一个因素是实际显著性。即使一个系数在统计上显著，它也必须具有现实含义。在许多关系中，其他因素的组合令人误解相关系数的含义。例如，我们预测降水量和水库高度正相关。但在水文管理和洪水控制机制复杂的美国各州，却无法得出显而易见的简单关系。偏相关和复相关或多元回归技术有助于剔除混淆效应。

在大样本中，即使非常低的相关系数也能具有统计显著性。这个显著性只反映总体中存在线性关系的可能性。当相关系数显著但小于 0.30 时应该报告吗？视情况而定。无论变量（例如现金流量、销售量、市场价值或净利润）间的相关程度是高、中还是低，都可以认为相关关系揭示了一个特定的现象。研究本质、样本特征或其他原因都可能成为这种相关关系的决定因素。不能简单地因为相关系数具有统计显著性就认为它是值得关注的。

通过检测相关关系的方向、大小、统计显著性和共同变异的证据以及研究的目的和局限性，我们降低了报告那些微不足道的结果的可能性，与此同时，将会改进向读者传递实际意义的过程。

快速浏览 ▶▶▶▶▶▶▶▶▶

奥斯卡变色了吗？

每一年，电影界最好的电影和最有才华的演员、编剧和导演都会角逐“奥斯卡”。奥斯卡奖由美国电影艺术与科学学院成员投票决定，不仅旨在表彰卓越的作品，也意在提高电影的观看率。

Polaris Marketing Research 和 AMC 剧院想要确定奥斯卡颁奖典礼是否对电影观众产生了任何可以测量的影响。通过对 Research Now 的 OmniPulse® 多功能产品进行简短的在线调查，并将态度和行为问题与广泛的人口统计数据相匹配，Polaris Marketing Research 指出，对于电影、制片厂或演员而言，所有的事前炒作和奥斯卡颁奖典礼本身都对观众观看奥斯卡提名或获奖电影的影响较小。下面的数据是否表明，男性和女性对奥斯卡的反应差异在统计意义上是显著的？你将如何确定？

数据：

		男性		女性		
		非常同意/同意	非常不同意/不同意	非常同意/同意	非常不同意/不同意	总和
我享受关注奥斯卡提名的过程以及奥斯卡颁奖前的气氛。	计数	198	367	316	322	565 男性 638 女性
	百分比	35.0	65.0	49.5	50.5	
	平均数					1.93 男性 2.24 女性

续表

		男性		女性		
		非常同意/同意	非常不同意/不同意	非常同意/同意	非常不同意/不同意	总和
我把获得奥斯卡提名作为电影的一个看点。	计数	199	366	266	372	
	百分比	35.2	64.8	41.7	58.3	
	平均数					1.98 男性 2.13 女性
我把获得奥斯卡奖作为电影的一个看点。	计数	234	331	313	325	
	百分比	41.4	58.6	49.1	50.9	
	平均数					2.10 男性 2.31 女性

问题：对以下陈述，你在多大程度上同意或不同意？

	非常同意	有些同意	有些不同意	非常不同意	不知道
我享受关注奥斯卡提名的过程以及奥斯卡颁奖前的气氛。	4	3	2	1	5
我把获得奥斯卡提名作为电影的一个看点。	4	3	2	1	5
我把获得奥斯卡奖作为电影的一个看点。	4	3	2	1	5

资料来源：www. polarismr. com；www. amctheatres. com，www；researchnow. com.

15.3 简单线性回归[4]

在前一部分，我们重点讨论了变量之间的关系。积差相关系数是代表关系大小的指标，符号表示方向，r^2解释了共同变异。关系也是估计和预测的基础。

当用 X 的观测值估计或预测相应的 Y 值时，这个过程称为**简单预测**（simple prediction）。[5] 当使用多于一个 X 时，结果是一个由多个预测源构成的函数。进行简单和多重预测的技术称为**回归分析**（regression analysis）。

图表 15-9 总结了二元线性相关和回归的异同点。两者的关联性表明许多相关问题的背后是回归分析，这使我们对 Y 与 X 之间的关系有了更深刻的理解。

图表 15-9　二元线性相关和回归的比较

	二元线性相关	回归
测量水平	定距或定比数据	定距或定比数据
变量本质	两个连续的、线性相关的变量	两个连续的、线性相关的变量
X-Y 关系	X 和 Y 对称；$r_{xy}=r_{yx}$	Y 是因变量，X 是自变量；X 对 Y 的回归与 Y 对 X 的回归不同
相关	x 与 y 的相关产生一个基于样本数据的线性相关的估计量	$Y-X$ 的相关与 Y 的预测值和 Y 的观测值的相关相同
决定系数	解释 X 和 Y 的共同方差	由 Y 对 X 的最小二乘回归所解释的 Y 的变异的比例

15.3.1　基本模型

两个连续变量之间关系的最佳模型是一条直线。二元线性回归可以表述为：

$$Y=\beta_0+\beta_1 X_i$$

式中，因变量 Y 的值是自变量 X_i 在第 i 次观测中的相应值的线性函数。

斜率和 Y 截距称为**回归系数**（regression coefficient）。**斜率**（slope）β_1 是 X 一个单位的变化量引起的 Y 的变化量。斜率由下式定义：

$$\beta_1=\frac{\Delta Y}{\Delta X}$$

上式表示直线上升的增加量与其在 X 轴上移动距离的变化量的比值。图表 15－10 展示的是部分斜率的例子。

图表 15－10　不同斜率举例

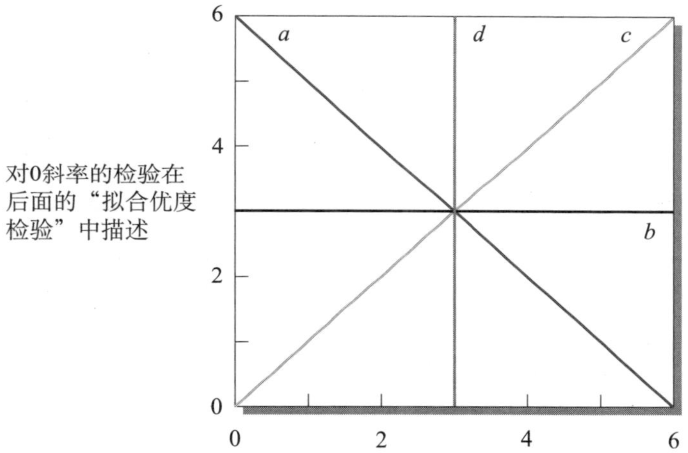

直线	斜率
a	−1
b	0
c	+1
d	∞

截距（intercept）β_0 是线性函数穿过 Y 轴时的函数值，即 $X=0$ 时 Y 的估计值。基于变量 X 和 Y 的均值的截距公式是：

$$\beta_0=\overline{Y}-\beta_1\overline{X}$$

15.3.2　概念应用

什么原因让全世界 X 世代的人们愿意选择葡萄酒，而不是啤酒、杰克丹尼酒（Jack Daniels）、可口可乐或百加得冰锐朗姆酒（Bacardi Breezer）？澳大利亚的一份研究报告揭示了 X 世代选择葡萄酒的原因。结果表明，重要的影响因素包括朋友和家人的看法、对葡萄酒评论的数量和参观葡萄酒酿造厂的次数。[6] 酿酒厂认为，品尝桶装酒不仅是一种普遍的促销方法，而且是决定约占产量 60％的市场期酒交易或期货合同签订的主要因素。

人们普遍认为，天气影响葡萄酒的口味和潜在质量。普林斯顿的一位经济学家详细阐述了这个想法：当地天气状况的一些事实能够比最优秀的品酒师更好地预测法国产红葡萄酒（的质量）。[7] 构建的回归模型预测了不同年份的冬季、收获季节降水量和生长期平均温度下大约 80 种葡萄酒的拍卖价格指数。有趣的是，计算结果表明 1989

年波尔多产的葡萄酒是 1893 年以来最好的。法国传统主义者激烈地回应了这些尚未达成一致结论的研究方法。

下面的例子使用包含一个预测源的高度简化的数据。X 表示生长期平均温度（单位：摄氏度），Y 代表每打 12 瓶的价格（单位：欧元）。例如，法国勃艮第出产的一种葡萄酒 Romanée Conti St. Vivant 每瓶价格 340 美元，每打相当于 3 060 欧元。数据如下：

X	Y
平均温度（摄氏度）	每打价格（欧元）
12	2 000
16	3 000
20	4 000
24	5 000
$\overline{X}$ = 18	Y =3 500

图表 15－11 的散点图表示各对数据点之间具有线性关系，而且是理想的正相关，$r_{yx}=1.0$。直线的斜率为：

$$\beta_1=\frac{Y_i-Y_j}{X_i-X_j}=\frac{4\ 000-3\ 000}{20-16}=\frac{1\ 000}{4}=250$$

式中，X_iY_i 对应数据点（20，4 000），X_jY_j 对应数据点（16，3 000）。截距 β_0 为 −1 000，即图中 $X=0$ 的点。这个区域超出了图像范围，用插图表示。

图表 15－11　生长期平均温度与葡萄酒价格的分布图

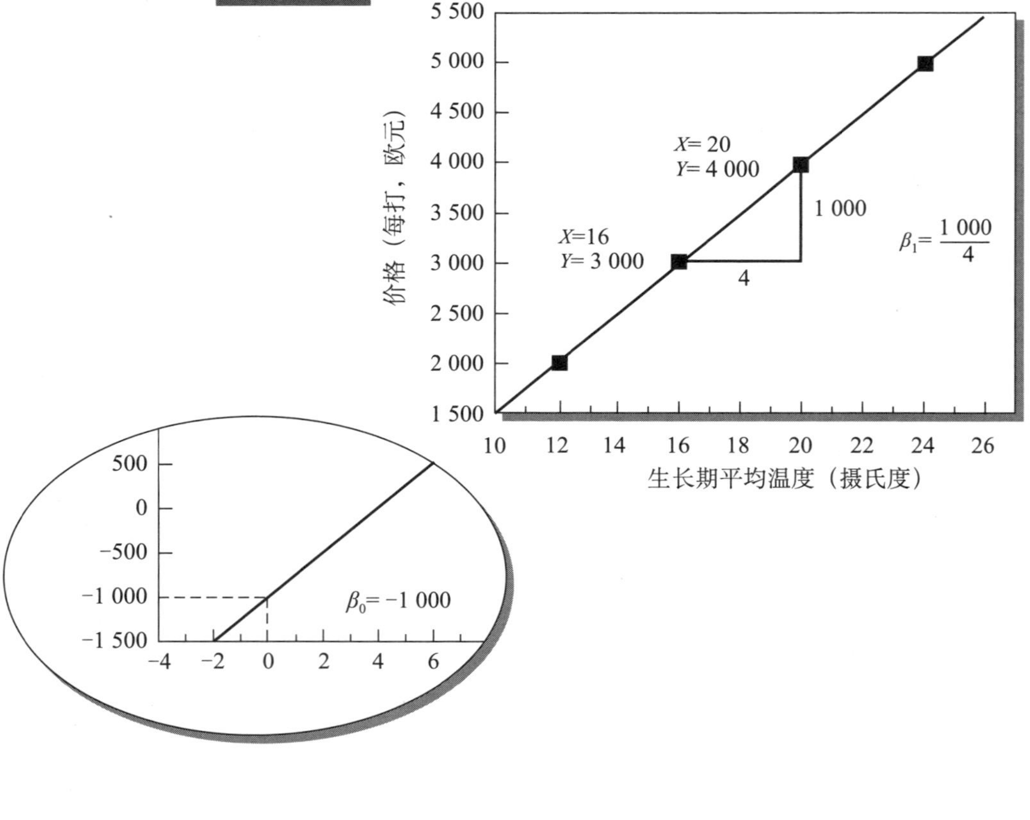

$\beta_0 = \overline{Y} - \beta_1 \overline{X} = 3\ 500 - 250(18) = -1\ 000$

代入公式，得到简单回归方程：

$Y = -1\ 000 + 250X_i$

我们现在可以预测 25.5 摄氏度的温暖的生长期将带来每打 5 375 欧元的价格。$\hat{Y}$ 是 Y 的预测值：

$\hat{Y} = -1\ 000 + 250(25.5) = 5\ 375$

遗憾的是，我们很少遇到由四组配对值组成的数据表、一个理想的相关关系和一条容易画出的直线。基于上述数据的模型是确定性的，因为对于任何 X 值只有一个可能的 Y 值。更多情况下，我们收集的数据中每个 X 值对应许多不同的 Y 值。图表 15－12 中温度 $X=16$ 对应一个价格的分布，$X=20$ 对应另一个分布，每个 X 值都对应一个不同的分布。这些 Y 分布的均值之间也存在与 X 相关的系统性差异。这些变异性要求我们构建一个同样是线性函数的概率模型。[8] 这个函数写作：

$Y_i = \beta_0 + \beta_1 X_i + \varepsilon_1$

式中，ε 为第 i 个观测值与均值 $\beta_0 + \beta_1 X_i$ 的偏离程度。

图表 15－12　X 各观测值对应的 Y 分布

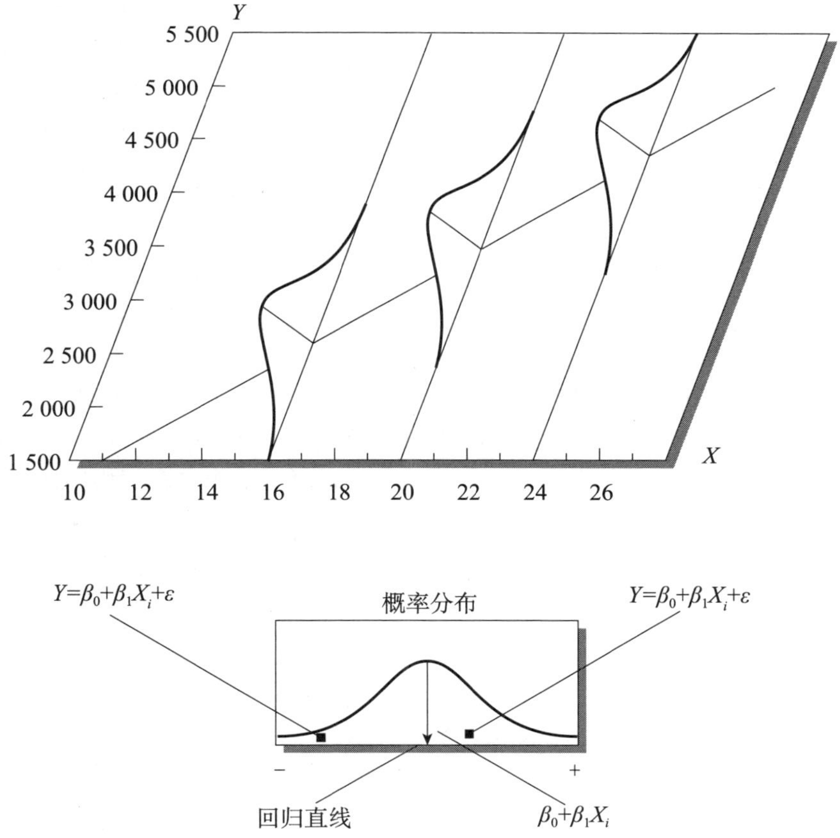

如图表 15－12 所示，一个特定的 X 值所对应的 Y 的均值（$\beta_0 + \beta_1 X_i$）代表了回

归直线，Y 的实际值可能在这条直线的上方或下方。这些偏差是拟合直线的误差，通常称为**误差项**（error term）。

15.3.3 最小二乘法

图表 15-13 是一个新的葡萄酒价格的数据表。通过 X 预测 Y 时必须考虑到 X 和 Y 的数据点并不是整齐地落在一条直线上。事实上，它们的关系能够表述成几条直线。

图表 15-13 葡萄酒价格研究的数据

	价格（欧元）Y	温度（摄氏度）X	XY	Y^2	X^2
1	1 813	11.80	21 393.40	3 286 969.00	139.24
2	2 558	15.70	40 160.60	6 543 364.00	246.49
3	2 628	14.00	36 792.00	6 906 384.00	196.00
4	3 217	22.90	73 669.30	10 349 089.00	524.41
5	3 228	20.00	64 560.00	10 419 984.00	400.00
6	3 629	20.10	72 942.90	13 169 641.00	404.01
7	3 886	17.90	69 559.40	15 100 996.00	320.41
8	4 897	23.40	114 589.80	23 980 609.00	547.56
9	4 933	24.60	121 351.80	24 334 489.00	605.16
10	5 199	25.70	133 614.30	27 029 601.00	660.49
$\sum$	35 988	196.10	748 633.50	141 121 126.00	4 043.77
均值	3 598.80	19.61			
s	1 135.66	4.69			
平方和（SS）	11 607 511.59	198.25	42 908.82		

图表 15-14 是根据直观检测得到的两条直线——两条直线都存在误差，也就是从观测值到直线的垂直距离。**最小二乘法**（method of least squares）可以找到一条回归直线或称最佳拟合直线，将这些误差降至最小。它使用的标准是估计量的误差平方和最小。当预测每个 X_i 对应的 Y 值时，实际值 Y_i 和预测值 $\hat{Y}$ 之间的差距就是误差。然后将误差平方并求和。最佳拟合直线使预测的误差平方和最小。[9]

$$\sum_{i=1}^{n} e_i^2 \text{ 最小化}$$

回归系数 β_0 和 β_1 是使误差平方和最小的解。它们分别由下面的公式计算得出：

$$\hat{\beta}_1 = \frac{\sum XY - \frac{(\sum X)(\sum Y)}{n}}{\sum X^2 - \frac{(\sum X)^2}{n}}$$

图表 15-14　散点图和基于可视化检查的可能的回归直线：葡萄酒价格研究

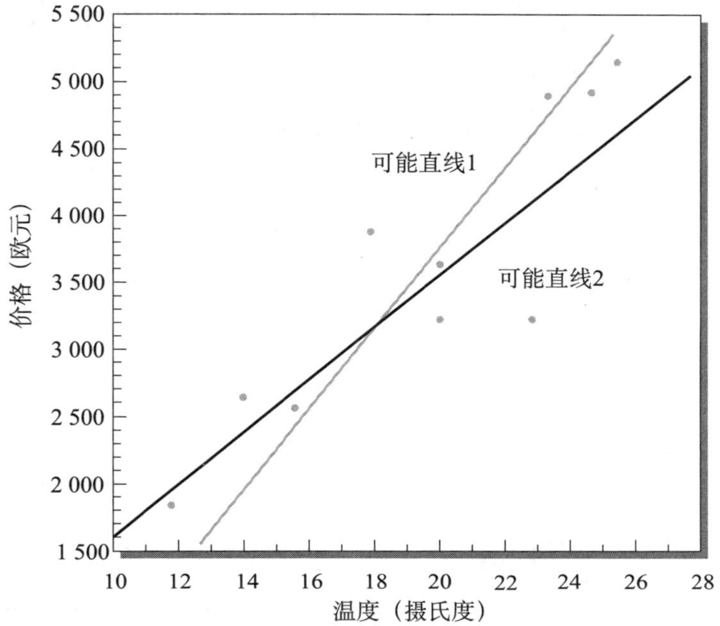

$$\hat{\beta}_0 = \overline{Y} - \hat{\beta}_1 \overline{X}$$

将图表 15-13 中的数据代入公式，得

$$\hat{\beta}_1 = \frac{748\ 633.5 - \dfrac{(196.1)(35\ 988)}{10}}{4\ 043.77 - \dfrac{(196.1)^2}{10}} = 216.439$$

$$\hat{\beta}_0 = 3\ 598.8 - (216.439)(19.61) = -645.569$$

预测方程是 $\hat{Y} = -645.57 + 216.44X_i$。

绘制回归直线

在绘制回归直线之前，我们选择两个 X 值进行计算。使用 X_i的值 13 和 24 进行计算，得到的点是：

$$\hat{Y} = -645.57 + 216.44(13) = 2\ 168.15$$

$$\hat{Y} = -645.57 + 216.44(24) = 4\ 548.99$$

将图表 15-15 中画出的直线与图表 15-14 中可能的直线进行对比，很容易看出最小二乘法成功地使预测误差最小化。

残差

现在我们关注图表 15-16 中的标准化残差图。**残差**（residual）是直线拟合之后的剩余部分或（$Y_i - \hat{Y}_i$）。标准化残差可以与均值为 0、标准差为 1 的 Z 得分进行比较。在本图中，标准化残差应该在−2 到 2 之间，在 0 周围随机分布，没有可识别的类型。所有这些特征表明，模型是适合的。

图表 15-15　绘制最小平方直线：葡萄酒价格研究

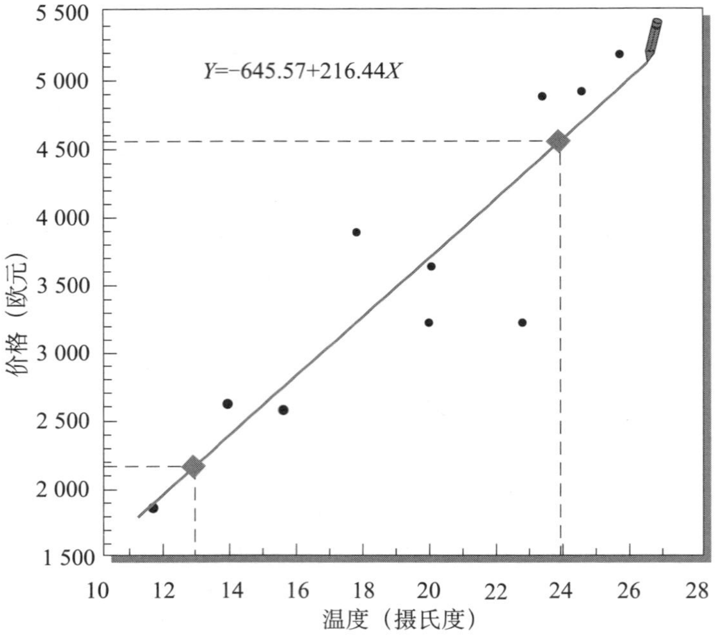

图表 15-16　标准化残差图：葡萄酒价格研究

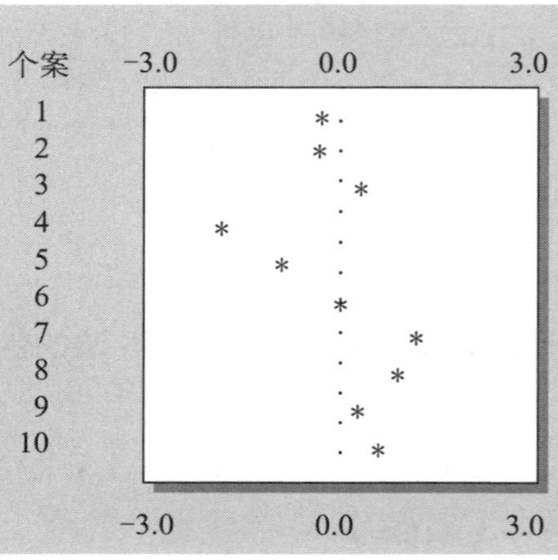

个案	Y 价格	预测价格	残差
1	1 813	1 908.411 2	−95.411 2
2	2 558	2 752.523 4	−194.523 4
3	2 628	2 384.577 1	243.422 9
4	3 217	4 310.884 4	−1 093.884 4
5	3 228	3 683.211 2	−455.211 2
6	3 629	3 704.855 1	−75.855 1
7	3 886	3 228.689 3	657.310 7
8	4 897	4 419.103 9	477.896 1
9	4 933	4 678.830 7	254.169 3
10	5 199	4 916.913 7	282.086 3

本例中，有一个残差为−2.2，残差在 0 周围随机分布，而且几乎没有显示出连续类型。重要的是，要使用其他诊断方法验证回归假定（正态性、线性、同方差性和误差独立）是满足的。不同的软件程序提供了对回归假定的图形检验和其他检验方法。[10]

15.3.4　预测

如果想预测处于生长期平均温度为 21 摄氏度的投资等级的每打红葡萄酒的价

格，则

$$\hat{Y}=-645.57+216.44(21)=3\ 899.67$$

这是对 Y 的点预测，点预测应该在更高精度水平上进行修正。与其他置信估计相同，我们建立理想的置信度，并代入公式

$$\hat{Y}\pm t_{\alpha/2}s\sqrt{1+\frac{1}{10}+\frac{(X-\overline{X})^2}{SS_x}}$$

式中，$t_{\alpha/2}$为理想水平（本例中为 95%）下 t 的双尾临界值；s 为估计量的标准误（也是回归模型的方差分析中均方误的平方根）(见图表 15－19)；SS_x为 X 的平方和（见图表 15－13)。

$$3\ 899.67\pm(2.306)(538.559)\sqrt{1+\frac{1}{10}+\frac{(21-19.61)^2}{198.25}}$$

$$3\ 899.67\pm1\ 308.29$$

在 95%的置信水平下，预测表明某年在 21 摄氏度下生长的投资等级的红葡萄酒的每打价格为 3 899.67±1 308.29 欧元，即 2 591～5 208 欧元。相对较大的价格范围是由模型中的误差总量（由 r^2 表示)、Y 值的某些特点和使用单个预测源导致的。

我们更希望预测 21 摄氏度下生长的所有红葡萄酒的平均价格。这种预测使用相同的基本公式，但省略根号下的第一个数字（数字 1)。结果得到较窄的置信区间，因为所有 Y 值的均值是通过一个给定的 X 值预测的。在本例中，95%置信区间是 3 899.67±411.42 欧元，即 3 488～4 311 欧元。

我们选择的预测源为 21 摄氏度，接近 X 的均值（19.61)。由于**预测区间和置信区间**（prediction and confidence bands）呈蝴蝶结形状，远离均值的预测源对应较大的带宽。例如，X 值为 15，20 和 25 时，带宽分别是±565，±397 和±617，如图表 15－17 所示。我们选择的预测源离 X 越远，预测区间越宽。

图表 15－17 临近 X 的预测区间和置信区间

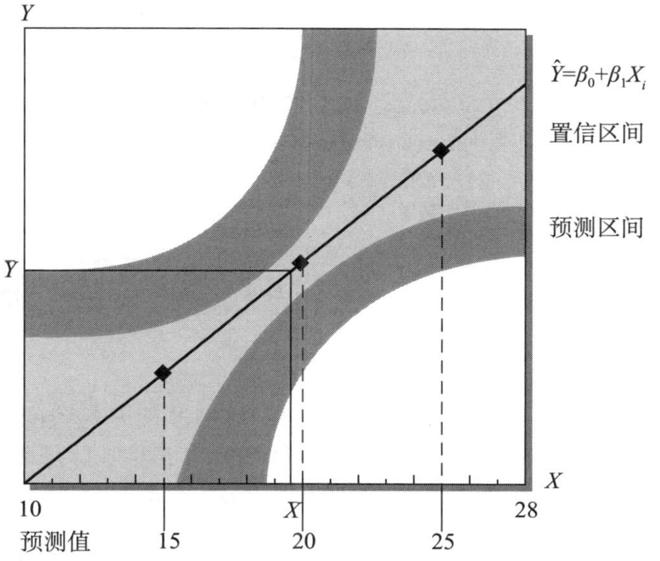

快速浏览

Envirosell：研究揭示了左手零售

全世界的零售商收集并订阅了大量的数据源，但是他们需要数据中的知识来制定其销售、人员配置、促销以及商店设计的策略。零售业巨头（如 Gap、Limited、星巴克、麦当劳）咨询帕科·安德希尔（Paco Underhill），想要了解消费者如何购买产品以及什么妨碍或阻止了他们的购买。安德希尔将自己描述为“一个商业研究者，这意味着我一部分是科学家，一部分是艺术家，一部分是企业家”。他的公司 Envirosell 在美国、米兰、悉尼和圣保罗设有办事处。Envirosell 专注于由观察得出的零售信息的第三部分（第一部分是注册数据，第二部分是沟通研究）。安德希尔在 ABC 新闻直播的在线聊天中说：“购物模式的主要区别是由教育和收入而不是种族决定的……但是英国人和澳大利亚人走路的方向跟他们开车一样（都是靠路左侧）。这形成了一些非常特殊的零售［购物］模式，因为他们的步行模式建立了左手优势。而在美国和世界其他大部分地区，步行模式建立的是右手优势。”如果 Gap 打算在伦敦开设一家商店，你将如何设计一项研究来验证帕科·安德希尔关于左手零售的结论？

资料来源：www. envirosell. com.

15. 3. 5 拟合优度检验

在画出回归直线并进行一些说明性预测之后，现在我们应该收集一些**拟合优度**(goodness of fit) 的证据——模型与数据拟合的程度。二元线性回归中最重要的检验是斜率 β_1 是否等于 0。[11]我们已经在图表 15 - 10 中看到了斜率为 0 的情况，即直线 b。0 斜率源自以下情况：

- Y 与 X 完全不相关，没有任何明显的关系模式；
- 对于每个 X 值，Y 值为常数；
- 数据相关但属于非线性相关。

t 检验

为了检验 $\beta_1=0$ 是否成立，我们使用双尾检验（因为实际关系是正向、负向或零）。检验符合自由度为 $n-2$ 的 t 分布：

$$t=\frac{b_1}{s(b_1)}=\frac{216.439}{34.249}=6.320$$

式中，b_1 在前面被定义为斜率 β_1；$s(b_1)$ 是 β_1 的标准误。[12]

我们拒绝虚无假设 $\beta_1=0$，因为计算的 t 值大于自由度为 8，$\alpha=0.01$ 时的 t 值。因此，我们认为斜率不等于 0。

F 检验

电脑输出结果中通常包含一个对回归模型进行 F 检验的方差分析表格。在二元回归中，t 检验与 F 检验的结果相同，因为 t^2 与 F 相等。在多元回归中，F 检验对模型进行总体评价，每个自变量由单独的 t 检验评价。在第 14 章中，方差分析将方差分解成几个组成部分。回归包含已解释的离差（$\hat{Y}-\bar{Y}$）和未解释的离差（$Y-\hat{Y}$）。

这两个结合起来就是总离差（$Y-\bar{Y}$），如图表 15－18 所示。对于所有观测值，将这些来源的离差平方，然后求和。

图表 15－18　方差的构成

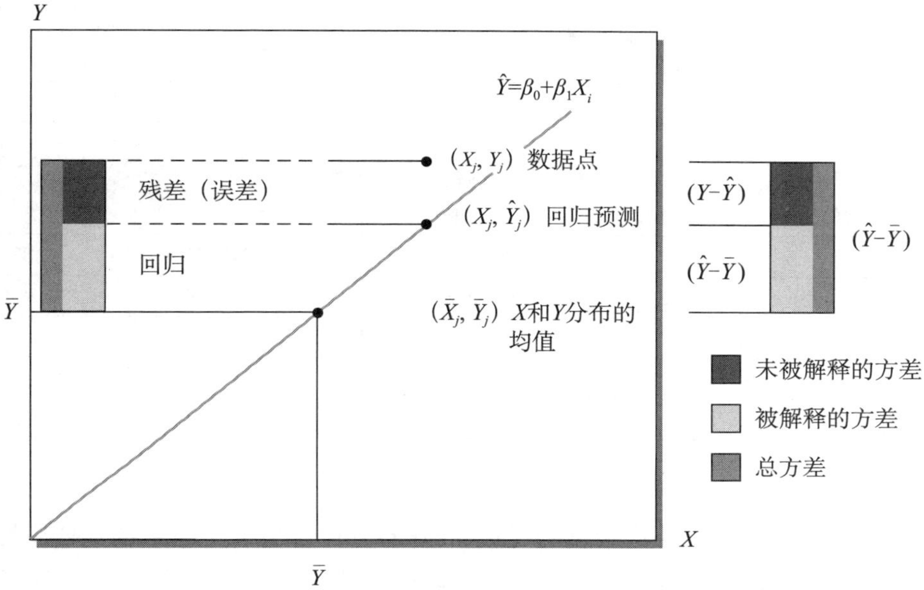

在图表 15－19 中，我们逐步建立这些概念，最后完成对葡萄酒数据回归模型的 F 检验。根据表中的数据，我们发现变量之间存在线性关系的统计证据。由于 $F=32.02$，d. f. (1,8)，$p<0.005$，虚无假设 $r^2=0$ 被拒绝，从而接受备择假设。F 检验的虚无假设与 $\beta_1=0$ 的作用相同，因为可以选择两种检验中的任何一种。因此，结论是 X 和 Y 线性相关。

图表 15－19　分解的方差概念的逐步应用

一般概念				
$(\hat{Y}-\bar{Y})$	+	$(Y-\hat{Y})$	=	$(Y-\bar{Y})$
被解释的方差		未被解释的方差		总方差
（X 和 Y 之间的回归关系）		（不能由回归关系解释）		

方差分析的应用		
$\sum_{i=1}^{n}(\hat{Y}-\bar{Y})^2$	$\sum_{i=1}^{n}(Y-\hat{Y})^2$	$\sum_{i=1}^{n}(Y-\bar{Y})^2$
SS_r	SS_e	SS_t
回归平方和	误差平方和	总平方和

总结表格的内容				
来源	自由度	平方和	均方	F 比值
回归	1	SS_r	$MS_r=\frac{SS_r}{1}$	$\frac{MS_r}{MS_e}$
误差	$n-2$	SS_e	$MS_e=\frac{SS_e}{n-2}$	
总体		SS_t		

方差分析总结表：回归模型的检验				
来源	自由度	平方和	均方	F 比率
回归	1	9 287 143. 11	9 287 143. 11	32. 02
残差（误差）	8	2 320 368. 49	290 046. 06	
总体		11 607 511. 60		
				F 的显著性＝0. 000 5

决定系数

在 X 未知的情况下预测 Y 值，最好的估计量是 $\overline{Y}$，即 Y 的均值。每一个没有落在 Y 上的预测值都构成一个估计值误差 $(Y-\overline{Y})$。几个预测值的误差平方和是 $\sum(Y_i-Y)^2$。将已知的 X 值代入回归方程，我们将进一步减少这个误差。

很自然，这是对使用 $\overline{Y}$ 的一种改进，其结果是 $(\hat{Y}-\overline{Y})$。基于几个估计值的总改进是 $\sum(\hat{Y}_i-\overline{Y})^2$，即由回归方程中 X 和 Y 的关系解释的方差。根据公式，决定系数是最佳拟合直线的误差与使用 Y 所带来的误差的比。检验的目的是判断回归方程是不是比因变量的均值更有效的预测工具。

与相关一样，决定系数的符号是 r^2。[13]它有几个目的。作为拟合的指标，决定系数的含义是由 X 解释的 Y 的方差的总比例。作为线性关系的测量指标，决定系数告诉我们回归直线对数据的拟合程度。它也是方程预测准确性的重要指标。通常我们需要用 r^2 解释 80％或更多的方差。低于 80％时，预测准确性开始下降。决定系数 r^2 的计算方法是：

$$r^2=\frac{\sum_{i=1}^{n}(\hat{Y}-Y)^2}{\sum_{i=1}^{n}(Y-\overline{Y})^2}=\frac{SS_r}{SS_e}=1-\frac{SS_e}{SS_t}$$

在葡萄酒价格研究中，r^2 通过图表 15－19 底部的数据得到：

$$r^2=1-\frac{2\ 320\ 368.49}{11\ 607\ 511.60}=0.80$$

80％的价格方差可由生长期平均温度解释。通过使用真实数据和多个预测源，我们的结果会显著改进。

15.4 非参数关系测量[14]

15.4.1 定类数据的测量

定类测量用于评估列联表中的关系强度，可与卡方检验一起使用或分开使用。在本部分，我们提供三个基于卡方检验的例子，其中两个使用了消减误差比例的方法。

分类数据缺乏令人完全满意的满足所有目的的测量方法。有些方法受到表格形状和单元格数量的不利影响；有些方法对样本大小或边际量很敏感。对于相同的数据，使用相似的统计量却报告了不同的系数，这是令人困惑的问题。这个问题源自每个统计量的独特的敏感性或其设计方法。

从技术上看，定类测量具有两个特征：

- 当变量间完全没有关系时，系数应该为 0；
- 当变量间具有完全的依赖性时，系数应该为 1。

这种情况并不经常发生。除了注意敏感性问题，分析人员需要谨慎选择检验方法。

基于卡方的测量

图表 15－20 报告了一个 2×2 表格，展示了一个 66 人参与的广告推广测试。变量是推广是否成功以及是否使用直接邮件。在这个例子中，观测的显著性水平低于检验水平（$\alpha=0.05$），虚无假设被拒绝；对卡方进行了修正。我们现在使用关系测量来检测关系的强度。请注意图表中同时提供了基于卡方分布的系数的近似显著性，用于检验虚无假设——直接邮件变量和推广成功变量之间不存在关系。

第一个**基于卡方的测量**（chi-square-based measure）用于分析直接邮件和成功推广之间的关系。这个测量称为 **ϕ**（phi）。ϕ 的范围是 0～＋1.0，并试图根据 N 成比例地修正 χ^2。ϕ 最适用于如图表 15－20 所示的 2×2 表格，因为用于更大表格时，其系数会超过＋1.0。ϕ 的计算方法是：

$$\phi=\sqrt{\frac{\chi^2}{N}}=\sqrt{\frac{6.616\ 257}{66}}=0.305\ 6$$

ϕ 系数表示推广成功和直接邮件之间具有中等程度的关系。这个解释不表示一个变量导致另一个变量的变化，也不表示关系的方向。

克莱姆 V（Cramer's V）是对更大表格的 ϕ 的修正，对于任何形状的表格，其取值范围可以超过 1.0。其计算公式是：

$$V=\sqrt{\frac{\chi^2}{N(k-1)}}=\sqrt{\frac{6.162\ 57}{66(1)}}=0.305\ 57$$

式中，k 为行数或列数中较小的一个。在图表 15－20 中，其系数与 ϕ 相同。

相依系数 C（contingency coefficient C）在最后报告。它不可与其他测量指标比较，对于不同大小的表格具有不同的上限。上限由下式决定：

$$\sqrt{\frac{k-1}{k}}$$

图表 15-20　基于卡方的关系测量

		营销推广成功		
	计数	是	否	行合计
直接邮件	是	21	10	31
	否	13	22	35
	列合计	34	32	66

卡方	值	自由度	显著性
皮尔逊	6.162 57	1	0.013 05
连续性修正	4.998 36	1	0.025 37

最小期望频数 15.030

统计量	值	近似显著性
ϕ	0.305 57	0.013 05*
克莱姆 V	0.305 57	0.013 05*
相依系数 C	0.292 23	0.013 05*

*皮尔逊卡方概率。

式中，k 为列数。对于 2×2 表格，上限是 0.71；对于 3×3 表格，上限是 0.82；对于 4×4 表格，上限是 0.87。尽管这个统计量在行数与列数相等的表格中可以正常使用，但其上限约束不符合优秀的关系测量的标准。相依系数 C 的计算方法是：

$$C=\sqrt{\frac{\chi^2}{\chi^2+N}}=\sqrt{\frac{6.162\ 57}{6.162\ 57+66}}=0.292\ 23$$

相依系数 C 的主要优势是它适合几乎所有形态的数据：无论是偏斜的还是正态的，离散的还是连续的，定类的还是定序的。

消减误差比例

消减误差比例（proportional reduction in error，PRE）是用于列联表的第二种类型的统计量。这里以 λ 和 τ 为例进行讨论。$\boldsymbol{\lambda}$（lambda）系数基于一个定类变量的频数对另一个变量频数的预测程度。λ 可以是不对称的——可以对预测的方向进行计算。λ 也可以是对称的，能够同等地预测行变量和列变量。

λ 的计算方法简单易懂。图表 15-21 是包含 400 名上市公司股东的样本的意见调查结果。在 400 名股东中，180 人（45%）支持对高层主管的薪酬封顶；220 人（55%）不支持这种做法。如果仅凭这一信息预测样本中的一个个体的意见，我们通常选择样本中频数最高的类别来获得最好的预测。这里是“不支持”。然而，如果这样做，在 400 次中我们会有 180 次错误。错误类别的概率估计量是

0.45，$P(1)=1-0.55$。

图表 15-21 消减误差比例的测量

你对高层主管薪酬封顶的意见是什么？

	单元格名称 计数 行百分数	支持	不支持	行合计
	管理人员	1,1 90 82.0	1,2 20 18.0	110
职业分类	白领	2,1 60 43.0	2,2 80 57.0	140
	蓝领	3,1 30 20.0	3,2 120 80.0	150
	列合计	180 45.0%	220 55.0%	400 100.0%

卡方	值	自由度	显著性
皮尔逊	98.386 46	2	0.000 00
似然比	104.965 42	2	0.000 00

最小期望频数 49.500

统计量	值	ASEI	T值	近似显著性
λ:				
对称的	0.302 33	0.039 55	6.779 02	
包含职业因变量	0.240 00	0.038 20	5.694 95	
包含意见因变量	0.388 89	0.045 55	7.080 10	
Goodman & Kruskal's τ:				
包含职业因变量	0.116 69	0.020 76		0.000 00*
包含意见因变量	0.245 97	0.039 79		0.000 00*

*基于卡方近似值。

现在假设我们事先知道被调查者的职业状况信息，来预测他们对高层主管薪酬封顶的意见。这样会提高预测能力吗？是的，我们把各行不是众数值的所有单元格的概率相加，从而作出预测（例如，单元格（1,2）是 20/400 或 0.05）：

$$P(2)=\text{单元格}(1,2)\ 0.05+\text{单元格}(2,1)\ 0.15+\text{单元格}(3,1)\ 0.075=0.275$$

λ 的计算方法是：

$$\lambda=\frac{P(1)-P(2)}{P(1)}=\frac{0.46-0.275}{0.45}=0.388\ 9$$

请注意图表 15-21 中不对称的 λ 反映了这个计算过程，其中意见是因变量。知道被调查者的职业类别使预测改进了 39%。如果希望用意见预测职业类别而不是相反，λ 值是 0.24。这意味着在预测职业类别时，对高层主管薪酬问题的意见消除了 24%的误差。λ 在 0～1 的范围内变化，对应的是无法消除的所有预测误差。

Goodman & Kruskal's τ（tau）使用表格的边际量减少预测误差。在不知道任何职业分类信息时预测对高层主管薪酬封顶的意见，我们预计有 50.5%的正确概率和 49.5%的错误概率。下面是基于图表 15－21 所示的列边际百分数得到的结果。

列边际量		列百分比		正确个案数
180	×	45	=	81
220	×	55	=	121
总体正确分类数				202
意见变量的正确分类数 $=0.505=\frac{202}{400}$				
误差概率 $P(1)=1-0.505=0.495$				

当使用额外的职业分类信息时，意见变量的正确分类信息提高到 62.7%，错误概率降至 37.3%。这个结果是通过职业分类的单元格计数和边际量得到的（如图表 15－21 所示），其计算方法如下：

行 1	$\left(\frac{90}{110}\right)90+\left(\frac{20}{110}\right)20$	=	73.636 4＋3.636 4	=	77.272 8
行 2	$\left(\frac{60}{140}\right)60+\left(\frac{80}{140}\right)80$	=	25.714 3＋45.714 3	=	71.428 6
行 3	$\left(\frac{30}{150}\right)30+\left(\frac{120}{150}\right)120$	=	6.0＋96.0	=	102.000 0
总体正确分类数（包含职业分类的附加信息）					250.701 4
意见变量的正确分类数 $=0.627=\frac{250.7}{400}$					
误差概率 $P(2)=1-0.627=0.373$					

τ 系数通过如下公式计算得到：

$$\tau=\frac{P(1)-P(2)}{P(1)}=\frac{0.495-0.373}{0.495}=0.246\ 46$$

图表 15－21 表明职业分类信息使预测意见的误差降至大约 25%。表格还包含检验虚无假设 $\tau=0$ 的信息，以及近似观测显著性水平和渐进误差（用于建立置信区间）。根据观测到的低显著性水平，我们得出结论：τ 显著异于 0。因此，样本来自的总体中，高层主管薪酬意见与职业分类存在联系。我们建立的系数在 95%水平下的置信区间为 0.25±0.04。

15.4.2　定序数据的测量

当需要**定序测量**（ordinal measure）数据时，有一些统计量可供选择。在本部分我们将讨论以下几种：

- γ；
- 肯德尔 τ_b 和肯德尔 τ_c；
- 萨默斯 d；
- 斯皮尔曼 ρ。

除斯皮尔曼等级相关以外，其他统计量都是基于和谐-不和谐配对的概念。这些统计量都不需要符合二元正态分布假定，但是，通过包含等级，大多数统计量的范围从－1.0（完全负相关）到＋1.0（完全正相关）。在这个范围内，较大的系数值（测量的绝对值）表示关系较强。这些特征使分析人员可以解释关系的方向和强度。

图表 15 - 22 呈现的是大型工业设计公司 KeyDesign 的 70 位管理人员的数据。公司的健康保险商对全部 70 名员工的冠心病风险进行了评估。将管理层级和医生的健康评估分别排序。如果我们对这些数据使用一个定类关系测量（例如克莱姆 V），因为定类数据中不会出现等级，通过计算得到的统计量将是正数。但是，使用定序关系测量揭示了关系的真正本质。在本例中，所有系数都是负号，因此，较低的健康水平与较高的管理层级相关。

图表 15 - 22　KeyDesign 公司的管理层级和健康水平排序表

		管理层级			
	计数	低级	中级	高级	
健康	高	14	4	2	20
	中	18	6	2	26
	低	2	6	16	24
		34	16	20	70

统计量	值*
γ	−0.70
肯德尔 τ_b	−0.51
肯德尔 τ_c	−0.50
萨默斯 d	
对称的	−0.51
包含健康因变量	−0.53
包含管理层级因变量	−0.50

*每个系数的 t 值是 −5.864 51。

图中的信息经过处理后，可以计算个体观测值的和谐-不和谐配对的数量。当一个被试在一个变量中排序靠前，在另一个变量中排序也靠前时，观测值配对称为**和谐的**（concordant）。如果在一个变量中排序靠前，而在另一个变量中排序靠后，这样的观测值配对是**不和谐的**（discordant）。P 代表和谐配对数量，Q 代表不和谐配对数量。当 P-Q 关系中的和谐配对数量超过不和谐配对数量时，统计结果报告了研究中的变量之间具有正向关系。当不和谐配对数量超过和谐配对数量时，这种关系变为负向。平衡表示变量之间没有关系。图表 15－23 总结了本部分讨论的所有统计量所需的总结项的计算过程。[15]

图表 15－23　和谐、不和谐、捆绑（T_x，T_y）和总观测值配对的计算：以 KeyDesign 为例

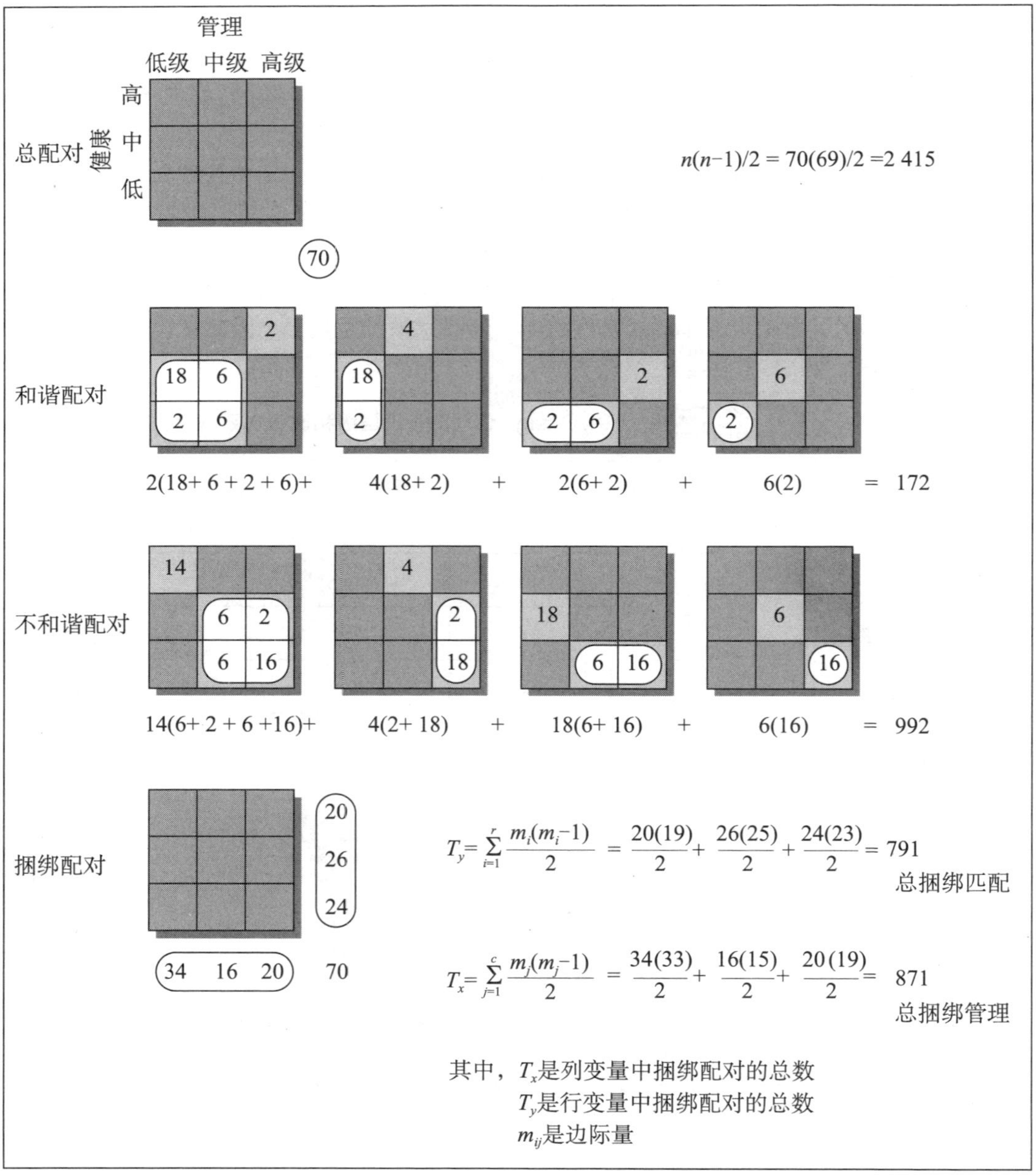

Goodman & Kruskal's γ（gamma）将和谐配对和不和谐配对进行比较，通过将分母最大化使结果标准化。该统计量具有消减误差比例的含义，这与我们已知的消减误差比例的定类测量很好地联系起来。γ 的定义是：

$$\gamma=\frac{P-Q}{P+Q}=\frac{172-992}{172+992}=\frac{-820}{1\ 164}=-0.70$$

对于健康数据，我们的结论是随着管理层级提高，健康水平下降。从较多的不和谐配对中，我们可以立即看出这个明显的结论。对 γ 更精确的解释是使用它的绝对值（忽略符号），并将其与消减误差比例联系起来。假设某人试图预测配对是和谐的还是不和谐的，他可以抛一枚硬币，对结果分类。一种更好的方法是根据和谐或不和谐中数量较多的一类进行预测。γ 的绝对值是采用第二种方法进行预测时的消减误差比例。例如，抛硬币时，你的命中率是 50%。0.70 的消减误差比例将命中率提高到 85%（$0.50\times0.70+0.50)=0.85$）。

γ 为 -0.70 时，85%的配对是不和谐的，15%是和谐的。[16] 不和谐配对几乎是和谐配对的 6 倍。当数据需要用 2×2 表格呈现时，γ 的适当修正值是 Yule's Q。[17]

肯德尔 τ_b（tau b）是对考虑捆绑配对的 γ 的改进。捆绑配对指被试在 X 变量、Y 变量或这两个变量上具有相同的值。一个给定大小的样本有 $n(n-1)/2$ 对观测值。[18] 移除和谐配对和不和谐配对之后，剩余的是捆绑配对。τ_b 不具有消减误差比例的含义，但对于方阵表，其取值范围是 -1.0 至 $+1.0$。τ_b 对捆绑的补偿使用图表 15 - 23 中的信息。其计算方法是：

$$\tau_b=\frac{P-Q}{\sqrt{\left(\frac{n(n-1)}{2}-T_x\right)\left(\frac{n(n-1)}{2}-T_y\right)}}$$

$$=\frac{172-992}{\sqrt{(2\ 415-871)(2\ 415-791)}}=-0.51$$

肯德尔 τ_c（tau c）是对 γ 中 P-Q 的基本关系的另一种调整。这种用于定序关联的方法适用于任何大小的表格。尽管我们介绍了 τ_c，但我们还将使用 τ_b，因为健康数据的列联表是方阵表。对表格形状进行调整的公式是：

$$\tau_c=\frac{2m(P-Q)}{N^2(m-1)}=\frac{2(3)(172-992)}{(70)^2(3-1)}=-0.50$$

式中，m 为行数或列数中较小的一个。

萨默斯 d（Somers's d）统计量使用和谐-不和谐配对。这个统计量能够对捆绑等级进行补偿，并调整因变量的方向。我们再次参考图表 15 - 23 提供的初步计算来求得对称和非对称的萨默斯 d。和以前的做法一样，对称系数（公式（5））同等考虑行变量和列变量。公式（6）和公式（7）分别将健康和管理层级作为因变量。

$$d_{sym}=\frac{(P-Q)}{n(n-1)-T_x T_y/2}=\frac{-820}{1\ 584}=-0.51 \quad (5)$$

$$d_{y-x}=\frac{(P-Q)}{\frac{n(n-1)}{2}-T_x}=\frac{-820}{2\ 415-871}=-0.53 \quad (6)$$

$$d_{x-y}=\frac{(P-Q)}{\frac{n(n-1)}{2}-T_y}=\frac{-820}{2\ 415-791}=-0.50 \qquad (7)$$

斯皮尔曼 ρ（Spearman's rho（ρ））相关是另一种定序测量，它与肯德尔 τ 一起常用于定序数据。ρ 将两个定序变量的等级相关联。研究者发现由于连续变量的异常值过多而无法修正。于是，他们将分数简化为等级，计算斯皮尔曼 ρ。

作为皮尔逊（积差）相关的特殊形式，斯皮尔曼 ρ 的优势超过其劣势。第一，将数据取对数或平方时，斯皮尔曼 ρ 不受影响。第二，在排序之前难以处理的异常值和极端值不再构成威胁，因为分布的最大值等于样本大小。第三，这个统计量易于计算。它的主要缺陷是对捆绑等级的敏感性。捆绑会歪曲系数的大小。然而，捆绑配对影响修正公式正确性的情况非常少见。

为了解释斯皮尔曼 ρ 的用法，我们来思考一下 KDL 媒体公司正在招聘财会管理实习经理的情景。假设 10 个应聘者进入最终评价环节。他们来到公司总部，参加了成套测验，最后由 3 名高层主管组成的小组对他们进行面试。一位工业心理学家对测验结果进行评价，然后对 10 个应聘者进行排序。3 名高层主管根据面试得出综合排序。你的任务是得出这两组排序的一致性程度。图表 15－24 展示了数据和初步计算结果。

图表 15－24　斯皮尔曼 ρ 系数用于 KDL 数据

应聘者	等级来源		d	d^2
	小组 x	心理学家 y		
1	3.5	6.0	−2.5	6.25
2	10.0	5.0	5.0	25.00
3	6.5	8.0	−1.5	2.25
4	2.0	1.5	0.5	0.25
5	1.0	3.0	−2.0	4.00
6	9.0	7.0	2.0	4.00
7	3.5	1.5	2.0	4.00
8	6.5	9.0	−2.5	6.25
9	8.0	10.0	−2.0	4.00
10	5.0	4.0	1.0	1.00
				57.00

注：当没有发生捆绑配对时，捆绑等级用均值代替。

将数据代入公式，得

$$r_s=1-\frac{6\sum d^2}{n^3-n}=\frac{6(57)}{(10)^3-10}=0.654$$

式中，n 为排序的被试数量。

小组排序和心理学家排序之间的关联性适度偏高，表明这两种测量存在一致性。

虚无假设——这两个测量之间不存在关系（$r_s=0$）——在 0.05 的水平和 $n-2$ 的自由度下被拒绝。

$$t=r_s\sqrt{\frac{n-2}{1-r_s^2}}=\sqrt{\frac{8}{1-0.4277}}=2.45$$

快速浏览

先进的统计数据可提高满意度并通过 ATM 释放更多资金

波音员工信贷联盟（Boeing Employees' Credit Union，BECU）是一个主动使用复杂分析的组织。作为一家拥有 744 000 多名会员、两个全方位服务中心和 40 多个办公地的美国顶级金融合作机构，BECU 最近发起了一项雄心勃勃的全公司研究项目来提高客户满意度。该项目的重点是，是否允许更大金额的 ATM 取款和更多的存款临时信贷。BECU 假设，允许会员更方便地使用现金将提高留存率并产生收入。研究的其他目标是提高直销活动中的响应率、降低单位采购成本，并确定新的分支机构位置。

市场研究分析师卡尔文·比尔利（Calvin Bierley）在谈到 SPSS 的使用时说："我们在日常交易处理系统中内置了一个风险评分模型，可以自动确定每个会员可以从 ATM 中取多少钱或存款时可以收到多少钱。"之后，通过其他建模统计技术，BECU 确定了乐于接受营销活动的客户（对直接邮件的响应率达到 20%～30%）；通过自动执行临时信用决策，每年节省了 100 万美元的人员配置费用；通过新会员的获得与保留，增加了 60 万美元的收入；还成功确定了新的分支机构位置。

资料来源：www.becu.org；www.spss.com.

❖小　结

1. 管理问题经常涉及两个或多个变量之间的关系。相关分析可以用于研究这些关系。相关假设的正确陈述是各变量以某种具体方式一起出现，而不表示一个变量是另一个变量的原因。

2. 参数相关需要两个定距或定比的连续变量。积差相关系数是一个表示关系大小的指标：它的符号表示关系的方向，它的平方解释了共同方差。二元相关分析对称地处理变量 X 和 Y，主要用于线性相关变量分析。

散点图允许研究者直观检查数据关系所选择的统计量是否合适。关系的方向、大小和形状表示在一张图中。线性关系的形状是一条直线。而非线性关系的形状是曲线、抛物线或其他弧线。线性和二元正态分布的假定可以通过图像和诊断检验进行验证。

任何大小和符号的相关系数，不论其显著性水平如何，都不表示因果关系。同样，不能简单因为系数在统计上显著就认为它值得关注。在解释和报告结果时应该考虑其实际意义。

3. 回归分析用于进一步研究 X 和 Y 之间的关系。当我们用 X 的观测值估计或预测相应的 Y 值时，这个过程称为简单回归。当使用多于一个变量 X 时，结果是一个由多个预测源构成的函数。回归分析可以用于简单和多重预测。

一条直线是两个连续变量之间关系的最佳模型。最小二乘法帮助我们找到误差最小的回归直线或最佳拟合直线。它使用的标准是估计量的误差平方和最小化。由最佳拟合数据得出的点预测容易包含误差。预测区间和置信区间用于确定基于选定预测源的 Y 的可能值的范围。距离均值越远的预测源对应的预测区间越宽。

4. 我们检验回归模型的线性，判断模型是否有效地拟合数据。二元线性回归的一个重要检验是斜率是否为 0（即预测源变量 X 对标准变量 Y

是否具有显著影响）。在二元回归中，回归的 t 检验和 F 检验的结果相同，因为 t^2 等于 F。

5. 对于参数技术，其假定或要求的测量水平经常很难满足。非参数关系测量提供了其他方法。定类测量用于评估列联表中关系的强度，通常与卡方检验一起使用，以消减误差比例方法为基础。

ϕ 的取值从 0 至＋1.0，试图根据 N 成比例地修正卡方。ϕ 最适用于 2×2 表格。克莱姆 V 是对更大表格的 ϕ 的修正，且对任何形状的表格的取值都大于 1.0。λ 是一个消减误差比例统计量，其基础是一个定类变量的频数如何有效预测另一个变量的频数。Goodman & Kruskal's τ 使用表格边际量减少预测误差。

定序数据的测量包括 γ、肯德尔 τ_b 和肯德尔 τ_c、萨默斯 d 和斯皮尔曼 ρ。除斯皮尔曼等级相关以外，其他统计量都基于和谐-不和谐配对。所有这些统计量都不要求二元正态分布假定，但是都包含顺序，因此，大多数统计量的取值范围是－1 到＋1。

❖ 关键术语

不和谐的（discordant）
残差（residual）
定序测量（ordinal measure）
二元相关分析（bivariate correlation analysis）
二元正态分布（bivariate normal distribution）
和谐的（concordant）
回归分析（regression analysis）
回归系数（regression coefficient）
基于卡方的测量（chi-square-based measure）
简单预测（simple prediction）
截距 intercept（β_0）
决定系数（coefficient of determination（r^2））
克莱姆 V（Cramer's V）
拟合优度（goodness of fit）
皮尔逊（积差）相关系数（Pearson（product moment）correlation coefficient）
萨默斯 d（Somer's d）
散点图（scatterplot）
斯皮尔曼 ρ（Spearman's rho（ρ））
误差项（error term）
线性（linearity）
相依系数 C（contingency coefficient C）
消减误差比例（proportional reduction in error，PRE）
斜率 slope（β_1）
虚假相关（artifact correlation）
预测区间和置信区间（prediction and confidence bands）
最小二乘法（method of least squares）
τ_b（tau b）
τ_c（tau c）
τ（tau）
ϕ（phi）
γ（gamma）
λ（lambda）

❖ 讨论问题

术语回顾

1. 区分下列术语：
a. 回归系数和相关系数；
b. $r=0$ 和 $\rho=0$；
c. 真实斜率检验、截距检验和 $r^2=0$；
d. r^2 和 r；
e. F 和 t^2。
2. 描述以下四幅图中两个变量之间的关系。

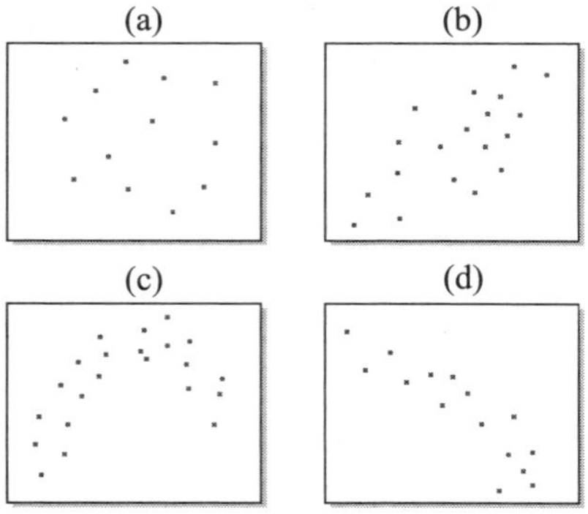

作出研究决策

3. 一个调查组织对 60 个注册投票者进行了抽样，收集他们对征收产权交易市场税以弥补预算赤字的意见。

对市场税的意见	受教育程度		
	高中生	大学毕业生	MBA
赞成	15	5	0
不确定	10	8	2
不赞成	0	2	18

a. 利用表格中数据计算 γ。

b. 计算 τ_b 或 τ_c。

c. 二者有差异的原因是什么？

d. 判断哪个统计量更适用于这些数据。

4. 使用问题 3 的表格数据，计算萨默斯的对称 d 系数，然后将意见作为因变量。判断哪种方法更适合报告这个决定。

5. 在对一种新型可乐产品进行广告推广之前，一个研究团队对市场上居民的软饮料偏好进行研究。参加者中有 130 名青少年和 130 名成年人。研究者得到下面的结果：

	可乐	非可乐
青少年	50	80
成年人	90	40

选择一种适合的关系测量进行计算，判断如何呈现结果。这个研究结果如何影响广告战略？

从概念到实践

6. 使用下面的数据，

X	Y
3	6
6	10
9	15
12	24
15	21
18	20

a. 绘制散点图。

b. 确定最小二乘直线。

c. 在图中画出这条直线。

d. 预测：X 为 10 时的 Y；X 为 17 时的 Y。

7. 一种家庭怀孕测试声称顾客获得阳性结果时的准确率达到 97%。变量“实际临床症状”和“测试读数”之间的相关程度如何？

a. 计算下表的 ϕ、克莱姆 V 和相依系数 C。你认为这两个变量间关系的强度如何？

b. 计算这些数据的 λ。这个统计量告诉你什么信息？

实际临床症状和体外诊断测试读数的交叉表

计数	体外诊断测试读数		
实际临床症状	阳性	阴性	总计
怀孕	451	36	487
	准确	不准确	
没有怀孕	15	183	198
	不准确	准确	
合计	466	219	685

8. 填写对净利润和市场价值进行回归分析的方差分析总结表中的空格。

方差分析总结表

	自由度	平方和	均方	F
回归	1	11 116 995.47	□	□
误差	□	□	116 104.63	
总体	9	12 045 832.50		

a. F 告诉你什么信息？($\alpha=0.05$)

b. t 值是多少？解释其含义（数据见下表）。

《福布斯》500 强随机子样本 单位：百万美元

资产	销售额	市场价值	净利润	现金流量	员工数量（千）
1 034.00	1 510.00	697.00	82.60	126.50	16.60
956.00	785.00	1 271.00	89.00	191.20	5.00
1 890.00	2 533.00	1 783.00	176.00	267.00	44.00
1 133.00	532.00	752.00	82.30	137.10	2.10

续表

资产	销售额	市场价值	净利润	现金流量	员工数量（千）
11 682.00	3 790.00	4 149.00	413.50	806.80	11.90
6 080.00	635.00	291.00	18.10	35.20	3.70
31 044.00	3 296.00	2 705.00	337.30	425.50	20.10
5 878.00	3 204.00	2 100.00	145.80	380.00	10.80
1 721.00	981.00	1 573.00	172.60	326.60	1.90
2 135.00	2 268.00	2 634.00	247.20	355.50	21.20

9. 对问题 8 矩阵中最大的皮尔逊相关系数（r），计算其斯皮尔曼等级相关（ρ）。解释这两个结果的差异。

10. 使用前面的矩阵数据（《福布斯》500 强随机子样本），选择一对变量做简单回归。然后，使用诊断工具检验模型是否适合数据，以评价你的假定。

11. 对于下面的数据

X	Y
25	5
19	7
17	12
14	23
12	20
9	25
8	26
7	28
3	20

a. 计算 X 和 Y 的相关系数。

b. 解释相关系数的符号。

c. 解释相关系数的平方。

d. 画出最小二乘直线。

e. 对线性关系进行检验：

（1）$\beta_1=0$。

（2）$r=0$。

（3）F 检验。

来自头条新闻

12. 据巴克莱资本称，“建造摩天大楼与随后的金融崩溃之间存在‘不健康的关联’。”例子包括世界上第一座摩天大楼，纽约的 Equitable Life 大楼（于 1873 年完工，其后是五年的经济衰退），帝国大厦（建造的时候正值大萧条），1974 年建造的芝加哥的威利斯大厦（以前称为西尔斯大厦，建造时正值石油危机以及美元与黄金脱钩时期），以及 1997 年马来西亚的双子塔（亚洲金融危机爆发）。目前，世界上最高的摩天大楼是哈利法塔，在迪拜发生财务危机之前建造。“通常世界上最高的建筑物是……资本分配不当和即将发生的经济调整［的反映］。”巴克莱资本的分析师说。

检查相关发现，并为之提供合理的备选选择。

❖参考文献

1. Typically, the X (independent) variable is plotted on the horizontal axis and the Y (dependent) variable on the vertical axis. Although correlation does not distinguish between independent and dependent variables, the convention is useful for consistency in plotting and will be used later with regression.
4. This section is partially based on the concepts developed by Emanuel J. Mason and William J. Bramble, *Understanding and Conducting Research* (New York: McGraw-Hill, 1989), pp. 172-82; and elaborated in greater detail by Aczel, *Complete Business Statistics*, pp. 414-29.
5. Technically, estimation uses a concurrent criterion variable whereas prediction uses a future criterion. The statistical procedure is the same in either case.
6. Roz Howard and Jenny Stonier, "Marketing Wine to Generation X," for the 2000-2001 NSW Wine Press Club Fellowship. Reported in Murray Almond's "From the Left Island," May 25, 2002 (http://www.wineoftheweek.com/murray/0205genx.html).
2. F. J. Anscombe, "Graphs in Statistical Analysis," *American Statistician* 27 (1973), pp. 17-21. Cited in Samprit Chatterjee and Bertram Price, *Regression Analysis by Example* (New York: Wiley, 1977), pp. 7-9.
3. Amir D. Aczel, *Complete Business Statistics*, 2nd ed. (Homewood, IL: Irwin, 1993), p. 433.
11. Aczel, *Complete Business Statistics*, p. 434.
12. This calculation is normally listed as the standard error of the slope (SE B) on computer printouts. For these data it is further defined as

$$s(b_i)+\frac{8}{\sqrt{SS_x}}=\frac{538.559}{\sqrt{198.249}}=38.249$$

where

s = the standard error of estimate (and the square root of the mean square error of the regression)

SS_x = the sum of squares for the X variable

13. Computer printouts use uppercase (R^2) because most procedures are written to accept multiple and bivariate regression.

7. Peter Passell, "Can Math Predict a Wine? An Economist Takes a Swipe at Some Noses," *International Herald Tribune*, March 5, 1990, p. 1; and Jacques Neher, "Top Quality Bordeaux Cellar Is an Excellent Buy," *International Herald Tribune,* July 9, 1990, p. 8.
8. See Alan Agresti and Barbara Finlay, *Statistical Methods for the Social Sciences* (San Francisco: Dellen Publishing, 1986), pp. 248-49. Also see the discussion of basic regression models in John Neter, William Wasserman, and Michael H. Kutner, *Applied Linear Statistical Models* (Homewood, IL: Irwin, 1990), pp. 23-49.
9. The error term $\varepsilon_1 = Y_i - E\hat{Y}_i$ and the residual $e_1 = (Y_i - \hat{Y}_i)$ are differentiated. The first is based on the vertical deviation of Y_i from the true regression line. It is unknown and estimated. The second is the vertical deviation of Y_i from the fitted Y on the estimated line. See Neter et al., *Applied Linear Statistical Models,* p. 47.
10. For further information on software-generated regression diagnostics, see the most current release of software manuals for SPSS, MINITAB, BMDP, and SAS.
14. The table output for this section has been modified from SPSS and is described in Marija J. Norusis/SPSS Inc., *SPSS Base System User's Guide* (Chicago: SPSS, 1990). For further discussion and examples of nonparametric measures of association, see S. Siegel and N. J. Castellan Jr., *Nonparametric Statistics for the Behavioral Sciences,* 2nd ed. (New York: McGraw-Hill, 1988).
15. Calculation of concordant and discordant pairs is adapted from Agresti and Finlay, *Statistical Methods for the Social Sciences,* pp. 221-23.
16. The percentage of concordant plus the percentage of discordant pairs sums to 1.0. Their difference is −.70. The only numbers satisfying these two conditions are .85 and .15 (.85 + .15 = 1.0,. 15 − .85 = −.70).
17. G. U. Yule and M. G. Kendall, *An Introduction to the Theory of Statistics* (New York: Hafner, 1950).
18. M. G. Kendall, *Rank Correlation Methods,* 4th ed. (London: Charles W. Griffin, 1970).

Business Research Methods

第 6 篇

报告研究结果

Report the Research

第 16 章

第 5 阶段：研究报告——洞见与建议

如果你在密集的信息丛林中前行，遇见美丽的图形或可爱的可视化数据是一种宽慰。这就像是在丛林中遇到一片空地。

——大卫·麦坎德利斯（David McCandless），英国数据记者、信息设计师和作家

学习目标

阅读本章后，你应该了解：

1. 业务和技术的变化如何改变研究报告。
2. 如何使用受众分析来计划以受众为中心的报告。
3. 不同的报告结构及使用它们的原因。
4. 报告的类型和规格。
5. 报告的组织框架。
6. 可视化以及如何有效使用不同的辅助材料。
7. 编写、练习和交付在实现受众效果上的作用。
8. 报告研究结果时面临的伦理问题及其解决方案。

16.1 简介

在本章中，我们提及的研究报告包括口头报告和书面报告两种形式。当内容只涉及一种报告形式时，会单独指出。图表 16－1 介绍了报告的流程，并指出了它在研究过程模型中的适配性。

过去几年中，我们发现研究报告的重点发生了三个主要的变化或转变。第一个变化是报告更强调洞见，而不仅仅是数据或信息。第二个变化是报告的结构。第三个变化是，相比传统的以数据为中心的报告计划，以受众为中心的报告计划越来越占据主导地位。[1]

16.1.1 重视洞见

企业研究始于研究者希望帮助破解的管理困境。为实现这个目标，研究者要作出一些选择：报告数据、信息、洞见、建议，或者它们的某种组合。要了解报告从数据、信息到洞见的转变，你需要了解它们之间的区别。研究者收集的是**数据**（data），即通过定量或定性手段收集的原始的，未经处理的，以数字、文本、图片或视频等形式存在的事实。研究者对数据进行汇总和组织，运用测量、统计摘要和测试的规则并将数据可视化，从而把数据加工为**信息**（information）。过去，报告只提供信息可能

图表 16-1 报告与研究过程

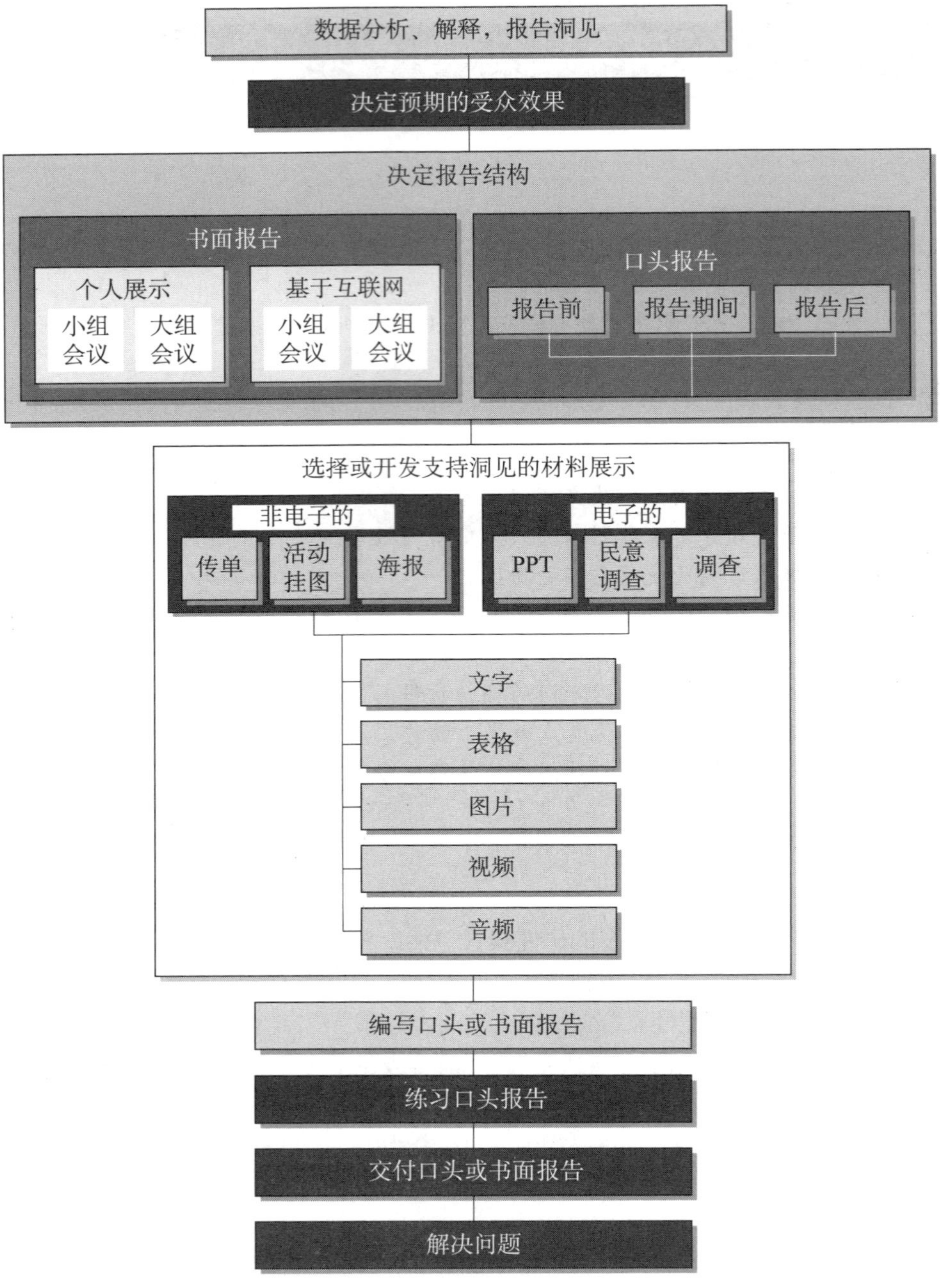

就足够了。然而，在如今数据和信息的海洋中，管理者需要寻找价值的岛屿，他们需要洞见。

研究者通过分析信息来形成**洞见**（insight）。总结起来就是，洞见可以是演绎的，也可以是归纳的。一个洞见会利用研究者对初始管理困境以及项目进程中收集的所有数据（包括二手数据和原始数据）的理解来对项目中的主要数据进行解释。虽然洞见也有可能来自单个数据变量的结果，但更可能是理解多个变量交互作用的结果。图表 16-2 呈现了数据与洞见之间的关系。**可行的洞见**（actionable insight）（可为特定的决策提供建议的洞见）具有最大的价值，拥有以下特点[2]：

- 与关键业务目标和战略计划保持一致；
- 新颖、不寻常或出乎意料，而非熟知的；
- 表达清晰，包括为什么这个洞见很重要，以及它将如何帮助决策者；
- 传递给正确的决策者。

图表 16-2 数据与洞见的关系

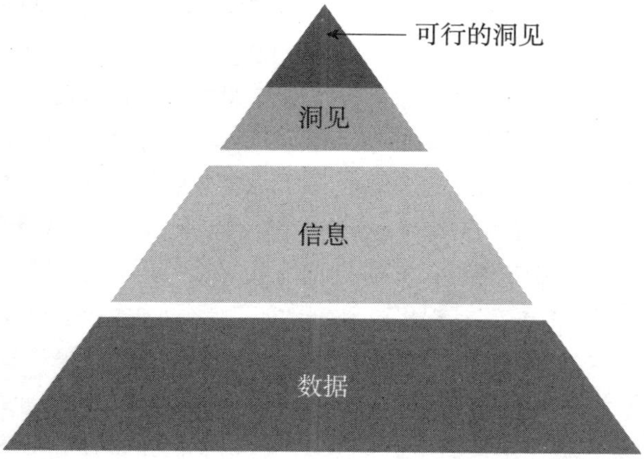

资料来源：Domo 数据策略主管布伦特·戴克斯（Brent Dykes）.

要报告洞见，研究者必须把自己的业务知识与在构建研究时获得的对研究委托方所在组织的深入了解相结合。这些背景知识可以让研究者根据研究问题以及基本的管理问题（或机会）来对数据作出正确的解释。当我们提及对研究委托方所在组织的深入了解时，指的是以下内容：委托方所在组织的员工敬业度、员工技能、公司的培训能力及组织文化；公司的产品、服务、定位、品牌标识以及沟通流程；实体工厂、技术、财务结构以及管理能力。

在做报告时，研究者的工作是：(1) 确保受众了解任何一条洞见是如何形成的；(2) 确保提供正确和充分的支持，以便受众可以理解其价值并接受洞见。如果受众无法接受研究者的洞见，他们就无法接受来自这些洞见的任何建议。

16.1.2 报告结构的转变

当一个研究报告转变为洞见时，研究报告的语气会比仅仅描述更有说服力。在过去的几十年间，一般是在研究提案阶段作出以何种形式报告研究结果的决策。研究者曾假设报告的重点要放在详细的、书面的调查结果上。口头陈述是次要的，通常只在预算允许时才被包括在内。如今，这些假设已经不再有效。基于技术的先进通信工具的发展让研究者和管理者可以在相隔数百英里（甚至数千英里）的情况下经常开会。分析工具还可以让我们更容易地查询数据文件，实时解决自发性问题和假设的情景。结果就是，口头报告曾经由于高昂的旅行费用而被认为是研究项目中的奢侈品，现在却经常是设计研究报告时首先要考虑的问题。这使报告的书面部分为口头部分提供了支持和证实。

快速浏览

"敲墙"是件好事

如果你能让受众不仅接受你的发现，还可以更好地记住那些支持你建议的细节，你觉得如何？如果你可以让受众接受你的建议，并且让他们在内部处理你的数据时得出与你相同的结论，你觉得如何？你可以用 The Wall 来做以上所有的事（以及更多的事）。该技术可提高受众参与度，把数据和发现结合起来，还可以讲故事——而这一切都是在报告过程中完成的。

The Wall 是一种触屏技术，用它来报告研究比 PowerPoint 更流畅、更灵活。它提供了你可能需要的尽可能多的结构，但是并不会把你束缚在预先确定的对想法的线性加工上。想象一个 75 平方英尺的屏幕（5 英尺 × 15 英尺）。这个屏幕是动态、多窗口和交互式的，允许研究刺激以自由形式或结构化的方式来显示，并可以作为所有研究信息、洞见和建议的中央存储库。你所有的数据可视化效果都可以一次投放到该屏幕上，同时还可以访问数据集和抓取的视频（如来自焦点小组访谈的视频）。当你讲述自己的研究故事时，你可以触摸屏幕并放大任何你用来支撑自己观点的可视化效果。正如 Schlesinger Associates 战略发展执行副总裁罗布·拉米雷斯（Rob Ramirez）透露的那样，"它让集成展示和故事讲述变得更强大"。

拉米雷斯从事的是药品营销研究。他分享道，礼来公司（Eli Lilly）是 The Wall 的早期支持者。Prysm 是一家位于印第安纳波利斯的创建可视化工作空间的公司，它是 The Wall 的实际制造者。在 Schlesinger Associates 位于纽约/芝加哥和洛杉矶的研究机构中可以见到 The Wall。一些公司拥有自己的视频墙，Schlesinger Associates 可以直接连接该公司的视频墙，从而减少了旅行需求。拉米雷斯解释说："The Wall 上所做的操作可以立即保存。"这让研究报告的大范围分享变得更容易。"虽然我们还没有视频摘要报告，但那是我们前进的方向。我们只需要更好的视频编辑工具。"

The Wall 还可以用在研究计划的前端。例如，为了让你的产品进入沃尔玛，你可能会进行研究以了解该产品在大型零售商那里可以卖得多好。代表沃尔玛的洞见提供者可以在"学习手册"（learning book）环节中使用 The Wall 来合成数据。The Wall 的功能对于协助零售商看到他们的知识差距以及帮助他们计划可以提供更多洞见又避免重复的研究而言至关重要。The Wall 对于高投入度的焦点小组与三人访谈特别有用。拉米雷斯认为，The Wall 用于研究报告的优势在于"它可以用来驱动构想以及那些'啊哈'（Ah Ha）时刻"。

资料来源："Announcing The Wall," Schlesinger Associates, April 25, 2016, downloaded May 18, 2016（http://www.schlesingerassociates.com/whats_new/announcing_the_wall.aspx）. "Prysm Visual Workplace," Prysm, downloaded May 18, 2016（http://www.prysm.com）. Rob Ramirez, Executive Vice President, Strategic Development for Schlesinger Associates, phone interview, May 18, 2016, and email interview June 3, 2016. "Wall Locations and Specs," Schlesinger Associates, downloaded May 18, 2016（http://www.schlesingerassociates.com/qualitative_solutions/interactive_wall/wall_locations_spec.aspx）; www.schlesingerassociates.com.

16.1.3　以受众为中心的计划

研究报告可以用于多种目的。这些报告预期将为研究委托方面临的决策问题提供发现、洞见以及越来越多的建议。然而，这类报告的展示还可以以多种方式用于诸如引起对先前未知问题的关注、展示新出现的机会或增加受众的知识等。研究报告的核心应该是说服受众采取与研究目标有关的行动。这需要从**以数据为中心的计划**（data-centric planning）（专注于数据或信息并分享已发现的尽可能多的数据/信息）转变为**以受众为中心的计划**（audience-centric planning）（专注于获得受众对数据洞见和建议的支持）。两个不同方向的报告截然不同。以数据为中心的计划，报告将更注重真实性和统计性；而以受众为中心的计划，报告会讲述一个更有说服力的故事，其中统计数据只是工具而非重心。

构成研究报告计划的因素包括预期的受众效果、报告的结构以及内容和形式。研究问题及其根本的管理困境、发现和洞见都会影响**预期的受众效果**（desired audience effect）（我们希望他们基于研究报告的结果进行思考、感受和实践）。通常，研究委托方提出报告的结构（构成研究报告的口头和书面元素的组合）。报告结构受到受众组成、规模、位置以及分配给口头报告的时间的影响。报告内容通常取决于厘清研究者洞见和建议所需的支持级别和类型。当专注于报告洞见时，还需要调整报告的说服力，这会影响报告的内容和形式。如果时间受到严重的限制，研究者可能会建议口头报告优先的注意事项，从而相应地调整口头报告和书面报告的内容。图表 16－3 总结了以受众为中心的报告计划和本章的结构。

图表 16－3　以受众为中心的报告计划

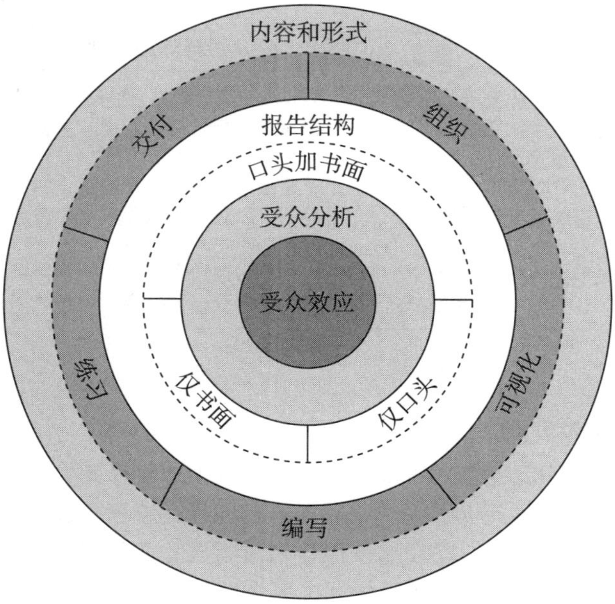

16.2 受众分析

优秀的研究者知道，报告的主要目的是获得预期的受众效果。总体而言，预期的受众效果是指受众接受报告中的发现、洞见和建议。如果不是这样的话，研究者的报告很可能变成不能促进行动的空谈。报告的最终成功取决于研究者与受众建立联系并正确预测受众反应的能力。做远程口头报告（使用 Web 服务进行演示和连接）则需要对受众进行更多（而不是更少）的分析。因为演讲者必须加倍努力才能建立和维护好与受众的连接。任何好的报告计划都应考虑到受众不接受或不支持的可能性并作出相应调整。

对研究报告的预期受众的分析（**受众分析**（audience analysis））可以是正式的，也可以是非正式的。非正式分析将依赖于与受众群体中的意见领袖、项目联络人或研究委托方的对话。正式的分析可能包括访谈，对受众群体的调查，以及从领英、公司网站、简历等获取信息为每个成员编辑书面文档。你应该将受众分析总结为受众资料陈述，如图表 16－4 所示。它仅用于研究计划，不应当包括在研究委托方的报告中。进行受众分析的研究者收集并评估以下内容[3]：

1. 受众组成：谁将收到报告？
2. 研究问题知识：他们有与研究问题相关的何种背景？
3. 研究倾向：他们与研究主题相关的倾向是什么？
4. 建议的效果：研究结果会给受众带来怎样的影响？
5. 受众效果：预期的受众效果是什么？
6. 补充目的：报告还必须达到什么其他目的？

图表 16－4　受众资料陈述示例

受众是具有 5～15 年工作经验的分行经理，其中一半是女性。大多数人至少拥有在两家银行工作的经历。大多数人具有金融或客户服务背景，没人有构建或分析研究的经验。他们认为自己是“精通数字的人”，但并没有受过统计分析教育。

他们知道一个研究项目正在进行，但他们还没有被询问过或者被持续告知进度信息。受众强烈担心分行将会关闭。他们不知道关闭支行的决策过程，但担心研究是决策过程中将要考虑的唯一因素。他们担心自己会失业。

预期的受众效果是把分行经理带入信息环路，并把研究结果以积极的视角呈现。我们希望减轻对即将实施的关闭决策的担忧，并鼓励他们把这些洞见和建议视为提高分行客户服务效率的一种手段。

16.2.1 受众组成

研究受众的规模可大可小，可以熟悉或不熟悉技术，熟悉或不熟悉数据分析，可以是具备或不具备关于研究问题知识的管理者，或者上述元素的综合。因此，我们需要知道谁将收到报告。受众是仅由管理者组成，还是由广大的员工、外部供应商、董事会成员等组成？是高层管理人员、基层管理人员还是各级管理人员？研究影响的是受众还是只限于决策者？受众经验的类型和时间、年龄、职级、性别、种族、受教育程度、经济地位、群体成员身份以及组织文化等都会影响受众对信息的感知和接受度。因为研究报告的受众通常是受邀参加，因此我们可以提前知道他们是谁。

16.2.2　研究问题知识

研究项目经理或联络人可能是回答第二个受众问题的最佳信息来源：他们具有与研究问题相关的何种背景？只有联络人才知道在研究项目探索阶段有哪些信息被广泛地共享。如果研究者是该组织的内部人员，则只需回想一下自己已经向哪些受众成员提供了哪些信息。如果报告已经被使用，那么中期报告或进度报告及它们的分发情况可以提供此信息。

16.2.3　研究倾向

倾向（predisposition）是受众对报告研究主题的态度和信念，它们基于受众的经验、知识和价值观而形成。

- 受众成员会用到他们已有的关于研究主题的一系列知识来帮助理解报告。他们会根据自己选择性的感知（他们知道和相信的东西）来对报告作出判断。
- 当受众成员检查报告内容时，他们会抓住与自己已有知识一致的信息线索。他们所加工的意义将会在同意/不同意和清晰/混乱之间变动。
- 每个受众成员都会建立起自己对研究报告内容的独特理解。这取决于他们的经验以及对变化的开放性。

为了让研究报告具有说服力，必须要解决关键受众的偏差问题。[4] 大多数人都在寻找能够确认自己信念的信息，即存在**确认偏差**（confirmation bias）。报告必须提供无可辩驳的证据来让受众质疑他们自己的信念。由于**锚定偏差**（anchoring bias），我们很依赖于对事物的第一印象。在这里，研究者的信誉至关重要。如果受众相信研究者分享的第一个洞见，那么受众可能会相信其分享的所有洞见。受众是由不同群体的成员组成的。由于**从众偏差**（conformity bias）的存在，这些群体会影响受众的信念。对和谐的渴望使我们压制或拒绝群体思维之外的观点。研究寻求改变，因此研究报告需要许可甚至鼓励受众在已经接受的范围之外思考。由于**幸存者偏差**（survivorship bias），我们倾向于相信那些最终成功而非失败的故事。这将影响我们对故事、语录、感言等的选择。最后，受众会存在**损失规避偏差**（loss-aversion bias）。当面对以积极或消极方式表达的洞见或建议时，他们更有可能被积极的表达方式所吸引。研究报告可以使用或消除这些偏差。

研究者在开发和交付报告时，他必须尝试想象受众会如何解释信息。了解受众的倾向后，研究者就可以预测受众的抵抗、怀疑或接受的程度。然后，研究者可以调整内容和交付方式，以实现预期的受众效果。为了评估倾向性，如果受众规模很大的话，研究者可以在报告之前向受众成员发送调查问卷，或者访谈受众中的意见领袖。

16.2.4　建议的效果

尽管随着数据的呈现可能会揭示一些信息（特别是正在进行数据统计分析时），洞见和建议在撰写研究报告前不太可能显露出来。在形成研究建议前，研究者必须评估任何建议的效果。该研究是否提出了将生产转移到其他工厂、扩大产品的市场占有率或者是更改培训或薪酬计划的建议？接着，知道如何执行这样的建议至关重要。首席执行官以下的所有员工都是建议的利益攸关方。知道谁获得最大的利益，以及这个受众群体是支持还是反对实施该建议是非常有价值的。关于研究结果会对受众产生什么影响这个问题，研究者的最佳答案就是各个受众群体对过去的改进建议的历史响应。

16.2.5 受众效果

虽然我们之前将受众效果泛化地描述为受众支持研究的洞见和建议，对于任何的实际报告，受众效果可能会被更狭义地定义。例如，如果报告是为广泛受众的细分群体（如特定部门而不是整个公司）设计的，那么受众效果可能会缩小到与该细分群体相关的“接受建议 A”。受众效果始终是针对一项或多项建议或洞见的。

16.2.6 补充目的

研究经常会揭示出意想不到的但与研究问题相关的信息。根据研究委托方的不同，这个信息可以在报告中分享或单独传递。因此，尽早确定研究报告是否仅仅专注于与研究问题相关的发现、洞见和建议至关重要。只有研究委托方可以做这个决策。

16.3 报告结构

如何定义受众效果会导致下一个决策：**报告结构**（report structure），即报告研究结果的方式。报告结构有三种：(1) 仅口头；(2) 仅书面；(3) 口头加书面。

仅口头（*oral-only*）结构意味着没有正式的书面报告。仅口头报告的优势在于它能够迅速地传播报告。它提供了向研究者提问的可能性，这通常对于厘清信息至关重要。从某种意义上说，“仅口头”这个结构的名称是错误的。大多数仅口头报告都提供一些书面材料作为讲义。这些书面材料会直接发到个人手上或通过电子邮件、可下载的文件来提供。讲义通常是在口头陈述时使用的幻灯片。一些研究者可能会提供一份概要报告讲义（口头报告要点的 2～3 页的简短汇总）或信息图（口头报告中的关键图形和数据元素的可视化合成设计，通常汇总在一页上或作为可视图像文件）。

正如本章开始所指出的那样，随着沟通工具的发展，仅书面结构的研究报告正在逐渐消失。但是仅书面格式仍然具有吸引力，因为它允许受众按照自己的节奏来吸收大量的信息。它不能提供即时反馈。还有一个风险是，报告一旦交付，就可能搁在书架上了。由于缺乏研究者亲自宣传洞见以及由此产生的建议，仅有书面报告在实施变革时的作用会比较弱。

考虑到研究结果和受众的特点，口头加书面的报告结构具有最大的灵活性。口头报告可以附有简短的管理报告（为非研究者撰写，有关方法的信息较少）；口头报告可以在详细的、长篇的书面报告之前进行，也可以与技术报告一起提供（为从事专业研究的受众编写）。一些研究可能需要技术和管理方面的书面报告。这种组合报告结构可以宣传研究洞见和建议，并可以立即对信息和分析作出澄清，还可以在执行决策时根据需要进行具体细节的探究。人们会认为在口头加书面报告中提供的信息比仅在书面报告中提及的相同的信息更重要。[5]

16.4　内容和形式：组织

内容和形式由三个关于计划的选择决定：(1) 发现、洞见和建议中应该呈现哪些信息以达到受众效果，以及以何种顺序呈现；(2) 应该以什么方式呈现；(3) 如何、何时、何地交付报告。受众效果、研究结论、报告结构以及实现受众效果所需的说服力水平都会对上述决定产生影响。计划的这一步骤至少必须包括组织、可视化、编写、练习以及交付。

因为受众不同，各类口头和书面研究报告具有不同的特点。对于**管理报告**（management report）而言，无论是短（概要）还是长，受众都是管理者。而对于**技术报告**（technical report）来说，无论长短，受众都是在方法和分析上具有渊博知识的研究者。信息图则始终是书面报告，并且是这三种报告结构中最直观的信息呈现方式。信息图针对的是非技术人员，但可能会超出管理人员的范畴而延伸到员工、供应商、客户等。

口头和书面研究报告包含四个关键成分（引言，背景，研究方法，发现、洞见与建议）。一些书面报告中还可能包含第五个成分，即附录。每个成分是否呈现及其详细程度取决于准备报告的类型。图表 16-5 显示了成分与报告类型的关系。在每个部分中，是否包括某个成分取决于其对解决管理问题和实现受众效果的重要性及与上述两个问题的相关性。

图表 16-5　不同类型研究报告的组成部分

报告模块	口头报告	书面报告				
		管理报告			技术报告	
		信息图	概要	长篇报告	短篇报告	长篇报告
引言	1	1	1	1	1	1
标题	√	√	√	√	√	√
研究者简介	√			√	√	√
执行摘要				√	√	√
目录				√		√
背景	2		2	2	2	2
问题陈述	√		√	√	√	√
研究目标	√		√	√	√	√
研究方法	3		3，简洁	3	3，简洁	3
抽样设计	√			√		√

续表

报告模块	口头报告	书面报告				
		管理报告			技术报告	
		信息图	概要	长篇报告	短篇报告	长篇报告
研究设计	√			√		√
数据收集	√			√		√
数据分析	√			√		√
局限性	√		√	√	√	√
发现、洞见与建议	4	2	4	4	4	4
发现	√	√	√	√	√	√
洞见	√	√	√	√	√	√
建议（可选）	√		√	√	√	√
附录				5	5	5
测量工具				√	√	√
频率				√	√	√
二手数据研究						√
参考文献						√

16.4.1 研究报告的组成部分

引言

让受众为报告做好准备，建立研究者的信誉，并让受众易于浏览信息。[6]引言包括标题、研究者简介（姓名、职务、公司、教育和经验背景），以及书面报告才有的执行摘要和目录。报告或幻灯片的标题页应当包括报告的标题、作者、报告对象及日期。描述性的标题是最好的，并且应该根据研究中的变量、变量间的关系类型以及研究结果所适用的人群来确定项目的研究**范围**（scope）（变量和研究对象）。[7]以下是报告标题的三个示例：

描述性研究	X 分公司的培训与工人生产率
相关研究	相对国家通货膨胀率与国际市场中 X 品牌家庭购买量的关系
因果研究	不同激励方法对零售销售合伙人的态度与业绩的影响

执行摘要（executive summary）可以服务于两个目的。它可以是一个缩简版的报告，有时也称为概要报告（topline report），以简略的形式涵盖报告主体的所有方面；也可以是一份关于研究结果、研究结论和研究建议的简明摘要。通常一份执行摘要只需两页纸就够了。这部分在报告的其余部分都完成后再撰写。这部

分虽然不应该再包括新的信息，但还是可以用图表来说明一些特别的结论。人们期望能在一份摘要中发现有关研究的大量重要的信息，因为它是对研究重点的再次强调。

背景

所有研究报告必须包含一些背景和方法信息，因为受众对项目的了解程度不尽相同。该信息的目的是为受众提供对解释研究结果至关重要的知识，同时建立研究者的信誉，以及确保研究结果的有效性。在口头报告中，这个部分的详细程度取决于受众成员参与研究项目决策的程度。受众对项目决策参与越多，需要报告的细节就越少。在书面报告中，根据项目的情况，本部分可以提供不同详细程度的背景信息。关键的背景知识可能包括管理问题、研究目标以及在探索期间发现的用于开发测量工具或解释数据的任何信息。[8]

研究方法

研究者应该对抽样设计进行概述，包括样本概况、解释数据的误差范围以及置信水平。报告还应该描述研究设计，特别是如何收集数据以及使用多种方法收集数据的理由。设计越复杂，本部分的信息就应该越多。研究者还要描述数据分析的过程。受众对技术越熟悉，书面报告就越长，信息就越详细。口头报告很少提供有关数据分析的详细信息，除非对理解结果有帮助。每份报告都应该讨论项目的局限性或不足，即对任何重要的方法**局限**（limitation）进行介绍。研究者在讨论不足以及如何解决该不足时会提升其信誉，并提高受众判断研究有效性的能力。

发现、洞见与建议

发现、洞见与建议是所有研究报告中篇幅最大的部分，也是受众关注报告的目的所在。发现部分不必包含你收集的所有内容，也绝不能包括你在检查和数据分析过程中开发和分析的所有表格或图形。收录内容的首要标准是："信息是否对受众理解任何假设、洞见和建议至关重要?"研究者越是对信息精挑细选，受众就越会认为呈现的每条信息更重要。

在报告中，要确定发现和洞见的顺序，应该先绘制要提出的所有建议以及支持每个建议所需的洞见和数据的全景图。可以用便利贴做一个信息故事板，就像制作电视广告那样。另一个规划工具是决策树，如图表 16－6 所示。对于口头报告，必须牢记分配的时间以及受众在有限的时间里处理大量信息的能力。一些建议（以及它们的辅助数据和洞见）只能放在书面报告中。

列出所有建议及其辅助数据后，需要对它们进行排序。大量研究发现论证的顺序会影响短时记忆、长时回忆的水平和准确性。[9]不论报告结构中是否包含口头报告，请考虑以下各项以确定报告的顺序：

- 首要：人们会对研究者首先报告的内容给予高度重视（首因效应），该内容在建立理解、激励行动方面更有影响力。
- 早期：人们对研究者报告的前几项内容相比报告中间的内容记得更牢。
- 新近度：人们最记得自己在报告中最后听到/看到的内容（近因效应），最后报告的信息对建立理解和激励行动有影响。

图表 16-6 研究报告的决策树

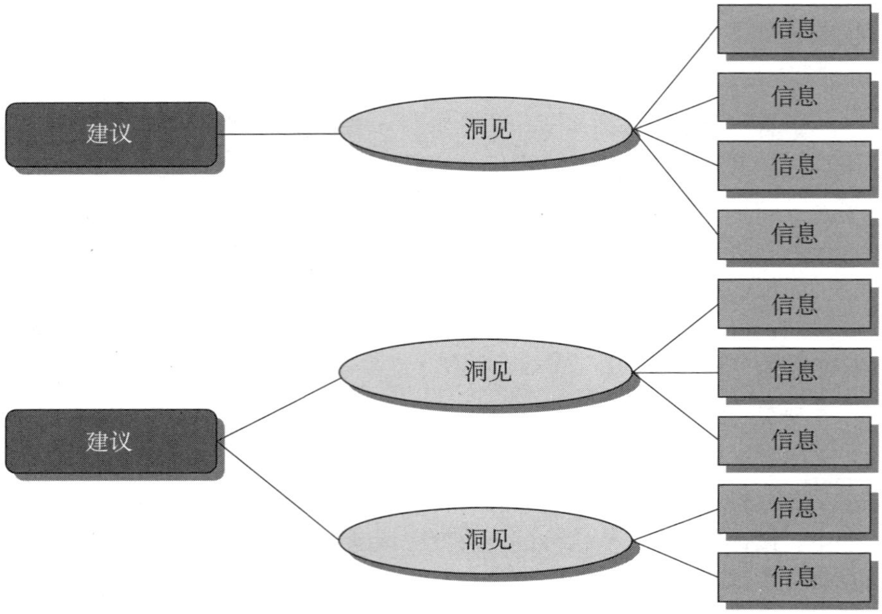

● 明显的差异：人们需要比较大的差异来区分项目。他们会认为差异较大的项目更为重要。

除了感知到的重要性外，还有两种相关性会影响重要性排序：(1) 与要解决的管理问题的相关性；(2) 与理解洞见或建议的相关性。受众群体自然会在报告时把信息分组以处理大量信息。因此，明智的做法是为他们提供一个有助于他们接受洞见和建议的结构。

预计研究者将越来越多地提出建议。在应用研究中，这些建议通常是针对管理行动的。研究者会提出一种或多种被信息和洞见支持的备选方案。此外，研究者可能会建议做进一步的研究计划。建议也可以改写为附加页，在书面报告中作为执行摘要的结尾，也可以作为口头报告中的单独幻灯片。一些研究者会在问答环节中使用包含建议的幻灯片。

附录

附录用于书面报告而非口头报告。它是放置复杂表格，统计检验资料，辅助性文件（如提案请求和研究合同），访谈表副本、观察清单与测量工具，数据收集者指导语，以及其他用于后续参考的重要证据。那些希望了解研究统计方面的受众会需要一份统计检验的完整附录。如果报告使用了二手数据，则附录中的一个重要文件是参考文献。参考文献记录了用作研究背景和准备报告的所有资料来源。

16.4.2 传统的报告组织框架

报告框架（report framework）是一个组织机制。它不仅会影响内容的顺序，还会影响辅助材料的类型。下面总结了几种适用于研究报告的标准组织框架。一些研究公司使用的是框架模板，可以针对特定报告进行修改。但是，如果用这类模板对同一批管理者受众进行多次演示，报告可能会无法引起注意并有力地说服受众。成功的研究者会选择最适合特定项目的组织框架。如果特定框架不适合特定项目的发现、洞见和建议，研究者就不会选择它。因此，在选择框架时要保持开放的态度，这样就可以用新的方式来计划报告。[10]

- 研究摘要：最常用的结构之一，首先说明项目的缘由、目的及方法。接下来是对项目得出的洞见以及支持这些洞见的信息的讨论。最后用建议来总结报告。
- 主题：报告会包括一些发现和洞见，但有些主题似乎天然地在顺序上优先于其他主题。例如，在调查研究的报告中，展示者可以根据目标问题的主题来安排测量工具的顺序。
- 叙事：把故事作为传达研究洞见和建议的主要手段。这些故事是根据对受众的影响来进行排序的。把研究洞见与音频和/或视频剪辑以及相应的评论相结合，可以让洞见变得生动。这种结构可以让受众对报告和研究者的态度更积极，并有助于受众保持对报告内容的长期记忆。[11]这些因素都可能会带来受众的更多行动。
- 分类：对建议及其洞见和发现进行分类。在测试 iPad 原型以识别潜在客户的报告中，报告可以按 iPad 的功能来排列发现。
- 动机顺序：不考虑个体差异，而遵循人们习惯性作出决定的方式。它包括多个步骤：确定改变的需求、提供数据以支持改变、说明改变的好处以及详细建议。在目的是说服而不只是提供信息的研究报告中，该组织框架之所以强大，是因为它的目标是激励公开的行动。
- 问题/解决方案：报告的开始部分介绍研究问题，中间部分介绍研究发现和洞见，最后部分提出建议。在研究展示中，你将从管理问题开始，然后是研究问题和方法，最后得出发现、洞见和建议。
- 高潮顺序：按最不重要信息到最重要信息的顺序进行组织。在研究报告中，各部分按基础研究结果到关键洞见再到建议行动的顺序进行排序。
- 时间顺序：使用研究的时间顺序作为框架。在有关工厂安全问题的研究报告中，顺序将由每个研究活动（焦点小组访谈、调查、实验）的发生时间来确定。
- 过去/现在/未来：第一部分讨论过去，第二部分讨论现在，第三部分预测未来。在使用库存模式预测模型的研究展示中，先从过去的数据模型开始，其后是现在的数据模型，最后是未来的模型。
- 原因/结果/解决方案：第一部分描述问题的原因，第二部分描述问题的影响，第三部分介绍问题的解决方案。在有关丰田油门踏板故障解决方案有效性的研究报告中，从发现工程缺陷开始报告，描述缺陷对销售、品牌形象和客户忠诚度的影响，然后介绍有关研究发现的解决方案的信息。这些解决方案可能引起汽车消费者的共鸣。
- 优点/缺点/建议：围绕优点、缺点以及优点如何大于缺点来组织报告的框架。可按以下顺序展示报告：介绍研究者发现的有关电子书的好处，人们感知到的电子书的缺点，以及亚马逊为增强 Kindle DX 的优势而可能采取的措施。
- 空间：根据物理空间来组织材料。在一份有关科罗拉多州度假胜地滑雪事故的研究报告中，报告展示可能按照科罗拉多州每个特定的滑雪区域来安排。

16.5 内容和形式：可视化

撰写高质量研究报告的研究者必须讲述基于数据的故事。这需要具备**可视化**（visualize）的能力，即通过开发报告的文本、表格、图形及视频/音频形式的辅助材料的过程，来与受众分享研究者对数据的理解。鉴于现在许多研究报告都强调或包括口头报告，因此从口头报告的角度考虑可视化是一个不错的开始。对于许多人来说，考虑在屏幕上展示什么内容比较合适会影响辅助材料的设计。但是 PowerPoint 专家建议从用计算机开发辅助材料做起。[12]

辅助材料是组织框架"树枝"上的"叶子"，有助于向观众展示及验证洞见与建议。在研究报告中，它不仅意味着实际的数据及其解释，还包括验证该数据的故事或示范。辅助材料可以引起人们的兴趣、阐明研究者的观点、强调观点，并提供影响受众信念的证据。没有适当的辅助材料，研究者的洞见就只是一系列没有根据的主张。评估辅助材料的标准如图表 16－7 所示。

图表 16－7 辅助材料的评估标准清单

☐	相关——每个辅助材料都应当与其所支持的重点相关，并与话题主题保持一致。
☐	适当的受众群体——每个辅助材料项目都应当符合特定受众的需求、风格和要求，并与所选的报告结构相匹配。
☐	简单——报告的统计信息应当以有助于快速理解的方式或通过比较来进行表达。
☐	详细——每种辅助材料都需要让受众可以理解洞见，并能理解该洞见如何与管理问题相匹配。
☐	令人信服——辅助材料必须准确、符合伦理原则并公平地呈现。
☐	平衡——报告应当包括足够的辅助材料，但要在数量和种类间取得平衡，同时又不会给受众造成负担。
☐	多样化——报告不应过分依赖于某一种类型的辅助材料，而应当使用多种不同形式的辅助材料。
☐	风格——报告要利用类比和隐喻的力量。
☐	空间——辅助材料必须在时间和空间限制内可用。
☐	演讲者专属——应当选择利于展示研究人员的演讲风格以及信息传递的辅助材料。

资料来源：Thomas Leech，*How to Prepare，Stage，and Deliver Winning Presentations*（New York：AMACOM，2004），pp. 98－102；and the Speech Department at Maui Community College，http：//www. hawaii. edu/mauispeech/html/supporting_materials. html，downloaded January 27，2010.

人们以不同的方式来学习信息。[13] 了解受众包括哪些类型的学习者会很有帮助。**视觉学习者**（visual learner）更喜欢从图片、图形和模型中获取信息。如果报告中有太多的文本或口头信息，这个群体会容易走神。准备出色的图形和图表可以吸引这一群体。**听觉学习者**（auditory learner）喜欢以文本/语言的方式呈现的报告。视频和音频的故事与例子可以帮助该受众群体理解并相信报告的内容。**动觉学习者**（kinesthetic learner）更喜欢通过个人的触觉体验来学习。他们对冗长的口头和书面报告感到厌烦，会很快抛开材料或只是浏览一下。使用重点报告、写得很好的执行摘要以及在口头报告中结合示范和实例，可以很好地保持这类受众群体的投入程度。如果参与者作为研究的一分子进行了一项练习，那么让受众尝试一下这个练习也能吸引动觉学习者。任何研究报告的受众都包括这三种类型的学习者，因此报告的内容和形式必须适合所有这些类型。

一份出色的研究报告取决于研究者在以下方面说服受众的能力：

1. 作为一名研究者，他是值得信任的。
2. 研究结果是可信的。
3. 受众应该根据从这些发现中得出的洞见和建议采取行动。

任何报告的说服力水平取决于古希腊哲学家亚里士多德所描述的三种证明类型：人品证明、情感证明和逻辑证明。[14]研究者需要这三个条件来说服受众，让他们相信应该接受这些洞见和建议。**人品证明**（ethos）取决于受众在多大程度上认为研究者有资格进行研究。如果研究者受过的教育、过往经验和表现让其有资格就某个问题做报告，该研究者就具有权威性。[15]这就是研究报告通常要先介绍研究者的职务、经验和教育背景的原因（口头报告中的研究者简介幻灯片页和委托方联络人介绍；书面报告中的研究者简介）。如果研究者自身没有经验，就必须把他们的方法和程序与有经验的可靠来源联系起来，以达到借用人品来证明的作用。如果研究者不被认为是可信的，那就几乎不可能建立发现和建议的信誉。

人们会根据自己的心理状态来感知消息。如果他们的情绪倾向是积极的，就更容易接受信息；如果情绪倾向是消极的，将不太可能接受信息。[16]研究者必须准确地唤起情绪，因为情绪可以改变受众的倾向，进而改变其判断力。**情感证明**（pathos）靠的是研究者与受众建立起情感联系，包括引发受众的认同感、自我利益以及情感。基于情感证明的感召利用了常见的偏见：我们自然地倾向于那些有好处的、服务于我们的或给我们所在的任何群体带来利益的事情。建立情感证明，是因为理解受众的倾向以及你的建议对受众成员的影响至关重要。

逻辑证明（logos）是合乎逻辑的论点，是大多数研究报告的核心。它通常用于描述支持洞见的事实与发现。然而，逻辑证明不应该是报告的唯一内容。逻辑证明可能会影响持怀疑态度的受众，但许多受众并不相信统计数据。他们认为统计数据是误导人的、让人困惑的、不准确的或可能被不道德地应用。研究者如果倾向于仅用逻辑证明来构建报告，会降低达成预期受众效果（研究洞见中包括的建议措施的实施）的可能性。

下面提供了用于支持洞见和建议的常用材料示例。

● **事实**（fact）是关于存在的情况或已知发生的事件的可验证数据。事实往往涉及可以证明为真的统计数据。事实没有争议，因此可以提供有力的支持。事实是许多研究报告建立逻辑证明的基础。研究中的事实示例包括产品销售量、参与者对餐厅服务的投诉或员工离职情况等。

● **统计数据**（statistics）是用于数据收集、分析和解释的数值数据，也可以用于数据收集计划、测量以及设计。统计数据对研究报告很有用，而且会在研究报告中出现。要想成为可信的支持来源，受众需要确定统计数据有效、可靠，被正确地解释且与研究的要点相关。这些统计信息有助于逻辑证明。有节制地使用统计数据可以减少受众的疲劳感。研究者可以使用视觉工具来促进受众对统计数据的理解。

● **故事**（story）是关于单个行为、情况或事件过程的细节，用来阐明概念、构念或把洞见与生活相联系。故事可能通过引述、音频或视频片段的方式与一个参与者的反应联系起来，也可能根据一个或一组参与者的反应来展示行动建议的影响。简短的故事可以让研究变得生动，并让洞见更可信。故事对逻辑证明有贡献。

- **示范**（demonstration）通过让受众参与有助于厘清发现的体验的方式来教给他们一些新东西。示范会吸引视觉和动觉学习者，尤其是在口头展示过程中有机会操作物体或重新开展参与者活动时。作为受众的指导者，研究者把他们代入了展示与讲述的过程，自始至终对活动的每个步骤都进行呈现。[17]示范对情感证明和人品证明有贡献。
- **证词/专家意见**（testimony/expert opinion）使用公认的专家意见来提高针对特定主题受众的研究者信誉。当用作证词时，可信的第三方认可者的意见可以让受众专注于成功的故事。证词或专家意见通常采用视频剪辑、引述或知名专家现场参与的形式传递。这些意见代表着极佳的支持来源，它们可以强化人品证明。
- **类比**（analogy）是通过比较两个不同事物来突出它们的相似点。虽然类比并不能作为洞见的决定性证据，但好的类比可能有助于阐明洞见。研究可能会要求参与者将汽车品牌与特定类型的房子做比较，以阐明他们对风格的看法。“X 品牌就像一栋维多利亚式房子，具有繁复的功能和挑剔的细节。”“Y 品牌就像一栋小木屋，坚固而实用，但不够现代。”分享这些类比可以使与构念有关的洞见更生动。使用类比对逻辑证明有贡献。
- **隐喻**（metaphor）是对两个表面上不同但实际上具有重要共同点的事物间的内隐特点做比较，以阐明构念或复杂的洞见。隐喻通过熟悉的方式表达不熟悉的事物，并通过关联、比较和相似来达成该效果。隐喻把一个词、图像或想法的意义带到另一个词、图像或想法中。当参与者说“奔驰是老鹰，而我的福特是犁马”，他就在使用隐喻。使用隐喻对逻辑证明有贡献。

图表 16 - 8 把亚里士多德的证明方法与上述常用材料联系起来。

图表 16 - 8　亚里士多德的证明方法与预期的受众效果

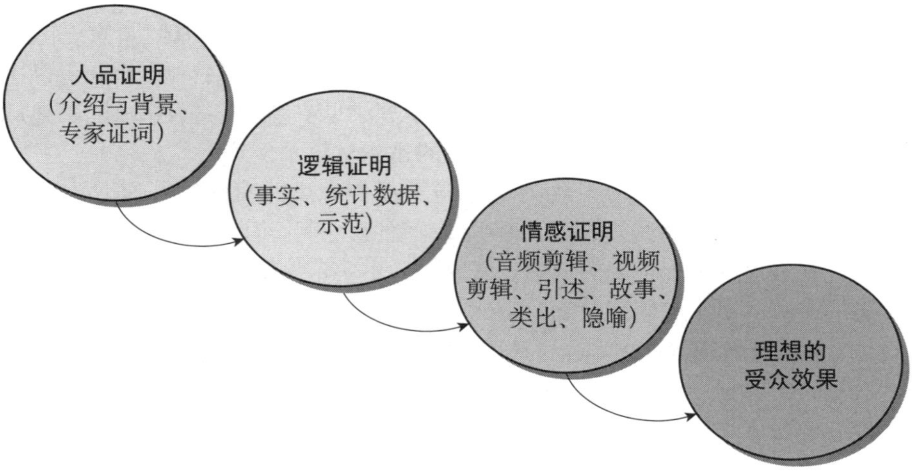

特写

皮克斯讲故事的经验应用于研究

皮克斯动画工作室 25 年来创作了备受赞誉的动画长片和短片。它在讲故事方面是个成功的典范。你从孩提时代就开始看皮克斯的电影——《玩具总动员》《怪兽电力怪兽》《美食总动员》《海底总动员》——每一部都让你大笑、害怕、欢呼甚至哭泣。皮克斯做得最好的是讲一个吸引我们注意力的故事，同时给我们上一课。埃玛·科茨（Emma Coats）是一位博客写手，曾是皮克斯的故事讲述者，她总结了几个讲故事的经验。作为研究人员，我们可以向皮克斯学习。

皮克斯的经验	研究报告应用
研究报告准备	
分解你之前喜欢的故事。你必须先识别出有效的方法，然后才能使用它。	使用其他研究故事（回顾案例、概述报告）来帮你编写故事。
记住什么是观众觉得有趣的，而不是作家觉得有趣的。	进行全面的受众分析。
识别你的角色。什么会让你行动?	确定你的受众的问题，并了解解决问题的方法。
编写研究故事	
不到故事的最后你不会知道故事是什么样。结尾很难。先写下去。	从结尾开始——你希望他们采取的行动，或者你希望他们接受的研究洞见。
把你的故事写在纸上。如果它在你的头脑里，就会是一个无法修改的完美想法。	描绘你的故事（数据洞见的顺序），并与同事/团队讨论你有关研究故事的想法。
找出你不喜欢的故事的构成要素，然后重新排列，直到你喜欢这个故事为止。你学到了什么?	如果你的研究故事没有说服力、无法让人投入或记住，请尝试重新排列数据展示和洞见的顺序，作出不同的可视化选择，或两者兼而有之。
简化，突出，合并角色，不要绕弯子。你不会丢失有价值的东西，你有讲故事的自由。	简化你的故事。受众不需要知道分析的每个步骤，只需要知道可以了解你的洞见和建议的关键数据。删掉不重要的内容。
让角色陷入困境的巧合是可以接受的，让他们摆脱困境的巧合是作弊。	在你的故事中，什么导致了困境要比什么可以纠正问题或利用机会占用更少的时间/空间。
准备/撰写研究故事	
挑战你的“角色”。选取你的角色擅长的东西，摆脱不擅长的东西。	通过了解受众的优势和成功以及他们将如何利用这些优势去解决问题或利用机会来与受众建立融洽的关系，强烈建议他们去接受你建议的不同道路和不同的技能。
让人感觉到诚实可以使你的角色可信。如果你就是角色展示的样子，你感觉如何?	在你的报告中注入同理心。
故事的核心是你内心深处的信念。	热情地提供关键的洞见和建议。
将观点赋予你的角色。被动或没立场对受众来说意味着角色的死亡。	坚持你的建议，并将其作为你研究故事的核心。
风险是什么？给我们理由来支持这个角色。	弄清楚无所作为的风险，对行动的奖励更明确。
释疑	
完成故事，继续前进。下次做得更好。	始终从每份研究报告中学习并将经验应用于下一个研究项目。

资料来源：课程的开发使用了埃玛·科茨的洞见，来自“Pixar's 22 Rules to Phenomenal Storytelling,”Slideshare，downloaded May 28，2016（http：// www. slideshare. net/powerfulpoint/pixar-22rulestophenomenalstorytellingpowerfulpointslideshare/24）. The applications are the contribution of the author. “About,” Pixar，downloaded May 28，2016（http：// www. pixar. com/about）.

快速浏览

Forrester Research：找到戏剧性的故事情节

Forrester Research 是一家在众多行业中进行问题驱动型研究的公司，并通过订阅方式来出售许多报告。公司采用模块化方法来撰写报告。这些报告可能是在几小时内草拟的“摘要”，也可能是需要长达 30 个小时才能完成的报告。每个报告都有三个主要部分：“市场概述”部分描述了从访谈、调查和二手资料搜索中收集的数据。它从揭示比较简单的问题开始，发展到比较复杂的问题。它不会重新讲述受众已经知道的信息，只会提供新的数据。“分析”部分对发现进行解释。“这意味着什么”部分则对发现和分析的启示进行推测。

在一项此类研究中，“市场概述”中提及“汽车经销商在 40%的时候保有错误的汽车”这一发现。在“分析”部分，该报告把研究发现与汽车制造商掌握的关于在售车的所有数据（包括车内的特征）联系起来。拥有该信息的经销商应该能够改善其库存组合。高级分析师马克·邦格（Mark Bunger）认为“这意味着什么”部分是投机性的。“我们开发了 W-I-M 链。如果找到了 a，那么 b 不就有可能发生吗？或者，如果有 b，那么就有 c；如果有 c，那么会有 d。在报告的最后部分是许多基于行业内的扎实知识和经验作出的演绎和推测。因此，如果经销商在 40%的时间保有错误的汽车，而制造商有经销商所需的信息，那么经销商可以改善库存以将比例降低到 20%。对那些仍然找不到他们想要的汽车的潜在客户，经销商可能会通过定制来满足客户的需求。”这个推测部分是报告中内容最少的部分。

在撰写报告时，研究者会花时间找到合适的词来传递他们的信息。标题有特殊的意义，因为订阅用户经常根据标题来选择他们访问的报告。“如果我们取一个有趣的标题（如‘跳过广告会杀死电视吗?’），而不是‘技术对电视广告呈现中观看者控制活动的影响’这样的标题，就会让更多人来阅读报告。”

资料来源：Mark Bunger，senior analyst，Forrester Research，interviewed January 22，2004. “Making Auto Retail Lean，” TechStrategy report，Forrester Research，downloaded January 5，2004（http：//www. forrester. com/ER/Research/Report/Summary/0，1338，32782，00. html）.

16.5.1 介绍结果

展示发现的目的是支持洞见和建议。虽然研究报告应该使用各种辅助材料来联系不同的受众群体，但事实和统计数据仍然是许多报告的核心，应特别注意。在研究报告中呈现统计数据是研究者面临的特殊挑战。呈现发现的基本方法有三种：文字/文本、表格和图形。[18]

文字/文本

当需要展示的统计数据较少时，使用文字的效果很好。文字可以是短语、句子或段落、列表、要点或它们的组合。

> 由于其超强销售业绩（增长 11%，3 511 亿美元），沃尔玛重新夺回《福布斯》500 强的榜首位置。虽然在销售上沃尔玛力压排名第二的石油巨头埃克森美孚，但是在利润上沃尔玛（112 亿美元）却远低于埃克森美孚（395 亿美元）。

或者

> 沃尔玛是《财富》500强中的第二大公司，收入增长了6%，但利润下降了4.2%。

使用文字的缺点是统计数据在正文中会有些分散。因此，研究者必须以某种方式来强调相关的统计数据。在口头报告中，研究者可能会在一张幻灯片上让统计数据凸显或者将其放大、加粗或变色，并围绕统计数据进行讨论。在一份书面报告中，研究者可能会加粗该统计数据，也可能会使用凸显的方式，就像在报纸文章中做突出引用一样，在正文旁的框中重复该统计数据。文字最常用于报告洞见和建议（如稍后在图表16-16和图表16-17中所示）。

定性研究报告通常只用文字而不提供统计数据，因为其核心发现是逐字的引述。定性研究报告通常的格式是简短的标题加上引述。例如，你可能会在调查结果页面或口头报告幻灯片上看到类似的内容：[19]

> 小公司缺乏有关绿色能源的信息。
>
> "我对绿色能源替代品知之甚少。"能源买家，小公司
>
> "没有一家能源公司告诉我如何购买绿色能源产品。"企业主，小公司
>
> "我询问了有关绿色能源产品的问题，但从未收到过报价。"工厂工程师，小公司

表格

表格（table）是利用交叉表数据构建的以行和列方式呈现的数据或统计结果。这些数据相互关联，需要一起呈现以方便比较。摘要式表格（摘要表）只包括一些与具体结果紧密相关的重要数据。为了让它们能够引起受众的注意（受众经常跳过它们），表格设计人员应该忽略那些不重要的细节，把多重分类分解为重新编码的分类。

口头展示中都会对表格进行解释说明，以便受众轻松把握要点。展示者讲话时，视觉辅助工具可以突出显示表格元素。在书面报告中，表格可以单独显示，也可以附有解释性文字。表格越复杂，就越需要进行解释说明。

综合式表格（general table）一般比较庞大、复杂和详细。为了探索不同的模式，研究者可能会生成许多这类表格。它们可以用作研究的多个统计结果的存储库。这些复杂的表格适合书面报告而不是口头报告。图表16-9显示了一个简化的示例。除非这类表格包含支持洞见或结论的核心信息，否则在详细的书面报告中会把它降级放到附录中。

图表16-9还呈现了表格的不同部分。任何表格都应该包括足够多的信息，以便受众理解其内容。表格标题应该解释表格的主题、数据分类方法、时间范围或其他相关信息。有时还需要在标题下使用副标题来解释其他重要的信息，如测量问题、测量单元等。表格侧目（stub）可以清晰地区分各行，而列标题可以清晰地区分各列。表格的主体包括数据，脚注则包含任何必要的解释。脚注应该使用字母或者星号等标记进行标注，尽量不要使用数字以免与数值混淆。最后，如果数据不是源于你的原始研究，还应该注明资料来源。

图表 16-9　缩写的一般表格示例

美国成年人使用互联网的百分比

	基本不用互联网	收邮件	家庭互联网或邮件	在家中使用高速联网	使用互联网来获得与爱好有关的信息	在线通话
百分比分布						
性别						
男	48	70	90	90	49	22
女	52	72	89	89	51	21
受教育水平						11
高中以下	40	27	73	72	35	
高中毕业	68	63	85	86	62	15
大学肄业	86	84	91	92	48	22
大学毕业	93	92	96	94	42	29
种族						
白人	79	75	91	90	49	20
黑人	68	62	83	83	56	15
西班牙裔	66	58	85	88	52	23

* 本例研究的是 18 岁或以上的成年人在参与追踪研究前 30 天内的互联网使用情况。

资料来源：Pew Research Center's Internet & American Life Project，Tracking Study，July 25-August 26，2011（Tables：AACTIV31，AACTIV12，I_User，Home3NW，Modem3b，Emlocc，IntUse.）

标题　列标题　大标题　表格侧目　表格主体　脚注　资料来源

图形

图形（graph）是展示单个变量或两个、多个变量间的不同值的关系的图。虽然图形能够显示的信息少于表格，但它的使用：

- 暗示着信息更为重要；
- 更轻松地传递比较的结果；
- 增加受众对信息的记忆留存。

为了让受众了解研究者如何得出他的结论和建议，重要的是图形可以给出准确的视觉信息印象（**数据清晰度**（data clarity））并且易于解释。

图形有多种类型。对图形的选择应该始终立足于如何阐明信息及熟悉受众。研究者在数据探索或分析过程中开发的一些图形，尽管对于研究者来说很清楚，但可能不适用于研究报告。还有一些图形，因为其复杂性，可能适合书面报告而不适合口头报告。使用阴影来区分维度的图形虽然对设计人员来说看起来不错，但通常会降低你想要呈现的数据的清晰度。大多数经验丰富的研究者应该避免这些问题。简洁的图形无法提供出色的样式，却是图形设计的最佳原则。研究者在可视化报告中通常会选择数量有限的图形类型，以让受众可以更快地理解每个新图形。然而，多样性也有其适用情况：当信息用与之前的信息不同的方式呈现时，多样化的图形展示被认为更重要。[20]图表 16-10 呈现了最常见的图形及其使用方式。

图表 16-10　口头与书面报告的图表选项

整体的元素或频率

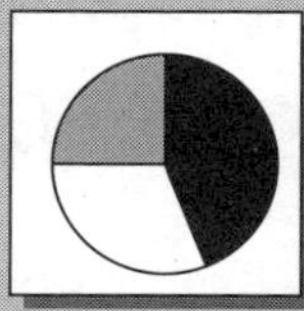

饼图：
显示部分与整体的关系。扇形代表数据的行值。

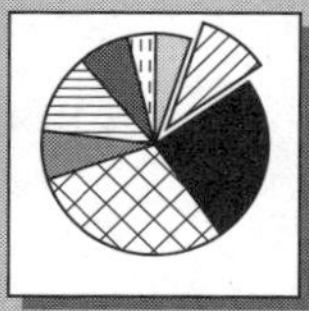

分裂式饼图：
让受众注意关键的成分。

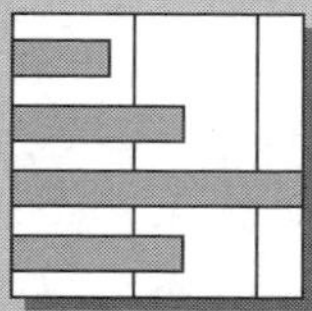

简单条形图：
在Y轴上放置类别，在X轴上放置数量或百分比。

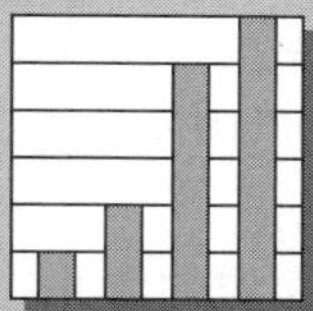

简单柱状图：
在X轴上放置类别，在Y轴上放置数量或百分比。

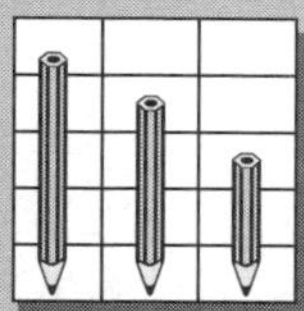

象形图：
将值表示为图片（条或柱）。

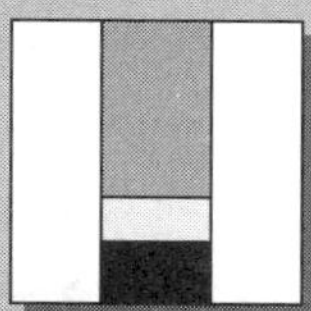

堆叠条形图：
显示成分变量的数量（条或柱）。

关系或比较

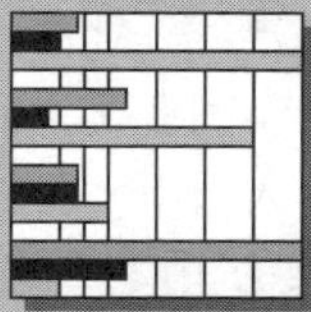

条形图：
在同一变量或变量成分上对不同实体进行比较。

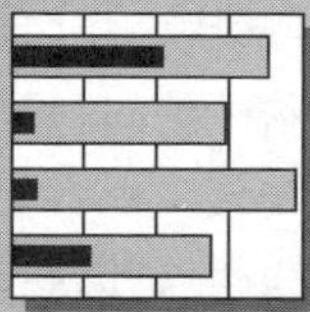

子弹条形图：
在同一变量或变量成分上对不同实体进行比较。

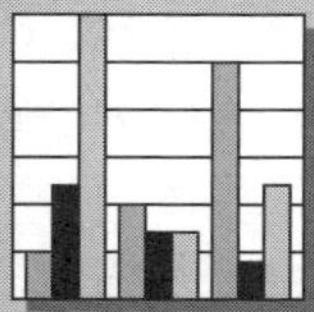

柱状图：
在同一变量或变量成分上对不同实体进行比较。

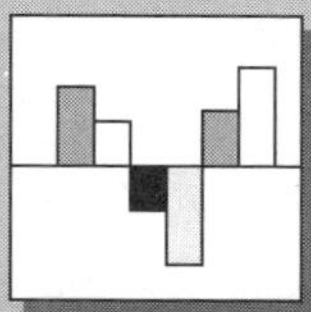

偏差图（条或柱）：
在X轴上放置类别，在Y轴上放置值。用偏差将正值与负值区分开。

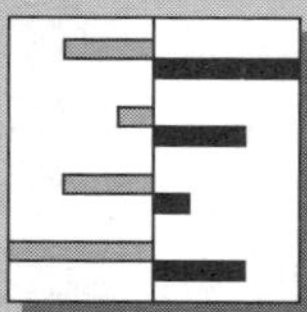

镜像条形图：
在Y轴上放置类别，在X轴上放置值，作为不同实体的镜像。

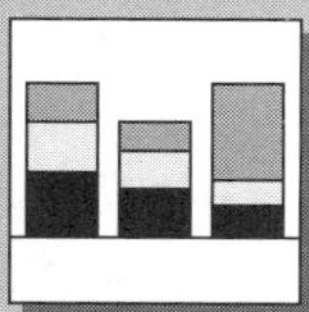

复合堆叠条形图：
在两个或多个感兴趣项目的成分上对不同部分进行比较。

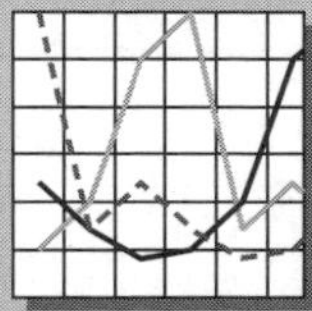

折线图：
比较随着时间变化的值以呈现趋势。

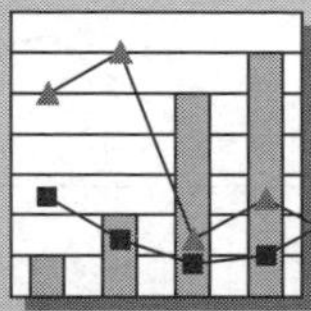

带线的条形图：
最感兴趣的项目以条形表示，并与线条表示的项目进行比较；在X轴上放置类别，在Y轴上放置值。

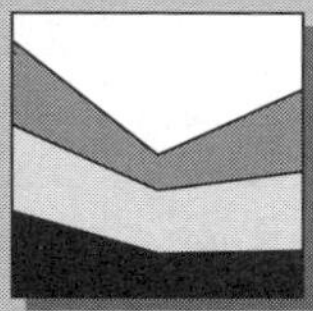

面积图（表面）：
比较变化的值（与折线图类似），但强调每个系列的相对值。

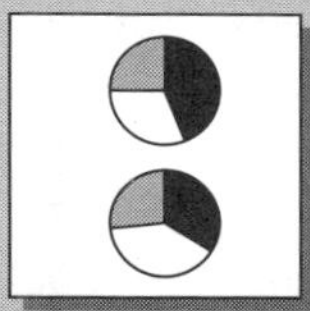

多个饼图：
使用与堆叠饼图相同的数据，但为每列数据绘制单独的饼图，而不进行堆叠。

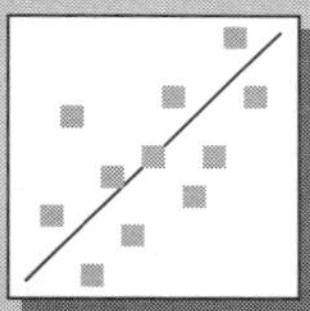

趋势线散点图：
显示变量是否存在模式；在X轴放置时间，在Y轴上放置值。

地理图：
基于某些地理基础来显示数据模式。

关系或比较，仅用于书面报告

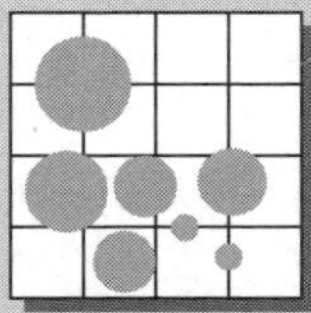

气泡图：
用于引入第三个变量（用不同大小的点）。轴可以是销量、利润；气泡是资产。

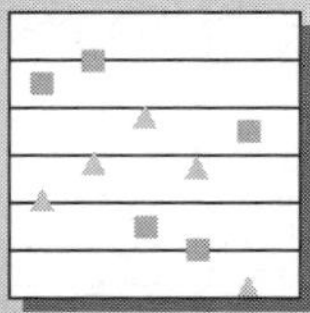

多项目散点图：
每个项目用不同的线表示，不同值有不同的标记；在X轴上放置类别，在Y轴上放置值。

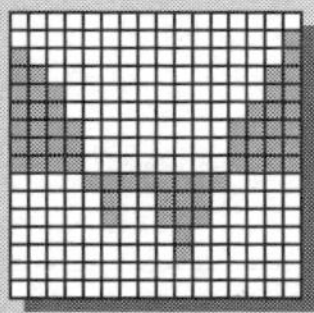

填充线图：
与折线图相似，但使用填充来强调系列。

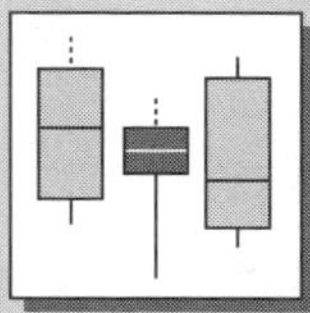

箱图：
显示分布并比较形状的特征。

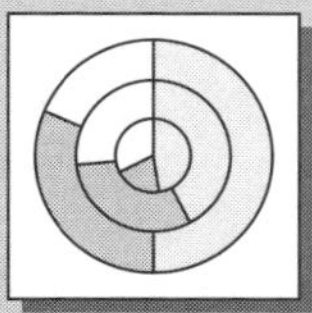

堆叠饼图：
与饼图相同，但显示两个或多个数据系列。

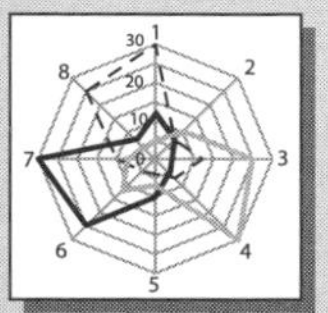

蛛网（和雷达）图：
放射线表示类别；值是离中心的距离（显示多个变量，如绩效、评分、进度）。

折线图　折线图（line graph）使用不同颜色或模式的线来连接数据点，主要用来呈现交叉表数据的时间序列。

设计折线图有以下规则：

- 将时间单位或自变量放在水平轴上；
- 当不止一条线时，使用不同类型的线（实线、虚线、点线以及点划线），以便受众能容易地区分它们；
- 使用实线来标记最重要的数据；
- 将因变量放在竖直轴上；
- 在竖直方向上使用零基线，以避免视觉偏差；
- 一张图上的线最好不超过 4 条。

不管是什么图形类型，首要的考虑因素都是选择合适的水平与垂直刻度以清晰显示并避免知觉混乱。图表 16 - 11 使用了不同的基准线。C 部分中采用了零基准线，让曲线在图中的位置很好地表现出来，给人一种有关有线电视系统的绝对量和 5 年间变化之间关系的良好知觉。反观 B 部分，由于其基准线在 3 500 万户处，很容易给人留下一种增长率更高的印象。当由于空间或其他原因而必须缩短刻度线时，仍然需要使用零基线，不过要像 C 部分那样在刻度线上标一个中断处，提醒受众刻度线的长度已经缩短。

图表 16 - 11　有线电视用户，第 1～30 年

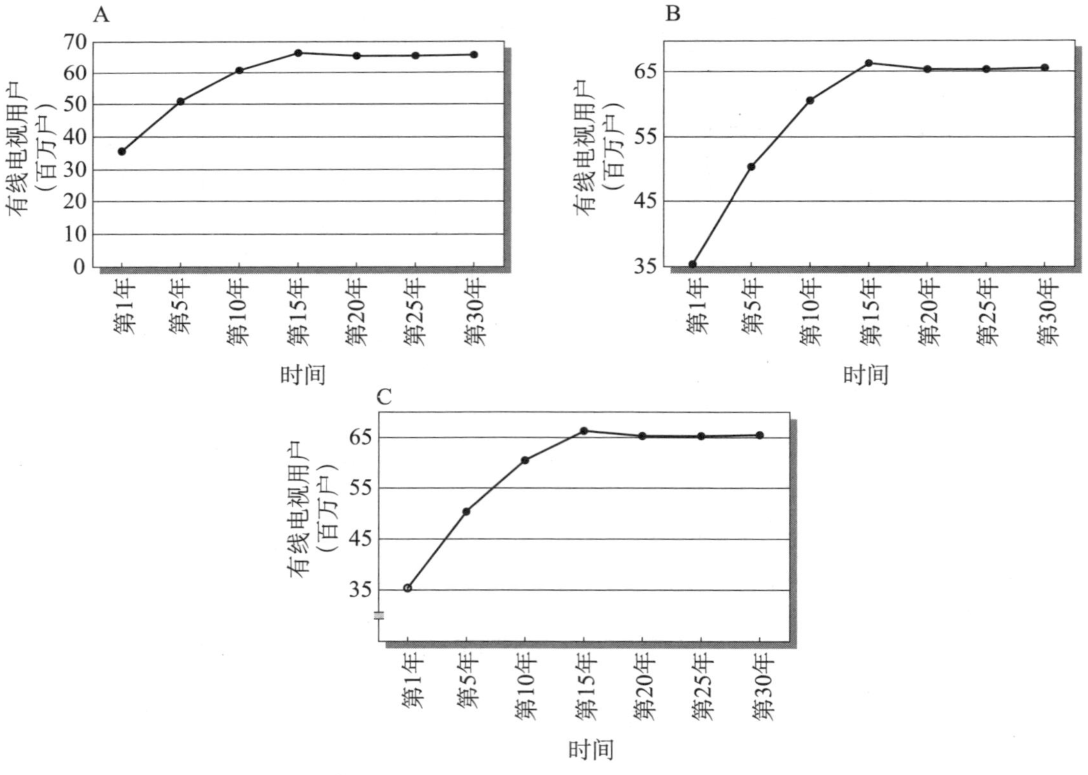

垂直刻度和水平刻度之间的大小平衡也会影响受众对数据的印象。在 C 部分，水平刻

度线间的距离接近 B 部分的一半。这会改变曲线的斜率，从而产生不同的增长率感知。

当我们呈现两组或更多组数据间的相对和绝对变化时，就会出现折线图的另一种失真。图表 16 - 12 中，A 部分使用算术刻度正确显示了变量之间的绝对差。如果我们感兴趣的是增长率，那么半对数刻度的视觉效果会更好一些。半对数刻度使用沿一个轴（通常是垂直轴或 Y 轴）的对数，算术刻度则是沿着另一个轴（通常是水平轴或 X 轴）。半对数图能保留刻度间的百分比关系。在 A 部分中，你会发现自第 1 年以来轻型卡车和重型卡车的销量都在上升，但是重型卡车的销量占美国卡车总销量的比例很小，且增长曲线要平缓得多。从 B 部分中可以看出，轻型卡车在第 10 至第 20 年间出现了一个大的销售“井喷”，与此对比的是重型卡车的销售并没有同步大幅增长，但是自那以后两者增长模式保持一致。从计算出的增长率看，尽管在销售量上轻型卡车远超过重型卡车，但是在最后四个 5 年里有两个时期重型卡车销售增长率是高于轻型卡车的。

图表 16 - 12　美国卡车销量，第 1~ 30 年（千台）

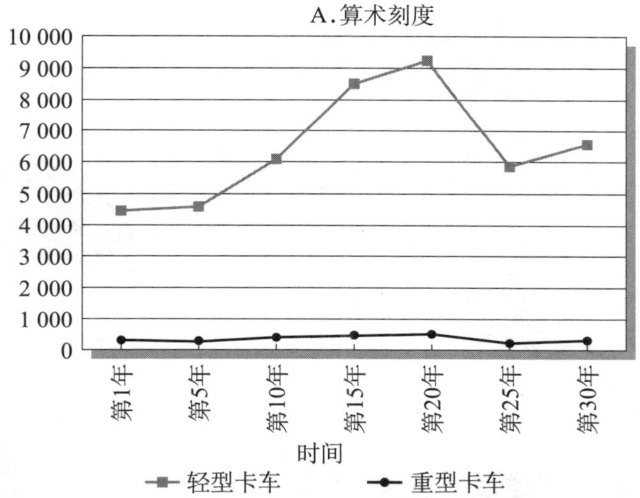

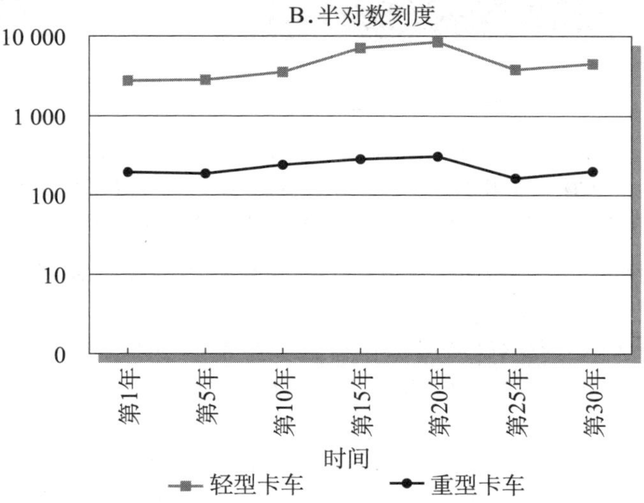

销售量	第 1 年	第 5 年	第 10 年	第 15 年	第 20 年	第 25 年	第 30 年
重型卡车	295.0	277.5	388.4	461.9	496.5	217.6	306.1
轻型卡车	4 446.7	4 559.5	6 081.4	8 491.6	9 228.4	5 826.0	6 540.7

销量增长比例

	第 1~5 年	第 5~10 年	第 10~15 年	第 15~20 年	第 20~25 年	第 25~30 年
重型卡车	−5.9	40.0	18.9	7.5	−56.2	40.7
轻型卡车	2.5	33.4	39.6	8.7	−36.9	12.3

资料来源："Retail Auto Sales," Michigan Senate，accessed June 25，2012（http：//www.senate.michigan.gov/sfa/Economics/RetailAutoSales.PDF）.

面积图　面积图（area graph）显示总频率、组频率以及时间序列数据，又称地层图或表面图。它包括的是被分为许多部分的线下区域，最适合描述那些随时间变化的变量（见图表 16－13）。

图表 16－13　面积图：一个分层图与两个饼图

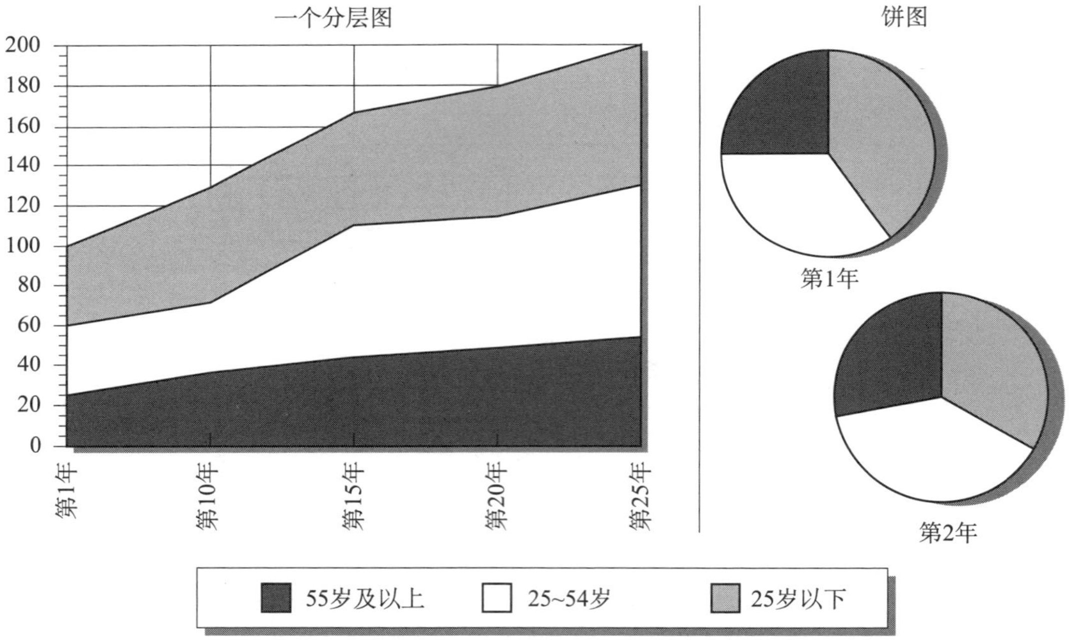

饼图　饼图（pie graph）将单个变量的数据类别表示为圆的扇形切片，以呈现单个变量 100%的频率分布。堆叠饼图可以用于时间序列数据，但对于受众来说更难理解。饼图很容易让受众产生误解或被不恰当地绘制。研究显示受众对饼图中每一块扇形切片所代表比例的感知通常并不准确。[21]设计饼图时，请考虑以下建议：

- 给每个切片加上标签以及所表示的百分比或数量，去掉图例。
- 将比例最大的饼块放在正上方，剩下的部分按顺时针降序排列。

● 用浅色标记大的饼块，深色标记小的饼块。

● 在一个由黑白饼块构成的饼图中，一个唯一的红色饼块最容易引起受众的注意并被记住。运用颜色来传递那些最重要的信息。[22]

● 当展示变量随时间而变化时，不要只使用饼图作为唯一的媒介。使用一系列饼图，并用面积图作为补充。

如图表 16－13 所示，饼图以有趣的方式描绘了频数数据。相对于分层图，两个饼图似乎反映了“25 岁以下”类别的减少。实际上，“25 岁以下”类别的确减少了（从 40%降至 33%），但下降的幅度并没有分层图与饼图比较所示那么明显。还要注意，在第 1 年和第 25 年之间，样本大小从 100 变为 180。重要的是不要在时间序列中单独使用饼图，以免产生错误的印象。此外，我们也可以把它们堆叠起来表示两组数据间的关系。

条形图　**条形图**（bar graph）是最常用的图形之一，它用水平或垂直条形（柱状条形图）的方式来呈现交叉表数据。数量呈现在一个轴上，通常用百分比表示，以方便比较。另一个轴通常是定类、定序或定距变量。条形图有很多不同的形式，如之前的图表 16－10 所示。柱状条形图通常用于呈现时间序列和定量分类。当类别标签较长时，使用水平条的条形图效果更好。它还可以用于呈现所有形式的定类、定序和定距数据。如果研究者想要受众考虑在不牺牲刻度细节的情况下缩小刻度，那么堆叠条形图会特别有用。偏差条形图和镜像条形图非常适于呈现差异（如图表 16－14 所示）。简单的条形图始终是口头展示的最佳选择。虽然书面报告中可以用单个图表呈现两个以上变量的更复杂的条形图，但研究者应该考虑受众对条形图的熟悉程度。

如图表 16－14 中 A 部分所示，技术应用不恰当，因为部门之间不相关。折线图用来显示一段时间内的趋势最有效，而不是某个时间点上的关系。

如图表 16－14 中 B 部分所示，技术应用恰当，但是因为需要把部门 1 的条与预算较少的部门 2 和部门 3 放在同一平面上，差异无法快速显现。

如图表 16－14 中 C 部分所示，技术应用恰当。通过图的类型和代表正负数字的不同颜色可以快速区分出差异，即哪些部门支出超预算（部门 1、部门 3）、哪些部门支出在预算内（部门 2）。

图表 16－14　**可视化的简化**

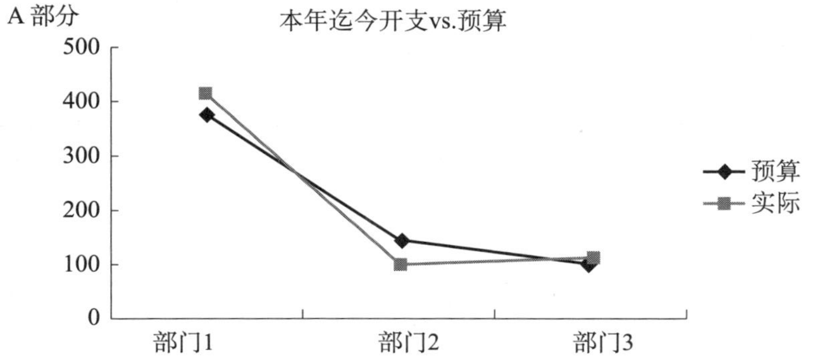

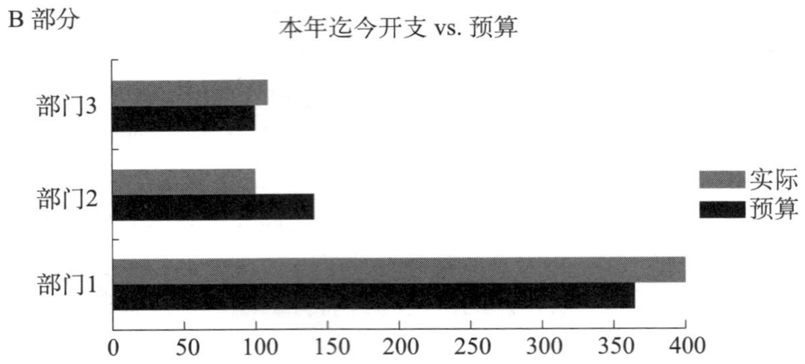

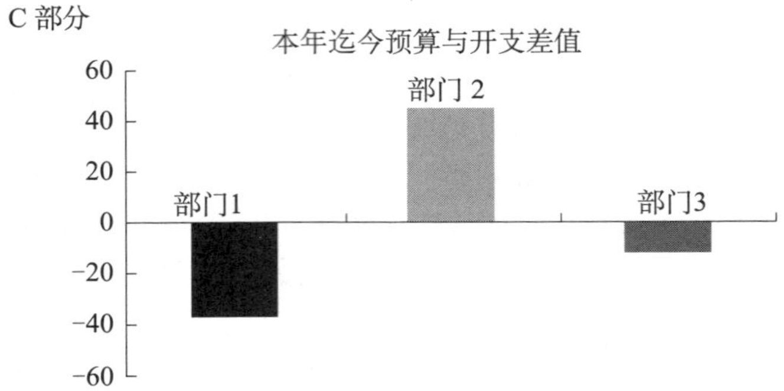

象形图（pictograph）使用图形化的元素（一个油桶代表几桶油，一个棒状图形代表员工数，一棵松树代表森林数量）而不是柱形来呈现频率数，可能会让受众难以理解。在象形图中可以通过堆叠相同大小的图形符号来表示更多的数量，或通过显示部分图形符号来表示较少的数量。因为每张图片呈现的是一个实际对象的设定数值，改变图片刻度而不是堆叠图片是有问题的。这会误导读者认为增长要比实际大得多，除非是那些可以很容易用条形图代替的图表，如图表 16－10 中的铅笔图。象形图可能会用于口头报告，但更可能用于期刊或报纸中报道的研究。象形图比简单的条形图更难快速地理解。

地理图　地理图（geograph）使用地图来显示区域数据中的变异（如图表 16－10 所示）。它们可以用于产品销量、分布状况、媒介消费、促销回报率、人均消费比例、人口统计数据或其他任何特定的地理变量。生成的图形让用户可以“钻探”不同的图层，让关系变得可视化。使用更好的软件以及政府机构提供的地理代码和参考点，地理空间显示成为一种在企业研究中更常用的形式。一项对遇险呼叫响应时间的研究中，就使用了地理图作为更改消防站位置的建议的有力支持。[23]

三维图　利用当前的制图技术，几乎所有图形都可以拥有维度，但它们并非三维图。一个**三维图**（3-D graph）能让你在一个条形图中比较来自同一样本的三个或更多的变量。如果你想显示赫兹（Hertz）、安飞士（Avis）和松下电器几个季度的销售业绩，你就拥有了三维数据。如果数据潜在分布是多元的，表面图和三维点图有助于显示复杂的数据模式。最后，在将直线图转换为带状图或者将面积图转换为三维面积图时要小心，受众可能很难看懂。在呈现图形的时候主要目的是始终保持数据的清晰性。图表 16－15 显示了一些可能适用于书面报告的三维图示例。由于解释起来比较复杂，三维图很少用于针对非技术受众的口头报告中。

图表 16-15　三维图示例

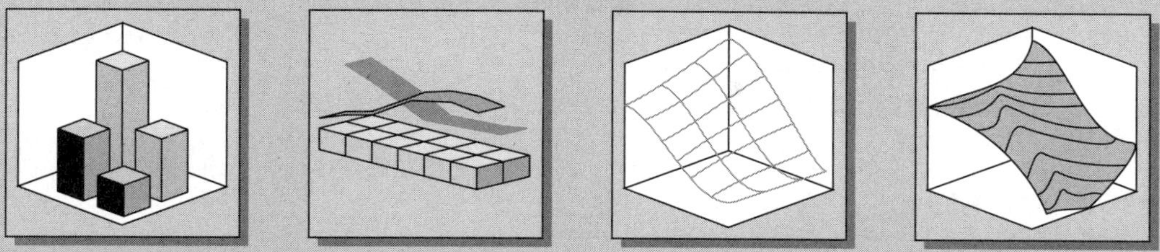

三维柱状图
在柱形图的基础上变化得来，用于比较变量之间的差异或表示变量在一定时间内的变化。坐标轴：X=分类，Y=序列，Z=数值。其他的变种包括三维区域图和连点散射图。

三维带状图
这个例子显示了把数据（序列）的列作为带的单面墙图。可以使用一个或更多的列。坐标轴：X=分类，Y=序列，Z=数值。

三维线框图
是轮廓图或反射面图的一个变种，适用于展示随时间变化的变量和多元变量。坐标轴：X=分类，Y=序列，Z=数值。

三维平面线图
用于处理三列数据，画出XYZ坐标来表示一个反应面。在多元数据分析中很有用。

16.5.2　专门针对口头报告的可视化

口头报告的可视化有一些特殊性，因为受众获取视觉信息的时间有限，且没有（或只有有限）能力去回放视频信息来获得更清晰的理解。[24]

● 图片增强了研究信息的可回忆性。图片必须与幻灯片主题密切相关，否则会增加混乱并降低数据的清晰度。

● 音频和视频片段可增进理解并增强说服力。以电子方式交付的书面报告可以包含指向存储在基于云的服务器上的剪辑的链接。

● 动作效果可以提升数据的清晰度。在受众观看时，放大数字、展开图形以突出显示一个环节，以及改变数据项的颜色都可以增加对口头报告中重点的强调。

● **空白**（whitespace），即在幻灯片上的关键视觉效果和文本周围留白，可以提升数据的清晰度。空白空间越大，受众越会关注该空间中的元素。

● 大字号可以提升数据的清晰度。物理场所的空间越大，幻灯片上的文字就应该越大。如果你准备的是一张 30 号字的幻灯片，就不太可能出现信息过载。

● 减少混乱，提高数据清晰度。以每张幻灯片只放一张图为原则，并限制文字的使用（如用关键词代替句子）。

● 展示流程标记可加快演示的进度。虽然每张幻灯片都起到提示讨论洞见及其推论性建议的作用，但流程标记可以让你知道你在口头报告中所处的位置。

16.6　内容和形式：编写

最后，你需要真正地去准备口头报告的脚本、演示文稿和书面报告。图表 16-16 提供了书面报告的发现页示例，图表 16-17 提供了相同数据的口头报告中发现页的幻灯片示例。准备这些材料的一个主要规则是：限制任何给定幻灯片或页面中洞见的数量，这样可以加快受众的理解速度。

图表 16-16　书面报告的发现页示例

储蓄偏好

发现：

1. 在这座城市，商业银行不是首选的储蓄机构。
2. 中央银行的客户对银行储蓄的态度较为满意，与他们对政府债券的看法更为一致。

洞见：

为了从货币市场和政府债券储户中吸引新的储户，城市银行必须在储蓄率和感知到的资本安全上比（竞争对手）处于更有利的地位。

测量问题：

假设你刚收到额外的 10 000 美元，决定存起来。你会选择以下哪一家？

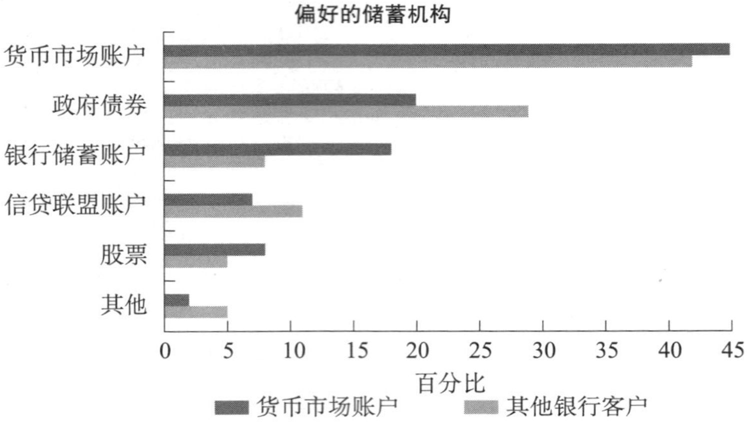

图表 16-17　口头报告发现页的幻灯片示例

假设书面报告已提供，对于相同的信息（文字/表格/段落），口头报告幻灯片应该使用与书面报告相同的展示方式。虽然研究者对幻灯片内容进行了补充说明，但口头报告的幻灯片包含的信息更少。需要注意的是，口头报告幻灯片中经常包含流程图以提醒演讲者和听众所讲内容在报告中所处的位置。下面的流程图表明本部分聚焦于报告中的储蓄部分。

储蓄偏好

洞察：为了吸引来自货币账户市场和政府债券的新储户，城市银行必须比较受欢迎的储蓄利率和可感知的资本安全。

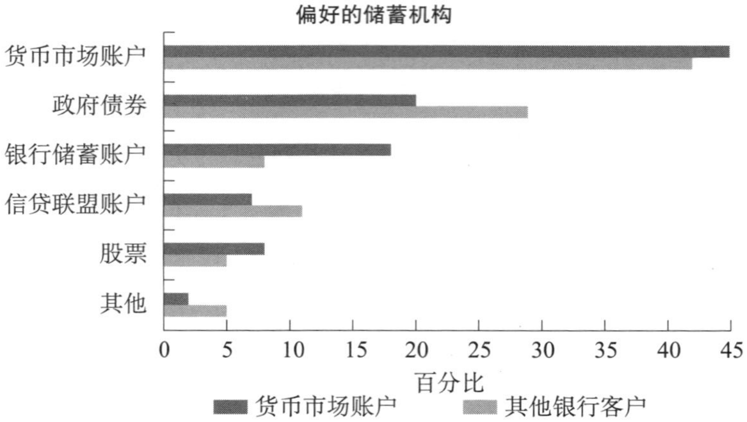

书面报告和口头报告都包括三个重要决策：术语的使用、语言水平和语气。**术语**（Jargon）是一个群体、专业或学科所共享的专业语言。如你所知，研究有自己的语言。然而，除非受众都是专业研究人员，否则你可能不太想让受众被研究术语淹没。它会让达到受众效果所必需的意义变得模糊。使用概念和构念时，请明确地定义。类比、隐喻和故事对此会有所帮助。

语言水平（language level）是指词汇和句子结构。就语言水平而言，主题越复杂，报告的语言就越需要简化。可以用软件对书面报告或口头报告的脚本进行分析来评估其可读性。你提供的内容应让一些高中生也能理解。即使像《纽约客》这类拥有受过良好教育受众的杂志，也很少发表 Gunning 量表 12 分（适合高中生）以上的文章。选择简短的常用词汇，不要用冗长的陌生词汇。选择简短的句子，而不要选择复杂的句子。只要有一个词受众不知道或无法理解，你就会失去他们。

报告的**语气**（tone）是报告表达的方式。研究是一项严肃的业务，因此报告的语气应该专业且与业务的特点相符，而不应当随意。为了赢得受众，要积极而非消极地表达洞见和建议。[25]例如，要说“终端客户想在计算机软件的选择上有更多自主权”，而不是“终端客户不想让信息系统部门告诉他们要买什么软件”。后者会让信息系统部门处于防御状态，并减少他们考虑变革的机会。

我们没有提及书面报告的篇幅，因为报告长度必须满足实现研究目标的要求。但是，报告也应该尽可能简洁。无论研究结果多么精彩，总会有一些管理者没有时间阅读冗长的书面报告。如果你把需要呈现的信息简化为最重要的答案（可以反映研究目标的信息），你就可以在图形仪表板（以可视方式显示实现一个或多个目标所需的最重要信息，并合并排列在一个［计算机］屏幕上；每个显示都与其数据链接）[26]或**信息图**（infographic）（实现一个或多个目标所需的最重要信息的可视化显示，并合并在单个数字图像文件中；可视化显示不链接到其数据）中呈现这些信息。[27]即使这些合并的视觉效果不能代替管理者期望的书面报告，这类可视化工具也可以让你专注于目标。

16.6.1　信息图

信息图对研究者来说是一种相对较新的书面报告形式。信息图因为其视觉元素而非常有效，值得关注：

> 信息图是一种融合了数据与设计的图形，可以帮助个人和组织简洁地将信息传递给受众。[28]

人类通过视觉获得的信息远多于通过其他感官获得的信息。[29]此外，大脑可以同时处理所有的图形，但只能以单线程的方式来处理文本。因此，从文本中提取信息会花费更长的时间。[30]信息图可以用于启发受众并激起他们的兴趣，研究者可以把信息图与更完整的报告结合起来使用。[31]互联网用户的关注时间较短（有时被称为注意力碎片）也导致信息图的日益流行以及效果的提升。[32]通过先进的技术，“对信息的关注已成为一种货币。[33]分享信息图时，接收者不会花掉大量的货币”。

设计信息图时，要评估沟通的三个基本规则：诉求、理解和留存。[34]选择合适的诉求以吸引受众，选择合适的理解让信息浅显易懂，选择恰当的留存方式以帮助受众记住呈现的数据。当信息图用于企业研究时，对理解的选择将主导设计。互联网提供了大量用于创建定制设计的信息图的模板和软件。每个视觉元素（位置、大小、形状和颜色）都可以以自己的方式来表示不同类型数据间的关系。研究表明，空间位置（每个元素的位置及其连接方式）会影响数据可视化显示的效果，并让受众可以最快、最轻松地理解。[35]因此，研究者经常使用位置和大小来表示信息图中所描绘的最重要的关系。

16.7 内容和形式：练习

口头报告具有书面报告所没有的一个决定性因素，即练习的需要。在练习过程中，你可以决定解释各种洞见的时间、标记脚本或便笺来提示暂停、尝试各种吸引受众的练习、提示音频和视频片段、准备对预期问题的回答、准备展示环境（座位安排、灯光、声音、屏幕放置等），并针对可能出现的问题进行演练。练习通过减少**表现焦虑**（performance anxiety）（由于需要在受众或摄像机前进行演讲而产生的恐惧）而带来回报。表现焦虑会对演讲质量产生负面影响。马尔科姆·格拉德威尔（Malcolm Gladwell）在他的畅销书《异类》（*Outliers*）中介绍了“10 000 小时法则”，提出成功的关键是对特定任务的 10 000 小时的重复练习——不论是甲壳虫乐队还是比尔·盖茨皆是如此。[36]不管你是练习 20 小时还是 6 小时，花在排练上的时间决定了你是获得理想的还是令人失望的受众效果。

即使经过练习，你也可能还需要一些技巧，因为统计数据很难口头表达。声音元素传达的是重点，要学习调整音量、音调、音高和节奏。口头报告中的暂停传达了重要信息。在口头报告中念稿子虽然可以增强演示的计划性，但会影响研究者的信誉以及与观众的联系。如果必须使用注释，请使用关键词提示。非语言交流可以增强或削弱研究报告要实现的效果。衣服、身体的动作或姿势、目光接触以及手势都会增强或削弱信息的表达效果。要着正装、站姿笔直，保持眼神交流以建立和维持与受众融洽的关系，并限制使用以激光笔在幻灯片上强调某些内容的手势。当然，如果你要通过互联网或局域网进行口头报告，并且视觉显示的是幻灯片而不是本人，就不用担心这些非语言提示了。

16.8 内容和形式：交付

通常，由研究委托方和研究者来决定研究报告的交付。

口头报告可以通过以下几种方式进行交付：(1) 在研究者和受众都参加的物理场所交付；(2) 基于互联网或局域网平台交付；(3) 前两种方式的组合使用。第一种方式提供了影响受众接受洞见和建议的最佳机会，但成本较高。第二种方式可以用较低成本吸引地理上分散的受众，但减少了建立情感联系的机会。而情感联系是实现理想受众效果的关键。第三种方式既包括了两者的优点，也包括了它们的缺点。

书面报告也可以通过以下几种方式交付：(1) 当面递交；(2) 通过邮件或快递公司发送；(3) 通过电子邮件附件发送；(4) 从基于云的服务器或局域网下载。前两种方式需要打印报告，会增加成本。但是要确保每个受众都能收到所需格式的副本，如果报告是彩色，这点尤其重要。后两种方式以较低成本提供有记录的交付，同时为受众提供了色彩正确的常用格式的电子报告（如 Adobe Acrobat PDF）。电子报告既可以搜索也可以提取，让受众可以与更多人共享部分或全部报告。

书面报告也可以在口头报告前、与口头报告同时或在口头报告后交付。如果在口头报告前交付，口头报告的目的将变为阐明和说服。在这种情况下，口头报告虽然不应该完全重复书面报告的内容，但也要包含足够的信息以便与尚未阅读书面报告的受众进行交流。如果书面报告与口头报告同时交付，书面报告可以作为讲义，受众可以在报告上做笔记或写下问题。随着口头报告的进行，研究者通常可以把受众引向报告里的特定页面。如果书面报告在口头报告后交付，书面报告就可以作为回忆一些细节或要点的提醒。

16.9　伦理问题及其解决方案

无论研究者是研究委托方的雇员还是外部供应商，为了实现并维持研究者与委托方的有效关系，报告必须履行若干伦理责任：(1) 委托方享有高质量研究的权利；(2) 不存在对研究者的强迫；(3) 委托方享有研究发现保密的权利。

对于研究者和委托方而言，重要的伦理考虑因素包含在委托方的**高质量研究权**(right to quality) 中。这项权利与报告有关，因此包括：(1) 提供适用于所收集数据的可视化和数据报告技术和工具；(2) 最大化委托方投入资源的价值。遵守伦理规范的研究者以结论错误最小化的方式来报告发现。这意味着要使用可以客观显示数据的文字、表格和图形。价值最大化包括不在不必要的报告（或不必要的昂贵报告）、辅助材料以及讲义等上花费资源。

有时，委托方可能会要求研究者参与不道德的报告行为。应该避免的一些情况有：

- 伪造数据结果或提供歪曲数据真相的解释以满足预定的目标或偏见。
- 省略与期望目标或观点相冲突的数据分析和洞见部分。
- 提出超出所收集数据范围的建议。
- 违反参与者的保密性原则。

要遵循伦理规范，研究者在报告时应采取以下行动：

- 让受众了解研究的目的和范围，以避免受众提出超出研究者研究范围的问题。
- 解释研究者在事实发现和说明中的作用，以及委托方在决策中的作用。
- 解释对数据真相的歪曲在未来会如何给委托方带来麻烦。
- 为了维护参与者的保密性，在报告中使用参与者的视频片段时，请事先获得同意。仅使用人口统计或心理特征描述词（如女性、45 岁、15 年工作经验的雇员）来让视频剪辑和书面引述保持匿名性。

即使委托方觉得不需要在数据收集过程中隐藏自己的身份或研究目的，他们中的大多数也希望在作出任何管理决定之后，研究数据、发现和洞见都是保密的。因此，委托方通常会提出和收到关于他们或研究者与任何感兴趣但未经批准的各方之间的**发**

现保密（findings nondisclosure）的要求。在当今的数字世界中，这意味着要对研究者或其他云服务器上所保存的任何数据报告、辅助材料和演示材料的安全性和分发过程进行控制。

※小　结

1. 业务和技术方面的三大变化正在改变报告的过程。首先是强调洞见而非数据，这要求研究者必须更好地接受商业而不仅是研究方法的教育。其次是报告结构。随着沟通工具的日益成熟，报告的重点转移到口头报告或口头报告与书面报告的结合。最后是计划过程的中心聚焦，从以数据为中心的计划转变为以受众为中心的计划。

2. 以受众为中心的计划过程首先从受众分析开始，该分析会影响预期的受众效果的确定。从这个核心展开的是报告结构的选择，然后是五个步骤的关于内容与形式的流程：组织、可视化、编写、练习和交付。受众分析涉及收集有关受众组成、研究问题知识、研究倾向、建议的效果、受众效果以及任何补充目的的信息。在倾向中，我们必须解决几种受众偏差，包括确认偏差、锚定偏差、从众偏差、幸存者偏差和损失规避偏差。受众分析可以是正式或非正式的。受众资料陈述是对受众分析期间有关受众的发现的摘要。

3. 在确定报告结构时，研究者有三种基本选择：仅口头报告，仅书面报告，口头和书面报告的结合。随着通信技术的发展，口头报告受到人们的广泛关注，因为它使研究者能够更强烈地影响受众效果并吸引更多的受众。仅书面结构的报告则在逐渐消失，部分是因为数据分析越来越复杂，在此过程中研究者需要担任翻译或（有时候）教师的角色。

4. 报告的组成部分包括引言，背景，研究方法，发现、洞见和建议，以及书面报告中的附录和参考文献。用于展示的时间和研究委托方的需求决定了报告结构及报告类型。书面报告有多种变式，包括管理报告（信息图、概要、长篇报告）和技术报告（短篇报告或长篇报告），能够根据受众的不同来共享全部或部分的研究发现与洞见。

5. 在以受众为中心的计划的第三步，研究者要选择组织报告框架。选项包括：研究摘要、主题、叙事、分类、动机顺序、问题/解决方案、高潮顺序、时间顺序、过去/现在/未来、原因/结果/解决方案、优点/缺点/建议以及空间。其中最常用的是研究摘要。但是，研究者应该把每一个项目视为一次独特的机会，选择最佳的框架来讲述研究故事并实现预期的受众效果。

6. 最后一个计划步骤（内容和形式）中的第二个活动是可视化。可视化效果受到受众的学习类型（视觉学习者、听觉学习者或动觉学习者）以及说服受众所需的情感证明、逻辑证明以及人品证明的影响。可视化包括选择与准备最佳的辅助材料以鼓励受众接受研究洞见和建议。研究者可能会使用几种辅助材料：事实、统计数据、故事、示范、证词/专家意见以及类比和隐喻。事实和统计数据是大多数研究报告的核心，但它不应该是仅有的辅助材料。因为如果表达不正确，受众可能会误解发现，展示统计结果对于研究者来说是项特殊的挑战。

7. 内容和形式步骤中的最后三个活动是编写、练习和交付。编写不仅包括准备书面报告并把所有辅助材料包括进去，还包括口头展示及其辅助材料的开发。选择了口头报告，就决定了需要练习。在练习期间，研究者要确定解释各种洞见所需的时间、用脚本或便笺来标记停顿、尝试各种吸引受众的练习、提示音频和视频片段、准备对预期问题的回答、准备展示环境（座位安排、灯光、声音、屏幕位置等），并针对可能出现的问题进行演练。练习决定了是获得理想的还是令人失望的受众效果。

8. 无论研究者是研究委托方的雇员还是外部供应商，为了实现并维持有效的研究者与委托方的关系，报告必须履行若干伦理责任，包括：（1）委托方的高质量研究权；（2）不存在对研究者的强迫；（3）委托方的研究发现保密权。履行第一个责任需要选择适用于所收集数据的可视化及数据报告技术和工具，并最大化委托方的价值。第二个责任要求解释并限定研究者的角色，让研究者在收集数据的范围之内工作，并不违反参与者的保密性。第三个责任要求控制任何打印的、研究者所有的或在其他云服务器上保存的数据报告、辅助材料和演示材料的安全性与分发过程。

❖ 关键术语

报告结构（report structure）
报告框架（report framework）
表格（table）
表现焦虑（performance anxiety）
饼图（pie graph）
从众偏差（conformity bias）
地理图（geograph）
动觉学习者（kinesthetic learner）
洞见（insight）
发现保密（findings nondisclosure）
范围（scope）
高质量研究权（right to quality）
故事（story）
管理报告（management report）
技术报告（technical report）
局限（limitation）
可视化（visualize）
可行的洞见（actionable insight）
空白（whitespace）
类比（analogy）
逻辑证明（logos）
锚定偏差（anchoring bias）
面积图（area graph）
倾向（predisposition）
情感证明（pathos）
确认偏差（confirmation bias）
人品证明（ethos）
三维图（3-D graph）
示范（demonstration）
事实（fact）
视觉学习者（visual learner）
受众分析（audience analysis）
术语（jargon）
数据（data）
数据清晰度（data clarity）
损失规避偏差（loss-aversion bias）
条形图（bar graph）
听觉学习者（auditory learner）
统计数据（statistics）
图形（graph）
象形图（pictograph）
信息（information）
信息图（infographic）
幸存者偏差（survivorship bias）
以受众为中心的计划（audience-centric planning）
以数据为中心的计划（data-centric planning）
隐喻（metaphor）
语气（tone）
语言水平（language level）
预期的受众效果（desired audience effect）
折线图（line graph）
证词/专家意见（testimony/expert opinion）
执行摘要（executive summary）

❖ 讨论问题

术语回顾

1. 区分以下各项：

a. 技术报告和管理报告。

b. 组织的动机顺序和原因/结果/解决方案的模式。

c. 术语和语言水平。

d. 受众分析和受众资料陈述。

e. 从众偏差和确认偏差。

2. 说明什么是逻辑证明、人品证明和情感证明，以及每种证明应如何影响研究报告。

3. 受众包括哪三种类型的学习者，每种类型的学习者会如何影响研究报告？

制定研究决策

4. 在进行研究口头报告的前一天，你正在遭受心怦怦直跳、手轻微颤抖和胃不舒服的困扰。你可以用哪些具体措施来建立信心并减少表现焦虑？

5. 在以下每种情况下，你建议采用什么报告结构和报告类型？

a. 公司总裁要求研究公司的退休金计划，并将其与行业中其他公司的退休金计划进行比较。

b. 部门经理要求你准备未来 12 个月本部门促销预算需求的预测。

c. 美国国立卫生研究院已经批准一项基金，用于研究处方药广告与这些药物的后续销量及消费之间的关系。

6. 下列情况你建议分别用哪种图形来呈现？为什么？

a. 比较 2000—2018 年美国和日本每年的人均收入变化。

b. 户主在 35 岁以下的家庭与户主在 55 岁以上的家庭相比，按支出的主要类型划分的平均家庭支出模式的百分比构成。

c. 比较 2007 年 12 月 31 日至 2017 年 12 月 31 日期间慈善捐赠的变化。

7. 描述如何对你所在的商业研究班级进行受众分析。

8. 准备视觉辅助工具的模型，你可以在以下主题的口头演示中使用。

a. 如何编写研究报告。

b. 明年的经济前景。

c. 《彭博商业周刊》中的一篇主要分析文章。

9. 你所在班级的研究方法团队已经为一家金融机构完成了一个关于分支机构位置有效性的项目，以确定应该关闭（如果有）哪些分支机构。你在制定报告计划时会收集哪些信息以进行受众分析？

从概念到实践

10. 从图表 16－10 中选择适当的绘图技术，通过展示男性和女性对超级碗排名前五的广告态度的性别差异来证明该技术的可用性。（根据尼尔森的说法，女性在全景思维、多任务处理、直觉推理、社交和语言技巧以及忧虑/同理心方面有天生的优势。而男性在具体思维、目标任务、逻辑解决方案、竞争/防御方面有先天的优势。）

11. 使用图表 16－5 和示例信息图来为你的一个课程项目或者本书中的一个案例设计一个信息图。

12. 从文本网站中选择任何一个包含数据的案例，准备一个调查发现页和幻灯片，类似于图表 16－16 和图表 16－17 中的情况。

来自头条新闻

13. 根据全国独立企业联合会报告的“小企业乐观指数”，小企业的乐观水平在 2016 年 2 月降至 92。该报告的乐观指数包含就业、资本支出、库存、总体经济、销售，信贷、扩张和收益等。10 个指数成分中没有一个出现上涨，有 6 个较 1 月份出现小幅下跌，另外 4 个保持不变。你将如何向会员报告这个信息？论证你的选择。

14. 丰田因为其高科技混合动力汽车的油门踏板故障和防抱死制动问题进行产品召回之际，为了挽回公众信心做了一个广告。在对广告的有效性进行研究后，你正在准备研究结果的展示。什么组织框架适合你的目的？为什么？

❖参考文献

1. This section draws upon content presented during conference sessions and recorded interviews from *Insight Innovation Exchange NA*, Atlanta, Georgia, June 16-18, 2014; *Insight Innovation Exchange NA*, Atlanta, Georgia, June 15-17, 2015; and *Insight Innovation Exchange NA*, Atlanta, Georgia, June 13-15, 2016.
2. Brent Dykes, “Actionable Insights: The Missing Link Between Data and Business Value,” *Forbes*, April 26, 2016, downloaded May 4, 2016 (http://www.forbes.com/sites/brentdykes/2016/04/26/actionable-insights-the-missing-link-between-data-and-business-value/#6c7a15ec65bb).
3. Portions of this section are adapted from: http://www.smsu.edu/Academics/ChallengeProgram/Speech%20110/Audience%20Analysis%20(4).doc, downloaded January 7, 2010; Mary Munter and Dave Paradi, *Guide to PowerPoint* (Upper Saddle River, NJ: Pearson/Prentice Hall, 2009), p. 6; and Doug Losee, “An Adaptation of Constructive Alternativism as Theory for Audience Analysis,” presented at the Annual Meeting of the Western Speech Communication Association (Albuquerque, NM, February 19-22, 1983), downloaded January 7, 2010 (http://www.eric.ed.gov/ERICWebPortal/custom/portlets/recordDetails/detailmini.jsp?_nfpb5true&_&ERICExtSearch_SearchValue_05ED229800).
4. These biases, well grounded in psychological theory, were summa-

rized in Jory MacKay, "5 Cognitive Biases That Are Killing Your Decisions," *Life Hacks*, September 26, 2015, downloaded May 18, 2016 (http://thenextweb.com/lifehacks/2015/09/26/5-cognitive-biases-that-are-killing-your-decisions/?utm_content=5%20cognitive%20biases%20that%20are%20killing%20your%20decisions&awesm=tnw.to_b4juC&utm_source=t.co&utm_campaign=share%20button&utm_medium=referral#gref).

5. This comment refers to a principle called informative change, discussed in Stephen Kosslyn, *Clear and to the Point: 8 Principles for Compelling PowerPoint Presentations* (New York: Oxford Press, 2007), pp. 3–12.
6. John M. Penrose Jr., Robert W. Rasberry, and Robert J. Myers, *Advanced Business Communication* (Boston: PWS-Kent Publishing, 1989), p. 185.
7. Paul E. Resta, *The Research Report* (New York: American Book Company, 1972), p. 5.
8. Penrose et al., *Advanced Business Communication,* p. 185.
9. The following are drawn from J. Deese and R. A. Kaufman, "Serial Effects in Recall of Unorganized and Sequentially Organized Verbal Material," *Journal of Experimental Psychology* 54, no. 3 (1957), pp. 180–187; and B. B. Murdock Jr., "The Serial Position Effect of Free Recall," *Journal of Experimental Psychology* 64 (1962), pp. 482–488.
10. This list was developed with material from A. H. Monroe and D. Ehninger, *Principles and Types of Speech*, 6th ed. (Glenview, IL: Scott, Foresman and Co., 1967), pp. 264–265.
11. Donald R. Cooper, "An Experimental Study to Determine the Relative Effectiveness of the Motivated Sequence versus the Narrative Pattern of Organizational Development in a Persuasive Speech," Unpublished Master's Thesis, 1968.
12. Material in this section is developed from Rick Altman, *Why Most PowerPoint Presentations Suck: And How You Can Make Them Better* (Pleasanton, CA: Harvest Books Rick Altman: 2009), p. 31; and Edward Tufte, "PowerPoint Is Evil: Power Corrupts. PowerPoint Corrupts Absolutely," *Wired,* September 2003, downloaded February 6, 2010 (http://www.wired.com/wired/archive/11.09/ppt2.html).
13. The section on learning was developed from "What's Your Learning Style? The Learning Styles," EducationalPlanner.org, downloaded April 3, 2016 (http://www.educationplanner.org/students/self-assessments/learning-styles-styles.shtml); and "Kinesthetic Strategies," VARK, downloaded April 3, 2016 (http://vark-learn.com/strategies/kinesthetic-strategies/).
14. Aristotle's *Rhetoric, Stanford Encyclopedia of Philosophy*, first published May 2, 2002, downloaded December 29, 2009 (http://plato.stanford.edu/entries/aristotle-rhetoric/#4.4).
15. From the essay by Jeanne Fahnestock, "The Appeals: Ethos, Pathos, and Logos," downloaded January 7, 2010 (http://otal.umd.edu/~mikej/supplements/ethoslogospathos.html).
16. Aristotle's *Rhetoric, Stanford Encyclopedia of Philosophy.*
17. Guy Kawasaki, *The Macintosh Way* (New York: HarperCollins, 1990), p. 149.
18. The material in this section draws on Stephen M. Kosslyn, *Elements of Graph Design* (San Francisco: Freeman, 1993); DeltaPoint Inc., *DeltaGraph User's Guide 4.0* (Monterey, CA: DeltaPoint, 1996); Gene Zelazny, *Say It with Charts* (Homewood,IL: Business One Irwin, 1991); Jim Heid, "Graphs That Work," *MacWorld*, February 1994, pp. 155–56; and Penrose, Rasberry, and Myers,
19. "How to Write Qualitative Marketing Research Reports," FocusGroups.com, downloaded March 30, 2016 (http://www.focusgrouptips.com/marketing-research-reports.html).
20. This section was developed using some of the principles presented by Stephen Kosslyn, *Clear and to the Point: 8 Principles for Compelling PowerPoint Presentations* (New York: Oxford Press, 2007), pp. 3–12.
21. Marilyn Stoll, "Charts Other Than Pie Are Appealing to the Eye," *PC Week,* March 25, 1986, pp. 138–139.
22. Stoll, "Charts Other Than Pie Are Appealing to the Eye."
23. Presentation by Dr. Olga Medvedkov and her research team to city leaders, Spring 2000. Due to client confidentiality, we can't release the city.
24. Material in this section was drawn from Garr Reynolds, *Presentation Zen: Simple Ideas on Presentation Design and Delivery* (Berkeley, CA: Pearson/New Riders, 2008), p. 33, p.117, and p. 97; Nancy Duarte, *slide: ology: The Art and Science of Creating Great Presentations* (Sebastopol, CA: O'Reilly Media, 2008), p. 92 and p. 152; Kosslyn, *Clear and to the Point,* pp. 52–59, 127–59; Altman, *Why Most PowerPoint Presentations Suck;* and Munter and Paradi, *Guide to PowerPoint,* pp. 6–12, 61–68.
25. Penrose et al., *Advanced Business Communication*, p. 89.
26. Stephen Few, *Information Dashboard Design: The Effective Visual Communication of Data* (Santa Rosa, CA: O'Reilly Media, January 1, 2006), p. 35.
27. "10 Tips for Marketing Research Reports That Get Read," *The Insider Blog*, Infosurv Research, March 24, 2015, downloaded March 30, 2016 (http://www.infosurv.com/tips-for-marketing-research-reports-that-get-read/).
28. Mark Smiciklas, "The Power of Infographics: Using Pictures to Communicate and Connect with Your Audiences," QUEPublishing.com, 2012, p. 4, downloaded June 27, 2017 (http://ptgmedia.pearsoncmg.com/images/9780789749499/samplepages/0789749491.pdf).
29. David McCandless, "The Beauty of Data Visualization," TED, November 23, 2012, downloaded June 25, 2017 (https://www.ted.com/talks/david_mccandless_the_beauty_of_data_visualization).
30. Smiciklas, "The Power of Infographics," p. 11.
31. Dominic Turnbull, "EPRA Real Economy Infographic," downloaded June 25, 2017 (www.epra.com/media/Real_estate_in_the_real_economy_-_EPRA_INREV_report_1353577808132.PDF).
32. A 2015 study by Microsoft documented a significant decrease in attention span, from 12 seconds in 2000, to 8 seconds in 2015. It notes that "digital lifestyles deplete the ability to remain focused on a single task, particularly in non-digital environments." Alison Gausby, "Attention Spans," Microsoft Canada, Spring 2015, downloaded June 25, 2017 (microsoft-attention-spans-research-report.pdf).
33. Smiciklas, "The Power of Infographics," p. 11.
34. Jason Lankow, Josh Ritchie, and Ross Crooks, *Infographics: The Power of Visual Storytelling* (Hoboken, NJ: Wiley, 2012).
35. Jeffrey Heer, Michael Bostock, and Vadim Ogievetsky, "A Tour through the Visualization Zoo," *Communications of the ACM* 53, no. 6 (June 2010), pp. 59–67.
36. Malcolm Gladwell, *Outliers: The Story of Success* (New York: Little, Brown and Company, 2008).

Business Research Methods

第7篇

研究设计回顾

Research Project Overview

第 17 章 一个完整的示例

我忐忑不安地开始每个项目，就像是自己做第一个项目一样。我会出汗。我开始工作；我不确定要去哪里。如果我知道我要去的地方，那我就不会做了。

——弗兰克·格里（Frank Gehry），获奖建筑师

学习目标

阅读本章后，你应该了解：

1. 研究过程的各个阶段和步骤如何共同组成一个研究项目。
2. 研究项目的背后需要进行哪些决策。

Visionary Insights（VI）是一家提供全方位研究服务的公司，可为各类用户提供定量和定性研究服务。在这个示例中，你会看到公司的几位负责人承接了一家为家庭和企业提供高科技产品的制造商 BrainSavvy 的一个项目。[1]

Visionary Insights 方面的负责人：

- 贝德福德·钱斯（Bedford Chance），合伙人、业务发展官。
- 戴顿·韦杰（Dayton Wager），合伙人、高级项目经理。
- 查尔顿·柯克（Chardon Kirk），研究助理、数据分析专家，向韦杰汇报。
- 赛莉纳·盖博（Celina Gamble），合伙人、高级项目经理。
- 伊桑·希利亚德（Ethan Hilliard），研究助理，向盖博汇报。
- 佐伊·加哈纳（Zoe Gahanna），研究助理，向盖博汇报。

BrainSavvy 方面的负责人以及对本项目有重要影响的人员：

- 帕玛·梅森（Parma Mason），BrainSavvy 个人电脑业务的新任首席运营官（COO）、ServiceCentral 研究项目的用户联络人，向首席执行官（CEO）汇报。
- 赞恩·贝特（Zane Bet），ServiceCentral 经理，负责监管 BrainSavvy 产品的呼叫中心和维修中心，向梅森汇报。
- 朱莉娅·布雷克（Julie Breck），管理 ServiceCentral 的呼叫中心，向贝特汇报。
- 洛根·帕克（Logan Park），BrainSavvy 研究总监，向首席执行官汇报。
- 扎克·鲍威尔（Zach Powell），FastDelivery 的用户联络人、ServiceCentral 维修部门的签约送货代理人，合同由贝特负责签订。

17.1 研究需求

BrainSavvy 个人电脑业务的新任首席运营官帕玛·梅森已经向多家研究公司发送

了提案请求（request for proposal，RFP），该 RFP（如图表 17－1 所示）概述了 BrainSavvy 的售后服务项目 ServiceCentral 遇到的问题。收到 RFP 的大多数公司之前都为 BrainSavvy 做过研究项目。但有两家除外，这两家公司是由帕玛·梅森从事另一个行业的同事推荐的，其中一家便是 Visionary Insights。Visionary Insights 被强烈推荐，但 BrainSavvy 之前从未与它合作过。

图表 17－1 BrainSavvy 用于 ServiceCentral 项目的 RFP

BrainSavvy 用于 ServiceCentral 项目的 RFP

BrainSavvy 是全球技术领导者，通过范围广泛的技术产品为消费者、业界和政府提供服务。BrainSavvy 在纽约证券交易所上市，目前持有 AAA 标准普尔评级。

背景

ServiceCentral 是所有 BrainSavvy 品牌的笔记本电脑和平板电脑的内部技术支持呼叫中心以及维修中心。呼叫中心全天候运行，每天处理 1 000 多个呼叫电话。维修中心每月处理 500～1 000 次维修业务。在过去的几个月中，对呼叫中心的投诉（有记录）以及给维修中心经理的来信增加了。

合同需求

下面两个任务描述了研究和评估支持的要求。

研究。设计调查、实施调查、分析数据并提供结论和建议，以识别和纠正 ServiceCentral 的关键问题。这项研究将有助于直接对 ServiceCentral 的流程进行改进，或者有助于确定是否应该将一些流程外包出去。

任务 1：对遇到问题的用户进行定性研究，以更好地了解投诉的情境和环境。

工作内容：大约 20 名参与者参加多个焦点小组访谈或多组深度访谈。

[欢迎提供其他建议。]

任务 2：使用从 ServiceCentral 用户中抽取的概率样本进行标杆调查，以判断用户满意度、负面体验对 ServiceCentral 或 BrainSavvy 形象的影响。还应该包括对评估调查的有效性和可靠性的建议。

[你们的建议中需要包括调查方法。]

工作内容：大约 500 份调查问卷。

[欢迎提供其他建议。]

我们预计将来会重复进行这项研究，以对评估进行改进和提升。然而，目前我们仅对第一个标杆调查感兴趣。

预计时间表

20××年 8 月 10 日	提交提案
20××年 8 月 20 日	合同批准；开始确定所有任务
20××年 9 月 6 日	批准修订后的提案
20××年 9 月 16 日	定性研究完成
20××年 10 月 1 日	实施调查
20××年 11 月 1 日	展示调查结果和建议

提案说明

我们邀请您提交一份针对上述一个或两个任务的提案。您的提案应包括：

问题摘要描述：在查看了安全网站（www. brainsavvy. com. research-SC；密码访问代码：VisionaryInsights-SC）上提供的其他信息后，您认为存在的问题。

技术部分：提出方法，并提供详细信息。

管理部分：研究团队的人员构成，包括受教育水平、经验、证书或其他资格凭证；项目联络人的姓名和联系方式；如何在团队成员中分配项目任务；是否有必须外包的服务，要外包给哪些公司，外包公司的联络人和联系信息；项目的详细时间表。

定价部分：项目成本的详细分类。

请将预提案的问题提交给：

BrainSavvy 个人电脑业务首席运营官帕玛·梅森

电子邮件：Parma. Mason@brainsavvy. com

电话：(800) 272-4672 或 (800) 277-2880

手机：(272) 467-2889

17.2 Visionary Insights 收到 RFP

作为业务发展官，贝德福德·钱斯负责联系 VI 公司的研究业务。具体而言，他负责接收其他公司发来的 RFP，并根据当前的合同、工作负荷以及工作能力来确定 VI 是否可以给出业务提案。他的责任是避免利益冲突或者让公司的人员及设施超负荷。他还需要发现市场中的研究机会，并准备主动给出提案。

钱斯已经从 BrainSavvy 的帕玛·梅森那里收到了 RFP。该 RFP 要求给出一项研究提案来解决 BrainSavvy 的售后服务运营中心 ServiceCentral 所遇到的问题。BrainSavvy 是技术行业的重要参与者，把握住这个业务将为 VI 在技术市场带来大量机会。钱斯确定 VI 当前不存在利益冲突，并根据当前合同确定 VI 可以在 BrainSavvy 要求的时间内交付提案。基于先前的项目经验，钱斯认为 VI 具有解决上述项目问题的能力。他把 RFP 转发给合作伙伴赛莉纳·盖博和戴顿·韦杰来共同制定提案。他们认为，团队在方法论上有优势，并且将来有可能以 BrainSavvy 为起点开展更多业务，因此，他们以团队方式来工作符合公司的最大利益。

17.2.1 VI 对 BrainSavvy 给出的提案

"RFP 并没有说明 BrainSavvy 的商业智能系统可以提供哪些信息，而知道这些信息将会是一个大的加分项。"赛莉纳说道，"与许多其他的 RFP 一样，它提到了需要做调查。考虑到公司想要启动这项研究是因为越来越多有关售后服务的投诉，做调查似乎是合乎逻辑的。如果我们能知道是什么关键事件让他们觉得研究很有必要，将会对我们开展研究很有帮助。"

"我们需要深入研究技术行业的背景。"戴顿说，"我们之前只有过一个技术行业的用户，我们需要更多信息来说服 BrainSavvy 让我们公司来做这个项目。BrainSavvy 建立的安全网站较为详细地描述了 ServiceCentral 的运营情况，虽然没有对其流程做详细说明，但它依然是很好的资源。我们还应该找到关于 BrainSavvy 团队的更多信息，我会派一名员工通过领英来了解一下帕玛·梅森和其他人。"

"我会派一个团队来收集有关 BrainSavvy 和技术领域的文章。"赛莉纳决定，"我们星期四开会讨论这些问题并制定提案。"

"好的，我会开发出一些可行的研究设计以供参考。"戴顿说，"鉴于他们的要求，我觉得我们的标准提案模板应该比较适配。如果你的个人资料是最新的，我就开工了(如图表 17-2 所示)。现在是我还是你来做主要的用户联系人?"

"我当前的个人资料在服务器上。现在轮到你做联络人了。"赛莉纳确认，"拿到 BrainSavvy 项目前，我会先把 Deerfield 项目做完。"

图表 17-2　给 BrainSavvy 的提案

BrainSavvy 的 ServiceCentral 项目提案

问题陈述

BrainSavvy 承诺快速响应用户的服务问题。然而，作为 BrainSavvy 品牌个人电脑的专有维修机构，ServiceCentral 的呼叫中心存在训练有素的技术操作员短缺的问题。快递公司 FastDelivery 签订了收取用户的机器并运送到 ServiceCentral 的合同，但执行得并不规范。ServiceCentral 还遇到某些机器零件无法使用的问题。最近的 ServiceCentral 呼叫中心日志显示了有关 ServiceCentral 的投诉，但是还不清楚这些投诉的代表性如何，以及这些投诉对用户满意度的可能影响。

这项研究的目的是探索用户对 ServiceCentral 的满意度水平。具体来说，我们打算通过确定 ServiceCentral 用户满意度的构成要素和总体水平，发现各种类型的产品故障对满意度水平的重要性。这些要素对于评估至关重要，因为它们表明：

- 用户对维修情况的容忍度如何影响整体满意度。
- 应该立即改进哪些流程要素，以提高遇到产品故障的 BrainSavvy 用户的总体满意度。较高的用户满意度会转化为对产品的良好口碑，这样的认可会影响亲朋好友以及业务伙伴的购买结果。诸如产品故障之类的重大事件有可能损害现有的满意度，但是对这些重要事件的恰当反应可以维持甚至提高用户满意度。

技术部分

研究设计：

第 1 阶段，探索：我们建议对服务经理、呼叫中心经理以及独立快递公司的客户经理进行探索性访谈，然后对呼叫中心日志和投诉信进行内容分析，并对 ServiceCentral 的内部与外部流程进行盘点。

第 2 阶段，定性研究：我们建议对一部分不满意的用户进行焦点小组访谈，以帮助确定要素满意度评价中的要素。

第 3 阶段，抽样设计：把 ServiceCentral 的记录作为样本框来描述概率样本。

第 4 阶段，定量研究：我们建议进行在线用户满意度调查。该调查针对已发现的 ServiceCentral 的问题和所需的表现指标进行定制化设计，并在启动前进行预测试。

第 5 阶段，数据分析：我们建议用总体满意度对要素满意度分数进行回归，并根据优先级来开发用于确定改进措施的绩效网格。

第 6 阶段，无响应评估，定性研究：我们建议通过电话访谈的方式从被邀请但未参加在线调查的人中抽取一小部分样本；数据将用于比较参与者和未参与者的回应。

管理部分

Visionary Insights 团队：

戴顿・韦杰，定量研究首席研究员。韦杰是公司合伙人以及在定量研究领域有 20 年经验的资深人士；他毕业于麻省理工学院和佛罗里达大学，拥有数学博士学位。韦杰将担任项目联络员，并监督所有的定量方法和分析。

赛莉纳・盖博，定性研究首席研究员。盖博是公司合伙人，在定量和定性研究方面拥有 15 年的经验；他拥有 MBA 和数据分析硕士学位，并且是经过认证的焦点小组主持人。盖博将监督所有的探索性研究和定性研究，并协助进行调查问卷设计。

根据需要，还将从韦杰和盖博的团队中抽调更多成员。

外包服务：

在线调查的图形设计由 GraphicWorks 负责；这家位于亚特兰大的公司已经为我们完成了 20 多个在线调查项目的图形工作。

在线调查平台由 SurveyMonkey 提供；该平台是排名第一的商用调查平台。

在线焦点小组平台由 iTracks 提供；该平台在业内处于领先地位。

安全的在线文件共享平台由 Dropbox 提供；该平台最近在《福布斯云》（Forbes Cloud）100 强榜单中排名第二。

时间框架：

第 1 阶段：20××年 8 月 20 日至 9 月 6 日
第 2 阶段：20××年 9 月 6—12 日
第 3 阶段：20××年 9 月 6—22 日
第 4 阶段：开发定制化问卷，20××年 9 月 22—29 日
第 4 阶段：进行调查，20××年 9 月 30 日至 10 月 6 日
第 4 阶段：数据的准备、探索和分析，20××年 10 月 6—20 日
第 5 阶段：无响应评估，20××年 10 月 6—20 日
最终报告：20××年 11 月 1 日

价格部分

项目	开支（美元）
焦点小组	1 550.00
旅途开支	2 500.00
问卷开发	1 850.00
设备/用品	1 325.00
图形设计服务	800.00
安全问卷调查账户	400.00
安全文件共享站点	300.00
安全的在线焦点小组访谈平台	600.00
每月数据文件（每个）	50.00
月度报告（每份）	1 850.00
一次性项目总成本	11 175.00
后续每月运行成本	2 150.00
后续 11 个月的调查软件	800.00

联系信息

贝德福德·钱斯，合伙人
电子邮件：Bedford.Chance@visionaryinsights.com
电话：800-467-4448
手机：407-847-4660
戴顿·韦杰，合伙人
电子邮件：Dayton.Wager@visionaryinsights.com
电话：800-467-4448
手机：407-847-4661
赛莉纳·盖博，合伙人
电子邮件：Celina.Gamble@visionaryinsights.com
电话：800-467-4448
手机：407-847-4662

17.2.2 BrainSavvy 的提案审核

梅森和她的团队在收到提案之前制定了选择研究公司的十个标准，包括技术行业相关知识、技术行业研究经验、公司在公共媒体上的声誉、负责人的信誉，以及定量和定性研究的能力等。收到提案后，每个团队成员都将独立审查提案，并在每个标准上给提案打 1～10 分，然后相加得到总分。公司决定邀请总分最高的三家公司进行面试。

到投标截止日期之后，团队开会确定现场面试日期以及三家公司的提案展示顺序。梅森联系了总分排名前三的公司，邀请它们来到位于芝加哥的 BrainSavvy 总部。VI 是入围者之一，将最后一个展示提案。在面试日期确定后，梅森和她的团队又开会制定了基于口头展示的公司选择标准。

17.2.3 BrainSavvy 的最终入围面试

梅森在发出 RFP 前的研究表明，VI 在融合传统与创新方法上享有盛誉，所以她和她的团队期待着从 VI 那里学习到更多东西。VI 的负责人团队（钱斯、韦杰和盖博）参加了 BrainSavvy 的筛选面试。梅森接待了 VI 团队，在寒暄之后把他们带到 BrainSavvy 团队所在的会议室。

VI 的面试从贝德福德·钱斯关于 VI 及其能力的 5 分钟演讲开始。钱斯分享了一些他们曾经为非竞争性行业的用户所做的让人印象深刻的研究成果。他演讲的最后一张幻灯片重点展示了 VI 最近以用户满意度方法获得的行业最高奖。赛莉纳·盖博和戴顿·韦杰基于他们迄今为止对问题的了解提出了关于可能的研究设计的想法。他们同时还强调，如果在探索阶段发现了任何未知的信息，则可以对设计再做调整。在随后的问答环节中，赛莉纳·盖博展示了 VI 拥有的丰富的技术行业知识、专业经验以及他们对新项目的信心。戴顿·韦杰显然是 VI 的方法论专家，他展示出对当前和新兴方法的娴熟掌握以及对它们如何应用于 BrainSavvy 项目的高度把握。钱斯以感谢梅森及其团队提供这个展示机会结束了 VI 的演讲。最后梅森对 VI 团队表示感谢，并告诉他们 BrainSavvy 将在 72 小时内提供合同。

17.2.4 VI 获得研究合同

基于提案和面试，VI 成为不二选择。梅森第二天通过电话联系了钱斯："我们选择 VI 来做 BrainSavvy 项目。恭喜。"

"谢谢。"钱斯说，"你们做了正确的选择。"

"我有三张下周三上午 8 点飞往达拉斯的机票。"梅森说，"韦杰和盖博可以一起来吗？他们需要看一下 ServiceCentral 的运行情况。我们会在下午 5：30 回来。我想为项目打下基础，并更好地了解已经完成的数字运算。我会向他们介绍其他合作者，并告诉他们我们对 ServiceCentral 在细节方面的更多关切。"

"我会与他们联系，并让戴顿·韦杰直接与你联系，他会是你在项目期间的主要联络人。"钱斯回答。

17.3 第 1 阶段：明确研究问题

17.3.1 达拉斯之旅

"这次旅行信息量很大。"戴顿·韦杰说，"赞恩·贝特想要太阳、天空和月亮。她想了解用户的人口统计特征……他们的工作描述……他们的工资……他们的种族……他们的受教育程度，她想知道用户对 BrainSavvy 的看法，还想知道用户对购买渠道和 ServiceCentral 的满意度。"

"戴顿想说的是，你需要密切关注底线，帕玛，否则你的研究投入回报率将会下降。"赛莉纳·盖博说，"你可以打赌有人会想知道，你和赞恩如何证明你们需要询问这些问题，他们会问：'了解 ServiceCentral 用户的种族信息有什么价值？'如果你或赞恩不能证明你们的确需要这些信息，如果你们无法确定了解这个信息的价值至少不低于获取这些信息的成本，那么这个问题就要从调查中剔除。而且，调查长度和完成率之间存在负相关关系。"

"所以，你认为我们需要先提出一项探索性研究以缩减信息，最后只剩下关键条目，然后再进行更大范围的研究吗?”帕玛问。

“预调研可能会有用。赞恩希望了解用户对 BrainSavvy 整体质量的看法，但是我们必须问自己：‘这些用户是否真的有形成独立观点的水平，或者只是在模仿他们在杂志或线上看到的内容?’一项基于几百名用户的预调研可能有助于确定是否应该询问用户对产品的总体印象。但现在还言之过早。你需要让赛莉纳和我共同努力来提出合理的研究问题。目前，我们所拥有的只是信息需求，而信息需求不等于研究问题。”

“今天的 ServiceCentral 之行确实有助于我了解管理层关切的背景信息。”帕玛说，“你或赛莉纳有没有看看赞恩给你的用户来信?”

“我看了，”赛莉纳说，“我让赞恩提供呼叫中心解决所有服务问题的记录，她说最晚明天给我。有些信件的确引起了我的注意。一位用户写道：‘我从 BrainSavvy 买的商品到货时严重受损，开箱后，我简直不敢相信它的状况。’另一个用户说：‘服务技术人员似乎无法理解我不满的原因，但他们一旦了解，就会马上进行维修。’我们会一起把这些信件中反映出的问题（可能还有数十个类似的问题）归纳成关键主题，这有助于我们更好地了解问题的范围。你不希望 BrainSavvy 为赞恩想要的一切付钱，而只是为她想要的投入回报比高且可研究的东西付钱。我们首先需要就研究问题达成共识，然后开展工作来达成目标。我们可能要与呼叫中心和维修机构的经理聊聊。”

戴顿解释道：“一旦我们完成探索性评估，就会告诉你我们想要联系的人。完成访谈之后，我们会讨论一些合理的研究问题。然后，我们会帮你按优先级对它们进行排序。目前，你需要让我们做我们最擅长的事以及你们想雇用我们来做的事。”

17.3.2　VI 项目的结构与探索

戴顿和赛莉纳在第二天早上进行了头脑风暴，组建了团队，并确定了探索策略(如图表 17－3 所示)、任务和安排。在审视了当前的项目任务后，他们确定了希望为 BrainSavvy 项目团队配置的研究人员，如何以及由谁向团队简要介绍情况。他们为项目设置了一个 Dropbox 并与团队成员共享。他们分别创建了用来保存用户信件扫描件以及通话记录的文件夹。其他文件夹将保存所有辅助数据搜索的总结、一些重要文献的副本，以及所有专家访谈的摘要。他们确定了一个文件的命名规则。他们共同创建了在达拉斯每场会议的摘要，并把这些文件上传到 Dropbox 上的用户会议记录文件夹中。在与至少两个他们想要访谈的人见面后，他们确定了在第二天进行的专家访谈中希望达成的目标。

当天，戴顿和赛莉纳再次碰面。“我已经让佐伊去查看通话记录并总结主要的主题，我们会在今天下午晚些时候或明天早上看到这些主题。”赛莉纳透露，“伊桑会研究技术产品相比于我们研究过的其他行业在满意度测量上是否有不同的问题。他还在搜集有关笔记本电脑满意度的全行业研究，我们可以把它作为基准。我认为我们可能要确定笔记本电脑是不是存在与构造、操作、使用方式或维修相关的特殊问题。”

图表 17-3 BrainSavvy 的探索策略

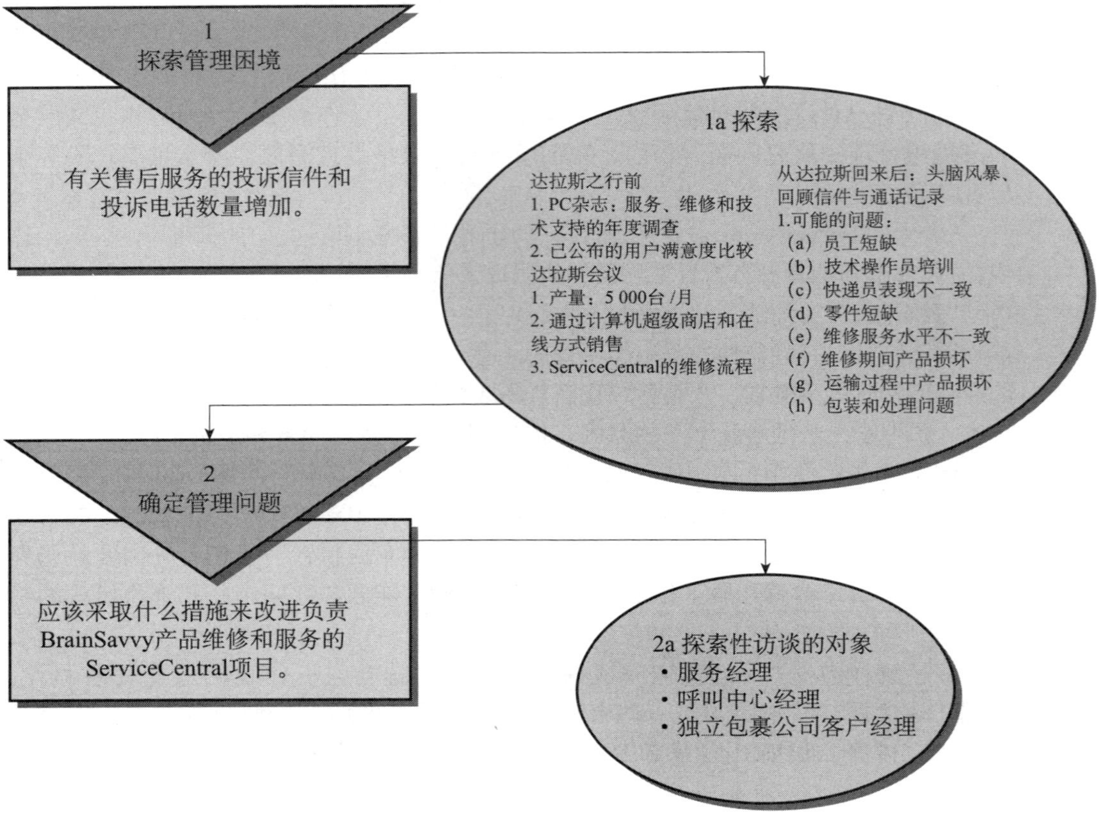

"我正在准备这个。"戴顿说，"我明天早上 8 点会与 ServiceCentral 的经理赞恩·贝特通话。这只是我在访谈中提出的问题之一。访谈指南已上传到 Dropbox。"

"在把任务交给佐伊之前，我要问赞恩一个我发现的特别麻烦的记录的问题。"赛莉纳透露。"赞恩一定记得那个记录。明天我会跟进帕玛，她正在搜索 BrainSavvy 档案库中先前做过的满意度研究。"

"我把昨晚访问百思买的摘要上传到了 Dropbox。当我们团队集合时，我会分享推销员试图向我推销时所说的话。这段经历让我确信我对 BrainSavvy 的笔记本电脑缺乏足够的了解。"戴顿说，"当你与帕玛一起办理入住手续时，看看她能不能为我们在几个星期内准备一些笔记本电脑（每个型号一台），我们可以让团队对电脑做些测试。"

"好的。我让帕玛做一些假的注册信息，让我们团队可以伪装致电 ServiceCentral。我明天下午 2 点会访谈负责呼叫中心的朱莉娅·布雷克。"赛莉纳说，"为 BrainSavvy 服务的 FastDelivery 客户经理扎克·鲍威尔的访谈时间是下午 4 点半，整个团队都要认真听一下访谈，这很重要。我会为无法出席访谈现场的人整理访谈记录并存档。"

17.3.3　访谈

“探索 ServiceCentral 用户数据库中所包含的内容是一个好主意。我们可以了解问题类型，问题所在，用于改正问题的补救措施，提供服务的技术人员，有关工厂、日期、生产员工、零件来源等生产信息。”赛莉纳说，“他们的保修信息数据库看起来像个宝库。”

“而困扰他们的是，他们对这些数据分析得太少，以至于无法根据信息来作出研究决策。”戴顿说，“赞恩刚用电子邮件给我们发了共享数据的 Dropbox 链接，我会让查尔顿开始初步的分析。”

“伊桑在提炼二手数据方面做得很棒。”赛莉纳表示，“他在广泛的互联网搜索中获取了成千上万的有用数据。他发现，笔记本电脑的标杆研究以及一些关键文章会对每个研究问题都有帮助。佐伊对记录的总结也同样有价值。”

17.3.4　数据文件分析

“帕玛对查尔顿在 ServiceCentral 数据库上所做的分析并不感到惊讶，”戴顿表示，“她更喜欢以数据洞见来确认记录和信件中观察到的证据。”

查尔顿绘制的帕累托图中的累积频率线（如图表 17-4 所示）显示，最主要的两个问题（问题未解决、需要多次维修）占据了用户体验到的不当维修服务的 80%。相应的样本相似图（如图表 17-5 所示）显示了所有的问题。

图表 17-4　BrainSavvy 数据文件分析中 ServiceCentral 投诉数量的帕累托图

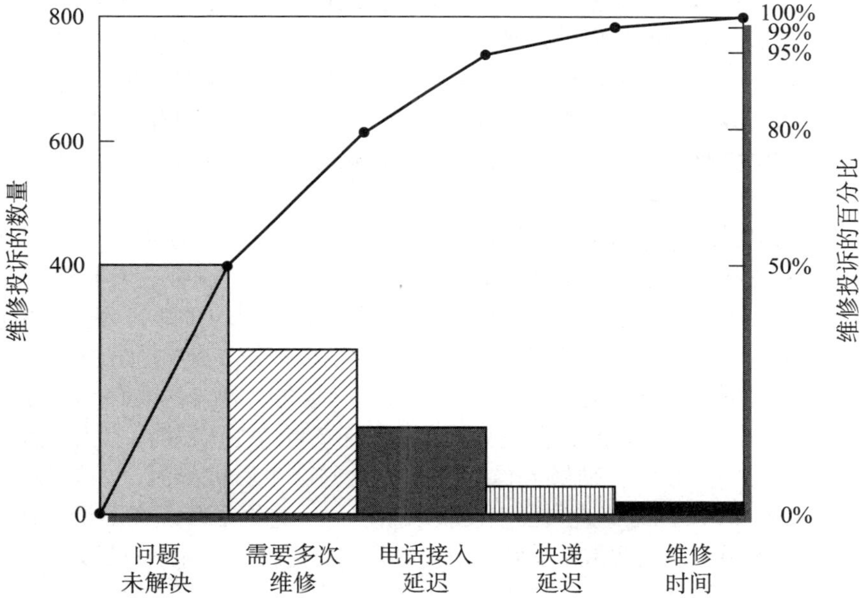

17.3.5　流程建模

“我用你和我对贝特、布雷克和鲍威尔的访谈笔记开发了仅电话技术支持的流程模型以及电话技术支持加实物维修的流程模型。”戴顿分享道，“两个模型都很简单。

图表 17-5　ServiceCentral 数据文件分析中问题的样本相似图

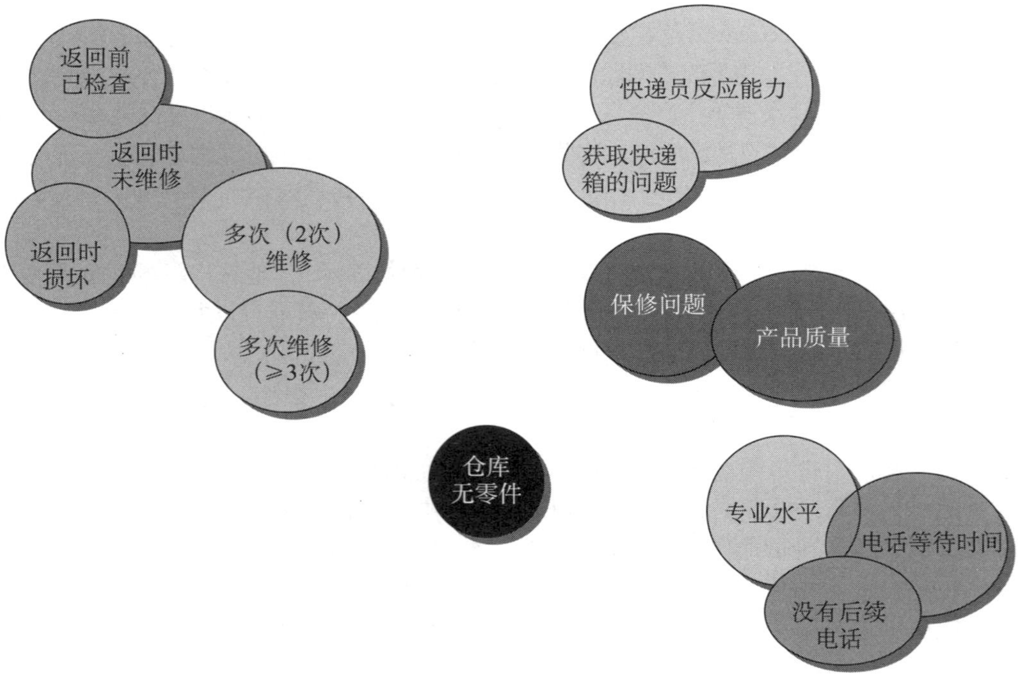

用户打电话时，会根据空闲情况来随机分配技术人员。他们获取用户的电话、电子邮件、家庭住址和产品型号，然后按事件编号把它们输入数据库。他们会听取用户对问题的描述，对问题进行概括并实时输入。根据问题的类别，他们提出一系列预设问题并输入答案，用户对问题的回答将影响技术人员在电话中解决问题的步骤和活动。如果用户的电脑可以运行，那么在与用户通话时，他们会通过在线的屏幕对屏幕共享软件与用户进行联系。”

“如果技术人员无法通过电话解决问题，他们将给用户提供服务代码，并在当天下午 6 点前（如果报修电话在下午 3 点之前打进来）或第二天上午 10 点前（如果报修电话在下午 3 点至午夜之间打进来）派 FastDelivery 的服务人员到用户处取回笔记本电脑。ServiceCentral 的软件会生成一个模板报告，其中包括来自通话和屏幕共享的所有数据。维修机构可以以电子形式访问报告，报告的文件名就是分派的服务代码。损坏的笔记本电脑将在上午 8 点或下午 2 点送往达拉斯，工作人员会在收到产品那天开始提供服务，维修人员会在服务代码产生后被分派，如果服务记录不完整，ServiceCentral 的维修人员会直接联系用户——这位维修人员不是最初诊断问题的那个技术人员。通话通常在收到笔记本电脑之后进行，但并不总是如此。笔记本电脑将在收到的当天进行维修，并在当晚由快递公司揽收，于第二天上午 10 点前送达用户选择的地址。理想情况下，全部流程会在用户打维修电话后的 48 小时内完成。如果没有可用的零件或机器受到更严重的损坏，则需要更长的时间。如果出现维修时间的延长，目前还没有标准的与用户联系的程序。”

“关于 FastDelivery 流程的信息并不多。它提供产品的包装材料，但是包装材料是本地采购的。快递员在用户处包装好笔记本电脑。维修完成后，维修人员把维修过的笔记本电脑交给 FastDelivery。FastDelivery 员工仍然用本地采购的相同类型的包装材料重新包装笔记本电脑以进行装运。FastDelivery 可以跟踪从笔记本提货点到达拉斯或从达拉斯到用户处的线路上任何一点的包裹位置，因此它拥有每条线路上每个点的时间信息。我们知道每台笔记本电脑的运输距离，以及其中多少里程是分别通过卡车和飞机运输的。据我所知，没有人在用户接收包裹、包裹在 ServiceCentral 到达或发出时给笔记本电脑拍照。”

17.3.6　焦点小组访谈

“利用查尔顿对 ServiceCentral 数据文件的分析，我招募了焦点小组访谈的参与者。”赛莉纳说，“我根据参与者的 BrainSavvy 笔记本电脑型号把他们分成三个小组，我还分了一个混合型号组，这个组里参与者的笔记本电脑的损坏已经严重到需要更换的程度。前两个小组今天晚上访谈，第三个小组明天访谈。佐伊正在协助安排这个事情。我们应该在后天下午晚些时候分享访谈的收获。”

17.3.7　调查和研究问题

“因此，我们知道呼叫中心和维修机构都存在技术人员短缺的问题，并且难以迅速有效地培训新技术人员，而这些都会影响维修的诊断；快递员在履行取货与送货的承诺上不够可靠；越来越多的笔记本电脑在寄回时仍然处于未修理或损坏状态（有时甚至是严重损坏），因此我们可能怀疑包装材料使用的充分性或恰当性。”赛莉纳总结道，“而 BrainSavvy 的零件交付问题会影响制造商和维修部门，这都会降低问题解决的速度。”

“可能的探究性问题（如图表 17－6 所示）和研究性问题（如图表 17－7 所示）的列表正在增加。”戴顿说，“查尔顿的分析应该有助于我们为帕玛确定这些问题的优先顺序。”

图表 17－6　VI 对 BrainSavvy 的 Service Central 项目的探究性问题

确定探究性问题

1. 呼叫中心在多大程度上帮助了用户？它是根据指南来帮助用户吗？呼叫中心在用户打来第一通电话的时候就解决了用户的技术问题的比例是多少？用户呼叫等待的时间是多久？技术人员的能力如何？
2. 快递公司的状况如何？它是否对笔记本电脑进行了适当的包装？它是否可以快速响应并取走故障产品？用户需要等待多长时间才能取走/发出包裹？笔记本电脑是否由于包装不当而损坏？有哪些可用的且节约成本的替代包装方案？
3. 维修团队的水平如何？从诊断故障到完成修理，维修的流程是怎样的？维修完成了吗？用户的问题解决了吗？是否出现新的维修问题？是否满足了用户的维修时间预期？
4. 从用户联系呼叫中心到最终解决问题的时间是多久？从联系呼叫中心到取走故障产品的时间是多久？从取走故障产品到返回维修后产品的时间是多久？
5. 在取货/包装、到达ServiceCentral、重新包装以送货和到达用户所在地这些时间点上如何评估和记录状态？
6. 对ServiceCentral和BrainSavvy产品的总体满意度如何？

图表 17-7　在访谈后 BrainSavvy 可能的研究性问题

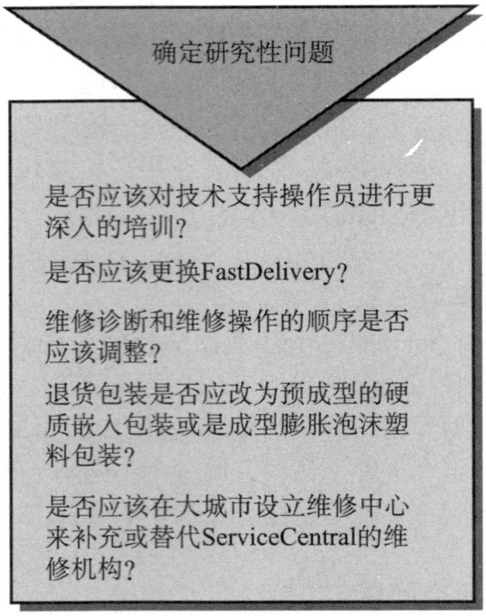

17.4　第 2 阶段：进行研究设计

17.4.1　抽样设计

“BrainSavvy 的 ServiceCentral 各项记录保存得很好，过去五年在 ServiceCentral 维修过笔记本电脑的所有用户的电话、地址和电子邮件地址都被保存着。当然，一些信息可能已经失效。由于用户的记忆会模糊，我们应该关注那些在最近三个月内维修过产品的用户。这是选择样本框的重要一步。”戴顿说。

赛莉纳说：“基于我们的探索，研究的目标总体应该是所有过去三个月内到 ServiceCentral 维修过 BrainSavvy 笔记本电脑的 18 岁以上的用户。我把个案定义为目标总体中的任何人，不考虑其所在位置、种族、年龄或性别。”

“查尔顿熟悉数据库，我们安排他来构建样本框。”戴顿说，“但我们需要对目标总体做个调整，要去掉那些维修旧的笔记本电脑之后又购买或得到了全新 BrainSavvy 笔记本电脑并提交了新保修信息的用户，除非这些用户又维修过新的笔记本电脑。这些人不太可能还在用他们最初维修的那台 BrainSavvy 笔记本电脑，因此关于那台电脑当前运行情况的信息会更少。”

“在调整目标总体后提醒查尔顿，让他按字母顺序将个案随机排列。”赛莉纳提醒说，“我们不希望所有参与者都拥有一个型号的电脑或者都是由同一位技术人员提供服务。”

“鉴于 BrainSavvy 已经对 ServiceCentral 进行了投资，我们有信心确保数据完全支持我们提出的任何建议。”赛莉纳断言，“有了清晰的样本框，我们可以使用简单随机概率抽样或系统概率抽样，你选哪个？我倾向于低成本、更易于实施的系统抽样。”

“我们就用系统抽样。我想把感知到的服务质量和再次购买的可能性作为我们感兴趣的参数。”戴顿解释说，“根据伊桑探索的标杆技术研究，最后将采用 5 点计分。考虑到 ServiceCentral 数据库的用户数量，我们可能希望每个月至少抽取 100 名用户。”

17.4.2　资料收集设计

在线调查

经过探索后，整个团队聚在一起，对研究设计中在线调查模块的问题的主题进行头脑风暴。

“仅仅知道用户不满意还不够，ServiceCentral 的管理层需要知道 ServiceCentral 项目中的什么流程、员工、零件和时间顺序会导致用户不满意。”赛莉纳表示，“因此，我们的测量工具需要包括对这些主题的测量。”

“通过使用标杆技术满意度研究中的数据，我们可以构建聚合信度。”查尔顿说。

“但我确信我们需要定制的量表来评估用户满意度。”戴顿说，“我们需要说服 BrainSavvy。”

定制的测量问题是不是必需的？　戴顿、赛莉纳与帕玛·梅森和 BrainSavvy 研究总监洛根·帕克召开了视频会议。“为什么必须开发和测试定制化问题？似乎没必要浪费时间。我们已经有一个满意度量表了，为什么要重新发明轮子呢？”帕克问。

赛莉纳表示：“当我们对你们的用户做焦点小组访谈时，他们不断提到你们的产品服务需要‘符合预期’或‘超出预期’，而当前为测量用户满意度而开发的量表都没有涉及对预期的测量，我们需要一个可以测量预期的量表。贵公司的信条——谨慎承诺、超出预期——强调了拥有从‘不满足预期’到‘超出预期’共五个评分等级的独特量表的重要性。我们需要恰当命名中间的几个等级，以让不同等级之间的心理间隔均等。”

戴顿补充说：“你们服务运营的方式决定了你们需要极高的准确性和可靠性。据我们了解，除了建立自己的维修队伍外，你们还跟外部组织签约，让他们在某些区域提供维修服务。你们的目的是在六个月内比较内部和外部维修组织的绩效，并把将来的工作交给服务做得更好的那个。我们认为，如此重要的涉及 ServiceCentral 员工的工作安全的决定，必须要有充分的公信力。”

帕克点头，“好，我们愿意尝试新的量表。我们想评估这些问题的质量，因为我们也可能会把它与其他满意度指标一起使用。到目前为止，帕玛，你做得很好，你似乎已经快速进入状态了。戴顿，我期待看到研究结果。赛莉纳，我们见过面，我确定你曾做过我前任雇主所做的一些焦点小组访谈的主持人，能在我们的团队里拥有你这样有才能的员工真是太好了。”

编制定制化问题　戴顿假设，“既然我们已经获得了洛根·帕克的认可来定制量表，李克特量表可能可以与定制的 BrainSavvy 量表做比较。”

戴顿正在考虑测试三种量表（如图表 17－8 所示）：李克特量表、具有文字锚的混合数字量表，以及每个计分点都有文字和数字指示锚的混合预期量表。所有量表都是假定在定距水平进行测量的 5 点计分量表。

图表 17-8 BrainSavvy 的 ServiceCentral 项目的量表测试

李克特量表				
需要服务/维修的问题已经解决了。				
非常不同意	不同意	没有同意 也没有不同意	同意	非常同意
1	2	3	4	5

数字量表（BrainSavvy 偏好的）				
在多大程度上你对需要服务/维修的问题的解决感到满意?				
非常满意				非常不满意
1	2	3	4	5

预期量表				
需要服务/维修的问题的解决方案。				
不符合预期	符合部分预期	符合大部分预期	符合所有预期	超出预期
1	2	3	4	5

为了进行初步评估，戴顿需要每个量表对应的陈述或问题。回到 VI 的探究性问题清单，他发现了一个似乎可以反映维修过程要点的问题：用户的问题是否得到解决？转换为量表的描述，该陈述变为“需要服务/维修的问题的解决方案”。戴顿读了一篇文章，指出李克特量表和类似于 BrainSavvy 混合数字量表的量表通常会导致参与者在计分数字 4（满意）和 5（非常满意）上思考过久——仁慈误差（error of leniency），即倾向于给予较高的评价——是用户满意度研究中的常见问题。作者建议采用 7 点计分来解决这个问题。而戴顿认为，预期量表中的“超出”一词可以弥补积极端分数的集聚问题。他选择了 5 点计分，并完善了文字锚的措辞。之后，他为每个探究性问题确定了适当的测量问题。

帕玛希望在测试前看到问题，以便她从 BrainSavvy 研究专家那里得到反馈。他们认为 ServiceCentral 不可能无法符合用户的任何预期。并且，鉴于存在严苛误差（errors of strictness），即倾向于给予较低的评价，应该把“不”替换为“很少”，以让量表的低分端更符合实际。戴顿听取了他们的观点，把相应类别调整为“符合很少预期”。

戴顿、赛莉纳和帕玛现在准备进行预测试，他们决定只把预期量表与 BrainSavvy 的数字量表进行比较，因为典型的李克特量表要求他们编制比计划在实际调查中使用的量表更多的潜在陈述。戴顿选择延迟等效形式方法（delayed equivalent forms method）进行信度测试。他们在 ServiceCentral 数据库中最近接受维修服务的用户中任意选择 30 人作为参与者，这些参与者通过电话被招募，并分为两组（A 和 B）。参与者会立即通过电子邮件链接收到第一份在线调查；一周后，他们将收到另一封电子邮件，其中包括第二次调查（另一个量表）的链接。对于 A 组，VI 先让参与者填写预期量表，然后再填数字量表；对于 B 组，则先填写数字量表，然后是预期量表。

随后，伊桑计算数字满意度得分与预期得分的相关性，并对结果绘图（如图表 17-9 所示）。在有关故障解决的问题上，参与者的数字满意度量表得分与预期量表得分呈正相关，相关系数是 0.90（1.00 为完全正相关），这表示两个量表具有等值性。在另一个信度测试，即稳定性测试上，为期一周间隔的重测信度测试显示，预期量表的相关系数为 0.93，而 BrainSavvy 数字满意度量表的相关系数较低（r = 0.75），这表示预期量表更有可能产生稳定和一致的结果。最后，如图所示，在两个量表上解决问题测量的数据都是线性的（它们围绕一条直线集聚）。此外，没有发现"展示顺序"（order-of-presentation）的效应。

图表 17-9　ServiceCentral 的量表评估点图

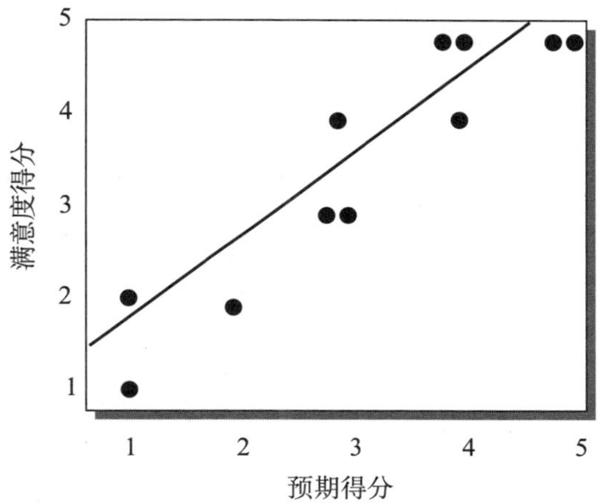

研究小组得出结论，他们偏好的预期量表的测试结果良好，可以很好地替代 BrainSavvy 现有的数字满意度量表。VI 将把新的预期量表用于 BrainSavvy 研究中的 ServiceCentral 项目。

特写

BrainSavvy 的测量工具

BrainSavvy 的测量工具通过只使用两种不同的态度反应策略来简化回答。第一个策略是基于定制化设计的预期量表，第二个策略则是基于共同可能性量表。两个量表都使用 5 点计分，第一个量表使用数字代码及文字代码，而第二个仅使用文字锚。量表要求提供详细的个人身份信息以进行后续跟踪，但由于量表已经涵盖了最重要的变量（满意度），因此它不使用性别、种族、年龄或其他的人口统计学信息来对数据进行分组。

该工具基本上回答了以下问题："ServiceCentral 项目对您有多大的帮助?"该工具通过设置 10 个感兴趣的因素来完成上述目标："请使用以下尺度来回答第一组问题。"第二个量表基本上也涉及类似的行为，它询问的是"考虑到您在 ServiceCentral 的体验，您有多大可能再次使用它或再次购买 BrainSavvy 的产品?"因为样本只包括 ServiceCentral 的用户，所以参与者都使用过该服务的基本假设是可接受的。该工具的语言对参与者可能接受的教育程度来说是适当的。用于获取意见的开放式问题增加了灵活性，有助于发现结构化因素列表中未涵盖的特殊情况。（如图表 17 - 10 所示。）

图表 17 - 10　BrainSavvy 的 ServiceCentral 问卷的纸质版展示

BrainSavvy 个人电脑易于使用且维护方便。当您需要服务时，无论您身在何处，我们都希望您可以信赖 ServiceCentral。因此，我们请您花一点时间告诉我们为您提供的服务质量如何。

请使用以下尺度来回答第一组问题：

符合很少预期	符合部分预期	符合大部分预期	符合所有预期	超出预期
1	2	3	4	5

	1	2	3	4	5
1. 对您遇到的问题的电话协助：					
a. 响应能力	○	○	○	○	○
b. 技术能力	○	○	○	○	○
2. 快递服务的有效性：	○	○	○	○	○
a. 快递员的安排	○	○	○	○	○
b. 取货速度	○	○	○	○	○
c. 交付速度	○	○	○	○	○
3. 整体维修速度	○	○	○	○	○
4. 需要服务/维修的问题的解决程度	○	○	○	○	○
5. 收到 BrainSavvy 电脑时它的状况	○	○	○	○	○
6. 对 ServiceCentral 有效性的总体印象	○	○	○	○	○
您在多大程度上可能上会……	非常不可能	有些不可能	没有可能也没有不可能	有些可能	很有可能
7. 在其他场合使用 ServiceCentral	○	○	○	○	○
8. 基于以下原因再次购买 BrainSavvy 产品的可能性：					
a. 服务/维修体验	○	○	○	○	○
b. 产品性能	○	○	○	○	○

请分享任何其他的意见或建议

为了解决您后续遇到的任何问题，我们怎样才能联系到您？

姓	名	电子邮箱	
城市	州	邮政编码	电话
感谢您的参与。			服务代码
提交			

当参与者用笔记本电脑时，将首先看到介绍，然后在下一页会看到预期量表和问题 1～6，再下一页是可能性量表和问题 7～8，第四页是意见或建议的输入框，最后一页是身份信息以及感谢和结语。每页都有一个可点击的按钮：除最后一页按钮显示“提交”（<SUBMIT>）外，其他的按钮将显示“下一个”<NEXT>。如果参与者跳过了一些题项，当他们单击“下一个”<NEXT>时，会有提示出现，让他们回答跳过的问题。状态栏将出现在每一页的顶部。

每个调查都会在参与者不知情的情况下给他们每人不同的服务代码，这个代码可以把他们填写调查的情况和意见与呼叫中心和维修服务记录中的详细信息相链接，以获取维修经历信息。如果经理们后来改变主意，这个链接可以让研究者对 BrainSavvy 进行比现在的合同规定的更深入的分析。

测量工具 “百思买产品的卖点之一是其强大的在线图形功能。”戴顿确认说，“因此，我们可以假设购买者会使用在线功能。在线调查会相当简单，我们有用户的电子邮件地址，可以通过电子邮件邀请和提醒来让参与者参与调查。”

“我们应该想到有人会在他们的手机上做调查，因此我们应该请他们在笔记本电脑上做调查，或专门设计手机调查。”赛莉纳说，“因为这项研究是直接且坦诚的，所以我们应该在每个在线调查页面上使用 BrainSavvy 标识，以强调参与者正在为产品的改进作出贡献。”

“同意。我们应该让帕玛发送我们创建的邀请，用她的照片和头衔让这个邀请个性化，并强调调查对 BrainSavvy 的重要性。我认为这应该相当简单。”戴顿说道。“类似于‘您最近在 ServiceCentral 维修过 BrainSavvy 笔记本电脑，请花 5 分钟时间告诉我们您对所提供服务的看法。点击下面的链接即可’。”

“我会稍作修改。”赛莉纳建议，“‘您最近在 ServiceCentral 维修过 BrainSavvy 笔记本电脑，我们一直在寻找更好地为您服务的方法，请花 5 分钟时间告诉我们您对所提供服务的看法，点击下面的链接即可。’这可能会鼓励参与者在开放的问题框中向我们提供想法，而不是强调投诉。”

17.5 第 3 阶段：收集、准备与检查数据

17.5.1 启动调查

“我们会按计划在 8 月 10 日启动调查。”戴顿说，“可能需要发一些补充的电子邮件才能让大量的目标参与者提供反馈。我们应该在调查启动大约一周后做好数据分析的准备工作并清理数据，让数据处于可分析状态，这就意味着我们现在应该确定最终

的数据分析计划。”

17.5.2 分析计划

现在已经确定，问题6（对 ServiceCentral 有效性的总体印象）将用于评估所有其他变量的模式，因此，每个虚拟表看起来都类似于下面的表格：

	呼叫中心技术能力				
总体印象	符合很少预期	符合部分预期	符合大部分预期	符合所有预期	超出预期
符合很少预期					
符合部分预期					
符合大部分预期					
符合所有预期					
超出预期					

基于 ServiceCentral 服务经历，所有变量也可用来测量再次使用 ServiceCentral 的可能性和再次购买 BrainSavvy 笔记本电脑的可能性。

	呼叫中心技术能力				
再次使用 ServiceCentral 的可能性	符合很少预期	符合部分预期	符合大部分预期	符合所有预期	超出预期
非常不可能					
有些不可能					
没有可能或不可能					
有些可能					
非常可能					
非常不可能					
有些不可能					
没有可能或不可能					
有些可能					
非常可能					

17.5.3 数据准备和检查

“我看到查尔顿已经完成了数据准备工作。”赛莉纳说，“一旦我们让伊桑和查尔顿继续推进，他们就准备对定量数据进行初步分析。随着用户评价意见的加入，佐伊一直在构建评价意见数据的编码方案，准备进行初步的内容分析。”

“让他们开始，如果发现任何不寻常的情况要知会我们。”戴顿说，“我希望在周五之前完成探索性数据分析，这样，我们就可以在周一早上开始进行更彻底的分析。”

17.6 第4阶段：分析数据

“我发现 AID（automatic interaction detection，自动交互检测）（如图表 17-11

所示）真的有价值。”赛莉纳称赞道，“使用维修服务的总体印象作为初始因变量是正确的选择。”

“在这个分析里，我们对几个变量做了重新编码，正如你在左侧看到的那样，”查尔顿指出，“将‘问题解决’的等级评为‘差’的用户，维修服务符合或超过其预期的比例要低于样本平均值（6%相对于 62%）；对‘到货状况’的差评加剧了这一点，让满意的总人数减少到 2%。我们将 AID 应用于每个子组，以找到拆分组后仍然可以帮助我们理解用户评估过程的变量。在右侧，最有影响力的是“维修速度”，该分析提醒 BrainSavvy 的决策者注意 ServiceCentral 最好和最坏的情形，这个分析结果也能够得到一个好指标，这个指标能够告诉我们在有问题的月份如何恢复常态，以及哪些关键驱动因素会影响流程并应获得实现改进的资源。”

17.6.1　下周二与帕玛召开电话会议

“我刚在桌子上看到的那张图表是属于我的吗？”通过视频电话会议与戴顿和赛莉纳联系时，帕玛问道。

“在把调查结果提炼到你的报告里之前，我们要分析 50 张图表，它只是其中一张。”赛莉纳说，她将图表移出了摄像头的范围。“但届时你很可能不会看到它。它只是一个箱线图，不太可能进入你要求的管理报告中。我们做了各种分析来展示发现、洞见以及最终的建议。”

图表 17-11　ServiceCentral 维修满意度的自动交互检测

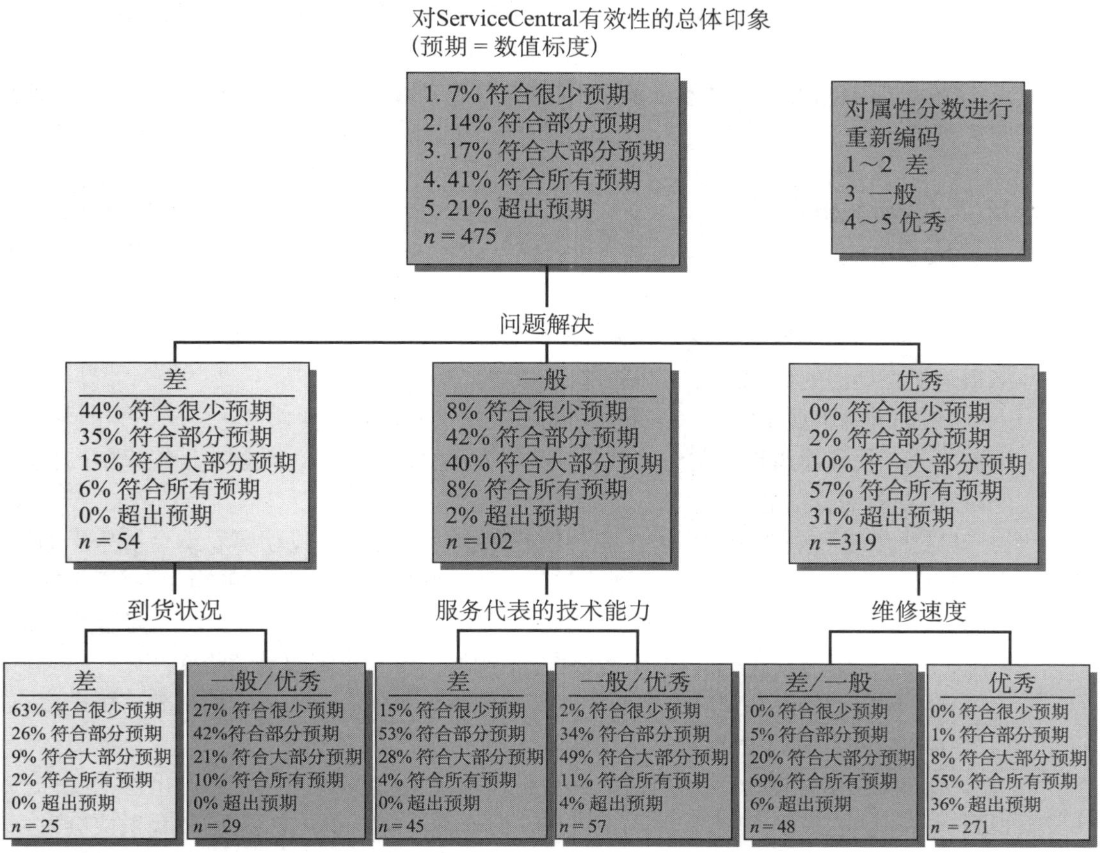

“我没有迫切想要看到结果，至少没有太迫切。我给你们打电话只是想看看有没有可能把口头展示的日期提前一天，因为洛根·帕克希望参加这次展示，但他必须在我们计划展示的那天出国。”帕玛解释道。

戴顿和赛莉纳互相看了一眼，他们已经预想到这个要求了，因为到处都是伦敦要举行一次大型技术峰会的新闻。戴顿说：“如果我们可以改签航班，就可以把日期提前。”

“那就取消你们的预订，”帕玛说，“我为你们安排公司的公务机，在8点到11点之间什么时候接你们比较方便？展示仍然安排在下午2点。”

17.7 第5阶段：报告研究

“为了在紧张的最后期限前完成工作，大家在过去几天都非常辛苦，但我对我们发现的东西以及我们将要与帕玛和BrainSavvy分享的东西感到满意。”戴顿说，“告诉伊桑，他的报告图表做得很好；没有他的制图技术，我们不可能这么快地完成整合，所有副本都已经做好并打包。感谢你负责口头报告环节，把两个报告分开是一个好主意。明天的报告我们准备好了吗？”

“当然，”赛莉纳确认道，“帕玛说要为深入的问答环节做准备，所以我草拟了一系列问题并准备了相应的答案。如果你们想看口头报告的辅助材料，可以在Dropbox上查看。我现在要离开去准备我们上午9点的航班。我要带两台便携式投影仪。别忘了带上你们自己的笔记本电脑，以备不时之需。明天见。”

“我会带着概要报告副本以及技术报告，以防他们有比你所准备的更具体的问题。明天见。”

17.7.1 口头报告

帕玛指出：“尽管会议室里只有几个人，但演示文稿将通过网络展示给更大范围的群体。”

赛莉纳介绍了自己和戴顿，然后开始展示。戴顿在问答环节加入，尤其是在应对洛根·帕克提出的更偏统计的问题时。

“根据屏幕上显示的调查结果，你们已经就贵公司的首要任务达成了很强的共识。根据研究，强烈建议贵公司与快递公司签署更强有力的合同，以解决运输途中的损坏问题。”赛莉纳总结道。

“以上就是我们今天的报告。在各位阅读报告摘要后，我和赛莉纳会很乐于通过电子邮件对你们中任何人可能遇到的任何后续问题作出回应。”戴顿说，“对于不在现场的人，帕玛会很快把报告发送到你们的电子邮箱中。我们的电子邮件地址显示在屏幕上，报告的封面上也有。帕玛，我现在把网络会议的控制权交还给你。”

在帕玛将要结束会议时，赛莉纳对着戴顿举起了一个标语，上面写着“关上麦克风”，戴顿笑着关掉了麦克风。

“谢谢赛莉纳和戴顿。这项研究帮我们厘清了一些关键问题，你们也帮助我们认识到一些可能的解决方案。”帕玛认可道，接着她转向听众，继续说：“我很快会发一封电子邮件，其中包含这个演讲录像的链接。你们可以与员工分享。在你们关闭网络演讲窗口后，会出现一个简单的小调查。如果你们可以抽出三分钟来完成调查，我会非常感激。会议到此结束，感谢大家参与。”

洛根走过来：“一切都很顺利，戴顿。用问答工具来获取他们关于行动的想法真是好主意。当你把结果作为民意测验发布，并让他们指出首要任务时，他们的各种意见就都表达出来了。这可以帮助他们了解，这项研究和今天会议的目的之一就是把他们团结在一起。”

“赛莉纳是那个好主意的提出者。”戴顿说，“在我们的会晤中，她是一个强有力的互动促进者，她能够不断地想出让人们参与进来并对项目保持关注的新办法。”

“恭喜，赛莉纳。”帕玛表示祝贺，“使用感知图是谁的功劳？”

“这归功于我们的研究助理佐伊·加哈纳，”赛莉纳说道。“我告诉她，我们需要一种直观的方式来展示最重要的问题，她做得很好。我会转达你的称赞。”

“好啊，”帕玛问，“我们现在要做什么？”

“戴顿和我会在下周等着你或你的员工提出任何问题。”赛莉纳解释说，“然后我们就会认为项目完成了，直到你再次与我们联系。”

17.8 项目后团队汇报

戴顿、赛莉纳和贝德福德与团队成员一起在会议室就座。这是一次气氛活跃的会议，每个人都在讨论下一次在类似的项目中哪些方面可以做得更好、做得不一样。

贝德福德分享道：“BrainSavvy 今天早上又给我们发来两个 RFP，一个是有竞争的，另一个直接给我们做，这充分说明他们对我们的工作非常满意。帕玛把我们推荐给了 CenterCity 交响乐团，今天早上我们收到了他们的 RFP。”

“帕玛还表示，我们应该可以预期继续获得 ServiceCentral 项目的合同，这个合同会包括接下来的 12 个月内的每月调查和记录评估。她说她在口头报告展示的时候跟你讨论了这个事情。”

“是的。费用概览和已完成的 BrainSavvy 项目的发票已经放在 Dropbox 的财务文档文件夹中。”戴顿答道。

“我会安排会计发送 BrainSavvy 项目的发票。”贝德福德说。

“新的 BrainSavvy 项目是什么？”赛莉纳问。

“这个非竞争性的 RFP 要求做一项研究来获取数据，以证明对 BrainSavvy 新的 9000 型号产品做广告宣传是合理的。项目时间非常短，所以他们希望我们考虑在线定性以及敏捷定量技术。赛莉纳，相比戴顿，在这个项目更适合你。在这个项目上我们不存在任何冲突。你看完 RFP 之后，告诉我你能不能在他们的时间要求内完成。”

赛莉纳决定：“我会评审一下这个项目并与你联系。”

“在考虑第二个项目之前，我需要检查一些可能的冲突。”贝德福德解释道。“弄清楚之后，我会与你讨论具体细节，戴顿。”

“我们将会通过这个项目获得大量新业务！大家干得好！”

17.9 延续合同

17.9.1 三个半月后

“我看到你还在调整报告。”赛莉纳观察到，“我以为昨天会议上我们一致认为这个项目已经完工，而且我们为初始报告设计的模板效果很好。”戴顿解释说：“我担心 BrainSavvy 在过去几个月里没有取得计划中那么大的进步，我想确保我们提供了足够的方向引导。”“了解。但是我们已经一致认为方向很明确了。”赛莉纳表示，“记住，30 分钟后与帕玛的电话会议上我们需要表现得令人信服。你答应过她，她会在电话会议之前拿到报告。”

特写

BrainSavvy 12 月概要报告

复杂问题的研究解决方案

ServiceCentral
每月用户调查结果
20××年 12 月

为帕玛·梅森准备
BrainSavvy 公司
20××年 1 月

编制
戴顿·韦杰和赛莉纳·盖博

Magic Tower 200 号，奥兰多，佛罗里达 32827
407. 555. 4321 info@visiaionaryinsights. com；www. visionaryinsights. com.

BrainSavvy ServiceCentral 12 月结果

介绍

基于从 BrainSavvy ServiceCentral 调查收集的 12 月的数据，该报告询问了用户对 ServiceCentral 维修和服务系统的满意度。次要目的是确定管理方面每月的改进目标。

调查结果分为以下几个部分：(1) 执行摘要；(2) 方法；(3) 服务改进网格；(4) 调查结

果；(5) 开放式问题的回答。

执行摘要

顾客对 ServiceCentral 在“交付速度”和“取货速度”两项服务上的满意度最高，这些项目的平均分数在 5 分制上达到 4.2～4.4。“维修速度”、“到货状况”和“对 ServiceCentral 有效性的总体印象”的得分也相对较高，均高于“符合所有预期”的水平（详见相关图表）。

几个问题未达到“符合所有预期”的水平，从最低的“呼叫中心的响应能力”到“呼叫中心的技术能力”和“快递员的安排”，平均得分在 2.0～3.9 之间。总体而言，除了“到货状况”之外，其他评分自 11 月以来有所提高。

产生最多负面评价的三个项目是：(1) 快递员的安排问题；(2) 长时间的电话等待；(3) 在呼叫中心经过过多客服转接。相关的评论在过去两个月一直在持续。ServiceCentral 将用户不满意的标准确定为：顾客在“评论/建议”栏中填写负面评论，或者顾客对第 1 至第 8 个问题的评分低于 3.0。这次调查中 43%的样本符合这样的不满意的标准，低于上个月的 56%。如果仅计算用户作出的评论（正面/负面或+/-），那么不满意用户的百分比为 32%。

负面评论与正面评论之比为 1.7∶1，比 11 月的 2.3∶1 有所改善。

当把基于预期的满意度分数调整为观察到的重要性时，“呼叫中心的响应能力”、“技术人员能力”以及“快递员的安排”这三项服务需要采取行动加以改进，“维修速度”和“问题解决”保持了较高的重要性得分，且高于平均水平。

方法

数据收集的手段是在线调查，参与者是从 ServiceCentral 项目的顾客中通过电子邮件招募的。

该调查包括 12 个满意度问题，使用 5 点计分，这些问题反映了 ServiceCentral 流程的各个部分（从安排接收用户计算机到返回维修后的产品）满足用户预期的程度。最后一个问题询问顾客是否将再次使用 ServiceCentral。此外，调查还为顾客提供了给出建议的空间。

样本

样本包括 175 位用户，他们给出了自己对 ServiceCentral 有效性的总体印象。在没有给予激励的情况下，四周时间内的调查回应率为 35%。目前还不清楚参与调查者和未参与调查者之间的差异。

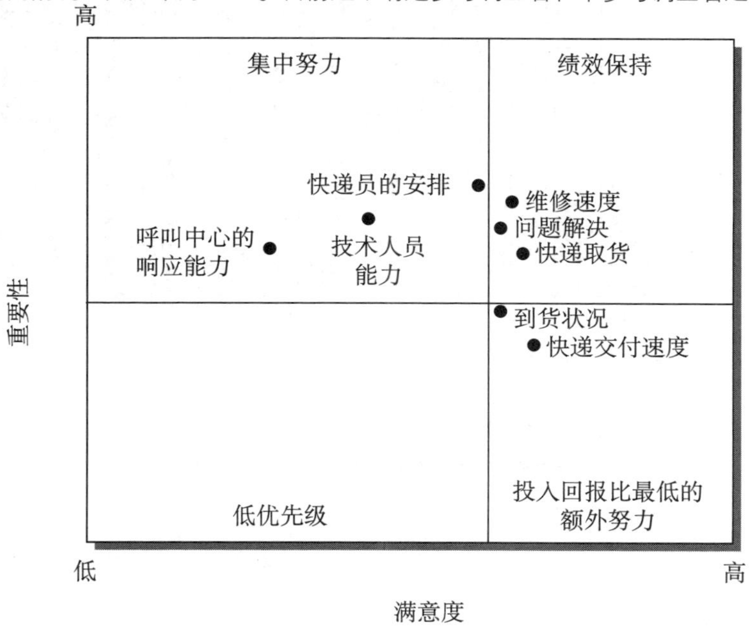

服务改进网格

根据重要性和平均分对上图中的四个象限进行标记，来确认可行的项目，并突出显示那些值得关注的改进或恶化的项目。

“集中努力”象限是用户对服务勉强满意但认为服务项目很重要的区域。在这个象限可以找到问题 1a“呼叫中心的响应能力”，问题 1b“技术人员能力”，以及问题 2a“快递员的安排”。“技术人员能力”在上个月也得到了类似的评价，它的重要性在这几个月被认为应该更高。与以往的报告相比，“快递员的安排”的重要性有所提高。

在“绩效保持”象限中，ServiceCentral 在“维修速度”和“快递取货”两个问题上平均而言符合用户的所有预期，它们的平均分数高于 4.0，并且受访者认为它们很重要。“问题解决”有所改善，但仍然在需要关注的边缘。

“投入回报比最低的额外努力”包含两个问题：问题 5“到货状况”的评分比上个月有所提高，但其重要性水平略有下降，这是因为重要性得分的平均值（基准线）上升了；问题 2c“快递交付速度”具有很高的用户满意度，但受访者认为此项目的重要性不如 ServiceCentral 中的大多数问题。“低优先级”象限中没有任何项目。

发现

下图提供了（1）比较最近 3 个月在每个问题上的平均分，以及（2）单个问题的结果。后者包含量表值的频率、每个类别的百分比、平均分、标准差以及每个问题的有效个案数。

3 个月的比较（10 月、11 月、12 月）呈现了所有量表问题的结果。12 月的数据条显示，除了问题 5“到货状况”之外，其他所有量表问题的平均分（纵轴）都有所提高，在 3 个月的时间内，服务/维修过程的大多数方面均显示出改善的趋势。

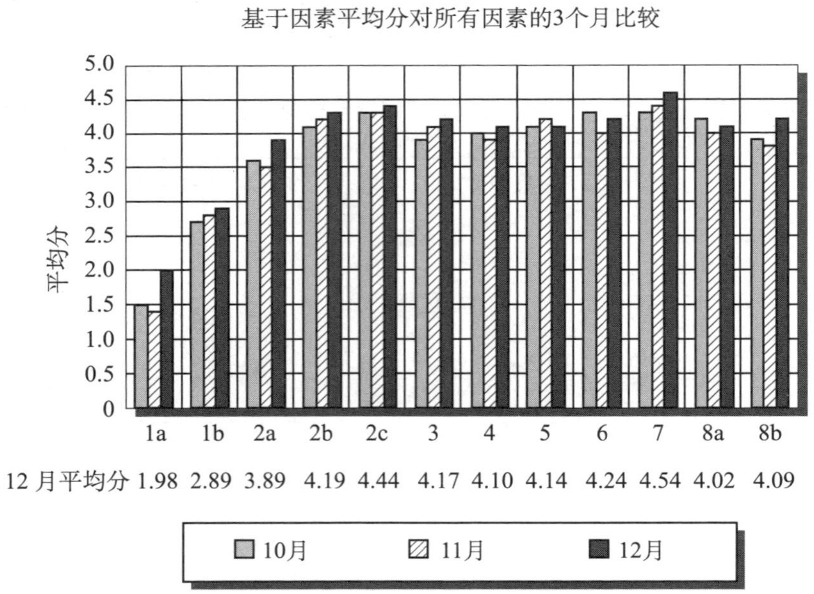

问题 1a. 呼叫中心的响应能力

该问题的平均分最低。使用 Top-box 报告方法（将分数最高的两个类别合并），有 11% 的受访者认为呼叫中心达到或超出了他们对服务响应能力的预期，但仍远低于你的目标。自 11 月以来，该问题的分数仅略有提高，但是这个问题对项目的目标有重要影响。根据我们的访问和最近的结果，我们建议你立即启动我们讨论过的应急计划：对呼叫中心技术人员进行额外培训并实施建议的人员配置计划。

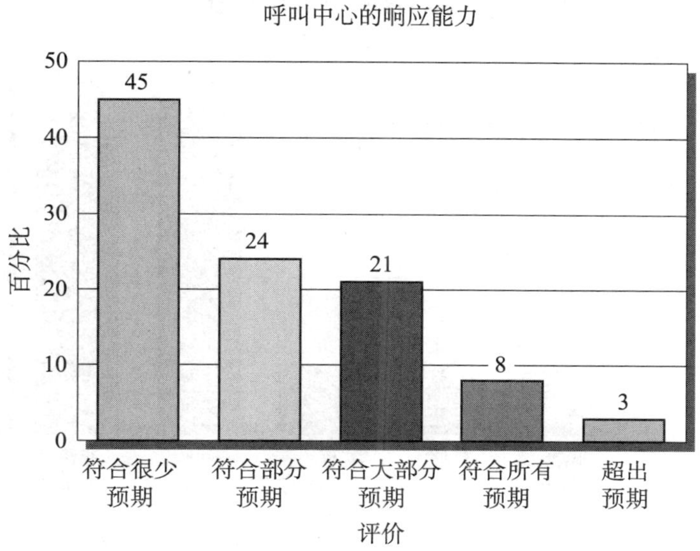

平均分: 1.98　标准差: 1.09　有效个案数: 159

问题 6：用户对 ServiceCentral 有效性的总体印象

在该问题上认为 ServiceCentral 超出预期的真正满意的受访者增加到 46%（11 月为 43%）。分数最高的受访者比例提高到 75%（11 月为 70%）。

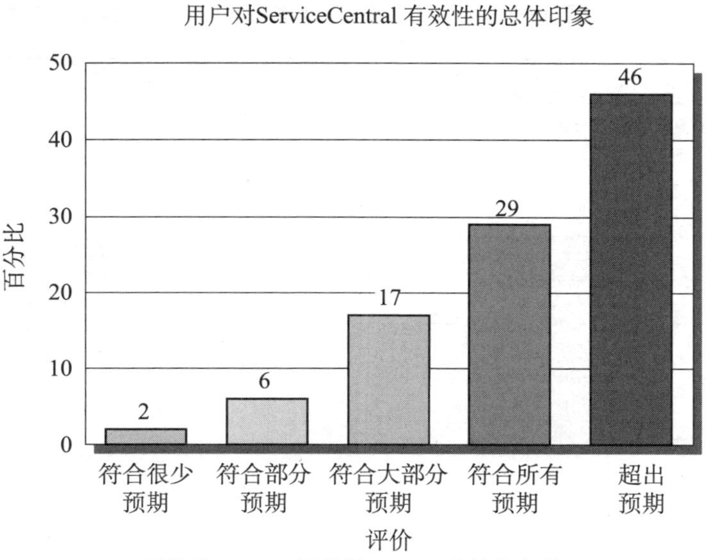

平均分: 4.14　标准差: 0.98　有效个案数: 169

问题 8a. 基于 ServiceCentral 的服务/维修体验再次购买 BrainSavvy 产品的可能性

受访者在该可能性量表上的平均分（4.02）在本月处于实施测量以来的最高水平。快递员的安排以及问题解决的改善在此刻似乎成为再次购买 BrainSavvy 产品的最好预测指标。

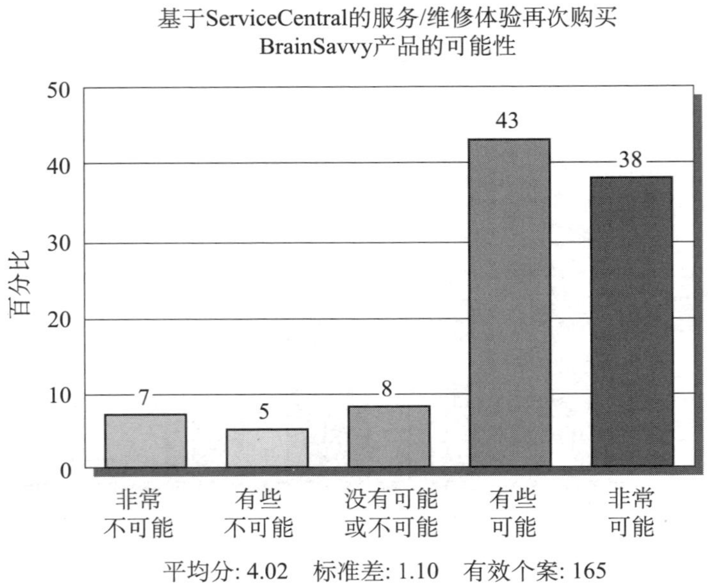

开放式问题中的模式

在对评价和建议进行分析后，发现了以下问题类别。负面评论与正面评论的比例为 1.7∶1。取货问题仍然“仅仅是快递公司”的问题以及 ServiceCentral 的呼叫中心与快递公司间的协调问题。用户抱怨电话等待的时间过长，且会被转接到不同的客服人员处。服务问题分为大的问题（尚未解决）和小的问题（用户可以接受）。积极的评论赞扬了周转和服务，也表扬了特定的技术操作员。

积极评论	（38）/（38.3%）
关于 ServiceCentral 流程（13）/34.2% 快速响应（12）/31.6% 优质服务（7）/18.4% 电话客服很有帮助（6）/15.8%	
负面评论	（61）/（61.6%）
运输	（19）/31.1%
快递取货问题（15） 交付问题（2） 包装箱损坏（1） 快递员对用户收费（1）	
呼叫中心	（20）/32.8%
等待时间过长（9） 电话被频繁转接/让人困惑（8） 客服培训不足/难以理解（2） 再也不会用 BrainSavvy 呼叫中心了（1）	

服务	（16）/26.2%
问题依旧（5） 小问题没有解决/损坏（6） 解决时间过长（2～7 周）（2） 提供的完成的信息比实际完成的内容多（2） 提供延长保修（1）	
产品	（6）/9.8%
需要多次维修（3） 掉漆（2） 总体上不喜欢产品（1） BrainSavvy 产品不需要维修（4）	

附录

BrainSavvy 个人电脑易于使用且维护方便。当您需要服务时，无论您身在何处，我们都希望您可以信赖 ServiceCentral。因此，我们请您花一点时间告诉我们为您提供的服务质量如何。

请使用以下尺度来回答第一组问题：

符合很少预期 1	符合部分预期 2	符合大部分预期 3	符合所有预期 4	超出预期 5

	1	2	3	4	5
1. 对您遇到的问题的电话协助：					
a. 响应能力	○	○	○	○	○
b. 技术能力	○	○	○	○	○
2. 快递服务的有效性	○	○	○	○	○
a. 快递员的安排	○	○	○	○	○
b. 取货速度	○	○	○	○	○
c. 交付速度	○	○	○	○	○
3. 整体维修速度	○	○	○	○	○
4. 需要服务/维修的问题的解决程度	○	○	○	○	○
5. 收到 BrainSavvy 电脑时它的状况	○	○	○	○	○
6. 对 ServiceCentral 有效性的总体印象	○	○	○	○	○
您在多大程度上可能上会……	非常不可能	有些不可能	没有可能也没有不可能	有些可能	很有可能
7. 在其他场合使用 ServiceCentral	○	○	○	○	○
8. 基于以下原因再次购买 BrainSavvy 产品的可能性	○	○	○	○	○
a. 服务/维修体验	○	○	○	○	○
b. 产品效用	○	○	○	○	○

<table>
<tr><td colspan="4">请分享任何其他的意见或建议</td></tr>
<tr><td colspan="4">为了解决您后续遇到的任何问题，我们怎样才能联系到您?</td></tr>
<tr><td>姓</td><td colspan="2">名</td><td>电子邮箱</td></tr>
<tr><td>城市</td><td>州</td><td>邮政编码</td><td>电话号码</td></tr>
<tr><td colspan="4">服务代码
感谢您的参与。</td></tr>
<tr><td colspan="4">提交</td></tr>
</table>

Visionary Insights
复杂问题的研究解决方案

Magic Tower 200 号，奥兰多，佛罗里达 32827
407. 555. 4321 info@visiaionaryinsights. com；www. visionaryinsights. com.

❖小　结

1. Visionary Insights（VI）赢得了 BrainSavvy 的一份合同，以帮助其确定如何改善 ServiceCentral 的维修项目。BrainSavvy 正被用户抱怨问题没有解决以及笔记本电脑退回时损坏所困扰。VI 通过探索制定了调查问题和研究性问题，并决定通过概率抽样对使用过 ServiceCentral 的用户进行基于网络的自填式问卷调查。

在这个过程中，VI 合伙人进行探索性研究（包括专家访谈、过程分析、焦点小组访谈、文献搜索、数据分析等），对测试量表进行预测试，并为调查设计定制化问题。VI 团队在现场以及网络的口头演讲上展示了他们的发现，并指导 BrainSavvy 团队在最有可能改善 ServiceCentral 的领域进行改进。

2. 在后台，RFP 由 BrainSavvy 发出，被 VI 接受并作出响应，其后 BrainSavvy 经过评审选择了 VI。之后 VI 组建了团队，开发了文件结构，并对团队成员进行了职责分配。项目期间的对话和会议也被呈现出来。

❖讨论问题

术语回顾

1. 什么假设推动了 BrainSavvy 的研究?

2. 为 BrainSavvy 的项目构建管理研究问题层次结构。

3. 该项目涉及哪些类型的管理问题?

4. VI 在探索过程中如何使用专家访谈? 针对 VI 的访谈指南可能会提出哪些问题?

5. 在焦点小组讨论期间，VI 需要解决哪些问题?

6. 该项目中可能的错误来源是什么?

7. 调查测量工具的开发中使用多重评级清单量表的依据是什么?

8. VI 为该项目选择了系统的概率抽样。这个抽样设计有哪些劣势，这些劣势是该项目的主要问题吗？

制定研究决策

9. 为焦点小组访谈开发招募筛选问题。

10. 哪些因素可能会影响个人参与调查的意愿？

11. 为什么 VI 会选择基于网络的自填式调查而不是电话调查？

12. 为什么 VI 在调查问卷设计上坚持定制化的测量问题？

13. 评估抽样设计决策，不包括使用系统概率抽样的决策。

从概念到实践

14. 评估图表 17 - 10 中的测量问题。

15. 评估图表 17 - 10 中的测量工具。

16. 评估“特写”专栏中的概要报告。

Pamela S. Schindler
Business Research Methods，Thirteenth Edition

9781259918933

北京市版权局著作权合同登记号：01-2019-0823

图书在版编目（CIP）数据

管理研究方法：第13版／（美）帕梅拉·欣德勒著；李原，于坤，孙健敏译．--北京：中国人民大学出版社，2021.10

（管理研究方法丛书）

ISBN 978-7-300-29776-7

Ⅰ.①管… Ⅱ.①帕… ②李… ③于… ④孙… Ⅲ.①管理学—研究方法 Ⅳ.①C93-3

中国版本图书馆CIP数据核字（2021）第179171号

管理研究方法丛书

管理研究方法（第13版）

［美］帕梅拉·欣德勒 著

李原 于坤 孙健敏 译

Guanli Yanjiu Fangfa

出版发行	中国人民大学出版社		
社　　址	北京中关村大街31号	**邮政编码**	100080
电　　话	010－62511242（总编室）		010－62511770（质管部）
	010－82501766（邮购部）		010－62514148（门市部）
	010－62515195（发行公司）		010－62515275（盗版举报）
网　　址	http://www.crup.com.cn		
经　　销	新华书店		
印　　刷	北京宏伟双华印刷有限公司		
规　　格	185 mm×260 mm　16开本	**版　　次**	2021年10月第1版
印　　张	30.25 插页2	**印　　次**	2025年7月第2次印刷
字　　数	688 000	**定　　价**	95.00元

教师反馈表

麦格劳-希尔教育集团（McGraw-Hill Education）是全球领先的教育资源与数字化解决方案提供商。为了更好地提供教学服务，提升教学质量，麦格劳-希尔教师服务中心于2003年在京成立。在您确认将本书作为指定教材后，请填好以下表格并经系主任签字盖章后返回我们（或联系我们索要电子版），我们将免费向您提供相应的教学辅助资源。如果您需要订购或参阅本书的英文原版，我们也将竭诚为您服务。

★ 基本信息					
姓		名		性别	
学校			院系		
职称			职务		
办公电话			家庭电话		
手机			电子邮箱		
通信地址及邮编					
★ 课程信息					
主讲课程一1		课程性质		学生年级	
学生人数		授课语言		学时数	
开课日期		学期数		教材决策者	
教材名称、作者、出版社					
★ 教师需求及建议					
提供配套教学课件（请注明作者/书名/版次）					
推荐教材（请注明感兴趣领域或相关信息）					
其他需求					
意见和建议（图书和服务）					
是否需要最新图书信息	是、否	系主任签字/盖章			
是否有翻译意愿	是、否				

Mc Graw Hill | Higher Education

教师服务热线：800-810-1936

教师服务信箱：instructorchina@mheducation.com

网址：www.mheducation.com

麦格劳-希尔教育教师服务中心

地址：北京市东城区北三环东路36号环球贸易中心A座702室教师服务中心 100013

电话：010-57997618/57997600

传真：010 59575582

中国人民大学出版社　管理分社

教师教学服务说明

中国人民大学出版社管理分社以出版工商管理和公共管理类精品图书为宗旨。为更好地服务一线教师，我们着力建设了一批数字化、立体化的网络教学资源。教师可以通过以下方式获得免费下载教学资源的权限：

★ 在中国人民大学出版社网站 www.crup.com.cn 进行注册，注册后进入“会员中心”，在左侧点击“我的教师认证”，填写相关信息，提交后等待审核。我们将在一个工作日内为您开通相关资源的下载权限。

★ 如您急需教学资源或需要其他帮助，请加入教师 QQ 群或在工作时间与我们联络。

中国人民大学出版社　管理分社

教师 QQ 群：648333426(工商管理)　114970332(财会)　648117133(公共管理)
教师群仅限教师加入，入群请备注（学校＋姓名）

联系电话：010-62515782，82501868，82501048，62514760

电子邮箱：glcbfs@crup.com.cn

通讯地址：北京市海淀区中关村大街甲 59 号文化大厦 1501 室（100872）

管理书社　　人大社财会　　公共管理与政治学悦读坊